Il significato del Sacro Corano

Abdullah Yusuf Ali

Edizione italiana a cura di Sabrina Lei

Tawasul International
Centre for Publishing, Research and Dialogue

Il significato del Sacro Corano, tradotto da Abdullah Yusuf Ali.
Titolo originale: The Meaning of the Holy Quran, Translated by Abdullah Yusuf Ali.
Edizione e traduzione italiana a cura di Sabrina Lei
© Tawasul International, Centre for Publishing, Research and Dialogue, Roma 2023. Opera protetta da copyright. Questo volume non può essere riprodotto né per intero né in parte senza la previa autorizzazione dell'editore.
ISBN: 9791281473058

Indice

Breve biografia di Yusuf Ali

Abdullah Yusuf Ali nacque il 4 aprile del 1872 a Surat, nel distretto tessile del Gujarat nell'India occidentale all'interno della comunità islamica dei Bohras tradizionalmente dediti al commercio. Il padre, Yusuf Ali Allahbuksh, a differenza di altri membri della sua comunità, scelse di arruolarsi nella polizia e ricoprì con onore l'incarico di ufficiale a Surat. Nel 1885 ricevette infatti il titolo di Khan Bahadur, che veniva assegnato a tutti coloro che si erano distinti nel servizio reso allo stato.

Il padre di Yusuf Alì aveva una particolare predilezione per gli studi e per questa ragione iscrisse il figlio nelle più prestigiose scuole dell'epoca. Yusuf Ali studiò prima a Bombay presso la *Anjuman-e Islam*, una scuola inaugurata nel settembre del 1880, dove gli insegnamenti venivano impartiti in urdu ed inglese. Lo scopo di quest'istituzione, che venne frequentata per un periodo anche da Muhammad Ali Jinnah, era quella di preparare i giovani musulmani all'istruzione moderna impartita in lingua inglese fin dall'infanzia.

Nel 1882, quando Yusuf Ali aveva circa nove anni, suo padre decise d'iscriverlo alla *Wilson School*, un istituto educativo fondato da missionari inglesi, dove rimane fino al 1887. Dopo aver completato gli studi presso questa scuola s'iscrisse al *Wilson College*, che era a sua volta affiliato all'università di Bombay, dove conseguì il baccalaureato nel 1891. Negli anni successivi, proseguì gli studi in Inghilterra grazie ad una borsa di studio assegnatagli dall'università di Bombay.

Nel 1891, anno della morte di suo padre, Yusuf Ali arrivò in Inghilterra e s'iscrisse al *St. John College* di Cambridge, dove studiò legge, letteratura inglese, urdu ed arabo. Trascorsi quattro anni di studi intensi[1] nel Regno Unito, dopo aver superato brillantemente gli esami, Yusuf Ali tornò in India nel 1895, dove venne assegnato al

---

[1] Yusuf Ali ricordò sempre con grande nostalgia e soddisfazione gli anni di studio trascorsi in Inghilterra: "I pochi anni trascorsi a Cambridge mi hanno reso uno studente nel vero senso del termine, risvegliando in me un insaziabile bisogno di acquisire conoscenza ed un grande amore per lo studio". Cfr. *Idqam*, ibid.

servizio civile nelle Province Unite[2] collocate nella parte nord-occidentale del subcontinente.

Nel 1896 ricoprì l'incarico di assistente magistrato ed esattore in Saharanpur, località delle Province Unite, dove rimarrà per due anni, trascorsi i quali venne trasferito a Bareilly, una località vicina ad Aligarh, dove si trovava il college fondato da Sir Sayyid Ahmed Khan.

Yusuf Ali ebbe occasione d'incontrare Sir Sayyid Ahmed e di discutere con lui in merito alle sfide educative e culturali dei musulmani indiani: "Ho avuto l'onore di conoscere Sir Sayyid negli ultimi anni della sua vita. Ricordo alcune conversazioni avute con lui -purtroppo troppo poche- sul soggetto della rigenerazione islamica. In quel periodo avevo appena iniziato la carriera di pubblico ufficiale ed espressi i miei pensieri con lo zelo e la sicurezza della gioventù davanti a quel veterano dell'educazione che visse tra i moti del 1857 e la fine dell'epoca vittoriana"[3].

Yusuf Ali fin dagli inizi della sua carriera si dedicò alla stesura di opere relative alla storia ed alla cultura dell'India. Nel 1900, cinque anni dall'inizio del suo servizio civile, scrisse *Una monografia sui tessuti di seta prodotti nelle province nord-occidentali ed Oudh*, opera ricca d'informazioni non solo tecniche ed industriali ma anche culturali e storiche di rilievo.

In questo stesso anno, Yusuf Ali si recò per la seconda volta in Inghilterra, dove incontrò e subito dopo sposò Teresa Mary Shalders, che da lì a poco si trasferì con il marito in India, dove nacquero i loro primi due figli, Edris e Asghar Bloy. Teresa Mary però lasciò l'India dopo la nascita del secondo figlio per stabilirsi in Inghilterra, a St. Albans nello Hertfortshire. Nel 1095, Yusuf Ali tornò in Inghilterra, dove trascorse due anni, usufruendo del periodo di congedo concesso ai pubblici ufficiali. Nello stesso periodo si trovavano in Inghilterra anche Muhammad Iqbal e Abdul Qader, editore di *Makhzan*, famosa rivista letteraria in lingua urdu.

Nei due anni trascorsi in Inghilterra, Yusuf Ali partecipò attivamente alla vita culturale inglese ed in modo particolare londinese. Nel dicembre del 1906 presentò presso la *Royal Society of Arts* uno scritto intitolato *I musulmani indiani: il loro passato, presente e*

---

futuro[4]. Nello stesso anno impartì una serie di sei lezioni dedicate all'India ed al suo popolo presso il *Passmore Edwards Institute* di Londra. Questi interventi furono successivamente raccolti in un libro intitolato *Life and Labour of the People of India*, pubblicato a Londra nel 1907.

Alla fine del 1906, poco dopo la nascita della terzogenita, Leila Teresa, Yusuf Ali tornò in India, dove assunse la carica di Vice-commissario di Sultanpur, mentre la sua famiglia rimase in Inghilterra. A questo periodo risale probabilmente l'inizio del progressivo allontanamento dei due coniugi. Infatti, Yusuf Ali tornò in Inghilterra nel 1908, dopo aver domandato nove mesi d'aspettativa, forse per tentare di affrontare la crisi famigliare in corso, che però condusse al divorzio della coppia nel 1911 in seguito all'infedeltà della donna. Yusuf Ali domandò ed ottenne la custodia dei suoi tre figli, che vennero lasciati in Inghilterra sotto la cura e la sorveglianza di una governante.

Una volta tornato in India, Yusuf Ali assunse nel 1912 la carica di magistrato ed esattore nel distretto di Fatehpur nelle Province Unite. In quel periodo si verificarono una serie di disordini conseguenti alla decisione da parte del governo distrettuale di demolire la zona per il compimento delle abluzioni della moschea sciita di Kanpur nel Machli Bazaar. La demolizione venne iniziata nel luglio del 1913 durante il mese del Ramadan. La comunità musulmana reagì con una serie di proteste a quello che consideravano un abuso delle autorità. In occasione di una protesta organizzata il 3 agosto del 1913, la polizia aprì il fuoco ed uccise 16 manifestanti, molti dei quali si trovavano all'interno dell'edificio della moschea.

Un anno dopo, nel 1914, Yusuf Ali decise di lasciare prematuramente il servizio civile con una pensione di circa 800 sterline annue, che gli avrebbero consentito di vivere piuttosto confortevolmente. Anche se le cause delle sue dimissioni non sono note con esattezza, tuttavia è stato ipotizzato che debbano essere ricondotte al fatto che in questo periodo i ruoli disponibili nel servizio civile iniziavano ad essere assegnati di preferenza agli inglesi e, quindi, gli indiani precedentemente impiegati cominciavano a dover affrontare una serie di difficoltà nell'ambito dello svolgimento degli incarichi loro assegnati.

---

[4] *The Indian Muhammedans: their past, present and future.*

Negli anni della prima guerra mondiale Yusuf Ali s'impegnò strenuamente per promuovere la necessità per l'India di partecipare allo sforzo bellico inglese. La sua scelta era motivata in modo particolare dalla speranza che l'impegno indiano avrebbe indotto l'Inghilterra a concedere all'India l'auto-governo all'interno dell'Impero così come era stato fatto in precedenza per l'Australia ed il Canada. A questo proposito Yusuf Ali scrisse una serie di articoli nel biennio tra il 1916 ed il 1918 e, due anni dall'inizio del conflitto mondiale, espresse le speranze nutrite per l'India con le seguenti parole: "Ho preso parte a molti incontri pubblici in Inghilterra e mi sembra che la democrazia britannica e gli stessi inglesi siano ansiosi di comprendere i bisogni e le aspirazioni indiane, per comportarsi di conseguenza secondo giustizia"[5].

Gli altri leader ed intellettuali musulmani inoltre non condividevano le speranze di Yusuf Ali ed espressero invece dei punti di vista più vicini alla realtà dei fatti, che andavano dal completo rifiuto della partecipazione dell'India al conflitto[6] alla sua approvazione secondo determinate condizioni[7].

Al termine del conflitto mondiale, le speranze di Yusuf Ali furono completamente disilluse e la situazione del mondo musulmano peggiorò piuttosto considerevolmente dal punto di vista politico. Durante la conferenza di pace, condotta tra il 1919 ed il 1923, a cui partecipò anche Yusuf Ali come delegato della comunità indiana[8], la geografia politica del mondo musulmano venne completamente ridisegnata a favore delle potenze occidentali. Tra le diverse misure prese a detrimento dell'unità del mondo musulmano[9], possiamo ricordare l'assunzione da parte del Regno Unito del mandato sulla Palestina ed i territori delimitati dal Tigri e l'Eufrate.

---

[5] The Hindustan Review, Gennaio 1916, "Our Immediate Future".

[6] Muhammad Ali Jauhar e suo fratello vennero incarcerati nel 1905 per "aver espresso supporto e simpatia verso i nemici della corona".

[7] Muhammad Ali Jinnah domandava invece la rimozione del divieto di partecipazione per gli indiani al ruolo di ufficiale incaricato. *Islamic Review* e *Muslim India*, pur essendo fondamentalmente due quotidiani lealisti, posero come condizione per la partecipazione dell'India al conflitto l'indipendenza dei territori dell'Hijaz.

[8] Tra gli altri delegati presenti ricordiamo anche l'Agha Khan ed Aftab Ahmad Khan.

[9] Nel 1920 il Trattato di Sevres sanzionò lo smembramento dei territori del califfato ottomano.

I leader politici musulmani ed in genere l'opinione pubblica indiana reagirono negativamente verso l'opportunismo politico e la mancanza di riconoscenza mostrata dall'Inghilterra. Nel 1919, il movimento del *Khilafat* si organizzò nel *All-India khilafat commitee*, in seguito all'assegnazione allo Sherif Hussain del controllo sull'Hijaz e sulle città sante di Mecca e Medina. Questo movimento, proprio come il Congresso, con cui si alleò per un breve periodo, proponeva la disobbedienza civile come atto di ribellione e protesta[10] verso il governo inglese. In questo stesso periodo il partito liberale leale alla corona -cui era iscritto anche Yusuf Ali- declinò rapidamente in quanto incapace fondamentalmente di dare voce ai bisogni ed alle aspirazioni delle nuove generazioni indiane.

Yusuf Ali espresse la sua preoccupazione per il futuro dell'India e del mondo musulmano in generale con una lettera inviata al *Times* nel 1918 in cui scrisse: "Quanti controllano le redini della politica britannica si caricherebbero di una grave responsabilità, qualora ignorassero nella formulazione dei futuri patti non solo gli interessi ma anche i sentimenti dei musulmani indiani, inglesi, egiziani, afgani, malesi e di tutti gli altri territori posti sotto il controllo della corona inglese"[11].

Due anni dopo, nel 1920, Yusuf Ali sposò in seconde nozze Gertrude Anne Mawbey, figlia di un magistrato di Derby, e subito dopo il matrimonio si trasferì con lei in India, dove ricoprì per un breve periodo l'incarico di consigliere nello *Sarf-i-khas*, un'istituzione deputa all'amministrazione delle terre del principe del Deccan, Mir Osman Ali Khan. Successivamente, nel 1921, divenne membro del consiglio esecutivo dello Stato, assumendo la responsabilità del controllo delle politiche agricole e forestali e delle rispettive entrate finanziarie.

Durante il soggiorno ad Hyderabad, Yusuf Ali partecipò attivamente alle attività culturali della *Osmania University* fondata nel 1918 sotto il patrocinio del Nizzam. In merito a quest'importante istituzione culturale, che fin dalla sua fondazione aveva attratto i più innovativi studiosi musulmani dell'epoca, Yusuf Ali scrisse: "Quando mi trovavo

---

[10] L'opinione pubblica Indiana venne ulteriormente scossa dal massacro di Jallianwala Bagh, in cui i militari aprirono il fuoco in modo indiscriminato contro la folla che protestava contro la legge marziale.

[11] *The Times*, Novembre 1918. Cit. in *Searching for Solace*, p. 56.

ad Hyderabad, ho avuto il privilegio di partecipare alle fasi iniziali del movimento della salvaguardia della lingua urdu che ha portato alla fondazione della *Osmania University*. Lo scopo del movimento era quello di arricchire la nostra lingua attraverso la traduzione di opere originali e di importanti autori, al fine di impiegarle nell'ambito dell'insegnamento universitario. A questo proposito ho prodotto un breve scritto sull'ortografia urdu, che aveva il fine di sistematizzare la scrittura, lo spelling e la stampa di questa lingua"[12].

Anche se nel 1922 Yusuf Ali diede le dimissioni dall'incarico assegnatagli dal governo del Nizzam, nel corso della sua vita mantenne sempre degli ottimi rapporti con il principato di Hyderabad, pubblicando diversi articoli presso la rivista *Islamic Culture*, partecipando nel 1937 al Giubileo d'argento del Nizzam, e mantenendo ottimi rapporti di amicizia con notabili quali Nawab Imad-ul Mulk Husain Bilgrami, Nawab Sir Amin Jung Bahadur e Nawab Sir Nizamat Jung.

Dopo aver lasciato Hyderabad, Yusuf Ali si trasferì a Lucknow dove esercitò la professione forense. In questo periodo cominciò inoltre a riflettere più seriamente ed autonomamente sulla condizione presente e le future possibilità dei musulmani indiani. In occasione della *Punjab Muslim Educational Conference*, tenutasi a Lahore nell'aprile del 1923, Yusuf Ali, che fu ospite del ministro dell'educazione della provincia, Mian Fazli Husain, sottolineò l'importanza della modernizzazione dell'educazione della gioventù musulmana con le seguenti parole:

"In quest'epoca l'Islam deve affrontare da ogni lato l'accusa di essere una religione limitante per nulla incline al progresso. Voi ed io, insieme a tutti coloro che comprendono l'Islam, ben conoscono la falsità di queste accuse. Dobbiamo però mostrare con le istituzioni e la pratica di essere preparati a modernizzare e liberalizzare la nostra educazione...Il fine di quest'operazione è quello di condurre l'intelletto islamico in contatto con gli insegnamenti moderni dell'Occidente per trarne uno stimolo per affrontare i nostri peculiari problemi, di ordine sia sociale che politico, con le armi della moderna educazione"[13].

---

[12] Cfr. M. A. Sherif, *Searching for Solace*, p. 71.
[13] Yusuf Ali, *Muslim Educational Ideals*, 1923, cit. in *Searching for Solace*, p. 73.

A questo periodo di profonde riflessioni dedicate al futuro dell'India ed alla sua relazione con l'Europa risalgono due importanti opere di Yusuf Ali: *The Making of India*[14] ed *India and Europe*[15], pubblicate entrambe nel 1923.

Nel 1924, dopo un breve anno trascorso in Inghilterra, Yusuf Ali tornò di nuovo a Lahore in occasione del quarantesimo anniversario dell'*Anjuman Himayat ul Islam*, che nel 1892 aveva fondato nell'India occidentale l'*Islamia College*, un'istituzione culturale ed educativa che si rifaceva ad i principi di Aligarh. In quell'occasione, venne offerto a Yusuf Ali il prestigioso incarico di direttore del College, che lui accettò con grande entusiasmo e soddisfazione considerato l'interesse posto negli ultimi anni sulle questioni relative all'educazione. Nel primo anno del suo incarico e durante l'estate trascorsa in Inghilterra, Yusuf Ali scrisse una serie di brevi opere dedicate alla sua idea di un Islam progressista capace di plasmare le giovani generazioni e di prepararle ad un futuro prospero in India e nel mondo. Tra i pamphlet più important, che furono scritti in questo periodo, ricordiamo: *The Greetest Need of the Age*[16], *Islam as a World Force*[17], *The Foundamentals of Islam*[18] e *The Personality of Muhammad*[19].

Il biennio tra il 1025 ed il 1927, trascorso come direttore dell'*Islamia College*, fu piuttosto produttivo per quel che concerne l'attività letteraria. In questo periodo infatti Yusuf Ali pubblicò due testi importanti dedicati alla storia ed alla geografia indiana: *Three Travellers to India*[20] ed *Outlines of Indian History*[21].

Sfortunatamente le tensioni tra il Partito Unionista[22], a cui Yusuf Ali era particolarmente vicino, e la Lega musulmana gli resero piuttosto difficile proseguire il suo incarico come direttore *dell'Islamia College* nel periodo successivo al 1927. In seguito, infatti, al deteriorarsi dei rapporti con alcuni membri dell'*Anjuman* appartenenti alla Lega

---

[14] La formazione dell'India.

[15] India ed Europa.

[16] Il maggiore bisogno dell'epoca.

[17] Islam come forza mondiale.

[18] I fondamenti dell'Islam. Quest'opera era stata presentata l'anno precedente a Lahore in occasione dell'anniversario dell'*Anjuman*.

[19] La personalità di Muhammad.

[20] Tre viaggiatori in India.

[21] Compendio di storia indiana.

[22] Il Partito Unionista era espressione dei proprietari terrieri sia indù che musulmani vicini ai poteri imperiali.

musulmana, Yusuf Ali decise di lasciare il College e di dedicarsi ad una serie di progetti letterari. Al 1928 risale la pubblicazione della sesta edizione dell'*Anglo-Muhammadan Law* redatta proprio da Wilson e curata da Yusuf Ali. Nel marzo del medesimo anno si recò poi ad Allahbad, dove tenne una serie di lezioni in lingua urdu presso la *Hindustani Academy* dedicate alle condizioni economiche e sociali dell'India medievale. Nella primavera del medesimo anno Yusuf Ali partì con l'intenzione di visitare l'Iraq e la Turchia. Tornato in patria, venne informato da Lord Birkenhead, segretario di stato per l'India, di essere stato scelto come rappresentante per l'Assemblea delle Nazioni Unite, che si sarebbe tenuta a settembre del medesimo anno. In realtà, il peso politico dell'India all'interno delle Nazioni Unite era piuttosto marginale ed apportatore di scarsi benefici – al contrario dell'influsso esercitato dall'Inghilterra- pur elargendo un contributo finanziario piuttosto ingente. Lo scopo dell'Assemblea era quindi solo quello di discutere questioni di natura finanziaria, in quanto la Gran Bretagna aveva proposto, appoggiata dai delegati indiani, di ridurre considerevolmente le spese di mantenimento della Lega. In quell'occasione si tacque comunque quasi del tutto in merito alle intenzioni del Regno Unito in Iraq e Palestina.

Dopo il completamento dei lavori dell'Assemblea, Yusuf Ali tornò in India dove si dedicò alla preparazione di un seminario presso la *Royal Asiatic Society* intitolato *Education in India: the New Outlook*[23]. In questo periodo cominciò anche a lavorare alla sua opera più famosa: la traduzione ed il commento del Corano. Nel periodo in cui si dedicò all'impegno di traduzione e spiegazione del testo sacro dell'Islam, Yusuf Ali viaggiò in diverse parti del mondo: America, Giappone, Cina, Filippine, Ceylon, India ed Hawaii.

Nel biennio tra il 1929 ed il 1930, in cui si tennero a Londra le tre famose Tavole rotonde dedicate alla discussione delle riforme costituzionali in India, Yusuf Ali, pur non facendo parte dei membri della delegazione musulmana, seguì con attenzione le discussioni tra le diverse forze politiche indiane presenti, soggiornando in Inghilterra quasi ininterrottamente[24].

---

[23] L'educazione in India, una nuova prospettiva.
[24] Si allontanò solo nel 1930 per recarsi a Parigi dove partecipò al Quinto congresso internazionale per l'educazione morale.

Alla chiusura della prima Tavola rotonda, nel gennaio del 1931, la situazione politica in India era alquanto incerta ed instabile e non sembravano vicini né possibili sia una risoluzione dei conflitti tra le diverse forze politiche né un miglioramento delle condizioni generali della popolazione. In occasione di un incontro organizzato presso la *Caxton Hall* di Londra dalla *East India Association*[25] per discutere del tema "La Tavola rotonda prima e dopo", Yusuf Ali affermò con forza: "Fin quando in India persisterà una forma di condanna verso la legge, la conferenza potrà avere successo solo sulla carta e non sarà possibile trovare alcuna soluzione durevole"[26].

Yusuf Ali auspicava per l'India un progresso ordinato e graduale che l'avrebbe condotta all'indipendenza politica all'interno dell'Impero britannico, la cui appartenenza era considerata fondamentale per il progresso della nazione indiana.

Nel medesimo periodo in cui nella seconda Tavola rotonda si discuteva la questione dell'elettorato separato per la comunità musulmana indiana[27], Yusuf Ali pubblicò in urdu il testo *Hindustani ki tamaddun ki tarikh*[28], terminato nel 1931. Nello stesso anno, in occasione di un incontro letterario tenutosi a Londra, Yusuf Ali ebbe l'occasione d'incontrare Muhammad Iqbal e di recitare alcune delle sue composizioni poetiche. Anche se questi due grandi intellettuali indiani avevano concezioni politiche del tutto antitetiche, tuttavia mantennero sempre una relazione amichevole fondata sul rispetto reciproco. Molto probabilmente, Muhammad Iqbal, pur non condividendo le idee di Yusuf Ali, tuttavia ne rispettava l'integrità morale ed intellettuale.

Prima della chiusura della seconda Tavola rotonda[29], Yusuf Ali partì per il Canada su invito del Consiglio nazionale dell'educazione e poi nel 1932 si trasferì di nuovo in India[30], dove presiedette a molti

---

[25] Quest'associazione era composta prevalentemente da ufficiali del servizio civile indiano in pensione.

[26] *The Times*, 20 Maggio 1931.

[27] Quest'opzione era rifiutata sia dal Congresso che dal Partito laburista inglese.

[28] Una storia culturale dell'India.

[29] In questo periodo Muhammad Ali Jinnah decise di rimanere a Londra per dedicarsi alla professione forense e di ritirarsi di conseguenza dalla vita politica. Tornerà in India solo nel 1934 per assumere la leadership della Lega musulmana.

[30] In questo periodo venne scelto come membro del Comitato di controllo dell'Università del Punjab.

importanti eventi pubblici quali: la *Sind Azad Conference* e l'*All-India Muslim Conference*[31] tenutasi a Calcutta. Un anno dopo, nel 1933, venne pubblicata l'opera *The Religious Polity in Islam*[32].

A questo periodo risale anche la sua partecipazione come delegato della *Muslim Conference* e della *Muslim League* presso il Comitato congiunto sulle riforme costituzionali indiane, tenutosi a Londra sotto la presidenza del marchese di Linlithgow. Al termine della sessione dei lavori, conclusasi nel 1935, venne redatto il *Government of India Act*, nel quale veniva proposta la creazione di corpi legislativi provinciali e centrali che, insieme ad altre misure, avrebbe potuto accompagnare l'India verso la formazione di una federazione con una forma di auto-governo limitata[33].

Nel 1935 vennero poi pubblicate le prime parti della traduzione coranica accompagnata da un ampio commentario esplicativo, cui Yusuf Ali aveva cominciato a lavorare fin dal 1929. Relativamente all'entusiasmo con cui l'opera venne accolta fin dall'inizio, lui stesso ebbe modo di raccontare:

"Ho menzionato nella città di Lahore l'opera ad alcuni giovani che provavano per me rispetto ed affezione. Reagirono con un entusiasmo ed una passione che mi sorpreso alquanto. Mi tolsero quasi il manoscritto di mano e ne domandarono la pubblicazione immediata. In realtà, alcune sue parti erano già pronte per la pubblicazione, ma non costituivano nemmeno 1/13 del testo coranico. Mi fecero quindi promettere di completare la preparazione per la pubblicazione almeno di una *sipara*[34]. Ho in progetto di pubblicare ogni tre mesi una *sipara*, anche se spero di poter procedere con il lavoro in maniera più spedita. Venne poi trovato un editore, un copista per il testo arabo ed un tipografo, che si mostrarono tutti piuttosto entusiasti d'intraprendere quest'impresa"[35].

Nel giugno del 1934 venne pubblicata la prima *sipara*, cui seguirono altre due stampate e distribuite nel medesimo anno. In due soli anni la sua traduzione del Corano divenne famosa a livello internazionale e ricevette una serie di recensioni positive dalle riviste del settore.

---

[31] Tra i partecipanti alla conferenza ricordiamo i nomi di Iqbal e dell'Agha Khan.

[32] La politica religiosa nell'Islam.

[33] Nel 1937 si tennero poi le elezioni, anche se sia la Lega musulmana che il Congresso si mostrarono piuttosto insoddisfatti dei risultati ottenuti.

[34] Ossia 1/13 del testo.

[35] *The Holy Quran, text, translation and commentary*, 1938, Preface 1th edition.

In quello stesso periodo Muhammad Iqbal, assunto l'incarico di presidenza *dell'Anjuman Himayat ul Islam*, aveva iniziato a formare lo staff dell'*Islamia College*. Per quel che concerne la scelta del direttore, Muhammad Iqbal pensò di riproporre Yusuf Ali ed in una missiva inviata in occasione di una riunione dell'*Anjuman*, cui non poté partecipare, a motivazione della sua scelta scrisse:

"Se Mr Abdullah Yusuf Ali potesse tornare a ricoprire quest'alta carica sicuramente molti dei nostri problemi sarebbero risolti. (.....) Abbiamo bisogno infatti di un direttore che sia non solo colto ma anche influente e dotato di molti contatti, qualcuno che mostri simpatia verso le aspirazioni dei musulmani e che sia in grado di guidare i nostri ragazzi in quegli ambiti che, a ragione delle future condizioni politiche, sono divenute essenziali per la vita della comunità. Sfortunatamente, tra i musulmani indiani non vi è una persona di tale calibro [eccetto Yusuf Ali]"[36].

La commissione fu d'accordo con la proposta di Iqbal e Yusuf Ali dal canto suo si mostrò entusiasta di riassumere di nuovo l'incarico. Anche questa volta però questioni di natura politica gli resero piuttosto difficile ricoprire serenamente l'incarico di direttore. Nel 1936, infatti, scoppiarono una serie di proteste e di manifestazioni a causa della demolizione della moschea di Shahidganj, conseguentemente ad una decisione presa dal tribunale in seguito al reclamo del possesso del terreno sui cui sorgeva l'edificio religioso da parte della comunità sikh. In modo particolare l'ira delle masse era rivolta verso il Partito Unionista che, ancora una volta, non si era mostrato in grado di proteggere l'interesse dei musulmani. In modo particolare, in vista delle elezioni che si sarebbero svolte l'anno successivo, Iqbal firmò, insieme ad altri musulmani, il seguente appello contro il Partito Unionista:

"Sicuramente sarete consapevoli che il Partito Unionista parteciperà alle elezioni in questa provincia. Saprete anche che costoro sono responsabili della divisione, contraria a tutti i principi islamici, dei musulmani del Punjab nelle categorie rispettivamente urbane e rurali. Costoro hanno svenduto per un guadagno economico la meravigliosa fratellanza dell'Islam. Queste persone forse non sono del tutto consapevoli che l'Islam non è stato rivelato per unire gli esseri umani sulla base di interessi economici condivisi, ma per

---

[36] Cfr. M. A. Sherif, *Searching for Solace*, 98.

cercare di costruire una società giusta sul fondamento del pensiero e dell'azione. Siamo consapevoli che la reciproca comprensione tra musulmani, indù e sikh sia il primo mattone per costruire il nostro edificio di libertà"[37].

Nonostante non ne fosse consapevole, Yusuf Ali divenne vittima di una serie di intrighi e manovre politiche dopo essere tornato a Lahore, nel settembre del 1936, da Ceylon dove presiedette alla *All-Ceylon Muslim Educational Conference* presso la *Zahira College*.

Nel novembre del 1936, poco prima delle elezioni, che si sarebbero tenute nel gennaio del 1937, Sikander Hayat Khan, nuovo leader del Partito Unionista succeduto a Fazli Husain, domandò a Yusuf Ali di concorrere per un seggio nel distretto di Shaikhpura. Yusuf Ali accettò la proposta, cui seguirono però una serie di dissensi all'interno dell'*Islamia College*. In questo periodo uscirono due articoli rispettivamente nel *The New Times* e nell'*Ihsa*, scritti da Barkat Ali -il candidato della Lega musulmana- e Hafiz Firozuddin -membro del consiglio generale dell'*Anjuman*, in cui accusavano Yusuf Ali di non svolgere alcuna attività didattica all'interno del *College* e di utilizzare le ore di servizio per lavorare alla sua traduzione del Corano. Yusuf Ali, pur difendendo la propria professionalità ed il proprio operato all'interno del College, decise tuttavia di rassegnare le dimissioni nel gennaio del 1937, nonostante gli studenti del College gli avessero manifestato il loro supporto con una serie di manifestazioni. Bisogna comunque ricordare che molti membri dell'Anjuman non si mostrarono d' accordo con le accuse mosse contro Yusuf Ali, che venne supportato da Muhammad Shafi[38] e dal Zafar Ali Khan che, in occasione di un incontro presso l'*Islamia College*, ne lodò pubblicamente l'integrità e l'onestà.

Poco prima delle elezioni, in seguito ad una manovra elettorale poco chiara, Yusuf Ali fu indotto a ritirare la sua candidatura e venne eletto a quel seggio il Maulvi Ghulam Mohiuddin Qasuri. Dopo quell'esperienza negativa in politica, Yusuf Ali si recò nel febbraio del 1937 ad Hyderabad in occasione delle celebrazioni del giubileo d'argento del Nizzam. Successivamente, dopo aver partecipato alla *All-India Muslim Educational Conference* in Aligarh ed aver presieduto a

---

[37] *Guftar-i-Iqbal*, 204-205, Cfr. M. A. Sherif, *Searching for Solace*, 101.
[38] Membro della *Muslim Brotherhood*.

quella dedicata all'educazione tenutasi in Punjab, cominciò un corso di *Tafsir*[39] presso l'Islamia College.

Tra il 1936 ed il 1937, mentre le potenze europee si trovavano sull'orlo del secondo conflitto mondiale[40], l'India dovette affrontare un periodo di profonda crisi politica e sociale. In questo periodo Yusuf Ali, partecipò sia al Congresso delle religioni tenutosi ad Oxford che ad una conferenza organizzata a Ginevra con il titolo *Peace through Religion* sponsorizzata dalla Lega delle nazioni, anche se cominciò ad assumere un punto di vista critico sia verso il suo operato e ruolo. Infatti, l'incapacità della Lega di opporsi all'invasione dell'Abissinia fece dubitare Yusuf Ali del suo ruolo all'interno del processo di cooperazione internazionale e del conseguimento dell'armonia mondiale. Nello stesso tempo, Yusuf Ali, considerata la gravità della situazione in Palestina che era peggiorata considerevolmente nel tempo, nel 1937 decise di esprimersi[41] contro le proposte della Commissione Peel relativamente alla partizione della Palestina ed alla creazione di uno Stato ebraico.

Dopo una breve permanenza a Lahore ed in Aligarh, Yusuf Ali tornò in Inghilterra nell'aprile del 1938, da cui ripartì pochi mesi dopo per il Canada su invito del *National Council of Education*, dove, oltre ad inaugurare la prima moschea canadese ad Edmonton, partecipò a diverse conferenze e seminari rispettivamente a Montreal, Fort William, Manitoba e Saskatchewan, sui seguenti temi: gli insegnamenti dell'Islam, il posto dell'Islam nel mondo moderno ed il progresso morale rispetto a quello scientifico e materiale. Intanto, il *Significato del Sacro Corano* venne pubblicato sia a New York da Hafner che da Murray a Cambridge in Massachusetts.

Nel febbraio del 1939 tornò a Londra, dove rimase sei mesi vivendo però lontano dalla sua famiglia e soggiornando per la maggior parte del tempo presso il *National Liberal Club*. In quel periodo infatti cominciò a manifestarsi il progressivo deterioramento dei rapporti con la seconda moglie, oltre che con i figli avuti dal primo matrimonio.

---

[39] Esegesi del testo coranico.

[40] Nel triennio che va dal 1936 al 1939 si svolse la Guerra civile spagnola. Nell'aprile del 1936 scoppiò una rivolta musulmana in Palestina, mentre l'Italia invase l'Etiopia (1936-1937).

[41] Yusuf Ali parlò della soluzione palestinese presso la *Near and Middle East Association* (Londra), il *New Peace Movement* (Cambridge) ed il *Rotary Club* (Brighton).

In seguito allo scoppio della seconda guerra mondiale, Yusuf Ali viaggiò tra l'India[42] e l'Inghilterra[43] dove s'impegnò nella promozione della partecipazione dell'India allo sforzo bellico. La situazione in India era piuttosto tesa e difficile sia per questioni di ordine interno che per il rapporto con il governo britannico che sospese per tutta la durata del conflitto le discussioni costituzionali in India, decisione che venne fermamente condannata dal Congresso. Pochi ormai in India pensavano che l'impegno a favore dell'Inghilterra avrebbe apportato qualche beneficio. Nello stesso tempo, la situazione era piuttosto tesa a causa del perpetuarsi dei dissapori e delle diatribe tra il Congresso e la Lega musulmana, che Yusuf Ali considerava altamente deleteri per gli interessi ultimi della nazione. A questo proposito scrisse:

"La corrispondenza tra Pandit Jawaharlal Nehru e Suhbas Chandra Bhose, che rappresentano il congresso, e Muhammad Ali Jinnah, presidente della Lega musulmana, mostrano un disperato impasse da cui è difficile scorgere una via d'uscita senza un radicale cambiamento del punto di vista dei nostri leader"[44].

Nel 1940, la Lega musulmana riunitasi a Lahore decretò la risoluzione della creazione del Pakistan e Yusuf Ali, in occasione di un dibattito organizzato presso la Southampton University presentò la Lega musulmana come rappresentante degli interessi musulmani in India ed avvertì del pericolo di assegnare agli indù un potere troppo esteso sulle minoranze religiose indiane. In realtà, Yusuf Ali sembra aver prediletto una forma di rappresentanza politica mista, composta da musulmani, rappresentanti degli intoccabili e dissidenti del Congresso, capace di creare una forza politica alternativa, intesa come primo passo per la creazione di un sistema bipartitico.

Dopo aver divorziato anche dalla seconda moglie, nel 1941, Yusuf Ali trascorse gli ultimi anni della seconda guerra mondiale in una febbrile attività letteraria e divulgativa[45]. A questo periodo risale la pubblicazione presso la *Royal Institute of International Affairs*, dell'opera

---

[42] In India visitò brevemente Dehli, Lahore ed Aligarh.

[43] In Inghilterra parlò all'*East India Association* in Caxton Hall.

[44] Cfr. M. A. Sherif, *Searching for Solace*, 132.

[45] Relativamente all'attività divulgativa, Yusuf Ali pronunciò un intervento intitolato *Ethics and Totalitarism* presso la *South Place Ethical Society* nella *Conway Hall* e nel 1941 un discorso presso il *World Congress of Faith* in Oxford.

intitolata *Modern India and the West*[46] e di una serie di articoli nel periodico *Religions* ed un articolo intitolato *Oppression in Muslim Countries*[47].

Dopo la fine della seconda guerra mondiale, nel 1945, Yusuf Ali si ritirò a vita privata a Wimbledon e successivamente a Londra. Gli ultimi anni della sua vita furono caratterizzati dalla solitudine e dall'abbandono, oltre che da una serie di difficoltà economiche. Il 9 dicembre del 1953 venne trovato dalla polizia seduto sui scalini di una casa di Westminster. Dopo essere stato condotto in ospedale per controllare le sue precarie condizioni di salute, un operatore sanitario chiamò G. M. Mumtaz, allora funzionario del *Pakistan High Commission*, il quale dopo averlo visitato commentò: "Le sue condizioni sono deplorevoli. Ho avuto modo di conoscerlo in passato quando era ancora un uomo famoso. Non so che cosa gli sia successo perché era un uomo benestante ed aveva alcune amicizie influenti, alcune delle quali nella Camera dei Lord".

Quando le notizie in merito alla situazione di Yusuf Ali circolarono presso l'Alta commissione, Mirza Abul Hassan Ispahani scrisse al primo ministro M. A. Bogra:

"Mio caro Mohammed Ali,
ti scrivo relativamente ad una persona da me conosciuta e rispettata non solo dalla gioventù musulmana dalla mia epoca, ma da tutti i musulmani del mondo per il servizio reso all'Islam durante la sua vita e per la sua traduzione del Corano in inglese. Il suo nome è Yusuf Alì di anni 81. In un numero della rivista *Who's Who* vi è un articolo dedicato alle sue qualificazioni, alle attività ed ai suoi traguardi. Sono appena venuto a sapere che costui si trova in condizioni economiche precarie. È stato infatti trovato mentre sedeva su una valigia in *Trafalgar Square* con i vestiti consumati e senza denaro in tasca. È stato condotto presso la *London County Council Poor Home* e noi siamo stati informati della sua condizione"[48].

La lettera prosegue domandando la concessione di una pensione adatta al soggiorno di Yusuf Ali in una sistemazione abitativa economica. Le condizioni di Yusuf Ali però si deteriorarono

---

[46] L'India moderna e l'Occidente.

[47] Oppressione nei paesi musulmani.

[48] Mohammed Ali Bogra papers, International Centre for Islamic Studies, Ispahani's letter to Mohammed Ali Bogra, 10 Dicembre 1953.

velocemente e il 10 dicembre morì presso il *St. Stephen Hospital* in Fulham per una degenerazione miocardica senile.

Saputa della sua morte, M. A. Bogra scrisse:

"Avrei desiderato che qualcuno avesse informato prima il governo, in modo da potersi impegnare per consentire che i suoi ultimi giorni fossero trascorsi in una condizione decente"[49].

---

[49] Ispahani's letter to Mohammed Ali Bogra, 11 Dicembre 1953.

I commentari sul Sacro Corano

La letteratura coranica è così voluminosa che è difficile farne una breve descrizione. Inoltre, molte delle singole opere scritte dai diversi autori e sotto diversi punti di vista sono andate ormai perdute. In realtà nessun testo al mondo è stato studiato con così tanta attenzione e per così lungo tempo come il Corano. Un semplice sguardo al *Itqān* di Suyūtī (d. 911 a.H.) o *Al Kashf al-Zunūn* di Hājī Khālifah (d. 1059 a.H.) dimostrano la portata enciclopedica delle scienze coraniche del loro tempo.

Il bisogno di spiegare nel dettaglio il significato dei diversi versetti coranici si manifestò piuttosto presto. Anche prima che il Corano venisse rivelato nella sua totalità, i musulmani erano soliti rivolgere al Profeta (pbsl) diverse domande quali, ad esempio, il significato di determinati versetti o di alcuni termini specifici o relativamente ad alcune questioni di natura sia storica che spirituale, che avevano bisogno di una chiarificazione maggiore. Le risposte del Profeta Muhammad (pbsl) vennero conservate nella memoria dei compagni (*Ashāb*) e furono successivamente riportate in forma scritta. Nella successiva generazione, quella dei *Tābi'ūn*, che non avevano avuto la possibilità d'incontrare personalmente il Profeta (pbsl), ma avevano imparato dai Compagni e quindi erano considerabili testimoni pienamente attendibili, vennero redatte altre opere relative alla scienza del testo coranico ed alle tradizioni del Profeta (pbsl), conosciute in arabo come *Hādīth*. Quando questa letteratura crebbe notevolmente, divenne necessario stabilire delle regole ferme per esaminare con attenzione le diverse testimonianze, al fine di distinguere quelle considerabili attendibili da quelle che, invece, avevano un carattere del tutto dubbio e non potevano essere di conseguenza considerate autentiche. Nell'ambito dell'evoluzione della scienza degli *Hādīth*, nacque una nuova branca del sapere relativa alla biografia dei narratori di tradizioni, che si rivelò uno strumento molto utile per determinare l'attendibilità delle diverse fonti.

La letteratura degli *Hādīth* si occupa di diverse materie, inclusa la teologia, l'etica e l'esegesi del Corano. Quest'ultima divenne però ben presto una scienza autonoma, che in arabo prese il nome di *Tafsīr*, che si sviluppò di pari passo con il progresso delle altre scienze. Oltre alla spiegazione delle Tradizioni attendibili secondo i diversi gradi di autorità, si sviluppò presto anche la scienza filologica finalizzata alla spiegazione del significato dei termini attraverso l'esame delle rispettive radici verbali del dialetto dei Quraysh, la tribù cui apparteneva il Profeta (pbsl), e del puro idioma arabo prima che subisse le influenze degli idiomi stranieri conseguentemente all'espansione territoriale degli Arabi nel primo secolo dell'*Hijrah*. L'ampliamento della conoscenza della storia e delle leggende sia ebraiche che cristiane consentì ai commentatori di confrontare la rivelazione coranica con quelle abramitiche precedenti, anche se spesso fu dato eccessivo spazio ad alcune leggende piuttosto assurde e poco attinenti con il testo del Corano desunte rispettivamente dal Talmud, dalla *Midrash* o dagli scritti cristiani non canonici.

Successivamente, lo sviluppo della scienza del *Kalām* (costruita sulla logica formale) e dell'*'Ilm al Aqā'id* (l'esposizione filosofica dei fondamenti della fede) introdussero nuovi elementi al quadro intellettuale della scienza dell'esegesi coranica, cui si aggiunse poi il *Tawīl* (esposizione esoterica dei significati nascosti), che invece concentrava l'attenzione sull'ambito spirituale della rivelazione. Anche se è indubbio che molti sufi abbiano contribuito notevolmente all'ampliamento della scienza coranica, in molti casi tuttavia alcune forme estreme del *Tawīl* hanno condotto ad interpretazioni del tutto fuorvianti ed inadeguate.

La difficoltà insita nell'interpretazione del testo coranico è conseguente alle seguenti cause di diversa natura:

1-I termini arabi nel testo hanno assunto nel corso del tempo significati diversi da quelli comuni al tempo del Profeta (pbsl) e dei compagni. Tutte le lingue viventi vanno incontro a tali trasformazioni. I primi commentatori ed i filologi si addentrarono in queste questioni con grande attenzione e competenza, anche se in alcuni casi non hanno espresso dei pareri unanimi relativamente a questioni particolarmente complesse.
2-Dal tempo in cui furono redatti i primi commentari, la lingua araba si è ulteriormente sviluppata e questo ha fatto sì che molte delle interpretazioni precedenti siano state abbandonate o trascurate dai

commentatori successivi, una pratica che però non sempre è adeguata alla prassi di una corretta esegesi.

3-L'arabo classico possiede un vocabolario, in cui il significato di ciascuna radice è così ampio che è piuttosto difficile interpretarlo e spiegarlo con espressioni formulate nelle lingue moderne o attraverso l'utilizzo del medesimo termine quando compare una determinata parola in diversi contesti testuali. Un esempio di questo tipo è costituito dal termine arabo *Sabr* rispettivamente nei versetti 2:45 e 2:153. In questi due contesti, anche se una particolare sfumatura di significato può apparire predominante in un passaggio particolare, gli altri rimangono tuttavia latenti e difficilmente esprimibili attraverso un'unica parola o espressione. Una parola araba può essere spesso paragonata ad un raggio di luce: quando il traduttore la guarda attraverso il prisma di una moderna lingua analitica, perde di fatto le molteplici sfumature concentrando la sua attenzione unicamente su di un colore particolare. Le traduzioni nelle lingue europee in modo particolare hanno mostrato questo difetto e spesso non hanno saputo rendere in modo adeguato il testo arabo a causa dell'incapacità di esprimere mediante la traduzione la ricchezza variegata delle sfumature di ciascun particolare vocabolo.

4-Qualche altra volta, invece, nasce una difficoltà derivante dal fatto che il ricco vocabolario del Corano distingue tra cose ed idee attraverso dei termini specifici, per i quali però vi è generalmente nelle lingue europee un unico termine adeguato. Esempi di questo tipo sono costituiti da *Rahmān* e *Rahīm* (1:1), *Afūw, Safāha, Ghafara* (2:109), così come i diversi vocaboli che esprimono la creazione (2:117). I termini *Rahmān* e *Rahīm*, tradotti in italiano rispettivamente come clemente e misericordioso, in realtà implicano anche molte altre sfumature di significato, che vanno dalla cura alla protezione, che difficilmente possono essere espresse in modo adeguato in traduzione. Lo stesso si può affermare dei termini *Ghafara* e di quelli che indicano l'atto creativo divino, che secondo la rivelazione coranica è un atto eterno che si estende e protrae nel tempo, al contrario dell'idea di creazione implicita nei termini italiani solitamente impiegati per esprimere questo concetto.

5-Il fine di Dio è eterno, il Suo piano perfetto, ma la conoscenza degli esseri umani è invece limitata. Se consideriamo l'umanità nella sua totalità cogliamo la presenza nella storia di variazioni e differenze che aumentano sempre di più con il passare del tempo. Allo stesso modo, non vi è un fine nell'interpretazione umana e per questa ragione credo nella necessità di spiegare e comprendere le verità spirituali da diversi punti di vista e secondo i bisogni di coloro che si rivolgono al testo sacro nelle diverse epoche storiche.

La distinzione tracciata dai commentatori tra questioni di narrazione (*Manqūlat*) e questioni di giudizio (*Ma'qālāt*) a mio parere può essere considerata accettabile, anche se ritengo necessario estendere il fine del *Ma'qālāt* al di là delle questioni legate semplicemente all'idioma ed al significato. Il *Manqūlat* a sua volta risponde alle seguenti domande: Che cosa è realmente accaduto? Come sono state fatte determinate cose? Quali parole sono state esattamente pronunciate? In questo caso ritengo che la scelta migliore per il commentatore moderno sia quella di fare riferimento alle autorità del passato, che erano certamente nella posizione più adeguata a rispondere. Nel caso invece del *Ma'qālāt*, dove l'interesse è focalizzato prevalentemente sul significato spirituale di alcuni versetti o sulla portata di alcuni insegnamenti religiosi nella vita degli individui, credo sia più adeguato avvicinarsi, per quanto possibile, alle circostanze ed alle esperienze dei possibili lettori.

I principi, sui quali mi sono basato nel corso di questa traduzione, possono essere riassunti nel modo seguente. Per quel che concerne il linguaggio e la filologia mi sono rifatto alle autorità competenti in queste materie, in modo particolare agli studiosi antichi. Relativamente alle narrazioni ho preferito rifarmi alle autorità contemporanee, tenendo conto anche della necessità di prendere in esame anche il loro specifico punto di vista. Per quel che concerne invece l'occasione specifica in cui un particolare versetto è stato rivelato, ossia per informazioni interessanti dal punto di vista eminentemente storico, ho preferito fare riferimento agli scrittori classici, che hanno collezionato parecchio materiale di questo tipo. Quando però si concentra l'attenzione su quest'aspetto, nello stesso tempo non si deve dimenticare che i diversi versetti coranici non sono stati rivelati solo per una determinata occasione, ma hanno una portata universale, valevole per gli esseri umani di ogni tempo ed ogni luogo.

Nell'ambito dell'applicazione delle verità spirituali ad una determinata epoca storica, dobbiamo utilizzare ogni tipo di conoscenza ed esperienza in nostro possesso, cercando di evitare nello stesso tempo d'introdurre nella discussione elementi privi di rilevanza.

Riporto di seguito i riferimenti relativi ai diversi *Tafsir* che sono stati consultati nel corso della presente traduzione:

1-L'opera monumentale di Abū Ja'far Muhammad ibn Jarīr al Tabarī, (deceduto nel 310 a.H.), in cui è presente una miniera di informazioni storiche, in quanto l'autore era sia uno storico che un tradizionalista.

2-*Al Mufradāt*, un dizionario relativo ai termini ed alle espressioni di difficile comprensione del Corano. L'autore è Abū al Qāsim Husayn al Rāghib (deceduto nel 503 a.H.)

3-*Al Kashshāf* di Abū al Qāsim Mahmūd ibn 'Umar al Zamakhsharī di Khwarizm (deceduto nel 538 a.H.). Quest'opera, oltre che esaminare la dottrina coranica dal punto di vista razionale ed etico, propone anche la spiegazione di diversi termini ed idiomi.

4-*Tafsīr al-Kabīr* di Abū al Fadl Muhammad Fakhr al Dīn al Rāzī (deceduto nel 606 a.H.). Il testo propone una lettura spirituale del Corano dal punto di vista del sufismo.

5-*Anwār al-Tanzīl* di Qadi Nāsir al Dīn Abū Sa'īd 'Abd Allāh ibn 'Umar al Baydāwī (deceduto nel 685 a.H.). Questo commentario raccoglie informazioni prevalentemente da *Al-Mufraqāt*, *Al-Kashshāf* ed *Tafsīr al-Kabīr*, anche se non manca di un contributo originale.

6-*Al Tafsīr* di Abū al Fidā' Ismā'īl ibn Kathīr (deceduto nel 774 a.H). Si tratta di un testo voluminoso che però detiene una grande importanza tra gli ulema.

7-*Al Itqān fi Ulūm al Qurān* di Jalāl al Dīn al Suyūtī (deceduto nel 911 a.H.). L'opera si presenta come una completa compilazione delle scienze coraniche.

8- *Tafsīr al-Jalālayn*, scritto da Jalāl al Dīn al Suyūtī e da Jalal al Din al Mahallī (deceduto nel 894 a.H.).

9-Per quel che concerne i commentari scritti sia in arabo, persiano ed urdu nel sub-continente indiano possiamo citare:

a-Il *Tafsīr Rahmani* scritto dallo Shaikh 'Alī ibn Ahmad Mahaymi (deceduto nel 835 a.H.)

b-Il *Tafsīr* di 'Allāmah Shams al Dīn di Dawlabad e Dehli, che scrisse prevalentemente in lingua persiana.

c-I *Tafsīr* di Shah Walī Allāh e dei suoi figli, Shah 'Abd al 'Azīz (deceduto nel 1824) e Shah 'Abd al Qādir (deceduto nel 1826), che scrissero rispettivamente in persiano ed urdu.

10- Il *Tafsīr* di Shaykh Muhammad Abdou (deceduto nel 1905) completato da Muhammad Rashīd Ridā, editore del periodico *Manar*.

Prefazione all'edizione italiana

In questo volume Tawasul International presenta per la prima volta in lingua italiana *Il significato del Sacro Corano* di Abdullah Yusuf Ali, la traduzione del testo sacro dell'Islam universalmente riconosciuta dalla comunità islamica, pubblicata per la prima volta nel 1934.

Il Corano è un testo di difficile lettura in quanto la sua comprensione implica la conoscenza della storia islamica, delle occasioni della rivelazione e delle diverse sfumature della lingua araba, che pochi possiedono.

Per questa ragione la presente traduzione è accompagnata da un ricco apparato di note, in cui vengono di volta in volta spiegate le diverse occasioni in cui un versetto è stato rivelato, il suo significato generale e le fondamentali regole grammaticali della lingua araba. Quando necessario, sono poi state messe a confronto le opinioni dei diversi commentatori classici che hanno studiato a fondo il testo coranico ed hanno prodotto opere magistrali a questo riguardo.

Alla fine del secondo volume sono state introdotte nove appendici che trattano di diversi temi legati ad alcuni aspetti della rivelazione e della religiosità pre-islamica.

I musulmani sono chiamati alla recitazione, alla lettura ed alla comprensione del testo coranico non solo per ragioni legate alla pratica quotidiana della preghiera ma perché la conoscenza del testo rivelato costituisce un dovere religioso vero e proprio.

Questa traduzione, quindi, incontra il bisogno dei credenti di leggere e comprendere il testo rivelato e, nello stesso tempo, può costituire un aiuto importante per il semplice lettore che voglia accostarsi al testo sacro dell'Islam senza possedere alcuna conoscenza previa.

I

Sura Al-Fātiha

(L'aprente)

Rivelata alla Mecca

1-Nel nome di Dio, il Clemente, il Misericordioso[1].
2-Sia lode a Dio, Signore dei Mondi[2],
3-Il Clemente, il Misericordioso,
4-Re del Giorno del Giudizio.
5-Ti adoriamo e ci rivolgiamo a Te in cerca di aiuto[3].

---

[1] I termini arabi *"Rahmān"* e *"Rahīm"*, tradotti in italiano rispettivamente come "Clemente" e "Misericordioso", sono entrambe delle forme intensive che si riferiscono ad aspetti differenti dell'attributo divino della misericordia. La forma intensiva araba è molto più adatta di quella italiana a descrivere questi due attributi di Dio. La misericordia, infatti, implica la pietà, la pazienza e la capacità di perdonare, di cui il peccatore ha estremamente bisogno. Nello stesso tempo, vi è anche una misericordia che fluisce dalla grazia divina ed è diretta alla protezione, alla conservazione ed alla guida delle creature. Per questa ragione l'attributo *Rahmān* è applicato solo ed esclusivamente a Dio, mentre quello di *Rahīm* può essere utilizzato anche in riferimento agli esseri umani. L'espressione "Bismillāh ar-Rahmān ir-Rahīm" è presente davanti ad ogni sura del Corano (tranne la nona). Gli studiosi differiscono sul se l'espressione debba essere numerato come un versetto separato o meno, anche se tutti concordano sul suo essere parte del Sacro Corano.

[2] Il termine arabo *"Rabb"*, solitamente tradotto con "Signore", ha anche i significati di sostenere, curarsi e far maturare. Questo termine indica che Dio si prende cura dei mondi che ha creato. Esistono molti mondi: quello fisico e astronomico, il mondo del pensiero, quello spirituale e così via. In ognuno di questi mondi, Dio è onnipresente. Cogliamo un solo aspetto di questa realtà, quando diciamo: "In Lui viviamo, ci muoviamo ed abbiamo il nostro essere". La distinzione mistica tra (1) *Nāsūt*, il mondo umano conoscibile attraverso i sensi, (2) *Malakūt*, il mondo invisibile degli angeli e (3) *Lāhūt*, il mondo della realtà divina, ha bisogno di un intero volume per essere spiegato in modo approfondito.

[3] Quando comprendiamo l'amore e la cura di Dio, la Sua grazia e misericordia, il Suo potere e la Sua giustizia (come Signore del Giorno del Giudizio), siamo pronti ad adorarLo nella piena consapevolezza della Sua onnipotenza e della nostra insignificanza. La forma enfatica indica che non solo adoriamo Dio per domandarGli aiuto, ma anche che lo facciamo in modo esclusivo ed assoluto, in quanto nessun altro è degno della

6-Guidaci sulla retta via,
7-la via dei benedetti e non di coloro che sono incorsi nella Tua ira o hanno deviato[4].

---

nostra devozione. La forma plurale "noi" indica che ci associamo a tutti coloro che cercano il supporto divino, supportandoci e rafforzandoci a vicenda.

[4] Queste due espressioni si riferiscono rispettivamente a coloro che deliberatamente infrangono i comandamenti divini e a quelli che invece si perdono per negligenza e per disattenzione. Entrambi sono responsabili per questi atti di omissione. All'opposto ci sono coloro che si trovano nella luce della grazia divina, che li protegge non solo dal commettere il male e l'ingiustizia, ma anche dal cadere preda dell'errore e della dimenticanza. Il termine negativo *Ghayr* dovrebbe essere interpretato come indicante coloro che sono protetti da questi due pericoli attraverso la grazia divina.

Sura Al-Baqara

(La giovenca)

Rivelata a Medina

Nel nome di Dio, il Clemente, il Misericordioso

1-Alif, Lām, Mīm.
2-Questa è una Scrittura indenne da ogni dubbio, in cui si trova la guida per coloro che temono[1] Dio.
3-Coloro che credono in ciò che non possono percepire, si mantengono costanti nella preghiera e spendono a beneficio degli altri ciò che abbiamo loro concesso,
4-coloro che credono in ciò che ti è stato rivelato e in ciò che è stato rivelato prima di te e nei loro cuori sono certi della vita che verrà,
5-seguono la guida inviata dal loro Signore e per questo prospereranno.
6- Relativamente a coloro che invece rifiutano la fede[2] non ha importanza se li ammonisci o non li ammonisci: non crederanno.
7-Dio ha posto un sigillo sui loro cuori e sui loro orecchi. Sui loro occhi si stende un velo. Un terribile tormento li attende.
8-Ci sono persone[3] che dicono: "Crediamo in Dio e nell'ultimo giorno", ma non sono credenti.
9-Costoro vorrebbero ingannare Dio ed i credenti, ma in realtà ingannano solo se stessi senza neppure esserne consapevoli.
10-Nei loro cuori c'è una malattia che Dio accresce. Una terribile sofferenza li attende, perché sono stati falsi [contro se stessi].
11-Quando si dice loro: "Non spargete la corruzione sulla terra", rispondono: "Ma siamo solo dei conciliatori".
12-Eppure diffondono la corruzione sulla terra, ma non ne sono consapevoli.

---

[1] In arabo *Taqwā*, termine che ha le seguenti sfumature di significato: 1-Timore di Dio, 2-Autocontrollo ed astensione dal male, 3-Retta condotta e pietà. Cfr. 47:17, 74:56.
[2] In arabo *Kafara, Kufr* e *Kāfir*, termini con cui s'indica un deliberato rifiuto della fede.
[3] Il riferimento è diretto agli ipocriti, in arabo *Munāfiqūn*.

13-Quando si dice loro: "Credete come gli altri hanno creduto", rispondono: "Dovremmo forse credere come i deboli d' intelletto?" Sono loro i deboli d'intelletto, ma non lo sanno.

14-Quando incontrano i credenti, affermano: "Crediamo"; ma, quando sono soli con i loro demoni, invece dicono: "Non parlavamo seriamente, li stavamo solo ingannando".

15-Dio si prenderà gioco di loro, lasciandoli per un poco nell'arroganza, vagando per ogni dove.

16-Costoro hanno scambiato l'errore con la guida. Questo è uno scambio senza profitto. Hanno perduto la retta via.

17-Assomigliano a coloro che accendono un fuoco ma, quando ha illuminato tutto intorno, Dio toglie loro la luce e li abbandona nelle tenebre, in cui non possono vedere nulla.

18-Sordi, muti e ciechi, non troveranno la via del ritorno.

19-Assomigliano a coloro che, sotto un cielo plumbeo, nella fitta tenebra, tra tuoni e fulmini, si coprono gli orecchi per non udire il boato dei tuoni, nella paura della morte. Dio però raggiunge coloro che rifiutano la fede.

20-La tempesta toglie loro la vista. Quando sono illuminati dai lampi, avanzano per un poco. Quando cadono su di loro le tenebre, restano immobili. Se volesse, Dio potrebbe privarli dell'udito e della vista completamente. Egli è l'Onnipotente.

21-O uomini, adorate il vostro Signore che ha creato voi e coloro che sono stati prima di voi. Che possiate imparare la rettitudine[4].

22-Il Signore vostro è Colui che ha fatto della terra un luogo di riposo e del cielo una tenda. Colui che ha inviato acqua dal cielo e ha fatto crescere i frutti di cui vi cibate. Ora che conoscete la verità, non pensate che ci sia un potere che possa eguagliare il Suo.

23-Se ancora nutrite dubbi su ciò che abbiamo gradualmente rivelato al servo Nostro (Muhammad), presentate una sura che uguagli questa e chiamate altri dei a testimoni vostri, se dite il vero.

24-Se non potete farlo -e farlo (sicuramente) non potete- temete il Fuoco che consuma uomini e pietre, pena che attende chi respinge la fede.

---

[4] In arabo *Taqwā*.

25-Annuncia la buona novella a coloro che credono e compiono opere rette. Giardini, dove scorrono ruscelli, li attendono. Ogni volta che si ciberanno dei suoi frutti, diranno: "Di questi ci siamo già cibati", perché saranno concessi loro frutti somiglianti. Avranno compagni purissimi. Qui dimoreranno in eterno.

26-Dio non disdegna le parabole che implicano gli esseri più umili[5] come quelli più nobili. Coloro che hanno fede, sanno che questa verità proviene dal loro Signore, ma coloro che la negano dicono: "Che cosa ha voluto intendere Dio con questa similitudine?". Con questa Egli molti guida e molti travia. Però travia solo coloro che abbandonano la retta via.

27-I perdenti sono coloro che recidono il legame con Dio, dopo che è stato stretto, dividono ciò che Egli ha ordinato di unire e spargono corruzione sulla terra.

28-Come potete negare Dio, quando sapete che eravate senza vita e Lui vi ha fatto vivere. E vi farà morire e poi vi darà nuova vita. A Lui ritornerete.

29-Egli è Colui che ha creato ogni cosa che si trova sulla terra e del cielo ha fatto sette cieli. Egli detiene la conoscenza assoluta di tutte le cose.

30-Quando il vostro Signore disse agli angeli: "Porrò un mio vicario[6] sulla terra", risposero: "Porrai qualcuno che spargerà corruzione e verserà il sangue, mentre noi lodiamo e glorifichiamo la Tua gloria immensa, Ti esaltiamo e glorifichiamo il Tuo nome?". Egli rispose: "Io conosco quello che voi non conoscete".

31-E insegnò ad Adamo i nomi di tutte le cose[7]. Le pose davanti agli angeli e disse: "Ditemi i loro nomi, se siete veritieri".

32-Dissero: "Gloria a Te. Noi conosciamo solo ciò che Tu ci hai concesso di conoscere. In verità, Tu sei l'Onnisciente, il Saggio.

---

[5] In 29:41 viene nominato il ragno ed in 22:73 si fa riferimento alla mosca. Entrambe queste sure furono rivelate precedentemente alla presente. In 2:19 si fa riferimento invece alle forze della natura.

[6] In arabo *Khalīfāh*.

[7] Secondo la maggioranza dei commentatori con quest'espressione s'intende l'intima natura delle cose, compresi i sentimenti e le loro qualità. Le particolari qualità o sentimenti, che non appartenevano alla natura degli angeli, furono donate invece agli esseri umani che sono chiamati ad utilizzarle nel migliore dei modi in quanto scelti da Dio come Suoi vicari in questo mondo.

33-Poi disse: "O Adamo di' loro i nomi di tutte le cose". Quando lo ebbe fatto, Dio disse: "Non vi ho detto: <<Io solo conosco l'intima natura dei cieli e della terra e ciò che manifestate e ciò che nascondete?>>".

34-Abbiamo detto agli angeli: "Prosternatevi davanti ad Adamo". E si prosternarono, eccetto Iblis[8], che si rifiutò a causa della sua arroganza. Divenne uno di coloro che rinnegano la fede.

35-Poi abbiamo detto ad Adamo: "Dimora insieme alla tua compagna in questo Giardino e mangia, dove e quando vuoi, dei suoi magnifici frutti. Non vi avvicinate però a quest' albero o vi macchierete di ingiustizia[9]".

36-Satana[10] però li fece cadere cosicché fossero scacciati dal Giardino e dalla condizione di felicità di cui avevano goduto. Dicemmo: "Scendete sulla Terra[11], nemici gli uni degli altri. Vivete e traetene sostentamento per un periodo".

37-Adamo ricevette dal suo Signore la parola[12]. Il suo Signore si volse[13] verso di lui. Egli è Perdonatore e Misericordioso.

38-Dicemmo: "Discendente da qui. E se (ed è cosa certa) vi[14] invierò una guida, chiunque la seguirà non avrà nulla da temere e non languirà nella tristezza".

39-Coloro che respingono la fede e accusano di menzogna i segni che abbiamo inviato, dimoreranno in eterno nel fuoco.

40-O Figli di Israele, ricordate le benedizioni che vi ho concesso. Siate fedeli alla vostra promessa, così Io sarò fedele alla Mia. Non temete ed adorate altri che Me.

---

[8] Secondo la tradizione islamica Iblis non è un angelo bensì un *Jinn*. Cfr. 18:50.

[9] In arabo *Zulm*, termine che può essere tradotto anche come "trasgressione", "danno" o "errore".

[10] Il termine Iblis nel versetto 34 indica la ribellione e la disperazione, quello di "Satana" invece l'inimicizia e la perversità.

[11] Il riferimento è diretto ad Adamo, alla sua compagna ed a Iblis. Nel versetto 33 viene utilizzato il singolare, mentre nel 34 si passa alla forma duale. In questo versetto invece è presente la forma plurale, che nella lingua araba si utilizza per ogni numero maggiore di due.

[12] Nel contesto di questo versetto il termine indica l'ispirazione e la conoscenza spirituale.

[13] Il termine arabo *Tawbah*, che viene tradotto come pentimento, in realtà significa letteralmente "volgersi verso". Nella sua forma intensiva (*Tauwāb*) indica la misericordia di Dio che si volge verso gli esseri umani per concedere loro il perdono.

[14] Il passaggio dal plurale al singolare, così come in altri versetti coranici (Cfr. 26:52), sottolinea l'esistenza di una speciale relazione tra Dio ed esseri umani.

41-Credete in ciò che ho rivelato a conferma della rivelazione precedente. Non siate i primi a negarla e non scambiate i Miei segni per un vile prezzo. TemeteMi.

42-Non coprite la verità con la falsità. Non nascondete la verità consapevolmente.

43-Mantenetevi costanti nella preghiera, praticate la carità e inchinatevi con coloro che s'inchinano.

44-Non imponente la buona condotta, ma poi dimenticate di praticarla! Eppure studiate le Scritture! Non comprendete forse?

45-Sostenetevi con la pazienza[15], la perseveranza e la preghiera che sono pratiche difficili, ma non per coloro che sono umili nell'animo loro.

46-Coloro che sanno con certezza che incontreranno il loro Signore e che a Lui ritorneranno.

47-O Figli di Israele, ricordate le speciali benedizioni che vi ho concesso e come vi ho scelto tra tutte le genti.

48-Mantenetevi costanti nella memoria di quel giorno in cui nessuna anima potrà avvalersi dell'aiuto di un'altra, quando non sarà accettata alcuna intercessione, nessuna compensazione e nessun tipo di soccorso.

49-Ricordate: vi abbiamo soccorso contro il popolo del Faraone, che vi ha afflitto con una grande sofferenza, uccidendo i vostri figli e risparmiando solo le donne. È stata questa una prova tremenda dal vostro Signore[16].

50-Ricordate: abbiamo diviso il mare per voi, salvandovi e facendo affogare il popolo del Faraone davanti ai vostri stessi occhi.

51-Ricordate: stabilimmo per Mosè quaranta notti [di permanenza sul Monte Sinai]. Però, in sua assenza, adoraste il vitello [d'oro], mostrandovi ingiusti.

52-Vi abbiamo perdonato affinché poteste esserCi riconoscenti.

---

[15] In arabo *Sabr*, che ha le seguenti sfumature di significato: 1-La pazienza, 2-La costanza, 3-La fermezza, 4-La rassegnazione di fronte all'inevitabile. Cfr. 2:153-154.

[16] Cfr. Esodo 1:14, 5:5-19, 2:2-10. Per quanto riguarda i riferimenti coranici vedi: 14:6, 28:9, 20:37-38.

53-Ricordate: abbiamo dato a Mosè la Scrittura e il Discrimine[17] [tra il bene ed il male] attraverso il quale distinguete il bene dal male, affinché poteste essere ben guidati.

54-Ricordate: Mosè disse al suo popolo: "O popolo mio, avete compiuto un torto contro voi stessi adorando il vitello. Volgetevi pentiti verso il vostro Signore e datevi la morte [per coloro che hanno commesso il male][18]. Questo è meglio per voi davanti al vostro Signore[19]. Egli si è rivolto verso di voi. Egli è Perdonatore, Misericordioso.

55-Ricordate: Avete affermato: "O Mosè non crederemo mai in te fino a quando non avremmo visto Dio". Però, quando rivolgeste lo sguardo verso il cielo, foste colpiti da fulmini e tuoni.

56-Dopo la morte, vi resuscitammo al fine che poteste mostrarvi grati!

57-Stendemmo su di voi l'ombra delle nuvole e vi inviammo *Manna*[20] e quaglie dicendo: "Mangiate dei beni che vi abbiamo inviato". Non hanno compiuto un'ingiustizia verso di Noi, ma hanno peccato verso le anime loro.

58-Ricordate: Abbiamo detto: "Entrate in questa città[21] e mangiate in abbondanza ciò che desiderate, ma entrate per la porta con umiltà, dicendo: <<Liberaci dal peso dei nostri

---

[17] In arabo *Furqān*. Secondo alcuni commentatori, i termini Scrittura e Discrimine nel contesto di questo versetto sono equivalenti. Secondo altri, invece, con il primo termine ci si riferisce alla Scrittura rivelata, mentre con il secondo ai segni di Dio. Cfr. 8:29, 21:48.

[18] Secondo alcuni commentatori l'espressione si riferisce all'uccisione dei colpevoli in accordo con quanto presente in Esodo 32:27-28.

[19] Nel versetto è presente la parola *Bāri'*, che può essere tradotta come "creatore" e "liberatore". Quest'ultimo termine si riferisce alla liberazione dei Figli d'Israele dalla schiavitù egiziana.

[20] *Manna* è un termine ebraico. In arabo potrebbe tradursi come *Mā-huwa*, ossia che "cosa è?". Nel testo dell'Esodo (16:14) è descritta come qualcosa di commestibile di piccole dimensioni e di forma sferica, che assomiglia alla brina congelata. Il termine potrebbe riferirsi ad una secrezione zuccherina e gommosa di una specie di Tamarindo che cresce nella regione del Sinai. Per quanto riguarda le quaglie, durante alcuni periodi dell'anno, i venti spostano questi volatili dalla zona del Mediterraneo orientale verso la penisola del Sinai.

[21] Si riferisce probabilmente a *Shittim*, ossia la "città delle acacie", posta ad est del Giordano, dove i Figli d'Israele si dedicarono alla dissolutezza ed al culto idolatra. Cfr. Numeri 25:1-2.

peccati>>. Perdoneremo i peccati vostri e aumenteremo la ricompensa di coloro che compiono il bene".

59-Però i malvagi cambiarono la parola che era stata loro rivelata. Inviammo loro un castigo dal cielo per la loro disubbidienza.

60- Ricordate di quando Mosè Ci pregò per l'acqua, dicemmo: "Infrangi la roccia con il tuo bastone"[22]. Zampillarono (dalla roccia) dodici ruscelli. Ogni tribù[23] sapeva da dove bere. Mangiate e bevete di ciò che Dio vi ha concesso. Non agite ingiustamente sulla terra spargendovi la corruzione.

61-Ricordate di aver detto: "O Mosè non possiamo sopportare sempre il medesimo cibo. Prega il tuo Signore per noi che ci conceda ciò che la terra produce: erbe, cetrioli, aglio, lenticchie e cipolle". Egli disse: "Scambiereste il meglio per il peggio? Recatevi in qualsiasi altra terra[24] e troverete quello che volete". Furono umiliati e suscitarono l'ira divina. Continuarono a rifiutare i segni di Dio e ad uccidere i profeti ingiustamente. Furono ribelli e si abbandonarono al peccato.

62-Coloro che credono in questo messaggio, così come gli ebrei, i cristiani e i Sabei[25]- che credono in Dio, nell'Ultimo Giorno e compiono opere rette- avranno la loro ricompensa presso il loro Signore. Non avranno nulla da temere e non saranno sopraffatti dalla tristezza.

63-Ricordate: Abbiamo stretto con voi un patto solenne e abbiamo innalzato il Monte Sinai[26] al di sopra di voi:

---

[22] Cfr. Esodo 17:6.

[23] Ci si riferisce alle 12 tribù d'Israele, i cui patriarchi erano appunto i 12 figli di Giacobbe. Cfr. Genesi 35:22-26.

[24] Nel contesto di questo versetto il termine *Misr* indica in modo indefinito "una qualsiasi terra fertile come l'Egitto".

[25] In arabo *Sabī'un*. Questo termine potrebbe riferirsi, anche se la completa identificazione rimane comunque problematica, ad una comunità che è stata individuata nel secolo scorso nel basso Iraq vicino a Basra. Costoro sono chiamati in arabo *Subbā* (singolare *Subbī*). Erano noti però anche come Sabi, Nasorei e Cristiani di San Giovanni. Il loro testo sacro, chiamato *Ginza*, è scritto in un dialetto dell'aramaico. Il riferimento coranico non deve essere comunque confuso con i Sabei, adoratori del sole e della luna, che abitarono nella zona compresa tra lo Yemen e l'Arabia meridionale tra l'800 ed il 700 a.C. e che furono sconfitti dagli Abissini nel 350 a.C. e dai Persiani nel 579 a.C. Cfr. 5:69.

[26] Un'alta montagna nel deserto arabo nella penisola tra le due sponde del Mar Rosso, dove Mosè ricevette i 10 Comandamenti. Cfr. Esodo 19:5, 8, 16, 18. In arabo è

"Aggrappatevi con fermezza a quanto vi abbiamo concesso. Ricordate ciò che contiene ché possiate essere riconoscenti".

64-Vi siete però voltati indietro. Se Dio non vi avesse concesso la Sua grazia e misericordia, sareste stati tra coloro che si sono perduti completamente.

65-Conoscete bene chi tra di voi non ha rispettato il sabato. Dicemmo: "Siate come le scimmie, deplorevoli e disprezzate"[27].

66-Ne facemmo un esempio per i contemporanei ed i posteri e un monito per coloro che temono Dio.

67-Ricordate: Mosè disse al suo popolo: "Dio vi comanda di sacrificare una giovenca"[28]. Dissero: "Ti prendi forse gioco di noi?" Rispose: "Che Dio mi salvi dall'ignoranza".

68-Dissero: "Prega il tuo Signore da parte nostra per spiegarci di che tipo di giovenca si tratti". Mosè disse: "Ha affermato che la giovenca non deve essere né anziana né giovane, ma di età media. Ora compite ciò che vi è stato comandato".

69-Dissero: "Prega il tuo Signore da parte nostra per chiarire di che colore debba essere la giovenca". Disse: "Ha affermato che deve essere una giovenca di colore giallo chiaro e brillante, piacevole alla vista".

70-Dissero: "Prega il tuo Signore da parte nostra di chiarirci quale giovenca debba essere. A noi sembrano tutte uguali. Se Dio vuole, saremo ben guidati!".

71-Disse: "Ha affermato: una giovenca che non è stata aggiogata né per arare la terra né per attingere l'acqua, sana e senza difetti". Dissero: "Ora ci hai detto il vero". Infine la sacrificarono, anche se controvoglia.

72-Ricordate: Avete ucciso un uomo[29] e vi accusavate a vicenda. Però Dio ha reso manifesto ciò che nascondevate.

73-Dicemmo: "Frizionate il corpo con parti della giovenca ". In questo modo Dio salva dalla morte e vi mostra i Suoi segni affinché possiate comprendere.

---

conosciuta come la Montagna di Mosè (*Jabal Mūsa*). Per quel che concerne i riferimenti coranici vedi 7:171.

[27] Cfr. Esodo 31:14. Per i riferimenti coranici vedi 7:163-166.

[28] Cfr. Numeri 19:1-10.

[29] Cfr. Deuteronomio 21:1-9.

74-Si sono poi induriti i vostri cuori. Sono diventati come la pietra o peggio. Vi sono alcune rocce da cui sgorgano fiumi, altre che, quando si dividono, lasciano scorrere l'acqua. Altre ancora crollano per il timore di Dio. Dio ben conosce quello che fate.

75-Nutrite ancora la speranza che si dimostrino veritieri verso di voi, anche se avete visto che una parte di loro, dopo aver udito la parola di Dio, la modifica consapevolmente, pur avendola compresa?

76-Quando incontrano coloro che credono dicono: "Crediamo". Quando però si trovano da soli, affermano: "Avete forse raccontato ciò che Dio ci ha rivelato, in modo che ne possano discutere con voi di fronte al Signore? Non comprendete forse [i loro scopi]?"

77-Forse non sanno che Dio conosce ciò che nascondono e ciò che manifestano?

78-Alcuni di loro sono illetterati e non conoscono le Scritture in modo approfondito. Seguono solo i loro desideri e non si basano che su congetture.

79-Quanto terribile è l'azione di coloro che scrivono ciò che reclamano essere la rivelazione e poi dicono: "Questo proviene da Dio" e lo svendono a vile prezzo. Guai a loro per ciò che le loro mani hanno scritto e per il guadagno che ne hanno tratto.

80-Dicono: "Il Fuoco non ci toccherà che per un numero limitato di giorni!". Di' loro: "Avete ricevuto una promessa da Dio, Che sempre mantiene ciò che promette? O attribuite a Dio qualcosa di cui non avete alcuna conoscenza?"

81-Coloro che commettono il male e si lasciano avviluppare dal peccato, sono compagni del Fuoco, loro eterna dimora.

82-Coloro che credono e compiono opere rette sono compagni del Giardino, ove dimoreranno in eterno.

83-Ricorda: Abbiamo stretto un patto con i Figli d'Israele: "Non adorate altri che Dio, trattate con gentilezza i vostri genitori e i vostri parenti, gli orfani e coloro che si trovano nel bisogno. Rivolgetevi alle persone con parole giuste. Siate perseveranti nella preghiera e nell'elemosina". Voi però, tranne alcuni, vi siete voltati indietro, e ancora adesso siete un popolo ostinato.

84-Ricordate: Abbiamo stretto un patto[30] secondo cui non vi sareste uccisi a vicenda e non avreste scacciato i membri del vostro popolo dalle loro case. Lo avete giurato solennemente e potete esserne testimoni.

85-Eppure, ciononostante avete versato il sangue gli uni degli altri e avete scacciato alcuno di voi dalle loro case. Avete aiutato i loro nemici nella colpa e nella trasgressione. Quando poi tornano da voi come prigionieri, li riscattate[31], anche se la legge non vi aveva permesso di scacciarli. Credete solo in una parte della rivelazione e tralasciate il resto? Di quale ricompensa sono degni coloro che si comportano in questo modo, se non dell'umiliazione in questa vita? Il Giorno del Giudizio sarete consegnati ad un cocente castigo. Dio non è immemore delle vostre azioni.

86-Costoro hanno acquistato la vita in questo mondo al prezzo dell'Altra. La loro punizione non sarà ridotta e non riceveranno aiuto alcuno.

87-Abbiamo dato la Rivelazione a Mosè e dopo di lui sono seguiti altri profeti. Abbiamo dato a Gesù, figlio di Maria, i chiari segni della verità e lo abbiamo fortificato con lo spirito di santità. Ogni volta che viene da voi un messaggero che vi reca qualcosa che non gradite, la vostra arroganza s'accresce. Chiamate impostori alcuni dei profeti ed altri li uccidete.

88-Dicono: "I nostri cuori sono delle custodie (che preservano le parole di Dio)". Dio li ha respinti perché hanno negato[32] la verità. Sono uomini di poca fede.

89-Ogni volta che giunge loro una nuova rivelazione, che conferma ciò che hanno già ricevuto -anche se in passato hanno pregato per ottenere aiuto contro coloro che negano il vero- quando giunge loro qualcosa che dovrebbero avere riconosciuto, rifiutano di crederci. Dio rifiuta coloro che respingono la fede.

---

[30] Nel versetto 83 ci si riferisce ad una legge morale universale. Nel presente versetto invece ci si riferisce al patto stretto a Medina tra la comunità ebraica e quella musulmana nel secondo anno dell'*Hijrah*. Cfr. Ibn Hishām, *Sīrat ur-Rasūl*.

[31] Alcuni commentatori intendono "paga il riscatto per loro".

[32] La radice araba *Kafara* ha le seguenti sfumature di significato: 1-Mostrarsi ingrati verso la bontà divina, 2-Negare la fede e la rivelazione, 3-Attribuire a Dio quanto non concerne la Sua natura.

90-Hanno venduto le anime loro ad un miserabile prezzo, negando ciò che Dio ha rivelato. Lo hanno fatto perché invidiosi che Dio possa inviare le Sue benedizioni sui servi da Lui scelti. Hanno attirato su se stessi sempre di più l'ira divina. Umiliante è la punizione di cui sono degni coloro che respingono la fede.

91-Quando viene detto loro: "Credete in ciò che Dio ha rivelato", rispondono: "Crediamo in ciò che ci è stato rivelato". Costoro non credono in ciò che è giunto successivamente, sebbene sia la verità a conferma di quanto hanno già ricevuto. Di': "Perché avete ucciso in passato i profeti di Dio, se avete creduto?"

92-Vi fu inviato Mosè con chiari segni. Avete però adorato il vitello, comportandovi da iniqui.

93-Ricordate che abbiamo stretto con voi un patto e abbiamo innalzato su di voi il Monte Sinai, dicendo: "Aggrappatevi con forza a ciò che vi abbiamo concesso e prestatevi ascolto. Dissero: "Ascoltiamo e disobbediamo". I loro cuori hanno traboccato[33] per il vitello (d'oro) perché hanno negato il vero. Di': "È terribile ciò che la vostra fede vi comanda di fare, se mai siete credenti".

94-Di': "Se la dimora ultima presso Dio vi è riservata esclusivamente, bramate la morte, se siete sinceri".

95-Costoro però non brameranno mai la morte, a causa dei peccati che le loro mani hanno inviato a precederli. Dio ben conosce gli iniqui.

96-In realtà, li troverai più bramosi della vita di tutti gli altri uomini, persino dei politeisti. Ognuno di loro desidera ardentemente che gli venga concesso di vivere mille anni. Però nemmeno se gli fosse garantita una vita così lunga, potrebbe essere salvato dalla punizione. Dio vede tutto quello che compiono.

97-Di': "Chiunque si dimostra nemico di Gabriele perché ha recato la rivelazione nel tuo petto, con il permesso di Dio, a conferma di quanto era stato rivelato in precedenza, come guida e buona novella per i credenti,

98-chiunque si dimostra nemico di Dio, dei Suoi angeli e dei Suoi Profeti, di Gabriele e di Michele, Dio è nemico di quanti rifiutano la fede.

---

[33] In arabo *ushribu*, che letteralmente significa "traboccare d'amore". Cfr. Ibn Kathīr, Commentario sul versetto 2:93.

99-Ti abbiamo inviato chiari segni e miracoli che solo i perversi negano.

100-Non è forse vero che, ogni volta che stringono un patto, una parte di loro lo infrange? La maggior parte non ha fede.

101-Quando Dio invia un messaggero a conferma di quanto rivelato in precedenza, una parte della gente del Libro si getta la rivelazione[34] dietro le spalle. Come se non sapessero!

102-Seguono ciò che i malvagi hanno praticato al tempo del regno di Salomone. Non fu lui il negatore della verità, ma quei malvagi che insegnarono agli uomini l'arte del sortilegio e ciò che è stato diffuso in Babilonia da Hārūt e Mārūt[35]. Costoro non hanno mai insegnato nulla senza prima affermare: "Siamo una tentazione a compiere il male. Non siate negatori della verità divina". Da loro impararono il modo in cui seminare discordia tra moglie e marito. Non hanno mai potuto danneggiare nessuno, senza il permesso di Dio. Quello che hanno imparato nuoce loro, senza recare alcun beneficio. Coloro che acquistano questa conoscenza non avranno alcuna porzione nell'Altra vita. Hanno venduto le loro anime ad un prezzo vile. Se solo lo sapessero.

103-Se solo si fossero mantenuti credenti e avessero temuto il male, Dio li avrebbe ben ricompensati. Se solo sapessero.

104-O credenti! Non dite al Profeta: <<Ascoltaci>>, ma piuttosto: <<Abbi pazienza e prestaci ascolto>>[36]. Restategli vicini. Una grave punizione attende coloro che respingono la fede.

105-Coloro che tra i popoli del libro ed i pagani negano il vero non vorranno mai che qualcosa di buono ti venga inviato dal tuo Signore. Dio invia la Sua misericordia su chi vuole. Dio è il Signore di una grazia abbondante.

---

[34] Il riferimento potrebbe essere diretto alla rivelazione loro inviata e non a quella portata dal Profeta Muhammad (pbsl). Cfr. 3:187.

[35] Probabilmente il riferimento è diretto alle arti magiche praticate in Babilonia. Mārūtu o Marduk era un eroe deificato venerato in Babilonia come dio della magia. Nella *Midrash* ebraica è presente la storia di due angeli che domandarono a Dio di scendere sulla terra in forma umana, ma non seppero resistere alla tentazione del male.

[36] In arabo *Rāi'nā*, termine che veniva leggermente modificato al fine di assumere un significato irrispettoso.

106-Ogni volta che abroghiamo o facciamo cadere nell'oblio uno dei nostri segni[37] [da un libro precedentemente rivelato], lo sostituiamo con uno migliore o simile. Non sapete che Dio detiene il potere assoluto su ogni cosa?

107-Non sapete forse che a Dio appartiene il dominio dei cieli e della terra e che non avete protettore o aiuto in altri che Lui?

108-Vorreste forse interrogate il vostro messaggero nel modo in cui in passato Mosè è stato interrogato? Chiunque scambia la fede con la miscredenza si è allontanato dal retto cammino[38].

109-A causa dell'invidia molti tra le genti del libro vorrebbero ricondurvi alla miscredenza, dopo che avete accettato la fede, anche se la verità è apparsa loro in modo manifesto. Tu però perdona e passa avanti[39], fino a quando Dio renderà manifesta la Sua volontà. Dio ha potere su tutte le cose.

110-Mantenetevi costanti nella preghiera e regolari nella carità. Qualunque cosa avrete inviato davanti a voi per le vostre anime, la ritroverete presso Dio, Che osserva tutto ciò che fate.

111-Dicono: "Nessuno entrerà in Paradiso almeno che non sia ebreo o cristiano". Questi sono i loro [vani] desideri. Di': "Provatelo, se siete nel vero".

112-Chiunque si sottomette[40] completamente a Dio e compie il bene, otterrà la ricompensa dal Suo Signore. Non avranno nulla da temere né saranno colti dalla tristezza.

113-Gli ebrei dicono: "I cristiani non posseggono dei fondamenti validi per la loro fede". I cristiani dicono: "Gli ebrei non posseggono dei fondamenti validi per la loro fede". Eppure studiano le medesime Scritture. Nei loro discorsi assomigliano a quanti non posseggono alcuna conoscenza. Dio giudicherà le loro dispute nel Giorno del Giudizio.

---

[37] In arabo *Āyāt*, termine utilizzato per indicare sia la rivelazione che i segni di Dio presenti nella natura, nell'interiorità dell'essere umano e nella storia dell'umanità.

[38] In arabo *Sawā'a*, che indica qualcosa di piano e liscio.

[39] Nel testo coranico sono utilizzati i seguenti tre termini per indicare l'atto del perdono: 1-'*Afā*, traducibile come "dimenticare", 2-*Safaha*, traducibile come "ignorare" "volgersi lontano da", 3-*Ghafara*, traducibile come "coprire qualcosa", così come Dio fa con i peccati degli esseri umani per mezzo della Sua grazia.

[40] In arabo *Wajh*, termine che assume le seguenti sfumature di significato: 1-Volto (Cfr. 7:29), 2-Favore (Cfr. 92:20), 3-Onore, gloria, presenza (Cfr. 4:72), 4-Per causa di (Cfr. 76:8), 5-Inizio (Cfr. 3:71), 6-Natura intima, essenza (Cfr. 5:111, 27:88, 55:27).

114-Chi agisce più ingiustamente di colui che non consente che, nei luoghi dedicati all'adorazione di Dio, il Suo nome possa essere celebrato[41]? Chi si adopera [al contrario] per la loro rovina? Dovrebbero invece aver timore di entrarvi. Li attende la disgrazia in questo mondo e in quello che verrà un terribile tormento.

115-A Dio appartiene l'Oriente e l'Occidente. Il volto di Dio è ovunque vi volgiate. Dio è Infinito, Onnisciente.

116-Dicono: "Dio si è scelto un figlio". Gloria a Lui! No! A Lui appartiene ciò che si trova nei cieli e sulla terra. Ogni cosa si sottomette a Lui.

117-Egli ha dato origine[42] al cielo e alla terra. Quando decide di creare qualcosa, dice: "Sia!" ed essa "è".

118-Coloro che non posseggono conoscenza alcuna dicono: "Perché Dio non parla con noi? Perché non ci invia un segno manifesto?" Coloro che li precedettero parlarono in modo simile. I loro cuori si assomigliavano. Noi abbiamo reso chiari i segni per coloro che nutrono nei loro cuori la certezza [della verità della rivelazione].

119-Ti abbiamo inviato nella verità come un annunciatore della buona novella e un ammonitore. Non ti sarà domandato di coloro che sono condannati all'Inferno.

120-Gli ebrei e i cristiani non si compiaceranno mai di te, a meno che tu non segua le loro stesse credenze. Di': "La guida di Dio è la sola guida". Se seguissi le loro erronee interpretazioni, dopo che la conoscenza ti ha raggiunto, non troveresti alcuna protezione o aiuto contro Dio.

121-Coloro a cui abbiamo inviato le Scritture e le studiano e le seguono nel modo in cui debbono essere studiate e seguite, sono credenti. Coloro che invece rinnegano la fede (nella rivelazione), saranno perduti.

---

[41] In questo versetto ci si riferisce ai pagani della Mecca che cercavano d'impedire ai musulmani di accedere alla *Ka'ba*.

[42] In arabo *Bada'a*, che indica un atto creativo di natura primordiale. Cfr. 6:102 dove il medesimo termine è utilizzato per indicare la creazione del cielo e della terra, mentre la parola *Khalaqa* per quella di tutti gli altri enti. Cfr. 54:49, 25:59, dove è presente il termine *Amr*, traducibile come "direzione" e "comando". Cfr. 25:61-62, dove il termine *Ja'ala* è utilizzato per indicare la creazione di nuove forme e schemi, con un particolare riferimento alle costellazioni. Cfr. 42:11, dove il termine *Fatara* indica l'atto di creare qualcosa dal nulla. Cfr. 59:24, 57:22, 6:94, 6:98.

122-O Figli d'Israele! Ricordate le speciali benedizioni e la grazia che vi ho inviato e come vi ho scelto tra i popoli.

123-Temete il giorno in cui un'anima non potrà avvalersi di un'altra. Non sarà accettata da lei alcuna compensazione né intercessione o aiuto esterno.

124-Ricordate: Abramo venne messo alla prova dal suo Signore per mezzo di certi comandamenti[43], a cui ubbidì. Egli disse: "Ti renderò guida[44], esempio e modello davanti ai popoli". Abramo disse: "Anche i miei discendenti?". Egli rispose: "La Mia promessa non contempla gli iniqui".

125-Ricordate: Abbiamo reso la *Ka'ba*[45] un santuario in cui gli uomini possono recarsi in pace e sicurezza. Scegliete il posto, dove una volta Abramo ha sostato, come luogo di preghiera. Abbiamo stretto un patto con Abramo e Ismaele: "Purificate la Mia Casa per coloro che vi cammineranno intorno, che vi mediteranno vicino, che si inchineranno e prosterneranno in preghiera[46]".

126-Ricordate: Abramo disse: "O Signore! Rendi questo luogo un luogo di pace[47] e nutri coloro che credono in Dio e nell'ultimo giorno con i suoi frutti". Egli disse: "Lascerò che colui che nega la verità goda [della propria esistenza] per un poco. Li condurrò però presto al tormento del Fuoco, un'orribile destinazione".

---

[43] In arabo *Kalimāt*, lett. Parole. Nel contesto di questo versetto il termine è impiegato per indicare il piano o decreto divino.

[44] In arabo *Imām*, termine che ha le seguenti sfumature di significato: 1-Leader nell'ambito religioso, 2-Leader nella preghiera in congregazione, 3-Modello, esempio, 4-Libro che guida ed istruisce (Cfr. 11:17), 5-Libro che prova o preserva (Cfr. 36:12).

[45] La *Ka'ba*, la cui costruzione risale ad Abramo, era considerata sacra anche dagli arabi dell'era pre-islamica, anche se al suo interno avevano introdotto degli idoli. A quel tempo, era il luogo d'incontro annuale delle diverse tribù arabe, che si recavano alla Mecca nella stagione del Pellegrinaggio per commerciare e per assistere alle gare d'improvvisazione poetica.

[46] In questo versetto viene fatto riferimento ai seguenti riti, che tutt'oggi vengono praticati dai musulmani nel mese del Pellegrinaggio: 1-La *Tawāf*, ossia girare sette volte intorno alla *Ka'ba* in senso antiorario, 2-*I'tikāf*, ossia ritirarsi in un luogo determinato (solitamente una moschea) per dedicarsi alla contemplazione ed alla preghiera, 3-*Rukū'*, ossia l'atto di inchinarsi durante la preghiera, 4-*Sujūd*, ossia l'atto di prosternarsi durante la preghiera.

[47] In arabo *Salama*, termine che ha la stessa radice di Islam.

127-Ricordate: Quando Abramo ed Ismaele costruirono le fondamenta del tempio, pregarono: "O Signore! Accettalo da parte nostra. Tu sei colui che tutto ode e conosce".

128-Signore nostro! Fai che ci sottomettiamo alla Tua volontà. Dei nostri discendenti fai una comunità di sottomessi. Mostraci il modo di adorarTi e volgi verso di noi la Tua misericordia. Tu sei il Perdonatore, il Misericordioso.

129-Signore nostro! Invia un messaggero dalla loro gente, così che possa mostrare loro i Tuoi segni e istruirli nella scrittura e nella saggezza. Santificali. Tu sei l'Eccelso, il Saggio".

130-Chi, se non un debole di intelletto, potrebbe mai allontanarsi dalla religione di Abramo? Lo abbiamo scelto[48] in questo mondo e nell'Altro sarà tra i giusti.

131-Il suo Signore gli disse: "Sottomettiti a Me!". Rispose: "Mi sottometto al Signore dei Mondi".

132-Questa è l'eredità che Abramo ha lasciato ai suoi figli. Lo stesso fece Giacobbe sul letto di morte: "O Figli miei! Dio ha scelto per voi la fede! Non morite se non nella sottomissione a Dio".

133-Voi stessi siete testimoni che, quando la morte apparve davanti a Giacobbe, egli disse ai suoi figli: "Chi adorerete quando non ci sarò più?". Risposero: "Adoreremo il tuo Dio e il Dio dei nostri padri, Abramo, Ismaele ed Isacco. Adoreremo il solo ed unico vero Dio: a Lui ci inchiniamo sottomessi".

134-Ora costoro sono ormai passati. Raccoglieranno i frutti delle loro azioni e voi delle vostre. Non vi sarà domandato di quanto hanno compiuto.

135-Dicono: "Diventa ebreo o cristiano, se vuoi essere condotto alla salvezza". Rispondi: "La nostra fede è la fede di Abramo, il sincero[49] che non si è macchiato di politeismo".

136-Di': "Crediamo in Dio e nella rivelazione che è stata data a noi, ad Abramo, Ismaele, Isacco, Giacobbe e alle tribù. La rivelazione data a Mosè, a Gesù ed ai profeti dal Nostro Signore. Non facciamo differenza tra di loro e ci sottomettiamo a Dio nell'Islam".

---

[48] In arabo *Istafā*, traducibile come "scelto e purificato". Il termine ha la medesima radice di *Mustafa* (prescelto), titolo con cui viene apostrofato il Profeta Muhammad (pbsl).
[49] *Hanīf*.

137-Se credono nel modo in cui tu credi, in verità si troveranno sul retto cammino. Se però si voltano indietro, dimoreranno nell' errore. Dio ti proteggerà da loro. Egli è Colui che tutto ode e tutto conosce.

138-La nostra vita è un colore[50] di Dio. Chi può dare un colore migliore di Dio? Lui adoriamo.

139-Di': "Vorreste disputare con noi riguardo a Dio, il nostro e il vostro Signore, Che giudicherà le nostre e le vostre azioni e verso cui nutriamo una fede sincera?

140-Affermate forse che Abramo, Ismaele, Isacco, Giacobbe e i suoi discendenti fossero ebrei o cristiani?" Di': "La vostra conoscenza è migliore di quella di Dio? Chi commette un'ingiustizia maggiore di colui che occulta la testimonianza ricevuta da Dio? Dio non è disattento verso quello che fate".

141-Ora costoro sono ormai passati. Hanno raccolto i frutti delle loro azioni e voi raccoglierete le vostre. Non sarete giudicati secondo ciò che hanno compiuto.

142-Coloro[51] che mancano di intelletto diranno: "Che cosa ha fatto sì che mutassero la direzione della loro preghiera[52]?" Di': "A Dio appartiene l'Oriente e l'Occidente. Egli guida chi vuole verso il retto cammino".

143-Abbiamo fatto di voi una comunità di mediazione[53], affinché siate testimoni davanti ai popoli e il Profeta sia testimone davanti a voi[54]. Abbiamo scelto la *Qiblah*, verso cui ti sei rivolto in precedenza, per mettere alla prova coloro che avrebbero seguito il messaggero da coloro che si sarebbero voltati indietro. È stata una dura prova, tranne per coloro che Dio ha guidato sul retto

---

[50] In arabo *Sibgat*, termine la cui radice indica l'atto di tingere o colorare.

[51] Nel testo coranico è presente il termine *Nās* che indica la moltitudine degli esseri umani.

[52] In arabo *Qiblah*. Nei primi anni della predicazione del Profeta (pbsl), i musulmani pregavano diretti verso Gerusalemme, sacra sia agli ebrei che ai cristiani, per simboleggiare la continuità della rivelazione coranica rispetto alle precedenti scritture. Successivamente, invece, quando i musulmani si organizzarono come una comunità distinta a Medina, in seguito ad una rivelazione divina, cominciarono a pregare diretti verso la Mecca come segno di continuità con la fede di Abramo.

[53] In arabo *Wasat*, termine che indica anche una posizione mediana dal punto di vista geografico, in quanto l'Arabia si trovava al centro del mondo antico.

[54] Cfr. 4:135, 5:44, 5:8.

cammino. Dio non renderà vana la tua fede. Egli è pieno di compassione verso tutti gli esseri umani. Egli è il Misericordioso.

144-Ti abbiamo visto volgere il volto verso il cielo (in cerca di una guida). Ora ti faremo rivolgere in preghiera verso una direzione che amerai. Volgi il volto verso la sacra moschea[55] presso la Mecca. In qualunque luogo ti trovi, volgi il volto verso questa direzione. I popoli del libro sanno che questa è una verità che proviene dal loro Signore. Dio non è disattento verso quello che fanno.

145-Anche se portassi davanti ai popoli del libro tutti i segni, non seguirebbero (mai) la tua *Qiblah*. Tu non dovrai seguire la loro direzione e loro nemmeno seguiranno uno la direzione dell'altro. Se dopo aver saputo, seguissi i loro vani desideri, saresti tra quanti commettono l'ingiustizia.

146-I popoli del libro sono a conoscenza di tutto questo così come conoscono i propri figli, ma alcuni di loro nascondono la verità, pur essendone a conoscenza.

147-Questa verità proviene dal tuo Signore. Non avere alcun dubbio.

148-Ogni comunità possiede una propria direzione verso cui volgersi. Tutti insieme tendete verso ciò che è buono. Ovunque voi siate, Dio vi riunirà. Egli è l'Onnipotente.

149-Da qualunque luogo ti trovi, volgi il volto verso la sacra moschea. Questa è la verità che proviene dal tuo Signore. Dio non è disattento verso quello che fate.

150-Da qualunque luogo ti trovi, volgi il volto verso la sacra moschea e in qualunque luogo vi troviate volgete il volto verso la *Ka'ba*. Che non ci sia motivo di disputa contro di voi, tranne che da parte degli iniqui. Non temete loro, ma Me affinché io possa completare le Mie benedizioni verso di voi e che voi possiate essere ben guidati.

151-Vi ho già inviato un messaggero dalla vostra gente[56] che vi ha mostrato i Miei segni, vi ha purificato e vi ha istruito nella scrittura e nella saggezza, insegnandovi ciò che non sapevate.

---

[55] Ossia la *Ka'ba*.

[56] Questo versetto deve essere letto in connessione con 2:150. Scegliendo la *Ka'ba* come *Qiblah*, Dio ha esaudito la preghiera di Abramo che aveva domandato: 1-Che la Mecca divenisse una città santa (Cfr. 2:126), 2-Che divenisse il centro del puro culto monoteista

152-Ricordatevi[57] di Me ed Io Mi ricorderò di voi. Siatemi grati e non rinnegateMi.

153-O credenti! Sostenetevi con la pazienza[58], la perseveranza e la preghiera. Dio è con coloro che pazientemente perseverano nelle condizioni difficili.

154-Non dite di coloro che perdono la vita sulla via di Dio: "Sono morti". Costoro sono vivi, anche se non potete percepirlo.

155-Siate sicuri che vi proveremo con la paura e la fame, con la perdita di beni, di vite o dei frutti della terra. Annuncia (però) la buona novella a chi pazientemente persevera,

156-a coloro che, quando sono afflitti da qualche sventura, dicono: "Apparteniamo a Dio e a Lui ritorneremo".

157-Su costoro discendono le benedizioni del loro Signore e la misericordia. Costoro ricevono la guida.

158-Dio ha posto tra i Suoi simboli al-*Safā* e al-*Marwah*[59]. Coloro che visitano la sacra moschea[60] al tempo del pellegrinaggio o nel corso di qualsiasi altro mese [durante la visitazione], devono camminare avanti e indietro nel mezzo di questi due luoghi. Se qualcuno compie più bene di quanto sia suo dovere, sappiate che Dio riconosce e conosce ogni cosa.

159-Coloro che occultano i Segni che abbiamo inviato e la guida, dopo che l'abbiamo resa chiara per gli uomini nel Libro, saranno maledetti da Dio e dagli altri esseri umani.

160-Fanno eccezione coloro che si pentono e rettificano il proprio comportamento e dichiarano apertamente il vero. Verso costoro Mi volgerò, perché Io sono Perdonatore, Misericordioso.

161-Coloro che negano il vero e muoiono negandolo, saranno rifiutati da Dio, dagli angeli e da tutta l'umanità.

---

attraverso una comunità di sinceri credenti (Cfr. 2:128), 3-Che venisse inviato un profeta presso gli arabi (Cfr. 2:129).

[57] In arabo *Dikhr*, termine che indica non solo l'atto di ricordare frequentemente, ma anche quello di commemorare e di celebrare. Cfr. 2:31.

[58] In arabo *Sabr*. Cfr. 2:45.

[59] Le due colline nei pressi della Mecca e vicine al Pozzo di Zamzam, dove Hajar, la madre di Ismaele, corse disperata pregando per l'acqua per dissetare il proprio figlio morente.

[60] La *Ka'ba*. La Stagione del Pellegrinaggio culmina con la visita ad *'Arafāt* nel nono giorno del *Dhul al Hajj*, seguita dalla *Tawāf* intorno alla *Ka'ba*. Durante la visitazione (*Umra*) sono omessi i riti compiuti presso *'Arafāt*. Cfr. 5:2.

162-Dimoreranno nel rifiuto. La loro pena non sarà diminuita e non sarà garantito loro sollievo.

163-Il tuo Dio è un Dio Unico. Non c'è altro Dio che Lui, il Clemente, il Misericordioso.

164-Nella creazione dei cieli e della terra, nell'alternanza tra il giorno e la notte, nelle navi che solcano le acque a beneficio degli uomini, nella pioggia che Dio invia dal cielo, donando nuova vita alla terra che prima era morta, e in tutti i tipi di creature che ha disposto sopra di essa, nel cambiamento dei venti e nelle nuvole che fanno muovere tra il cielo e la terra: qui ci sono segni per i saggi.

165-Eppure ci sono uomini che venerano altri esseri accanto a Dio, amandoli come dovrebbero amare Lui solo. Coloro che invece hanno fede, immensamente Lo amano. Se solo gli iniqui potessero vedere la sofferenza divenire il loro destino! A Dio appartiene il potere ed Egli è severo nel castigo.

166-Allora coloro, che adesso seguono, si libereranno dei loro seguaci. Vedranno il castigo e ogni legame tra di loro sarà reciso.

167-Coloro che hanno seguito altri da Dio, diranno: "Se solo ci fosse data un'altra possibilità, li rinnegheremmo, così come loro hanno fatto con noi". Dio mostrerà loro le azioni commesse, che condurranno solo al rammarico. Non ci sarà per loro nessuna via di uscita dal Fuoco.

168-O uomini! Mangiate di ciò che si trova sulla terra, ciò che è lecito e buono[61]. Non seguite però i passi di Satana che è per voi un nemico manifesto.

169-Costui vi comanda di compiere il male, di comportarvi in modo indegno e di proferire riguardo a Dio ciò di cui non possedete conoscenza alcuna.

170-Quando viene detto loro: "Seguite ciò che Dio ha rivelato", rispondono: "No! Seguiamo solo i nostri antenati!", anche se i loro padri erano privi di una guida e di saggezza.

171-Quanti rinnegano la fede possono essere paragonati a coloro che, quando vengono chiamati, non odono nulla tranne il suono di una voce ed un grido. Sono muti, sordi e ciechi. Non comprendono.

---

[61] In arabo *Taiyib*, termine che implica anche l'idea di purezza.

172-O credenti! Mangiate delle cose buone che vi abbiamo concesso e siate grati a Dio, se Lo adorate.

173-Vi ha proibito solo la carne delle carcasse[62], il sangue e la carne di suino e quella su cui è stato invocato un nome diverso da quello di Dio. Se però qualcuno vi dovesse essere costretto dalla necessità, senza volontà di disubbidire e senza infrangere i limiti, non avrà colpa alcuna. Dio è Perdonatore, Misericordioso.

174-Coloro che occultano ciò che Dio ha rivelato nella Sacra Scrittura, e lo scambiano a misero prezzo, non ingoiano altro che Fuoco[63]. Dio non si rivolgerà loro nel Giorno della Resurrezione, né li purificherà. Il loro castigo sarà tremendo.

175-Costoro hanno acquistato l'errore al posto della retta guida e il tormento al posto del perdono. Quanto poco sembrano temere il Fuoco.

176-Dio ha rivelato la scrittura nella verità, ma quanti cercano in essa motivo di disputa si trovano in profondo errore.

177-La vera pietà non si trova nel volgere il volto verso Oriente o Occidente. La vera pietà consiste nel credere in Dio, nell'ultimo giorno, negli angeli, nel libro e nei profeti. La vera pietà consiste nello spendere i propri beni per amore di Lui, per la famiglia, gli orfani, i bisognosi, i viandanti, per coloro che chiedono e per la liberazione degli schiavi. La vera pietà si trova nella costanza nella preghiera, nella pratica regolare della carità e nel rispetto dei patti. La vera pietà sta nella fermezza e nella paziente perseveranza nel dolore, nelle avversità e nel timore. Costoro sono i veritieri; costoro sono i timorati di Dio.

178-O credenti! In caso di omicidio[64] è stata stabilita per voi una giusta compensazione: il libero per il libero, lo schiavo per lo schiavo e la donna per la donna. E, se viene proposta una remissione dal fratello[65] della vittima, allora garantitegli ogni richiesta ragionevole e compensatelo con gratitudine. Questa è

---

[62] In arabo *Maitat*, termine che indica il cadavere di un animale che muore di morte naturale o violenta.

[63] Lett. "Non mangiano altro che fuoco nei loro ventri".

[64] Secondo i giuristi il comando della compensazione (*Qisās*) si applica solo in caso di omicidio doloso ma non colposo.

[65] Non indica necessariamente un parente della vittima. Il termine è infatti alquanto generale e può indicare qualsiasi componente della comunità islamica. Cfr. 2:180-182, 2:178-179.

una concessione e una misericordia proveniente dal tuo Signore. Dopo di ciò, a chiunque eccede i limiti, sarà riservato un doloroso castigo.

179-Nella legge della giusta compensazione c'è la salvaguardia della vita, o uomini provvisti d'intelletto, affinché possiate imparare a controllarvi.

180-Vi è comandato, quando per ognuno di voi si avvicina il momento della morte, se possiede qualche bene da lasciare in eredità, di fare testamento a favore dei genitori e dei parenti stretti, secondo un utilizzo ragionevole[66]. Questo è un dovere per coloro che temono Dio.

181-Se qualcuno muta qualcosa del testamento, dopo averlo udito, la colpa ricadrà sui responsabili della modifica. Dio ode e conosce ogni cosa.

182-Però, se qualcuno teme la parzialità o l'ingiustizia da parte di colui che ha scritto il testamento e cerca di mediare la pace tra le due parti, non vi sarà alcun male. Dio è Perdonatore, Misericordioso.

183-O credenti! Vi è stato prescritto il digiuno così come è stato prescritto a coloro che sono venuti prima di voi affinché possiate imparare a controllarvi.

184-Il digiuno è stabilito per un certo numero di giorni[67]. Però, se qualcuno di voi è malato o si trova in viaggio, deve recuperare successivamente i giorni in cui non ha digiunato. Per coloro che possono farlo solo con difficoltà[68], c'è la possibilità di nutrire qualcuno che si trova nel bisogno. Se qualcuno però vuole dare di più, di propria spontanea volontà, sarà meglio per lui. Però è meglio che digiuniate, se solo lo sapeste.

185-Il Ramadan è il mese in cui è stato rivelato il Corano, come guida per l'umanità, segno e discrimine[69] per distinguere il bene dal male. Chiunque, durante questo mese, si trova a casa,

---

[66] Cfr. 4:11, dove vengono assegnate agli eredi delle quote precise.

[67] Ci si riferisce al digiuno durante il mese del *Ramadān*, durante il quale ogni musulmano adulto e nel pieno delle proprie facoltà mentali è chiamato ad astenersi dal cibo, dalle bevande e dai rapporti sessuali dall'alba al tramonto.

[68] Ci si riferisce a persone anziane o affette da particolari patologie. La scuola di Shafi include in questa categoria anche le donne in gravidanza e quelle che si trovano nel periodo dell'allattamento.

[69] In arabo *Furqān*. Cfr. 2:53.

dovrebbe trascorrerlo nel digiuno. Però, se qualcuno di voi è malato o si trova in viaggio, deve recuperare successivamente i giorni in cui non ha digiunato. Dio intende facilitarvi. Non intende porvi nella difficoltà. Vuole che completiate i giorni di digiuno prescritti e che Lo glorifichiate perché vi ha guidato. Che possiate esserGli grati!

186-Quando i Miei servi ti domandano di Me, (rispondi che) Io sono vicino. Ascolto le suppliche di coloro che Mi invocano. Che anche loro rispondano alla Mia chiamata e credano in Me affinché possano camminare sul retto cammino.

187-Durante le notti del digiuno vi è consentito avvicinarvi alle vostre mogli. Loro sono una veste per voi e voi per loro[70]. Dio conosce ciò che compivate nel segreto, ma Egli si è volto verso di voi perdonandovi. Ora rimanete in loro compagnia e cercate ciò che Dio ha stabilito per voi. Mangiate e bevete, fino a quando il filo bianco dell'alba apparirà distinto dal filo nero. Poi completate il digiuno fino all'apparire della notte. Non avvicinatevi invece alle vostre mogli, mentre vi trovate in ritiro nelle moschee[71]. Questi sono i limiti posti da Dio. Non li superate. Così Dio ha reso chiari i Suoi segni per gli uomini. Che possano imparare a controllarsi!

188-Non vi appropriate della ricchezza altrui utilizzando mezzi illeciti né utilizzatela per corrompere coloro che amministrano la giustizia, con l'intenzione di appropriarvi ingiustamente e consapevolmente di quanto non vi appartiene.

189-Ti chiederanno delle lune nuove[72]. Di': "Sono solo segni che marcano determinati periodi di tempo per gli uomini e per il Pellegrinaggio. La pietà non consiste nell'entrare dalla porta

---

[70] Quest'espressione indica che la coppia è chiamata a sostenersi, confortarsi e proteggersi reciprocamente.

[71] Durante l'*I'tikāf*, ossia il ritiro nella moschea per dedicarsi alla preghiera ed alla contemplazione.

[72] Gli arabi dell'era pre-islamica credevano in una serie di superstizioni legate alla luna nuova.

posteriore[73], ma nel timore di Dio. Entrate in casa dalle porte anteriori[74] e temete Dio affinché possiate prosperare".

190-Combattete per la causa di Dio coloro che vi combattono[75], ma non comportatevi da aggressori, perché Dio non ama gli aggressori.

191-Uccideteli ovunque li incontriate[76] e scacciateli da dove vi hanno scacciato, perché il tumulto e l'oppressione sono peggiori dell'assassinio. Non combatteteli però presso la Sacra Moschea, a meno che non inizino loro le ostilità. Se però vi combattono, uccideteli. Questa è la ricompensa per coloro che combattono la fede.

192-Se desistono, Dio è Perdonatore, Misericordioso.

193-Combattili fino a quando non ci sia più né tumulto né oppressione e prevalga la giustizia e la fede[77] in Dio. Però, se cessano, che non ci siano ostilità eccetto contro coloro che praticano l'oppressione.

194-Le disposizioni relative al combattere si applicano ai mesi proibiti[78] e a tutto ciò che è proibito. Se qualcuno trasgredisce contro di voi, fate lo stesso contro di loro. Temete però Dio e sappiate che Lui è con coloro che sono capaci di controllarsi.

195- Spendete di ciò che possedete sulla Via di Dio e fate sì che le vostre stesse mani non contribuiscano alla vostra rovina, ma fate il bene. Dio ama coloro che compiono il bene.

---

[73] Gli arabi dell'era pre-islamica, durante la stagione del Pellegrinaggio, entravano nelle loro case dalla porta posteriore.

[74] Quest'espressione a livello simbolico invita i credenti a: 1-Comportarsi in modo onesto, 2-Agire apertamente e 3-Utilizzare tutti i mezzi leciti ed adatti per conseguire il successo in una determinata impresa (Cfr. 5:23).

[75] L'Islam consente la guerra solo come mezzo di autodifesa e sotto certi limiti fermamente stabiliti: 1- I bambini, le donne e gli anziani debbono essere trattati con rispetto, anche se appartengono alla parte nemica; 2-Bisogna astenersi dal distruggere i raccolti e le piante e dall'uccidere gli animali; 3-Bisogna mostrarsi concilianti verso la pace, qualora il nemico si arrenda.

[76] Alcuni commentatori, anche se su questo punto sono stati sollevati dei dubbi, ritengono che questo versetto si riferisca al mancato rispetto da parte dei pagani del Trattato di Hudaibiya stipulato nel sesto anno dell'*Hijrah*. Vedi sura *Al Tawbah*.

[77] In arabo *Dīn*, termine che implica l'idea di dovere, obbedienza, giustizia, fede e religione.

[78] In arabo *Harām*. I mesi proibiti, durante i quali ogni atto di violenza ed ogni conflitto era bandito durante l'era pre-islamica, erano: *Dhu al Qa'dah, Muharram, Rajab* e *Dhu al Hijjah*. Cfr. 9:2.

196-Completate il pellegrinaggio o la visita alla Mecca[79] nel servizio di Dio. Però se qualcosa vi impedisce di completare (i riti), inviate un'offerta per il sacrificio, quella che trovate. Però non tagliatevi i capelli fino a quando le offerte non hanno raggiunto il luogo del sacrificio. Se qualcuno di voi è malato o ha una ferita alla testa, dovrebbe digiunare, nutrire il povero o offrire un sacrificio. Quando poi vi troverete in una condizione propizia, se qualcuno spera di continuare la visitazione o compiere il pellegrinaggio, dovrebbe prendere con sé un'offerta adeguata alle sue possibilità. Se però non ne ha la possibilità, dovrebbe digiunare per tre giorni durante il pellegrinaggio e per sette giorni dopo il ritorno, completando in tutto dieci giorni. Questo è per coloro, le cui famiglie non si trovano nei pressi della sacra moschea. Temete Dio e sappiate che Egli è severo nella punizione.

197-Per il pellegrinaggio ci sono dei mesi stabiliti[80]. Se qualcuno intraprende questo dovere religioso, che nel comportamento sia privo di oscenità, malvagità e litigiosità. Qualunque cosa di buono compite durante il pellegrinaggio, Dio ben lo conosce. Prendete provviste per il viaggio, ma [sappiate] che la migliore provvista è la retta condotta. Temete Dio, se siete saggi.

198-Non c'è nessun peccato nel cercare, mentre siete in pellegrinaggio, il sostentamento del vostro Signore. Quando scenderete sulla piana di *'Arafāh*, celebrate le lodi di Dio al sacro

---

[79] *Umra* o pellegrinaggio minore.

[80] I mesi di *Shawwāl, Dhu al Qa'dah* e *Dhu al Hijjah*. I primi riti del Pellegrinaggio possono iniziare negli ultimi giorni di *Shawwāl*, anche se quelli principali vengono compiuti l'8, il 9 ed il 10 del *Dhu al Hijjah*. Questi riti possono essere brevemente descritti nel modo seguente: 1-Il credente, quando si avvicina alla Mecca ed inizia il Pellegrinaggio, indossa l'*Ihrām* (veste del pellegrino), simbolo della negazione delle vanità terrene, 2-Compie la *Tawāf* intorno alla *Ka'ba* e bacia la pietra nera, simbolo di concentrazione nell'amore verso Dio, 3-Dopo una breve preghiera presso la stazione di Abramo (Cfr. 2:125), il pellegrino si dirige verso le colline di *Safā* e *Marwah* (Cfr. 2:158), simbolo di pazienza e di perseveranza, 4-Il 9 del *Dhu al Hijjah*, il pellegrino ascolta la *Khutba* (predica) relativa al significato del Pellegrinaggio, 5-Nell'ottavo giorno i pellegrini si dirigono a Mina (a circa nove km a nord della Mecca), dove trascorrono la notte, per poi dirigersi il giorno dopo sulla collina di *'Arafāt* a circa 8 km a nord di Mina, 5-Nel decimo giorno (*'Id al-Adhā*) si compie il sacrificio nella valle di Mina, si radono o tagliano i capelli, e si compiono altri riti quali la *Tawāf al-Ifādah* ed il lancio simbolico di pietre contro il demonio. Dopo il Pellegrinaggio si rimane nella valle di Mina per altri due o tre giorni, chiamati in arabo "giorni del *Tashrīq*".

monumento[81] perché vi ha guidato, anche se prima vi eravate smarriti[82].

199-Procedete avanti con coloro che procedono e domandate a Dio il perdono perché Egli è Perdonatore, Misericordioso.

200-Quando avete terminato i Sacri Riti, celebrate le lodi di Dio, così come eravate soliti celebrare i vostri antenati, ma con più cuore e anima. Alcuni dicono: "O Signore! Dacci il bene di questo mondo!" Costoro non avranno le benedizioni nell'Altra vita.

201-Ci sono uomini che dicono: "O Signore concedici il bene di questo mondo e dell'Altro. Difendici dal Fuoco!".

202-Costoro avranno la porzione di benedizioni di cui sono degni. Dio è rapido nel conto.

203-Celebrate le lodi di Dio nei giorni stabiliti[83]. Se qualcuno si affretterà a completare il processo in due giorni, non commetterà peccato. Chi invece rimarrà, non si macchierà di alcuna colpa, se si mantiene nel timore di Dio. Temete Dio e sappiate che sarete ricondotti a Lui.

204-C'è un tipo di uomo che parla di questo mondo in un modo che ti aggrada. Costui chiama Dio come testimone di ciò che si trova nel suo cuore. Eppure è il peggiore dei nemici.

205-Quando volta la schiena, si dirige in ogni dove per spargere la corruzione sulla terra e per distruggere raccolti ed armenti. Però Dio non ama la corruzione.

206-Quando gli viene detto: "Temi Dio", viene spinto dalla sua arroganza a commettere un crimine peggiore. Per costui l'Inferno è abbastanza, vile giaciglio.

207-C'è poi chi dà la sua stessa vita per compiacere Dio. Egli è pieno di misericordia verso i credenti.

208-O credenti! Sottomettetevi a Dio con tutto il cuore e non seguite le orme di Satana che è vostro nemico manifesto.

209-Se però devierete, dopo che sono arrivati presso di voi chiari segni, allora sappiate che Dio è Potente, Saggio.

---

[81] Presso Muzdalifa, a metà strada tra 'Arafāt e Mina (Cfr. 2:197), dove il Profeta Muhammad (pbsl) ha offerto una preghiera molto lunga.

[82] I Quraysh nell'era pre-islamica si fermavano a Muzdalifa e non si recavano ad 'Arafāt con il resto dei pellegrini, in quanto si sentivano superiori a questi ultimi.

[83] I giorni del *Tashrīq*, quando i pellegrini rimangono nella valle di Mina dedicandosi alla lode ed alla preghiera.

210-Aspetteranno forse fino a quando Dio non arriverà da loro su una distesa di nuvole, accompagnato dagli angeli? Ormai ogni cosa sarà decisa. Ogni cosa ritornerà presso di Lui.

211-Domanda ai Figli di Israele quanti segni abbiamo inviato loro. Se qualcuno, dopo essere stato raggiunto dal messaggio, lo modifica, sappiate che Dio è severo nella ricompensa.

212-La vita di questo mondo attrae quanti negano il vero e deridono i credenti. I timorati di Dio nel giorno della resurrezione saranno loro superiori. Dio concede la Sua abbondanza senza misura a chi desidera.

213-L'umanità costituiva un'unica comunità e Dio ha inviato i messaggeri con la buona novella e monito. Con loro abbiamo inviato il libro nella verità per giudicare tra le persone in ciò in cui differiscono. Però le genti del libro, dopo che erano stati inviati loro dei chiari segni, hanno cominciato a distinguersi gli uni dagli altri a causa del loro egoismo. Dio attraverso la Sua grazia guida i credenti verso la verità relativamente alla quale sono discordi. Dio guida chi vuole sul retto cammino.

214-Pensate forse che entrerete nel Giardino, senza dover affrontare le prove cui sono stati sottoposti coloro che vi hanno preceduto? Hanno affrontato sofferenza ed avversità. Il loro spirito era così scosso che anche il Profeta e i credenti, che erano con lui, gridarono: "Quando arriverà il soccorso di Dio?" In verità, il soccorso di Dio è [sempre] vicino.

215-Ti chiederanno quanto debbono spendere in carità. Di': "Qualsiasi cosa buona spendiate deve essere per i genitori, i parenti, gli orfani, i bisognosi ed i viandanti. Dio ha piena conoscenza di tutto il bene che fate".

216-Vi è ordinato di combattere, anche se non ne siete felici. Però, è possibile che non vi piaccia qualcosa che invece è bene per voi e che desideriate qualcosa che invece è male per voi. Dio lo sa, ma voi non lo sapete.

217-Ti domanderanno del combattere nei mesi proibiti. Di': "Combattere in questo periodo è molto grave. Però è più grave davanti a Dio distogliere gli uomini da Lui, negarLo, impedire l'accesso alla sacra moschea e scacciare i credenti[84]. Il tumulto e l'oppressione[85] sono peggiori dell'uccisione. Non cesseranno di combatterti fino a quando non riusciranno a distoglierti dalla fede. Se qualcuno di voi si distoglie dalla fede e muore come un miscredente, tutto ciò che ha compiuto non porterà alcun frutto né in questa vita né nell'altra. Saranno compagni del Fuoco, dove dimoreranno [per sempre].

218-Quanti credono, affrontano l'esilio e combattono sulla Sua via, possono sperare nella misericordia di Dio, il Perdonatore, il Misericordioso.

219-Ti domanderanno delle bevande alcoliche[86] e del gioco d'azzardo[87]. Di': "In loro c'è un grande peccato, ma anche un minimo beneficio. Il peccato però è maggiore del beneficio". Ti chiedono quanto debbono spendere [per amore di Dio], Di': "Tutto ciò che rimane dopo aver fatto fronte ai vostri bisogni". Dio rende chiari i Suoi segni, al fine che possiate riflettere

220- su questo mondo e l'Altro. Ti domandano degli orfani. Di': "La cosa migliore è fare quanto giova loro. Se amministrate i loro affari insieme ai vostri, (ricordate che) sono vostri fratelli. Dio conosce la differenza tra colui che migliora le cose e chi invece le corrompe. Se questa fosse stata la Sua volontà, Dio avrebbe potuto mettervi in difficoltà. Egli è Onnipotente, Saggio".

221-Non contraete matrimonio con donne miscredenti[88] fino a quando non crederanno. Una schiava, ma credente, è migliore di una donna libera non credente, anche se vi piace. Non date in spose le vostre donne ai miscredenti, fino a quando non crederanno. Uno schiavo credente è meglio di un miscredente, anche se vi piace. I miscredenti vi invitano al Fuoco, invece Dio

---

[84] In questo versetto si fa riferimento al comportamento dei pagani della Mecca che perseguitarono il Profeta (pbsl) ed i musulmani con tutti i mezzi in loro possesso, costringendoli a lasciare la Mecca ed impedendo loro di visitare la Sacra Moschea.

[85] In arabo *Fitna*, traducibile come "prova", "tentazione", "tumulto" o "oppressione". Cfr. 2:191, 2:102.

[86] In arabo *Khamr*, termine con cui ci si riferisce generalmente a qualsiasi tipo di bevanda fermentata. Cfr. 5:90-91.

[87] In arabo *Maisir*, termine con cui s'intende l'atto di ottenere qualcosa in modo troppo semplice, o conseguire un profitto senza aver svolto alcuna attività lavorativa. Gli arabi erano soliti praticare diverse forme di gioco d'azzardo tra le quali possiamo ricordare il lancio delle frecce.

[88] Lett. "pagane".

attraverso la Sua grazia vi invita al giardino e al perdono. Dio rende agli uomini chiari i Suoi segni affinché possano essere ammoniti.

222-Ti chiedono delle perdite femminili. Di': "Costituiscono una condizione di grande vulnerabilità[89]. Mantenetevi lontani dalle donne, quando si trovano in questa condizione, e non avvicinatevi loro fino a quando non si saranno purificate. Quando però si saranno purificate, potrete avvicinarvi a loro nel modo, nel tempo e nel luogo[90] che Dio vi ha ordinato. Dio ama coloro che si rivolgono verso di Lui con costanza e che si mantengono puri e puliti.

223-Le vostre mogli sono per voi come un campo. Avvicinatevi al campo, quando e come volete. Fate però qualcosa di buono per le vostre anime prima. Temete Dio e sappiate che Lo incontrerete. Annunciate la buona novella a coloro che credono.

224-Non permettete che i giuramenti fatti in nome di Dio siano di ostacolo e una scusa per evitare di compiere il bene, di agire con rettitudine o di mediare la pace. Dio è Colui che ode e conosce ogni cosa.

225-Dio non vi chiamerà a rendere conto di giuramenti fatti senza aver prima pensato e riflettuto, ma vi chiamerà a rispondere delle intenzioni dei vostri cuori. Egli è Perdonatore, Paziente.

226-A coloro che hanno giurato di non avvicinarsi alle proprie mogli, è prescritto un periodo di quattro mesi. Se decidono di riconciliarsi, Dio è Perdonatore, Misericordioso.

227-Però, se intendono divorziare, Dio ode e conosce ogni cosa.

228-Le donne divorziate debbono aspettare per un periodo di tre mesi. Non è consentito loro nascondere ciò che Dio ha creato nei loro seni, se credono in Dio e nell'ultimo giorno. Se desiderano una riconciliazione, i loro mariti possono riprenderle indietro in questo periodo. Le donne hanno diritti simili a quelli degli uomini, secondo ciò che è equo, anche se gli uomini hanno maggiori responsabilità. Dio è Onnipotente, Saggio.

---

[89] In arabo 'Adhan, termine che può essere tradotto sia come "vulnerabilità" che come "contaminazione".

[90] In arabo Haithu, un termine con cui ci si riferisce al tempo ed allo spazio.

229-Il divorzio è permesso solo due volte[91]. Dopo di che i mariti debbono o riprendere indietro le loro mogli in termini equi o lasciarle andare con generosità. Non vi è concesso riprendere indietro i doni nuziali, a meno che entrambe le parti non temano di non poter rispettare i limiti ordinati da Dio. Se temete di non poter essere capaci di rispettare i limiti ordinati da Dio, non c'è peccato in ciò che la donna concede per riottenere la propria libertà[92]. Questi sono i limiti ordinati da Dio! Non trasgrediteli. Se qualcuno di voi trasgredisce i limiti ordinati da Dio, si macchia d'iniquità[93].

230-Se un marito divorzia dalla propria moglie in maniera irrevocabile[94], non può sposarla di nuovo fino a quando non ha contratto matrimonio con un altro uomo che ha successivamente divorziato da lei. In questo caso non c'è nessuna colpa se si riuniscono, se possono rispettare i limiti ordinati da Dio. Questi sono i limiti ordinati da Dio, che Egli rende chiari per coloro che riflettono.

231-Quando divorziate e le donne sono sul punto di aver completato il termine dell'*Iddah*, le potete riprendere con voi o lasciarle andare via con gentilezza. Non riprendetele però con voi per maltrattarle o approfittarvi di loro. Se qualcuno agisce in questo modo, pecca contro la propria anima. Non trattate i segni di Dio con noncuranza, ma riconoscete[95] le Sue benedizioni e che vi ha inviato il Libro e la Saggezza. Temete Dio e sappiate che Egli ben conosce ogni cosa.

232-Quando divorziate dalle donne e loro hanno completato il termine dell'*Iddah*, non impedite loro di sposare chi hanno scelto, se hanno raggiunto un accordo equo. Questo è un ammonimento per chi crede in Dio e nell'ultimo giorno. Questa è la via più virtuosa e più pura. Dio sa e voi non sapete.

---

[91] Nella legge islamica sono consentiti solo due divorzi intervallati da una riconciliazione. Successivamente la coppia deve decidere se dissolvere definitivamente l'unione matrimoniale o se cercare di vivere in armonia e nel rispetto reciproco.

[92] In questo caso il divorzio prende il nome di *Khul*.

[93] In arabo *Zālimūn*, derivato dal termine *Zulm*. Cfr. 2:35.

[94] Sono concessi solo due divorzi seguiti da una riconciliazione; nel terzo caso invece la dissoluzione dell'unione matrimoniale diviene irrevocabile. Cfr. 2:229, 2:231.

[95] In arabo *Dikhr*. Cfr. 2:151.

233-La madre deve allattare i figli per due anni. Se il padre desidera che il periodo venga completato, deve sostenere il costo del cibo e del vestiario in termini equi. Nessuna anima deve portare un peso più grande di quello di cui è capace. Nessuna madre deve subire un'ingiustizia a causa del proprio figlio. Nessun padre dovrebbe subire un'ingiustizia a causa del proprio figlio. Un erede ha poi simili doveri. Se entrambi decidono, dopo aver raggiunto un accordo ed essersi consultati, di separare madre e bambino non vi è ragione di biasimo. Se decidete di affidare il bambino ad una balia, non è ragione di biasimo, se pagherete quanto dovuto secondo termini equi. Temete Dio e sappiate che Dio vede quello che fate.

234-Se qualcuno di voi muore, lasciando delle vedove, costoro devono attendere quattro mesi e dieci giorni[96]. Dopo aver rispettato questo termine, non c'è motivo di biasimo se dispongono di se stesse in modo giusto e responsabile. Dio è ben consapevole di quello che fate.

235-Non c'è ragione di biasimo se fate una proposta di matrimonio o ne formulate l'intenzione nei vostri cuori. Dio sa che avete intenzione di domandarle in spose. Però non stringete nessun accordo in segreto, ma parlate con loro solo in modo onorevole e non contraete il matrimonio fino a quando il periodo prescritto non sia terminato. Sappiate che Dio conosce ciò che si trova nei vostri cuori. PrestateGli ascolto e sappiate che Egli è Perdonatore, Misericordioso.

236-Non c'è motivo di biasimo se divorziate dalle vostre donne prima che il matrimonio venga consumato o venga fissata la dote. Però concedete loro un dono. Il ricco secondo i propri mezzi e il povero secondo i propri mezzi. Questo costituisce un dovere per quanti intendono compiere il bene.

237-Se divorziate dalle vostre donne prima che il matrimonio venga consumato o dopo che è stata fissata la dote, dovete loro la metà, a meno che loro stesse non rinuncino o venga rimessa

---

[96] L''*Iddat* della vedovanza (quattro mesi e dieci giorni) è più lunga di quella del divorzio (tre mesi, Cfr. 2:418). In entrambi i casi il periodo è finalizzato all'accertamento della presenza o meno di un'eventuale gravidanza. Nel primo caso però si considera anche il periodo di lutto per il coniuge defunto. Nel caso invece in cui un uomo divorzi da una donna senza che il matrimonio sia stato consumato, non è necessario rispettare il periodo di tre mesi. Cfr. 33:49.

da coloro, nelle cui mani si trova il vincolo matrimoniale. La remissione è ciò che è più vicino alla giustizia. Non dimenticate di praticare tra di voi la liberalità perché Dio conosce bene quello che fate.

238-Siate estremamente attenti nel compimento delle vostre preghiere mediane[97], specialmente nel caso di quelle più nobili. State ritti di fronte a Dio nel migliore dei modi.

239-Se temete qualche nemico, pregate in piedi o sulla vostra cavalcatura. Quando però siete di nuovo al sicuro, celebrate le lodi di Dio nel modo che Lui vi ha insegnato, che prima non conoscevate.

240-Che coloro che tra di voi muoiono lasciando delle vedove, stabiliscano come eredità quanto serve loro a mantenersi per un anno e il diritto ad abitare nella casa del defunto[98]. Però se lasciano la casa, non c'è motivo di biasimo per il modo in cui dispongono di se stesse, a condizione che sia ragionevole. Dio è Onnipotente, Saggio.

241-Anche le donne divorziate hanno diritto ad un mantenimento ragionevole. Questo è il dovere dei timorati.

242-Dio ha reso chiari per voi i Suoi segni affinché possiate comprendere.

243-Non hai rivolto lo sguardo verso coloro che hanno abbandonato le loro case, anche se erano mille, per paura della morte? Dio li ha abbandonati alla morte e poi li ha resuscitati alla vita. Dio è generoso verso l'umanità, ma molti degli esseri umani non Gli rendono grazie.

244-Combattete per la causa di Dio e sappiate che Egli ode e conosce ogni cosa.

245-Chi concederà a Dio un prestito santo, il cui pagamento sarà raddoppiato e sarà moltiplicato molte volte? Dio è Colui che vi concede il bisogno o l'abbondanza. Presso di Lui è il ritorno.

---

[97] In arabo *Salāt al-Wustā*, espressione che può anche essere tradotta come "la preghiera migliore" o "la preghiera eccellente". I diversi commentatori differiscono in merito al significato da assegnare a quest'espressione. La maggioranza comunque ritiene che si riferisca alla preghiera dell'*'Asr* (nel mezzo del pomeriggio).

[98] Le opinioni differiscono sul se il mantenimento di un anno spettante alla vedova sia abrogato dal versetto che ne determina la quota di eredità del defunto marito (Cfr. 4:12).

246-Non hai volto lo sguardo verso i capi dei Figli di Israele dopo il tempo di Mosè? Dissero ad un profeta[99] che si trovava tra di loro: "Scegli per noi un re per combattere per la causa di Dio". Lui disse: "Se vi foste comandato di combattere, vi rifiutereste forse?" Risposero: "Come possiamo rifiutarci[100] di combattere per la causa di Dio, quando siamo stati scacciati, noi ed i nostri figli, dalle nostre case e allontanati dalle nostre terre?" Però, quando venne comandato loro di combattere, si rifiutarono, con l'eccezione di un piccolo gruppo. Dio conosce bene coloro che compiono il male.

247-Il loro profeta disse loro: "Dio ha scelto per voi come re Saul[101]". Risposero: "Come può esercitare qualche autorità su di noi, quando siamo più adatti di lui ad assumere il comando? Costui non è nemmeno dotato di ricchezza abbondante". Egli disse: "Dio lo ha scelto per esercitare il comando e gli ha donato abbondante conoscenza e grande forza fisica. Dio concede il Suo potere a chi vuole. Dio è Onnipresente ed Onnisciente".

248-Il loro profeta disse: "Questo è un segno della sua autorità: verrà da voi l'arca dell'Alleanza[102] portata dagli angeli, con la promessa di pace e serenità[103] dal vostro Signore, insieme a ciò che la famiglia di Mosè e Aronne hanno lasciato indietro. Questo è per voi un segno, se siete credenti".

249-Quando Saul divise l'esercito, disse: "Ora Dio vi metterà alla prova presso un fiume. Colui che berrà, non verrà con il mio

---

[99] Il riferimento è diretto a Samuele, al tempo del quale i Figli d'Israele soffrirono molto a causa della corruzione interna e degli attacchi esterni da parte dei loro nemici, quali i Filistei che riuscirono anche a catturare l'arca dell'alleanza. Quest'ultima venne poi abbandonata e rimase per venti anni nel villaggio di *Ya'ārim* (*Kirjath jearim*). Cfr. Samuele I, 7:2. Successivamente il popolo domandò a Samuele di scegliere per loro un re, pensando che avrebbe potuto risolvere i loro problemi più pressanti.

[100] Cfr. Samuele I, 13:6-7.

[101] In arabo Tālūt, appartenente alla tribù di Beniamino. Costui venne scelto come re da Samuele, che lo incontrò mentre era impegnato nella ricerca di alcuni degli asini di suo padre che si erano perduti.

[102] In arabo *Tābūt*, un cofanetto di legno d'acacia ricoperto d'oro. Cfr. Esodo 25:10-22. Il *Tābūt* conteneva i Dieci comandamenti scolpiti nella pietra, insieme ad alcuni oggetti appartenuti a Mosè e ad Aronne. Cfr. 2:246.

[103] In arabo *Sakīna*, traducibile come "pace", "tranquillità" e "sicurezza". Successivamente negli scritti ebraici il medesimo termine viene utilizzato come simbolo della gloria di Dio nel Tabernacolo e nella tenda in cui l'Arca era conservata, o nel Tempio che venne costruito da Salomone. Cfr. 9:26.

esercito[104]. Verranno con me solo coloro che non ne assaggeranno l'acqua. Saranno giustificati quelli che ne berranno solo un piccolo sorso". Tutti però bevvero dell'acqua del fiume, tranne lui e pochi fedeli. Dissero "Questo giorno non possiamo superare Golia e le sue forze[105]." Però quanti sapevano che il loro destino era incontrare Dio, dissero: "Molto spesso un piccolo gruppo ne ha sconfitto uno più numeroso, se Dio ha voluto. Dio è con coloro che perseverano con pazienza".

250-Quando avanzarono per incontrare Golia e le sue forze, pregarono: "O Signore donaci la costanza e rendi fermi i nostri passi. Aiutaci contro coloro che negano la fede".

251-Così, secondo la volontà di Dio, li sconfissero. Davide uccise Golia[106] e Dio gli diede potere e saggezza e gli insegnò qualunque cosa desiderasse. Se Dio non avesse concesso agli uomini di difendersi gli uni dagli altri, la terra sarebbe stata invasa dalla corruzione. Dio però diffonde le Sue benedizioni su tutti i popoli.

252-Questi sono i segni di Dio: li diamo a te nella verità. Tu sei uno dei messaggeri.

253-Abbiamo conferito doni superiori ad alcuni messaggeri rispetto ad altri. Ad alcuni Dio ha parlato in modo diretto, mentre altri sono stati elevati in grande onore. A Gesù, figlio di Maria, abbiamo conferito chiari segni e lo abbiamo fortificato con lo spirito di santità[107]. Se questo fosse stato il volere di Dio, le generazioni successive non avrebbero combattuto tra di loro, dopo che erano stati inviati loro chiari segni. Però hanno scelto la disputa. Alcuni hanno creduto ed altri hanno ripudiato la fede. Se questo fosse stato il volere di Dio, non avrebbero combattuto gli uni contro gli altri. Egli però porta a termine quanto ha stabilito.

---

[104] Saul si comportò come Gedeone, quando diede un determinato comando durante l'attraversamento di un fiume. Cfr. Giudici, 7:2-7.

[105] Il nome di Golia in arabo è *Jālūt*.

[106] Davide era un giovane ed umile pastore, che spesso veniva deriso dalla sua stessa gente. La sua fede e perseveranza però lo misero nella condizione di sconfiggere Golia. L'esempio di Davide insegna al credente che: 1-La forza della fede e della perseveranza, accompagnate dalla grazia divina, valgono molto più della forza numerica, 2-La forza bruta non ha alcun peso rispetto alla verità, al coraggio ed alla pianificazione, 3-La pura fede in Dio rende gli esseri umani degni di una grande ricompensa.

[107] Con quest'espressione ci si riferisce all'arcangelo Gabriele.

254-O credenti! Spendete dei beni che vi abbiamo concesso, prima che venga il giorno in cui non sarà lecito nessun affare, né amicizia, né intercessione alcuna. Coloro che rifiutano la fede sono gli iniqui.

255-Dio! Non c'è altro Dio che Lui, il Vivente, il Sussistente[108], l'Eterno[109]. Non Lo colgono né fatica né sonno. A Lui appartiene tutto ciò che si trova nei cieli e sulla terra. Chi può intercedere alla Sua presenza, eccetto che con il Suo permesso? Egli sa che cosa si trova davanti, dopo o dietro di loro. Non possono condividere un poco della Sua conoscenza a meno che Egli non voglia. Il Suo Trono[110] si estende sui cieli e la terra e Lui non prova alcuna fatica nel custodirlo e preservarlo. Egli è l'Eccelso, il Supremo".

256-Che non ci sia nessuna costrizione[111] nella religione. La verità ben si distingue dall'errore. Chiunque rifiuta il male e crede in Dio ha afferrato la presa migliore e più sicura[112] che mai vacilla. Dio ode e conosce ogni cosa.

257-Dio è il protettore di coloro che hanno la fede. Dal profondo delle tenebre Egli li conduce alla luce. Coloro che invece rifiutano il vero hanno come protettori i demoni. Dalla luce li conducono all'abisso delle tenebre. Costoro saranno i Compagni del Fuoco, ove sarà la loro dimora (eterna).

258-Non hai volto lo sguardo verso colui che ha disputato[113] con Abramo riguardo al suo Signore, solo perché Dio gli aveva dato il

---

[108] In arabo *Qaiyūm*, termine che può essere tradotto anche come "Colui che mantiene e sostiene ogni tipo di vita". Cfr. 20:109-110.

[109] Questo è il famoso versetto del Trono, in arabo *Āyāt ul-Kursi*.

[110] In arabo *Kursi*, traducibile come "trono" simbolo di potere e di autorità.

[111] La fede è incompatibile con la costrizione in quanto: 1-La religione dipende dalla fede e dalla volontà, 2-La rivelazione si appella all'intelletto degli esseri umani in quanto liberi di apprendere la verità, 3-Dio guida chi vuole dalle tenebre verso la luce della fede senza alcun bisogno di nessuna forma di costrizione da parte di qualsivoglia autorità umana.

[112] Con quest'espressione ci si riferisce a qualcosa che può essere afferrato nel momento del pericolo. Cfr. 21:32.

[113] I commentatori hanno espresso molteplici pareri in merito all'identità del personaggio cui si fa riferimento in questo versetto coranico senza tuttavia raggiungere un parere unanime. L'ipotesi più plausibile è che ci si riferisca a Nimrod o un altro re babilonese, in quanto Babilonia (Ur in Caldea) era la patria di Abramo. Da un punto di vista più generale, costui però rappresenta l'arroganza del potere che ritiene erroneamente di potersi sostituire a Dio.

potere? Abramo disse: "Il mio Signore è Colui che concede la vita e la morte". Egli disse: "Io concedo la vita e la morte". Abramo disse: "Dio è Colui che fa sorgere il sole da oriente. Tu fai sì che sorga da occidente?" In questo modo confuse colui che (con arroganza) ha rifiutato la fede. Dio non guida gli iniqui.

259-Considerate l'esempio di colui che, dopo essere passato attraverso un villaggio deserto, con i tetti in rovina[114], disse: "Come può Dio riportare alla vita coloro che vi abitano, dopo che sono morti?" Dio lo fece morire per cento anni e poi lo riportò di nuovo in vita. Egli disse: "Per quanto tempo sei rimasto così?" Rispose: "Per un giorno o per parte di un giorno". Poi disse: "No, tu sei rimasto in questa condizione per cento anni. Guarda il tuo cibo e la tua bevanda. Non mostrano alcun segno del passare del tempo e guarda il tuo asino. Che possiamo fare di te un segno per le genti! Guarda alle ossa, a come le abbiamo di nuovo messe insieme e le abbiamo rivestite di carne[115]. Quando tutto questo gli venne mostrato con chiarezza, disse: "Riconosco che Dio è l'Onnipotente".

260-Abramo disse: "Signore, mostrami come riporti in vita chi è morto". Egli disse: "Non credi dunque?" Egli disse: "Sì credo, ma voglio soddisfare la mia voglia di conoscenza". Egli disse: "Prendi quattro uccelli ed addestrali a tornare da te. Poi ponili separatamente[116] sulla cima di ogni collina e chiamali. Verranno a te volando veloci. Allora sappi che Dio è Onnipotente, Saggio".

261-Coloro che spendono le proprie ricchezze sulla via di Dio assomigliano ad un chicco di grano che cresce producendo sette spighe ed ogni spiga possiede cento chicchi. Dio concede l'abbondanza a chi desidera. Dio è Infinito ed Onnisciente.

---

[114] Secondo i commentatori questo riferimento coranico può essere letto in parallelo con: 1-La visione delle ossa secche di Ezechiele (Cfr. Ezechiele, 37:1-10), 2-La visita di Nehemia a Gerusalemme in rovina dopo la cattività babilonese (Cfr. Nehemia 2:11-20), 3-Ad Uzayr o Ezra, scriba, sacerdote e riformista, che venne inviato dal re persiano a Gerusalemme dopo la cattività babilonese. In realtà, il versetto coranico ha un significato eminentemente generale.

[115] In questo versetto è contenuto il seguente insegnamento: 1-Il tempo è un nulla di fronte a Dio, 2-Le chiavi della vita e della morte si trovano nelle mani di Dio, 3-Il potere dell'uomo è nulla.

[116] In arabo *Juz-an*, termine traducibile come una "porzione".

262-Coloro che spendono la loro ricchezza per la causa di Dio e non seguono coloro per cui hanno speso, ricordando la loro generosità o urtando [i sentimenti di quelli che si trovano nel bisogno], hanno la loro ricompensa presso il loro Signore. Non avranno nulla da temere né li coglierà la tristezza.

263-Parole gentili ed il perdono sono atti migliori della carità[117], cui segue l'offesa. Dio è libero da ogni bisogno; Egli è perdonatore.

264-O credenti! Non cancellate la vostra carità, ricordando la vostra generosità o attraverso l'offesa, come coloro che spendono per essere visti dagli uomini, ma non credono né in Dio né nell'ultimo giorno. Costoro assomigliano ad una roccia dura e sterile su cui c'è solo poca terra, sulla quale cade pesante pioggia che la lascia nuda. Costoro non potranno fare nulla, pur con tutto ciò che hanno guadagnato. Dio non guida coloro che respingono la fede.

265-Coloro, che spendono dei propri beni nella ricerca del compiacimento di Dio e come mezzo per rafforzare la propria fede, assomigliano ad un giardino alto e fertile. Quando vi cade pioggia pesante, si moltiplica il raccolto. E, anche se non riceve alcuna pioggia, persino una lieve umidità è sufficiente. Dio vede bene ciò che fate.

266-Chi non desidera possedere un giardino con alberi di palma, viti e ruscelli, che scorrono sotterranei, ed ogni tipo di frutto? E poi essere colto dalla vecchiaia, mentre i suoi figli non sono forti abbastanza[118] per prendersi cura di sé, e poi vedere il giardino preso da un vortice e distrutto dal fuoco? Dio rende chiari per voi i Suoi segni affinché possiate riflettere!

267-O credenti, donate quanto avete guadagnato onorevolmente e dei frutti della terra, che abbiamo prodotto per voi, e non cercate di mettere da parte il peggio per darlo in carità, quando voi stessi sareste piuttosto riluttanti ad accettarlo. Sappiate che Dio è privo di bisogni ed è degno di ogni lode.

---

[117] Secondo gli insegnamenti islamici la carità: 1-Deve essere fatta sulla via di Dio, 2-Non ci si deve aspettare alcuna ricompensa in questo mondo, 3-Non deve essere seguita da forme di umiliazione verso colui che l'ha ricevuta. Cfr. 2:215, 2:273-276.

[118] In arabo *Dhu'afā'u*, traducibile come "debole", "decrepito", "infermo", in riferimento sia al corpo che al carattere.

268-I demoni vi spaventano con la povertà e vi spingono a comportarvi in modo misero. Dio, invece, vi ha promesso il perdono e la ricchezza. Dio si prende cura di ogni cosa. Egli è Onnisciente.

269-Egli concede la saggezza a chi vuole. Colui, a cui viene concessa la saggezza, riceve una straordinaria benedizione. Nessuno però comprenderà il messaggio, tranne coloro che comprendono.

270-Dio ben conosce i beni dati in carità ed i voti pronunciati. Gli ingiusti non avranno alcun soccorso.

271-Se rendete noti i vostri atti di carità, è bene. Però, se agite segretamente, mentre li concedete a coloro che si trovano veramente nel bisogno, questo sarà meglio per voi. Questo rimuoverà da voi il male. Dio è consapevole di quello che fate.

272-O Profeta, non ti viene chiesto di porli sulla retta via. Dio è Colui che pone sulla retta via chi vuole. Qualunque cosa buona date, sarà di beneficio alle vostre anime. Dovete farlo però solo nella ricerca del volto[119] di Dio. Qualunque cosa buona donerete, vi sarà data indietro. Non subirete alcuna ingiustizia.

273-La carità è per coloro che si trovano nel bisogno; coloro che, totalmente devoti alla causa di Dio, non possono viaggiare e nemmeno dedicarsi al commercio. Colui che non lo sa pensa che, a causa della loro modestia, siano liberi dal bisogno. Però li riconoscerete dal loro segno: non chiedono agli uomini in modo inopportuno. Qualunque cosa di buono donerete, siate consapevoli che Dio ben lo conosce.

274-Coloro che spendono in carità i loro beni di notte e di giorno, in segreto ed in pubblico, avranno la loro ricompensa presso il loro Signore. Non avranno alcun timore e non saranno attanagliati dalla tristezza.

275-Coloro che praticano l'usura[120], si comportano come quelli che Satana ha tormentato con il suo tocco. Dicono: "Vendere equivale ad un tipo di usura". Dio però ha permesso il

---

[119] In arabo *Wajh*. Cfr. 2:112.

[120] In arabo *Riba*. Gli studiosi ed i giuristi hanno scritto molto sul tema dell'usura facendo riferimento in modo specifico alle condizioni economiche esistenti al tempo dell'avvento dell'Islam. Cfr. 3:130. Secondo Ibn Kathīr, 'Umar ibn al Khattāb, il secondo dei califfi ben guidati, espresse il desiderio che il Profeta (pbsl) avesse comunicato qualche dettaglio ulteriore su questo tema così importante.

commercio, ma ha vietato l'usura. Coloro che, dopo aver ricevuto una direzione dal loro Signore, si astengono, saranno perdonati per quanto hanno compiuto in passato. Spetterà a Dio giudicarli. Quanti però ritornano al medesimo peccato, sono i Compagni del Fuoco, ove sarà la loro dimora (eterna).

276-Dio priva di ogni benedizione quanto è stato guadagnato attraverso l'usura, ma benedice le opere di carità perché Egli non ama chi si dimostra ingrato ed iniquo.

277-Coloro che credono e compiono opere rette, stabiliscono preghiere regolari e regolare carità, avranno la loro ricompensa presso il loro Signore. Non avranno nulla da temere e non saranno colti dal dolore.

278-O credenti, temete Dio e liberatevi di quanto avete guadagnato per mezzo dell'usura, se siete credenti.

279-Se non lo fate, sappiate di essere in guerra con Dio e il Suo Profeta. Però se vi pentirete, vi sarà riconsegnato il vostro capitale. Non commettete ingiustizia alcuna e non sarà commessa contro di voi.

280-Se il debitore si trova in difficoltà, concedetegli del tempo fino a quando sarà facile per lui ripagare il debito. Se però lo rimettete come atto di carità, sarà meglio per voi. Se solo sapeste.

281-Temete il giorno in cui sarete ricondotti a Dio. Ogni anima sarà ricompensata per quanto ha compiuto e nessuno sarà trattato ingiustamente.

282-O credenti! Quando cooperate in transazioni che implicano degli obblighi futuri per una scadenza determinata, scrivete un documento. Che colui che sa scrivere scriva per entrambe le parti con onestà. Che non si rifiuti di scrivere così come Dio gli ha insegnato. Lasciate che sia colui che ha contratto il debito a dettare. Che costui tema Dio, il Suo Signore, e che non diminuisca la somma dovuta. Se la parte che contrae il debito è debole mentalmente o fisicamente o dovesse essere incapace di dettare, che detti colui che cura i suoi interessi. Prendete due testimoni, scelti tra gli uomini. Se però non ci sono due uomini, scegliete un uomo e due donne, affinché se una delle due dovesse commettere un errore, l'altra la possa correggere. Quando vengono chiamati a testimoniare, i testimoni non debbono rifiutarsi. Non pensate che sia un atto di poca importanza. Non rifiutate di scrivere il vostro contratto, insieme ai termini specifici, qualsiasi sia la cifra di riferimento. Questo è più giusto davanti a Dio e costituisce una prova migliore e più adatta ad evitare che si creino tra di voi degli equivoci. Però, se è una transazione che si risolve sul momento, non c'è alcun biasimo se non viene registrata. Ogni volta che stipulate un contratto commerciale scegliete due testimoni e colui che scrive o chi serve da testimone non incorrano in nessuna difficoltà. Questa da parte vostra sarebbe una condotta ingiusta. Temete Dio perché Egli è Colui che vi insegna. Dio ben conosce tutte le cose.

283-Se siete in viaggio e non potete trovare uno scriba, vi è consentito di stringere il patto a voce, scambiandovi però dei pegni. Se vi affidate dei beni, allora colui cui vengono affidati non tradisca la fiducia. Che tema Dio, il suo Signore. Non nascondete ciò di cui siete stati testimoni, perché chiunque lo nasconde commette peccato nel suo cuore. Dio conosce tutto quello che fate.

284-A Dio appartiene tutto ciò che si trova in cielo e sulla terra. Sia che manifestiate ciò che si trova nella vostra mente e sia che lo nascondiate, Dio vi chiamerà a renderne conto. Egli perdona chi vuole e punisce chi vuole. Dio detiene il potere su tutte le cose.

285-Il Profeta crede in ciò che gli è stato rivelato dal suo Signore, così come coloro che hanno fede. Ognuno di loro crede in Dio, nei Suoi angeli, nei Suoi libri e nei Suoi profeti. Costoro dicono: "Non facciamo alcuna distinzione tra i Suoi profeti". Dicono: "Udiamo ed obbediamo. Cerchiamo il Tuo perdono. Signore nostro, presso di Te è il nostro destino finale".

286-Dio non pone su nessun' anima un peso che è incapace di portare[121]. Le verrà dato il bene che ha guadagnato e soffrirà ogni male che si è guadagnato. Prega: "O Signore! Non ci condannare se dimentichiamo o cadiamo in errore. Non porre su di noi un peso come quello che hai posto su coloro che ci hanno preceduto. O Signore! Non porre su di noi un peso maggiore di quello che possiamo sopportare. Cancella i nostri peccati e assicuraci il Tuo

---

[121] Il riferimento è diretto ad un dovere di natura spirituale. Cfr. 2:233, dove invece viene fatto riferimento ad un peso di natura materiale. Cfr. 23:62, dove si afferma che Dio accetta da un'anima solo quanto è capace di offrire.

perdono. Abbi pietà di Noi. Tu sei il nostro protettore. Aiutaci contro coloro che si oppongono alla fede".

III

Sura Al-'Imrān

(La famiglia di 'Imrān)

Rivelata a Medina

Nel nome di Dio, il Clemente, il Misericordioso

1-Alif, Lām, Mīm.
2- Dio! Non c'è altro Dio che Lui, il Vivente, l'Assoluto, l'Eterno.
3-Egli è Colui che ti invia nella verità il Libro, a conferma di ciò che è stato precedentemente rivelato. Egli ha inviato la Legge [di Mosè] e il Vangelo [di Gesù],
4-in precedenza, come guida per l'umanità, e ha inviato il Criterio[1] [del giudizio tra il bene ed il male]. Coloro che rinnegano la fede nei segni di Dio soffriranno il più severo dei castighi. Dio è Eccelso, Potente, Signore della ricompensa.
5-Nulla in terra o nei cieli Gli è nascosto.
6-Egli è Colui che vi forma negli uteri secondo la Sua volontà. Non c'è dio che Lui, l'Eccelso, il Saggio.
7-Egli è Colui che ti ha inviato il Libro. Alcuni di questi versetti[2] sono chiari e dal significato ben definito: costituiscono il cuore stesso della rivelazione; altri invece non ne sono dotati. Però, coloro nei cui cuori vi è perversità, seguono la parte che non ha un significato ben stabilito, cercando la discordia ed i significati nascosti. Però nessuno, oltre Dio, ne conosce i veri significati. Coloro che si mantengono

---

[1] In arabo *Furqān*. Cfr. 2:53.
[2] Questo passaggio ci dice qualcosa di veramente importante in merito alla struttura del Sacro Corano. Il testo coranico in termini generali può essere distinto in due sezioni: 1- Il nucleo o la fondazione del Libro (La madre del Libro), 2-La parte che non ha un significato fermamente stabilito. I commentatori solitamente ritengono che alla prima categoria, ossia quella dei significati ben stabiliti (*Muhkam*), appartengano gli ordini della *Sharī'ah* che sono chiari ed immediatamente comprensibili. Possiamo però ritenere che con l'espressione "Madre del Libro" ci si riferisca alla fondazione stessa della legge religiosa intesa come l'essenza stessa del messaggio divino, concepito come distinto dalle diverse parabole ed allegorie presenti nel testo sacro. Cfr. 11:1.

fermi[3] nella conoscenza dicono: "Crediamo nel Libro. La sua totalità proviene dal nostro Signore e nessuno comprenderà il messaggio, se non uomini dotati della capacità di comprendere".

8- "Signore nostro" - dicono- "fai che i nostri cuori non devino, dopo che ci hai guidato, ma concedici la misericordia che proviene dalla Tua stessa presenza. Tu sei Colui che dona una grazia senza limiti.

9-Signore nostro! Tu sei Colui che riunirà tutta insieme l'umanità in un giorno sul quale non vi è dubbio alcuno, perché Dio mai fallisce nella Sua promessa".

10-Coloro che rifiutano la fede, non potranno tranne beneficio contro Dio né dalle loro ricchezze né dai loro figli. Loro stessi sono combustibile per il Fuoco.

11-Come nel caso del popolo del Faraone e di coloro che li hanno preceduti, costoro hanno negato i Nostri segni e Dio li ha chiamati a rendere conto dei loro peccati. Egli è severo nella punizione.

12-Di' a coloro che rifiutano la fede: "Presto sarete sconfitti e riuniti insieme all'Inferno: un'orribile luogo di soggiorno".

13-Vi è stato già dato un segno nelle due armate che si sono incontrate in battaglia[4]. Una combatteva per la causa di Dio, mentre l'altra cercava di resistergli. Ai loro occhi apparvero il doppio. Però Dio supporta con il Suo aiuto chi desidera. In ciò vi è un monito per chi ha occhi per vedere.

14-L'amore per i piaceri mondani attrae gli esseri umani: donne e figli, tesori d'oro e d'argento, cavalli di razza, bestiame e terra ben coltivata. Questi sono i possedimenti della vita di questo mondo. Però il migliore dei fini da raggiungere è la vicinanza a Dio.

15-Di': "Dovrei annunciarvi la buona novella di cose migliori di queste? Per i giusti ci sono giardini presso il loro Signore, dove

---

[3] Una lettura alternativa che viene respinta dalla maggioranza dei commentatori, ma accettata da *Mujahid* ed altri, recita: "Nessuno ne conosce i segreti nascosti se non Dio e coloro che sono dotati di conoscenza". Costoro non collocano un punto segnato dal *Waqfa Lāzim*, ma uniscono le due proposizioni.

[4] In questo versetto ci si riferisce alla battaglia di Badr combattuta nel 2 a.H. nella piana collocata a 50 miglia a sud-ovest di Medina tra i musulmani ed i Quraysh della Mecca. I musulmani, anche se inferiori ai pagani dal punto di vista numerico e mal equipaggiati, sconfissero i pagani. Nel corso di questa battaglia morirono molti dei leader Quraysh che avevano oppresso i musulmani alla Mecca, costringendoli all'*Hijrah* a Medina. Cfr. 30:40.

scorrono fiumi. Lì sarà la loro eterna dimora con compagni puri e santi insieme al compiacimento di Dio". Egli osserva tutti i Suoi servi, 16-che dicono: "Signore Nostro! Noi abbiamo creduto, perdona quindi i nostri peccati e salvaci dall'agonia del Fuoco".

17-Costoro mostrano pazienza, fermezza ed autocontrollo[5], sono sinceri nelle parole e nelle azioni, adorano con devozione, spendono sulla via di Dio e pregano per il perdono alle prime ore del mattino[6].

18-Non c'è altro dio che Lui: questa è la testimonianza di Dio, dei Suoi angeli e di coloro che sono dotati di conoscenza, che si mantengono fermamente nella giustizia. Non c'è altro dio che Lui, l'Eccelso, il Saggio.

19-La religione davanti a Dio è l'Islam. I popoli del libro hanno dissentito tra di loro, dopo che è stata data loro la conoscenza, solo per invidia reciproca[7]. Però, se qualcuno nega i segni di Dio, Egli è veloce nel calcolo.

20-Così, se discutono con te, di': "Io ho sottomesso tutto me stesso[8] a Dio e così hanno fatto coloro che mi seguono". E di' ai popoli del libro e a quanti non hanno ricevuto alcuna rivelazione previa: "Vi sottomettete?" Se lo faranno, si troveranno nella retta guida, ma se si voltano indietro il tuo dovere è esclusivamente quello di comunicare il messaggio. Dio vede tutti i Suoi servi.

21-Annuncia un doloroso castigo a coloro che negano i segni di Dio, uccidono i profeti e tolgono la vita a quanti insegnano a comportarsi secondo giustizia[9] con l'umanità.

22-Le opere di costoro non porteranno alcun frutto in questo mondo e nell'Altro. Non avranno nessuno che li soccorra.

23-Non hai rivolto lo sguardo a coloro, a cui è stata data una porzione del libro? Sono stati invitati al libro di Dio per decidere le loro dispute,

---

[5] Questi tre significati sono racchiusi nel termine arabo *Sābirin* (derivato da *Sabr*). Cfr. 2:45, 2:153.

[6] Cfr. 3:16, dove sono descritte le virtù dei veri servi di Dio: 1-Hanno fede, pazienza ed umiltà (Cfr. 3:16), 2-Sono pazienti e perseveranti, 3-Sono sinceri, 4-Coltivano una profonda spiritualità, 5-Sono caritatevoli verso il prossimo, 6-Hanno un forte senso della disciplina.

[7] In arabo *Baghyan*, traducibile come "invidia", "desiderio di ribellione", "ostinazione", "contrarietà". Cfr. 2:90, 2:213.

[8] In arabo *Wajh*. Cfr. 2:112.

[9] In arabo *Haqq*, termine che ha le seguenti sfumature di significato: 1-Diritto, 2-Giustizia, 3-Verità.

ma alcuni, mostrandosi totalmente irragionevoli, si volgono indietro e rifiutano [l'arbitrato].

24-Dicono: "Il Fuoco non ci toccherà, se non per un breve numero di giorni", ma le menzogne, che hanno inventato, li hanno spinti a tradire la loro fede.

25-Però, che cosa proveranno, quando li avremmo riuniti tutti insieme in un giorno sul quale non ci sono dubbi ed ogni anima sarà ricompensata per ciò che avrà compiuto senza subire ingiustizia?

26-Di': "O Dio! Signore del potere. Tu concedi il potere a chi vuoi e togli il potere da chi vuoi. Tu concedi onore a chi vuoi e umili chi vuoi. Nelle Tue mani vi è tutto il bene. In verità, Tu sei l'Onnipotente.

27-Tu fai sì che la notte s'inoltri nel giorno e il giorno nella notte[10]. Tu trai il vivo dal morto ed il morto dal vivo[11]. Tu dai sostentamento a chi vuoi, senza misura".

28-Che i credenti non scelgano per amici o aiutanti i miscredenti invece dei credenti. Se qualcuno di voi lo facesse, non sarà aiutato da Dio, eccetto nel caso in cui lo facciate come precauzione, per guardarvi da loro. Dio però vi raccomanda di ricordarLo perché il destino finale è presso di Lui.

29-Di': "Sia che nascondiate ciò che si trova nei vostri cuori, sia che lo riveliate, Dio ne è consapevole. Egli conosce ciò che si trova nei cieli e ciò che si trova sulla terra. Dio detiene il potere su tutte le cose".

30-Nel giorno in cui ogni anima sarà chiamata ad affrontare tutto il bene e tutto il male che ha compiuto, desidererà che ci sia una grande distanza tra lei ed il male. Però Dio vi raccomanda di ricordarLo. Dio è pieno di tenerezza verso coloro che Lo servono.

31-Di': "Se Lo amate, seguitemi. Dio vi amerà e perdonerà i vostri peccati. Egli è Perdonatore, Misericordioso".

32-Di': "Obbedite a Dio e al Suo Messaggero". Però, se si volgono indietro, Dio non ama coloro che rifiutano la fede.

33-Dio ha scelto Adamo e Noè, la famiglia di Abramo e la famiglia di Imrān su tutto il resto dell'umanità,

34-in quanto sono discendenti gli uni degli altri. Dio ode e conosce ogni cosa.

---

[10] La luce e le tenebre possono anche essere considerate simboli di: 1-Conoscenza ed ignoranza, 2-Felicità e miseria, 3-Visione e cecità spirituale.

[11] In questo contesto la morte e la vita debbono essere interpretate non solo in senso fisico, ma anche intellettuale, emotivo e spirituale. Cfr. 10:31.

35- La moglie di 'Imrān disse: "O mio Signore! Ti dedico ciò che si trova nel mio seno per il Tuo servizio speciale[12]. Così accettalo da me, perché Tu odi e conosci ogni cosa".

36- Quando partorì, disse: "O mio Signore! Ho partorito una bambina!" - Dio ben sapeva chi aveva partorito- "E la femmina non è certo simile al maschio. L'ho chiamata Maria e affido lei e la sua discendenza alla Tua protezione contro il Maligno, il reietto".

37- Il Suo Signore l'accettò. La fece crescere nella bellezza e nella purezza. Fu assegnata alla cura di Zaccaria. Ogni volta che entrava nella sua stanza per visitarla, la vedeva circondata da cibo. Egli disse: "O Maria! Da dove viene tutto questo?" Rispose: "Da Dio. Egli concede il sostentamento a chi vuole, senza misura".

38- Poi Zaccaria pregò il suo Signore, dicendo: "O mio Signore! Garantiscimi una progenie che sia pura, perché Tu sei Colui che ascolta le suppliche".

39- Mentre se ne stava in piedi in preghiera nel santuario, gli angeli lo chiamarono: "Dio ti annuncia la buona novella di Yahyā, che testimonia la verità di una parola da Dio[13] e sarà nobile, casto, profeta ed annoverato tra i giusti".

40- Egli disse: "O mio Signore! Come potrei avere un figlio, ora che sono molto vecchio e che mia moglie è sterile?" Gli fu risposto: "Dio compie ciò che desidera".

41- Disse: "O mio Signore! Dammi un segno!". Gli fu risposto: "Il segno sarà che non parlerai a nessuno per tre giorni se non attraverso dei gesti. Poi celebra le lodi del tuo Signore sempre di nuovo e glorificaLo alla sera e al mattino".

42- Gli angeli dissero: "O Maria! Dio ti ha scelta e ti ha purificata, scegliendoti tra le donne di tutti i popoli.

43- O Maria, adora il tuo Signore con devozione, prosternati e inchinati nella preghiera con coloro che si inchinano".

44- Questa è una parte dei racconti delle cose invisibili[14] che Noi ti riveliamo, o Profeta, per ispirazione. Tu non eri con loro, quando hanno gettato le frecce[15] per decidere a chi sarebbe stata affidata la

---

[12] In arabo *Muharram*, traducibile come "libero da ogni preoccupazione mondana" e di conseguenza dedito totalmente a Dio. Cfr. 3:42.

[13] Ossia il profeta 'Īsā (pace su di lui). Cfr. 3:59.

[14] Ossia che si collocano al di là della percezione umana.

[15] In arabo *Aqlām*. Cfr. 2:219.

cura di Maria. Non eri con loro, quando hanno disputato su questa questione.

45-L'angelo disse: "O Maria! Dio ti annuncia la buona novella di una parola proveniente da Lui. Il suo nome sarà Gesù il Messia[16], il figlio di Maria, onorato in questo mondo e nell'Altro e condotto vicino a Dio[17].

46-Egli parlerà alle persone nella culla e nella maturità. Egli sarà annoverato tra i giusti".

47-Ella disse: "O mio Signore! Come potrei avere un figlio, quando nessun uomo mi ha toccato?" L'angelo rispose: "Dio crea ciò che vuole. Quando ha stabilito qualcosa, Egli dice <<Sia>> ed essa è".

48-E Dio gli insegnerà il Libro della verità, la Legge e il Vangelo.

49-E lo sceglierà come profeta per i Figli d'Israele con questo messaggio: "Sono venuto a voi, con un segno dal vostro Signore. Dalla creta forgerò per voi la figura di un uccello e vi soffierò dentro e prenderà vita con il permesso di Dio. Guarisco quanti sono nati ciechi ed i lebbrosi. Resuscito i morti, con il permesso di Dio, e vi rivelo ciò che mangiate e ciò che conservate nelle vostre case. In verità, in tutto questo vi sarà un segno per voi, se siete credenti.

50-Sono venuto da voi per attestare la Legge che era prima di me. E rendo lecito per voi parte di ciò che prima vi era stato negato. Sono giunto da voi con un segno da parte del vostro Signore. Così temete Dio e obbeditemi.

51-Dio è il mio Signore e il vostro Signore. AdorateLo. Questa è la retta via".

52-Quando Gesù percepì il loro rifiuto di conoscere la verità, disse: "Chi mi aiuterà a compiere l'opera di Dio?" Risposero i discepoli: "Noi ti presteremo aiuto. Noi crediamo in Dio e tu sii testimone che ci siamo sottomessi.

53-Signore nostro! Crediamo in ciò che hai rivelato e seguiamo il Messaggero. Annoveraci tra coloro che recano testimonianza".

54-I miscredenti complottarono e pianificarono[18], ma anche Dio ha pianificato. Egli è il migliore di coloro che pianificano.

---

[16] In arabo ed ebraico *Masīh*, ossia l'"unto" o il "prescelto", titolo che veniva dato ai re ed ai sacerdoti. In greco il medesimo termine è reso con *Christos*.

[17] In arabo *Muqarrabīn*. Cfr. 56:11.

[18] In arabo *Makara*, che ha un significato sia positivo che negativo ed indica l'atto di organizzare qualche piano segreto. Cfr. 8:30, 13:42, 27:50.

55-Dio disse: "O Gesù! Ti prenderò e ti innalzerò fino a Me e ti purificherò [dalle falsità] di coloro che pronunciano menzogne. Renderò coloro che ti seguono superiori a coloro che rifiutano la fede nel Giorno della Resurrezione. Poi ritornerete a Me ed Io giudicherò tra di voi nelle questioni su cui disputate.

56-Per quanto riguarda coloro che rinnegano la fede, li punirò con un'agonia terribile in questo mondo e nell'Altro. Nessuno potrà soccorrerli".

57-Quanti credono e compiono opere di bene, saranno da Lui pienamente ricompensati. Dio però non ama chi commette l'ingiustizia.

58-Questo è ciò che ti recitiamo dei segni e del messaggio di saggezza.

59-La similitudine di Gesù davanti a Dio è quella di Adamo. Egli lo ha creato dalla polvere, poi gli disse: "Sia" ed egli "fu".

60-La verità proviene solo dal tuo Signore. Non essere tra coloro che dubitano.

61-Se qualcuno dovesse discutere con te in merito a questa questione, dopo che ti è giunta una piena conoscenza, rispondi: "Venite! Riuniamo insieme i nostri figli e i vostri figli, le nostre donne e le vostre donne, noi e voi. Pregate ardentemente e invocate la maledizione di Dio su coloro che pronunciano menzogne"[19].

62-Questa è la verità. Non c'è altro dio oltre Dio. Egli è l'Eccelso, il Saggio.

63-Però, se si volgono indietro, Dio ben conosce coloro che spargono la corruzione.

64-Di': "O popoli del Libro, venite ad un termine comune tra noi e voi: che non adoreremo altri che Dio, che non Gli assoceremo nessuno e che non ci sceglieremo tra di noi signori e padroni oltre a Dio". Se si volgono indietro, Di': Siate testimoni che siamo musulmani! .

65-O popoli del Libro, perché disputate riguardo ad Abramo, quando la Legge e il Vangelo sono stati rivelati dopo di lui? Non comprendete dunque?

---

[19] Nel 10 a.H., un'ambasciata di Cristiani di Najran (a nord di Sana), si recò in visita al Profeta (pbsl) a Medina. In quell'occasione, il Profeta (pbsl) li invitò ad una *Mubāhala*, ossia ad un incontro solenne, in cui entrambe le parti si sarebbero dovute presentare con le rispettive famiglie per pregare Dio intensamente ed invocare la Sua maledizione su coloro che affermavano il falso. I cristiani però rifiutarono la proposta e tornarono a Najran dopo aver stretto un patto con il Profeta (pbsl).

66-Disputate anche su materie di cui non avete conoscenza! Perché discutete su questioni di cui non avete alcuna conoscenza? Dio sa, mentre voi non sapete.

67-Abramo non era né ebreo né cristiano, ma era veritiero nella fede e sottometteva il suo volere a Dio e non Gli attribuiva dei consimili.

68-Senza dubbio, tra gli uomini, i più vicini ad Abramo solo coloro che lo seguono, così come il Profeta ed i credenti. Dio è il protettore di coloro che hanno fede.

69-Il desiderio di una parte dei popoli del Libro è che tu ti perda. Però, saranno loro a perdersi senza nemmeno accorgersene!

70-O popoli del libro! Perché rifiutate i segni di Dio, di cui siete stati testimoni?

71-O popoli del libro! Perché coprite la verità con la menzogna e nascondete la verità, anche se ne avete la conoscenza?

72-Una sezione dei popoli del libro dice: "Credete al mattino[20] ciò che viene rivelato ai credenti, ma rifiutatelo alla fine del giorno. Forse si volgeranno indietro.

73-E non credete a nessuno, a meno che non segua la vostra religione". Di': "La guida appartiene a Dio. Egli può inviare a chi vuole la rivelazione che ha dato a voi". Coloro che hanno ricevuto la rivelazione, sono forse autorizzati a discutere con te davanti al vostro Signore? Di': "Tutta la grazia si trova nelle mani di Dio. Egli la dona a chi vuole. Dio si prende cura di ogni cosa. Egli conosce ogni cosa".

74-Per la Sua misericordia, Egli sceglie specialmente chi vuole perché Dio è il Signore di una grazia illimitata.

75-Tra i popoli del libro, ci sono coloro che, se gli viene affidato un *qintar*[21] di oro, sono pronti a renderlo. Altri, se gli viene affidata una singola moneta d'argento[22], non la ripagheranno a meno che non venga loro continuamente domandata, perché dicono: "Non abbiamo il dovere di mantenere l'impegno con questi [pagani] ignoranti". Però costoro pronunciano una menzogna contro Dio e lo sanno bene.

76-Quanti tengono fede al patto stretto con Dio e agiscono rettamente sono da Lui amati. In verità, Dio ama coloro che agiscono secondo giustizia.

---

[20] In arabo *Wajh*, che in questo caso indica l'"inizio", la "prima parte".

[21] Ossia un talento di 1200 once di oro. Cfr. 3:14.

[22] In arabo *Dīnār*, molto probabilmente presente in Siria e nei mercati d'Arabia al tempo del Profeta (pbsl).

77-Quanti svendono il patto stretto con Dio, insieme alle parole dei loro giuramenti, ad un prezzo vile, non avranno alcuna parte nell'Altra vita. Dio non parlerà loro, non li guarderà nel Giorno del Giudizio e nemmeno li purificherà dei loro peccati. Saranno degni di una punizione terribile.

78-Tra costoro vi è una parte che distorce la scrittura con la propria lingua. Quando la leggi, potresti pensare che sia parte della rivelazione, ma non lo è. Dicono: "Questo proviene da Dio", ma non proviene da Lui. Costoro pronunciano delle menzogne contro Dio in piena consapevolezza!

79-Non è [possibile] che qualcuno, cui viene dato il Libro, la Saggezza e la missione profetica dica agli uomini: "Adorate me invece di Dio". Al contrario [direbbe]: "Adorate Colui che è il Signore di tutti perché vi è stata comunicata la rivelazione e l'avete studiata seriamente".

80-Nemmeno vi istruirà a scegliere angeli e profeti per signori e protettori. Vi offrirebbe forse la miscredenza, dopo che avete sottomesso la vostra volontà [a Dio nell'Islam]?

81-Dio ha stretto un patto con i profeti, dicendo: "Io vi consegno il libro e la saggezza. Quando verrà presso di voi un profeta, che conferma ciò che si trova con voi, crederete in lui e gli darete aiuto". Dio disse: "Siete d'accordo e accettate le condizioni di questo Mio patto?". Risposero: "Sì, siamo d'accordo". Egli disse: "Allora siatene testimoni ed anche io vi renderò testimonianza".

82-Coloro che si volgono indietro sono dei perversi trasgressori.

83-Cercano una religione diversa da quella di Dio, mentre tutte le creature nei cieli e sulla terra, volenti o meno, si sono sottomesse alla Sua volontà? Presso di Lui tutti faranno ritorno.

84-Di': "Noi crediamo in Dio, in ciò che ci è stato inviato e ciò che è stato rivelato ad Abramo, Ismaele, Isacco, Giacobbe e le tribù e nei Libri dati a Mosè, a Gesù ed ai profeti dal loro Signore. Non facciamo nessuna distinzione tra gli uni e gli altri e sottomettiamo la nostra volontà a Dio [nell'Islam]".

85-Se qualcuno desidera una religione diversa dalla sottomissione a Dio, non sarà mai accettata. Costui nell'Altra vita sarà in compagnia di coloro che hanno perduto [qualsiasi bene spirituale].

86-Come guiderà Dio coloro che respingono la fede, dopo che è stata accettata e data testimonianza che il Profeta era veritiero e che erano giunti loro chiari segni? Dio non guida un popolo di ingiusti.

87-La loro ricompensa sarà la maledizione di Dio, dei Suoi angeli e di tutta l'umanità.

88-Dimoreranno nella maledizione. La loro pena non sarà alleviata e non avranno alcuna tregua,

89-eccetto coloro che si pentono ed emendano la loro condotta. In verità, Dio è Perdonatore, Misericordioso.

90-Però, da coloro che rinnegano la fede, dopo averla abbracciata ed accrescono la loro miscredenza, il pentimento non sarà mai accettato perché si sono perduti.

91-Da coloro che rifiutano la fede e muoiono in questo stato, non sarà accettato nemmeno tutto l'oro che la terra contiene, anche se lo offrissero come riscatto. Per costoro vi è una gravosa pena e non troveranno aiuto alcuno.

92-In nessun modo diventerete giusti a meno che non doniate liberamente ciò che amate e qualsiasi cosa doniate, Dio conosce bene la verità.

93-Tutto il cibo era lecito per i Figli di Israele, eccetto ciò che Israele ha reso proibito per se stesso, prima che la legge di Mosè fu rivelata. Di': "Portate la Legge e studiatela, se siete veritieri".

94-Coloro che, dopo di ciò, continuano ad inventare menzogne riguardo a Dio, sono ingiusti e malvagi.

95-Di': "Dio dice il vero. Seguite la religione di Abramo, il puro nella fede. Egli non era un idolatra".

96-La prima casa di adorazione stabilita per gli uomini è stata quella di Bakka[23], piena di benedizioni e di guida per tutti gli esseri[24].

97-In ciò vi sono segni manifesti: la stazione di Abramo. Chiunque la raggiunge, è al sicuro. Il pellegrinaggio è un dovere verso Dio per coloro che possono affrontare il viaggio. Però, se qualcuno rinnega la fede, Dio non ha bisogno di nessuna delle Sue creature.

98-Di': "O popoli del libro! Perché respingete i segni di Dio, quando Lui stesso è testimone di tutto quello che fate?"

99-Di': "O gente del libro! Perché cercate di tenere lontani coloro che credono dal sentiero di Dio, tentando di renderlo tortuoso, mentre voi stessi siete stati testimoni del Suo patto?" Egli è ben consapevole di ciò che fate.

---

[23] Probabilmente l'antico nome della Mecca.

[24] In arabo *'Ālamīn*, termine che può essere tradotto come "tutti i mondi", "tutte le nazioni", "tutte le creature", "tutti gli esseri". Cfr. 3:42, 3:97.

100-O voi che credete, se date ascolto ad una fazione tra i popoli del libro, costoro vi renderebbero apostati dopo che avete creduto!

101-Come potete negare la fede, quando vi vengono recitati i segni di Dio e tra di voi vive il Profeta? A chiunque si mantiene vicino a Dio, sarà mostrata una via retta.

102-O voi che credete, temete Dio, come dovrebbe essere temuto, e morite nella sottomissione della fede.

103-Tenetevi stretti, tutti insieme, alla corda che Dio vi ha lanciato. Non dividetevi tra di voi e ricordate con gratitudine le grazie che vi ha concesso, perché eravate nemici[25] e Lui ha unito i vostri cuori nell'amore, così che attraverso la Sua grazia siete diventati fratelli. Eravate sull'orlo della voragine dell'Inferno ed Egli vi ha salvato. Dio vi rende chiari i Suoi segni affinché possiate essere guidati.

104-Che sorga tra di voi un gruppo di persone che invitano a ciò che è buono, comandano ciò che è giusto e proibiscono ciò che è riprovevole. Costoro raggiungeranno la felicità[26].

105-Non siate come coloro che sono divisi e cadono nelle dispute, dopo aver ricevuto chiari segni. Per costoro è stato riservato un doloroso castigo.

106-Nel giorno in cui alcuni volti saranno illuminati dalla gioia e altri saranno invece completamente scuri per la disperazione. A coloro, i cui volti saranno avvolti dalla tenebra, sarà detto: "Avete rifiutato la fede, dopo averla accettata? Provate adesso la pena per aver rinnegato la fede".

107-Però coloro, i cui volti saranno illuminati di bianco, si troveranno nella luce della misericordia di Dio, dove dimoreranno [per sempre].

108-Questi sono i segni di Dio. Noi te li riveliamo nella verità. Egli non intende trattare ingiustamente le proprie creature.

109-A Dio appartiene tutto ciò che si trova nei cieli e sulla terra. A Lui ogni questione ritorna per essere decisa.

110-Voi siete i migliori tra le genti, che si sono evolute per il bene dell'umanità. Comandate ciò che è giusto, proibite ciò che è ingiusto

---

[25] Gli abitanti di Yathrib (Medina), prima della conversione all'Islam e dell'arrivo del Profeta (pbsl), erano divisi da aspri conflitti intertribali che li stavano lentamente conducendo alla rovina.

[26] In arabo *Muflih, Aflaha, Falāh,* la cui radice indica il "raggiungimento della felicità", "il successo", "la libertà da ogni ansia e preoccupazione". Questo termine è opposto ad *'Adhāb,* presente nel versetto successivo, traducibile come "fallimento", "miseria", "punizione" ed "agonia".

e credete in Dio. Se solo i popoli del libro avessero la fede, sarebbe meglio per loro. Tra di loro ci sono coloro che hanno la fede, ma la maggior parte sono dei pervertiti trasgressori.

111-Non ti arrecheranno alcun male, se non un qualche debole fastidio. Se vengono a combattere con te, ti mostreranno la schiena e non riceveranno alcun aiuto.

112-La vergogna li copre[27] [come una tenda], in qualsiasi luogo si trovino, eccetto quando hanno stretto un patto [di protezione] con Dio e con gli esseri umani. Costoro si attirano l'ira di Dio e piantano su se stessi il marchio della destituzione perché hanno rinnegato i Suoi segni, uccidendo i profeti in sfida alla verità. Si sono ribellati e hanno trasgredito oltre ogni limite.

113-Tra costoro però non tutti sono uguali. Tra i popoli del libro ci sono dei giusti che recitano i segni di Dio per tutta la notte e si prosternano in adorazione.

114-Costoro credono in Dio e nell'Ultimo Giorno. Comandano ciò che è giusto e proibiscono ciò che è riprovevole. Si affrettano ad emulare tutte le buone opere. Costoro appartengono al rango dei giusti.

115-Del buono che compiono nulla sarà loro rifiutato perché Dio conosce bene coloro che agiscono secondo giustizia.

116-Coloro che rinnegano la fede, non trarranno alcun beneficio né dalle loro ricchezze né dai loro figli davanti a Dio. Saranno Compagni del Fuoco, dove dimoreranno per sempre

117-Ciò che spendono in questa vita può essere paragonato a un vento che porta la brina, che colpisce e distrugge i raccolti di quanti hanno agito ingiustamente contro le proprie anime. Dio non ha agito ingiustamente. Costoro hanno commesso ingiustizia contro se stessi.

118-O voi che credete, non scegliete come confidenti coloro che non fanno parte della comunità. Cercheranno di corrompervi, desiderando unicamente la vostra rovina. L'odio è già apparso sulle loro bocche e quanto i loro cuori nascondono è ancora peggiore. Noi abbiamo reso chiari i segni, se avete saggezza.

119-Voi li amate, ma loro non vi amano. Anche se credete nell intera rivelazione, quando vi incontrano, dicono: "Crediamo". Però, quando sono da soli, si mordono le dita per la rabbia che nutrono

---

[27] In arabo *Dhuribat.*

contro di te. Di': "Perite nella vostra rabbia. Dio conosce bene i segreti dei cuori".

120-Se qualcosa di buono vi accade, si rattristano. Se invece siete colti da qualche sfortuna, si rallegrano. Però se vi manterrete costanti e giusti, la loro astuzia non potrà nuocervi in nessun modo. Dio nella Sua conoscenza abbraccia tutto quello che compiono.

121-Ricorda, o Profeta, quando all'alba hai lasciato la tua famiglia, per schierare i credenti ai posti di combattimento[28]. Dio ode e conosce ogni cosa.

122-Ricorda che due dei vostri partiti[29] hanno meditato di mostrarsi codardi. Dio era il loro protettore e in Lui i credenti debbono riporre la loro fiducia.

123-Dio vi ha aiutato a Badr, quando eravate un'esigua forza. Allora temeteLo, affinché possiate mostrare la vostra gratitudine.

124-Ricordate che avete detto ai credenti: "Non è abbastanza per voi che Dio vi abbia aiutato con tremila angeli, appositamente inviati?"

125-Se rimarrete fermi ed agirete rettamente, anche se il nemico dovesse violentemente scagliarsi contro di voi, il vostro Signore vi aiuterà con cinquemila angeli guerrieri[30].

126-Dio ha fatto di questo un messaggio di speranza per voi e una rassicurazione per i vostri cuori. In ogni caso, la vittoria proviene solo da Dio, l'Eccelso, il Saggio.

127-Che Egli possa recidere una frangia dei miscredenti[31] o esporli all'infamia. Che voltino la schiena, frustrati nel loro proposito.

---

[28] In questo versetto si fa riferimento alla battaglia di Uhud combattuta nel 3 a.H. durante il mese di *Shawwāl*, presso le pendici del monte Uhud. Le forze musulmane oscillavano dalle 700 alle 1000 unità, mentre quelle nemiche guidate da Abū Sufyān raggiungevano le 3000. All'inizio la battaglia volse al meglio per i musulmani ma successivamente, quando gli arcieri disobbedirono all'ordine di rimanere al proprio posto, il nemico parve avere la meglio. Hamza, lo zio del Profeta (pbsl) venne ucciso, e lo stesso Profeta (pbsl) venne ferito. Il Profeta però, nonostante le ferite, riuscì a ricompattare le fila musulmane e ad indurre il nemico alla ritirata. Medina fu di nuovo salva ed i musulmani impararono la lezione della fede, della costanza, della fermezza e della perseveranza.

[29] In questo versetto ci si riferisce rispettivamente ai Banū Salma dei Khazrajī ed ai Banū Hāritha, che però si riunirono successivamente sotto il comando del Profeta (pbsl).

[30] In arabo *Musawwim*, alla voce attiva. Cfr. 3:14, dove il verbo è stato utilizzato invece alla voce passiva.

[31] Il riferimento è diretto ai pagani della Mecca.

128-La decisione non appartiene a te ma a Dio. Sia che Egli si volga in misericordia verso di loro o li punisca, costoro sono degli ingiusti[32].

129-A Dio appartiene tutto ciò che si trova nei cieli e sulla terra. Egli perdona chi vuole e punisce chi vuole. Dio è Perdonatore, Misericordioso.

130-O credenti, non praticate l'usura, raddoppiata o moltiplicata, ma temete Dio affinché possiate veramente prosperare.

131-Temete il Fuoco, che è stato preparato per coloro che rinnegano la fede.

132-Obbedite a Dio e al Suo Messaggero affinché possiate ottenere la misericordia.

133-Affrettatevi verso il perdono del vostro Signore e verso il Giardino, la cui ampiezza è quella dei cieli e della terra, preparato per i giusti,

134-per coloro che spendono liberamente, sia nella prosperità sia nell'avversità, che controllano l'ira e perdonano gli uomini perché Dio ama coloro che compiono il bene.

135-Coloro che, avendo compiuto qualcosa di vergognoso o avendo agito ingiustamente contro le loro anime, si ricordano di Dio e domandano il perdono dei propri peccati- chi può perdonare i peccati se non Dio? - e coloro che non si mantengono mai ostinatamente nel male che hanno compiuto,

136-avranno come ricompensa il perdono del loro Signore e Giardini sotto i quali scorrono dei fiumi, dove dimoreranno in eterno. Quale eccellente ricompensa per coloro che agiscono e s'impegnano con fatica.

137-Eventi storici guidati dalla legge divina si sono verificati durante tutte le epoche. Viaggiate attraverso la terra e guardate qual è stata la fine di coloro che hanno respinto la verità.

138-Qui vi è un'affermazione chiara per gli uomini, una guida e un'istruzione per coloro che temono Dio!

139-Quindi non perdete il coraggio, non cadete nella disperazione perché voi, se siete credenti, avrete il sopravvento.

---

[32] La battaglia di Uhud insegna ai credenti che l'aiuto di Dio giunge a coloro che hanno fede, mostrano obbedienza e disciplina ed agiscono secondo rettitudine e giustizia.

140-Se una ferita vi ha toccati[33], siate sicuri che una ferita simile ha toccato anche gli altri. Questi giorni di varia fortuna sono concessi agli uomini a turno, al fine che Dio possa distinguere coloro che credono e che Egli possa scegliere dai vostri ranghi dei martiri e testimoni alla verità. Dio non ama coloro che agiscono ingiustamente.

141-Il fine di Dio è anche quello di purificare[34] coloro che sono veritieri nella fede e di privare delle benedizioni quanti vi resistono.

142- Pensate forse di poter essere ammessi in cielo senza che Dio metta alla prova coloro che s'impegnano strenuamente per la Sua causa e rimangono perseveranti?

143-Voi speravate nella morte ancora prima di incontrarla. Però, ora che l'avete vista con i vostri stessi occhi, sobbalzate.

144-Muhammad è solo un messaggero. Molti sono i messaggeri che sono passati prima di lui. Se morisse o fosse ucciso, tornerete forse sui vostri passi[35]? Se qualcuno di voi si voltasse indietro, non farebbe nessun danno a Dio. Però, Dio velocemente ripagherà coloro che Lo servono con gratitudine.

145-Nessun'anima può morire, se non col permesso di Dio. Il termine è stato scritto. Se qualcuno desidera una ricompensa in questa vita, Noi gliela concederemo. Però, se qualcuno desidera una ricompensa nell'Altra, Noi gliela concederemo. Velocemente ripagheremo quanti Ci servono con gratitudine.

146-Quanti profeti hanno combattuto [sulla via di Dio] e con loro [hanno combattuto] molti uomini buoni? Costoro non persero mai il coraggio. Se incontravano un disastro sulla via di Dio, né la loro

---

[33] Queste considerazioni generali si applicano in particolare all'episodio della battaglia di Uhud: 1-Quando ci s'impegna strenuamente per la verità, si deve essere consapevoli che coloro che soffrono sono sostenuti dalla fede, al contrario invece dei miscredenti, 2-Il successo ed il fallimento sono parte di questa vita ed il credente deve essere capace di considerare gli avvenimenti alla luce del piano divino, 3-La vera tempra dell'uomo viene saggiata dalle avversità (Cfr. 3:154), 4-Il male è sempre dedito alla propria distruzione, così come dimostra il comportamento dei pagani in seguito alla battaglia di Uhud. Costoro si abbandonarono ad un comportamento selvaggio e spietato che fece loro perdere l'appoggio degli alleati, indebolendo il potere pagano nella penisola arabica. Cfr. 3:127.

[34] Il riferimento alla purificazione è da intendersi in due modi distinti: 1-Nel senso che gli ipocriti divennero distinti dai credenti, 2-La prova rafforzò la fede dei deboli e degli indecisi.

[35] In questo versetto ci si riferisce di nuovo alla battaglia di Uhud, quando il Profeta (pbsl) venne gravemente ferito. Fu recitato da Abū Bakr quando, otto anni più tardi, il Profeta (pbsl) morì di morte naturale.

volontà s'indebolì e nemmeno desistettero. Egli ama coloro che rimangono fermi e perseveranti.

147-Tutto ciò che hanno detto è stato: "Signore nostro! Perdona i nostri peccati e qualsiasi cosa possiamo aver commesso, trasgredendo i nostri doveri. Pianta i nostri piedi con fermezza e aiutaci contro coloro che respingono la fede".

148-Dio concederà loro una ricompensa in questo mondo e una eccellente nell'Altro. Egli ama coloro che compiono il bene.

149-O voi che credete! Se ubbidite ai miscredenti, vi faranno ritornare sui vostri passi e voi rinnegherete la fede per la vostra stessa perdita.

150-Dio è il vostro protettore ed il migliore aiuto.

151- Presto getteremo il terrore nei cuori dei miscredenti, perché hanno attribuito a Dio dei consimili, per cui Lui non aveva conferito alcuna autorità. La loro destinazione sarà il Fuoco, orribile dimora degli ingiusti.

152-Dio ha realizzato la promessa che vi ha fatto, quando voi con il Suo permesso eravate sul punto di sterminare il vostro nemico, fino a quando non siete sobbalzati e siete caduti nella disputa riguardo all'ordine e avete disubbidito, dopo che Egli vi ha portato davanti al bottino che desideravate. Tra di voi ci sono alcuni che si aggrappano a questa vita ed altri che desiderano l'Altro mondo. Poi Egli vi ha distolto dal vostro nemico[36] al fine di mettervi alla prova. Però poi vi ha perdonato, perché Egli è pieno di grazia verso i credenti.

153-Stavate risalendo l'altura senza gettare lo sguardo da nessuna parte, mentre il Messaggero vi stava richiamando indietro. Allora Dio vi ha mandato un'angoscia dopo l'altra[37] per insegnarvi a non addolorarvi per il bottino che avete perduto e per il male che si è abbattuto su di voi. Dio è ben consapevole di quello che fate.

---

[36] Ci si riferisce agli arcieri che, durante la battaglia di Uhud, abbandonarono le loro posizioni allettati dalla prospettiva di un ricco bottino, credendo di aver definitivamente vinto. In realtà, il nemico si approfittò della mancanza di difesa per passare al contrattacco.

[37] Una parte dei cavalieri Quraysh guidati da Khālid ibn al-Walīd approfittò della mancanza di difesa nelle file musulmane per entrarvi ed attaccare dall'interno. Le forze musulmane quindi non solo perdettero il bottino cui avevano tanto agognato, ma misero in serio pericolo la vita dei soldati. Molti di loro infatti morirono ed altri furono feriti gravemente.

154-Dopo l'angoscia, Egli ha inviato la calma su alcuni di voi[38] che erano stati sopraffatti dalla stanchezza. Un altro gruppo tra di voi[39] era angosciato dai suoi stessi sentimenti, suscitati da pensieri errati nei riguardi di Dio, dovuti all'ignoranza. Dissero: "Che cosa abbiamo guadagnato in questa impresa?" Di': "L'impresa appartiene totalmente a Dio". Costoro ti tengono nascosti i loro veri sentimenti. Dicono tra sé e sé: "Se avessimo potuto esprimere un parere su quest'impresa, non ci saremo mai trovati qui nel mezzo del massacro". Di': "Anche se foste rimasti nelle vostre case, coloro per i quali era stata decretata la morte, sarebbero andati dritti al luogo dove sarebbero dovuti morire". Dio desidera provare che cosa si trova nei vostri petti e purificare ciò che si trova nei vostri cuori. Egli conosce bene i segreti dei cuori.

155-Satana ha fatto fallire coloro, tra di voi, che si sono voltati indietro, quando i due nemici si sono incontrati, a causa del male che hanno compiuto. Dio ha cancellato i loro peccati. Egli è Perdonatore, Misericordioso.

156-O voi che credete, non siate come i miscredenti, che dicono dei loro fratelli, quando viaggiano per la terra oppure sono occupati in battaglia: "Se fossero rimasti con noi, non sarebbero morti o non sarebbero stati uccisi". Dio renderà questi pensieri una causa di rimpianto nei loro cuori. Egli è Colui che dona la vita e la morte. Dio vede bene tutto quello che fate.

157-Se sarete uccisi o morirete sulla vita di Dio, il Suo perdono e la Sua misericordia sono migliori rispetto a tutta la ricchezza che potreste accumulare.

158-O se morirete o sarete uccisi, presso Dio sarete tutti ricondotti.

159-È parte della misericordia di Dio che ti comporti gentilmente con loro. Se fossi stato severo o duro di cuore, si sarebbero allontanati da te. Così passa sopra i loro peccati e domanda per loro il perdono di Dio e consultali nelle questioni. Poi, quando hai preso una decisione,

---

[38] Dopo essere state colte di sorpresa, le forze musulmane si riorganizzarono passando al contrattacco, mentre il nemico preferì ritirarsi nel proprio accampamento. Al tempo della tregua, i soldati si abbandonarono poi ad un sonno ristoratore.

[39] Il riferimento è diretto agli ipocriti che si erano ritirati dalla battaglia e che precedentemente avevano ritenuto più opportuno prepararsi alla difesa di Medina dall'interno piuttosto che dall'esterno.

riponi la tua fiducia in Dio, perché Egli ama coloro che ripongono in Lui la loro fiducia.

160-Se Dio vi presta il Suo aiuto, nessuno vi potrà sopraffare. Se Egli vi abbandona, chi potrà concedervi aiuto alcuno? In Dio, allora, i credenti ripongano la loro fiducia.

161-Nessun profeta potrebbe mai dimostrarsi falso verso la sua missione[40]. Se una persona è falsa in questo modo, nel Giorno del Giudizio, dovrà restituire ciò di cui si è appropriata ingiustamente. Ogni anima riceverà ciò che le è dovuto, qualunque cosa abbia guadagnato e nessuno sarà trattato ingiustamente.

162-È l'uomo che cerca il compiacimento di Dio uguale a colui che attira su di sé la Sua ira e a coloro che dimorano nell'Inferno? Invero, un terribile rifugio.

163-Ci sono vari gradi alla presenza di Dio ed Egli vede bene tutto quello che fanno.

164-Dio ha conferito un grande favore ai credenti, quando ha inviato in mezzo a loro un messaggero, che recita loro i Suoi segni, che li santifica e li istruisce nella scrittura e nella saggezza, mentre, prima di ciò, si trovavano in errore manifesto.

165-Quando un singolo disastro vi coglie, anche se voi avete inflitto ai vostri nemici un disastro due volte più grande, dite: "Da dove proviene tutto ciò?". Di' loro: "Proviene da voi stessi, perché Dio ha potere su tutte le cose".

166-Quello che avete sofferto il giorno in cui i due eserciti si sono incontrati, è accaduto con il permesso di Dio al fine di mettere alla prova[41] i credenti

167-ed anche gli ipocriti A costoro è stato detto: "Andiamo. Combattiamo sulla via di Dio o almeno scacciamo il nemico dalla nostra città". Risposero: "Se avessimo saputo che ci sarebbe stata una battaglia, certamente ti avremmo seguito". Quel giorno si trovavano più vicini alla miscredenza che alla fede, dicendo con le loro labbra ciò che non si trovava nei loro cuori. Però Dio conosce bene ciò che nascondono.

---

[40] Questo versetto c'insegna che: 1-I profeti di Dio non agiscono secondo motivi egoistici, 2-I profeti di Dio non debbono essere giudicati secondo il medesimo standard con cui sono giudicate le persone avide.

[41] Lett. Conoscere. Cfr. 3:154.

168-A coloro che sono rimasti indietro e dei loro fratelli uccisi dicono: "Se solo ci avessero dato ascolto, non sarebbero stati uccisi". Di': "Allontanate la morte da voi stessi, se dite il vero".

169-Non pensare che coloro che vengono uccisi sulla via di Dio siano morti. In realtà, sono vivi e ricevono il sostentamento alla presenza del loro Signore.

170-Costoro si rallegrano della grazia di Dio e ricevono buone nuove riguardo a coloro che sono rimasti indietro e che ancora non li hanno seguiti, che non provano alcun timore e non hanno alcuna ragione di addolorarsi.

171-Si gloriano nella grazia di Dio, Che non permette che la ricompensa dei fedeli vada perduta.

172-Quanti rispondono alla chiamata di Dio e del Profeta, anche dopo essere stati sconfitti, e compiono il bene e si tengono lontani dal male, avranno una grande ricompensa.

173-Gli uomini dicono loro: "Un grande esercito si è radunato contro di voi. Temeteli". Questo però accrebbe solo la loro fede e dissero: "Dio è sufficiente per noi ed Egli è il migliore dei protettori".

174-Costoro ritornano con la grazia e la ricchezza da Dio. Nessun male li ha colti, perché hanno cercato il Suo compiacimento. Egli è il Signore delle grazie senza limiti.

175-Solo il Malvagio vi suggerisce la paura dei suoi seguaci. Non lasciatevi spaventare da loro, ma temete Me, se avete fede.

176-Che non ti addolorino quanti si dirigono in fretta verso la miscredenza. Non arrecheranno a Dio alcun danno. Egli non assegnerà loro nessuna porzione nell'Altra vita, ma un severo castigo.

177-Coloro che acquistano la miscredenza al prezzo della fede, non arrecheranno a Dio alcun danno, ma avranno un severo castigo.

178-Che i miscredenti, che persistono nella negazione di Dio, non pensino che la tregua, che abbiamo concesso, possa essere loro di beneficio. Concediamo una tregua affinché possano crescere nell'iniquità. Riceveranno però una vergognosa punizione.

179-Dio non lascerà i credenti nella condizione in cui si trovano adesso, fino a quando non avrà separato i malvagi dai sinceri. Dio non vi svelerà nemmeno i segreti dell'invisibile, ma Egli sceglie i Suoi profeti secondo la Sua volontà. Così credete in Dio e nel Messaggero. E, se crederete e compirete il bene, avrete una ricompensa senza misura.

180-Non lasciate che coloro che con avarizia trattengono i beni, che Dio ha concesso[42] attraverso la Sua misericordia, pensino che ciò sia un bene. Questo è per loro un male. Presto ciò che avaramente trattengono sarà girato attorno ai loro colli come un collare nel Giorno del Giudizio. A Dio appartiene l'eredità dei cieli e della terra[43]. Egli è ben consapevole di tutto ciò che fate.

181-Dio ha udito la derisione di coloro che dicono: "In verità, Dio è povero e noi siamo ricchi!" Sicuramente annoteremo le loro parole e l'assassinio dei profeti in sfida alla verità e diremo: "Assaggiate la pena del Fuoco che brucia

182-a causa delle azioni ingiuste che le vostre mani hanno inviato prima di voi" perché Dio non arreca mai danno a coloro che Lo servono.

183- Costoro dicono anche: "Dio ha accettato la promessa di non credere a nessun messaggero a meno che non ci mostri un sacrificio consumato dal fuoco[44]". Di': "Sono giunti da voi profeti con chiari segni e persino con quelli che domandate. Perché allora li avete uccisi, se quello che dite è vero?".

184-Se ti rinnegano, allo stesso modo si sono comportati con i profeti che ti hanno preceduto, che sono venuti con chiari segni, con le scritture ed il libro dell'illuminazione[45].

185-Ogni anima dovrà assaggiare le morte[46] e solo nel Giorno del Giudizio vi sarà concessa una piena ricompensa. Solo colui che è salvo dal Fuoco ed è ammesso nel Giardino, sarà vincitore, perché la vita di questo mondo non è altro che beni e vuote parole ingannatrici.

---

[42] Il riferimento è diretto sia ai beni di natura materiale che a quelli di natura spirituale. Adoperare questi doni per coloro che ne hanno bisogno è un atto di carità. In caso contrario, invece, la persona si dimostra avara ed egoista.

[43] Tutti i doni che gli esseri umani ricevono sono stati affidati da Dio, cui dovranno rendere conto in merito all'utilizzo fatto in questa vita. Cfr. 6:165.

[44] Cfr. Levitico, 9:23-24.

[45] In questo versetto si fa riferimento specificamente a: 1-Chiari segni (*Baiyināt*), 2-*Zubūr*, 3-Libro dell'illuminazione (*Kitāb al-Munīr*). La prima espressione si riferisce ai segni ed i miracoli che accompagnano la predicazione dei profeti. Con il termine *Zubūr* s'intendono sia i Salmi di Davide (4:163, 21:105), o in genere le scritture. Il termine deriva dalla radice araba *Zabara* che significa qualcosa di ostico e duro. In questo caso potrebbe indicare delle scritture che non sono semplici da comprendere. Con la terza espressione s'intende invece la guida fondamentale data all'essere umano per condurre una vita retta e timorata di Dio.

[46] Cfr. 21:35, 29:57. L'anima non muore, ma al momento della dipartita dal corpo proverà il sapore dell'estinzione.

186-Sarete certamente provati nei vostri beni e in voi stessi e dovrete udire molte cose che vi addoloreranno, da coloro che hanno ricevuto la rivelazione prima di voi e dai politeisti. Però, se perseverate con pazienza e vi guardate dal male, questa sarà una prova della vostra determinazione.

187-Ricordate che Dio ha stretto un patto con i popoli del Libro, per renderlo manifesto e chiaro all'umanità e non per occultarlo. Costoro invece lo hanno gettato dietro le spalle e hanno acquistato con esso qualche miserabile bene! Hanno compiuto, in verità, un vile scambio.

188-Non pensate che quanti esultano per ciò che hanno compiuto e amano essere lodati per ciò che non hanno fatto, possano scampare al castigo. Per loro è in serbo una pena gravosa.

189-A Dio appartiene il dominio dei cieli e della terra. Egli ha potere su tutte le cose.

190-Nella creazione dei cieli e della terra e nell'alternanza tra il giorno e la notte, ci sono segni per uomini che comprendono.

191-Costoro si ricordano di Dio, mentre sono in piedi, seduti oppure coricati su un fianco e contemplano le meraviglie della creazione nei cieli e sulla terra con il pensiero: "O Dio, non li hai creati invano. Gloria a Te. Concedici la salvezza dalla punizione del Fuoco!

192-Signore Nostro! Chi Tu ammetti nel Fuoco, in verità copri di vergogna. In verità, coloro che compiono il male, non avranno nessuno che li soccorra.

193-Signore nostro! Abbiamo udito la voce di chi ci chiama alla fede: "Credete nel Signore" e noi abbiamo creduto. Signore Nostro! Perdona i nostri peccati, cancella le nostre iniquità e richiama a Te le nostre anime in compagnia dei giusti.

194-Signore Nostro, concedici ciò che hai promesso attraverso i Tuoi messaggeri e salvaci dalla vergogna del Giorno del Giudizio. Tu non infrangi mai le promesse".

195-Il loro Signore ha accettato la loro preghiera e ha risposto: "Non lascerò che le opere di nessuno di voi vadano perdute, uomini o donne, ognuno di voi è come l'altro[47]. Coloro che hanno lasciato le loro case e sono stati scacciati, coloro che hanno sofferto per la Mia causa, hanno combattuto e sono stati uccisi, sono stati da Me perdonati per le loro iniquità e sono stati ammessi in Giardini, sotto i

---

[47] Secondo l'insegnamento islamico, la distinzione sessuale non ha alcun ruolo nell'ambito delle questioni di natura spirituale.

quali scorrono ruscelli, una ricompensa dalla Mia presenza". Dalla Sua presenza derivano le migliori ricompense.

196-Che non ti inganni la facilità con cui i miscredenti si muovono sulla terra,

197-il loro godimento è poca cosa. La loro dimora ultima sarà l'Inferno: quale orribile giaciglio.

198-Per quanti temono il loro Signore, ci sono giardini sotto i quali scorrono i fiumi, dove dimoreranno (per sempre), un dono dalla presenza di Dio. Ciò che si trova alla presenza di Dio è la migliore benedizione per i credenti.

199-Ci sono tra i popoli del Libro quanti credono in Dio, nella rivelazione che è stata inviata a te e quella che è stata inviata a loro, e si prosternano umilmente davanti a Lui. Costoro non venderanno i segni di Dio per un miserabile prezzo! Per costoro c'è la ricompensa presso il loro Signore e Dio è veloce nel calcolo.

200-O voi che credete, perseverate nella pazienza e nella costanza. Incitatevi nella perseveranza, fortificatevi a vicenda e temete Dio, affinché possiate prosperare.

IV

Sura An-Nisā

(Le donne)

Rivelata a Medina

Nel nome di Dio, il Clemente, il Misericordioso

1-O umanità! Riverite il vostro Signore che vi ha creato da una sola anima[1]. Egli ha creato, di natura simile, il suo compagno e da loro ha disperso, come semi, innumerevoli uomini e donne. Temete Dio, attraverso il quale domandate i vostri (diritti) reciproci, e fate attenzione a non recidere i legami di parentela. Dio veglia sempre su di voi.

2-Quando hanno raggiunto l'età appropriata, riconsegnate agli orfani le loro proprietà. Non sostituite i loro beni con cose di nessun valore e non divorate le loro sostanze confondendole con la vostra. Questo è, in verità, un grande peccato.

3-Se avete paura di non potervi comportare secondo giustizia con le orfane, sposate donne di vostra scelta, due, tre o quattro. Però, se temete di non essere capaci di comportarvi con loro secondo giustizia, solo una o [una schiava] in vostro possesso. In questo modo non devierete dalla retta via.

4-Date alle donne al momento del matrimonio la dote come un dono, ma se costoro, secondo la loro stessa volontà, ve ne riconsegnano una parte, prendetela e godetela di buon animo.

5-A coloro che sono deboli d'intelletto, non affidate i beni che Dio ha scelto come mezzi per il loro sostentamento, ma nutriteli, vestiteli e rivolgetevi a loro con parole di gentilezza e di giustizia.

6-Mettete alla prova gli orfani, fino a quando non raggiungano l'età del matrimonio. Se poi trovate in loro una sana capacità di giudizio,

---

[1] In arabo *Nafs*, che può essere tradotto rispettivamente come 1-"anima", 2-"sé", 3-"persona", 4-"volontà" e "buona disposizione" come in 4:4. In questo versetto viene seguita la costruzione dell'Imam Razi. La particella *Min* qui suggerisce non una porzione o una fonte di qualcosa bensì una specie, una natura ed una identità. Il pronome *Ha* si riferisce invece a *Nafs*. Cfr. 7:189.

riconsegnate la proprietà in loro possesso, ma non diminuitela o sperperatela prima che siano cresciuti. Se il loro guardino possiede dei mezzi, che non chieda alcuna remunerazione, ma se è povero, che prenda solo ciò che è giusto e ragionevole. Quando riconsegnate loro la proprietà dovuta, fatelo davanti a dei testimoni, anche se Dio è sufficiente a prenderne atto.

7-Di ciò che è stato lasciato dai genitori e dai parenti stretti, c'è una parte per gli uomini e una parte per le donne, indipendentemente dall'ammontare della proprietà.

8-Però, se al momento della divisione sono presenti altri parenti o orfani o poveri, date loro qualcosa e rivolgetevi loro con parole di gentilezza e di giustizia.

9-Che coloro che temono per il futuro dei loro figli indifesi, qualora loro dovessero morire, mostrino la medesima preoccupazione (per gli orfani). Che temano Dio e pronuncino parole di giustizia.

10-Coloro che divorano ingiustamente la proprietà degli orfani, mangiano il fuoco nei loro stessi corpi. Presto dovranno sopportare un fuoco ardente!

11-Dio vi istruisce relativamente all'eredità[2] da consegnare ai vostri figli. Al figlio spetta una porzione uguale a quella di due donne. Se avete solo figlie, due o più, a loro spettano 2/3 dell'eredità. Se ne possedete solo una, a costei spetta metà del patrimonio. Per quanto riguarda i genitori, spetta ad ognuno di loro 1/6 dell'eredità, se il deceduto lascia anche dei figli. Però, se non lascia dei figli, e i suoi genitori sono gli unici eredi, alla madre spetta 1/3. Se il deceduto lascia fratelli o sorelle, alla madre spetta 1/6. La distribuzione, in ogni caso, deve avvenire dopo il pagamento dei legati e dei debiti. Non sapete se i vostri genitori o i vostri figli siano più vicini a voi in termini di benefici. Queste sono le porzioni ordinate da Dio. Egli è Onnisciente, Saggio.

12-Dell'eredità delle vostre mogli, a voi spetta la metà, se non lasciano alcuna prole. Però, se lasciano dei figli, a voi spetta 1/4, dopo il pagamento dei legati e dei debiti. Le vostre spose hanno diritto ad 1/4 di ciò che lasciate, se non avete figli. Però, se lasciate dei figli, spetta loro 1/8, dopo il pagamento dei legati e dei debiti. Se l'uomo o la

---

[2] Secondo la legge islamica solo 1/3 della proprietà può essere assegnata attraverso il testamento. La parte restante, ossia i 2/3, viene distribuita tra gli eredi legittimi, dopo il pagamento di eventuali debiti.

donna, la cui eredità è in questione, non lascia né ascendenti né discendenti[3], ma ha un fratellastro o una sorellastra[4], ad ognuno dei due spetta 1/6. Però, se sono più di due, spetta loro 1/3 dopo il pagamento dei legati e dei debiti, affinché nessuno subisca alcuna perdita. Questo è ordinato da Dio. Egli è Onnisciente, Saggio.

13-Questi sono i limiti posti da Dio. Coloro che ubbidiscono a Dio e al Suo Messaggero saranno ammessi in giardini dove scorrono i fiumi, come loro dimora [eterna]. Questo sarà il supremo successo.

14-Invece coloro che si mostrano disubbidienti verso Dio e il Suo Messaggero, trasgredendo i Suoi limiti, saranno ammessi nel Fuoco per dimorarvi e avranno una punizione umiliante.

15-Se qualcuna delle vostre donne è colpevole di indecenza[5], raccogliete la testimonianza di quattro testimoni attendibili. Se confessano, confinatele nelle case fino a quando non le coglierà la morte o Dio abbia ordinato per loro qualche altra via.

16-Punite entrambi i colpevoli. Però, se si pentono e mutano la loro condotta, lasciateli andare. Dio è Perdonatore, Misericordioso.

17-Dio accetta il pentimento di quanti commettono il male nell'ignoranza, ma subito dopo si pentono. Dio si volgerà misericordioso verso di loro. Dio è pieno di conoscenza e saggezza.

18-Non ha alcun effetto il pentimento di coloro che continuano a compiere il male, fino a quando la morte si presenta ad uno di loro ed egli dirà: "Ora, mi sono pentito". Lo stesso vale per coloro che muoiono rinnegando la fede. Per loro abbiamo preparato una punizione terribile.

---

[3] In arabo *kalālat*, termine che non è stato però definito con precisione al tempo del Profeta (pbsl). Questo è uno dei tre termini, insieme a *Khilāfat* e *Ribā*, che il Profeta (pbsl) non definì con precisione, come è stato sottolineato da 'Umar ibn al-Khattāb che invece desiderava che queste parole fossero state spiegate con maggiore chiarezza. Solitamente, con questo termine s'intende comunque la persona che muore senza aver lasciato né parenti diretti né figli. Nel caso in cui questa persona lasci un coniuge, a quest'ultimo spetta quanto di diritto.

[4] In questo versetto viene fatto riferimento ai fratelli che condividono sia i medesimi genitori sia solo uno di essi.

[5] Secondo la maggior parte dei commentatori ci si riferisce all'adulterio ed alla fornicazione.

19-O voi che credete, non vi è concesso ereditare[6] le donne contro la loro volontà. Non dovete trattarle con durezza, per riprendervi una parte della dote[7] che avete donato loro, eccetto nel caso in cui siano risultate colpevoli d'indecenza. Altrimenti, vivete con loro secondo gentilezza ed equità. Se poi non vi piacciono più, può essere che a voi non piaccia qualcosa, che Dio ha reso fonte di una grazia abbondante.

20-Però, se decidete di prendere un'altra moglie, non chiedete nulla indietro, non importa quanto avete donato[8]. Se lo faceste, vi macchierete di iniquità ed indecenza palese.

21-Come potreste riprendervi il dono nuziale, quando siete vissuti insieme in una relazione matrimoniale e loro hanno stretto con voi un patto solenne?

22-Non sposate donne, che anche i vostri padri hanno sposato, a parte quello che succedeva in passato. Questo è un costume vergognoso ed odioso, invero un abominevole costume.

23-Vi sono proibite le vostre madri, le figlie, le sorelle, le sorelle del padre, le sorelle della madre, le figlie di vostro fratello, le figlie di vostra sorella, le donne che vi hanno allattato, le sorelle di latte, le madri delle vostre mogli, e le figliastre sotto la vostra protezione delle donne con cui avete consumato il matrimonio. Se il matrimonio non fosse stato consumato, non vi è allora alcuna proibizione. Non potete contrarre matrimonio nemmeno con coloro che sono state le spose dei vostri figli e nemmeno con due sorelle nello stesso tempo, eccetto per quanto è successo in passato. Dio è Perdonatore, Misericordioso.

24-Vi sono proibite le donne che sono già sposate, tranne coloro che la vostra mano destra possiede. In questo modo Dio vi ha reso note le Sue proibizioni. Eccetto queste, tutte le altre sono lecite, se le chiedete in spose e fate loro dei doni dalla vostra proprietà. Dal momento che da loro traete beneficio, consegnate loro una dote, come è stato stabilito. Però se, quando la dote è stata fissata, decidete

---

[6] Ci si riferisce ad una pratica degli arabi dell'Età dell'ignoranza, secondo cui un fratello o un figliastro ereditava, alla morte del marito, le sue proprietà, incluso il bestiame e le vedove.

[7] Cfr. 2:229. Ci si riferisce ad un altro costume dell'Età dell'ignoranza. Gli insegnamenti islamici inoltre condannano anche i due seguenti atteggiamenti: 1-Il trattamento iniquo finalizzato alla domanda di divorzio da parte della donna (*Khul*), al fine che il marito possa reclamare parte della dote (Cfr. 2:229), 2-Impedire alla donna divorziata di risposarsi, a meno che non riconsegni parte della dote.

[8] Lett. "anche se le aveste dato un tesoro come dote". In arabo *Qintār*. Cfr. 3:14.

di utilizzarla in altro modo, non ne avrete alcuna colpa. Dio è Onnisciente, Saggio.

25-Se qualcuno di voi non ha i mezzi per sposare una donna credente libera, può sposare delle schiave credenti. Dio ha piena conoscenza della vostra fede. Ognuno di voi è parte della stessa famiglia umana. Sposatele con il permesso del loro guardiano e date loro una dote, secondo ciò che è ragionevole. Devono però essere caste e non libertine o amanti. Quando vengono prese in spose, se commettono qualche indecenza, la loro punizione sia la metà di quella che spetta alle donne libere. Questo [permesso] è per coloro che tra di voi temono di peccare, ma è meglio per voi che pratichiate l'autocontrollo. Dio è Perdonatore, Misericordioso.

26-Dio desidera che tutto vi sia chiaro e mostrarvi gli ordini ricevuti da coloro che vi hanno preceduto. Egli desidera rivolgersi verso di voi in misericordia. Egli è Onnisciente, Saggio.

27-Dio desidera volgersi verso di voi, ma il desiderio di coloro che seguono le loro passioni, è che vi allontaniate da Lui sempre di più.

28-Dio desidera alleviare (le vostre difficoltà) perché l'uomo è stato creato debole (nella carne).

29-O voi che credete, non consumate le vostre proprietà in cose vane, ma lasciate che coloro che sono tra di voi commercino in reciproca buona volontà. Non uccidete o distruggete voi stessi perché, in realtà, Dio è stato verso di voi misericordioso.

30-Chi si macchia di questi peccati con iniquità, presto lo getteremo nel Fuoco. Questo per Dio è semplice.

31-Se eviterete i peccati maggiori che vi sono stati proibiti, cancelleremo quelli minori e vi faremo entrare attraverso una porta onorevole.

32-Non invidiate ciò che Dio ha concesso più liberamente agli altri. Agli uomini spetta ciò che hanno guadagnato e alle donne spetta quanto hanno guadagnato. Domandate a Dio la Sua grazia perché Egli ha piena conoscenza delle vostre azioni.

33-Per poter apportare beneficio a tutti, abbiamo stabilito eredi[9] e quote per la proprietà lasciata dai genitori e dai parenti. Date anche

---

[9] In arabo *Mawālī*, plurale di *Mawlā*, termine che deriva dalla radice *Walā*, che significa "essere vicino" sia in senso spaziale che in una relazione e "seguire". Il termine *Mawlā* quindi può essere tradotto rispettivamente come: 1-Erede, 2-Imparentato, 3-Partner, 4-Vicino, 5-Amico, 6-Protettore o cliente (Cfr. 44:41), e 7-Signore o padrone (Cfr. 16:76).

la porzione dovuta a coloro con cui avete stretto un patto[10]. In verità, Dio è testimone di tutte le cose.

34-I mariti sono chiamati a mantenere[11] le loro spose con la ricchezza che Dio ha concesso ad alcuni rispetto agli altri e con ciò che spendono del loro patrimonio. Le donne giuste sono devotamente obbedienti ai loro mariti e custodiscono, in assenza del marito, ciò che Dio ha comandato loro di custodire. Per quanto riguarda quelle donne da parte delle quali temi slealtà e cattiva condotta, prima ammonitele, poi rifiutatevi di dividere il letto con loro. Alla fine, allontanatevi[12] da loro. Però, se ritornano all'obbedienza, non fate nulla contro di esse. Dio è l Altissimo, l ccelso.

35-Se temete che una coppia si lasci, scegliete due arbitri, uno dalla famiglia di lui ed un altro dalla famiglia di lei. Se desiderano la pace, Dio favorirà la loro riconciliazione. Egli detiene la piena conoscenza di tutte le cose.

36-Servite Dio e non associateGli nessuno. Fate il bene ai genitori, ai parenti, agli orfani, a coloro che sono nel bisogno, ai vicini, compresi quelli che non conoscete, al compagno al tuo fianco, al viandante e ai vostri schiavi. Dio non ama l'arrogante, il vanaglorioso,

37-né coloro che sono avari o comandano ad altri l'avarizia, o nascondono i beni che Dio ha loro concesso. Abbiamo preparato per coloro che respingono la fede una punizione dolorosa, che li farà precipitare nel disprezzo,

38-per coloro che spendono la propria ricchezza per essere visti dagli uomini, ma non hanno alcuna fede in Dio e nell'ultimo giorno. Se qualcuno si sceglie il maligno per intimo amico, quale terribile amico ha scelto!

---

[10] Quando i musulmani emigrarono da Mecca a Medina, il Profeta (pbsl) strinse dei legami di fratellanza tra loro e gli Ansari di Medina, che prevedevano non solo aiuto reciproco ma anche il diritto di ereditare gli uni dagli altri. Successivamente alla conquista della Mecca, quando i legami legittimi di parentela con i Quraysh trasferitesi a Medina furono ripristinati, sia le relazioni di sangue che quelle di fratellanza furono entrambe salvaguardate.

[11] In arabo *Qawwām*, che indica qualcuno che "protegge i propri interessi" o "che amministra i propri affari con fermezza e sollecitudine". Cfr. 4:135, 2:228.

[12] In arabo *Daraba*, termine che è stato utilizzato nel Corano secondo diciassette sfumature di significato, tra le quali vi sono anche: "allontanarsi", "lasciare" e "viaggiare". Nella traduzione di questo versetto è stata preferita questa sfumatura di significato che indica un atto precedente al divorzio, ossia l'allontanamento del coniuge.

39-Quale difficoltà avranno costoro se, nutrendo fede in Dio, spendono ciò che Lui ha concesso loro per sostentamento[13]? Dio infatti ne ha piena conoscenza.

40-Dio non è mai ingiusto. Se qualche bene è stato compiuto, Egli lo duplica e concede dalla Sua stessa presenza una grande ricompensa.

41-Che cosa faranno i peccatori nel Giorno del Giudizio, quando Noi sceglieremo un testimone da ogni popolo, mentre tu (Muhammad) sarai testimone contro di loro?

42-Quel giorno coloro che rinnegano la fede e sono stati disubbidienti verso il Messaggero desidereranno venire inghiottiti dalla terra. Però, non riusciranno a nascondere nulla a Dio di quanto è accaduto!

43-O voi che credete, non accostatevi alla preghiera con la mente confusa fino a quando non sarete in grado di comprendere quello che affermate e nemmeno in una condizione d'impurità cerimoniale [eccetto quando vi trovate in viaggio], fino a quando non avrete lavato interamente il vostro corpo. Se siete malati, in viaggio, o qualcuno di voi viene da un richiamo della natura, o siete stati in contatto con donne, e non trovate acqua, prendete sabbia chiara o terra e strofinatevi i volti e le mani[14]. Dio cancella i peccati e perdona sempre di nuovo.

44-Non hai rivolto il tuo sguardo a coloro che hanno ricevuto una porzione del Libro? Costoro brancolano nell'errore e desiderano che anche voi perdiate la retta via.

45-Dio ha piena conoscenza dei vostri nemici. Egli basta come protettore ed aiuto.

46-Tra gli ebrei ci sono coloro che distorcono il significato delle parole rivelate, estrapolandole dal loro contesto e dicono: "Udiamo e disubbidiamo", e "Odi" o "Che tu non possa udire", parlando in modo offensivo ed implicando che la vera fede sia falsa. Se solo dicessero: "Udiamo ed ubbidiamo", "Prestateci ascolto ed abbiate pazienza"[15], sarebbe stato meglio per loro e più consono. Dio li ha respinti perché si sono rifiutati di riconoscere il vero. La loro fede è debole.

47-O popoli del Libro, credete in ciò che Noi abbiamo rivelato, confermando quanto si trovava già in vostro possesso, prima che

---

[13] Da intendersi sia in senso materiale che spirituale.

[14] Questo processo alternativo al normale *Wudū'* è chiamato *Tayammum*. Cfr. 4:159, 5:6.

[15] In arabo *Rā'inā*. Questo termine veniva leggermente modificato per assumere un significato irrispettoso verso la persona del Profeta (pbsl).

distruggiamo [la vostra capacità] di orientarvi rivoltando i vostri volti e maledicendovi come abbiamo fatto con i violatori del sabato, perché la decisione di Dio sarà messa in atto.

48-Dio non perdona che Gli vengano associati falsi dei, ma assolve ogni altro peccato a chi desidera. Attribuire degli associati a Dio è un peccato gravissimo.

49-Non hai rivolto lo sguardo a coloro che reclamano la santità per se stessi? Dio santifica chi vuole. Costoro però non cesseranno di ricevere giustizia anche nella più piccola cosa[16].

50-Inventano una menzogna contro Dio! Questo in se stesso è un peccato manifesto.

51-Non hai rivolto lo sguardo a coloro a cui è stata data una porzione del Libro? Credono nella magia[17] e nel male[18], e dicono ai miscredenti che sono meglio guidati nella retta via dei credenti!

52-Dio li ha maledetti. Coloro, che Dio ha maledetto, non riceveranno aiuto alcuno.

53-Hanno forse una parte nel dominio o nel potere? Eppure non donano ai loro compagni nemmeno una fibra di dattero[19].

54-Oppure invidiano la grazia che Dio ha garantito agli altri? Noi abbiamo già dato al popolo di Abramo il Libro e la Saggezza e conferito loro un grande regno[20].

55-Alcuni di loro hanno creduto ed altri invece hanno distolto i loro volti da Lui. Nulla arderà come l'Inferno.

56-Getteremo presto nel Fuoco quanti respingono i Nostri segni. Quando la loro pelle sarà completamente arrostita, Noi la cambieremo in pelle fresca, al fine che possano assaggiare la pena. Dio è Eccelso, Saggio.

57-Invece coloro che credono e compiono opere di giustizia, li ammetteremo nei Giardini, dove scorrono i fiumi, ove sarà la loro eterna dimora. Lì avranno compagni puri e santi. Li ammetteremo in ombre fresche che diventano sempre più profonde.

---

[16] In arabo *Fatīla*, lett. "la pellicina di un osso di dattero".

[17] In arabo *Jibt*, termine con cui si indica la divinazione, la magia o un oggetto di culto idolatra.

[18] In arabo *Tāghūt*, che indica colui che eccede i limiti, dedicandosi al male. Cfr. 2:256, 16:51.

[19] In arabo *Naqīr*. Cfr. 35:13.

[20] Il riferimento è diretto ai regni di Davide e Salomone.

58-Dio vi comanda di dare indietro i depositi a coloro a cui sono dovuti e, quando giudicate, fatelo secondo giustizia. In verità, quanto eccellente è l'insegnamento che Egli vi impartisce! Dio ode e vede tutte le cose.

59-O voi che credete, obbedite a Dio, al Profeta e a coloro che tra di voi hanno autorità[21]. Se differite in qualcosa, riferitelo a Dio e al Suo Profeta, se credete in Dio e nell'Ultimo Giorno. Questo è più appropriato per prendere una decisione definitiva.

60-Non hai rivolto lo sguardo a coloro[22] che dichiarano di credere nella rivelazione che è giunta a te e a coloro che ti hanno preceduto? Il loro reale desiderio è di porre come giudice [delle loro dispute] il Maligno, anche se è stato ordinato loro di rinnegarlo. Però il desiderio di Satana è di condurli lontano, nella perdizione.

61-Quando viene detto loro: "Avvicinatevi a ciò che Dio ha rivelato e al Profeta", vedi che gli ipocriti distolgono il volto via da te, disgustati.

62-Quando sono colti dalla sfortuna a causa delle azioni che le loro mani hanno commesso, si avvicinano a te, giurando nel nome di Dio: "Non intendevamo altro che buona volontà e riconciliazione".

63-Dio conosce che cosa si nasconde nel cuore di questi uomini. Così mantieniti lontano da loro, ammoniscili e rivolgi loro una parola che possa raggiungerne l'anima.

64-Abbiamo inviato i profeti affinché fossero ubbiditi secondo la volontà di Dio. Se, quando si sono dimostrati ingiusti contro se stessi, (gli ipocriti) fossero venuti da te e avessero chiesto il perdono e tu lo avessi domandato per loro, avrebbero trovato Dio Perdonatore, Misericordioso.

65-Per il Signore, non avranno fede fino a quando non ti sceglieranno come giudice nelle dispute e tu non trovi nelle loro anime alcuna resistenza contro la tua decisione, che accetteranno in piena convinzione.

66-Se avessimo ordinato loro di sacrificare le loro vite o di lasciare le loro case, solo pochi lo avrebbero fatto. Però, se avessero fatto ciò che è stato loro attualmente comandato, sarebbe stato meglio e la loro fede ne sarebbe stata rafforzata.

---

[21] In arabo *Ulū al-Amr*, ossia coloro che hanno la responsabilità del comando o della decisione in merito a determinate questioni.

[22] Il riferimento è diretto agli ipocriti (*Munāfiqīn*) di Medina.

67-Avremmo concesso loro dalla Nostra presenza una grande ricompensa;

68-e avremmo mostrato loro la via retta.

69-Tutti quelli che ubbidiscono a Dio e al Profeta si trovano in compagnia di coloro su cui si trova la grazia di Dio, dei profeti, dei sinceri, dei testimoni e dei giusti. Quale meravigliosa compagnia!

70-Questa è la grazia che proviene da Dio perché nulla Gli è sconosciuto.

71-O credenti, prendete le vostre precauzioni. Poi mobilizzatevi per la guerra in gruppi o tutti insieme.

72-Tra di voi ci sono uomini che vorrebbero attardarsi indietro. Se una sfortuna vi coglie, dicono: "Dio ci ha favorito perché non ci trovavamo con loro".

73-Però, se Dio vi concede la buona fortuna, sicuramente diranno, come se non ci fossero mai stati legami di affezione tra voi e loro, "Oh, vorrei essermi trovato con loro. Così avrei avuto il mio guadagno".

74-Lascia che combattano per la causa di Dio coloro che vendono la vita di questo mondo per l'Altra vita. A colui che combatte per la causa di Dio, sia che venga ucciso o raggiunga la vittoria, daremo una ricompensa di grande valore.

75-Perché non dovreste combattere per la causa di Dio e di coloro che, essendo deboli[23], sono maltrattati ed oppressi? Uomini, donne e bambini, il cui grido è: "Signore nostro! Soccorrici da questa città, i cui abitanti sono oppressori e solleva per noi qualcuno che ci protegga e che ci aiuti".

76-I credenti combattono per la causa di Dio e coloro che rinnegano la fede invece per la causa del male. Così combattete contro gli amici[24] di Satana. L'astuzia di Satana invero è debole.

77-Non hai forse rivolto lo sguardo verso coloro cui è stato detto di tenere le mani lontane dalla lotta, ma di stabilire regolari preghiere e spendere in regolare carità? Quando, alla fine, venne dato l'ordine di combattere[25], una parte di costoro temette gli uomini come avrebbe

---

[23] In arabo *Munstad'af*, in riferimento ad una persona debole e quindi maltrattata ed oppressa. Cfr. 4:98, 4:127, 7:150.

[24] In arabo *Awliyā*, plurale di *Wali*, traducibile come "amico", "patrono" e "protettore". Il termine ha la medesima radice di *Mawlā*. Cfr. 4:33.

[25] In questo versetto ci si riferisce agli ipocriti che avevano desiderato combattere, quando ancora non era permesso, per ottenere dei guadagni terreni. Successivamente,

dovuto temere Dio, o persino di più. Dissero: "Signore Nostro! Perché ci hai ordinato di combattere? Non ci garantiresti altro tempo? Di': "Il godimento di questo mondo è breve. L'Altra vita è migliore per coloro che compiono il bene e non saranno trattati mai ingiustamente".

78-In qualunque luogo siete, la morte vi troverà, anche se fossero torri robuste ed alte. Se qualche bene li coglie, affermano: "Questo proviene da Dio". Invece, se li coglie qualche male, dicono: "Questo proviene da te, o Profeta". Di': "Tutte le cose provengono da Dio". Che cosa è accaduto a costoro, che non riescono a comprendere quello che viene detto loro?

79-O uomo, qualunque cosa di buono ti succede, proviene da Dio. Invece, qualunque cosa di male ti accade, proviene dalla tua stessa anima. Ti abbiamo inviato come Messaggero per istruire l'umanità. Dio è abbastanza come testimone.

80-Chi ubbidisce al Profeta, obbedisce a Dio. Però, se qualcuno si volge indietro, non ti abbiamo inviato come loro custode.

81-Costoro hanno l'obbedienza sulle labbra ma, quando ti lasciano, una parte di loro medita tutta la notte su come disubbidirti. Però Dio prende nota dei loro complotti notturni, così mantieniti lontano da loro e riponi la tua fiducia in Lui. Nessuno è degno di fiducia, se non Dio.

82-Perché non cercano almeno di comprendere il Corano? Se non fosse venuto da Dio, avrebbero trovato sicuramente in esso qualche discrepanza[26].

83-Quando giunge da loro qualche notizia relativa alla pace o alla guerra, subito la divulgano. Se solo l'avessero riferita al Messaggero o a coloro che sono stati investiti di autorità, l'avrebbero compresa e decifrata. Se non fosse stato per la grazia e la misericordia di Dio verso di voi, tutti, tranne pochi, avrebbero seguito Satana.

---

invece, quando avrebbero dovuto combattere per la causa di Dio, si tirarono indietro per paura e codardia.

[26] L'unità del Corano è maggiore di quella di qualsiasi altro testo sacro. Questa sua unità interna è considerata dai musulmani la prova della sua origine divina. Da un punto di vista semplicemente umano, ci si sarebbe dovuta aspettare la presenza di notevoli discrepanze, in quanto: 1-Il Profeta (pbsl) era un uomo illetterato, 2-Il Corano è stato rivelato nell'arco di ventitré anni ed in diverse occasioni tra loro molto dissimili, 3-I versetti del Corano si rivolgono a diversi tipi di persone.

84-Allora, combatti per la causa di Dio -sarai considerato responsabile solo per te stesso- e desta i credenti. Forse Egli reprimerà la furia dei miscredenti. Dio è il più potente e forte nella punizione.

85-Chiunque raccomanda ed aiuta una buona causa ne diventa parte. Invece chiunque raccomanda e supporta una cattiva causa, ne condivide il peso. Dio ha potere su tutte le cose.

86-Quando vi viene rivolto un saluto cortese, rispondete con un saluto ancora più cortese o di eguale cortesia. Dio tiene conto di ogni cosa.

87-Dio! Non c'è dio che Lui. Vi radunerà tutti insieme nel Giorno del Giudizio, sul quale non vi è alcun dubbio. Quali parole possono essere più vere di quelle di Dio?

88-Perché vi dividete o siete nel dubbio relativamente agli ipocriti[27]? Dio li ha disconosciuti a causa della loro disubbidienza. Vorresti guidare coloro che Dio ha allontanato dalla retta via? Per coloro che Dio ha fatto smarrire dalla retta via, non sarà possibile ritrovarla.

89-Desiderano che rinneghiate la fede, al pari di loro, e che seguiate i loro passi. Non sceglieteli come amici, fino a quando non si allontaneranno[28] da ciò che è proibito sulla via di Dio. Se diventano dei rinnegati, catturateli ed uccideteli, in qualunque luogo li troviate. In ogni caso non sceglieteli come amici o alleati,

90-eccetto coloro che fanno parte di un gruppo, con il quale avete stretto un trattato di pace[29], e coloro che si avvicinano[30] con i cuori che non consentono loro di combattere te ed il loro stesso popolo. Se

---

[27] Quando il comportamento degli ipocriti ad Uhud mise in serio pericolo la comunità di Medina, i musulmani erano divisi su quale decisione prendere nei loro confronti. Alcuni proponevano di condannarli alla pena capitale, mentre altri avrebbero preferito soprassedere per non causare ulteriori difficoltà. Il versetto in questione invita i credenti a non prendere decisioni troppo estreme nei loro confronti, al fine di consentire loro di emendare la propria condotta. Però, nel caso in cui l'avessero ripetuta, sarebbero stati considerati dei nemici. Cfr. 4:90.

[28] In arabo questo termine ha la medesima radice della parola *Hijrah*. Bukhārī interpreta l'espressione presente in questo versetto come riferita all'allontanarsi da quanto è proibito, oltre che al normale significato di *Hijrah*, ossia l'allontanamento da un luogo determinato.

[29] In caso di diserzione, l'esenzione dalla pena è applicata nei due casi seguenti: 1-Nel caso in cui il disertore prenda rifugio in una tribù con cui i musulmani hanno stretto un patto di non-belligeranza, 2-Nel caso in cui una persona non desideri combattere contro l'Islam e nemmeno contro la sua tribù che invece si oppone alle forze musulmane. In quest'ultimo caso, costui deve ricevere protezione in conseguenza della sua sincerità.

[30] Si riferisce all'attitudine mentale e non all'avvicinamento fisico.

Dio lo avesse voluto, avrebbe concesso loro potere su di voi e vi avrebbero combattuti. Però, se si allontanano da voi e non vi combattono, ma invece vi inviano garanzie di pace, allora Dio non vi concede nulla contro di loro.

91-Troverai altri che desiderano essere in buoni rapporti con voi e con la loro gente. Ogni volta che sono posti davanti ad una tentazione, soccombono. Però, se non si allontanano da voi e non vi danno garanzie di pace, oltre ad averli fermati, catturateli ed uccideteli, ovunque li troviate. Vi abbiamo concesso un chiaro argomento contro di loro.

92-Un credente non dovrebbe mai ucciderne un altro. Però, se accade per errore[31], è dovuta una compensazione. Se qualcuno uccide un credente, gli viene ordinato di liberare uno schiavo credente e pagare una compensazione alla famiglia del deceduto, a meno che non lo rimettano liberamente. Se il deceduto appartiene ad un popolo in guerra con voi, ed era credente, la liberazione di uno schiavo credente [è sufficiente]. Se appartiene ad un popolo con cui avete stretto un trattato di alleanza, alla sua famiglia deve essere pagata la compensazione e deve essere liberato uno schiavo credente. Per coloro, che trovano questi comandi superiori alle proprie possibilità, è prescritto un digiuno per due mesi consecutivi come via di pentimento verso Dio. Egli possiede tutta la conoscenza e tutta la saggezza.

93-Se qualcuno uccide un credente intenzionalmente, la sua ricompensa[32] sarà l'Inferno, dove dimorerà [per sempre]. L'ira e la maledizione di Dio sono su di lui e per costui sarà preparata una terribile pena.

94-O credenti, quando vi recate fuori[33] dal vostro paese per la causa di Dio, domandate con attenzione e non dite a qualcuno che vi offre il saluto: "Tu non sei un credente!", desiderando i beni transeunti di questa vita. Presso Dio vi sono profitti e spoglie abbondanti. Anche voi eravate come loro fino a quando Egli non vi ha concesso il Suo

---

[31] Nel versetto ci si riferisce all'omicidio colposo di un musulmano da parte di un altro credente, nel caso in cui l'ucciso: 1-Appartenga alla medesima tribù, 2-Appartenga ad una comunità in guerra con quella musulmana, 3-Appartenga ad una comunità che invece ha stretto un'alleanza con quella musulmana.

[32] Cfr. 2:178, dove viene fatto riferimento alla compensazione (in arabo *Qisās*).

[33] In arabo *Daraba*, traducibile come "partire" per la guerra, per curare i propri affari commerciali o per altre motivazioni.

favore. Domandate con attenzione perché Dio è ben consapevole delle vostre azioni.

95-Non sono uguali quei credenti che siedono in casa e non corrono alcun pericolo e coloro che invece s'impegnano e lottano per la causa di Dio con i loro beni e le loro persone. Egli ha garantito un grado superiore a coloro che s'impegnano e lottano con i loro beni e le loro persone rispetto a quelli che siedono in casa. A tutti comunque Dio ha promesso il bene. Però, Egli ha distinto quelli che s'impegnano e lottano da coloro che siedono a casa e li ha resi degni di una speciale ricompensa:

96-ranghi speciali da Lui concessi, il perdono e la misericordia. Dio è Perdonatore, Misericordioso.

97-Quando gli angeli prendono le anime di coloro che muoiono nel peccato, dicono: "In quale condizione vi trovavate?" Rispondono: "Eravamo deboli ed oppressi sulla terra. Allora gli angeli dicono: "La terra di Dio non era abbastanza spaziosa[34] per voi per allontanarvi dal male?" Questi uomini troveranno la loro dimora nell'Inferno; in verità, quale triste rifugio.

98-Eccetto coloro che erano veramente deboli ed oppressi: uomini, donne e bambini che non hanno alcun mezzo né qualcuno che mostri loro la via.

99-Per costoro vi è la speranza del perdono perché Egli cancella i peccati e sempre di nuovo perdona.

100-Colui che abbandona la sua casa per la causa di Dio, trova sulla terra molti rifugi ampi e spaziosi. Se morisse come un rifugiato, lontano da casa, per Dio e per il Messaggero, la sua ricompensa sarà dovuta e sicura presso Dio. Egli è Perdonatore, Misericordioso.

101-Quando viaggiate attraverso la terra, non potrete essere biasimati, se rendete le vostre preghiere più brevi[35] per il timore che i miscredenti possano attaccarvi. I miscredenti invero sono i vostri nemici giurati.

102-Quando tu, o Messaggero, ti trovi in loro compagnia e stai in piedi guidandoli nella preghiera, che una parte di loro rimanga in piedi,

---

[34] Il riferimento è diretto all'*Hijrah*, ossia ad una migrazione da un luogo in cui i musulmani sono oppressi e perseguitati, come nel caso della Mecca.

[35] Il Profeta (pbsl), qualora si trovasse in viaggio o minacciato da qualche pericolo, abbreviava le proprie preghiere nel modo seguente: 1-Da quattro a due *Rak'āt* nel *Zuhr*, nell'*'Asr* e nell'*Ishā*, 2-Lasciava invariato il numero di *Rak'āt* del *Fajr* e del *Maghrib*.

ritta in preghiera tenendo le armi con sé. Quando sono terminate le prosternazioni, che riprendano la loro posizione nella schiera. Che poi avanzino gli altri che ancora non hanno pregato, e lasciali pregare con te, tenendo tutte le precauzioni e portando le armi. I miscredenti desiderano, se vi mostrate negligenti nella cura delle vostre armi e dei vostri bagagli, assalirvi in un singolo attacco. Invece non c'è nessun biasimo verso di voi, se lasciate le armi a causa della pioggia o perché siete malati. Prendete però ogni precauzione. Per i miscredenti Dio ha preparato una punizione umiliante.

103-Quando poi avete terminato[36] le vostre preghiere, celebrate le lodi di Dio, in piedi, seduti o coricati sui fianchi. Però, quando siete liberi dal pericolo, pregate regolarmente. Queste preghiere sono state comandate ai credenti a tempi stabiliti.

104-Non rallentate nel seguire il nemico. Se state soffrendo la fatica, anche loro ne stanno sopportando una simile. Voi però potete sperare in Dio, mentre loro non possono. Egli è pieno di conoscenza e di saggezza.

105-Noi ti abbiamo inviato il Libro nella verità, affinché tu possa giudicare tra gli uomini, secondo quanto Dio ti ha insegnato. Non essere il protettore di coloro che tradiscono la fiducia in loro riposta[37],

106-ma cercate il perdono di Dio, perché Egli è Perdonatore, Misericordioso.

107-Non contendete a nome di coloro che tradiscono le loro stesse anime, perché Egli non ama chi si dedica alla perfidia e al crimine.

108-Costoro possono nascondere i loro crimini agli uomini, ma non a Dio, ben sapendo che Egli è con loro quando complottano di notte, pronunciando parole che Egli non approva. Dio abbraccia nella Sua conoscenza[38] tutto ciò che compiono.

---

[36] L'espressione araba può anche indicare "nel caso in cui dobbiate desistere dalle vostre preghiere", in una situazione d'immediato pericolo.

[37] Il riferimento immediato di questo versetto è riconducibile a Taimah ibn Ubairaq che, pur professandosi musulmano, era in realtà un ipocrita dedito ad una serie di atti disonesti. Costui fu accusato del furto di un'armatura ma, prima di essere chiamato a renderne conto, nascose la refurtiva nella casa di un ebreo, in cui fu in seguito trovata. Taimah si dichiarava innocente così come l'ebreo, anche se le simpatie dei musulmani erano rivolte verso il primo a causa della sua adesione nominale all'Islam. Grazie alla guida divina, il Profeta (pbsl), quando gli venne presentato il caso, giudicò con giustizia ed imparzialità.

[38] In arabo *Muhīt*. Cfr. 4:126.

109-Avete forse discusso in loro favore nella vita presente? Chi contenderà con Dio a nome loro nel Giorno del Giudizio o chi presterà loro attenzione?

110-Se qualcuno commette il male o commette ingiustizia contro la propria anima, ma dopo cerca il perdono di Dio, Lo troverà Perdonatore, Misericordioso.

111-Se qualcuno commette il peccato, danneggia la sua stessa anima. Dio è pieno di conoscenza e di saggezza.

112-Se qualcuno commette[39] un errore e un peccato e lo attribuisce ad un innocente, si carica di falsità e di un fragrante peccato.

113-Se non fosse stato per la grazia di Dio verso di te e la Sua misericordia, un gruppo di loro avrebbe sicuramente complottato per farti smarrire. Però, costoro faranno smarrire solo le loro anime e a te non faranno nulla di male. Dio ti ha inviato il Libro e la saggezza e ti ha insegnato ciò che prima non conoscevi. Grande è stata la grazia che Egli ti ha concesso.

114-Nella maggior parte dei loro segreti conciliaboli non vi è alcun bene. Invece, se qualcuno esorta a compiere un'opera di carità o di giustizia o di conciliazione tra gli uomini, il segreto è permesso. Noi daremo presto una ricompensa di grande valore a colui che agisce in questo modo, cercando il compiacimento di Dio.

115-Se qualcuno decide di separarsi dal Profeta, anche dopo che gli è stata presentata la guida e segue una via diversa da quella che lo conduce a diventare un uomo di fede, Noi lo lasceremo nel sentiero che ha scelto e lo faremo approdare nell'Inferno, quale triste rifugio!

116-Dio non perdona il peccato di attribuirGli degli associati, ma Egli perdona a chi vuole peccati diversi da questo. Chi attribuisce a Dio degli associati si è perduto molto lontano dalla verità.

117-I pagani, oltre Lui, invocano divinità femminili. Invocano Satana, il persistente ribelle!

118-Dio lo ha maledetto, ma lui disse: "Prenderò una porzione dei Tuoi servi;

119-li farò deviare e susciterò in loro falsi desideri. Ordinerò loro di tagliare gli orecchi del bestiame e di vandalizzare la natura creata da

---

[39] In arabo *Kasaba*, che letteralmente significa "guadagnare", "impegnarsi per qualcosa di valore", "impegnarsi per l'Altra vita". In questo versetto il termine è da intendersi in senso eminentemente spirituale.

Dio. Chiunque, abbandonando Dio, sceglie Satana come amico, ha sofferto sicuramente una perdita manifesta.

120-Satana fa loro promesse e crea in loro falsi desideri. Però, le promesse di Satana non sono altro che inganno.

121-Costoro avranno dimora nell'Inferno e da esso non avranno alcuna via di scampo.

122-Invece, coloro che credono e compiono opere di giustizia, Noi li ammetteremo nei giardini, sotto i quali scorrono i ruscelli come loro eterna dimora. La promessa di Dio è verità. Quali parole possono essere più vere di quelle di Dio?

123-Non possono prevalere né i vostri desideri né quelli dei popoli del libro. Chiunque compie il male, sarà ricompensato di conseguenza né troverà, oltre a Dio, nessun protettore o alleato.

124-Coloro che compiono opere di bene -siano uomini o donne- e hanno fede, entreranno in Paradiso e non subiranno alcuna ingiustizia[40].

125-Chi può essere migliore nella religione di colui che sottomette il suo sé a Dio, compie il bene e segue la via di Abramo, il sincero nella fede? Dio si scelse Abramo come amico.

126-A Dio appartiene tutto ciò che si trova nei cieli e sulla terra. Egli abbraccia[41] ogni cosa nella Sua conoscenza.

127-Ti domandano su come comportarsi con le donne. Di': "Dio vi ha istruito a loro riguardo e ricordate ciò che è stato recitato nel Libro, relativamente alle orfane a cui non date ciò che spetta, o che desiderate sposare o ai bambini deboli ed oppressi. Dovete essere giusti con gli orfani. Non c'è una buona azione, da voi compiuta, della quale Dio non sia bene a conoscenza".

128-Se una moglie teme crudeltà o abbandono da parte del marito, non sono degni di alcun rimprovero, se si mettono d'accordo amichevolmente. Trovare un accordo è la scelta migliore, anche se le anime degli uomini sono influenzate dall'egoismo. E, se fate il bene e praticate l'autocontrollo, Dio è ben consapevole di tutto quello che fate.

129-Non potreste mai riuscire ad essere giusti con le donne, anche se lo desideraste. Però, non inclinate verso una sposa, lasciando l'altra

---

[40] In arabo *Naqīr*, ossia la pellicola del nocciolo di dattero. Cfr. 4:53, 35:13.
[41] In arabo *Muhīt*. Cfr. 4:108.

in sospeso (tra il matrimonio e il divorzio). Se mutate i vostri modi e praticate l'autocontrollo, Dio è Perdonatore, Misericordioso.

130-Se un marito ed una moglie decidono di separarsi, Dio provvederà con l'abbondanza dalla Sua grazia immensa. Egli è Colui che veglia su tutti, il Saggio.

131-A Dio appartengono tutte le cose che si trovano nei cieli e sulla terra. In verità, Noi abbiamo insegnato ai popoli del Libro (che vi hanno preceduto) e voi a temerLo. Però, se voi lo negate, a Dio appartiene tutto ciò che si trova nei cieli e sulla terra. Dio è privo di ogni bisogno, degno di ogni lode.

132-A Dio appartengono tutte le cose che si trovano nei cieli e sulla terra ed Egli è abbastanza per decidere ogni cosa.

133-Se fosse il Suo volere, Egli, o uomini, vi potrebbe distruggere e crearne altri al vostro posto, perché Egli ha il potere di farlo.

134-Se qualcuno desidera una ricompensa in questa vita, (nel dono) di Dio c'è la ricompensa in questa vita e nell'Altra. Dio è Colui che ode e vede ogni cosa.

135-O voi che credete, supportate la giustizia con fermezza come testimoni di Dio, anche se fosse contro voi stessi o i vostri genitori o la vostra famiglia, che sia contro il ricco o il povero, perché Egli può proteggere entrambi nel migliore dei modi. Non seguite i desideri dei vostri cuori, al fine di non deviare o, se distorcete la giustizia ed evitate di agire giustamente, in verità, Dio è ben consapevole di tutto quello che fate.

136-O voi che credete, credete in Dio e nel Suo Messaggero e nella Scrittura che Egli ha inviato al Suo Profeta e nella Scrittura che Egli ha inviato a coloro che lo hanno preceduto. Chiunque rinnega Dio, i Suoi angeli, i Suoi libri, i Suoi profeti e il Giorno del Giudizio, si è perduto.

137-Coloro che credono e poi rinnegano la fede, credono di nuovo e poi di nuovo rinnegano la fede, e procedono nella miscredenza, non saranno perdonati da Dio e non saranno nemmeno guidati sulla retta via.

138- Agli ipocriti annuncia la notizia che è in serbo per loro un doloroso castigo.

139-Coloro che si scelgono come amici miscredenti invece di credenti, quale onore cercano? Tutto l'onore si trova presso Dio.

140-Vi ha già rivelato[42] la parola nel Libro secondo la quale, quando udite i segni di Dio presi in sfida e messi in ridicolo, non dovete sedere con loro, a meno che non cambino tema del discorso. Se lo faceste, sareste come loro. Dio riunirà nell'Inferno gli ipocriti e coloro che negano la fede.

141-Costoro attendono e ti osservano. Se ottieni da Dio una vittoria, dicono: "Non eravamo forse con voi?" Invece, se i miscredenti ottengono qualche successo, dicono: "Non abbiamo forse ottenuto un vantaggio su di voi? Non vi abbiamo protetto dai credenti?" Dio giudicherà tra di voi nel Giorno del Giudizio. Dio non garantirà mai ai miscredenti un modo di trionfare sui credenti.

142-Gli ipocriti pensano di ingannare Dio, ma Lui li ingannerà. Quando stanno ritti in preghiera, lo fanno senza voglia per essere veduti dagli uomini, ma poco si ricordano di Lui.

143-Anche nel mezzo della preghiera la loro mente è distratta, e non sono sinceri né con un partito e nemmeno con un altro. Per colui che Dio lascia perdersi, non potrai mai ritrovare il cammino.

144-O voi che credete, non scegliete come amici i miscredenti invece dei credenti. Desiderate dare a Dio una prova contro di voi?

145-Gli ipocriti si troveranno nei gradi più infimi dell'Inferno. Per loro non troverai alcun aiuto,

146-eccetto che per coloro che si pentono, modificano la loro vita, si mantengono saldi a Dio e purificano la loro religione davanti a Lui. Costoro[43] saranno annoverati tra i credenti e presto Dio concederà loro una ricompensa di immenso valore.

147-Che cosa Dio guadagnerà attraverso la vostra punizione, se vi mantenete grati e credenti? Egli è Colui che riconosce[44] (tutto il bene) ed è consapevole di tutte le cose.

148-Dio non ama che il male sia conclamato nei pubblichi discorsi, eccetto nel caso in cui sia stata commessa un'ingiustizia. Egli ode e conosce tutte le cose.

---

[42] Cfr. 6:68, uno dei primi versetti rivelati alla Mecca.

[43] Anche gli ipocriti possono ottenere il perdono divino a condizione che: 1-Si pentano, purificando la propria interiorità, 2-Emendino la propria condotta, 3-Si mostrino perseveranti nella loro devozione a Dio, 4-Si mostrino sinceri verso la loro religione.

[44] In arabo *Shākir*, lett. "riconoscente". Cfr. 2:159, in cui è applicato a Dio, e 16:121 in cui è applicato invece ad Abramo.

149-Sia che rendiate pubblica una buona azione o la nascondiate o copriate il male con il perdono, in verità Egli cancella i peccati e ha il potere di giudicare[45].

150-Coloro che negano Dio e il Suo Messaggero, e coloro che desiderano separare Dio dai Suoi messaggeri, dicendo: "Noi crediamo in alcuni, ma rifiutiamo gli altri", e coloro che cercano una strada mediana,

151-sono in verità egualmente miscredenti. Noi abbiamo preparato per i miscredenti un doloroso castigo.

152-A coloro che credono in Dio e nel Suo Messaggero e non fanno alcuna distinzione tra i profeti, daremo la ricompensa di cui sono degni. Egli è Perdonatore, Misericordioso

153-I popoli del libro ti chiedono che discenda per loro una scrittura dal cielo. In verità, hanno domandato a Mosè un miracolo ancora più grande, perché hanno detto: "Mostraci Dio". Però furono storditi per la loro presunzione da tuoni e fulmini. Costoro hanno adorato il vitello, anche dopo che erano giunti loro dei chiari segni. Anche così li abbiamo perdonati e demmo a Mosè delle manifeste prove di autorità.

154-Per il loro patto[46], Noi abbiamo elevato sopra di loro il monte Sinai e abbiamo detto: "Entrate per la porta con umiltà". Poi ancora una volta abbiamo comandato: "Non trasgredite riguardo al sabato" e abbiamo stretto con loro un patto solenne.

155-Costoro sono incorsi nel dispiacere divino, perché hanno infranto il patto. Hanno rinnegato i segni di Dio, hanno ucciso i profeti in sfida alla verità e hanno detto: "I nostri cuori sono sigillati". Dio ha sigillato i loro cuori per la loro blasfemia e solo pochi sono credenti.

156-Hanno rinnegato la fede e hanno rivolto a Maria un'accusa molto grave.

157-Dicono: "Abbiamo ucciso Gesù il Messia, il figlio di Maria, il profeta di Dio". In realtà, non lo hanno ucciso e nemmeno lo hanno crocifisso, ma così apparve loro. Coloro che differiscono in ciò sono

---

[45] In arabo *Qadīr*, la cui radice *Qadara* implica rispettivamente forza, abilità, potere ed anche la capacità di stimare il giusto valore di una cosa o una persona (Cfr. 6:91) insieme al potere di regolare qualcosa per condurla alla corrispondenza con qualcun'altra.
[46] Ossia il Patto stretto sul Sinai (Cfr. 2:63).

pieni di dubbi e non posseggono alcuna conoscenza certa, ma seguono solo congetture. Di certo non lo hanno ucciso,

158-ma Dio lo ha innalzato[47] a Sé. Egli è Eccelso, Saggio.

159-E non c'è nessuno dei popoli del libro che non crederà in lui prima della sua morte[48]. Nel Giorno del Giudizio egli sarà testimone contro di loro.

160-A causa dell'iniquità dei Figli d'Israele abbiamo reso proibiti per loro certi tipi di cibo buono e sano che prima era lecito, perché hanno deviato molti dalla via di Dio.

161-Hanno praticato l'usura, anche se era stata loro proibita e hanno divorato ingiustamente i beni degli uomini. Abbiamo preparato per coloro che rinnegano la fede una punizione dolorosa.

162-Invece a coloro, che sono ben fondati nella conoscenza e ai credenti, che hanno fede in ciò che ti è stato rivelato e ciò che è stato rivelato prima di te, a coloro che stabiliscono preghiere regolari e praticano regolare carità e credono in Dio e nell'ultimo giorno, presto daremo una grande ricompensa.

163-Noi ti abbiamo inviato l'ispirazione, così come l'abbiamo inviata a Noè e ai messaggeri dopo di lui, ad Abramo, ad Ismaele, ad Isacco, a Giacobbe e ai suoi discendenti, a Gesù, Giobbe, Jonah, Aronne, Salomone ed a Davide abbiamo dato i Salmi.

164-Di alcuni profeti ti abbiamo già raccontato la storia, di altri non ti abbiamo detto nulla. A Mosè, Dio ha parlato direttamente[49].

165-I messaggeri hanno portato la buona novella e l'avvertimento che l'umanità, dopo la venuta dei profeti, non avrà alcun appello presso Dio. Egli è l'Eccelso, il Saggio.

166-Dio è stato testimone che ciò che ti ha inviato, lo ha inviato dalla Sua conoscenza e che gli angeli recano testimonianza. Egli è abbastanza come testimone.

---

[47] In arabo *Rafa'ahu*, termine che è stato interpretato dai commentatori in diversi modi: 1-'Īsā non è morto ma è asceso al cielo con il corpo (Cfr. 5:117), 2-'Īsā è stato onorato da Dio come Suo profeta (Cfr. 4:159). Il termine *Rafa'a* è utilizzato in associazione con il concetto di onore in riferimento al Profeta Muhammad (pbsl). Cfr. 94:4.

[48] I commentatori differiscono in merito al significato di quest'espressione. Secondo alcuni il pronome "suo" in riferimento a morte, indica che Isa discenderà prima del Giorno del Giudizio dopo la venuta del Mahdī, quando il mondo sarà purificato dal peccato e dalla miscredenza. Lui stesso poi morirà, poco prima della resurrezione finale di tutta l'umanità. Secondo altri invece il pronome deve essere attribuito agli *Ahl al-Kitāb* e denota una questione relativa ad un dovere piuttosto che ad un fatto.

[49] Nella teologia musulmana a Mosè è assegnato il titolo di *Kalīm Allāh*. Cfr. 19:51.

167-Coloro che rinnegano la fede e tengono lontani gli uomini dalla via di Dio, in verità si sono smarriti molto lontano.

168-Coloro che rinnegano la fede e commettono il male, non saranno perdonati in nessun modo e non saranno guidati da Dio,

169-eccetto che per la strada dell'Inferno, dove dimoreranno. Questo è semplice per Lui.

170-O uomini, il Profeta è venuto da voi nella verità che proviene da Dio. Così credete in lui. Per voi è la cosa migliore. Però, se rinnegate la fede, a Lui appartiene tutto ciò che si trova nei cieli e sulla terra. Dio è onnisciente, saggio.

171-O popoli del Libro, non commettete eccessi nella religione e non dite riguardo a Dio se non la verità. Gesù Cristo, il figlio di Maria, non era altro che un profeta di Dio, e la Sua Parola, che Egli pose in Maria, uno spirito proveniente da Lui. Così credete in Dio e nei Suoi messaggeri. Non dite: "Trinità". Desistete e sarà meglio per voi. Dio è un Dio Unico, Gloria a Lui. Mai potrebbe avere un figlio! A Lui appartiene tutto ciò che si trova nei cieli e sulla terra. Egli è abbastanza per disporre di ogni cosa.

172-Il Messia non ha disdegnato di servire e adorare Dio, né gli angeli, coloro che sono a Lui più vicini. Egli riunirà presso di Sé coloro che disdegnano di adorarLo e sono arroganti.

173-Però, a coloro che credono e compiono opere di bene concederà la ricompensa di cui sono degni, e molto di più dalla Sua Grazia. Invece, Egli punirà con una pena severa quanti rifiutano e gli arroganti e non troveranno, accanto a Dio, nessuno che li protegga o li aiuti.

174-O uomini, in verità, vi è giunta una prova convincente dal vostro Signore perché vi abbiamo inviato una luce manifesta.

175-Presto Egli ammetterà alla Sua grazia e misericordia[50] coloro che credono in Dio e si mantengono fiduciosi e a Lui vicini, e li guiderà verso di Lui per una via retta.

176-Ti chiedono di pronunciare una sentenza. Di': "Dio stabilisce questo per coloro che non lasciano come eredi né ascendenti né discendenti". Se muore un uomo, che lascia una sorella ma non un figlio, a costei spetta la metà dei beni del fratello. Se la deceduta è una donna, che non lascia alcun bambino, la sua eredità spetta a suo

---

[50] Cfr. 3:195.

fratello. Se ci sono due sorelle, avranno ciascuna 1/3 dell'eredità. Se gli eredi sono un fratello ed una sorella, il maschio avrà diritto al doppio della parte della femmina. Dio vi rende chiare le Sue leggi affinché non cadiate nell'errore. Egli possiede una piena conoscenza di tutte le cose.

V

Sura Al-Māida

(La tavola imbandita)

Rivelata a Medina

Nel nome di Dio, il Clemente, il Misericordioso

1-O voi che credete, fate fronte ai vostri doveri[1]. Come cibo vi sono concessi tutti gli animali dei greggi con le eccezioni indicate. Gli animali cacciati non vi sono concessi[2] quando siete nei sacri recinti oppure quando indossate la veste del pellegrino. Dio comanda secondo la Sua volontà e il Suo piano.

2-O voi che credete, non violate le leggi relative ai simboli[3] di Dio, al sacro mese[4], agli animali condotti per il sacrificio o alle ghirlande che li contraddistinguono. Non siate di ostacolo a coloro che si recano presso la Sacra Casa desiderando la grazia e il compiacimento del loro Signore. Però, quando non siete più nei sacri recinti e non indossate più la veste del pellegrino, potete cacciare e non lasciate che l'odio verso coloro che vi hanno vietato l'ingresso della Sacra Moschea, vi conduca alla trasgressione[5]. Aiutatevi gli uni con gli altri in pietà e

---

[1] In arabo *'Uqūd*, termine che implica degli obblighi e doveri a diversi livelli: 1-A livello spirituale (Cfr. 30:30), 2-A livello sociale e individuale (Cfr. 7:172, 16:91), 3-A livello nazionale e comunitario.

[2] Cfr. 5:94-96, 2:196. La caccia è proibita: 1-Quando ci si trova nei sacri recinti, 2-Quando s'indossa la veste del pellegrino. I sacri recinti sono da considerarsi un santuario sia per gli esseri umani che per gli animali.

[3] In arabo *Sha'āir*. Cfr. 2:158, dove il medesimo termine è impiegato in riferimento a *Safā* e *Marwa*. Nel contesto di questo versetto s'intende quanto è connesso con il pellegrinaggio: 1-I luoghi (*Ka'ba, Safā, Marwa, 'Arafāt*), 2-I riti e le cerimonie, 3-Le proibizioni, 4-I tempi ed i mesi prescritti.

[4] Il mese del pellegrinaggio o in senso collettivo i quattro mesi sacri (*Rajab, Dhul' al Qa'dah, Dhul' al Hijjah, e Muharram*). Cfr. 9:36.

[5] Cfr. 2:191. Nel 9 a.H. i pagani negarono ai musulmani l'accesso alla Moschea Sacra. Dopo la conquista della Mecca da parte dei musulmani, alcuni di costoro proposero di escludere i pagani dal Pellegrinaggio. Questa proposta viene condannata dal presente versetto coranico.

rettitudine, ma non supportatevi a vicenda nel peccato e nel rancore. Temete Dio perché Egli è severo nella punizione.

3-Vi sono proibiti come cibo: la carne dell'animale morto, il sangue, la carne suina, e ciò su cui è stato invocato un altro nome rispetto a quello di Dio, l'animale ucciso per strangolamento, o con un colpo violento, quello morto per una caduta, quello incornato o quello che è stato parzialmente mangiato da una belva feroce, a meno che prima della morte non l'abbiate macellato [con il rito apposito], e l'animale sacrificato sull'altare degli idoli. È vietato anche dividere la carne con il tiro alle freccette[6]. Questa è empietà. Questo giorno coloro che rinnegano la fede hanno perduto ogni speranza che abbandoniate il vostro credo. Non temete loro, ma temete Me. Oggi ho reso perfetta la vostra religione, ho completato su di voi la Mia grazia e ho scelto l'Islam come religione[7]. Però, se qualcuno è spinto dalla fame, senza alcuna volontà di trasgredire, [sappia che] Dio è Perdonatore, Misericordioso.

4-Ti chiedono quale cibo è loro permesso. Di': "Vi sono concessi tutti i cibi buoni e puri e ciò che avete insegnato ai vostri animali a cacciare[8] nel modo che vi è stato prescritto da Dio. Mangiate di ciò che cacciano per voi. Però su di esso pronunciate il nome di Dio, e temeteLo. Egli è veloce nel calcolo".

5-Oggi tutte le cose buone e pure vi sono permesse. Il cibo della gente della scrittura è lecito per voi e il vostro è lecito per loro. Vi è concesso di sposare non solo donne caste tra i credenti, ma anche donne caste tra le genti della scrittura rivelata in precedenza, quando donate loro una giusta dote e desiderate la castità e non la lascivia né gli intrighi segreti. Se qualcuno respinge la fede, la sua opera è senza frutti e nell'Altra vita sarà tra coloro che hanno perduto ogni bene spirituale.

---

[6] Ogni forma di gioco d'azzardo è proibita nell'Islam. Cfr. 2:219.

[7] La maggior parte dei commentatori ritiene che questo sia stato l'ultimo versetto rivelato al Profeta Muhammad (pbsl).

[8] La caccia deve essere condotta in modo che l'animale che aiuta nella caccia sia stato addestrato ad uccidere la preda solo per necessità e bisogno. È necessario che, quando i cani da caccia sono liberati dietro alla preda, sia pronunciato il *Takbīr* (*Allah Akbar*). Nella caccia non deve esserci volontà di uccidere l'animale per passatempo o crudeltà, ma solo ed unicamente per necessità legata alla sopravvivenza.

6-O voi che credete, quando vi preparate per la preghiera[9], lavatevi il volto, le mani e le braccia fino ai gomiti e bagnate con l'acqua anche la testa. Se invece vi trovate in una condizione d'impurità cerimoniale[10], lavate l'intero corpo. Però, se siete malati o in viaggio o avete risposto ad un bisogno naturale o avete avuto contatti con donne e non avete acqua, prendete sabbia o terra pulita e strofinatevi il volto e le mani[11]. Dio non desidera porvi in difficoltà, ma rendervi puri e completare il Suo favore verso di voi, così che possiate esserGli grati.

7-Ricordate il favore che Dio vi ha concesso e il Suo patto[12] che Egli ha stretto con voi, quando affermate: "Udiamo ed ubbidiamo" e temeteLo, perché Egli conosce bene i segreti dei cuori.

8-O voi che credete, siate testimoni sinceri davanti a Dio, e non lasciate che l'odio verso qualcuno vi faccia commette iniquità e vi induca ad allontanarvi dalla giustizia. Siate giusti. Questo è più consono alla pietà e temeteLo, perché Dio ben conosce quello che fate.

9-A coloro che credono e compiono opere di bene Dio ha promesso il perdono ed una grande ricompensa.

10-Coloro che respingono la fede e negano i Nostri segni saranno Compagni del Fuoco.

11-O voi che credete, ricordatevi la grazia che Dio vi ha concesso quando alcuni uomini stavano per attaccarvi, ma Egli vi ha protetto. Temete Dio. In Lui i credenti ripongono la loro fiducia.

12-Dio ha stretto un patto con i Figli d'Israele e abbiamo scelto tra loro dodici capi. Dio ha detto: "Io sono con voi. Stabilite preghiere regolari, praticate regolare carità, credete nei Miei messaggeri, onorateli e assisteteli, e fate a Dio un prestito meraviglioso. In verità, allontanerò da voi ogni male e vi ammetterò in Giardini dove

---

[9] Le abluzioni (*Wudū'*) preparatorie ed essenziali per la preghiera implicano: 1-Il lavarsi il viso, 2-Il lavarsi le mani e le braccia fino al gomito, 3-Bagnarsi la testa, 4-Bagnarsi le caviglie.

[10] Cfr. 4:43, ossia dopo aver consumato un rapporto sessuale.

[11] Questo è il *Tayammum*, ossia il lavarsi con la sabbia pulita quando l'acqua non è disponibile.

[12] Il riferimento al patto ha un significato sia particolare che generale. A livello particolare ci si riferisce ai solenni patti di *Aqabah* stretti da alcuni rappresentati degli Ansari con il Profeta Muhammad (pbsl), rispettivamente quattordici mesi prima dell'*Hijrah* e poco dopo. A livello generale ci si riferisce invece al ruolo dell'uomo come vicario di Dio in questo mondo. Cfr. 2:30.

scorrono i ruscelli. Però, se qualcuno di voi, successivamente, si allontana dalla fede, si è in verità allontanato dal cammino della rettitudine.

13-Però, dal momento che hanno violato i patti, Noi li abbiamo maledetti e abbiamo fatto sì che i loro cuori s'indurissero. Hanno distorto il significato delle parole rivelate e hanno dimenticato una grande parte del messaggio che è stato detto loro di ricordare. Non cesserai mai di trovarli ad ordire tradimenti, eccetto alcuni. Però perdona [i loro misfatti], e guarda oltre. Dio ama i magnanimi.

14-Anche con coloro che si definiscono cristiani, abbiamo stretto un patto, ma hanno dimenticato una buona parte del messaggio loro inviato. Questo ha suscitato tra di loro odio ed inimicizia fino al Giorno del Giudizio. Presto Dio mostrerà loro che cosa hanno compiuto.

15-O popoli del Libro, è giunto a voi il Nostro Messaggero, rivelandovi ciò che eravate soliti nascondere nel libro o per abrogare [quanto non è più necessario]! È giunta presso di voi da Dio una nuova luce ed un libro perspicuo[13].

16-Dio guida tutti coloro che cercano il Suo compiacimento per vie di pace e di salvezza e li conduce fuori dalle tenebre, attraverso la Sua volontà, fino alla luce, guidandoli per la retta via.

17-Pronunciano menzogne coloro che affermano: "Dio è il Messia, il figlio di Maria". Di': "Chi potrebbe impedire a Dio, se volesse, di distruggere il Messia, il figlio di Maria, sua madre e tutti coloro che si trovano sulla terra?" A Dio appartiene il dominio dei cieli e della terra e di tutto ciò che si trova nel mezzo. Egli crea ciò che vuole. Dio detiene il potere su ogni cosa.

18-Sia gli ebrei che i cristiani affermano: "Noi siamo figli di Dio ed i Suoi prediletti". Di': "Perché allora vi punisce per i vostri peccati? No, voi non siete altro che uomini tra gli altri che ha creato. Egli perdona chi vuole e punisce chi vuole. A Dio appartiene il dominio dei cieli e della terra e tutto ciò che si trova nel mezzo. Presso di Lui si trova il destino finale di ognuno".

---

[13] In arabo *Mubīn*. Cfr. 7:183, 12:1.

19-O popoli del Libro, è giunto presso di voi il Nostro Messaggero, dopo che la successione dei profeti era stata interrotta[14] affinché non diciate: "Non è giunto presso di noi nessun profeta di buona novella e nessun ammonitore". Peròpra è giunto presso di voi qualcuno che vi reca la buona novella e vi ammonisce. Dio ha il potere su tutte le cose.

20-Mosè disse al suo popolo: "O popolo mio, ricordatevi dei favori che Dio vi ha concesso, quando Egli ha prodotto tra di voi dei profeti, vi ha fatti re e vi ha dato ciò che non ha concesso a nessuno degli altri popoli"[15].

21-O popolo mio! Entrate nella terra santa che Dio vi ha concesso e non ribellatevi con ignominia perché cadrete nella vostra stessa rovina".

22-Dissero: "O Mosè! In questa terra si trovano persone dotate di forza eccezionale, non potremo mai entrare prima che vadano via. Dopo che saranno andati via, allora potremo entrare".

23-Però tra i timorati ve ne erano due[16] su cui Dio aveva inviato la Sua grazia. Dissero: "Entrate attraverso la porta. Quando saremo dentro, la vittoria sarànostra. Riponete la vostra fiducia in Dio, se avete fede".

24-Dissero: "O Mosè! Se rimangono qui, non saràmai possibile per noi entrare. Vai tu e il tuo Signore a combatterli, mentre noi sediamo qui".

25-Egli disse: "O Signor mio! Io ho potere solo su me stesso e su mio fratello[17]. Separaci da questo popolo di ribelli!".

26-Dio disse: "Per quarant' anni questo paese saràloro precluso[18]. Vagheranno confusi, ma non rattristarti per questo popolo ribelle".

27-Recita loro la verità della storia dei due figli di Adamo[19]. Entrambi presentarono un sacrificio a Dio. Il sacrificio del primo venne accettato ma non quello del secondo. Quest'ultimo disse: "In verità, ti

---

[14] I sei secoli che intercorrono tra la predicazione di 'Īsā (pace su di lui) e Muhammad (pbsl) furono caratterizzati da una corruzione della religione, da una rampante immoralità diffusa e dalla diffusione di molteplici eresie.

[15] Cfr. Esodo 19:5.

[16] Secondo il racconto biblico costoro erano Joshua e Caleb, il primo dei quali guidò la comunità per quarant' anni dopo la morte di Mosè. Cfr. 2:189.

[17] Cfr. Numeri 14:5, 12.

[18] I figli d'Israele vagarono per quarant'anni in ogni direzione dal deserto di Paran. Dal Golfo di *Aqabah* viaggiarono poi verso nord, dal lato del Mar Morto e del Giordano. Alla fine entrarono a Gerico. Cfr. 5:68.

[19] Hābīl (Abele) e Qābīl (Caino).

ucciderò", mentre il primo disse: "Sicuramente Dio accetta il sacrificio di coloro che sono timorati di Lui.

28-Se alzi la mano contro di me o mi uccidi, non mi si addice allungare la mano contro di te o ucciderti, perché io temo Dio, il Signore dei Mondi.

29-Da parte mia, preferisco che tu ti carichi dei miei e dei tuoi peccati[20] perché sarai tra i Compagni del Fuoco. Questa è la ricompensa per coloro che operano il male".

30-L'anima egoista dell'altro lo condusse all'assassinio del fratello. Egli lo assassinò e divenne uno di coloro che si sono perduti.

31-Poi, Dio inviò un corvo, che grattò il terreno e gli insegnò come coprire il cadavere[21] di suo fratello. Egli disse: "Guai a me! Non sono stato nemmeno capace di agire come questo corvo e di nascondere il cadavere di mio fratello? Allora divenne pieno di rammarico".

32-Per questo motivo abbiamo ordinato per i Figli d'Israele che, se qualcuno uccide una persona -a meno che non sia un assassino o qualcuno che ha sparso la corruzione sulla terra- è come se avesse ucciso tutta l'umanitàInvece, se qualcuno salva una vita, è come se avesse salvato quella di tutta l'umanitàSebbene siano giunti presso di loro Nostri messaggeri con chiari segni, molti continuano a commettere eccessi sulla terra.

33-La punizione di coloro che proclamano guerra contro Dio e il Suo Messaggero e s'impegnano per spargere corruzione sulla terra è: esecuzione, crocifissione, taglio delle mani e dei piedi ai lati opposti, oppure l'esilio. Questa è la loro disgrazia in questo mondo e li attende una pesante pena nell'Altro.

34-Eccetto per coloro che si pentono, prima di cadere in vostro potere. In questo caso sappiate che Dio è Perdonatore, Misericordioso.

35-O voi che credete, rispettate i vostri doveri verso Dio[22], cercate i mezzi per avvicinarvi a Lui ed impegnatevi nella Sua causa affinché possiate prosperare.

---

[20] Quest'espressione può essere interpretata in maniera duplice: 1-L'assassino si carica dei peccati dell'assassinato, 2-Con l'espressione il "mio peccato" ci si riferisce all'assassinio di cui si è vittima.

[21] In arabo *Saw 'at*.

[22] In arabo *Taqwā*, traducibile anche come "timor di Dio", che in questo caso implica l'attenzione da parte del credente ad evitare qualsiasi cosa che si pone contro Dio e la Sua legge.

36-Per quanto riguarda coloro che respingono la fede, anche se possedessero ogni bene della terra, persino duplicato, per offrirlo come riscatto per la pena del Giorno del Giudizio, non sarebbe mai accettato. Li attende una pena gravosa.

37-Desidereranno essere condotti fuori dal Fuoco, ma non ne usciranno mai. La loro pena sarà duratura.

38-Al ladro, sia maschio che femmina, tagliate la mano: una punizione esemplare per il loro crimine. Questo è un deterrente ordinato da Dio. Egli è Eccelso, Colui che possiede la Saggezza in modo eminente.

39-Però, se il ladro si pente dopo il suo crimine e rettifica la propria condotta, Dio si volge verso di lui con il perdono. Egli è Perdonatore, Misericordioso.

40-Non sapete che solo a Dio appartiene il dominio dei cieli e della terra? Egli punisce chi vuole e perdona chi vuole. Dio detiene il potere su tutte le cose.

41-O Profeta, non lasciarti addolorare da coloro che corrono verso la miscredenza, da coloro che dicono "crediamo" con le loro labbra, ma nel cuore non hanno alcuna fede, o dagli ebrei, uomini che darebbero ascolto ad ogni bugia, e a coloro che non ti hanno mai incontrato. Costoro distorcono il significato delle parole estrapolandole[23] dal contesto ed affermano: "Se ciò vi è stato dato, accettatelo, altrimenti state in guardia". Se Dio vuole che qualcuno sia tentato dal male, tu non puoi fare nulla. Dio non intende purificare i loro cuori. Per costoro c'è la disgrazia in questa vita e nell'Altra un doloroso castigo.

42-Costoro amano ascoltare ciò che è falso e divorare tutto ciò che è proibito[24]. Se vengono da te, giudica tra di loro o rifiutati d'intervenire. Se ti rifiuti, non potranno nuocerti. Se giudichi, giudica secondo equità perché Dio ama coloro che giudicano secondo giustizia.

43-Perché vengono da te per una decisione, quando hanno la loro Legge? Possiedono un chiaro comando da parte di Dio, eppure, anche dopo di ciò, mostrano disubbidienza. Costoro non sono persone di fede.

44-Siamo stati Noi che abbiamo rivelato la Legge a Mosè, dove vi era guida e luce. I profeti, che si sottomettono alla volontà di Dio, i

---

[23] Cfr. 5:13. L'aggiunta dei termini *Min Ba'di* suggerisce il cambio di termini dal tempo e luogo loro proprio.

[24] In senso sia letterale che figurativo.

rabbini[25] e i dottori della Legge[26], saranno giudicati secondo quella parte del Libro di Dio che era stata loro affidata e di cui sono stati testimoni. Quindi non temete gli uomini, ma temete Me e non svendete i Miei segni per un prezzo miserabile. Coloro che falliscono nel giudicare alla luce di ciò che Dio ha rivelato, sono dei miscredenti.

45-Abbiamo ordinato loro[27]: "Vita per la vita, occhio per occhio, naso per naso, orecchio per orecchio, dente per dente e ferite per eguali ferite". Se qualcuno però rinuncia per carità, questo sarà per lui un atto di espiazione. Coloro che falliscono nel giudicare secondo la luce che Dio ha rivelato, non sono migliori di coloro che agiscono ingiustamente.

46-Sulle orme dei precedenti profeti abbiamo inviato Gesù, figlio di Maria, a conferma della Legge che è venuta prima di lui. Gli abbiamo inviato il Vangelo, dove vi era guida e luce e conferma per quanto scritto nella *Torah*, una guida e un'ammonizione per coloro che temono Dio.

47-Lascia che i seguaci del Vangelo giudichino secondo quanto Dio ha rivelato in esso. Coloro che falliscono nel giudicare (alla luce di) ciò che Dio ha rivelato, (non sono migliori) dei ribelli.

48-Ti abbiamo inviato il Libro nella verità, confermando la scrittura che era giunta precedentemente e preservandola[28]. Così giudica tra di loro secondo ciò che Dio ha rivelato e non seguire i loro vani desideri, allontanandoti dalla verità che ti è giunta. Ad ognuno di voi abbiamo prescritto una legge ed una via[29]. Se Dio avesse voluto, avrebbe fatto di voi un unico popolo, ma Egli vuole mettervi alla prova con ciò che vi ha concesso. Così gareggiate gli uni con gli altri nelle buone opere. Il destino finale è presso Dio. Egli è Colui che vi mostrerà la verità delle questioni su cui disputate.

49-Lui ti comanda: "Giudica tra loro secondo ciò che Dio ha rivelato e non seguire i loro vani desideri, ma stai attento che non ti allontanino dall'insegnamento che Dio ti ha inviato. E se si voltano indietro, stai

---

[25] In arabo *Rabbānī*.

[26] In arabo *Ahbār*, plurale di *Hibr* o *Habr*.

[27] Cfr. Esodo 21:23-25, Levitico 24:18-21, Deuteronomio 19:21.

[28] Dopo la corruzione delle precedenti rivelazioni, il Corano è stato rivelato per una duplice finalità: 1-Confermare il messaggio vero ed originale, 2-Correggere e completare le precedenti scritture. Il termine arabo *Mukaymin* ha le seguenti sfumature di significato: "salvaguardare", "preservare", "agire come testimone", "sostenere". Cfr. 59:23.

[29] In arabo rispettivamente *Shir'at* e *Minhāj*.

sicuro che Dio ha intenzione di punirli per alcuni dei loro crimini. In verità, la maggior parte di loro sono dei ribelli".

50-Cercano forse un giudizio dei Giorni dell'Ignoranza? Chi è migliore nel giudizio di Dio per un popolo che si mantiene saldo nella fede?

51-O voi che credete, non prendetevi gli ebrei e i cristiani per amici e protettori. Costoro sono amici e protettori gli uni degli altri. Chi si volge verso di loro in amicizia, è uno di loro. Dio non guida un popolo di ingiusti.

52-Vedi come coloro, nei cui cuori vi è una malattia, corrono gli uni dagli altri dicendo: "Temiamo che un rovescio di fortuna ci condurrà al disastro". Forse Dio ti concederà la vittoria oppure prenderà una decisione secondo il Suo volere. Costoro si pentiranno dei pensieri che hanno segretamente nutrito nei loro cuori.

53-I credenti diranno: "Sono questi gli uomini che hanno giurato solennemente di essere con voi?". Tutte le loro azioni saranno vane e cadranno solo nella rovina.

54-O voi che credete, se qualcuno tra di voi si volge indietro, dopo aver creduto, Dio presto susciterà un popolo che Egli amerà e che sarà da loro riamato; un popolo umile con i credenti, forte contro i miscredenti, che s'impegna sulla via di Dio e non si spaventa dei rimproveri di coloro che cercano il male. Questa è la grazia di Dio, che Egli concede a chi vuole. Dio abbraccia ogni cosa con la Sua grazia e conosce ogni cosa.

55-I vostri veri alleati non sono altri che Dio, il Suo Profeta e la compagnia dei credenti, coloro che stabiliscono preghiere regolari e regolare carità e, poi, si prosternano umilmente in adorazione,

56-e coloro che si volgono in amicizia verso Dio, il Suo Messaggero, e la compagnia dei credenti. La compagnia di Dio sicuramente trionferà.

57-O voi che credete, non sceglietevi come amici e protettori coloro che considerano la vostra religione con derisione e come una vana occupazione, sia tra coloro che hanno ricevuto le scritture prima di voi o tra coloro che rifiutano la fede, ma temete Dio, se avete fede.

58-Quando viene pronunciata la chiamata alla preghiera, la considerano con derisione e come una vana occupazione perché sono un popolo privo di comprensione.

59-Di': "O popoli del Libro! Ci disapprovate solo perché crediamo in Dio e nella rivelazione che abbiamo ricevuto e che è stata inviata prima di noi? Non è forse vero che la maggior parte di voi sono ribelli e disubbidienti?"[30].

60-Di': "Dovrei forse annunciarvi chi, davanti a Dio, è degno di una punizione peggiore di costoro? Coloro che incorrono nella maledizione e nell'ira di Dio, quanti Egli ha trasformato in scimmie o in suini. Coloro che adorano il male sono di molto peggiori e molto più lontani dalla via!".

61-Quando vengono verso di te, dicono: "Crediamo", ma entrano con una mente disposta contro la fede ed escono con la medesima. Dio conosce bene tutto ciò che nascondono.

62-Molti di loro competono nel peccato, nella trasgressione e nel consumare ciò che non è permesso. Le loro opere sono malvagie.

63-Perché i loro rabbini e dottori della legge non vietano loro di pronunciare parole peccaminose e consumare ciò che è proibito? Le loro opere sono così riprovevoli!

64-Gli ebrei dicono: "La mano di Dio è legata". Che le loro mani siano legate e che siano maledetti per le blasfemie che pronunciano. Entrambe le Sue mani sono ampiamente distese. Egli concede e spende della Sua grazia per chi vuole. Però la rivelazione, che ti è giunta da Dio, aumenta nella maggior parte di loro l'ostinata ribellione e blasfemia. Abbiamo suscitato inimicizia e odio tra i popoli del Libro fino al Giorno della Resurrezione. Ogni volta che accendono venti di guerra, Dio li estingue e costoro s'impegnano a spargere la corruzione sulla terra e Dio non ama la corruzione.

65-Se solo i popoli del Libro avessero creduto e fossero stati retti, Noi avremmo cancellato le loro iniquità e li avremmo ammessi in un giardino di delizie.

66-Se avessero osservato sinceramente la *Torah* ed il Vangelo e tutto quanto è stato rivelato loro dal Signore, sarebbe stata concessa loro una grazia abbondante[31] dal cielo e dalla terra. Alcuni si trovano sulla retta via, ma la maggior parte di loro compie il male.

67-O Profeta, proclama il messaggio che ti è stato inviato dal tuo Signore. Se non lo facessi pienamente, non avresti certamente assolto alla tua missione. Dio ti difenderà da coloro che intendono compiere il male. Dio non guida coloro che rifiutano la fede.

---

[30] Cfr. Deuteronomio, 11:28, 28:15-68, Hosea 8:14, 9:1, Geremia 16:11-13.
[31] Cfr. 6:14, 7:19. Il termine arabo *Akala* denota un godimento di tipo fisico, morale, spirituale, mentale e sociale.

68-Di': "O popoli del Libro, non avrete nulla su cui fondare le vostre credenze, fino a quando non obbedirete alla Legge, al Vangelo e alla rivelazione che vi è giunta dal vostro Signore. La rivelazione che ti è giunta dal tuo Signore accresce in molti di loro l'ostinata ribellione e la blasfemia. Non ti crucciare però per queste persone prive di fede.

69-Coloro che credono nel Corano, coloro che seguono la scrittura ebraica, i Sabei e i Cristiani che credono in Dio e nell'ultimo giorno e compiono opere di bene, non avranno nulla da temere e nulla di cui affliggersi.

70-Noi abbiamo stretto un patto con i Figli d'Israele e abbiamo inviato loro dei profeti. Ogni volta che giungeva loro un messaggero con ciò che loro stessi non desideravano, veniva chiamato impostore o veniva ucciso.

71-Pensavano che non ci sarebbe stata alcuna punizione e così divennero ciechi e sordi. Dio però si volse con misericordia verso di loro. Poi però molti altri divennero ciechi e sordi. Dio vede bene ciò che compiono.

72-Hanno disubbidito a Dio coloro che dicono: "Dio è il Messia, il figlio di Maria". Il Messia però ha detto: "O Figli d'Israele, adorate Dio, il mio Signore ed il vostro Signore". A colui che associa altri dei a Dio, Egli proibirà l'ingresso nel Giardino e il Fuoco sarà la sua dimora. Coloro che compiono il male non avranno alcuno che li soccorra.

73-Pronunciano il falso coloro che dicono: "Dio è una persona della Trinità", perché c'è un unico Dio. Se non cessano di proferire falsità, in verità un doloroso castigo coglierà quanti si mostrano determinati a pronunciare menzogne.

74-Perché non si volgono verso Dio e cercano il Suo perdono? Dio è Perdonatore, Misericordioso.

75-Il Messia, il Figlio di Maria, era solo un messaggero. Molti furono i messaggeri inviati prima di lui. Sua madre era una donna veritiera. Entrambi avevano bisogno di mangiare il cibo quotidiano. Vedi come Dio rende i Suoi segni chiari ed in quale modo si allontanano dalla verità!

76-Di': "Adorerete, accanto a Dio, qualcosa che non ha potere né di nuocervi né di beneficarvi?". Dio, Egli è Colui che ode e conosce tutte le cose.

77-Di': "O popoli del Libro, non superate i limiti della vostra religione, sconfinando nella menzogna. Non seguite i vani desideri di coloro che si sono persi in tempi ormai andati, che hanno tratto in inganno molti e si sono smarriti dalla retta via".

78-Vennero pronunciate delle maledizioni su coloro che tra i Figli di Israele hanno rifiutato la fede da parte di Davide e di Gesù, il figlio di Maria, perché disubbidivano e persistevano negli eccessi.

79-Non proibivano nemmeno gli uni agli altri le iniquità che commettevano. Le azioni, che hanno compiuto, sono malvagie.

80-Molti di loro si volgono in amicizia verso i miscredenti. Malvagie sono le opere, che le loro anime hanno inviato a precederli. L'ira di Dio è su di loro e dimoreranno nel tormento.

81-Se solo avessero creduto in Dio, nel Profeta ed in ciò che gli è stato rivelato, non avrebbero mai scelto i miscredenti come amici e protettori. La maggior parte di loro però sono dei ribelli.

82-L'inimicizia verso i credenti che trovi tra gli ebrei e i pagani è ancora più forte. I più vicini ai credenti nell'amore saranno coloro che dicono: "Siamo cristiani" perché tra di loro ci sono uomini dediti allo studio[32], uomini che hanno rinunciato al mondo e non sono arroganti.

83-Quando ascoltano la rivelazione che è stata data al Profeta, vedrai i loro occhi riempirsi di lacrime perché riconoscono la verità e pregano: "Signore nostro! Crediamo, annoveraci tra i testimoni della verità.

84-Perché non dovremmo credere in Dio e nella verità che ci è giunta, dal momento che desideriamo che il nostro Signore ci ammetta nella compagnia dei giusti?".

85-Per queste loro preghiere Dio li ha ricompensati con giardini e fiumi che scorrono sotterranei, loro eterna dimora. Questa è la ricompensa per coloro che compiono il bene.

86-Invece, coloro che rifiutano la fede, burlandosi dei Nostri segni, saranno Compagni del Fuoco.

87-O credenti, non dichiarate proibito quel che Dio vi ha concesso, ma non commettete eccessi perché Egli non ama chi eccede.

88-Mangiate delle cose che Dio vi ha concesso, quelle permesse e buone, ma temete Dio in Cui credete.

89-Dio non vi punirà per aver pronunciato parole futili nei vostri giuramenti, ma vi chiamerà a rendere conto di quelli deliberati. Come espiazione, nutrite dieci poveri con il cibo che in media utilizzate per nutrire le vostre famiglie, o vestiteli, oppure donate ad uno schiavo

---

[32] In arabo *Qissīs*, termine di probabile origine abissina.

la libertà. Se questo è al di là dei vostri mezzi, digiunate per tre giorni. Questa è l'espiazione per i giuramenti pronunciati. Tenete fede però ai vostri giuramenti, così che Dio renda chiari per voi i Suoi segni affinché possiate esserGli grati.

90-O voi che credete! L'ebbrezza, il gioco d'azzardo, (la dedica) di pietre[33] e (la divinazione) attraverso le frecce sono un abominio, opera di Satana. Allontanatevi da questo abominio, al fine che possiate prosperare.

91-Il piano di Satana è quello di suscitare inimicizia e odio tra di voi, attraverso le sostanze intossicanti e il gioco d'azzardo, e tenervi lontani dal ricordo di Dio e dalla preghiera. Vi asterrete dunque?

92-Obbedite a Dio ed obbedite al Profeta e state attenti al male. Se vi voltate indietro, sappiate che è dovere del vostro Profeta proclamare il messaggio nella maniera più chiara.

93- Per quanti credono e compiono opere di bene non vi è nessun motivo di rimprovero per ciò che hanno mangiato in passato fin quando si guardano dal male, credono e compiono opere di bene e continuano a temerLo, ad essere credenti, diventando sempre più timorati e perseverando nel compiere il bene. Dio ama coloro che compiono il bene.

94-O voi che credete, Dio vi metterà alla prova con ciò che cacciate con le mani e con le lance, affinché Egli possa provare[34] chi Lo teme, anche senza vederLo. Chi trasgredisce, avrà un doloroso castigo.

95-O voi che credete, non cacciate quando vi trovate nei sacri recinti o indossate la veste del pellegrino. Se qualcuno lo fa in modo intenzionale, la compensazione è un'offerta, portata alla *Ka'ba*, di un animale domestico equivalente a quello che è stato ucciso, secondo il giudizio di due uomini giusti tra di voi. Altrimenti, come mezzo di espiazione, che nutra due poveri o che digiuni affinché possa provare la pena (che gli spetta) per le sue azioni. Dio perdona ciò che è passato. Però, se ripete la trasgressione, Dio lo punirà. Egli è l'Eccelso, il Signore della retribuzione.

---

[33] Cfr. 5:3. Gli *Ansāb* erano oggetti di venerazione pagana piuttosto comuni tra gli arabi in epoca pre-islamica. Cfr. Renan, "History of Israel", Capitolo 4; *Corpus Inscriptionum Semiticarum*, Part. I, 154, Illustrazioni 123 e 123 bis.

[34] Lett. "conoscere". Cfr. 3:166, 3:154.

96-Vi è lecita la pesca a beneficio vostro e di coloro che si trovano in viaggio. Però, vi è proibita la caccia mentre siete nei sacri recinti o indossate la veste del pellegrino. Temete Dio, a Cui sarete ricondotti.

97-Dio ha reso la *Ka'ba*, la Sacra Casa, un santuario per l'umanità, come i mesi sacri, gli animali che vengono offerti e le ghirlande che li contraddistinguono affinché arriviate a comprendere che Dio conosce ciò che si trova nei cieli e sulla terra e che Egli ben conosce ogni cosa.

98-Sappiate che Dio è severo nel castigo e che è Perdonatore, Misericordioso.

99-Il dovere del Messaggero è di proclamare il messaggio, ma Dio conosce tutto ciò che rivelate e tutto ciò che nascondete.

100-Di': "Non si equivalgono ciò che è cattivo e ciò che è buono, anche se l'abbondanza del male ti potrebbe abbagliare. Così temete Dio, o voi che comprendete, affinché possiate prosperare".

101-O credenti, non domandate relativamente a questioni che, se venissero spiegate con chiarezza, potrebbero causarvi delle difficoltà. Però, se domandate mentre il Corano viene rivelato, vi saranno spiegate. Dio vi perdonerà. Egli è Perdonatore, Misericordioso.

102-Alcune persone prima di voi hanno fatto le medesime domande, ma successivamente hanno rifiutato le risposte.

103-Non è stato Dio a consacrare né Bahīra, né Sāiba né Wasīla né Hāmi[35]. I miscredenti inventano menzogne contro Dio, ma la maggior parte manca di saggezza.

104-Quando viene detto loro: "Avvicinatevi a ciò che Dio vi ha rivelato. Avvicinatevi al Profeta", dicono: "È sufficiente per noi la guida seguita dai nostri padri". Che cosa! Anche se i loro padri erano privi di conoscenza e di una guida?

105-O voi che credete, guardate le vostre anime. Se seguite la retta guida, non subirete nessun danno da coloro che invece hanno deviato. Il fine di ognuno di voi è presso Dio. Egli è Colui che vi mostrerà la verità di tutto ciò che fate.

---

[35] In questo versetto ci si riferisce alle seguenti superstizioni pagane: 1-*Bahīra* è un animale piuttosto prolifico che veniva dedicato alla divinità 2-*Sāiba* era un cammello che veniva dedicato ad una divinità e lasciato libero di pascolare, come atto di ringraziamento dopo il ricovero da una malattia o il ritorno da un viaggio, 3-*Wasīla* era un animale che aveva partorito una coppia di gemelli, 5-*Hām* era uno stallone dedicato ad una divinità. Cfr. 6:139.

106-O voi che credete, quando la morte si avvicina a qualcuno di voi, scegliete dei testimoni quando fate testamento -due uomini giusti della vostra stessa comunità o altri stranieri, se vi trovate in viaggio e siete in pericolo di vita. Tratteneteli insieme dopo la preghiera e, se dubitate della loro veridicità, lasciate che entrambi giurino: "Non desideriamo alcun profitto terreno, anche se il beneficiario fosse un nostro parente. Non nasconderemo l'evidenza davanti a Dio. Se lo facessimo, saremmo dei peccatori".

107-Però, se si viene a conoscenza che erano dei spergiuri, che vengano scelti altri due al loro posto che sono più vicini nella parentela tra coloro che ne reclamano il diritto[36]. Fai che giurino in nome di Dio: "Giuriamo che la nostra testimonianza è più veritiera di quella degli altri due e che non abbiamo passato i limiti della verità. Se lo facessimo, che il peccato ricada su di noi".

108-È probabile che costoro si mostrino veritieri nella testimonianza perché potrebbero temere che gli altri inizino a rifiutare i loro giuramenti. Però temete Dio e ascoltate (il Suo consiglio), perché Egli non guida un popolo di ribelli.

109-Un giorno Dio riunirà insieme tutti i messaggeri e chiederà: "Qual è stata la risposta che avete ricevuto dagli uomini per i vostri insegnamenti?" Diranno: "Non lo sappiamo, Tu conosci pienamente tutto ciò che è nascosto".

110-Poi Egli dirà: "O Gesù, figlio di Maria, ricorda la grazia che ho concesso a te e a tua madre. Ti ho fortificato con lo spirito santo, ed hai parlato agli uomini nell'infanzia e nella maturità. Ti ho insegnato il Libro e la Saggezza, la Legge e il Vangelo. Tu hai forgiato con il Mio permesso la figura di un uccello dalla argilla; con il Mio permesso vi hai soffiato dentro e con il Mio permesso ciò che avevi forgiato ha preso vita. Hai curato coloro che erano nati ciechi e i lebbrosi con il Mio permesso. Hai anche resuscitato i morti con il Mio permesso. Io ho impedito che i Figli d'Israele agissero violentemente contro di te, quando tu hai mostrato loro i chiari segni, mentre miscredenti tra di loro dissero: "Questa non è altro che magia evidente".

---

[36] In arabo *Istahaqqa*, che ha le seguenti sfumature di significato: 1-Essere colpevole di qualcosa, 2-Reclamare una legittima proprietà. Questa procedura venne seguita in un caso avvenuto a Medina. Un uomo morì lontano da Medina e domandò a due suoi amici di consegnare i suoi beni agli eredi legittimi. Costoro però trattennero una coppa d'argento. L'appropriazione indebita venne in seguito scoperta e venne fatta giustizia.

111-Ho ispirato i discepoli ad avere fede in Me e nel Mio profeta. Dissero: "Abbiamo fede. Sii testimone che ci inchiniamo di fronte a Dio come musulmani".

112-I discepoli dissero: "O Gesù, figlio di Maria! Può il tuo Signore inviarci dal cielo una tavola imbandita?", Gesù rispose: "Temete Dio, se avete fede".

113-Dissero: "Noi desideriamo solo mangiarne, soddisfare i nostri cuori, sapere che tu ci hai detto il vero e che noi stessi possiamo essere testimoni del miracolo".

114-Gesù, il figlio di Maria, disse: "O Dio, nostro Signore, mandaci dal cielo una tavola imbandita, che sia per noi -per il primo e per l'ultimo di noi- una festa solenne ed un segno proveniente da Te. Provvedi anche per il nostro sostentamento perché Tu sei il migliore per soddisfare i nostri bisogni".

115-Dio disse: "Ve la invierò, ma se qualcuno di voi, dopo di ciò, si allontana dalla fede, lo punirò con una pena che non ho inflitto a nessun altro popolo".

116-Dio dirà: "O Gesù, figlio di Maria! Hai forse detto agli uomini: <<Adorate me e mia madre come divinità al posto di Dio?>> Egli dirà: <<Gloria a Te. Non direi mai qualcosa su cui non ho alcun diritto. Se avessi detto qualcosa del genere, Lo avresti ben saputo. Tu conosci che cosa si trova nel mio cuore, sebbene io non sappia che cosa c'è nel Tuo. Tu conosci completamente tutto ciò che è nascosto>>.

117-Non ho detto loro nulla eccetto ciò che Tu mi hai comandato ossia: <<Adorate Dio, il mio Signore ed il vostro Signore>>, e sono stato testimone fino a quando ho abitato presso di loro. Dopo che mi hai innalzato a Te, Tu hai vegliato su di loro. Tu sei testimone di tutte le cose.

118-Se invero li punisci, costoro sono i Tuoi veri servi, ma se li perdoni, Tu sei l'Eccelso, il Saggio".

119-Dio dirà: "Questo è il giorno in cui i veritieri trarranno profitto dalla loro veridicità. Loro sono i giardini lungo i quali scorrono i fiumi, la loro dimora eterna. Dio si compiace di loro e loro di Lui. Questa è la suprema salvezza[37] [il soddisfacimento di tutti i desideri]".

120-A Dio appartiene il dominio dei cieli e della terra e di tutto ciò che contengono. Egli detiene il potere su tutte le cose.

---

[37] In arabo *Fawz*, traducibile come "felicità", "salvezza", "successo".

VI

Sura Al-Anʿām

(Il bestiame)

Rivelata alla Mecca. I versetti 20,23, 91, 93, 114, 141, 151, 152, 153 sono stati rivelati a Medina

Nel nome di Dio, il Clemente, il Misericordioso

1-Sia lode a Dio che ha creato i cieli e la terra, le tenebre e la luce. Eppure coloro che rifiutano la fede, considerano altri eguali[1] al loro Signore.

2-Egli è Colui che vi ha creato dall'argilla, e ha stabilito per voi un termine determinato da Lui. Alla Sua presenza vi è anche un altro termine. Eppure dubitate in voi stessi!

3-Egli è Dio nei cieli e sulla terra. Egli conosce ciò che manifestate e ciò che rivelate e la ricompensa di cui siete degni attraverso le vostre azioni.

4-Nessun segno del loro Signore li ha raggiunti, senza che non si voltassero indietro.

5-Così rifiutarono il vero, quando li ha raggiunti. Presto comprenderanno la verità di ciò che erano soliti irridere.

6-Non hanno pensato a quanti popoli, che li hanno preceduti, abbiamo annientato? Abbiamo stabilito sulla terra generazioni dotate di una forza che non abbiamo concesso a loro. Per costoro abbiamo fatto scendere la pioggia dal cielo in abbondanza e facemmo sì che [copiosi] fiumi scorressero sotto i loro piedi. Li abbiamo distrutti per i loro peccati e, [al loro posto], abbiamo suscitato nuove generazioni.

---

[1] In arabo *Adala*, termine che ha le seguenti sfumature di significato: 1-Reputare una cosa eguale ad un'altra, 2-Comportarsi in maniera giusta con entrambe le parti in una disputa (Cfr. 42:15), 3-Dare una compensazione (Cfr. 6:70), 4-Volgere la bilancia in modo giusto (Cfr. 82:7), 4-Volgere la bilancia in modo sbagliato (Cfr. 4:135).

7-Se anche Noi avessimo inviato la scrittura su di un papiro[2], affinché fosse possibile per loro toccarla con le mani, i miscredenti avrebbero detto: "Questa non è altro che una magia manifesta".

8-Dicono: "Perché non gli è stato inviato un angelo dal cielo?" Se avessimo inviato un angelo, la questione sarebbe stata risolta immediatamente e non avremmo concesso loro alcuna tregua.

9-Se avessimo scelto un angelo, dopo avergli conferito un aspetto umano, avremmo sicuramente provocato in loro la confusione in cui si trovano adesso.

10-Prima di te molti messaggeri furono denigrati, ma i denigratori vennero circondati da ciò che schernivano.

11-Di': "Viaggiate sulla terra e vedete quale è stata la fine di coloro che hanno respinto la fede".

12-Di': "A chi appartiene tutto ciò che si trova nei cieli e sulla terra?" Di': "A Dio. Egli ha stabilito per Sé la legge della misericordia. Egli vi riunirà nel Giorno del Giudizio. Non vi è alcun dubbio. Solo coloro che hanno perduto le anime loro, non credono".

13-A Lui appartiene tutto ciò che dimora[3] nella notte e nel giorno. Egli è Colui che ode e conosce ogni cosa.

14-Di': "Dovrei scegliere come protettore qualcun altro diverso da Dio, Colui che ha creato i cieli e la terra? Egli è Colui che nutre, ma non è nutrito[4]". Di': "Mi è stato comandato di essere il primo di coloro che si sottomettono a Dio nell'Islam. Non siate tra coloro che attribuiscono la divinità ad altri oltre che a Dio".

15-Di': "Se disubbidissi al mio Signore, dovrei certamente temere la pena di un giorno terribile.

16-In quel giorno, se la pena viene allontanata da qualcuno, ciò è dovuto alla misericordia di Dio. Questo sarà il soddisfacimento di tutti i desideri".

---

[2] In arabo *Qirṭās*, traducibile come pergamena, utilizzata in Asia occidentale come materiale per la scrittura dal II secolo a.C. Questo termine deriva dal greco *Chartas* (latino *Charta*). Gli arabi cominciarono ad impiegare la carta successivamente alla conquista di Samarcanda nel 751 d.C., mentre i cinesi l'avevano utilizzata fin dal II secolo a.C. Gli arabi a loro volta ne introdussero in Europa l'utilizzo. Il papiro egiziano invece era impiegato in Egitto fin dal 2500 a.C., e venne sostituito con la carta nel X secolo d.C. Cfr. 17:93.

[3] In arabo *Sakana*, che significa: 1-Abitare, 2-Riposarsi, 3-Stare quieto.

[4] A Dio dobbiamo il soddisfacimento di tutti i bisogni perché Lui solo ne è totalmente indipendente. Cfr. 7:19, 5:66.

17-Se Dio vi tocca con l'afflizione, nessuno può rimuoverla tranne Lui. Se Egli vi grazia con la felicità, Egli detiene il potere su ogni cosa.

18-Egli è l'Irresistibile, Colui che rivolge lo sguardo verso le Sue creature. Egli è il Saggio, Colui che comprende ogni cosa.

19-Di': "Quale testimonianza possiede un valore maggiore?" Di': "Dio è testimone tra me e voi. Questo Corano mi è stato rivelato attraverso l'ispirazione affinché possa ammonire voi e tutti coloro che raggiungerà. Potete forse testimoniare che oltre a Lui vi sia un altro dio?" Di': "No, non posso testimoniarlo!". Di': "In verità, c'è un solo Dio ed io sono innocente di ciò che Gli attribuite".

20-Coloro, cui abbiamo precedentemente concesso le Scritture, lo sanno così come conoscono chi sono i loro figli. Invece coloro che hanno perduto le loro anime si rifiutano di credere.

21-Chi commette un'ingiustizia peggiore di colui che inventa una menzogna contro Dio o rifiuta i Suoi segni? In verità, i malvagi mai prospereranno.

22-Un giorno saranno riuniti tutti insieme e diremo a quanti ci attribuiscono degli associati: "Dove sono coloro che avete immaginato condividessero con Dio la Sua divinità?".

23-Non avranno nessun'altra possibilità di scusarsi[5] se non quella di dire: "Nostro Signore, non eravamo coloro che hanno associato altri dei a Dio".

24-Mentono contro le loro stesse anime e gli idoli che hanno inventato li hanno abbandonati.

25-Tra di loro ci sono alcuni che fingono di ascoltarti, ma Noi abbiamo posto dei veli sul loro cuore, affinché non possano comprendere[6] e abbiamo posto la sordità nei loro orecchi. Se vedessero ognuno dei segni, sicuramente non crederebbero. Quando vengono da te, non fanno altro che discutere. I miscredenti dicono: "Queste non sono altro che favole degli antichi".

26-Tengono gli altri lontani e si tengono lontani loro stessi. Costoro distruggono le loro stesse anime, senza però esserne consapevoli.

27-Se solo potessi vedere quando sono posti davanti al Fuoco! Diranno: "Se potessimo solamente essere rimandati indietro! Non

---

[5] In arabo *Fitna*, termine che può essere tradotto come: 1-Prova o tentazione (Cfr. 2:102), 2-Tumulto o oppressione (Cfr. 2:191, 1913, 217), 3-Discordia (Cfr. 3:7), 4-Sotterfugio, sedizione.

[6] Il riferimento è diretto alla comprensione del Corano.

avremmo respinto i segni del nostro Signore, ma saremmo stati tra i credenti".

28-Davanti ai loro occhi è divenuto manifesto ciò che nascondevano. Però, se potessero ritornare, certamente ricadrebbero in ciò che è proibito perché sono dei bugiardi.

29-A volte dicono: "Non vi è nulla eccetto la vita su questa terra e mai risorgeremo dalla morte".

30-Se solo potessi vederli quando saranno davanti al loro Signore! Egli dirà: "Non è questa la verità?" Risponderanno: "Sì, per il nostro Signore!"; Egli dirà: "Assaggiate quindi il castigo, dal momento che avete respinto la fede".

31-Sono perduti coloro che tacciano di falsità l'incontro con Dio, fino a quando improvvisamente l'Ora incomberà su di loro e diranno: "Ah, disgraziati noi che non abbiamo pensato ad essa". Costoro portano sulla schiena i loro pesi ed orribile è il peso che portano.

32-Che cos'è la vita di questo mondo se non vano divertimento? Migliore è la dimora dell'Altra vita per i retti e timorati di Dio. Non comprenderanno dunque?

33-Conosciamo il dolore che le loro parole ti causano. Non respingono te, ma i segni di Dio, che gli ingiusti negano.

34-Sono stati respinti i messaggeri prima di te. Con pazienza e costanza hanno sopportato il rifiuto e le persecuzioni fino a quando non li ha raggiunti il Nostro aiuto. Nessuno può mutare le parole di Dio. Ti è già stata comunicata parte della storia dei profeti.

35-La loro indifferenza per te è difficile da sopportare; però, anche se potessi scavare un tunnel nella terra o sistemare una scala che arriva fino al cielo per portare loro un segno, quale bene ne deriverebbe? Se fosse stato il volere di Dio, Egli li avrebbe riuniti insieme verso la vera guida. Così non essere tra coloro che sono preda dell'ignoranza e [dell'impazienza].

36-Coloro che prestano ascolto alla verità, stai sicuro che l'accetteranno. Dio risusciterà chi è morto. E poi ritorneranno a Lui.

37-Dicono: "Perché non gli viene inviato un segno dal suo Signore? Di': "Dio ha certamente il potere di inviare un segno", ma la maggior parte degli uomini non lo comprende.

38-Non c'è animale che vive sulla terra né essere che vola sulle sue ali che non faccia parte di comunità, come voi. Non abbiamo omesso nessuno dal Libro e tutti saranno alla fine ricondotti presso il loro Signore.

39-Coloro che respingono i Nostri segni sono sordi e muti, nel mezzo della tenebra profonda. Dio lascia perdersi chi vuole. Chi invece desidera, lo pone sulla retta vita.

40-Di': "Pensate forse che, se giungesse su di voi l'ira di Dio o l'Ora, invocherete qualcun altro oltre Lui? Rispondete, se siete veritieri.

41-No, Lo invocherete e Egli, se lo vuole, rimuoverà il dolore per cui Lo avete invocato e dimenticherete [i falsi dei] che Gli avete attribuito".

42-Prima di te abbiamo inviato dei profeti a molte nazioni e le abbiamo afflitte con sofferenze ed avversità affinché potessero imparare l'umiltà.

43-Però, quando la sofferenza li ha raggiunti, non sono divenuti umili, bensì i loro cuori si sono induriti e Satana rese attraenti le loro azioni peccaminose.

44-Però, quando hanno dimenticato l'ammonimento che hanno ricevuto, Noi aprimmo per loro le porte di tutto ciò che buono fino a quando, nel mezzo del godimento dei Nostri doni, improvvisamente li abbiamo chiamati a renderne conto. Ed ecco che precipitarono nella disperazione.

45-Così tutti i malvagi furono eliminati. Sia lode a Dio, Signore dei Mondi.

46- Di': "Pensate forse che, se Dio vi togliesse l'udito e la vista, e ponesse un sigillo sui vostri cuori, chi altro dio se non Lui potrebbe restituirveli?" Vedi come Noi spieghiamo i segni attraverso diversi simboli. Eppure, si voltano indietro.

47- Di': "Se la punizione di Dio incombesse su di voi, sia improvvisamente che apertamente, chi sarà distrutto se non il popolo degli ingiusti?"

48-Abbiamo inviato i profeti solo per annunciare buone nuove e per ammonire. Coloro che credono e correggono le loro vite, non avranno nulla da temere e non saranno afflitti.

49-Coloro che respingono i Nostri segni, saranno toccati dalla punizione, perché non hanno mai cessato di trasgredire.

50-Di': "Non vi dico che presso di me ci sono i tesori di Dio né che conosco ciò che si trova nascosto. Non vi dico nemmeno di essere un angelo. Seguo solo ciò che mi è stato rivelato". Di': "È forse il cieco eguale a colui che vede? Non riflettete dunque?".

51-Comunica questo avvertimento a coloro che nel cuore nutrono il timore di essere condotti davanti al loro Signore per essere giudicati. Tranne Lui, non hanno né protettore né intercessore. Che imparino a guardarsi dal male.

52-Non scacciate coloro che invocano il loro Signore di mattina e di sera, cercando il Suo volto[7]. Non devi rendere conto di loro e loro non debbono rendere conto di te. Se li scacciassi via, saresti uno degli ingiusti.

53-Li abbiamo messi alla prova, facendo sì che si confrontassero gli uni con gli altri e dicessero: "Sono costoro che Dio ha favorito al di sopra di noi?" Forse Dio non conosce meglio coloro che Gli sono grati?

54-Quando vengono da te coloro che credono nei Nostri segni, di': "La pace sia con voi, Il vostro Signore si è prescritto la legge della misericordia. In verità, se qualcuno commette il male nell'ignoranza, ma dopo si pente e muta la sua condotta, Egli è Perdonatore, Misericordioso".

55-Così Noi spieghiamo i segni nel dettaglio, affinché la via dei peccatori diventi evidente.

56-Di'[8]: "Mi è stato proibito di adorare coloro che, altri da Dio, invocate". Di': "Io non seguirò i vostri vani desideri. Se lo facessi, mi smarrirei dalla retta via e non sarei in compagnia di coloro che ricevono la guida".

57-Di': "Mi fondo su una prova chiara dal mio Signore, ma voi Lo rifiutate. Ciò che vorreste affrettare non si trova in mio potere. Il comando si trova presso Dio. Egli dichiara il vero ed è il migliore dei giudici".

58-Di': "Se ciò che volete affrettare, fosse stato in mio potere, la questione sarebbe stata decisa subito tra voi e me". Dio conosce bene coloro che compiono il male.

---

[7] In arabo *Wajh*. Cfr. 2:112, 18:28.

[8] Da questo versetto in poi vengono avanzate contro i Quraysh le seguenti argomentazioni: 1-Ho ricevuto la luce della rivelazione e la seguirò, 2-Preferisco la luce divina alla vanità dei vostri desideri, 3-La punizione spetta unicamente a Dio, 4-Dio non tarderà a domandare il conto dei vostri peccati. Cfr. 6:63, 71.

59-Presso di Lui si trovano le chiavi[9] dell'invisibile, i tesori che nessuno conosce tranne Lui. Egli conosce ogni cosa che si trova sulla terra o in mare. Nessuna foglia cade senza che Lui non ne sia a conoscenza. Non c'è un granello nelle profondità della terra o qualcosa di vivo o di morto che non sia stato posto in un chiaro registro[10].

60-Egli è Colui che prende di notte le vostre anime e possiede la conoscenza di tutto ciò che fate durante il giorno. Di giorno poi vi fa di nuovo rialzare, fino a quando non giunge il termine stabilito. Alla fine, il ritorno è presso di Lui ed Egli vi mostrerà la verità di tutto ciò che avete compiuto.

61-Egli è Colui che domina sui Suoi servi e pone su di voi dei guardiani[11]. Alla fine, quando la morte si avvicina a qualcuno di voi, i Nostri angeli[12] prendono la sua anima e mai falliscono nel loro compito.

62-Gli esseri umani poi ritornano a Dio, il loro vero protettore, l'unica realtà[13]. In verità, Suo è il comando ed Egli è veloce nel calcolo.

63-Di': "Chi vi salva dai più neri recessi[14] della terra e del mare, quando Lo invocate in umiltà ed in silenzioso terrore[15]? Se solo ci salvassi da questi pericoli, mostreremo invero la nostra gratitudine?".

64-Di': "Vi ha salvato da queste e altre sofferenze, eppure adorate false divinità".

65-Di': "Egli ha il potere di inviare calamità su di voi, da sopra e da sotto, oppure di coprirvi di confusione nelle mutue contese, facendovi provare il reciproco timore". Vedi come Noi spieghiamo i segni attraverso diversi simboli affinché possano comprendere.

---

[9] In arabo *Mafātih*, plurale di *Miftah*, termine traducibile sia come chiavi che come tesoro. In questo versetto sembrano essere impliciti entrambi i significati.

[10] Con quest'espressione ci si riferisce ad un piano archetipico ed ad un legge eterna che regola tutto quanto esiste, sia visibile che invisibile. Cfr. 11:6, 57:4.

[11] La maggioranza dei commentatori ritiene che con questo termine ci si riferisca agli angeli.

[12] In arabo *Rasūl*, lett. "gli inviati". Il medesimo termine è utilizzato per i profeti.

[13] In arabo *al-Haqq*. Cfr. 6:57-58.

[14] In arabo *Zulumāt*, traducibile come neri recessi o pericoli in agguato.

[15] Sono possibili le seguenti due letture, che però hanno il medesimo significato: 1-*Khufyatan*, silenziosamente, segretamente, dal profondo del cuore in relazione ad un terrore inesprimibile, 2-*Khīfatan*, ispirato da terrore o da una profonda riverenza (Cfr. 7:205).

66-Gli uomini però respingono il messaggio, sebbene sia la verità. Di':
"Non sono responsabile di voi".

67-Per ogni messaggio c'è un limite di tempo e presto lo saprete.

68-Quando vedi gli uomini occupati in discorsi vani riguardo ai Nostri segni, allontanati da loro a meno che non cambino argomento. Se Satana ti induce a dimenticare, allora dopo averlo ricordato, non sedere in compagnia di coloro che commettono il male.

69-I giusti non hanno alcuna responsabilità verso di loro; hanno solo il dovere di ammonirli affinché possano imparare a temere Dio.

70-Allontanati da coloro che pensano che la loro religione sia una vana occupazione e si sono lasciati ingannare dalla vita di questo mondo. Proclama loro però questa verità: "Ogni anima conduce se stessa alla rovina attraverso le sue stesse azioni. Non troverà nessun protettore o qualcuno che interceda a suo favore, se non Dio. Se offrisse un riscatto, non sarebbe accettato. Questa è la fine di coloro che hanno condotto se stessi alla rovina per mezzo delle azioni loro. Avranno da bere acqua bollente e una punizione gravosa perché hanno persistito nel rifiutare Dio".

71-Di': "Dovremmo forse invocare altri dei oltre Dio che non possono farci né bene né male e tornare sui nostri passi, dopo che abbiamo ricevuto la guida da Lui, come colui che i demoni hanno trasformato in qualcuno che si è lasciato sedurre, dopo essere stato tentato dai piaceri terreni offerti da Satana, mentre i suoi amici gridano: "Vieni da noi", cercando invano di guidarlo sul sentiero [retto]? Di': "La guida di Dio è l'unica guida e ci è stato comandato di sottometterci al Signore dei Mondi,

72-di stabilire preghiere regolari e di temere Dio perché presso di Lui saremo tutti riuniti".

73-Egli è Colui che ha creato i cieli e la terra nella giusta proporzione. Egli dice: "Sia", ed "è". La Sua parola è verità. Suo sarà il dominio il giorno in cui risuonerà la tromba. Egli conosce ciò che non si percepisce così come ciò che è manifesto ai sensi degli esseri umani. Egli è il Saggio, Colui che ben conosce ogni cosa.

74-Abramo disse a suo padre Azar: "Prenderai forse degli idoli per divinità? Tu e il mio popolo vi trovate in un errore manifesto".

75-Così Noi abbiamo mostrato ad Abramo il potere e le leggi dei cieli e della terra, affinché potesse credere con fermezza.

76-Quando la notte lo coprì,vide una stella. Disse: "Questo è il mio Signore". Però, quando tramontò, disse: "Non amo coloro che tramontano".

77-Quando vide la luna alzarsi in tutto il suo splendore, disse: "Questo è il mio Signore". Invece, quando tramontò, disse: "A meno che il mio Signore non mi guidi, sarò sicuramente tra coloro che si sono perduti".

78-Quando vide il sole sorgere in tutto il suo splendore, disse: "Questo è il mio Signore. Questo è il piùgrande di tutti". Quando il sole tramontò aggiunse: "O popolo mio, mi dissocio dall'atto vostro di attribuire a Dio dei consimili.

79-Ho rivolto il mio volto, con fermezza e verità, verso Colui che ha creato i cieli e la terra, e mi sono dissociato da tutto ciò che è falso. Non attribuirò mai dei consimili a Dio".

80-I membri del suo popolo discussero con lui. Egli disse: "Venite a discutere con me di Dio, quando Lui stesso mi ha guidato? Io non temo coloro che Gli associate. Se il mio Signore non vuole, nulla può accadere. Il mio Signore abbraccia nella Sua conoscenza ogni cosa. Non riceverete forse il monito?

81-Dovrei paventare coloro che associate a Dio, quando voi non temete di associarGli dei consimili senza che vi sia stata data alcuna autorità? Chi tra i vostri due partiti si trova nel giusto? Ditemelo, se lo sapete.

82-Coloro che credono e non hanno confuso la loro fede con l'ingiustizia, si trovano nella vera sicurezza perché sono sulla retta via!"

83-Questo è l'argomento che abbiamo dato ad Abramo contro il suo popolo. Noi solleviamo chi vogliamo, grado dopo grado. Il tuo Signore è pieno di saggezza e conoscenza.

84-Gli abbiamo dato Isacco e Giacobbe. Abbiamo guidato tutti e tre. E prima di lui abbiamo guidato Noè e tra la sua progenie Davide, Salomone, Giobbe, Giuseppe, Mosè ed Aronne. In questo modo ricompensiamo coloro che compiono il bene.

85-Zaccaria, Yahyā, Gesù ed Elia erano tutti dei giusti.

86-Ismaele, Elisha[16], Giona e Lot li abbiamo scelti tra tutti i popoli,

---

[16] Costui succedette ad Elia e visse in un periodo piuttosto turbolento della storia ebraica, durante i regni di Giuda ed Israele, al tempo di re corrotti e attacchi da parte dei popoli

87- loro e parte dei loro padri, la progenie ed i fratelli. Li abbiamo scelti e li abbiamo guidati sulla retta via.

88-Questa è la guida di Dio. Egli la dona a chiunque vuole tra i Suoi fedeli. Se dovessero attribuirGli dei consimili, tutto ciò che hanno compiuto si sarebbe dimostrato vano.

89-Questi erano gli uomini a cui abbiamo dato il libro, l'autorità e la profezia. Se [i loro discendenti] ora scelgono di negare la verità, Noi la daremo ad altri che non la negheranno.

90-Questi erano i profeti che hanno ricevuto la guida da Dio. Segui la guida che hanno ricevuto. Di': "Non vi domando alcuna ricompensa. Questo non è altro che un messaggio per tutti i popoli".

91-Non prestano a Dio la giusta considerazione[17] quando dicono: "Dio non ha inviato nulla all'uomo [come mezzo di rivelazione]". Domanda: "Chi allora ha inviato il libro che Mosè ha portato, una luce ed una guida per l'umanità? Voi però avete diviso la rivelazione e molta ne avete nascosta. Quindi avete insegnato ciò che non conoscevate né voi né i vostri padri. Di': "Dio ha inviato questo messaggio". Lasciali immersi nei discorsi vani ed insignificanti.

92-Questo è il Libro che abbiamo inviato, che porta benedizioni[18] e conferma la rivelazione precedente affinché tu possa ammonire la Madre delle Città[19] e tutti coloro che si trovano attorno. Coloro che hanno fede nell'Altra vita, credono in questo [Libro] e si mantengono costanti nell'assolvere all'orazione.

93-Chi può essere più malvagio di colui che inventa una bugia contro Dio o dice: "Ho ricevuto un'ispirazione", quando invece non ne ha ricevuta nessuna? Oppure che dice: "Posso rivelare qualcosa di simile a ciò che Dio ha rivelato?" Se solo potessi vedere come i malvagi soffrono nella confusione al momento della morte, mentre gli angeli allungano le mani dicendo: "Consegnate le vostre anime. Oggi riceverete la vostra ricompensa, una pena di vergogna, perché

---

vicini. Secondo il racconto biblico, Elisha fece diversi miracoli e diede valenti consigli su come sconfiggere i nemici.

[17] In arabo *Qadara*, che significa "pesare", "giudicare" o "valutare". Cfr. 4:149 dove è presente il termine *Qadir*.

[18] In arabo *Mubārak*.

[19] La Mecca. Questo versetto venne rivelato alla Mecca prima dell'*Hijrah* e prima che la *Kaʿba* fosse scelta come *Qiblah*, ossia direzione della preghiera. Prima che il versetto relativo al cambio di direzione della *Qiblah* venisse rivelato, i musulmani pregavano nella direzione di Gerusalemme. Cfr. 2:125, 197.

eravate soliti mentire riguardo a Dio e ostinatamente avete respinto il Suo messaggio.

94-Siete venuti a Noi soli e nudi così come vi abbiamo creato la prima volta. Avete lasciato indietro tutti i favori che vi abbiamo concesso. Non vediamo con voi i vostri intercessori, che avete pensato condividessero la divinità con Dio. Ora tutte le relazioni sono state recise e le vostre fantasie vi hanno lasciato nella confusione.

95-È Dio che ha fatto sì che il chicco di grano e il nocciolo di dattero si dividessero e germogliassero. Egli fa sì che il vivente emerga dal non vivente. Egli è Colui che fa sì che il morto sia tratto dal vivo. Egli è Dio. Come potete allora mantenervi lontani dalla verità?

96-Egli è Colui che fende l'alba. Egli è Colui che ha fatto la notte per il riposo e la tranquillità e il sole e la luna per misurare il tempo. Questo è il giudizio e l'ordine[20] del potente, dell'Onnisciente.

97-Egli è Colui che ha fatto per voi le stelle affinché possiate essere guidati con il loro aiuto, attraverso i tenebrosi spazi della terra e del mare. Noi abbiamo mostrato questi segni a coloro che hanno conoscenza.

98-Egli è Colui che vi ha creato[21] da una sola anima e ha stabilito per voi un tempo limitato sulla terra e un luogo dove riposare dopo la morte. In questo modo spieghiamo i Nostri segni per coloro che comprendono.

99-Egli è Colui che ha inviato la pioggia da cielo, con cui viene prodotta ogni tipo di vegetazione. Da alcune piante produciamo verdi spighe da cui si ricava il grano, che viene ammassato nei granai. Dalla palma di dattero e le sue spate maturano i datteri che pendono bassi e vicini. Ci sono giardini in cui sono piantate viti ed alberi di olivo e di melograno. Ognuno è simile [nella specie], ma differente [nella varietà]. Quando poi cominciano a portare frutti, osservali. Questi sono segni per coloro che credono.

100-Eppure [alcuni] considerano i *Jinn*[22] uguali a Dio, sebbene sia stato Lui a crearli. Falsamente, senza averne alcuna conoscenza, gli

---

[20] In arabo *Taqdīr*. Cfr. 6:91, 4:149.

[21] In arabo *Ansha'a* traducibile come "crescere", "sviluppare", "accrescere", "far maturare".

[22] Il termine *Jinn* deriva dall'arabo *Junna, Yujannu*, che può essere tradotto come "essere coperto o nascosto", e da *Janna, Yajunnu* (alla voce attiva), che significa invece "coprire" o "nascondere". Secondo alcuni commentatori con questo termine s'intenderebbero le forze o le qualità nascoste dell'essere umano, mentre altri ritengono che siano dei popoli

attribuiscono figli e figlie. Sia lode e gloria a Lui. Egli è al di sopra di quanto Gli attribuiscono.

101-A Lui è dovuta la prima origine dei cieli e della terra. Come può avere un figlio quando non ha una sposa? Egli ha creato tutte le cose e ne possiede la piena conoscenza.

102-Questo è Dio, il vostro Signore! Non c'è altro dio che Lui, il Creatore di ogni cosa. AdorateLo. Egli ha il potere di disporre di ogni cosa.

103-Nessuna visione può coglierLo, ma il Suo sguardo comprende ogni visione. Egli è al di là di qualsiasi comprensione[23], eppure a conoscenza di ogni cosa.

104-Dal tuo Signore ti sono giunte prove che possono aprire i tuoi occhi. Se qualcuno vedrà, sarà per il bene della sua anima. Se qualcuno resterà cieco, sarà per il suo stesso male. Non sono responsabile delle vostre azioni.

105-Così spieghiamo i Nostri segni attraverso [vari simboli] affinché possano dire: "Li ha imparati da qualcuno". E che Noi possiamo rendere chiara la cosa a coloro che sanno.

106-Segui ciò che ti è stato insegnato per ispirazione dal tuo Signore. Non c'è altro Dio che Lui e allontanati da coloro che Gli attribuiscono dei consimili.

107-Se fosse stato parte del piano di Dio, non si sarebbero presi falsi dei. Noi però non ti abbiamo reso responsabile delle loro azioni e nemmeno puoi decidere dei loro affari.

108-Non insultare coloro che invocano oltre a Dio, ché per la loro ignoranza non insultino Dio. Ad ogni popolo abbiamo fatto sembrare piacevoli le loro azioni. Alla fine ritorneranno presso il loro Signore e diremo loro la verità di tutto ciò che hanno compiuto.

109-Hanno giurato solennemente che, se giungesse loro un segno [speciale], sarebbero credenti. Di': "Tutti i segni sono in potere di Dio". Che cosa vi induce a pensare che, anche se giungessero dei segni [speciali], crederebbero?

---

selvaggi che vivono nelle foreste o nelle montagne. I passi coranici sembrano però suggerire che con il termine "*Jinn*" s'intendano degli spiriti, che non possono essere percepiti dai sensi umani.

[23] In arabo *Latīf*, traducibile anche come "fine", "sottile" e "puro"; quindi al di là della comprensione degli esseri umani. Cfr. 22:63.

110-Noi stessi porremo la confusione nei loro cuori e nei loro occhi, perché la prima volta si sono rifiutati di credere. Li lasceremo vagare nella confusione.

111-Anche se avessimo inviato degli angeli ed i morti parlassero loro, e riunissimo tutte le cose insieme davanti ad i loro occhi, non crederanno a meno che non faccia parte del piano di Dio. La maggior parte di loro però ignora la verità.

112- Per ogni profeta abbiamo scelto un nemico: malvagi tra uomini e *Jinn*, che s'ispirano a vicenda con discorsi elaborati ed ingannevoli. Se il tuo Signore così avesse deciso, non lo avrebbero fatto. Così abbandona loro e le loro invenzioni,

113-affinché i cuori di coloro che non credono nell'Altra vita, possano inclinare verso il loro inganno. Che continuino a compiacersi ed a commettere le azioni che stanno già commettendo.

114-Di': "Dovrei scegliere come giudice qualcun altro diverso da Dio, quando è Lui che ci ha inviato il Libro che dispiega la verità?". Costoro ben sanno a chi abbiamo dato il Libro inviato dal tuo Signore nella verità. Non essere quindi mai tra coloro che dubitano.

115-La parola del tuo Signore trova la sua realizzazione nella verità e nella giustizia. Nessuno può mutare le Sue parole. Egli è Colui che ode e conosce tutto.

116-Se seguissi le orme della maggior parte di coloro che si trovano sulla terra, ti farebbero deviare dalla via di Dio. Costoro non seguono altro che congetture. Non fanno altro che mentire.

117-Il tuo Signore conosce bene chi si allontana dalla Sua via. Egli conosce bene chi riceve la guida.

118-Così mangiate il cibo su cui è stato pronunciato il nome di Dio, se avete fede nei Suoi segni.

119-Perché non dovreste mangiare la carne su cui il nome di Dio è stato pronunciato, quando vi ha spiegato dettagliatamente che cosa vi è stato negato, eccetto nel caso in cui siate spinti dalla necessità? Molti però traviano gli altri a causa dei loro desideri e della mancanza di conoscenza. Il tuo Signore conosce bene coloro che trasgrediscono.

120-Abbandonate tutti i peccati sia manifesti che segreti. Coloro che si macchiano del peccato riceveranno la ricompensa per ciò che hanno guadagnato.

121-Non mangiate [la carne], su cui non sia stato pronunciato il nome di Dio, perché è una condotta peccaminosa. Però i demoni ispirano i loro amici a discutere con te. Se obbediste loro, sareste dei pagani.

122-Può colui che era morto e a cui abbiamo dato la vita e una luce con la quale possa camminare tra gli uomini, essere uguale a colui che si trova nelle tenebre più profonde, da cui non può uscire? Così a coloro che non hanno fede sembrano attraenti le azioni loro.

123-In ogni città abbiamo posto dei leader, i suoi uomini più malvagi, per complottare. Costoro però hanno complottato solo contro le loro stesse anime senza nemmeno comprenderlo.

124-Quando giunge loro una rivelazione da Dio, dicono: "Non crederemo fino a quando non ci sarà dato un segno come quello ricevuto dai messaggeri di Dio". Egli conosce bene dove e come condurre la Sua missione. Presto i malvagi saranno colti dall'umiliazione di fronte a Dio e da una punizione severa per tutto ciò che hanno complottato.

125-Dio ha aperto all'Islam i cuori di coloro che [nel Suo piano] ha desiderato guidare. Ha reso i petti chiusi e oppressi di quanti ha indotto a perdersi, come se dovessero scalare verso il cielo. Così Dio impone la pena a coloro che si rifiutano di credere.

126-Questa è la via del tuo Signore, che guida in modo retto. Noi abbiamo inviato i segni per coloro che sono disposti a ricevere il monito.

127-Per loro ci sarà una dimora di pace alla presenza del loro Signore. Egli sarà loro amico perché hanno praticato la rettitudine.

128-Un giorno li riunirà tutti insieme e dirà: "O voi assemblea di *Jinn*, avete abusato troppo degli uomini". I loro amici tra gli uomini diranno: "Signore nostro, ci siamo serviti gli uni degli altri, ma abbiamo raggiunto il termine che era stato stabilito". Egli dirà: "Che il Fuoco sia la vostra dimora, dove soggiornerete per sempre, eccetto se Dio vorrà altrimenti". Perché il tuo Signore è pieno di saggezza e conoscenza.

129-Così abbiamo fatto sì che gli ingiusti si seducessero a vicenda attraverso le loro azioni.

130-O voi assemblea di *Jinn* e di uomini, non sono forse venuti tra di voi dei messaggeri, che vi hanno posto davanti ai Miei segni e vi hanno avvertito dell'incontro di questo giorno? Diranno: "Rechiamo testimonianza contro noi stessi". È stata la vita di questo mondo che

131-Il tuo Signore non avrebbe distrutto per le loro azioni malvagie le città, se i loro abitanti non avessero ricevuto prima alcuna ammonizione.

132-Ognuno sarà ricompensato per le proprie azioni. Il Tuo Signore è ben consapevole di quello che compiono.

133-Il tuo Signore è Assoluto, Colui che possiede la misericordia. Se fosse il Suo volere, vi avrebbe distrutti ed avrebbe posto come vostri successori altri secondo la Sua volontà, anche se avesse dovuto suscitarli dalla posterità di un altro popolo.

134-Tutto ciò che vi è stato promesso accadrà e non potete nemmeno impedirlo.

135-Di': "O popolo mio, fate qualunque cosa sia in vostro potere, mentre io farò la mia parte. Presto saprete chi godrà della condizione migliore nell'Altra vita. Certamente i malvagi non prospereranno".

136-Costoro assegnano a Dio una parte di ciò che Egli ha prodotto in abbondanza in campi coltivati e nel bestiame e dicono, seguendo le loro fantasie: "Questo è per Dio e questo è per coloro che Gli associamo". Però la parte dei loro associati non raggiunge Dio e quello che appartiene a Lui giunge invece ai loro idoli! Quanto male giudicano!

137-Eppure, agli occhi della maggior parte dei pagani, i loro associati fanno sembrare bella l'azione di uccidere i loro bambini, al fine di condurli alla distruzione e di causare confusione nella loro religione. Se Dio avesse voluto, non lo avrebbero fatto. Tu però lasciali soli alle loro invenzioni.

138-Costoro dicono che certi raccolti e certo bestiame è proibito e nessuno può mangiarne, eccetto coloro che -così dicono- noi designeremo. Ci sono poi degli animali che è proibito aggiogare o caricare e bestiame su cui il nome di Dio non è pronunciato al momento della macellazione, pronunciando menzogne contro di Lui. Egli presto li chiamerà a rendere conto delle loro invenzioni.

139-Dicono: "Ciò che si trova nell'utero di questo o quel capo di bestiame è riservato specialmente come cibo per i nostri uomini e proibito per le nostre donne". Però se nasce morto, possono averne una parte [anche le donne]. Egli presto li punirà [per tutte le false superstizioni] che Gli attribuiscono. Egli è pieno di saggezza e conoscenza.

140-Sono perduti coloro che uccidono i loro figli per ignoranza, e dichiarano proibito il sostentamento che Dio ha scelto per loro, attribuendo falsamente a Lui questa proibizione. Costoro si sono perduti e non hanno trovato la retta via.

141-Egli ha fatto crescere giardini colti ed incolti, datteri e campi che producono ogni tipo di frutti, olive e melograni, simili eppure differenti. Mangia dei loro frutti quando divengono maturi, ma rendi quanto dovuto nel giorno in cui il raccolto viene ammassato. Non sprecate nell'eccesso perché Dio non ama chi eccede.

142-Del bestiame vi è quello che serve per trasportare i pesi ed un altro per la carne. Mangiate di ciò che Dio vi ha concesso e non seguite le orme di Satana, perché Egli è per voi un nemico manifesto.

143-Prendete otto capi di bestiame, divisi in quattro coppie. Delle pecore una coppia, delle capre una coppia e dite: "Ha forse proibito i due maschi, le due femmine o [il piccolo] che l'utero delle femmine protegge? Ditemi quanto sapete, se siete veritieri".

144-Prendete un paio dei cammelli e dei bovini. Di': "Ha forse Egli proibito i due maschi, le due femmine o i piccoli che stanno racchiusi nel ventre delle femmine? Eravate forse presenti quando Dio ha ordinato qualcosa di simile?" Ma chi è più ingiusto di colui che inventa delle menzogne nei riguardi di Dio per far deviare gli uomini senza conoscenza alcuna? Dio non guida un popolo che commette il male".

145-Di': "Non trovo nel messaggio ricevuto per ispirazione che sia stato proibito alcun cibo se qualcuno desidera consumarlo, a meno che non sia carne di cadavere [di un animale deceduto di morte naturale], insanguinata[24] oppure di suino -che è impura- e ciò su cui è stato invocato un nome diverso da quello di Dio. Però, se una persona viene costretta dalla necessità, senza volontà di disubbidire né di trasgredire i limiti, il tuo Signore è Perdonatore, Misericordioso.

146-Agli ebrei Noi abbiamo proibito ogni animale con le unghie[25] e il grasso del bue e della pecora, tranne quello che aderisce alle parti posteriori o delle viscere o che è misto all'osso[26]. Questo come

---

[24] Ossia di sangue diverso da quello che aderisce alla carne, al fegato o ad altri organi interni.
[25] Cfr. Levitico, 11:3-6.
[26] Cfr. Levitico, 7:3, 7:6.

ricompensa per la loro disubbidienza. Noi siamo veritieri in quanto stabiliamo.

147- Se ti accusano di falsità, di': "Il vostro Signore è pieno di Misericordia che tutto abbraccia. La Sua punizione però non potrà mai essere allontanata da coloro che si trovano nella colpa".

148- Coloro che attribuiscono a Dio dei consimili diranno: "Se Dio avesse voluto, non Gli avremmo attribuito degli associati, né lo avrebbero fatto i nostri padri, né avremmo considerato proibito ciò che invece Egli ha concesso". Così i loro antenati hanno disputato falsamente, fino a quando non hanno assaggiato la Nostra ira. Di': "Possedete una conoscenza certa? Se sì, mostratecela. Non seguite altro che congetture. Non fate altro che mentire".

149- Di': "Dio possiede l'argomento decisivo. Se fosse stato il Suo volere, certamente ci avrebbe guidati tutti".

150- Di': "Portate i vostri testimoni per provare che Dio ha proibito questo e quest'altro". Se testimoniassero, non essere tra loro e non seguire i vani desideri di quanti tacciano di menzogna i Nostri segni e così non credono nell'Altra vita, perché reputano altri eguali al loro Signore".

151- Di': "Venite, vi dirò ciò che Dio ha veramente proibito: non associate nessuno a Dio, siate buoni con i genitori, non uccidete i vostri figli per paura della povertà. Noi provvederemo a voi e a loro. Non macchiatevi di azioni vergognose né apertamente né in segreto. Non prendete nessuna vita, che Dio ha reso sacra, eccetto che per una giusta causa o per mezzo della legge[27]. Questo vi comanda affinché possiate imparare la saggezza.

152- Non appropriatevi della proprietà degli orfani, eccetto che per accrescerla, fino a quando non raggiungono l'età della piena maturità. Date la misura e il peso in piena giustizia. Non poniamo su nessuna anima un peso che non sia capace di portare. Ogni volta che parlate, fatelo con giustizia, anche se un parente stretto è coinvolto e rispettate il patto con Dio. Questo Lui vi comanda, al fine che possiate ricordare.

---

[27] Nel contesto di questo versetto il termine arabo *Haqq* è stato reso con "giustizia e legge". Cfr. 5:4, 6:138.

153-In verità, questa è la Mia guida che conduce alla retta via. Seguitela. Non seguite altre guide, che vi divideranno e disperderanno da questa grande via. Questo vi comando affinché possiate essere retti".

154-Abbiamo dato a Mosè la scrittura, completando il Nostro favore verso coloro che compiono il bene e spiegando ogni cosa nel dettaglio, come guida e misericordia. Che possano credere che dovranno incontrare il loro Signore.

155-Questo è un Libro che abbiamo rivelato come benedizione, così seguitelo e siate retti affinché possiate ricevere misericordia.

156-Affinché non diciate: "La scrittura è stata inviata a due popoli, che ci hanno preceduto, e noi siamo rimasti ignoranti dei suoi insegnamenti".

157-o non diciate: "Se la rivelazione fosse stata fatta scendere solo su di noi, avremmo seguito la sua guida meglio di loro". Vi è giunto un chiaro segno da parte del vostro Signore, una guida ed una misericordia. Allora, chi commette un peccato maggiore di colui che respinge i segni di Dio e si volta indietro? A tempo debito ricompenseremo coloro che si allontanano dai Nostri segni con una pena terribile per essersi voltati indietro.

158-Stanno forse aspettando di vedere se gli angeli vengono da loro o il tuo Signore o alcuni dei Suoi segni! Il giorno, in cui giungeranno alcuni dei segni del tuo Signore, non saranno di beneficio ad un'anima che crederà in quel momento, se prima non aveva creduto e non aveva agito per il bene. Di': "Aspettate, anche noi stiamo aspettando".

159-Tu non hai nulla da condividere con coloro che hanno infranto l'unità della loro religione e si dividono in sette. Toccherà a Dio giudicarli. Egli, alla fine, dirà loro la verità di ciò che hanno compiuto.

160-Colui che compie il bene, dovrà avere dieci volte di più [in termini di ricompensa]. Chi invece, compie il male, sarà punito solo per la sua azione malvagia. Non subiranno torto alcuno.

161-Di': "In verità, il mio Signore mi ha guidato per una via retta, una giusta religione, la via di Abramo che era veritiero nella fede. Egli non attribuiva consimili a Dio".

162-Di': "In verità, la mia preghiera e il mio servizio di sacrificio, la mia vita e la mia morte appartengono a Dio, il Signore dei Mondi.

163-Nessuno condivide con Lui la divinità. Questo mi è stato comandato ed io sono il primo che si sottomette alla Sua volontà".

164-Di': "Dovrei scegliere come Signore qualcun altro oltre Dio, quando Egli è il Signore di tutto ciò che esiste? Ogni anima porta su se stessa solo le conseguenze delle proprie azioni. Nessuno può portare il peso di un altro. Il vostro destino finale è presso Dio. Lui vi dirà la verità di ciò su cui disputate.

165-Egli è Colui che vi ha reso eredi[28] della terra. Ha innalzato il vostro rango, alcuni al di sopra degli altri affinché Egli possa provarvi con i doni che vi ha concesso. Il tuo Signore è veloce nella punizione. Egli è Perdonatore, Misericordioso.

---

[28] Cfr. 2:30, dove il termine arabo *Khalīfah* è stato tradotto come "vicario". Il medesimo termine può però essere tradotto anche come "successore" ed "erede". In 15:23 compare il termine "*Wārithūn*" tradotto con "erede", in riferimento a Dio. Cfr. 3:180, 19:40. Nel contesto di questa traduzione si è tentato di esprimere entrambe le sfumature di significato.

VII

Sura Al-Aʿrāf

(Le altezze)

Rivelata alla Mecca. I versetti 163-170 sono stati rivelati invece a Medina

Nel nome di Dio, il Clemente, il Misericordioso

1-Alif, Lām, Mīm, Sād.
2-Un Libro ti è stato rivelato. Che il tuo cuore[1] non sia più oppresso da nessuna ansia. Che attraverso di esso tu possa ammonire ed insegnare ai credenti:
3-"Seguite, o uomini, la rivelazione che vi è stata inviata dal vostro Signore e non sceglietevi come amici e protettori altri che Lui". Eppure poco vi ricordate del monito.
4-Quante città abbiamo già distrutto a causa dei loro peccati? La Nostra punizione li colse improvvisamente di notte o nel pomeriggio, mentre riposavano.
5-Quando la Nostra punizione li colse, non levarono alcun grido tranne: "Invero siamo stati degli iniqui".
6-Allora interrogheremo coloro cui è stato inviato il Nostro messaggio e coloro per mezzo dei quali lo abbiamo inviato.
7-In verità, riporteremo la loro intera storia secondo una perfetta conoscenza perché non siamo mai stati assenti [da nessun luogo e spazio].
8-La bilancia quel giorno sarà conforme al vero e coloro per i quali i piatti saranno pesanti di buone azioni, invero prospereranno.
9-Coloro i cui piatti saranno leggeri, troveranno le loro anime nella perdizione perché hanno rifiutato volontariamente il Nostro messaggio.
10-Noi vi abbiamo posto con autorità sulla terra e vi abbiamo concesso i mezzi per vivere, eppure così poco siete riconoscenti.

---

[1] Lett. "petto".

11-Vi abbiamo creato e vi abbiamo dato una forma[2]. Poi abbiamo ordinato agli angeli di prosternarsi davanti ad Adamo e loro si prosternarono, ma non Iblis. Egli rifiutò di essere uno di coloro che si prosternano.

12-Dio disse: "Che cosa ti ha impedito di prosternarti, quando ti è stato comandato?" Rispose: "Io sono migliore di lui. Mi hai creato dal fuoco, mentre lui è stato creato dalla argilla".

13-Dio disse: "Allontanati! Non hai il diritto di essere arrogante. Vai via perché sei la più vile delle creature".

14-Egli disse: "Concedimi una tregua fino al giorno in cui saranno sollevati dalle tombe".

15-Dio rispose: "Che tu sia tra coloro cui è concessa una tregua".

16-Egli disse: "Dal momento che Tu mi hai sviato, mi apposterò per tendere loro agguati sulla retta via.

17-Li assalirò davanti e dietro, a destra e a sinistra. Non troverai nella maggior parte di loro nessuna gratitudine [verso la Tua misericordia]".

18-Dio disse: "Allontanati da qui, disgraziato e reietto. Se qualcuno di loro ti segue, riempirò l'Inferno con voi tutti.

19-O Adamo, abita insieme a tua moglie nel giardino e godete[3] del buono che desiderate, ma non avvicinatevi a quest'albero, altrimenti vi macchierete di un atto malvagio ed ingiusto".

20-Poi Satana[4] cominciò a sussurrare loro, al fine di rivelare la loro vergogna nascosta. Disse: "Il vostro Signore vi ha proibito questo albero, affinché non diventiate angeli oppure altri esseri immortali".

21-Poi giurò ad entrambi di essere il loro sincero consigliere.

22-Così, attraverso l'inganno, provocò la loro caduta. Quando mangiarono dell'albero, la loro vergogna divenne manifesta ed iniziarono a cucire insieme le foglie del giardino per coprire i loro corpi. Poi il Signore li chiamò: "Non vi ho forse proibito quell'albero e detto che Satana per voi è un nemico manifesto?"

---

[2] Il termine "forma" deve essere inteso non solo in senso fisico, ma anche psicologico e spirituale. Cfr. 82:8. In questo versetto si passa inoltre dal plurale (voi) al singolare (Adamo), che in questo contesto sono da intendersi come sinonimi. Cfr. 7:14, 16-18, 40:64.

[3] Lett. "mangiate". Cfr. il significato di *Ta'ama* in 6:14 e di *Akala* in 5:66.

[4] Il passaggio dal nome Iblis a quello di Satana è spiegabile come in 2:36.

23-Risposero: "Signore nostro, abbiamo peccato contro le nostre stesse anime. Se non ci perdoni e non ci concedi la Tua misericordia, saremo sicuramente perduti".

24-Dio disse: "Discendete, nemici gli uni degli altri. La terra sarà la vostra dimora e il vostro mezzo di sostentamento per un certo tempo.

25-Lì vivrete e lì morirete. Alla fine però ne sarete tratti fuori".

26-O Figli di Adamo, vi abbiamo concesso un abito[5] con cui coprire la vostra vergogna e che sia per voi anche un ornamento, ma l'abito della devozione è migliore. Questo è un segno di Dio affinché possano essere ammoniti.

27-O figli di Adamo, che Satana non vi seduca[6] così come ha fatto con i vostri progenitori, allontanandoli dal Giardino e privandoli dell'abito per esporre la loro vergogna. Egli ed i suoi vi osservano da una posizione dalla quale non potete vederli. Abbiamo reso i demoni amici di coloro che non hanno fede.

28-Quando compiono qualcosa di vergognoso, affermano: "I nostri antenati si comportavano in questo modo e Dio ci ha ordinato di comportarci così". Di': "Dio non comanda mai ciò che è vergognoso. Affermate forse di Lui ciò che non conoscete?"

29-Di': "Il Mio Signore ha comandato la giustizia. Ponetevi davanti a Lui[7] e rivolgeteGli la vostra devozione. InvocateLo rendendo sincera la vostra devozione. Egli vi ha creato e a Lui ritornerete.

30-Egli ha guidato alcuni, mentre altri per la loro condotta meritano di aver smarrito la via, perché hanno scelto i demoni, preferendoli a Dio, per amici e protettori pensando di ricevere la guida.

31-O Figli di Adamo, indossate le vostre vesti più belle[8] ad ogni tempo e luogo della preghiera. Mangiate e bevete, ma non eccedete perché Dio non ama coloro che eccedono.

32-Di': "Chi ha proibito i meravigliosi doni di Dio, che Egli ha prodotto per i Suoi servi, e le cose chiare e pure che Egli vi ha concesso per sostentarvi?". Di': "Questi doni sono per quanti credono nella vita di

---

[5] Cfr. 6:94 dove si afferma che Dio ha creato l'uomo dal punto di vista spirituale "solo e nudo". In questo versetto si afferma che l'abito e l'ornamento che coprono e migliorano l'aspetto del corpo debbono derivare dalla rettitudine, che copre dalla nudità del peccato e riveste l'essere umano di virtù.

[6] La storia di Adamo da questo versetto in poi diviene un'introduzione alla successiva storia spirituale dell'umanità. Cfr. 7:20-22.

[7] In arabo *Wajh*. Cfr. 2:112.

[8] In arabo *Zina* che indica qualcosa che adorna ed abbellisce.

questo mondo ed apparterranno a loro unicamente nel Giorno del Giudizio". Così Noi spieghiamo nel dettaglio i segni per coloro che comprendono.

33-Di': "Il mio Signore ha proibito gli atti vergognosi[9], compiuti sia apertamente che in segreto, i peccati e la ribellione contro la verità o la ragione, assegnare a Dio dei consimili, per cui non avete ricevuto alcuna autorità, e pronunciare cose riguardo a Dio di cui non possedete alcuna conoscenza".

34-Per ogni popolo[10] abbiamo stabilito un termine. Quando il loro termine è arrivato, non possono allungarlo nemmeno di un'ora così come non possono anticiparlo.

35-O Figli di Adamo, ogni volta che giungono da voi dei messaggeri che vi recano i Miei segni, coloro che sono retti ed emendano [la loro vita], non dovranno avere alcun timore né addolorarsi.

36-Invece coloro che respingono i Nostri segni e li trattano con arroganza sono compagni del Fuoco, dove avranno la loro dimora eterna.

37-Chi commette una maggiore ingiustizia di colui che mente contro Dio o respinge i Suoi segni? Per questo, la porzione che spetta loro li raggiungerà [secondo quanto stabilito], fino a quando i Nostri messaggeri che prendono le loro anime, arrivano e dicono: "Dove sono coloro che eravate soliti invocare, oltre a Dio?". Risponderanno: "Ci hanno lasciato". In questo modo coloro che hanno rifiutato Dio testimonieranno contro se stessi.

38-Egli dirà: "Entrate nel Fuoco in compagnia di coloro che sono morti prima di voi, uomini e *Jinn*. Ogni volta che nuove persone vi entrano, maledicono quelle che vi si trovano precedentemente, fino a quando non seguono gli uni gli altri, tutti nel Fuoco. L'ultimo riguardo al primo dice: <<Signore Nostro, costoro ci hanno indotto a deviare, così assegna loro una doppia punizione nel Fuoco>>. Egli dirà: <<Ognuno di voi merita una doppia punizione, anche se non lo sapete>>.

39-Allora il primo dirà all'ultimo: <<Certo voi non siete stati migliori di noi. Così gustate la punizione per ciò che avete compiuto!>>"

---

[9] In questo versetto le cose proibite sono distinte nelle seguenti categorie: 1-Offese contro la società, 2-Peccati contro la ragione e la verità, 3-Idolatria, 4-Superstizione.

[10] In arabo *Ummah*, traducibile anche come "generazione". Cfr. 10:49.

40-A coloro che respingono i Nostri segni e li trattano con arroganza, non saranno aperte le porte del Paradiso e nemmeno entreranno nel Giardino, proprio come un cammello non può entrare nella cruna di un ago. Questa è la Nostra ricompensa per coloro che costringono gli altri a rifiutare il Nostro messaggio.

41-Per costoro c'è il Fuoco che li avvolgerà come coperte. Questa è la Nostra ricompensa per coloro che agiscono ingiustamente.

42-Non carichiamo un'anima con ciò che è incapace di sopportare. Coloro che credono e compiono opere di bene saranno Compagni del Giardino, dove dimoreranno per sempre.

43-Rimuoveremo dai loro cuori ogni persistente sensazione di ingiustizia subita. Sotto di loro ci saranno dei fiumi che scorrono e diranno: "Sia lode a Dio che ci ha guidato verso questa felicità. Non avremmo mai trovato la guida, se Dio non ci avesse guidato. I messaggeri del nostro Signore sono venuti a noi con la verità". E loro udranno il grido: "Siete stati fatti eredi dei giardini che vi sono davanti per le vostre opere di bene".

44-I Compagni del Giardino chiameranno i compagni del Fuoco: "Abbiamo trovato la promessa del nostro Signore vera. Avete anche voi trovato vera la promessa del vostro Signore?" Risponderanno: "Sì", ma qualcuno griderà: "La maledizione di Dio è su coloro che agiscono in modo malvagio".

45-Coloro che impediscono agli uomini di seguire il sentiero di Dio e cercano di trovare in esso qualche tortuosità negano l'Altra vita.

46-In mezzo a loro sarà posto un velo. Sulle altezze ci saranno uomini[11] che riconosceranno dai loro segni. Costoro chiameranno i Compagni del Giardino, dicendo: "Pace su di voi", ma non potranno entrare, anche se lo desiderano.

47-Quando i loro[12] occhi saranno rivolti verso i Compagni del Fuoco, diranno: "Signore Nostro, non ci porre in compagnia di coloro che compiono il male!"

---

[11] Questo versetto è stato interpretato dai commentatori nei modi seguenti: 1-Alcuni ritengono che con il termine "uomini" ci si riferisca o agli angeli o ai profeti, che saluteranno i benedetti dalle stazioni eccelse, 2-Secondo altri invece si riferisce a coloro che hanno oscillato tra la virtù ed il peccato, e che quindi sono in attesa della decisione di Dio relativamente alla salvezza o alla dannazione, 3-Si riferisce alle anime eccelse che gioiranno all'avvicinarsi della salvezza dei giusti.

[12] Secondo l'interpretazione numero 2 della precedente nota con il pronome loro s'intendono coloro il cui fato non è ancora stato deciso. Se invece si preferisce la terza

48-Coloro che si trovano sull'*A'raf* grideranno verso coloro che riconoscono attraverso i loro segni, dicendo: "Di quale profitto è stato ciò che avete accumulato ed i vostri modi arroganti?".

49-Non sono questi gli uomini che –giuravate- non sarebbero mai stati raggiunti dalla misericordia di Dio? Entrate nel Giardino; non abbiate paura e non addoloratevi .

50-I Compagni del Fuoco chiameranno i Compagni del Giardino: "Gettate acqua o qualcosa che Dio vi dona per il vostro sostentamento". Costoro però diranno: "Entrambe le cose sono state proibite da Dio per i miscredenti".

51-Consideravano la loro religione con derisione e come una vana occupazione e sono stati ingannati dalla vita di questo mondo. Quel giorno ci dimenticheremo di loro proprio come loro hanno dimenticato questo giorno e come erano pronti a respingere i Nostri segni.

52-Abbiamo inviato loro un Libro fondato sulla conoscenza che spieghiamo nel dettaglio, una guida ed una misericordia per coloro che credono.

53-Aspettano forse per l'adempimento finale dell'evento? Il giorno in cui l'evento sarà adempiuto, coloro che lo hanno precedentemente ignorato diranno: "I messaggeri del nostro Signore ci hanno detto il vero. Abbiamo forse qualcuno che possa intercedere adesso per noi? Oppure possiamo essere rimandati indietro? Agiremo diversamente da come abbiamo agito in passato". Costoro avranno perduto le loro anime e ciò che avranno inventato li abbandonerà.

54-Il vostro Signore è Dio, che ha creato i cieli e la terra in sei giorni[13] e poi si è stabilito sul Trono dell'autorità. Egli fa scendere come un velo la notte sul giorno, uno segue l'altro in rapida successione. Egli ha creato il sole, la luna e le stelle, governati tutti da leggi che rispondono al Suo comando. Non è forse a Lui che appartengono la creazione e il governo? Che sia benedetto Dio, il Signore dei Mondi.

55-Invocate il vostro Signore con umiltà e nella segretezza dei vostri cuori perché Dio non ama coloro che superano i limiti.

---

interpretazione, il pronome si riferirebbe in questo caso ai benedetti che esprimono tutto il loro orrore per i tormenti infernali.

[13] Cfr. 22:47, dove si afferma che un giorno di Dio equivale a migliaia dei nostri anni, e 70:4, dove si fa riferimento specificatamente a settantamila anni. Nella storia della terra possiamo parlare di sei ere geologiche. Cfr. 41:9-12, dove questa questione è discussa nel dettaglio.

56-Non spargete corruzione sulla terra, dopo che è stata ordinata, ma rivolgetevi a Lui con timore e desiderio del cuore perché la misericordia di Dio è sempre vicina a coloro che compiono il bene.

57-Egli è Colui che invia i venti come messaggeri di buone novelle, che precedono la Sua misericordia. Quando recano con sé le nuvole cariche di pioggia, le spostiamo verso una terra morta. Facciamo sì che piova e poi produciamo ogni tipo di raccolto. In questo modo faremo resuscitare chi è defunto. Forse rifletterete.

58-Dalla terra pulita e buona, per la volontà del suo Signore, crescono diverse quantità di erbe. Invece, dalla terra cattiva non spunta nulla, se non a stento. In questo modo, Noi spieghiamo i Segni attraverso diversi [simboli] per coloro che sono riconoscenti.

59-Inviammo Noè al suo popolo. Egli disse: "O popolo mio, adorate Dio! Non avete altro dio che Lui. Io temo per voi la punizione di un giorno terribile".

60-I nobili del suo popolo risposero: "Vediamo chiaramente che ti sei perduto nell'errore".

61-Egli disse: "O popolo mio, la mia mente non si è perduta nell'errore. Al contrario, sono un messaggero del Signore dei Mondi.

62-Compio verso di voi i doveri della missione che mi è stata assegnata da parte del mio Signore. Il mio consiglio è sincero, e Dio mi ha fatto conoscere [attraverso la rivelazione] qualcosa che, invece, voi ignorate.

63-Vi meravigliate che sia giunto a voi un messaggio dal vostro Signore, attraverso un uomo del vostro stesso popolo, per ammonirvi, affinché possiate temere Dio e ricevere la Sua Misericordia?".

64-Però costoro lo hanno respinto e Noi abbiamo salvato lui e coloro che si trovavano con lui nell'arca. Invece abbiamo lasciato che fossero sommersi nei flutti quanti hanno respinto i Nostri segni. Erano in verità un popolo di ciechi.

65-Agli Ad[14] abbiamo inviato Hud, uno dei loro stessi fratelli. Egli disse: "O popolo mio, adorate Dio! Non avete altro dio che Lui. Non Lo temerete forse?"

---

[14] Cfr. 26:123-140, 46:21-26. Ad era figlio di Aus che a sua volta era figlio di Aram, che discendeva da Sam figlio di Noè. Gli Ad abitavano probabilmente nell'Arabia meridionale, nella zona che si estende dall'Ummān (Golfo Persico) all'Hadhramaut e dallo Yemen al sud del Mar Rosso. Costoro poi furono distrutti da una carestia che durò tre anni e da un vento furioso. La tomba del profeta Hud (*Qabr Nabī Hūd*) secondo

66-I leader dei miscredenti dissero: "Sei un debole di intelletto e anche un bugiardo".

67-Rispose: "O popolo mio, non sono un debole di intelletto, ma un messaggero del Signore dei Mondi.

68-Compio verso di voi i doveri della mia missione e sono per voi un ammonitore degno di fiducia.

69-Vi meravigliate che sia venuto a voi un messaggio dal vostro Signore attraverso un uomo del vostro stesso popolo per ammonirvi? Ricordate che vi ha fatto eredi dopo il popolo di Noè e vi ha dato un alto rango tra le nazioni. Ricordate i benefici che avete ricevuto da Dio affinché possiate prosperare".

70-Dissero: "Sei giunto da noi affinché possiamo adorare solo Dio e abbandonare la religione dei nostri padri? Portaci ciò di cui ci minacci, se sei sincero".

71-Rispose: "La punizione e l'ira del nostro Signore incombono già su di voi! Discutete con me sui nomi che avete inventato, voi e i vostri padri, senza averne alcuna autorità? Allora aspettate. Io sono tra di voi solo per ammonirvi".

72-Abbiamo salvato lui e coloro che erano con lui attraverso la Nostra misericordia, ed estirpato le radici di coloro che respingono i Nostri segni e non credono.

73-Ai Thamud[15] abbiamo inviato Salih, uno dei loro stessi fratelli: "O popolo mio, adorate Dio. Voi non avete altro dio che Lui. Ora è giunto da voi un chiaro segno dal vostro Signore! Questa femmina di cammello che proviene da Dio, è un segno per voi. Così lasciate che bruchi nella terra di Dio e state attenti che non le accada alcun male o sarete colti da una severa punizione.

74-Ricordate di come vi abbiamo reso eredi dopo il popolo degli Ad e vi abbiamo dato abitazioni sulla terra. Costruite palazzi e castelli in aperti spazi e ricavate case dalle montagne. Ricordate i benefici che

---

la tradizione si trova nell'Hadhramaut, a nord di *Mukalla*. Cfr. "Hadhramaut: Some of its Mysteries Unveiled" by Dr. Van der Meulen, H. von Wissmann, Leyden, 1932.

[15] Thamud era un figlio di Abir, il fratello di Aram, figlio di Sam, a sua volta discendente diretto di Noè. Costoro abitavano nell'Arabia settentrionale (*Arabia Petraea*). Il loro territorio includeva una zona rocciosa (*Hijr*, Cfr. 15:80), e la fertile valle e la pianura di Qura, che inizia a nord della città di Medina. Quando il Profeta (pbsl) condusse la spedizione di Tabūk (9 a.H.), passò vicino ad alcune delle rovine della loro civiltà. I Thamud, cui successero i Nabatei, sono inoltre nominati in un'iscrizione del re assiro Sargon (715 a.C.).

avete ricevuto da Dio e trattenetevi dallo spargere il male e la corruzione sulla terra.

75-I notabili del popolo, che erano degli arroganti, dissero agli oppressi fra quelli che avevano creduto: "Sapete che Salih è un messaggero del suo Signore?". Risposero: "Crediamo invero nella rivelazione che è stata inviata per mezzo suo".

76-Il partito degli arroganti disse: "Per quanto ci riguarda, respingiamo ciò in cui credete".

77-Così uccisero la femmina di cammello e in modo insolente trasgredirono l'ordine del loro Signore, dicendo: "O Salih, concretizza le tue minacce, se sei un messaggero di Dio".

78-Il terremoto[16] li colse impreparati e giacquero prostrati nelle loro case al mattino.

79-Così Salih si volse via da loro, dicendo: "O popolo mio, vi ho recato il messaggio per cui sono stato inviato dal mio Signore. Vi ho dato un buon consiglio, ma voi non amate chi vi consiglia!".

80-Abbiamo anche inviato Lot[17]. Egli disse al suo popolo: "Commettete degli atti così osceni che non sono mai stati commessi da nessuno prima di voi?

81-Perché cercate la soddisfazione del vostro desiderio negli uomini preferendoli alle donne? Siete in verità un popolo che ha passato ogni limite".

82-Il suo popolo non rispose altro che: "Scacciamoli dalla nostra città. Costoro sono uomini che vogliono mantenersi puliti e puri!".

83-Però Noi abbiamo salvato lui e la sua famiglia, tranne sua moglie che fu tra coloro che rimangono indietro.

84-Abbiamo fatto cadere su di loro una pioggia di meteoriti. Ora vedi qual è la fine di coloro che si abbandonano al peccato ed al crimine.

85-Al popolo di Madyan[18] abbiamo inviato Shu'ayb[19], uno dei loro stessi fratelli. Egli disse: "O popolo mio, adorate Dio! Non avete altro

---

[16] Cfr. 54:31 si fa riferimento ad un "unico cataclisma", in arabo *Saihtan Wāhidatan*.

[17] Lot era nipote di Abramo. Cfr. Genesi 19:30-36, 11:78. Venne inviato come profeta *presso il popolo di Sodoma e Gomorra che abitava in una zona ad est del Mar Morto.*

[18] Madyan può essere identificata con la biblica Midian spesso nominata nell'Antico Testamento. Cfr. Numeri 31:7-11, Giudici 7:1-6, 7:1-25. I Midiani erano arabi e vivevano vicino ai Cananei.

[19] L'identificazione di Shu'ayb con Ietro, il suocero di Mosè, sembra essere del tutto insostenibile. I Midiani erano un popolo nomade e Shu'ayb fu inviato come messaggero ad una delle loro città (7:91). Probabilmente, al tempo di Mosè, a cui risalgono i

dio che Lui. Ora sono giunti da voi dei chiari segni. Date la giusta misura e non negate alle persone ciò che è loro diritto possedere e non spargete corruzione sulla terra, dopo che è stata posta nel giusto ordine. Questo sarà meglio per voi, se avete fede".

86-Non appostatevi su ogni strada, ponendo agguati, trattenendo dalla via di Dio coloro che credono in Lui e cercando in essa qualcosa di tortuoso. Invece ricordate come eravate pochi ed Egli ha aumentato il vostro numero e ricordate qual è stata la fine di coloro che hanno commesso il male[20].

87-Se c'è una parte di voi che crede nel messaggio che vi è stato inviato ed un gruppo che invece ne dubita, siate pazienti fino a quando Dio non avrà deciso tra di noi. Egli è il migliore dei giudici".

88-I nobili del suo popolo, che erano degli arroganti, dissero: "O Shu'ayb, vi scacceremo dalla nostra città, tu e coloro che credono insieme a te, se non ritornerete ai nostri costumi e alla nostra religione". Rispose: "Anche se li detestiamo?

89-Se tornassimo sui nostri passi, dopo che Dio ci ha soccorso, saremo colpevoli di blasfemia. Sarebbe inconcepibile farvi ritorno, a meno che questo non sia il piano di Dio, Signore nostro. Il nostro Signore può cogliere gli aspetti più intimi e remoti di ogni cosa attraverso la Sua conoscenza. Noi riponiamo la nostra fede in Lui. O Signore nostro decidi tra noi e il nostro popolo nella verità, perché tu sei il migliore dei giudici".

90-I nobili del suo popolo, che erano dei miscredenti, dissero: "Se seguissimo Shu'ayb, siate sicuri che saremmo sicuramente rovinati!"

91-Però il terremoto li colse, mentre non erano preparati, e giacquero prostrati nelle loro case prima del mattino!

92-E gli uomini, che respinsero Shu'ayb, [scomparvero], come se non fossero mai stati nelle case dove avevano prosperato. Furono gli uomini che avevano respinto Shu'ayb, ad essere condannati alla rovina.

93-Così Shu'ayb li lasciò, dicendo: "O popolo mio, vi ho portato il messaggio per cui sono stato inviato dal mio Signore. Vi ho dato un

---

riferimenti biblici, altre tribù del medesimo popolo abitavano in altri territori. Secondo alcuni commentatori Shu'ayb era il pronipote di Madyan, figlio di Abramo.

[20] Il popolo di Madyan era dedito al commercio tra Egitto e Mesopotamia. Il loro peccato principale consisteva nella disonestà nel commercio e nel monopolio.

buon consiglio, ma come potrei ora affliggermi per coloro che hanno respinto la fede?"[21]

94-Non abbiamo mai inviato un profeta in una città, senza che i suoi abitanti fossero colpiti da sofferenze e da avversità, al fine che imparassero ad essere umili.

95-Poi abbiamo mutato la loro sofferenza in prosperità fino a quando sono cresciuti, si sono moltiplicati ed hanno iniziato a dire: "Anche i nostri padri furono toccati da disgrazie e da periodi prosperi...". Così li afferrammo improvvisamente quando non se lo aspettavano.

96-Se gli abitanti di queste comunità avessero creduto e temuto Dio, avremo inviato loro ogni tipo di benedizione dai cieli e dalla terra, ma hanno respinto il vero e li colpimmo per le loro azioni.

97-Forse gli abitanti delle città si erano sentiti al sicuro contro il sopraggiungere della Nostra ira di notte, quando erano addormentati?

98-Oppure si sono sentiti al sicuro contro il sopraggiungere della Nostra ira alla piena luce del giorno, mentre si divertivano spensierati?

99-Si sono poi sentiti sicuri contro il piano di Dio? Però, nessuno si può sentire al sicuro dal piano di Dio, eccetto coloro che sono condannati alla rovina!

100-Coloro che successivamente hanno ricevuto la terra in eredità non sanno forse che, se Noi lo avessimo voluto, li avremmo potuti punire per i loro peccati e avremmo potuto sigillare i loro cuori così che non avrebbero più potuto udire?

101-Queste erano le città, di cui ti abbiamo raccontato la storia. Vennero da loro dei messaggeri con chiari segni. Però costoro non avrebbero creduto ciò che precedentemente avevano rifiutato. In questo modo Dio sigilla i cuori di coloro che respingono la fede.

102-Trovammo la maggior parte non fedeli ai propri patti. Molti li trovammo ribelli e disubbidienti.

---

[21] Cfr. 7:103. Il profeta Shu'ayb è da considerarsi cronologicamente precedente a Mosè. I Midianesi distrutti da Mosè e da Gedeone erano probabilmente delle tribù del medesimo popolo, che vivevano in un'altra zona. Gli storici Giuseppe, Eusebio e Tolomeo menzionano una città di Madyan, cui però non sembrano attribuire una grande importanza.

103-Poi, dopo di loro, abbiamo inviato Mosè con i Nostri segni al Faraone ed ai suoi capi, ma costoro li hanno respinti. Guarda qual è stata la fine di coloro che hanno compiuto il male!

104-Mosè disse: "O Faraone[22], io sono un messaggero del Signore dei Mondi!

105-Ho il diritto di dire solo la verità riguardo a Dio. Sono venuto con un chiaro [Segno] dal tuo[23] Signore. Lascia quindi che i Figli d'Israele partano con me.

106-Il Faraone disse: "Se sei veramente venuto con un segno, mostralo, se ciò che affermi è vero!"

107-Poi Mosè gettò il suo bastone e divenne un serpente, che tutti videro chiaramente[24].

108-Poi allungò la mano che apparve bianca a tutti coloro che la osservavano.

109-I nobili del popolo del Faraone dissero: "Questo è un mago esperto.

110-Vuole scacciarci dalla nostra terra. Che cosa faremo?".

111-Poi dissero: "Teniamo lui e suo fratello in sospeso [per un poco] ed inviamo alle città dei messaggeri per radunare

112-e portarci tutti i maghi più abili".

113-I maghi giunsero presso il Faraone e dissero: "Saremo degni di una grande ricompensa, se saremo vincitori?"

114-Rispose: "Sì, vi concederò anche di più. Sarete annoverati tra coloro che mi sono più vicini".

115-Dissero: "O Mosè, getterai tu per primo ciò che hai da gettare?".

116-Mosè rispose: "Fatelo prima voi". Così, quando lo fecero, ingannarono gli occhi delle persone che furono colti dal terrore, perché mostrarono un grande incantesimo.

---

[22] In arabo *Firʿawn*, titolo dinastico. Molto probabilmente il riferimento è diretto a Thothmes I, uno dei primi faraoni della diciottesima dinastia che governò l'Egitto intorno al 1540 a.C.

[23] Mosè afferma che la sua missione gli è stata affidata dal "Signore dei Mondi", Dio suo, del suo popolo e di tutta l'umanità, compreso il Faraone. Nell'Antico Testamento invece Mosè fa riferimento espressamente al "Dio degli ebrei". Cfr. Esodo, 1-15, 3:18.

[24] Cfr. 20:20. Il serpente ha un ruolo centrale nella mitologia dell'Antico Egitto. Molti dei loro dei e semidei assumevano infatti la forma di un serpente per attaccare o impaurire i propri nemici. Il dio del sole Ra sconfisse il serpente Apophis, simbolo delle tenebre.

117-Ponemmo nella mente di Mosè attraverso l'ispirazione: "Getta ora il tuo bastone", ed ecco ingoiò tutte le falsità che avevano falsamente creato.

118-Così la verità venne confermata e tutto ciò che avevano compiuto non ebbe alcun effetto.

119-Furono sconfitti e subirono una cocente umiliazione.

120-I maghi caddero prosternati in adorazione,

121-dicendo: "Crediamo nel Signore dei Mondi,

122-il Signore di Mosè e di Aronne".

123-Il Faraone disse: "Crederete in Lui prima che vi abbia dato il permesso? Sicuramente questo è un inganno che avete architettato nella città per far uscire i suoi abitanti, ma presto ne conoscerete le conseguenze.

124-Siate sicuri che vi taglierò le mani e i piedi ai lati opposti a causa della vostra perversione e vi farò morire sulla croce".

125-Risposero: "Ci volgiamo verso il nostro Signore.

126-Cerchi di vendicarti contro di noi semplicemente perché abbiamo creduto nei Segni del nostro Signore, quando ci sono giunti. Signore nostro, concedici pazienza e costanza e chiama a te le nostre anime come musulmani [che si sottomettono al Tuo volere]".

127-I nobili del popolo del Faraone dissero: "Lasceresti che Mosè e il suo popolo spargano la corruzione sulla terra e abbandonino te e i tuoi dei?" Egli disse: "Che siano uccisi tutti i figli maschi. Solo le femmine rimarranno in vita. Deteniamo su di loro un potere supremo".

128-Mosè disse al suo popolo: "Pregate per ricevere aiuto da Dio e attendete con pazienza e costanza. La terra appartiene a Dio e Lui la concede in eredità ai Suoi servi che desidera. Il futuro appartiene a coloro che Lo temono".

129-Dissero: "Siamo stati perseguitati per lungo tempo, prima e dopo che sei giunto da noi". Egli rispose: "Potrebbe accadere che il vostro Signore distruggerà i nostri nemici, rendendovi eredi della terra. In questo modo, Egli vi potrà provare attraverso le vostre azioni".

130-Abbiamo punito il popolo del Faraone con anni di miseria e scarsità nei raccolti affinché potessero ricevere il monito.

131-Invece, quando giunsero tempi migliori, dissero: "Questo accade per merito nostro". Quando invece sono stati colti dalla calamità, l'hanno ascritta a Mosè e a coloro che si trovavano con lui! In verità, la loro [cattiva] fortuna è stata decretata da Dio, ma la maggior parte di loro non comprende.

132-Dissero a Mosè: "Qualsiasi sia il segno o l'incantesimo che ci rechi, non crederemo mai in te".

133-Così abbiamo inviato contro di loro delle piaghe: una calamità diffusa[25], locuste, pidocchi, rane e sangue. Segni chiari[26], ma costoro erano profondamente arroganti, un popolo dedito al peccato.

134-Ogni volta che il castigo cadeva su di loro, dicevano: "O Mosè, chiama il tuo Signore per noi in virtù della promessa che ti è stata fatta. Se rimuoverai da noi questo castigo, crederemo sicuramente in te, e lasceremo andare via i Figli d'Israele".

135-Però ogni volta che rimuovemmo un castigo secondo un termine prestabilito che avrebbero dovuto onorare, non hanno mai mantenuto la parola.

136-Così Noi abbiamo messo in atto la vendetta e Li abbiamo affogati[27] nel mare, perché hanno rifiutato i Nostri segni e non sono riusciti a ricavare da loro alcun avvertimento[28].

137-Abbiamo reso quanti erano considerati deboli e senza importanza, eredi della terra sia in Oriente che in Occidente, terre su cui abbiamo inviato le Nostre benedizioni. La promessa del tuo Signore è stata mantenuta per i Figli di Israele perché hanno avuto pazienza e costanza. Poi rademmo al suolo le grandi opere e i meravigliosi palazzi che il Faraone ed il suo popolo avevano costruito con orgoglio.

138-Abbiamo condotto i Figli di Israele attraverso il mare in piena sicurezza. Poi incontrarono un popolo che era interamente devoto

---

[25] In arabo *Tūfān*, traducibile come "calamità diffusa" quale un'inondazione, un tifone o un'epidemia tra gli esseri umani e gli animali. Nell'Antico Testamento si fa riferimento ad un'epidemia. Cfr. Esodo 9:3, 9, 15, 12:29.

[26] I segni chiari sono: 1-Il bastone trasformatosi in serpente (Cfr. 7:107), 2-La mano radiosa di luce (Cfr. 7:108), 3-Gli anni di carestia (Cfr. 7:130), 4-I raccolti scarsi (Cfr. 7:130), 5-Epidemia tra gli uomini e gli animali, 6-Locuste, 7-Pidocchi, 8-Rane e 9-L'acqua trasformatasi in sangue.

[27] Cfr. 2:50. Quando i Figli d'Israele lasciarono l'Egitto non presero la strada per Canaan, che costeggiava il Mediterraneo e Gaza, in quanto non erano armati ed avrebbero incontrato sicuramente dell'opposizione. Per questo motivo decisero d'intraprendere la strada nel deserto del Sinai.

[28] Il concilio degli Egiziani si tenne molto probabilmente o in un palazzo vicino a Goshen, dove dimoravano i Figli d'Israele, o a Zoan (Tanis), la capitale del Delta costruita da una dinastia precedente, che si trovava piuttosto vicino alla zona abitata dagli ebrei.

all'adorazione di alcuni idoli[29], e così dissero: "O Mosè, facci un dio come quello in loro possesso". Egli disse: "In verità, siete un popolo d'ignoranti".

139-Per quanto riguarda costoro, quanto compiono è destinato alla distruzione[30], mentre l'adorazione che praticano è del tutto vana.

140-Disse: "Dovrei forse cercare per voi un dio diverso dal vero Dio, quando Egli è Colui che vi ha favorito rispetto agli altri popoli?".

141-Ricordate che vi abbiamo soccorso dal popolo del Faraone, che vi ha afflitto con la peggiore delle pene: ha ucciso i vostri figli maschi e ha lasciato in vita solo le femmine. Questa fu una tremenda prova[31] da parte del vostro Signore.

142-Abbiamo stabilito per Mosè trenta notti e abbiamo completato il periodo con altre dieci notti. Così venne completato il tempo con il suo Signore di quaranta notti. Mosè aveva detto a suo fratello Aronne, prima di salire sul monte: "Agisci in vece mia presso il mio popolo. Agisci secondo giustizia e non seguire la via di coloro che spargono la corruzione".

143-Quando Mosè giunse al luogo che avevamo stabilito e il suo Signore si rivolse a lui, disse: "O mio Signore, mostraTi a me, che io possa vederTi". Dio disse: "Non puoi vedermi direttamente in nessun modo, ma guarda sul monte. Se rimane al suo posto, mi vedrai". Quando il Signore manifestò la Sua gloria sul monte, lo rese come polvere e Mosè cadde a terra svenuto. Quando riprese i sensi, disse: "Sia gloria a Te. Mi volgo a Te in pentimento e sono il primo di coloro che credono[32]".

144-Dio disse: "O Mosè, ti ho scelto tra tutti gli uomini per la missione che ti ho affidato e le parole che ti ho comunicato. Prendi quindi questa rivelazione che ti affido, e poniti tra coloro che rendono grazie".

---

[29] In questo versetto ci si potrebbe riferire rispettivamente: 1-Agli Amaleciti, con cui gli Ebrei furono spesso in guerra, 2-Un gruppo di Egiziani che era dedito al lavoro in alcune cave nel Sinai.

[30] In arabo *Mutabbar*, traducibile come "frammento", "qualcosa di ridotto in pezzi", o "danneggiato".

[31] La prova, cui vennero sottoposti i Figli d'Israele, fu duplice: 1-Durante il tempo della schiavitù, impararono la pazienza e la costanza nel mezzo dell'afflizione, 2-Quando invece furono salvati, dovettero imparare l'umiltà, la giustizia e le opere dettate dalla giustizia e dalla rettitudine.

[32] Cfr. 6:14, 6:163, dove invece è presente l'espressione "Primo di coloro che s'inchinano di fronte a Dio nell'Islam".

145-Noi abbiamo scritto ogni cosa per lui nelle Tavole che insieme comandano e spiegano. Dicemmo: "Prendile e tienile con fermezza e consiglia al tuo popolo di mantenersi saldo ai migliori precetti. Presto ti mostrerò il destino di coloro che si sono mostrati disubbidienti.

146-Allontanerò dai Miei segni coloro che sulla terra si sono comportati in modo arrogante, disprezzando ogni diritto. Anche se vedessero tutti i Segni, non crederebbero in loro. E, se vedessero la via della retta condotta, non l'adotteranno come propria. Però, se vedranno la via dell'errore, la sceglieranno, perché hanno respinto i Nostri segni e non ne sono stati ammoniti.

147-Vane sono le azioni di coloro che respingono i Nostri segni e l'incontro nell'Altra vita. Saranno ricompensati solo per ciò che avranno compiuto".

148-Il popolo di Mosè, in sua assenza, forgiò con degli ornamenti l'immagine di un vitello[33] da adorare. Non si rendevano conto che non poteva parlare loro né mostrare loro la via? Lo adorarono e si macchiarono d'ingiustizia.

149-Quando si pentirono, e videro che avevano errato, dissero: "Se il nostro Signore non mostra alcuna misericordia verso di noi e non ci perdona, saremo sicuramente tra coloro che periscono".

150-Quando Mosè tornò dal suo popolo, adirato ed addolorato, disse: "Orribile è ciò che avete compiuto in mia assenza. Volete forse affrettare il giudizio del vostro Signore?". Egli poggiò a terra le tavole[34] e prese suo fratello per i capelli e lo attirò a sé. Aronne disse: "Figlio di mia madre, il popolo si è ribellato contro di me e mancava poco che mi uccidessero. Non far sì che i miei nemici si rallegrino della mia sfortuna e non annoverarmi tra coloro che sono dediti al peccato".

151-Mosè pregò: "Signore, perdona me e mio fratello! Ammettici alla Tua misericordia! Tu sei il più misericordioso di coloro che mostrano misericordia".

---

[33] In arabo *Jasad*, che significa letteralmente "corpo", ed in modo particolare il corpo di un essere umano, secondo Khalīl citato da Ragib. In 21:8 indica un corpo umano, ma in 38:34 questo termine è impiegato per rendere l'idea di un'immagine senza una vita reale. Nel contesto di questo versetto il suddetto termine indica che l'immagine del vitello era una semplice effige priva di anima e di vita.

[34] Nell'Antico Testamento si afferma invece che Mosè gettò a terra le Tavole della Legge. Cfr. Esodo 32:10, 32:2-5.

152-Coloro che hanno adorato il vitello saranno colti dall'ira del loro Signore e dalla vergogna in questa vita[35]. In questo modo ricompensiamo coloro che fabbricano [delle falsità].

153-Invece verso coloro che commettono il male, ma poi si pentono e credono fermamente, in verità il tuo Signore è Perdonatore, Misericordioso.

154-Quando l'ira di Mosè si placò, riprese le Tavole. Nei loro scritti vi era una guida ed una misericordia per coloro che temono il loro Signore.

155-Mosè scelse settanta tra il suo popolo per il Nostro luogo di incontro. Quando furono colti da un violento terremoto[36], pregò: "O mio Signore, se fosse stata la Tua volontà avresti distrutto, molto tempo prima, sia loro che me. Vorresti forse distruggerci per le azioni commesse tra i più folli tra di noi? Questa non è altro che una Tua prova. Tu fai smarrire chi vuoi e guidi chi vuoi sulla Retta via. Tu sei il Nostro protettore. Così perdonaci e mostraci la Tua misericordia. Tu, in verità, sei il migliore di coloro che perdonano.

156-Concedici ciò che è buono in questa vita e nell'Altra, perchéci siamo volti verso di te". Rispose: "Visito chi voglio con la Mia punizione, ma la Mia misericordia si estende ad ogni cosa. Ordinerò questa misericordia per coloro che compiono il bene, praticano una carità regolare e credono nei Nostri segni".

157-Coloro che seguono il Messaggero, il Profeta illetterato, che trovano menzionato nelle loro stesse [Scritture], nella Torah[37] e nel Vangelo[38], che comanda loro ciò che è giusto e proibisce loro ciò che è represibile e concede loro come lecito ciò che è buono [e puro] e li induce ad astenersi da ciò che è male [ed impuro], Egli li libererà dai pesanti fardelli e dai gioghi[39] che li opprimono. Quanti

---

[35] Le conseguenze del culto idolatra sono di duplice natura: 1-Spirituale, in quanto allontanano la grazia di Dio, 2-Nella vita presente, in quanto allontanano la compagnia degli uomini onesti e probi.

[36] In arabo *Raifat*, traducibile come "violento terremoto". Cfr. 2:55, dove invece è presente il termine *Sā'iqat*, traducibile come il lampo ed il tuono che scossero il fianco della montagna.

[37] Cfr. Deuteronomio 18:15.

[38] Cfr. Giovanni 14:16, dove compare il nome di Paracleto che i cristiani interpretano come riferito allo Spirito Santo, mentre gli studiosi islamici come *Periclyte*, ossia la forma greca del nome Ahmad. Cfr. 61:6, 3:81.

[39] In arabo *Aglāl*, plurale di *Gullun*, traducibile come "collare di ferro" o "giogo". Cfr. 13:5.

crederanno in lui, lo onoreranno, lo aiuteranno e seguiranno la Luce che è scesa insieme a Lui, in verità prospereranno[40].

158-Di' [Profeta]: "O uomini, sono stato inviato da voi come Messaggero di Dio, Cui appartiene il dominio dei cieli e della terra. Non c'è altro dio che Lui. Egli dà la vita e la morte. Così credete in Dio e nel Suo Messaggero, il profeta illetterato[41] che ha creduto in Dio e nelle Sue parole. Seguitelo, affinché possiate essere ben guidati".

159-Tra il popolo di Mosè ci sono coloro che guidano e praticano la giustizia alla luce della verità.

160-Li abbiamo divisi in dodici tribù o nazioni. Abbiamo guidato Mosè per ispirazione, quando il suo popolo assetato gli domandò dell'acqua: "Colpisci la roccia con il tuo bastone", e sgorgarono dodici ruscelli. Ogni tribù seppe in quale luogo poteva recarsi per bere. Noi demmo loro l'ombra delle nuvole e inviammo loro manna e quaglie, dicendo: "Mangiate di ciò che vi abbiamo concesso", ma si ribellarono. Non hanno nuociuto a noi, ma alle loro stesse anime".

161-Ricorda che è stato detto loro: "Dimorate in questa città e mangiate ciò che desiderate, ma parlate con umiltà ed entrate per la porta in una posa umile. Perdoneremo i vostri peccati ed aumenteremo quanto spetta a coloro che compiono il bene".

162-Però coloro che trasgrediscono mutarono la parola che avevamo dato loro, e così inviammo una piaga dal cielo perché avevano ripetutamente trasgredito.

163-[Profeta] domanda loro della città che si trova vicina al mare. Trasgredirono il sabato, perché in questo giorno i pesci giungevano e sporgevano il capo fuori dall'acqua. Invece, nei giorni diversi dal sabato, non arrivavano. Li mettemmo alla prova in questo modo perché erano dediti alla trasgressione.

164-Quando alcuni di loro dissero: "Perché predicate a coloro che Dio distruggerà o visiterà con una terribile punizione?", risposero: "Per compiere i doveri che abbiamo verso il nostro Signore e affinché questi peccatori possano temerLo".

165-Quando ignorarono gli ammonimenti inviati loro, Noi abbiamo soccorso coloro che proibivano il male, ma abbiamo visitato i malvagi con una terribile punizione perché erano dediti alla trasgressione.

---

[40] In arabo *Falāh*, traducibile come "prosperità" sia dal punto di vista spirituale che materiale.

[41] Cfr. 3:20 e 62:2, dove il termine "illetterato" è stato applicato agli arabi pagani.

166-Quando nella loro insolenza, continuarono a compiere quanto era stato loro proibito, Noi dicemmo: "Siate come scimmie, disprezzate e reiette".

167-Il tuo Signore ha dichiarato[42] che Egli invierà loro, nel Giorno del Giudizio, alcuni che li affliggeranno con punizioni terribili. Il tuo Signore è veloce nella retribuzione, ma Egli è anche Perdonatore, Misericordioso.

168-Li abbiamo dispersi come comunità [separate] su tutta la terra. Tra di loro ci sono alcuni che sono retti e alcuni che, invece, sono l'opposto. Li abbiamo provati con la prosperità e l'avversità al fine che si possano volgere [sulla retta via].

169-Dopo di loro succedette una generazione malvagia. Costoro ereditarono il Libro, ma scelsero le vanità di questo mondo, dicendo: "Ogni cosa ci sarà perdonata". Se simili vanità venissero sulla loro via, le seguirebbero di nuovo. Non è forse stato stretto con loro il patto[43] che non avrebbero attribuito a Dio nulla, se non la verità? Non hanno forse studiato ciò che si trovava nel Libro? Per i retti migliore è la dimora dell'Altro mondo. Non comprenderanno?

170-Relativamente a quanti si attengono al Libro con fermezza e stabiliscono preghiere regolari, non permetteremo che la ricompensa dei giusti perisca.

171-Quando scuotemmo il Monte sotto di loro, come se fosse stata una tenda, e pensarono che stesse per crollare loro addosso, dicemmo: "Mantenetevi saldi a ciò che vi abbiamo dato, e ricordate ciò che contiene. Forse potrete temere Dio".

172-Quando il tuo Signore trasse dai lombi dei Figli di Adamo tutti i loro discendenti e li fece testimoniare[44] su loro stessi, dicendo: "Non sono forse il vostro Signore, che vi ha creato e vi sostiene?" risposero: "Sì, lo testimoniamo". [Vi ricordiamo questo], perché nel Giorno del Giudizio non diciate: "Veramente eravamo immemori!".

---

[42] Cfr. Deuteronomio 11:28, 28:49.

[43] Cfr. Esodo 19:5, 24:3, 39:27.

[44] Secondo la maggioranza dei commentatori in questo versetto si fa riferimento ad un patto stretto tra Dio e tutti i discendenti di Adamo, sia già nati che non, senza alcun limite di tempo. Dio ha donato agli esseri umani alcuni poteri e facoltà che implicano determinati obblighi di natura spirituale, a cui gli esseri umani sono chiamati a far fronte. Cfr. 5:1, 7:17.

173-Oppure che non diciate: "I nostri padri prima di noi possono aver scelto dei falsi dei, ma noi siamo i loro discendenti. Vorresti forse distruggerci per le falsità che hanno inventato?"

174-In questo modo spieghiamo i segni con chiarezza e forse si volgeranno verso di Noi.

175-Racconta loro la storia dell'uomo[45] a cui inviammo i Nostri segni, ma egli non se ne curò. Satana allora lo seguì e lo fece deviare.

176-Se fosse stata volontà Nostra, lo avremmo elevato con i Nostri segni, ma egli si mostrò incline verso la terra e seguì i propri vani desideri. Egli assomiglia ad un cane che ansima, sia che lo scacciate o che lo lasciate da solo. Questa è la similitudine di coloro che rifiutano i Nostri segni. Così raccontate loro le storie. Forse questo potrebbe farli riflettere.

177-Le persone che respingono i Nostri messaggi e che commettono un'ingiustizia contro se stessi costituiscono un esempio scellerato.

178-Colui, che Dio guida, si trova sulla retta via. Coloro, che Egli respinge dalla Sua guida, periranno.

179-Molti sono i *Jinn* e gli uomini fatti per l'Inferno. Hanno cuori con cui non comprendono il vero, hanno occhi con cui non vedono ed orecchi con cui non odono. Sono come il bestiame, ma ancora più deviati. Sono incuranti [di ogni monito].

180-A Dio appartengono i Nomi più belli. Così rivolgetevi a Lui con essi. Però allontanatevi da coloro che profanano i Suoi nomi. Per ciò che compiono saranno presto ricompensati.

181-Tra tutti quelli che abbiamo creato, ci sono coloro che dirigono gli altri con verità e dispensano la giustizia.

182-Visiteremo gradualmente con la punizione coloro che respingono i Nostri segni in modi che non potranno percepire.

183-Garantirò loro una tregua perché il Mio piano è infallibile.

184-Non riflettono? Il loro compagno[46] non è colto da pazzia, ma è un chiaro ammonitore[47].

---

[45] I commentatori differiscono sul se questa storia o parabola si riferisca ad un particolare individuo o abbia invece un significato del tutto generale. Secondo quest'ultima interpretazione, il riferimento è diretto a tutti coloro che, anche se Dio ha donato loro talenti e la possibilità di crescere spiritualmente, non se ne curano divenendo facile preda di Satana.

[46] Il Profeta Muhammad (pbsl).

[47] In arabo *Mubīn*, traducibile come "chiaro". Cfr. 5:15, 38:70.

185-Non scorgono nulla nel governo dei cieli e della terra ed in tutto ciò che Dio ha creato? Non si sono mai domandati se il loro termine potrebbe mai giungere alla fine? In quale messaggio, dopo di questo, crederanno?

186-Per coloro che Dio rifiuta di guidare, non vi è alcuna guida. Lui li abbandonerà brancolanti nella loro ribellione.

187-Ti chiedono riguardo l'ultima Ora: "Quando giungerà?"; Di': "La conoscenza si trova presso il mio Signore; solo Lui può rivelare quando accadrà. Sarà pesante sui cieli e sulla terra e vi coglierà all'improvviso". Ti domanderanno se ne sei stato avvertito[48], rispondi: "La conoscenza appartiene solo a Dio, ma la maggior parte degli uomini non lo comprende".

188-Di': "Non ho alcun potere di beneficare o di nuocere a me stesso, eccetto per ciò che Dio vuole. Se possedessi la conoscenza dell'invisibile, avrei moltiplicato tutti i beni e nessun male mi avrebbe mai toccato". Sono solo un ammonitore e colui che reca la buona novella a coloro che hanno fede.

189-Egli è Colui che vi ha creato da una singola anima e ha fatto per voi compagni di eguale natura al fine che possiate dimorare con loro nell'amore. Quando sono uniti, lei porta un peso leggero e lo fa [senza essere notata]. Quando poi diventa pesante, entrambi pregano Dio, il loro Signore: "Se ci concedi un bambino sano[49], saremo riconoscenti".

190-Però, quando Egli dona loro un bambino sano, cominciano a dare credito ad altri oltre Lui, ringraziandoli per ciò che è stato loro concesso. Dio è l'Eccelso, ben al di sopra di quanto Gli attribuiscono.

191-In verità, Gli associano esseri che nulla possono creare, ma sono loro stessi creati.

192-Non possono aiutare né gli altri né se stessi.

193-Se offriste [o credenti] la guida a costoro, non risponderanno. È lo stesso, se la offrite o vi mantenete nel silenzio.

---

[48] In arabo *Hafs*, traducibile come "ansioso" o "pronto" in riferimento alla ricerca di qualcosa. In questo versetto il termine è seguito dalla preposizione *an* (relativamente a). La maggioranza dei commentatori ritiene che l'espressione sia traducibile come "bene informato su qualcosa". Cfr. 19:47, invece, è seguito dalla preposizione *bi*, ed è traducibile come: "gentile" e "ben disposto".

[49] In arabo *Sālih*, che include l'idea di sanità sia fisica che morale.

194-In verità, coloro che invocate insieme a Dio sono esseri creati come voi. Invocateli e lasciate che ascoltino le vostre preghiere, se siete veritieri!

195-Hanno forse dei piedi con cui camminano? O mani con le quali afferrano? O occhi con cui vedono? O orecchi con cui odono? Di': "Invocate i vostri associati, tramate contro di me e non datemi tregua.

196-Il mio protettore è Dio, Che ha rivelato il Libro. Egli proteggerà i devoti.

197-Coloro che invocate oltre Lui, non sono incapaci di aiutare né voi né se stessi".

198-Se li chiamate per essere guidati, non odono. Anche se pensate che possano vedervi, in realtà non ne sono capaci.

199-Mostrati tollerante verso la natura umana, comanda ciò che è buono e allontanati da coloro che scelgono di rimanere ignoranti[50].

200-Se una suggestione proveniente da Satana dovesse assaltare la tua mente, cerca rifugio in Dio perché Egli ode e conosce tutte le cose.

201-I timorati, quando un pensiero proveniente da Satana li assale, si ricordano di Dio e cominciano a vedere le cose con chiarezza.

202-I loro fratelli li spingono sempre più profondamente nell'errore senza mai desistere.

203-Se non rechi loro alcuna rivelazione[51], dicono: "Perché non l'hai ancora scelta?" Di': "Seguo ciò che mi viene rivelato dal mio Signore. Questo Corano non è altro che una luce proveniente dal Signore, una guida ed una misericordia per coloro che hanno fede".

204-Quando viene letto il Corano, ascoltatelo con attenzione e tacete. Forse potrete ricevere misericordia.

205-Ricorda il tuo Signore nella tua anima con umiltà e reverenza, senza alzare la voce, al mattino e alla sera e non essere tra i non curanti.

206-Coloro che sono vicini al tuo Signore non disdegnano di adorarLo, ma celebrano la Sua lode e si prosternano[52] davanti a Lui.

---

[50] In questo versetto Dio conforta e comanda al Profeta (pbsl) di: 1-Perdonare gli insulti e le ingiurie, 2-Di continuare a dichiarare apertamente la sua fede, 3-Di non prestare alcuna attenzione agli ignoranti.

[51] In arabo *Āyāt*, che può essere tradotto rispettivamente come "miracolo", "segno" e "versetto" della rivelazione coranica.

[52] In arabo *Sujūd*, traducibile come "prosternazione", simbolo visibile dell'umile accettazione del servizio reso a Dio nell'ubbidienza verso la Sua volontà ed i Suoi comandamenti.

VIII

Sura Al-Anfāl

(Le spoglie di guerra)

Rivelata a Medina. I versetti 30-36 sono stati rivelati invece alla Mecca

Nel nome di Dio, il Clemente, il Misericordioso

1-Ti domanderanno[1] delle spoglie di guerra. Di': "Queste spoglie sono a disposizione di Dio e del Profeta"[2]. Così temete Dio e mantenete tra di voi la concordia. Obbedite a Dio e al Suo profeta, se siete credenti.
2-I credenti sono coloro che, quando Dio viene menzionato, provano un tremore nel loro cuore e, quando odono i Suoi segni rivelati, sentono che la loro fede si rafforza e ripongono tutta la loro fiducia nel loro Signore;
3-che stabiliscono preghiere regolari e spendono liberamente di quanto abbiamo concesso loro per il sostentamento.
4-Costoro in verità sono i credenti. Costoro posseggono gradi di dignità presso il loro Signore, insieme al perdono e ad un generoso sostentamento.
5-Il tuo Signore vi ha fatti uscire dalle vostre case nel nome della verità[3], anche se un gruppo di credenti non ne era contento
6-e ha disputato con te sulla verità, dopo che era stata resa manifesta, come se fossero condotti alla morte e la vedessero.
7-Dio vi ha promesso che sarebbe stato vostro uno dei partiti nemici[4]. Avete desiderato che fosse vostro quello disarmato, ma Dio ha voluto

---

[1] Ci si riferisce alla divisione delle spoglie di guerra dopo la Battaglia di Badr.

[2] Le spoglie di una guerra giusta e lecita non appartengono a nessuno in particolare, ma debbono essere utilizzate per la causa di Dio ed amministrate dal Profeta (pbsl).

[3] Il termine arabo *Haqq* non indica esclusivamente ciò che è vero, ma anche ciò che è giusto.

[4] Prima della battaglia di Badr si trovavano di fronte ai musulmani due corsi di azione. Avrebbero potuto attaccare la ricca carovana proveniente dalla Siria e scortata da Abū Sufyān e quaranta uomini disarmati. Dal punto di vista terreno, questa sarebbe stata l'azione più semplice e vantaggiosa. Il secondo corso di azione, raccomandato dal

dimostrare la verità delle Sue parole e recidere le radici dei miscredenti,

8-affinché Egli possa confermare la verità e provare la falsità di quanto è falso, anche se ciò non potrebbe piacere a coloro che si trovano nella colpa".

9-Ricordate quando avete implorato il soccorso del vostro Signore e Lui vi ha risposto: "Vi assisterò con mille angeli, schiera su schiera".

10-Dio lo ha reso un messaggio di speranza e una rassicurazione per i vostri cuori. Non c'è alcun aiuto che non provenga da Dio. Egli è Eccelso, Saggio.

11-Egli vi ha coperto con il sonno per donarvi calma[5], e ha fatto sì che la pioggia discendesse su di voi[6] per purificarvi e per rimuovere da voi le sozzure[7] di Satana, per rinforzare i vostri cuori e per stabilire con fermezza i vostri piedi.

12-Il tuo Signore ha ispirato gli angeli con il messaggio: "Date fermezza ai credenti. Io porrò il terrore nei cuori dei miscredenti. Taglierò loro il capo e le falangi,

13-perché hanno conteso contro Dio ed il Suo Profeta. Se qualcuno contende con Dio e con il Suo Messaggero, in verità Egli è severo nella punizione.

14-Sarà detto: "Provate la punizione. Per coloro che resistono a Dio, la pena è quella del Fuoco".

15-O credenti, quando incontrate i miscredenti nel campo di battaglia[8], non voltate mai loro le spalle.

16-Se uno di voi volge loro le spalle in questo giorno -a meno che non sia uno stratagemma di guerra o per ritirarvi nella truppa [di appartenenza] - si attira l'ira di Dio e la sua dimora sarà l'Inferno, invero un triste rifugio.

Profeta (pbsl) secondo l'ispirazione ricevuta da Dio, era quello di andare incontro all'esercito di mille uomini ben equipaggiati che avanzavano dalla Mecca. I musulmani erano solo 300 e male equipaggiati, ma Dio garantì loro una magnifica vittoria.

[5] Cfr. 3:154 in riferimento alla Battaglia di Uhud.

[6] La pioggia era benedetta per le seguenti ragioni: 1-Avrebbe aumentato le riserve di acqua dei musulmani, che erano in quell'occasione piuttosto scarse, 2-La sete aveva aumentato il senso di fatica dei musulmani, che di per se stessi erano male equipaggiati, 3-La sabbia era scivolosa e la presenza di acqua l'avrebbe resa più ferma.

[7] Da intendersi sia in senso fisico che spirituale.

[8] In arabo *Zahfan*, che indica un procedere lento e ben organizzato verso un esercito nemico.

17-Non siete stati voi ad ucciderli, ma è stato Dio. Quando hai gettato il terrore nei loro cuori, non è stata un'azione tua [o Profeta] ma di Dio, al fine di mettere alla prova[9] i credenti. Dio ode e conosce tutte le cose.

18-Egli è Colui che rende vani i piani e gli stratagemmi dei miscredenti.

19- [O miscredenti], se pregate per la vittoria e il giudizio[10], ora il giudizio è venuto presso di voi. Se desistete dal compiere il male, ciò sarà meglio per voi. Se tornate ad attaccare, lo faremo anche Noi. Le vostre forze non vi saranno di alcun vantaggio, anche se fossero moltiplicate. In verità, Dio è con coloro che credono.

20-O credenti, obbedite a Dio e al Suo Profeta e non allontanatevi da lui, quando lo sentite parlare.

21-Non siate come coloro che dicono: "Udiamo", ma poi non ascoltano.

22-Le peggiori bestie davanti a Dio sono quelle mute, sorde e prive di qualsiasi comprensione.

23-Se Dio avesse trovato in loro qualche bene, li avrebbe indotti ad ascoltare. Se li avesse indotti ad ascoltare, si sarebbero voltati indietro e avrebbero rifiutato la fede.

24-O credenti, rispondete a Dio e al Suo Messaggero, quando vi chiama a quanto vi darà la vita e sappiate che Dio si pone tra l'uomo e i desideri del suo cuore e che presso di Lui sarete riuniti.

25-Temete tumulto ed oppressione[11] che affliggono non solo quelli che compiono il male, e sappiate che Dio è severo nella punizione.

26-Ricordate quando eravate un piccolo gruppo disprezzato ed avevate paura di poter essere derubati o rapiti. Però Egli ha provveduto per voi di un luogo di salvezza, vi ha rinforzato con il Suo aiuto e vi ha concesso quanto c'è di buono per sostentarvi affinché possiate esserGli grati.

---

[9] I musulmani erano infatti male equipaggiati e poco esperti, mentre i Quraysh oltre alle apparecchiature militari potevano contare sull'aiuto di valorosi ed esperti soldati.

[10] In arabo *Fath*, che significa vittoria, giudizio, decisione.

[11] Il termine *Fitna* in arabo può assumere i seguenti significati: 1-Prova o tentazione (Cfr. 2:102, 8:28), 2-Punizione (Cfr. 6:74), 3-Tumulto ed oppressione (Cfr. 8:39, 2:193), 4-Discordia, sedizione e guerra civile.

27-O credenti, non tradite la fiducia di Dio e del Suo Messaggero, e non appropriatevi consapevolmente di quanto vi è stato affidato[12].

28-Sappiate che la vostra ricchezza e i vostri figli sono solo una prova e che presso Dio si trova la ricompensa più grande.

29-O credenti, se temete Dio, Egli vi darà un discrimine[13] (per distinguere il bene dal male), rimuoverà tutto il male che potrebbe affliggervi e vi concederà il perdono. Dio è il Signore di una grazia incalcolabile.

30-Ricorda come i miscredenti complottarono[14] contro di te, per tenerti prigioniero, ucciderti o scacciarti dalla tua casa. Complottavano e pianificavano, ma anche Dio pianifica. Egli è il migliore di coloro che pianificano.

31-Quando vengono presentati loro i Nostri segni, dicono: "Lo abbiamo udito anche precedentemente. Se lo desiderassimo, potremmo pronunciare parole come queste. Queste non sono altro che favole degli antichi".

32-Ricorda quando dissero: "O Dio, se questa verità proviene da Te, fai piovere su di noi delle pietre dal cielo o inviaci un castigo terribile[15]".

33-Dio non avrebbe inviato un castigo fino a quando ti trovavi tra di loro. Non li avrebbe nemmeno puniti finché avrebbero potuto ancora domandare il perdono.

34-Però quale giustificazione hanno per non essere puniti da Dio, dal momento che tengono lontani gli uomini dalla Sacra Moschea e non ne sono nemmeno i guardiani? Nessuno può esserne il guardiano, eccetto i giusti, ma la maggior parte di loro non comprende.

---

[12] Con quest'espressione ci si può riferire a: 1-Proprietà e beni mobili ed immobili, 2-Piani, confidenze e segreti, 3-Conoscenza, talenti ed opportunità.

[13] Cfr. 2:53, 2:185. La battaglia di Badr è chiamata anche *Furqān* (discrimine), in quanto fu la prima prova di forza per i musulmani tra il potere del bene e quello del male. Il male venne sconfitto ed i credenti vennero messi alla prova nella loro fede. Cfr. 8:41.

[14] I miscredenti complottarono contro il Profeta (pbsl) nei tre seguenti modi: 1-Cercarono di ridurlo al silenzio alla Mecca facendo pressione sui membri del suo clan, 2-Cercarono di ferirlo sia psicologicamente che fisicamente, ma egli si mostrò sempre umile, perseverante e privo di qualsiasi timore, 3-Cercarono di scacciare sia lui che i suoi seguaci dalla loro città.

[15] Il castigo dei miscredenti giunse prima di quanto si aspettassero. Abū Jahl ed i maggiori oppositori del Profeta (pbsl) morirono infatti nel corso della battaglia di Badr.

35-Le loro preghiere nella Casa di Dio non sono altro che un girare e battere le mani. [La sola risposta possibile sarebbe]: "Provate la pena perché avete pronunciato menzogne".

36-I miscredenti spendono la loro ricchezza per tenere gli uomini lontani dal sentiero di Dio e così continueranno a fare fino a quando non diverrà per loro un motivo di rammarico. Alla fine saranno sopraffatti e riuniti all'Inferno,

37-al fine che Dio possa separare l'impuro dal puro, porre gli impuri uno su l'altro, legarli insieme e gettarli nel Fuoco. Costoro saranno i perdenti.

38-Di' ai miscredenti: "Se [ora] desistono [dalla miscredenza], il loro passato sarà perdonato. Però, se persistono, la punizione di coloro che li hanno preceduti sia loro di avvertimento".

39-Combattili fino a quando non ci sia più alcun tumulto ed oppressione e prevalga la giustizia e la fede in Dio. Però, se desistono, in verità Dio vede tutte le loro azioni.

40-Se si rifiutano, sappi che Dio è il vostro custode, la migliore protezione ed il migliore aiuto.

41-Sappiate che di tutto il bottino che potete ammassare in guerra, un quinto[16] è assegnato a Dio e al Suo profeta, ai parenti stretti, agli orfani, ai poveri e ai viandanti, se credete in Dio e nella rivelazione che abbiamo inviato al Nostro Servo nel giorno della prova[17], il giorno in cui si sono incontrate due forze. Dio detiene il potere su tutte le cose.

42-Ricordate quando vi trovavate su di un fianco della valle, mentre loro erano su di un altro e la carovana[18] in un punto più basso. Se vi foste dati appuntamento, non vi sareste incontrati[19]. Però vi siete incontrati, al fine che Dio potesse portare a termine una questione già

---

[16] Secondo la regola 1/5 del bottino spetta al comandante ed il resto è diviso tra i combattenti. In questo caso, 1/5 venne destinato al Profeta (pbsl) che lo utilizzò per soccorrere i musulmani poveri, i bisognosi ed i destituiti.

[17] In arabo *Furqān*. Si riferisce alla battaglia di Badr. Cfr. 8:29.

[18] Le esigue forze musulmane, composte da appena trecento uomini, uscirono da Medina per incontrare il potente esercito dei Quraysh. Le due forze si incontrarono sui due lati della valle di Badr, mentre la carovana dei Quraysh si trovava su un bassopiano lungo il mare, a circa 12 km.

[19] L'esercito dei Quraysh intendeva sia proteggere la carovana sia attaccare i musulmani per distruggerli definitivamente. I musulmani decisero di lasciar passare la carovana, ma di affrontare l'esercito della Mecca, il cui numero di uomini era tre volte superiore al loro.

decisa. Coloro che moriranno, lo faranno dopo che è stato inviato loro un chiaro segno della verità, mentre coloro che vivranno, lo faranno dopo che è stato dato loro un chiaro segno della verità. In verità, Dio è Colui che ode e conosce tutte le cose.

43-Nei vostri sogni Dio ve li ha mostrati poco numerosi. Se ve li avesse mostrati in gran numero, vi sareste sicuramente scoraggiati e avreste discusso sulla [vostra] decisione. Dio però vi ha salvato perché Egli conosce bene [i segreti] dei cuori.

44-Ricordate quando vi siete incontrati. Egli ve li mostrò come se fossero stati pochi. Egli li ha fatti apparire tali affinché si potesse portare a termine una questione già decisa perché ogni cosa torna a Dio per una decisione.

45-O credenti, quando incontrate qualcosa in grado di sopraffarvi, restate saldi e ricordatevi molto di Dio affinché possiate prosperare.

46-Obbedite a Dio e al Suo Profeta e non cadete nella discordia, al fine di non scoraggiare il vostro cuore ed indebolire la vostra forza. Siate pazienti e perseveranti perché Dio è con coloro che perseverano con pazienza.

47-Non siate come coloro che uscirono dalle loro case, in modo insolente, per essere veduti e tenere lontani gli uomini dal sentiero di Dio. Egli abbraccia nella conoscenza tutto ciò che fanno.

48-Ricordate che Satana ha fatto sembrare i loro atti peccaminosi gradevoli ai loro occhi e disse: "Nessuno può sconfiggervi oggi, mentre mi trovo vicino a voi". Però, quando le due forze si fronteggiarono le une con le altre, egli tornò sui suoi passi e disse: "Mi libero di voi. Io vedo ciò che voi non vedete. Io temo Dio, perché Egli è severo nella punizione".

49-Gli ipocriti e coloro nel cui cuore vi è una malattia dicono: "La loro religione li ha indotti a perdersi". Però, se qualcuno crede in Dio, Egli è l'Eccelso, il Saggio.

50-Se solo potessi vedere, quando gli angeli prendono le anime dei miscredenti, come colpiscono i loro volti e le loro schiene, dicendo: "Provate la punizione del Fuoco ardente,

51-a causa delle azioni che le vostre mani hanno commesso". Dio non è mai ingiusto con i Suoi servi.

52-Costoro sono simili al popolo del Faraone e a coloro che li hanno preceduti. Hanno respinto i segni di Dio ed Egli li ha puniti per i loro crimini perché Egli è forte e severo nella punizione.

53-Dio non muterà mai la grazia che ha concesso ad un popolo fino a quando [i suoi membri] non cambieranno le loro stesse anime. In verità, Egli è Colui che ode e conosce tutte le cose.

54-Costoro hanno compiuto azioni simili a quelle del popolo del Faraone e a coloro che li hanno preceduti. Costoro hanno trattato come falsi i segni del loro Signore, così li abbiamo distrutti per i loro crimini. Abbiamo affogato il popolo del Faraone perché erano tutti oppressori ed ingiusti.

55-Le peggiori tra le bestie[20] davanti a Dio sono quelle che Lo rifiutano e che non crederanno.

56-Con costoro hai stretto un patto[21], ma lo infrangono ogni volta e non hanno alcun timor di Dio.

57-Se dovessi affrontarli in battaglia, rendili un esempio terrificante anche per coloro che li seguiranno affinché possano ricordare la verità.

58-Se dovessi temere il tradimento da parte di una fazione, infrangi il patto stretto con loro in termini equi perché Dio non ama i traditori.

59-Non lasciare che i miscredenti pensino di poter essere i vincitori. Non potranno mai riuscirvi.

60-Contro di loro preparate la vostra forza[22] nella sua forma migliore, inclusi i destrieri da guerra, per gettare il terrore nei cuori dei nemici di Dio, dei vostri e anche di altri che forse non conoscete, ma che Egli ben conosce. Qualunque cosa spenderete nella causa di Dio, vi sarà ripagata e non sarete trattati ingiustamente.

61-Però, se il nemico inclina verso la pace, fatelo anche voi e riponete la vostra fiducia in Dio perché Egli ode e conosce tutte le cose.

62-Se intendono ingannarti, in verità Egli per te è sufficiente. Dio ti ha rafforzato con il Suo aiuto e con la compagnia dei credenti.

---

[20] Cfr. 8:22. In questo versetto si fa riferimento alle "peggiori bestie davanti a Dio", ossia coloro che non fanno uso delle facoltà loro donate al servizio di Dio, bensì le utilizzano per diffondere la corruzione e la miscredenza.

[21] Il riferimento è diretto al tradimento dei Banū Qurayza dopo aver stretto un patto con i musulmani.

[22] I credenti sono inviati a prepararsi nella forma migliore in occasione di qualsiasi battaglia di natura fisica, morale o spirituale così da instillare nel nemico il rispetto per se stessi e per la causa sostenuta.

63-Egli ha posto l'affezione tra i loro cuori[23]. Se avessi speso tutto ciò che si trova sulla terra, non avresti potuto produrre un tale sentimento, ma Dio lo ha fatto. Egli è l'Eccelso, il Saggio.

64-O Profeta, Dio è sufficiente per te e per coloro che tra i credenti ti seguono.

65-O Profeta, sprona i credenti alla battaglia. Se tra di voi ve ne sono venti pazienti e perseveranti, ne sconfiggeranno duecento; se ce ne sono cento, ne sconfiggeranno mille perché costoro non hanno alcuna capacità di comprensione[24].

66-Per il presente Dio vi ha reso il compito più semplice perché Egli sa che in voi vi è ancora della debolezza. Però, ciononostante, se ve ne sono cento tra di voi che sono pazienti e perseveranti, ne sconfiggeranno duecento; e se ce ne fossero mille, ne potrebbero sconfiggere duemila, con il permesso di Dio. Egli è con coloro che perseverano con pazienza.

67-Non si addice ad un profeta prendere prigionieri di guerra[25] fino a quando non avrà sottomesso tutta la terra. Voi guardate ai beni temporali di questo mondo, ma Dio guarda all'Altra vita. Egli è Eccelso, Saggio.

68-Se non fosse stato per un precedente ordine di Dio, vi sarebbe toccato un castigo severo per il riscatto[26] che avete preso.

69-Però ora godete di quanto avete guadagnato in guerra, ciò che è buono ed è concesso, ma temete Dio. Egli è Perdonatore, Misericordioso.

70-O Profeta, di' a coloro che sono prigionieri nelle tue mani: "Se Dio troverà qualche bene nei vostri cuori, Egli vi darà qualcosa di meglio di ciò che vi è stato tolto e vi perdonerà perché Egli è Perdonatore, Misericordioso".

---

[23] Nell'occasione immediata fu l'unione e la concordia dell'elemento arabo, di natura belligerante, facilmente eccitabile e discordante, sotto la guida saggia, benevola eppur ferma del Profeta Muhammad (pbsl).

[24] I credenti sono sicuri della vittoria in quanto: 1-Sono sicuri dell'aiuto divino, 2-Sanno che il male non può prevalere contro le forze del bene.

[25] Durante la battaglia di Badr furono catturati settanta prigionieri per i quali venne domandato un riscatto. Generalmente però la pratica di combattere per prendere prigionieri e domandare per loro un riscatto è condannata dalla legge islamica. Solo nel contesto di questo episodio è stata approvata.

[26] Tra i prigionieri della battaglia di Badr sono degni di una menzione particolare: 1-Al-'Abbās, zio del Profeta (pbsl) e fondatore della dinastia abbaside, 2-'Aqīl, fratello di 'Alī ibn Abū Tālib, che successivamente divenne musulmano.

71-Però, se nutrono disegni di tradimento contro di te, [o Profeta], si sono già mostrati traditori verso Dio, Che ti ha concesso potere su di loro. Dio è Colui che ha piena conoscenza e saggezza.

72-Coloro che credono e scelgono di emigrare e s'impegnano con la loro proprietà e le loro persone per la causa di Dio, come coloro che danno loro asilo[27] e aiuto, sono tutti amici e protettori gli uni degli altri. Per quanto riguarda i credenti che non sono emigrati, tu non hai alcun dovere di protezione verso di loro fino a quando non lo faranno. Però, se cercano il tuo aiuto in nome della religione, è tuo dovere aiutarli, eccetto contro coloro con cui avete stretto un trattato di reciproca alleanza. Dio osserva tutte le vostre azioni.

73-I miscredenti sono protettori gli uni degli altri. Se non vi proteggeste gli uni con gli altri, ci sarebbe tumulto ed oppressione sulla terra e grande corruzione.

74-Coloro che credono, decidono di emigrare e combattono per la fede nella causa di Dio e quanti danno loro asilo ed aiuto, sono tutti veri credenti. Per costoro vi è il perdono dei peccati ed una generosa ricompensa[28].

75-Coloro che successivamente accettano la fede e scelgono di emigrare e combattono in vostra compagnia, sono parte di voi. Però coloro che intrattengono con voi relazioni di sangue hanno la priorità nel Libro di Dio[29]. In verità, Egli è bene informato su ogni cosa.

---

[27]Il riferimento è diretto ai *Muhājirūn* ed agli Ansari. I primi abbandonarono la Mecca per seguire il loro amato Profeta (pbsl), mentre i secondi li accolsero a Medina e li sostennero economicamente subito dopo il loro arrivo.

[28] I credenti, che si sacrificano per la causa di Dio, danno prova della fede attraverso le loro azioni, per le quali riceveranno la grazia ed il perdono divino.

[29] Traducibile anche come: "piano universale", "decreto eterno" e "tavola protetta". Cfr. 85:22.

IX

Sura Al-Tawbah

(Il pentimento)

Rivelata a Medina, (tranne i due ultimi versetti)

1-Una dichiarazione d' immunità[1] da Dio ed il Suo messaggero ai pagani con cui avete stipulato dei trattati.

2-"Siete liberi di muovervi sul territorio per quattro mesi[2], ma sappiate che non potete vanificare [la volontà] di Dio attraverso la vostra falsità, perché Lui coprirà di vergogna coloro che Lo negano".

3-Un annuncio da parte di Dio e del Messaggero alle persone riunite nel giorno del grande Pellegrinaggio[3]: "Dio e il Suo Messaggero dissolvono gli obblighi verso i pagani. Se vi pentite, sarà meglio per voi. Però, se vi volgete indietro, sappiate di non poter sfuggire a Dio". Proclama un doloroso castigo a quanti respingono la fede.

4-Non sono però dissolti i trattati con quei pagani con cui avete stretto alleanza e che successivamente non vi hanno traditi e non hanno prestato aiuto e soccorso a nessuno contro di voi. Così rispettate gli impegni presi con loro fino al completamento del termine stabilito. Dio ama i giusti.

5-Però, quando i mesi proibiti sono trascorsi, combattete ed uccidete i pagani ovunque li troviate. Catturateli, assediateli e tendete loro agguati con ogni stratagemma di guerra. Però, se si pentono,

---

[1] In arabo *Barāat,* che solitamente viene tradotto con il termine "immunità" che però non rappresenta correttamente il significato della parola araba. Nel versetto 3 della medesima sura è stata utilizzata la perifrasi "dissolvono gli obblighi verso i pagani". Il versetto si riferisce al fatto che i pagani violarono i trattati stipulati con i musulmani, che a loro volta denunciarono la loro persistente mancanza di lealtà.

[2] Secondo i commentatori in questo versetto ci si riferisce ai quattro mesi proibiti, in cui secondo il costume arabo era severamente vietata ogni operazione bellica, ossia: *Rajab, Dhul al Qa'dah, Dhul al Hijjah* e *Muharram.* È comunque possibile interpretare l'espressione come riferita ai quattro mesi successivi alla presente dichiarazione. Se si presume che la sura sia stata rivelata all'inizio del mese di *Shawwāl,* i quattro mesi successivi sono rispettivamente *Shawwāl, Dhul al Qa'dah, Dhul al Hijjah* e *Muharram,* tre dei quali sono i mesi proibiti.

[3] Ossia il 9 ed il 10 del *Dhul al Hajj,* rispettivamente il giorno di *'Arafāh* ed il giorno del sacrificio.

stabiliscono preghiere regolari e praticano regolare carità, allora aprite per loro una via. Dio è Perdonatore, Misericordioso.

6-Se qualcuno dei pagani[4] ti domanda asilo, garantiscilo affinché possa udire la parola di Dio, e poi scortatelo in un posto sicuro[5] perché sono uomini che non conoscono il vero.

7-Come può esserci un'alleanza con i pagani, di fronte a Dio ed al Suo Messaggero, eccetto che con coloro[6] con cui stringete un patto vicino alla Sacra Moschea? Fino a quando si mantengono fedeli verso di voi, anche voi rimanete fedeli verso di loro perché Dio ama i giusti.

8-Come può esserci una tale alleanza se, quando ottengono un vantaggio su di voi, non rispettano né i legami di parentela[7] né i patti stretti? Con parole suadenti vi attirano, ma i loro cuori sono lontani da voi e la maggior parte sono ribelli e malvagi.

9-Costoro hanno svenduto i segni di Dio ad un prezzo miserabile e molti hanno distolto dalla Sua via. Le azioni che hanno commesso sono malvagie.

10-In un credente non rispettano né i legami di parentela né quelli di un patto. Hanno passato ogni limite.

11-Però se si pentono, stabiliscono preghiere regolari e praticano la carità in modo costante, siano vostri fratelli nella fede. Così spieghiamo chiaramente i segni per coloro che comprendono.

12-Però, se violano i loro giuramenti dopo aver stretto i patti e vi scherniscono per la vostra fede, combattete i capi della miscredenza. I giuramenti per costoro non hanno alcun valore. Forse in questo modo si controlleranno.

13-Forse eviterete di combattere contro coloro che hanno violato i giuramenti, complottato per espellere il Profeta[8] e vi hanno attaccato

---

[4] Costoro debbono essere protetti: 1-Dalle forze islamiche che combattono apertamente contro la loro comunità di appartenenza, 2-Dai membri della loro comunità, dal momento che hanno domandato asilo ai musulmani.

[5] In arabo *Maaman*, traducibile come "luogo" o "situazione" in cui ci si sente salvi da ogni tipo di pericolo.

[6] Ci si riferisce ai Banū Kināna ed ai Banū Hamzah, che invece si erano mantenuti fedeli ai patti stretti con i musulmani.

[7] Tra gli arabi i legami di sangue sono considerati indissolubili. Gli arabi pagani invece non rispettarono quelli di parentela con i musulmani.

[8] In questo versetto ci si riferisce rispettivamente: 1-Alla generale mancanza di lealtà mostrata dai pagani nei trattati stretti con i musulmani, 2-Ai complotti orditi contro il Profeta (pbsl) per scacciarlo da Medina, 3-All'aggressione da parte dei confederati verso Medina in seguito al Trattato di Hudaibiya (6 a.H., 628 d.C.).

per primi? Li temete forse? Dovreste giustamente temere molto di più Dio, se siete credenti!

14-Combatteteli e Dio li punirà attraverso le vostre mani, li coprirà di vergogna, vi concederà la vittoria e guarirà i petti dei credenti,

15-calmandone l'indignazione dei cuori. Egli si volge misericordioso verso chi vuole. Dio è Onnisciente, Saggio.

16-Pensate forse che sarete lasciati soli, come se Dio non conoscesse coloro che tra di voi s'impegnano e non prendono nessuno come amico o protettore tranne Lui, il Suo messaggero e la comunità dei credenti? Dio ben conosce quello che compiono.

17-Non spetta ai politeisti visitare o mantenere[9] le moschee di Dio, mentre sono testimoni d'infedeltà contro le loro stesse anime. Le opere di costoro non porteranno alcun frutto. Dimoreranno nel Fuoco.

18-Le moschee di Dio devono essere visitate e mantenute da coloro che credono in Dio e nell'Ultimo Giorno, stabiliscono preghiere regolari, praticano una costante carità e non temono nessuno tranne Lui. Solo costoro possono aspettarsi di essere inclusi tra quanti sono guidati da Dio.

19-Considerate forse uguale dare da bere ai pellegrini o mantenere la Sacra Moschea al servizio di coloro che credono in Dio e nell'Ultimo Giorno e s'impegnano per la causa di Dio? Costoro davanti a Dio non possono essere paragonati. Egli non guida quanti commettono il male.

20-Coloro che credono, soffrono l'esilio e s'impegnano nella causa di Dio con i propri beni[10] e le proprie persone, hanno davanti a Dio il più alto rango. Costoro conseguiranno la vittoria.

21-Il loro Signore annuncia la buona novella della Sua misericordia, del Suo compiacimento e dei Giardini preparati per loro, dove ci sono delizie durature.

22-Dimoreranno lì per sempre. In verità, alla presenza di Dio vi è la ricompensa più grande[11].

---

[9] In arabo 'Amara, termine che applicato alla moschea implica i seguenti significati: 1-Costruire o riparare, 2-Mantenere, 3-Visitare, e 4-Riempire con attività.

[10] L'impegno strenuo per la causa di Dio implica rispettivamente: 1-Una fede pura e sincera e 2-Un'azione continua ed indefessa.

[11] A coloro che s'impegnano strenuamente per la causa di Dio viene promessa: 1-Una misericordia speciale da Dio, 2-Il compiacimento divino, 3-Le gioie del Paradiso, 4-La vicinanza a Dio.

23-O credenti, non prendetevi come protettori i vostri padri e i vostri fratelli, se amano la miscredenza più della fede. Se qualcuno di voi agisce in questo modo, commette ingiustizia.

24-Di': "Se vi sono più cari di Dio e del Suo Profeta o del combattere per la Sua causa i vostri padri, i vostri sposi o i vostri parenti, la ricchezza che avete accumulato e il commercio di cui temete il declino o le dimore di cui vi deliziate, allora aspettate fino a quando Dio non recherà la Sua punizione perché Egli non guida i ribelli.

25-Dio vi ha aiutato in molti campi di battaglia. Nel giorno di Hunain[12], il vostro grande numero vi ha fatto esultare, ma non vi è stato di aiuto alcuno. La terra con tutta la sua ampiezza vi strinse e vi siete voltati indietro in ritirata[13].

26-Dio ha fatto scendere la Sua pace[14] sul Messaggero e sui credenti e ha inviato forze che non siete capaci di percepire. Egli ha punito i miscredenti. Così Egli ricompensa coloro che mancano della fede.

27-Dopo Dio volgerà la Sua misericordia su chi desidera. Egli è Perdonatore, Misericordioso.

28-O credenti, in verità, i pagani sono impuri. Non permettete loro, dopo quest' anno[15], di avvicinarsi alla Sacra Moschea. Se temete la povertà, presto Dio vi arricchirà, se Egli vuole, dalla Sua grazia. Dio è Onnisciente, Saggio.

29-Combattete coloro che, tra i popoli della Scrittura, non credono in Dio e nell'Ultimo Giorno, che non considerano proibito ciò che Dio e il Messaggero hanno proibito e non riconoscono la religione della

---

[12] Hunain è una località che si trova sulla strada di Ta'if a circa 22 km ad est della Mecca. Immediatamente dopo la conquista della Mecca (a.H. 8), i pagani idolatri si riunirono vicino a Ta'if per pianificare di attaccare il Profeta (pbsl). Le tribù di Hawāzin e di Thaqīf assunsero la leadership e prepararono una grande spedizione. In quell'occasione i pagani erano circa 4000, mentre i musulmani oscillavano tra i 10 ed i 12 mila uomini.

[13] I pagani tesero un'imboscata all'avamposto dei musulmani e molti di loro rimasero uccisi. Le forze musulmane furono colte così da terrore e confusione, ma il Profeta (pbsl) riuscì a riorganizzare la loro file ed a condurli alla vittoria.

[14] In arabo *Sakīn*, traducibile come calma, tranquillità e sicurezza. Cfr. 2:248.

[15] Quest'espressione ha un duplice significato: 1-I musulmani, dopo aver assunto il controllo della Mecca, sono chiamati ad eliminare ogni forma di culto idolatra, 2-I musulmani sono chiamati a divenire responsabili del mantenimento della Sacra Moschea.

verità fino a quando non pagheranno l'*jizyah*[16] con sottomissione volontaria[17] e si sentiranno sconfitti.

30-Gli ebrei chiamano Uzayr figlio di Dio e i cristiani chiamano il Messia figlio di Dio. Questa è solo un'affermazione delle loro labbra. Imitano ciò che i miscredenti dei tempi antichi erano soliti affermare. Che Dio li distrugga. Come sono lontani dalla verità.

31-Scelgono i sacerdoti[18] ed i maestri come loro signori al posto di Dio ed eleggono come loro Signore il Messia, il figlio di Maria. Eppure era stato comandato loro di adorare un solo Dio. Non c'è altro dio che Dio. Lode e gloria a Lui, Che è ben lontano da coloro che Gli associano.

32-Vorrebbero estinguere la luce di Dio con le labbra. Dio però vuole rendere perfetta la Sua luce, anche se i miscredenti potrebbero detestarlo.

33-Egli ha inviato il Suo Profeta con la guida e la religione della verità per prevalete su tutte le altre religioni, anche se i pagani potrebbero detestarlo.

34-O credenti, molti tra i sacerdoti ed i maestri con false pretese[19] divorano le sostanze degli uomini e li tengono lontani dalla via di Dio. Annuncia un doloroso castigo a quanti accumulano oro ed argento e non lo spendono sulla via di Dio.

35-Nel giorno, in cui il calore sarà prodotto da quella ricchezza nel Fuoco dell'Inferno, con esso saranno marchiate le loro fronti, i fianchi e le schiene: "Questo è il tesoro che avete ammassato". Assaggiate allora il tesoro che avete occultato!

---

[16] La radice di questo termine significa letteralmente "compensazione". Il termine venne utilizzato per indicare la tassa pagata dai non-musulmani che vivevano sotto il governo islamico come "comunità protette". L'ammontare della tassa variava nelle diverse zone e ne erano esentati gli anziani, i bambini, le donne, i portatori di handicap, i monaci e gli eremiti. Erano invece soggetti al pagamento gli uomini adulti, che avrebbero potuto prestare servizio militare. Per questa ragione, molti considerano la *Jizya* una tassa pagata per l'esenzione dal prestare il servizio militare.

[17] In arabo ʿ*An Yadin*, espressione che è stata interpretata in modo differente dai commentatori. Il termine "mano" simbolicamente indica il potere e l'autorità. La *Jizyah* può quindi essere considerata in parte simbolica ed in parte come tassa di esenzione dal servizio militare.

[18] In arabo *Ahbār*, traducibile come "dottori della legge", "sacerdoti" e "studiosi". Cfr. 5:44, in cui viene associato ai rabbini. Il termine arabo *Ruhbān* può essere tradotto come "sacerdoti", "monaci", "asceti" ed "anacoreti".

[19] In arabo *Bil- bātili*, traducibile come "mezzi falsi", "pretese" e "vanità".

36-Presso Dio un anno misura dodici mesi. Così è stato da Lui stabilito il giorno in cui ha creato i cieli e la terra. Di questi mesi quattro sono sacri. Questa è la retta religione. Così non commettete ingiustizia contro voi stessi e combattete i pagani tutti insieme, se fanno lo stesso. Però sappiate che Dio è con coloro che sono capaci di controllarsi.

37-In verità, il mese intercalare non è altro che una aggiunta alla miscredenza. I miscredenti sono condotti a perdersi perché rendono un anno sacro e l'altro profano per alterare il numero di mesi proibiti da Dio e rendere quelli proibiti permessi. Il male delle loro azioni sembra loro attraente, ma Egli non guida quanti rifiutano la fede.

38-O credenti, che cosa vi accade[20] dunque, quando vi viene domandato di avanzare per la causa di Dio? Perché rimanete come aggrappati alla terra[21]? Preferite la vita di questo mondo o dell'Altro? Piccolo è il bene di questo mondo, se paragonato a quello dell'Altra vita.

39-Se non avanzerete[22], Egli vi punirà con un doloroso castigo e stabilirà altri al posto vostro, anche se non riuscirete in nessun modo a nuocerGli perché Egli detiene il potere su tutte le cose.

40-Se non aiutate il Messaggero, invero Dio lo aiuterà. Quando i miscredenti lo costrinsero a partire, non aveva che un solo compagno[23]. Si trovavano nella caverna ed egli disse al suo compagno: "Non provare alcun timore perché Dio è con noi". Poi Egli inviò su di lui la Sua pace, lo ha sostenuto con forze che non percepiva e ha umiliato nel profondo la parola dei miscredenti. La parola di Dio è eccelsa. Egli è l'Eccelso, il Saggio.

41-Andate avanti, sia con un equipaggiamento leggero che pesante, impegnatevi e lottate con i vostri beni e le vostre persone per la causa di Dio. Questo è meglio per voi, se solo sapeste.

42-Se ci fosse stato un guadagno immediato e il viaggio fosse stato facile, senza dubbio ti avrebbero seguito tutti, ma la distanza era lunga e pesante da percorrere. Sarebbero stati pronti a giurare nel

---

[20] In questo versetto ci si riferisce specificatamente alla spedizione di Tabūk (9 a.H.)

[21] Cfr. 13:26. Coloro che esitavano a seguire il Profeta (pbsl) nella spedizione di Tabūk, temevano l'intensa calura estiva e la perdita del raccolto, che era in procinto di maturare.

[22] In arabo *Tanfirū*, traducibile come "andare avanti", "essere pronti a soffrire per qualcosa".

[23] In questo versetto ci si riferisce all'*Hijrah* del Profeta (pbsl) dalla Mecca a Medina, compiuta in compagnia di Abū Bakr.

nome di Dio: "Se solo avessimo potuto, saremo sicuramente venuti con te". Così porteranno alla dannazione le anime loro perché Dio sa che proferiscono menzogne.

43-Dio ti ha perdonato [o Profeta] perché hai concesso loro di rimanere indietro, fino a quando quanti hanno detto il vero fossero chiaramente distinguibili da coloro che, invece, si sono dimostrati bugiardi.

44-Coloro che credono in Dio e nell'ultimo giorno non ti domandano di essere esonerati dal combattere con i loro beni e le loro persone. Dio conosce bene coloro che compiono il proprio dovere.

45-Ti chiedono di essere esentati solo coloro che non credono né in Dio né nell'ultimo giorno e quanti nutrono il dubbio nei propri cuori e nei loro dubbi rimangono sospesi.

46-Se avessero avuto intenzione di marciare con te, sicuramente avrebbero fatto qualche preparativo. Però, Dio non ha voluto che partissero e così li ha lasciati indietro. Venne detto loro: "Sedete in compagnia di coloro che rimangono indietro".

47-Se fossero usciti insieme a voi, non avrebbero aggiunto nulla alla vostra forza, ma avrebbero solo creato disordine, correndo di qua e di là tra di voi[24], seminando sedizione. Alcuni tra di voi avrebbero prestato loro ascolto. Però Dio conosce bene coloro che commettono l'ingiustizia.

48-In verità, anche precedentemente hanno fomentato una sedizione e hanno ostacolato i tuoi progetti, fino a quando non è giunta la verità e il decreto di Dio non è divenuto manifesto, a loro malgrado.

49-Tra di loro c'è chi afferma: "Dispensatemi e non mettetemi alla prova[25]". Non sono forse già stati messi alla prova? L'Inferno circonda i miscredenti da ogni lato.

50-Se ti capita qualcosa di buono, si rattristano, ma se ti coglie una disgrazia, dicono: "Abbiamo preso le nostre precauzioni", e si voltano indietro, rallegrandosi.

51-Di': "Nulla accadrà eccetto ciò che Dio ha stabilito per noi. Egli è il nostro protettore. Che i credenti ripongano in Dio la loro fiducia".

---

[24] In arabo *Khilāl*. Questo termine ha molteplici significati, ma in questo contesto è stata scelta l'interpretazione avanzata da Ragib.

[25] In arabo *Fitna*, termine che può essere tradotto come "prova", "tentazione", "tumulto" e "sedizione". Cfr. 8:25.

52-Di': "Potete attendere per noi un altro fato diverso [dal martirio o dalla vittoria]? Nel vostro caso ci aspettiamo che Dio vi invii una punizione proveniente da Lui o attraverso le vostre stesse mani. Così aspettate. Anche noi aspetteremo".

53-Di': "Anche se spendete per la causa, volenti o meno, la vostra azione non sarà accettata, perché siete in verità un popolo di ribelli e di malvagi".

54-I loro contributi non sono stati accettati perché hanno rifiutato Dio ed il Suo Profeta, si recano alla preghiera senza averne voglia e non offrono i propri beni senza provare del risentimento.

55-Che la loro ricchezza o i loro figli non ti abbaglino. In realtà, il piano di Dio è di punirli con queste cose in questa vita e che le loro anime possano perire nella miscredenza.

56-Giurano nel nome di Dio di essere con voi, ma non lo sono. Eppure hanno paura di apparire per quello che sono.

57-Se potessero trovare un luogo in cui fuggire, grotte o un nascondiglio, si volgerebbero verso di esso con una fretta ostinata[26].

58-Tra di loro ci sono alcuni che ti calunniano relativamente alla distribuzione delle elemosine[27]. Se viene data loro una parte, se ne compiacciono, ma se ne vengono esclusi, s'indignano.

59-Se solo si fossero accontentati di ciò che Dio e il Suo Messaggero hanno concesso loro e avessero affermato: "Per noi Dio è sufficiente! Accettiamo ciò che Dio e il Suo messaggero ci concederanno dalla Sua grazia. Verso Dio volgiamo le speranze nostre!".

60-La *Zakāt* è per i poveri, per i bisognosi, per coloro che vengono incaricati di collezionare le elemosine, per coloro i cui cuori sono stati [recentemente] riconciliati [alla verità], per coloro che si trovano in schiavitù e nel debito, per la causa di Dio e per i viandanti in difficoltà[28]. Questo è stato ordinato da Dio. Egli è pieno di conoscenza e di saggezza.

---

[26] In arabo *Jumaha*, che indica rispettivamente l'"essere ingovernabile", "correre via come un cavallo" ed "agire in modo ostinato".

[27] In arabo *Sadaqah*, ossia le elemosine che vengono fatte in nome di Dio in modo particolare ai poveri ed ai bisognosi.

[28] Secondo la legge islamica le categorie che hanno diritto a ricevere una quota della *Zakāt* sono: 1-Coloro che sono perseguitati per la causa della religione, 2-Coloro che si trovano nella schiavitù sia in senso letterale che figurativo, 3-Coloro che si trovano oberati dai debiti, 4-Coloro che s'impegnano strenuamente per la causa di Dio, insegnando o cercando di acquisire la conoscenza, 5-I viandanti che si sono perduti in una terra straniera.

61-Tra di loro ci sono uomini che molestano il Profeta e dicono: "Presterà ascolto a qualsiasi cosa". Di': "Egli ascolta ciò che è meglio per voi. Egli crede in Dio, ha fiducia nei credenti ed è una misericordia per coloro che credono. Invece, coloro che infastidiscono il Profeta, saranno degni della più grande punizione".

62-Pronunciano i loro giuramenti nel nome di Dio, al fine di compiacervi. Però sarebbe più appropriato cercare di compiacere Dio ed il Suo Messaggero, se sono dei credenti.

63-Non sanno forse che per coloro che si oppongono a Dio e al suo Messaggero, è riservato il Fuoco dell'Inferno, dove dimoreranno? Questa è la disgrazia suprema.

64-Gli ipocriti hanno paura che venga rivelata una sura riguardo a loro, che manifesti che cosa veramente si trova nei loro cuori. Di': "Schernite pure! In verità, Dio porterà alla luce tutto ciò che temete".

65-Se rivolgi loro delle domande, dichiarano con enfasi: "Stavamo solo chiacchierando e scherzando". Di': "Volete schernire Dio, i Suoi segni ed il Suo Profeta?"

66-Non cercate scuse. Avete respinto la fede, dopo averla accettata. Se perdoniamo alcuni di voi, ne puniremo altri perché si trovano nel peccato.

67-Gli ipocriti, uomini e donne, si comprendono gli uni con gli altri. Costoro ordinano ciò che è riprovevole e proibiscono ciò che è giusto. Le loro mani sono chiuse. Hanno dimenticato Dio, così Egli si è dimenticato di loro. In verità, gli ipocriti sono ribelli e perversi.

68-Dio ha promesso agli ipocriti, uomini e donne, e a coloro che rifiutano la fede, il Fuoco dell'Inferno, dove dimoreranno. Questo per loro è sufficiente. Dio li ha rifiutati ed una sofferenza eterna li attende.

69-Siete [miscredenti] proprio come coloro che vi hanno preceduto. Erano molto più forti di voi e possedevano molta più ricchezza e molti più figli. Hanno goduto della loro porzione e voi della vostra, così come hanno fatto coloro che vi hanno preceduto. Voi indulgete in discorsi vani, proprio come loro. Le loro opere non porteranno alcun frutto in questo mondo e nell'Altro. Costoro saranno i perdenti.

70-Non ti è giunta la storia dei popoli che li hanno preceduti? Il popolo di Noè, gli Ad, i Thamud, il popolo[29] di Abramo, gli uomini di

---

[29] In arabo *Qawm*.

Madyan[30] e le città distrutte[31]. Giunsero presso di loro i messaggeri con chiari segni. Dio non ha commesso alcuna ingiustizia contro di loro, ma costoro hanno agito ingiustamente contro le loro stesse anime.

71-I credenti, uomini e donne, sono protettori gli uni degli altri. Comandano ciò che è giusto e proibiscono ciò che è riprovevole. Osservano preghiere regolari, praticano regolarmente la carità e obbediscono a Dio e al Suo Messaggero. Su di loro Dio dispenserà la Sua misericordia. Egli è Eccelso, Saggio.

72-Dio ha promesso ai credenti -uomini e donne- giardini sotto i quali scorrono i ruscelli, per dimorarvi, e delle splendide dimore in giardini di durevole benedizione. La più grande benedizione però è il compiacimento di Dio. Questa è la suprema felicità.

73-O Profeta, impegnati strenuamente contro i miscredenti e gli ipocriti e mantieniti fermo contro di loro. La loro dimora è l'Inferno, invero un orribile rifugio.

74-Giurano di non aver detto nulla di male, ma in realtà pronunciano parole blasfeme. Lo hanno fatto dopo aver accettato l'Islam e hanno meditato un piano[32] che sono stati incapaci di portare a termine. Questa loro vendetta è stata ciò che hanno dato in cambio a Dio e al Suo Messaggero per averli arricchiti! Se si pentono, sarà meglio per loro. Però, se si voltano indietro, Dio li punirà con un doloroso castigo in questa vita e nell'Altra. Non avranno nessuno sulla terra per proteggerli o prestare loro aiuto.

75-Tra di loro ci sono uomini che hanno stretto un patto con Dio secondo il quale, se Egli avesse concesso loro la Sua grazia, avrebbero speso molto in carità e sarebbero stati tra i giusti.

76-Però, quando abbiamo concesso loro la Nostra grazia, sono divenuti avari e hanno infranto le loro promesse.

77-Egli come conseguenza ha posto nei loro cuori l'ipocrisia, fino al giorno in cui dovranno incontrarLo, perché hanno infranto il loro patto con Dio e hanno continuato a mentire.

---

[30] In arabo *Ashābi Madyan*.

[31] La storia di Noè è raccontata in 7:59-64, quella degli Ad in 7:65-92 e dei Thamud in 7:73-79. Per quel che riguarda Abramo vedi 6:74-82. Invece, la storia del popolo di Madyan e di Lot è raccontata rispettivamente in 7:85-93 e 7:80-84.

[32] Il riferimento è diretto ad un piano ordito dai nemici del Profeta (pbsl) per ucciderlo, quando stava tornando dalla spedizione di Tabūk. Il loro complotto fallì miseramente.

78-Non sanno forse che Dio conosce i loro pensieri segreti e i loro segreti conciliaboli e che è bene informato di tutte le cose invisibili?

79-Dio coprirà di ridicolo coloro che calunniano i credenti che compiono opere di carità; coloro che non possono trovare nulla da dare, se non il frutto del loro lavoro e li cospargono di ridicolo. Dio li schernirà ed avranno una gravosa ricompensa.

80-Sia che domandi per loro il perdono, sia che non lo faccia, [il loro peccato non potrà essere perdonato]. Anche se domandassi settanta volte per loro il perdono, Dio non li perdonerà perché hanno rifiutato Dio e il Suo Messaggero. Dio non guida quanti sono perversamente ribelli.

81-Coloro che furono lasciati indietro, hanno goduto della loro inattività, dopo che il Profeta era partito. Costoro odiavano lottare e combattere con i loro beni e le loro persone per la causa di Dio. Dissero: "Non procedete con quel caldo!" Di': "Il Fuoco dell'Inferno è ancora più caldo. Se solo lo comprendessero!".

82-Fai che ridano per un poco, molto piangeranno: una ricompensa per il male che hanno compiuto.

83-Se, allora, Dio ti riportasse indietro, faccia a faccia, e costoro ti domandassero il permesso di uscire in combattimento insieme a te, di': "Non uscirete e non combatterete mai con me alcun nemico, perché alla prima occasione avete preferito sedere inattivi. Ora restate con coloro che rimangono indietro".

84-Non pregare in occasione della morte di nessuno di loro e non rimanere in piedi presso la loro tomba. Hanno rifiutato Dio e il Suo Messaggero e sono morti in una condizione di perversa ribellione.

85-Che la loro ricchezza o i loro figli non ti abbaglino. Il piano di Dio è di punirli con questi doni in questo mondo e che le loro anime possano perire nella miscredenza.

86-Quando una sura viene rivelata, che comanda loro di credere in Dio, di impegnarsi e di lottare con il Suo Messaggero, coloro che possiedono ricchezza ed influenza domandano di essere esentati, dicendo: "Lasciaci indietro, resteremo in compagnia di coloro che siedono [in casa]".

87-Preferiscono rimanere con coloro che rimangono indietro[33]. I loro cuori sono sigillati e non comprendono!

---

[33] In arabo *Khawālif,* plurale di *Khālifah,* ossia le donne che rimangono indietro quando gli uomini si recano in battaglia.

88-Invece il Messaggero ed i credenti insieme con lui, che s'impegnano e lottano con la loro ricchezza e le loro persone, avranno quanto vi è di meglio nella vita che verrà. Costoro prospereranno.

89-Dio ha preparato per loro Giardini sotto i quali scorrono i ruscelli per dimorarvi per sempre. Questa è la felicità suprema.

90-Vi erano, anche tra gli arabi del deserto[34], coloro che formulavano scuse e chiedevano di essere esentati. Si sono dimostrati falsi verso Dio ed il Suo Messaggero. Così rimangono inattivi. Presto un doloroso castigo coglierà coloro che, tra di essi, sono miscredenti.

91-Non c'è nessun rimprovero verso gli infermi, i malati o quanti non trovano nessuna risorsa da spendere, se sono sinceri nei doveri verso Dio ed il Suo Messaggero. Nessun rimprovero può essere sollevato contro coloro che agiscono secondo giustizia. Dio è Perdonatore, Misericordioso.

92-Non hanno colpa nemmeno coloro che vengono da te e ti domandano un mezzo di trasporto[35] e, quando dici: "Non posso trovare per voi alcun mezzo di trasporto", si volgono indietro con gli occhi pieni di lacrime di dolore perché non hanno alcuna risorsa per dare il loro contributo.

93-Sono degni di rimprovero quanti domandano di essere esentati, anche se sono ricchi. Costoro sono felici di rimanere con quelli che rimangono indietro. Dio ha sigillato i loro cuori, così non sanno che cosa stanno perdendo.

94- Costoro ti presenteranno le loro scuse, quando ritornerai. Di': "Non presentate alcuna scusa. Non vi crediamo. Dio ci ha informato su di voi. Egli e il Suo Messaggero giudicheranno le vostre azioni. Alla fine sarete ricondotti a Lui, Che conosce ciò che è nascosto e ciò che è manifesto. Allora vi sarà mostrata la verità di tutto ciò che avete compiuto".

95-Vi scongiureranno, quando ritornerete, di essere lasciati soli. Così lasciali a loro stessi. Costoro si trovano nell'abominio e l'Inferno è la loro dimora, una ricompensa adeguata alle loro azioni.

---

[34] Cfr. 9:46-47, 9:53-54. Probabilmente costoro avevano paura di scontrarsi con il temibile esercito bizantino.

[35] In arabo *Hamala, Yahmilu,* che indica il provvedere di mezzi di trasporto da cavalcare o per caricare le armi e le vettovaglie.

96-Giureranno al fine che tu possa essere soddisfatto di loro. Però, anche se ti compiacerai di loro, Dio non è contento di coloro che si mostrano disubbidienti.

97-Gli arabi del deserto sono i peggiori nella miscredenza e nell'ipocrisia e sono i più pronti a disconoscere il comando che Dio ha inviato al Suo Profeta. Però, Dio è Onnisciente, Saggio.

98-Alcuni degli arabi del deserto considerano quello che spendono un'imposizione e attendono che vi colga il disastro. In realtà, saranno loro ad essere colti dalla disgrazia. Dio è Colui che ode e conosce tutte le cose.

99-Invece, alcuni degli arabi del deserto credono in Dio e nell'Ultimo Giorno e considerano i loro pagamenti come un dono pio, che li avvicina a Dio e ad ottenere le benedizioni del Profeta. Presto Dio li ammetterà alla Sua misericordia perché Egli è Perdonatore, Misericordioso.

100-Dio è compiaciuto dell'avanguardia[36] [dell'Islam]: dei primi tra coloro che hanno lasciato le loro case, tra coloro che li hanno aiutati e che li hanno seguiti in tutte le buone azioni. Dio è soddisfatto di loro proprio come loro lo sono di Lui. Per costoro Egli ha preparato giardini sotto i quali scorrono i ruscelli, per dimorarvi per sempre. Questa è la felicità suprema.

101-Alcuni degli arabi del deserto che ti sono intorno sono degli ipocriti, proprio come gli arabi del popolo di Medina. Costoro sono ostinati nell'ipocrisia. Tu non li conosci, ma Noi li conosciamo. Li puniremo due volte ed inoltre saranno inviati ad un doloroso castigo.

102-Ci sono altri che hanno riconosciuto di aver agito ingiustamente, dopo aver compiuto azioni sia buone che cattive. Forse Dio si volgerà verso di loro con misericordia. Egli è Perdonatore, Misericordioso.

103-Dei loro beni prendi delle elemosine, affinché tu possa purificarli e santificarli e prega per loro. In verità, le preghiere sono per costoro una fonte di sicurezza. Egli tutto ode e conosce.

104-Non sanno che Dio accetta il pentimento dei Suoi servi, riceve i loro doni di carità e che Egli è Perdonatore, Misericordioso?

---

[36]Il riferimento immediato di questo versetto sono i *Muhājirūn*, ossia i Quraysh della Mecca che per la causa dell'Islam compirono l'*Hijrah*, e gli Ansari, ossia gli abitanti di Medina che li invitarono e li aiutarono con i loro beni e le loro persone durante il periodo successivo al loro trasferimento.

105-Di': "Agite [con rettitudine]! Presto Dio osserverà la vostra opera, così come il Suo Profeta e i credenti. Sarete ricondotti al conoscitore di ciò che è nascosto e di ciò che è manifesto, Che poi vi mostrerà la verità di tutto ciò che avete compiuto".

106-Altri sono stati lasciati in attesa del comando di Dio. Egli potrebbe punirli o volgersi verso di loro con la Sua misericordia. Egli è Onnisciente, Saggio.

107-Ci sono quelli che costruiscono una moschea[37] per spargere corruzione ed infedeltà, per causare lo scisma tra i credenti e per tendere un agguato a favore di colui[38] che già in passato ha mosso guerra contro Dio e il Suo Profeta. Giureranno che la loro intenzione non è altro che buona, ma Dio dichiara che sono certamente dei bugiardi.

108-[O Profeta], non pregare mai in quella moschea. Vi è una moschea, le cui fondamenta sono state gettate fin dal primo giorno sulla pietà. Questa è più degna delle tue preghiere. In essa ci sono uomini che desiderano essere purificati. Dio ama coloro che si purificano.

109-Chi è quindi migliore? Colui che ha gettato le fondamenta sulla pietà e sul compiacimento di Dio o chi le ha gettate su un lembo di terra instabile pronto a crollare in pezzi? E crollerà in pezzi insieme a lui nel fuoco dell'Inferno. Dio non guida coloro che compiono il male.

110-L'edificio così costruito sarà sempre fonte di sospetto e d'inquietudine nei loro cuori fino a quando non sarà ridotto in pezzi. Dio è Onnisciente, Saggio.

111-Dio ha acquistato dai credenti le loro persone ed i loro beni. Per loro, in cambio, vi è il Giardino del Paradiso. Costoro combattono per la Sua causa, uccidono e sono uccisi. Una promessa che Lo vincola nella verità, attraverso la Legge, il Vangelo ed il Corano. Chi è più

---

[37] In questo versetto ci si riferisce alla storia della cosiddetta "Moschea della disonestà" (*Masjid Dhirār*). Quando il Profeta (pbsl) arrivò a Medina, dopo aver compiuto l'*Hijrah*, rimase quattro giorni in Quba, prima di entrare nella città. Qui venne costruita la *Masjid Taqwā* o *Masjid Qūwat al-Islām*, ossia la moschea della pietà e del potere dell'Islam. Alcuni ipocriti della tribù dei Banū Ghanam costruirono un'altra moschea in *Dhu'Awan*, in cui si riunivano per complottare insieme ad un nemico storico dei musulmani, Abū Āmir,

[38] Abū Āmir detto *Rāhib*, ossia il Monaco, in quanto aveva frequenti contatti con i monaci cristiani.

fedele ai patti di Dio? Rallegratevi dello scambio che avete fatto. Questo è il supremo successo.

112-Si rallegrino coloro che si volgono verso Dio in pentimento, Lo servono e Lo lodano. Si rallegrino coloro che peregrinano con devozione per la causa di Dio, che si inchinano e si prosternano nella preghiera, che comandano il bene e proibiscono il male, mentre osservano i limiti posti da Dio. Così proclama la buona novella ai credenti.

113-Non si addice al Profeta ed ai credenti pregare per il perdono dei pagani, anche se appartengono alla loro stessa famiglia, dopo che è diventato chiaro che sono Compagni del Fuoco.

114-Abramo pregò per il perdono di suo padre solo a causa di una promessa che gli era stata fatta. Però, quando comprese che era un nemico di Dio, si dissociò da lui. Abramo era tenero di cuore e premuroso.

115-Dio non lascerà che un popolo si perda, dopo che è stato guidato, al fine che Egli possa rendere loro chiaro che cosa temere [ed evitare]. Egli ha conoscenza di tutte le cose.

116-A Dio appartiene il dominio dei cieli e della terra. Egli concede la vita e la toglie. Tranne Lui non avete alcuno che vi protegga o vi aiuti.

117-Dio ha rivolto il suo favore verso il Profeta, gli Emigrati e gli Ansari, che lo hanno seguito nei periodi di difficoltà, dopo che una parte dei loro cuori era sul punto di perdersi. Egli si è volto verso di loro. Egli è dolce e misericordioso nei loro confronti.

118-[Dio si è mostrato misericordioso] verso i tre che erano rimasti indietro. Costoro si sentivano così colpevoli che persino la terra sembrava nella sua vastità troppo angusta, mentre le loro anime erano preda dell'inquietudine. Compresero che non si può sfuggire a Dio e non c'è alcun rifugio, se non il Lui. Egli si volse verso di loro affinché potessero pentirsi. Egli è Perdonatore, Misericordioso.

119-O credenti, temete Dio e siate con coloro che sono veritieri nelle parole e nelle opere.

120-Non si addice agli abitanti di Medina ed ai beduini arabi dei dintorni rifiutarsi di seguire il Messaggero di Dio né preferire le loro stesse vite alla sua, perché tutto ciò che hanno sofferto o compiuto è stato annoverato a loro credito come opere di rettitudine. Ogni volta che soffrono la sete, la fatica o la fame nella causa di Dio o camminano sui sentieri per sollevare l'ira dei miscredenti o ricevere un'ingiuria qualunque da un nemico, Dio non permette che vada perduta la ricompensa di costoro che compiono il bene.

121-Non spendono nulla per la causa -di piccolo o grande- né attraversano una valle, senza che quest'azione venga registrata a loro credito. Che Dio possa premiare le loro azioni con la migliore ricompensa possibile.

122-I credenti non debbono partire in missione tutti insieme. In ogni spedizione, un contingente dovrebbe rimanere indietro per dedicarsi agli studi religiosi o all'ammonizione delle persone dopo che saranno ritornate, affinché possano imparare a guardarsi dal male.

123-O credenti, combattete i miscredenti che vi stanno attorno e che trovino in voi fermezza. Sappiate che Dio è con coloro che Lo temono.

124-Ogni volta che viene rivelata una sura, alcuni di loro dicono: "Di chi si è accresciuta la fede?" La fede di coloro che credono viene accresciuta e se ne rallegrano.

125-Invece per coloro, nei cui cuori vi è una malattia, quest'ultima aggiungerà dubbio a dubbio e moriranno in una condizione di miscredenza.

126-Non vedono forse che vengono messi alla prova una o due volte all'anno? Però non si volgono in pentimento e non prestano alcun ascolto.

127-Ogni volta che viene rivelata una sura, si guardano gli uni con gli altri, dicendo: "Vi ha forse visto qualcuno?", e poi si allontanano. Dio ha allontanato i loro cuori dalla luce perché sono un popolo privo di comprensione.

128-Ora vi è giunto un profeta dalla vostra stessa gente. Lo addolora che dobbiate perire, è ansioso per voi e gentile e misericordioso verso i credenti.

129-Se costoro però si volgono indietro, di': "Dio è sufficiente per me. Non c'è altro dio che Lui. In Lui ripongo la mia fiducia. Egli è il Signore del Trono Supremo".

X

Sura Yūnus

(Giona)

Rivelato alla Mecca, (tranne i versetti 40, 94-96)

Nel nome di Dio, il Clemente, il Misericordioso

1- Alif, Lām, Rā. Questi sono i versetti[1] del Libro [che insegna] la saggezza.

2-Gli uomini si meravigliano perché abbiamo inviato la Nostra ispirazione ad uno di loro, affinché avverta l'umanità del pericolo in cui si trova ed annunci la buona novella ai credenti, che davanti al loro Signore hanno raggiunto[2] il supremo rango della verità. I miscredenti però dicono: "Costui non è altro che un mago".

3-In verità, il vostro Signore è Dio che ha creato i cieli e la terra in Sei Giorni, poi si è stabilito[3] sul Trono dell'autorità, governando tutte le cose. Nessun intercessore può disputare con Lui senza averne il permesso. Questo è Dio, il vostro Signore. Servitelo. Riceverete il monito?

4-Presso di Lui ci sarà il ritorno. La promessa di Dio è vera[4] e sicura. Egli ha iniziato il processo della creazione e la ripeterà per ricompensare con la giustizia coloro che credono e operano il bene.

---

[1] In arabo *Āyāt*, termine traducibile sia come "segni" che come "versetti" in riferimento al Sacro Corano.

[2] Il termine arabo *Qadama* si riferisce al fatto che le azioni di una persona lo precedono davanti al suo Signore. Il termine *Sidq* invece qualifica questi atti come buoni e genuini.

[3] Il termine arabo *Istawā* significa che Egli si è voltato ed ha diretto Se stesso dalla Sua volontà. La presenza della preposizione '*Alā* significa "ascendere", "stabilirsi con fermezza". Cfr. 7:54, 23:28, 25:59. L'espressione "Trono dell'autorità" indica rispettivamente che: 1-Dio è la di sopra della Sua creazione, 2-Egli regola e governa la Sua creazione, 3-Egli è Colui che si cura della creazione ed invia all'umanità i profeti come messaggeri della Sua legge.

[4] In arabo *Haqq* traducibile come "vero", "giusto", "sicuro", "ordinato secondo le giuste proporzioni".

Invece, coloro che Lo rifiutano avranno acqua bollente[5] da bere e un doloroso castigo perché Lo hanno respinto.

5-Egli ha reso il sole una gloria[6] splendente e la luna una luce meravigliosa e ne ha misurato le tappe affinché possiate conoscere il numero degli anni e contare il tempo. Dio lo ha creato nella verità e nella rettitudine. Così Egli spiega nel dettaglio i Suoi segni per coloro che comprendono.

6-In verità, nell'alternanza del giorno e della notte e in tutto ciò che Dio ha creato, nei cieli e sulla terra, vi sono segni per coloro che si volgono verso di Lui.

7-Coloro, che non ripongono la speranza nell'incontro con Noi, ma sono compiaciuti e soddisfatti della vita del presente, non prestano ascolto ai Nostri segni[7].

8-La loro dimora è l'Inferno, a causa del male che hanno compiuto.

9-Coloro che credono e operano il bene saranno guidati dal loro Signore a causa della loro fede. Sotto di loro fluiranno ruscelli in Giardini di benedizione.

10-La loro preghiera sarà: "Gloria a Te, o Dio!", "Pace" il loro saluto e la fine delle loro preghiere: "Sia gloria a Dio, il Signore dei Mondi!".

11-Se Dio dovesse affrettare per gli uomini il male che hanno meritato, allo stesso modo in cui si affannano verso tutto ciò che considerano bene, tutto sarebbe già stato deciso. Noi però lasciamo coloro, le cui speranze non riposano nell'incontro con Noi, nella loro ribellione, vagando per ogni dove.

12-Quando una disgrazia coglie l'uomo, grida verso di Noi: sdraiato, su un fianco, seduto o in piedi. Però, quando lo liberiamo da ciò che lo affliggeva, procede come se non avesse mai gridato verso di Noi per la disgrazia che lo ha colto! Così le opere degli ingiusti sembrano belle ai loro occhi.

13-Abbiamo distrutto le generazioni precedenti, quando hanno compiuto il male. I messaggeri giunsero con chiari segni, ma non

---

[5] In arabo *Hamīm*, traducibile come "fluido bollente". In 38:57 si fa riferimento a *Gassāq*, un fluido nero ed intensamente freddo.

[6] In arabo *Dhiāa*, che significa "splendore e gloria della brillantezza" inteso come epiteto del sole.

[7] Coloro che sono lontani dalla grazia divina sono caratterizzati nel modo seguente: 1-L'incontro con Dio non è l'oggetto delle loro speranze ed aspirazioni, 2-Sono completamente soddisfatti ed aspirano esclusivamente ai beni materiali di questo mondo, 3-Si mostrano sordi verso il messaggio divino.

hanno creduto! Così Noi ricompensiamo coloro si abbandonano al peccato!

14-Poi vi abbiamo resi eredi della terra, dopo di loro, per vagliare il vostro comportamento.

15-Però, quando sono inviati loro i Nostri chiari segni, quanti non sperano nell'incontro con Noi, dicono: "Portaci un Corano[8] diverso da questo o cambialo". Di': "Non mi si addice mutarlo. Io non seguo altro che ciò che mi è stato rivelato. Se disubbidissi al mio Signore, dovrei temere la pena di un Giorno terribile".

16-Di': "Se Dio avesse voluto, non ve lo avrei comunicato o Egli non ve lo avrebbe fatto conoscere. Sono rimasto tra di voi per una intera vita[9]. Non comprenderete?".

17-Chi commette una maggiore ingiustizia di colui che mente contro Dio o nega i Suoi segni? Non prospereranno mai coloro che si abbandonano al peccato.

18-Costoro servono, accanto a Dio, quanti non possono né nuocere né dare loro profitto e dicono: "Costoro sono i nostri intercessori presso Dio". Di': "Avete informato Dio di qualcosa che Egli non conosce sia in cielo che in terra? Gloria a Lui! Egli è ben al di sopra di quanto Gli attribuiscono".

19-L'umanità formava una sola comunità[10], ma poi hanno cominciato a sostenere diverse opinioni. Se non fosse stato per una parola[11] precedente del loro Signore, le loro differenze sarebbero state risolte.

20-Dicono: "Perché non gli viene inviato un segno dal suo Signore?". Di': "Solo Dio può conoscere l'invisibile. Attendete dunque, anche io attenderò con voi".

21-Quando abbiamo fatto assaggiare all'umanità la misericordia, dopo che l'avversità li aveva colti, iniziarono a complottare contro i Nostri segni. Di': "Dio è molto più rapido nelle Sue strategie!" In

---

[8] Il termine "Qur'ān" significa "lettura" e "recitazione". Il dovere di un profeta è quello di diffondere il messaggio divino indipendentemente dalla volontà e dai sentimenti di coloro cui è rivolto.

[9] Il Profeta Muhammad (pbsl) fu sempre un esempio di onestà e rettitudine e, per questa ragione, i suoi contemporanei, prima ancora di essere scelto come profeta di Dio, lo soprannominarono *Al-Amīn*, termine arabo traducibile come "onesto" e "veritiero".

[10] Cfr. 2:213, 5:48. Allo stesso modo il messaggio di Dio all'umanità è unico.

[11] Cfr. 6:115, 9:40, 4:171. Con il termine "parola" s'intende un decreto divino in una particolare situazione.

verità, i Nostri messaggeri prendono nota di tutti gli intrighi che tramate!

22-Egli vi ha consentito di viaggiare attraverso la terra e il mare. Quando salgono su battelli, che navigano con un vento favorevole, esultano. Poi giunge un vento di tempesta e le onde li accerchiano da ogni lato e pensano di trovarsi sul punto di essere sommersi. Così gridano verso Dio, affermando di credere solo in Lui: "Se ci salvi, mostreremo la nostra gratitudine!"

23-Però, quando li salviamo, con insolenza trasgrediscono sulla terra in sfida alla verità! O umanità, la vostra insolenza è volta contro le vostre stesse anime. Godete per poco della vita presente. Alla fine il ritorno è presso di Noi e vi mostreremo la verità di tutto ciò che avete compiuto.

24-La vita presente assomiglia alla pioggia che Noi facciamo scendere dal cielo, che stimola la crescita delle piante che danno cibo agli esseri umani ed agli animali. Poi, fino a quando la terra è rivestita di ornamenti dorati e di rigogliosa bellezza, le persone, a cui appartiene, pensano di detenere il potere di disporre di essa. Poi le giunge il Nostro comando di notte o di giorno e la rendiamo secca e spoglia, come se il giorno prima non fosse nemmeno fiorita! Così Noi spieghiamo nel dettaglio i segni per coloro che riflettono.

25-Dio chiama alla dimora della pace[12]. Egli guida chi vuole per una via che è retta.

26-Per coloro che compiono il bene vi è una buona ricompensa ed anche di più. Né la tenebra né la vergogna copriranno i loro volti! Costoro sono compagni del Giardino, dove dimoreranno per sempre.

27-Invece, coloro che si sono guadagnati il male, avranno il male come ricompensa. Ignominia coprirà i loro volti e non avranno nessuno che possa difenderli dall'ira di Dio. I loro volti saranno coperti dalla profondità delle tenebre della notte[13]. Costoro sono i Compagni del Fuoco, dove dimoreranno [per sempre].

28-Un giorno li riuniremo tutti insieme. Poi diremo a coloro che ci attribuiscono dei consimili: "Andate nel luogo che vi è proprio! Voi e coloro che Mi avete associato". Noi li separeremo e i loro associati diranno: "Non siamo noi che avete adorato!

---

[12] In arabo *Salām*, termine che ha la medesima radice di Islam. Cfr. 6:127.
[13] La notte è la negazione della luce e metaforicamente anche della gioia e della tranquillità.

29-Dio è testimone sufficiente per noi e voi. Non abbiamo mai prestato attenzione alla vostra adorazione!"

30-Allora ogni anima proverà i frutti delle opere che ha compiuto[14]. Saranno ricondotti a Dio, il loro legittimo Signore e tutti i loro falsi dei li abbandoneranno.

31-Di': "Chi è che vi sostiene[15] nella vita dal cielo e dalla terra? O chi ha il potere sull'udito e sulla vista? E chi trae il vivo dal morto e il morto dal vivo? E chi regola e comanda su tutte le cose? Subito diranno: "Dio". Di': "Allora perché non vi mostrate timorati verso di Lui?"

32-Costui è Dio, il vostro vero Signore. Tolta la verità, che cosa rimane, se non l'errore? Come, quindi, possono esserne distolti?

33-Questa è la parola del tuo Signore contro coloro che si ribellano. In verità, non crederanno.

34-Di': "I vostri associati possono dare origine alla creazione o possono ripeterla?" Di': "È Dio che dà origine alla creazione e la ripete. Come potete allontanarvi così tanto dalla verità?"

35-Di': "Dei vostri associati c'è qualcuno che può guidarvi verso la verità?" Di': "È Dio che guida verso la verità. Colui che guida verso la verità è più degno di essere seguito di colui che non trova alcuna guida, a meno che non sia lui stesso guidato? Che cosa vi accade allora? Come giudicate?"

36-La maggior parte di loro non segue nessuna guida tranne le loro fantasie. In realtà, le loro fantasie non saranno loro di aiuto contro la verità. Dio è ben consapevole di quello che compiono.

37-Questo Corano non può essere stato posto in essere da altri che da Dio; al contrario è una conferma delle rivelazioni precedenti e una spiegazione esauriente del Libro[16] proveniente dal Signore dei Mondi, relativamente al quale non vi è dubbio alcuno.

38-Eppure dicono: "Lo ha forse inventato?". Di': "Portate una sura come questa e chiamate in vostro aiuto chi potete, oltre a Dio, se quello che dite è vero".

---

[14] Lett. "che ha inviato davanti a sé"'. In questo versetto è presente il termine arabo *Aslafa*. Invece in 2:95 è utilizzato il verbo *Qaddama*.

[15] Il sostentamento nel contesto di questo versetto è inteso in senso sia fisico che spirituale.

[16] Cfr. 3:23. Dio nel corso dei secoli ha inviato diversi profeti con un unico sostanziale messaggio. Il Corano insieme completa, ribadisce e spiega le rivelazioni precedenti.

39-Costoro accusano di falsità ciò che non conoscono, anche prima che la spiegazione[17] li abbia raggiunti. Allo stesso modo, hanno accusato di falsità coloro che li hanno preceduti. Però vedi qual è la fine di coloro che compiono il male!

40-Tra di loro ve ne sono alcuni che credono e altri che non credono e il tuo Signore conosce bene coloro che si mantengono lontani dalla corruzione.

41-Se ti accusano di falsità, di': "La mia opera mi appartiene, così come a voi appartiene la vostra! Non siete responsabili delle mie azioni ed io non lo sono delle vostre!"

42-Tra di loro ve ne sono alcuni che pretendono di ascoltarti, ma tu puoi forse fare udire i sordi, se non comprendono?

43-Tra di loro ci sono alcuni che guardano verso di te, ma puoi forse guidare i ciechi, se non possono vedere?

44-In verità, Dio non tratta l'uomo ingiustamente, ma è quest'ultimo che commette ingiustizia contro la propria anima.

45-Un giorno Egli li riunirà e sarà come se avessero dimorato sulla terra per un'ora del giorno[18]. Si riconosceranno gli uni con gli altri; saranno sicuramente perduti quanti hanno negato che incontreranno Dio e si sono rifiutati di ricevere la guida.

46-Sia che ti mostriamo parte di ciò che abbiamo promesso loro o prendiamo la tua anima prima di ciò, in ogni caso presso di Noi è il ritorno. Dio è testimone[19] di tutto quello che fanno.

47-Ad ogni popolo è stato inviato un messaggero. Quando il messaggero giungerà davanti a loro, saranno giudicati con giustizia e non subiranno alcun torto.

48-Dicono: "Quando si avvererà questa promessa, se quello che dici è vero?"

49-Di': "Io non ho il potere di nuocermi o di concedermi qualche vantaggio, se non con il permesso di Dio. Per ogni popolo vi è un tempo stabilito. Quando il termine è stato raggiunto, non può essere anticipato o posticipato nemmeno di un'ora".

---

[17] In arabo *Taawīl*, che significa "spiegazione", "delucidazione", "compimento finale". Cfr. 7:53. Il Corano non solo fornisce al credente regole di condotta, ma spiega anche verità di sublime natura spirituale.

[18] Davanti all'eternità la vita su questa terra sembrerà di brevissima durata. Cfr. 16:77.

[19] In questo versetto Dio rassicura il Profeta (pbsl) ed i credenti dicendo loro che il male avrà il suo simile come ricompensa, al contrario invece del bene. Cfr. 40:77.

50-Di': "Non vedete che, se la Sua punizione dovesse giungere di notte o di giorno, quale porzione di essa i peccatori desidererebbero affrettare?

51-Crederete allora, quando starà per accadere? Sarà detto loro: "Ora? Non desideravate forse affrettarla?".

52-Alla fine sarà detto agli ingiusti: "Provate la punizione durevole! Niente altro che la ricompensa per ciò che avete compiuto!".

53-Cercano di informarsi con te: "È forse vero?" Di': "Per il mio Signore, questa è la verità e non potete certo vanificarla".

54-Ogni anima che ha peccato, anche se possedesse tutto ciò che si trova sulla terra, non potrà darlo come riscatto. Dichiareranno il loro pentimento[20], quando vedranno la pena. Però, il loro giudizio avverrà secondo giustizia e non subiranno alcun torto.

55-Non è forse vero che a Dio appartiene tutto ciò che si trova nei cieli e sulla terra? La promessa di Dio non è forse assolutamente vera? Però, la maggior parte di loro non lo comprende.

56-Egli è Colui che dà la vita e la prende. A Lui sarete ricondotti.

57-O uomini, vi è giunta una direzione dal vostro Signore e una cura per la malattia dei vostri cuori e per coloro che credono una guida ed una misericordia.

58-Di': "Che gioiscano nella grazia di Dio e nella Sua misericordia. Questo è meglio delle ricchezze che accumulano".

59-Di': "Vedi che cosa Dio ti ha inviato come sostentamento? Eppure proibite alcune cose e altre le permettete". Di': "Ve lo ha permesso oppure inventate menzogne contro di Lui?"

60-Che cosa pensano del Giorno del Giudizio coloro che inventano delle falsità contro Dio? In verità, Dio è pieno di grazia verso l'umanità, ma la maggior parte degli esseri umani è ingrata!

61-In qualunque situazione ti trovi, qualsiasi parte del Corano tu stia recitando e qualsiasi cosa tu stia facendo, Noi ne siamo testimoni. Non rimane nascosto al tuo Signore il peso di un atomo sulla terra o in

---

[20] In arabo *asarrū*, che può significare sia "rivelare" che "nascondere". I commentatori non sono quindi concordi su quale sia il significato del suddetto verbo nel presente versetto. In questo versetto abbiamo scelto il primo significato. Invece in 34:33 è stato preferito il secondo: "Darebbero qualsiasi cosa per sfuggire alla pena, ma per loro la cosa più difficile è quella di pentirsi e così nascondono il loro senso di vergogna ed ignominia".

cielo. L'ultima e la più grande di queste cose si trovano in un chiaro[21] registro.

62-In verità, gli amici di Dio non proveranno alcuna tristezza e non dovranno addolorarsi.

63-Per coloro che credono e costantemente si guardano dal male,

64-ci sono buone notizie nella vita presente e nell'Altra. Nelle parole di Dio non può esserci alcun mutamento. Questa è invero la felicità suprema.

65-Che le loro parole non ti addolorino. Tutto il potere e l'onore appartengono a Dio. Egli è Colui che ode e conosce ogni cosa.

66-In verità, a Dio appartengono tutte le creature nei cieli e sulla terra. Che cosa seguono quanti adorano come Suoi associati dei falsi dei? Non seguono che fantasie e non fanno altro che mentire.

67-Egli è Colui che ha fatto la notte affinché possiate trovare riposo e il giorno affinché possiate vedere. In verità, in ciò vi sono segni per coloro che ascoltano il messaggio.

68-Dicono: "Dio ha generato un figlio". Gloria a Lui! Egli è Assoluto! A Lui appartiene tutto ciò che si trova nei cieli e sulla terra! Di ciò non ha assolutamente bisogno! Perché pronunciate riguardo a Dio ciò che non conoscete?

69-Di': "Quanti inventano menzogne contro Dio, mai[22] prospereranno.

70-Avranno un breve godimento in questa vita. Poi presso di Noi sarà il ritorno e faremo provare loro le pene più severe per le menzogne che hanno proferito".

71-Racconta loro la storia di Noè, quando disse al suo popolo: "O popolo mio, se è difficile per voi comprendere che io sia con voi e commemori i segni di Dio, ripongo la mia fiducia in Lui. Stringete allora un accordo e pianificate con i vostri associati. Che il vostro piano[23] non sia oscuro e dubbioso. Fatemi conoscere la vostra decisione e non fatemi attendere.

---

[21] In arabo *Mubīn*, che indica qualcosa di chiaro e privo di ambiguità in ogni luogo e tempo.

[22] Nel linguaggio coranico la prosperità indica una condizione di benessere sia nella vita presente che in quella futura, che implica il possesso di forza, salute, opportunità e risorse.

[23] In arabo *Finn*. Con questo termine s'intende una verità che proviene da Dio.

72-Però, se vi voltate indietro, sappiate che non vi domando nessuna ricompensa. La mia ricompensa proviene da Dio e mi è stato comandato di essere tra coloro che si sottomettono alla Sua volontà".

73-Costoro lo respinsero, ma Noi abbiamo salvato lui e coloro che erano con lui nell'arca e li abbiamo resi eredi della terra, mentre abbiamo affogato nel diluvio quelli che hanno respinto i Nostri segni. Allora vedi qual è stata la fine di coloro che erano stati raggiunti dal monito.

74-Poi, Noi abbiamo inviato molti messaggeri al loro popolo. Portarono chiari segni, ma costoro non avrebbero creduto ciò che avevano in precedenza rifiutato. In questo modo poniamo un sigillo sul cuore dei peccatori.

75-Poi, inviammo Mosè e Aronne al Faraone ed ai suoi ministri con i Nostri segni. Costoro però erano arroganti. Erano un popolo arrogante e dedito al peccato.

76-Però, quando giunse loro la verità proveniente da Noi, dissero: "Questo è un evidente sortilegio!"

77-Mosè disse: "Dite questo riguardo la verità, quando vi ha raggiunti? È questo un sortilegio? Coloro che compiono sortilegi mai prospereranno[24]".

78-Dicono: "Sei venuto da noi per distoglierci dalle vie che i nostri padri seguivano, al fine che tu e tuo fratello acquistiate potere sulla terra? Non crederemo in voi!"

79-Il Faraone disse: "Portatemi ogni mago esperto".

80-Quando giunsero i maghi, Mosè disse loro: "Gettate ciò che desiderate".

81-Quando lo ebbero fatto, Mosè disse: "Ciò che avete portato è magia. Sicuramente Dio la vanificherà, perché Lui non lascia prosperare coloro che spargono la corruzione".

82-Dio, attraverso le Sue parole, conferma e stabilisce la Sua verità, per quanto i peccatori possano detestarlo.

83-Però nessuno credette in Mosè, tranne alcuni figli del suo[25] popolo, a causa della paura della persecuzione del Faraone e dei suoi nobili.

---

[24] I sortilegi sono illusorie opere di Satana, che sono destinate a scomparire davanti alla luce della verità dei miracoli che vengono da Dio.

[25] Secondo alcuni commentatori il pronome possessivo "suo" si riferisce al Faraone. La maggioranza del popolo del Faraone non credette, al contrario dei maghi (Cfr. 7:120-122) e della sua sposa (Cfr. 66:11). Se invece attribuiamo il medesimo pronome a Mosè,

Certamente il Faraone era un tiranno sulla terra che aveva violato ogni limite.

84-Mosè disse: "O popolo mio, se veramente credete in Dio, riponete in Lui la vostra fiducia, se vi sottomettete realmente al Suo volere".

85-Risposero: "In Dio riponiamo la nostra fiducia. Nostro Signore, non renderci una prova per coloro che praticano l'oppressione

86- e salvaci per la Tua misericordia da coloro che Ti respingono".

87-Noi ispirammo Mosè e suo fratello con questo messaggio: "Provvedi di dimore per il tuo popolo in Egitto. Trasformate le vostre abitazioni in luoghi di culto[26] e stabilite preghiere regolari e date la buona novella a coloro che credono!"

88-Mosè pregò: "Nostro Signore, hai concesso al Faraone e ai suoi nobili splendore e ricchezza in questa vita presente, e così, nostro Signore, hanno scacciato gli uomini dalla Tua via. Distruggi, nostro Signore, la loro ricchezza ed indurisci i loro cuori cosicché non crederanno fino a quando non vedranno una pena terribile".

89-Dio ha affermato: "La vostra preghiera, Mosè e Aronne, è accettata! State ritti e non seguite il cammino di coloro che mancano di conoscenza".

90-Conducemmo i Figli d'Israele attraverso il mare. Il Faraone e le Sue armate li seguirono con insolenza e a loro malgrado. Alla fine, quando affogammo nel mare il Faraone e le sue truppe, costui disse: "Credo che non ci sia altro dio che Colui che i Figli d'Israele adorano. Io sono tra coloro che si sottomettono a Lui[27]".

91-Gli venne detto: "Solo adesso? Poco tempo prima sei stato ribelle, hai commesso violenza e sparso la corruzione.

92-Oggi Noi salveremo il tuo corpo. Che tu possa divenire un segno per coloro che verranno dopo di te! Però, in verità, molti tra gli esseri umani non prestano ascolto ai Nostri segni!"

93-Collocammo i Figli d'Israele in un luogo meraviglioso e concedemmo loro sostentamento in abbondanza. Caddero nello scisma, dopo che la conoscenza venne data loro. In verità, Dio giudicherà le loro differenze nel Giorno del Giudizio.

---

indica che solo pochi degli ebrei, anche dopo essere stati condotti miracolosamente fuori dall'Egitto, nutrirono una fede nel loro cuore. Cfr. 10:90.

[26] In arabo *Qiblah*. Il termine divenne poi simbolo del loro vagare nel deserto e poi successivamente del ripristino del culto puro presso la *Ka'ba*, in seguito alla predicazione del Profeta Muhammad (pbsl).

[27] Il tardo pentimento del Faraone non venne però accettato. Cfr. 4:18.

94-Se sei in dubbio riguardo a ciò che Noi ti abbiamo rivelato, chiedi a coloro che, prima di te, hanno ricevuto le scritture. La verità ti è giunta dal tuo Signore. Così non essere tra coloro che dubitano.

95-Non essere tra quanti rifiutano i segni di Dio o saresti tra coloro che periscono.

96-Coloro contro cui la parola del tuo Signore è stata realizzata non crederebbero,

97-anche se fosse portato davanti a loro ogni segno, fino a quando non vedranno per se stessi una pena gravosa.

98-Perché non vi è stata una singola città, tra quelle cui abbiamo inviato un monito, che abbia creduto in modo da poter beneficare della fede, tranne il popolo di Giona[28]? Quando credettero, Noi rimuovemmo da loro la pena dell'ignominia nella vita del presente e abbiamo permesso loro di godere della loro esistenza per un poco!

99-Se fosse stata la volontà del Signore, tutti loro avrebbero creduto. Avrebbero creduto tutti coloro che si trovano sulla terra. Vorresti, dunque, convincere l'umanità a credere contro il suo volere?

100-Nessun' anima può credere, eccetto che per volontà di Dio. Egli porrà il dubbio[29] su coloro che non utilizzano la propria ragione.

101-Di': "Guardate a ciò che si trova nei cieli e sulla terra". Però né segni né ammonitori sono di beneficio a coloro che non credono.

102-Si aspettano forse altro da quanto è accaduto agli uomini che sono vissuti prima di loro? Di': "Attendete, perché anche io attenderò con voi!"

---

[28] Cfr. 37:139-148. Ninive era una citta antichissima probabilmente localizzata sul lato sinistro del fiume Tigri, all'opposto della città di Mosul che si trova invece sulla sponda destra, a nord-ovest di Baghdad. Una delle collinette, dove probabilmente si trovava Ninive, reca un tumulo su cui è scritto "Tomba del profeta Yūnus". Secondo gli archeologi, Ninive era un'antica citta sumerica risalente molto probabilmente ad un'epoca antecedente al 3500 a.C. Divenne capitale dell'Assiria al tempo di Shalmanesser I (1300 a.C.), quando gli Assiri assunsero il ruolo di potenza egemone in Asia occidentale, sottomettendo la stessa Babilonia. Al tempo del secondo impero assiro (745 a.C.), la città venne rinnovata ed abbellita da Sennacherib (705-681 d.C.). Infine venne distrutta dagli Scizi nel 612 d.C. La predicazione del profeta Giona avvenne probabilmente intorno al 800 a.C., tra il primo ed il secondo impero assiro.

[29] In arabo *Rijs* (da *Rajisa*). A questo termine possono essere attribuiti i seguenti significati: 1-Sporco, impurità; 2-Crimine, condotta impropria, atti deprecabili; 3-Punizione per un crimine (Cfr. 6:125); 4-Dubbio, rabbia, confusione, indignazione (Cfr. 9:125).

103-Alla fine, abbiamo salvato i Nostri messaggeri e coloro che credono. È nostro dovere salvare coloro che credono!

104-Di': "O uomini, se nutrite dubbi sulla mia religione, [sappiate che] io non adoro ciò che voi adorate altro da Dio! Però adoro Dio che prenderà le nostre anime al momento della morte. Mi è stato comandato di essere tra i credenti".

105-E poi: "Rivolgi il volto verso la religione con vera pietà e non diventare mai un miscredente".

106-Non invocare altri da Dio, che non possono né giovarti né nuocerti. Se lo facesti, saresti sicuramente tra coloro che commettono ingiustizia".

107-Se Dio ti toccasse con una sventura, nessuno potrà rimuoverla tranne Lui. Se Egli desidera per te qualche beneficio, nessuno può prevenire la Sua grazia. Egli fa sì che la Sua grazia raggiunga i servi che Lui desidera. Egli è Perdonatore, Misericordioso.

108-Di': "O uomini, ora vi ha raggiunto la verità proveniente dal vostro Signore! Coloro che ricevono la guida, lo fanno per il bene delle loro stesse anime. Invece, coloro che si perdono, lo fanno a loro discapito. Non sono responsabile della vostra condotta".

109-Segui l'ispirazione che ti è stata inviata, mostrati paziente e perseverante, fino a quando Dio deciderà. Egli è il migliore dei giudici.

XI

Sura Hūd

(Hūd)

Rivelata alla Mecca, (tranne i versetti 12, 17 e 114)

Nel nome di Dio, il Clemente, il Misericordioso

1- Alif, Lām, Rā. Questo è un Libro i cui versetti sono spiegati con chiarezza da Colui che è saggio ed è ben informato su tutte le cose,

2- affinché non adoriate altri che Dio. Di': "In verità, sono stato inviato[1] da Lui per ammonire e per portare la buona novella.

3- Cercate il perdono del vostro Signore e volgetevi verso di Lui in pentimento, affinché Egli possa concedervi dei piaceri buoni [e veri] fino ad un termine stabilito e diffondere la Sua grazia abbondante su tutti coloro che la meritano. Però, se vi volgete indietro, temo la pena di un grande giorno.

4- Presso Dio è il vostro ritorno. Egli detiene il potere assoluto su tutte le cose".

5- Vedi come voltano indietro i loro cuori[2], cercando di nascondersi da Lui! E, anche quando si coprono con delle vesti, Egli conosce che cosa nascondono e che cosa rivelano. Egli conosce bene i segreti dei cuori.

6- Non vi è creatura che si muova sulla terra, il cui sostentamento non dipenda[3] da Dio. Egli conosce il tempo e lo spazio per la sua dimora[4] definitiva e per quella temporanea. Tutto è posto in un registro chiaro.

---

[1] Il Profeta Muhammad (pbsl) è stato inviato con il medesimo messaggio affidato ai profeti precedenti, relativo all'annuncio della buona novella della grazia e misericordia di Dio a tutti coloro che accettano la fede e ripongono in Dio la propria fiducia.

[2] Lett. "i loro petti" e nel contesto di questo versetto indica dei segreti ben custoditi.

[3] Cfr. 6:59. Nulla accade nella creazione senza che Dio ne sia a conoscenza.

[4] In arabo *Mustaqarr*, ossia un luogo di sosta definito, dove una cosa si stabilisce per qualche tempo. *Mustawda*, invece, indica un luogo in cui una cosa sosta e viene depositata per un breve tempo. In relazione agli animali, il primo termine denota la vita sulla terra ed il secondo l'esistenza pre-natale nel ventre materno e quella nella tomba, prima della resurrezione finale.

7-Egli ha creato i cieli e la terra in sei giorni ed il Suo trono si trovava sulle acque. Che Egli possa mettervi alla prova per decidere chi tra di voi è il migliore nella condotta. Però se dici loro: "Sarete resuscitati dopo la morte", i miscredenti sicuramente affermeranno: "Questo non è altro che un evidente sortilegio".

8-Se ritardiamo la punizione per un termine definito, diranno: "Che cosa lo trattiene?" Nel giorno in cui li raggiungerà, nulla potrà allontanarla da loro e saranno completamente accerchiati da ciò che erano soliti deridere.

9-Se facciamo provare all'uomo l'assaggio della Nostra misericordia e poi la ritiriamo, si dispera e dimentica ogni gratitudine.

10-Però, se gli concediamo il Nostro favore dopo che è stato toccato dall'avversità, sicuramente affermerà: "Tutto il male si è allontanato da me" e sarà preda dell'esaltazione e dell'orgoglio.

11-Non così coloro che mostrano pazienza e costanza e compiono opere di bene. Per loro vi è il perdono dei peccati ed una grande ricompensa.

12-Forse potresti sentire il bisogno di tralasciare parte di ciò che è stato rivelato e il tuo cuore potrebbe provare angoscia per quello che dicono: "Perché non gli viene inviato un tesoro o un angelo non scende da lui?" Però, tu sei solo un ammonitore! È Dio che decide ogni questione.

13-Affermeranno: "Egli lo ha composto". Di': "Portatemi dieci sure come questa, e chiamate in aiuto chiunque potete, altro da Dio, se quello che affermate è vero!

14-Se i vostri falsi dei non rispondono, sappiate che questa rivelazione è stata inviata con la conoscenza di Dio e che non c'è altro dio che Lui! Vi sottometterete dunque?"

15-A coloro che desiderano la vita del presente e il suo splendore pagheremo il prezzo delle loro opere senza diminuzione.

16-Per costoro non c'è nulla nell'Altra vita eccetto il Fuoco. Vani sono i disegni che ordiscono e le opere che compiono non hanno alcun effetto!

17-Possono essere come coloro che accettano un chiaro segno dal loro Signore recato da un testimone proveniente da Lui[5], come fece

---

[5] Riferimento al Corano rivelato al Profeta Muhammad (pbsl) ed all'originale rivelazione data a Mosè.

precedentemente il libro di Mosè, una guida[6] ed una misericordia? Costoro vi hanno creduto. Il Fuoco sarà il luogo d'incontro promesso per coloro che, divisi in fazioni, lo hanno rifiutato. Quindi, non essere in dubbio, perché questa è la verità proveniente dal Tuo Signore. Eppure molti tra gli uomini non credono.

18-Chi compie maggiore ingiustizia di colui che inventa una menzogna contro Dio? Saranno ricondotti alla presenza del loro Signore e i testimoni diranno: "Costoro hanno mentito contro il loro Signore!" La maledizione di Dio è su quanti agiscono ingiustamente,

19-coloro che trattengono gli uomini dal sentiero di Dio, cercando di renderlo tortuoso, e negano l'Altra vita".

20-Costoro non possono rendere vani i Suoi piani sulla terra e non troveranno alcun protettore che potrà difenderli da Dio! La loro punizione sarà raddoppiata[7]! Hanno perduto la capacità di udire [la verità] e di veder[la]!

21-Hanno perduto le proprie anime e le menzogne che hanno inventato li hanno abbandonati.

22-Senza dubbio, costoro perderanno di più nell'Altra vita.

23-Invece coloro che credono, compiono opere di bene e si mantengono umili davanti al loro Signore[8], saranno Compagni del Giardino dove dimoreranno in eterno.

24-Questi due tipi di uomini possono essere paragonati rispettivamente ai ciechi e ai sordi e a quanti possono invece vedere ed udire bene. Sono forse uguali, quando vengono paragonati? Non presterete forse ascolto?

25-Abbiamo inviato Noè al suo popolo con una missione: "Sono venuto da voi con un chiaro avvertimento:

26-<<Non servite nessun altro oltre Dio. In verità, temo per voi la pena di un giorno gravoso>>.

27-Però i capi dei miscredenti tra il suo popolo dissero: <<Non vediamo in te se non un uomo come noi. Ti seguono solo i più poveri

---

[6] In arabo *Imām*, ossia un leader, una guida ed una persona che dirige sulla retta via.

[7] Costoro si sono macchiati di una doppia colpa: 1-Hanno elaborato delle falsità contro Dio e 2-Hanno indotto anche gli altri a deviare dalla via di Dio. Cfr. 7:38, 25:69, 33:68.

[8] La vera umiltà non implica la perdita della fiducia in se stessi in quanto nasce dalla confidenza e dalla fiducia riposta in Dio.

e deboli d'intelletto. Non siete migliore di noi! Anzi, pensiamo che siate dei bugiardi>>[9]".

28-Egli disse: "O popolo mio! Ho ricevuto un chiaro segno dal mio Signore ed Egli mi ha inviato la Sua misericordia dalla Sua stessa presenza. Forse la misericordia è stata oscurata dalla vostra vista[10]? Dovremmo costringervi ad accettarla, quando siete avversi ad essa?

29-O popolo mio, non vi chiedo in cambio alcuna ricchezza. La mia ricompensa proviene Dio, ma non allontanerò i credenti. In verità, dovranno incontrare il loro Signore mentre voi siete gente incapace di comprendere.

30-O popolo mio, chi mi aiuterà contro Dio, se li scacciassi? Perché non prestate attenzione?

31-Non vi dico che presso di me si trovano i tesori di Dio, e nemmeno che conosco ciò che è nascosto. Non sostengo nemmeno di essere un angelo. Non dico nemmeno, di coloro che i vostri occhi disprezzano, che Dio non concederà loro tutto ciò che è buono. Egli conosce nel modo migliore ciò che si trova nelle loro anime. Se lo facessi, sarei un ingiusto".

32-Dicono: "O Noè, hai discusso con noi e di molto hai prolungato il tuo discorso. Ora reca ciò con cui ci minacci, se dici il vero!".

33: Disse: "In verità, Dio lo farà incombere su di voi, se lo desidera, e voi non sarete capaci d'impedirlo.

34-Il mio consiglio non vi sarà di alcun profitto, anche se lo desidero, se Egli vuole che vi perdiate. Egli è il nostro Signore! E a Lui ritorneremo".

35-Oppure dicono: "Lo ha forse composto lui?" Di': "Se lo avessi composto, mi troverei nel peccato! Io sono libero dai peccati di cui voi invece vi siete macchiati!"

36-È stato rivelato a Noè: "Nessuno del tuo popolo crederà, eccetto coloro che hanno già creduto. Così non ti addolorare per le loro azioni.

---

[9] I miscredenti respingevano la grazia divina fondamentalmente per tre ragioni: 1-La gelosia verso gli altri esseri umani, 2-Il disprezzo verso i poveri e gli umili, 3-L'arroganza.

[10] La risposta di Noè è un esempio di gentilezza, umiltà, fermezza, verità ed amore verso il suo popolo.

37-Costruisci un'arca sotto il Nostro sguardo e la Nostra ispirazione e non rivolgerti a Me per coloro che si trovano nel peccato perché stanno per essere sommersi dai flutti".

38-Così cominciò a costruire l'arca. Ogni volta che i capi del suo popolo gli passavano vicino, lo schernivano. Egli disse: "Se voi ci deridete adesso, anche noi faremo lo stesso[11]!

39-Presto saprete su chi discenderà un castigo che lo coprirà di vergogna, e su chi sarà inviata una pena duratura".

40-Così giunse il Nostro comando e le fontane della terra[12] traboccarono. Dicemmo: "Imbarcate, di ogni tipo di animale una coppia, maschi e femmine[13], i credenti e la vostra famiglia, eccetto coloro contro di quali la parola è stata pronunciata. Solo pochi però credettero in lui".

41-Così disse: "Imbarcatevi sull'arca; nel nome di Dio salperà perché il mio Signore è Perdonatore, Misericordioso".

42-Così l'arca fluttuò con loro sulle onde alte come montagne e Noè chiamò suo figlio, che si era separato dal resto della famiglia: "O figlio mio! Imbarcati con noi e non rimanere con i miscredenti!"

43-Il figlio rispose: "Mi arrampicherò[14] su qualche montagna e mi salverò dalle acque". Noè disse: "Oggi nessuno può salvarsi dal comando di Dio, eccetto coloro di cui Egli avrà misericordia!" Le onde si posero tra di loro e il figlio fu tra i travolti nel diluvio.

44-Poi venne pronunciata la parola: "O terra, inghiotti l'acqua. O cielo, ritira la pioggia!" L'acqua si calmò e tutto finì. L'arca si fermò sul Monte Judi[15] e venne detto: "Ci siamo liberati di questo popolo di malvagi".

---

[11] L'aoristo arabo può essere reso sia con il presente che con il futuro. Nella presente traduzione abbiamo preferito seguire Zamakhsharī ed utilizzare quindi il presente.

[12] In arabo *Fār al-Tannur*. Quest'espressione può essere interpretata nei due modi seguenti: 1-Le fontane e le fonti della terra traboccarono, 2-L'ira divina esplose. Seguendo anche 23:27, 54:11-12, si è preferita la prima interpretazione.

[13] In arabo *Zawjaini*, termine che nella forma duale si riferisce a due individui di entrambi i sessi. Questa è la lettura dell'Imam Razi. Altri commentatori invece preferiscono rendere il termine come "due paia per ogni specie".

[14] I miscredenti non avevano fiducia in Dio, ma nutrivano speranze nei beni e nelle cose materiali.

[15] Questo termine ha una connessione con il nome "Kurd", in cui la lettera *ris* deve essere considerata un'interpolazione successiva. Gli antichi testi sumeri fanno riferimento ad una popolazione chiamata Kūtī o Gūtū, che abitava nella regione mediana del Tigri intorno al 2000 a.C. Questa regione comprende il moderno distretto turco di Bohtan, in

45-Noè invocò il suo Signore e disse: "O mio Signore, in verità, mio figlio proviene dalla mia famiglia! La Tua promessa è vera e Tu sei il più giusto dei giudici!"

46-Egli disse: "O Noè, costui non appartiene alla tua famiglia[16] perché la sua condotta è empia. Non domandarMi ciò di cui non possiedi alcuna conoscenza! Ti consiglio affinché tu non agisca come coloro che non sanno".

47-Noè disse: "O mio Signore, cerco rifugio in Te dal domandarti ciò di cui non possiedo alcuna conoscenza. A meno che Tu non mi perdoni e mi mostri la Tua misericordia, sarò comunque perduto".

48-La parola giunse: "O Noè, discendi dall'arca con la Nostra pace e le benedizioni su di te e su alcuni di coloro che nasceranno da quanti sono con te. Ci sono però alcuni, a cui garantiremo i loro piaceri per un periodo, ma alla fine li raggiungerà un doloroso castigo".

49-Queste sono alcune delle storie dell'invisibile che ti abbiamo rivelato. Prima né tu né il tuo popolo le conoscevate. Così perseverate con pazienza perché il futuro appartiene ai timorati[17]!

50-Al popolo degli Ad abbiamo inviato Hud, uno dei loro stessi fratelli. Egli disse: "O popolo mio, adorate Dio! Non avete altro dio che Lui[18]. Gli altri dei non sono altro che una vostra invenzione.

51-O popolo mio, non vi domando alcuna ricompensa per questo messaggio. La mia ricompensa proviene da colui che mi ha creato. Non comprendete dunque?

---

cui si trova la Jabal Jūdi (vicino alle frontiere della Turchia, dell'Iraq e della Siria), e la città di Jazirah ibn 'Umar (sulla frontiera Turco-siriana), e si estende in Iran ed Iraq. La grande massa montagnosa di Ararat domina questo distretto. La regione ha molte leggende collegate con Noè ed il diluvio. La leggenda secondo cui il monte Ararat è il luogo in cui si depose l'arca è poco plausibile, in quanto la cima più alta della catena montuosa misura 16,000 piedi. Se invece consideriamo le cime più basse, ciò concorda con la tradizione musulmana relativa al Monte Jūdi, il che si accorda a sua volta con le antiche tradizioni locali. Queste tradizioni sono state accettate anche da Josephus, dai cristiani nestoriani e dai cristiani ed ebrei orientali. Cfr. V. J. Bryce, "Transcaucasia and Ararat", 4th ed., 1896, 216.

[16] Anche la moglie di Noè mancava della fede e dovette affrontare il destino degli altri miscredenti. Cfr. 66:10.

[17] Coloro che operano secondo la legge di Dio ed a beneficio degli altri esseri umani possono essere insultati, maltrattati e perseguitati, ma non mancheranno mai della misericordia e dell'aiuto divino.

[18] Cfr. 7:65-72, per quel che concerne la storia del profeta Hūd inviato al popolo degli Ad. Cfr. 7:65 per quel che concerne la regione in cui si sviluppò la società degli Ad.

52-O popolo mio, chiedete perdono al vostro Signore e volgetevi verso di Lui in pentimento. Egli vi invierà la pioggia che copiosa cade giù dal cielo e accrescerà la vostra forza[19]. Così non volgetevi verso il peccato!"

53-Dissero: "O Hud, non ci hai portato dei segni chiari e noi non siamo disposti ad abbandonare i nostri dei sulla tua parola! Non crederemo in te.

54-Forse uno dei nostri dei ti ha reso debole d'intelletto". Egli disse: "Chiamo Dio come testimone. Testimoniate che io sono libero dal peccato di attribuirGli

55-altri dei come consimili! Così complottate pure contro di me, voi tutti, e non concedetemi alcuna tregua.

56-Ripongo la mia fiducia in Dio, il mio Signore e il vostro Signore! Non vi è una creatura che si muove che Egli non tenga sotto il Suo controllo[20]. In verità, la via del mio Signore è retta.

57-Se vi volgete indietro, vi ho comunicato il messaggio con cui vi sono stato inviato. Il mio Signore troverà un altro popolo che prenda il vostro posto e voi non potrete per nulla nuocerGli. Il mio Signore ha cura e vede ogni cosa".

58-Così, quando stabilimmo il Nostro decreto, salvammo Hud e coloro che hanno creduto attraverso una grazia speciale. Noi li abbiamo salvati da un severo castigo.

59-Questo era il popolo di Ad. Costoro hanno respinto i segni del loro Signore e Creatore, e hanno disubbidito ai Suoi messaggeri, seguendo il comando di ogni potente ed ostinato trasgressore.

60-Costoro furono colti da una maledizione in questa vita e nel Giorno del Giudizio. Gli Ad hanno rifiutato il loro Signore e Creatore. Gli Ad, il popolo di Hud, furono cancellati dalla vista!

---

[19] Secondo alcuni commentatori con quest'espressione ci si riferisce ad un aumento della popolazione. Mentre le altre regioni dell'Arabia erano scarsamente popolate, le fertili ed irrigate terre degli Ad potevano supportare una popolazione piuttosto numerosa. L'espressione però potrebbe avere anche un significato del tutto generale ed indicare il fatto che erano il popolo più potente del proprio tempo. Se avessero quindi ubbidito a Dio e seguito la "via della giustizia", sarebbero divenuti ancora più potenti.

[20] Lett. "tenere per il ciuffo", in modo particolare in riferimento ai cavalli. Si tratta di un'espressione araba che indica avere un pieno potere su qualcuno. Cfr. 96:15-16.

61-Al popolo dei Thamud[21] abbiamo inviato Salih, uno dei loro fratelli. Egli disse: "O popolo mio, adora Dio! Non avete altro dio che Lui. Egli è Colui che vi ha prodotto[22] dalla terra e vi ci ha collocato. DomandateGli il perdono. Il mio Signore in verità è vicino, pronto a rispondere!"

62-Dissero: "O Salih, nutrivamo verso di te delle grandi speranze[23]. Eppure ora ci proibisci di adorare ciò che i nostri padri hanno adorato? In verità, dubitiamo in merito a ciò verso cui ci inviti".

63-Egli disse: "O popolo mio, non vedete? Ho ricevuto un segno chiaro dal mio Signore ed Egli mi ha concesso la Sua misericordia. Chi potrebbe aiutarmi contro Dio, se Gli disubbidissi? Che cosa aggiungerei a quanto mi spetta, se non la perdizione?

64-O popolo mio, questa femmina di cammello appartenente a Dio, è per voi un segno[24]. Lasciatela pascolare liberamente nella terra di Dio e non fatele alcun male, altrimenti vi coglierà una punizione terribile".

65-Loro però la macellarono. Così egli disse: "Rimanete nelle vostre case per tre giorni. Poi si abbatterà su di voi la rovina. Questa è una promessa, che non dovreste considerare con leggerezza".

66-Quando il Nostro decreto fu stabilito, Noi salvammo Salih ed i credenti, attraverso una grazia speciale proveniente da Noi, dall'ignominia di quel giorno. Perché il tuo Signore è Onnipotente, capace di mettere in atto il Suo volere.

67-Un grande cataclisma colse gli iniqui e giacquero prostrati nelle loro case prima del mattino,

68-come se non avessero mai abitato e prosperato in quei luoghi. I Thamud hanno rifiutato il loro Signore e Creatore! Così i Thamud scomparvero.

---

[21] Cfr. 7:73-79, dove la storia dei Thamud e del profeta Sālih è stata raccontata da un altro punto di vista. Gli Ad erano un popolo ostinato ed orgoglioso, mentre i Thamud opprimevano i poveri, i deboli, così come dimostra simbolicamente la storia della femmina di cammello in 7:73. Cfr. 7:73 per quel che concerne la storia e la località in cui abitarono i Thamud.

[22] Il termine arabo *Anshā* indica il processo della creazione. Cfr. 6:98.

[23] Probabilmente il popolo di Sālih, considerando le sue qualità umane ed intellettuali, avrebbe potuto sceglierlo come leader o re, se solo si fosse conformato alle loro superstizioni ed al culto idolatra.

[24] Attraverso il simbolo della femmina di cammello, i Thamud erano invitati a riconoscere ai poveri i loro diritti, rendendo i doni di Dio su questa terra disponibili per tutti.

69-I Nostri messaggeri giunsero da Abramo con la buona novella. Dissero: "Pace" ed egli rispose: "Pace" e si affrettò ad intrattenerli con un vitello arrostito.

70-Però, quando vide che le loro mani non si avvicinavano al cibo, cominciò a non fidarsi di loro e a temerli. Dissero: "Non temere! Siamo stati inviati contro il popolo di Lot[25]".

71-Anche sua moglie era lì in piedi e rise, ma Noi abbiamo dato loro la buona novella di Isacco e, dopo di lui, di Giacobbe.

72-Lei disse: "Guai a me, dovrei concepire un bambino, ora che sono una donna vecchia e anche mio marito è anziano? Sarebbe veramente strano!"

73-Dissero: "Ti meravigli della decisione di Dio? La grazia di Dio e le Sue benedizioni siano su di voi, o abitanti di questa casa[26]! Egli è degno di ogni lode, pieno di gloria!"

74-Quando dalla mente di Abramo la paura passò e la buona novella lo raggiunse, egli cominciò a disputare con Noi per il popolo di Lot.

75-Abramo era, senza dubbio, magnanimo, compassionevole ed incline al pentimento[27].

76-"O Abramo! Non domandare ciò. Il decreto del tuo Signore è stato stabilito. Per loro è giunto un castigo che non può essere allontanato".

77-Quando i Nostri messaggeri giunsero da Lot, era addolorato per causa loro, si sentiva impotente a proteggerli e disse: "Questo è un giorno angosciante".

78-Il suo popolo, che commetteva da molto tempo abomini, venne correndo verso di lui. Egli disse: "O popolo mio, qui ci sono le mie figlie. Per voi sono più pure da prendere in matrimonio[28]! Ora temete Dio e non copritemi di vergogna relativamente ai miei ospiti! Tra di voi non vi è alcun uomo onesto?"

---

[25] Indica il popolo cui Lot venne inviato come profeta, ossia gli abitanti di Sodoma e Gomorra.

[26] In arabo *Ahl al-Bayt*, un'espressione educata per riferirsi alla sposa ed ai membri di una famiglia.

[27] Abramo, proprio come il Profeta Muhammad (pbsl), possedeva tre qualità principali: 1-Si mostrava tollerante e clemente verso i difetti e gli errori degli altri, 2-Le sue simpatie e la sua compassione erano molto ampie, 3-In caso di difficoltà si rivolgeva sempre a Dio per ricevere soccorso.

[28] Ci si riferisce alle ragazze nubili della città.

79-Risposero: "Bene, tu sai che delle tue figlie non abbiamo alcun bisogno. Sappiamo bene che cosa vogliamo".

80-Disse: "Se solo avessi il potere di fermarvi oppure se trovassi qualche potente aiuto...".

81-Gli angeli dissero: "O Lot, noi siamo i messaggeri del tuo Signore. Non ti faranno nulla! Ora allontanati insieme alla tua famiglia, mentre rimane ancora parte della notte e che nessuno di voi si guardi indietro. Tua moglie però rimarrà indietro[29]; a lei succederà ciò che accadrà al resto della popolazione. Il mattino è il tempo stabilito. Il mattino non è forse vicino?"

82-Quando il Nostro decreto fu stabilito, Noi sconvolgemmo le città e facemmo piovere su di loro delle pietre infuocate, dure come l'argilla cotta[30], sparse, strato su strato,

83-che erano state forgiate dal tuo Signore [per punire i peccatori]. Questa[31] punizione non è mai lontana dagli ingiusti!

84-Al popolo di Madyan[32] abbiamo inviato Shu'ayb, uno dei loro stessi fratelli che disse: "O popolo mio, adorate Dio! Non avete altro dio che Lui. Non ingannate nella misura e nel peso. Ora vi vedo nella prosperità[33], ma temo per voi la pena di un giorno che vi avvolgerà da ogni parte.

85-O popolo mio, assegnate la giusta misura e il giusto peso e non rifiutate alle persone quanto è loro dovuto. Non commettete alcun male sulla terra con l'intenzione di spargere la corruzione.

---

[29] Cfr. 66:10. Secondo il racconto biblico, la moglie di Lot fu trasformata in un pilastro di sale. Cfr. Gen. 19:26.

[30] In arabo *Sijjīl*, una parola persiana passata all'arabo e derivata da *Sang-o-gil* o *Sang-i-gil*, che significa letteralmente "pietra e argilla" secondo il *Qāmūs*. Le città di Sodoma e Gomorra si trovavano in una zona di terreno sulfureo e duro. Cfr. 51:33, compaiono invece i termini "*Hijārat min tīn*", ossia "pietre di argilla". Cfr. 105:4, il termine *Sijjīl* compare invece in relazione alla storia di Abraha ed ai compagni dell'Elefante.

[31] Lett. *Hiya*, ossia "loro". Secondo alcuni commentatori con questo termine ci si riferisce alle città, mentre secondo altri alla punizione. Nel primo caso indica che Sodoma e Gomorra non erano diverse dalle città che hanno commesso il male, e per questa ragione sono state degne della medesima punizione. Nel secondo caso, invece, indica che la punizione non è mai lontana da coloro che commettono il male.

[32] Cfr. 7:85-93 dove viene indicato il territorio abitato dal popolo di Madyan e la missione di Shu'ayb.

[33] Il popolo di Madyan era dedito all'inganno nell'ambito commerciale.

86-Ciò che rimane presso Dio[34] è migliore per voi, se solo avete fede! Non sono il vostro custode!"

87-Dissero: "O Shu'ayb, la tua religione ci comanda di abbandonare il culto che praticavano i nostri padri o che desistiamo dal fare con la nostra proprietà ciò che vogliamo? In verità, tu sei indulgente e retto!"

88-Egli disse: "O popolo mio, non vedete che ho ricevuto un segno dal mio Signore ed Egli mi ha concesso un sostentamento puro e buono? Non voglio fare ciò che vi proibisco, ma desidero unicamente disporre delle cose secondo giustizia, per quanto mi sia possibile. Il successo nel mio compito viene solo da Dio. Ripongo il Lui la mia fiducia e a Lui mi rivolgo.

89-O popolo mio, che il vostro disaccordo con me non vi spinga al peccato, altrimenti andrete incontro ad un destino simile a quello del popolo di Noè, di Hud o di Salih. Il popolo di Lot non è certo lontano da voi[35]!

90-Domandate il perdono del vostro Signore e volgetevi verso di Lui in pentimento perché il mio Signore è pieno di misericordia e amorevole".

91-Dissero: "O Shu'ayb, la maggior parte delle cose che dici sinceramente non le comprendiamo! Infatti, vediamo che tu non hai alcuna forza! Se non fosse stato per la tua famiglia, ti avremmo certamente lapidato! Tu non rivesti, tra di noi, alcuna eminente posizione".

92-Egli disse: "O popolo mio, riservate alla mia famiglia una maggiore considerazione di quella che date a Dio, Cui volgete le spalle? In verità, il mio Signore abbraccia con la Sua conoscenza tutte le vostre azioni.

93-O popolo mio, fate ciò che potete, io farò la mia parte. Presto saprete su chi può discendere la pena dell'ignominia e chi è un

---

[34] La legge divina non domanda all'essere umano di astenersi o di privarsi di quanto è necessario per il suo sviluppo. Se segue l'insegnamento di Dio, ciò che gli rimane, dopo aver reso agli altri quanto dovuto, non solo gli basterà ma gli sarà di grande aiuto nella crescita sia spirituale che fisica.

[35] La generazione di Lot non era lontana cronologicamente da quella di Shu'ayb, se quest'ultimo apparteneva alla quarta generazione da Abramo (Cfr. 7:93). Lo stesso luogo geografico non era distante, in quanto il popolo di Mydian abitava nella zona situata tra la Penisola del Sinai e la Valle del Giordano. Cfr. 7:85.

bugiardo! Così attendete pure! Anche io starò a guardare insieme a voi!"

94-Quando il Nostro decreto venne stabilito, Noi salvammo Shu'ayb e coloro che credettero con lui attraverso una speciale benedizione proveniente da Noi, ma un terribile cataclisma colse gli iniqui e al mattino giacquero prostrati nelle loro case,

95-come se non avessero mai dimorato e prosperato in quei luoghi! Così furono cancellati i popoli di Madyan e così fu rimosso il popolo dei Thamud.

96-Abbiamo inviato Mosè con i Nostri chiari segni ed autorità manifesta,

97-al Faraone e ai suoi nobili, ma costoro seguirono il comando del Faraone. Il comando del Faraone però era iniquo.

98-Egli precederà il suo popolo nel Giorno del Giudizio e li condurrà[36] nel Fuoco. Terribile è il luogo a cui sono condotti!

99-Costoro sono seguiti da una maledizione in questa [vita] e nel Giorno del Giudizio terribile è il dono che sarà dato loro.

100-Queste sono alcune delle storie delle comunità [antiche] che ti abbiamo raccontato. Alcune sono ancora esistenti[37] e altre invece sono state spazzare via dal tempo.

101-Non ci siamo mostrati ingiusti contro di loro, ma costoro hanno peccato contro le loro stesse anime. Gli idoli, altri da Dio, che invocavano non sono stati loro di alcun aiuto, quando venne stabilito il decreto del loro Signore, e non hanno aggiunto nulla al loro fardello se non la perdizione!

102-Questo è il castigo del tuo Signore, quando punisce le comunità che hanno agito ingiustamente. Il Suo castigo è gravoso e severo.

103-Questo è un segno per coloro che temono la pena dell'Altra vita. Questo è un giorno in cui l'umanità sarà riunita. Questo sarà un giorno di testimonianza[38].

---

[36] In arabo *Arwada*, che significa "condurre il bestiame ad abbeverarsi". Nel contesto di questo versetto indica il buon pastore che conduce il gregge o gli armenti in un pascolo fresco, dove possono abbeverarsi. Il cattivo pastore, invece, fa il contrario, ossia conduce coloro che gli sono stati affidati in questa terra ai tormenti della punizione divina.

[37] Lett. "stanno erette", come gli steli del grano pronti per essere mietuti.

[38] In arabo *Yawmun Mashhūd*, ossia il Giorno della Testimonianza. Quest'espressione contiene a sua volta le seguenti tre sfumature di significato: 1-Sarà il giorno in cui accorreranno da ogni parte i testimoni, 2-Sarà il giorno in cui sarà data testimonianza davanti a Dio, 3-Sarà il giorno di cui tutti faranno esperienza.

104-Non lo ritarderemo se non per un periodo stabilito.

105-Quando quel giorno arriverà, nessuna anima potrà parlare se non con il Suo permesso. Tra quelli che si sono riuniti, alcuni saranno maledetti[39] e altri saranno benedetti[40].

106-I maledetti dimoreranno nell'Inferno. Per loro non ci sarà altro che sospiri e singhiozzi[41].

107-Dimoreranno lì per tutto il tempo[42] in cui durano i cieli e la terra, a meno che il tuo Signore non decida altrimenti. Il tuo Signore è Colui che compie tutto ciò che ha stabilito.

108-I benedetti dimoreranno nel Giardino per tutto il tempo in cui durano i cieli e la terra, a meno che il tuo Signore non decida altrimenti. Sarà un dono privo di fine.

109-Non essere in dubbio riguardo a quello che questi uomini adorano. Non adorano nulla se non ciò che i loro padri veneravano prima di loro. Noi li ripagheremo in pieno senza alcuna diminuzione.

110-Abbiamo dato il libro a Mosè, ma disputarono riguardo ad esso. Se il tuo Signore non avesse deciso altrimenti, la questione sarebbe già stata decisa tra di loro, ma si sono perduti nel dubbio.

111-Sicuramente, il tuo Signore ricompenserà tutti per le loro azioni, perché Egli conosce bene tutto quello che fanno.

112-Quindi, mantenetevi saldi sul retto cammino così come è stato comandato a te e a coloro che con te si volgono verso Dio. Non ve ne allontanate. Egli vede bene tutto ciò che fate.

113-Non inclinare verso coloro che compiono l'ingiustizia o il Fuoco vi coglierà. Non avrete alcun protettore oltre Dio e non riceverete alcun aiuto.

---

[39] In arabo *Shaqī*.

[40] In arabo *Sa 'īd*.

[41] In arabo rispettivamente *Zafīr* e *Shahīq*. Il primo termine è utilizzato solitamente per indicare il barrito dell'asino, mentre il secondo compare in 67:7 per indicare il rumore prodotto dal fuoco che tutto divora e consuma.

[42] In arabo *Khālidīn* che indica un periodo di tempo indefinito o, secondo alcuni, un tempo eterno. Secondo alcuni commentatori, il riferimento alla durata rispettivamente del cielo e della terra che sono limitati temporalmente, potrebbe far pensare ad una durata specifica della punizione. Secondo altri commentatori, invece, ci si riferisce ad una nuova creazione dal carattere eterno, implicando anche di conseguenza l'eternità della punizione divina.

114-Stabilite preghiere regolari ai due limiti del giorno[43] e all'avvicinarsi[44] della notte. Ciò che è buono rimuove quanto è riprovevole. Questo è un monito per coloro che ricordano il loro Signore.

115-Mantieniti perseverante con pazienza nei tempi difficili perché, in verità, Dio non permetterà che la ricompensa dei giusti perisca.

116-Perché non vi erano, tra le generazioni che vi hanno preceduto, persone in possesso di buon senso[45] che proibivano agli uomini di spargere corruzione sulla terra, eccetto i pochi che abbiamo salvato dal pericolo? Però gli ingiusti hanno continuato a cercare il godimento di ciò che di buono della vita abbiamo loro concesso e si sono mantenuti nel peccato.

117-Il tuo Signore non distruggerà mai delle città per un singolo errore[46], se i suoi abitanti sono disposti a correggersi.

118-Se il tuo Signore avesse voluto, avrebbe fatto dell'umanità un solo popolo, ma non cessano mai di discutere,

119-eccetto coloro a cui Dio ha concesso la Sua Misericordia. Per questo Egli li ha creati e la parola del tuo Signore si avvererà: "Riempirò l'inferno di uomini e di *Jinn*".

120-Ti raccontiamo tutte queste storie sui profeti, per rendere saldo il tuo cuore. In esse vi è la verità, un'esortazione ed un messaggio di ricordo per i credenti.

21-Di' a coloro che non credono: "Fate ciò che potete! Noi faremo la nostra parte.

122-Aspettate ed anche Noi aspetteremo".

---

[43] Ossia al *Fajr* ed al *Zuhr*, rispettivamente la preghiera del mattino prima del sorgere del sole, e del primo pomeriggio subito dopo mezzogiorno.

[44] In arabo *Zulafun*, plurale di *Zulfatun*. Con questo termine ci si riferisce alla preghiera dell'*Asr* (nel tardo pomeriggio), quella del *Maghrib* (dopo il tramonto) e dell'*'Ishā* (al calare della notte).

[45] In arabo *Baqīyat*, che si riferisce a virtù che permangono e si mantengono nel tempo, come il buon senso che non segue i capricci ed i desideri vani.

[46] Seguendo Baydawi, nella traduzione di questo versetto il termine *Zulmin* è stato interpretato come riferito ad un singolo peccato. Secondo Baydawi si riferisce al peccato di *Shirk*, ossia il politeismo. Ho ritenuto invece che sia relativo ad un comportamento errato in senso generale e non specifico. In questo senso il versetto indica quindi la natura compassionevole e misericordiosa di Dio, che è sempre pronto a perdonare l'umanità quando si dimostra pronta a correggere la propria condotta.

123-A Dio appartengono i segreti nascosti dei cieli e della terra, e a Lui tutto torna per una decisione. Allora adorateLo[47] e riponete in Lui la vostra fiducia. Il tuo Signore non è disattento verso quello che fate.

---

[47] Cfr. 2:210. Adorare Dio implica a sua volta: 1-L'impegno nel tentare di comprendere il Suo volere, 2-Comprendere la Sua gloria e misericordia, 3-Mantenersi nel costante ricordo di Dio e nella Sua lode, 4-Obbedire alla Sua legge, ponendosi con sincerità al servizio Suo e delle Sue creature.

XII

Sura Yūsuf

(Giuseppe)

Rivelata alla Mecca, (tranne i versetti 1-3, 7)

Nel nome di Dio, il Clemente, il Misericordioso

1-Alif, Lām, Rā. Questi sono i versetti[1] del Libro perspicuo[2].

2-Lo abbiamo inviato come un Corano[3] in arabo affinché possiate imparare la saggezza.

3-Ti raccontiamo la più meravigliosa delle storie in questa porzione del Corano che ti abbiamo rivelato, anche se precedentemente non ne eri a conoscenza.

4-Giuseppe disse a suo padre[4]: "Ho visto undici stelle, il sole e la luna, che si prosternavano davanti a me".

5-Il padre disse: "Figlio mio[5], non raccontare questa visione ai tuoi fratelli[6], al fine che non complottino contro di te. Per l'uomo Satana è un nemico manifesto".

6-Poi il tuo Signore lo scelse e gli insegnò l'interpretazione dei sogni [e degli eventi], rendendo perfetto il Suo favore sopra di lui e sulla posterità di Giacobbe, così come fece con i tuoi antenati, Abramo ed Isacco! Il tuo Signore è pieno di conoscenza e saggezza.

---

[1] In arabo *Āyāt* che può essere reso con "versetti", "simboli" e "segni". Nel contesto di questa sura la storia di Giuseppe è considerata un miracolo ed un segno del piano di Dio nella vita degli esseri umani.

[2] In arabo *Mubīn*. Cfr. 5:15.

[3] Il termine arabo *Qur'ān* indica rispettivamente qualcosa che può essere: 1-Letto, 2-Recitato e 3-Proclamato. Cfr. 16:103, 41:44.

[4] Giacobbe, soprannominato Israele, il figlio di Isacco, il secondogenito di Abramo. Giacobbe ebbe da sua moglie Rachel due figli: Giuseppe e Beniamino. A quel tempo, la famiglia di Giacobbe abitava nella terra di Canaan, molto vicino alla moderna Nablus (l'antica Shechem).

[5] A quel tempo Giuseppe aveva probabilmente diciassette anni.

[6] Giuseppe non era consapevole dell'invidia e dell'odio che i suoi fratelli nutrivano verso di lui, al contrario invece di Giacobbe.

7-In verità, Giuseppe e i suoi fratelli sono segni per coloro che cercano la verità.

8-I fratelli di Giuseppe dissero: "In verità, Giuseppe e suo fratello sono i preferiti di nostro padre, anche se noi siamo così numerosi. In realtà, nostro padre è vittima di un errore".

9-"Uccidiamo Giuseppe o abbandoniamolo in qualche regione remota, al fine che l'attenzione di nostro padre sia solo per noi. [Avremo tempo] per essere virtuosi in seguito".

10-Uno di loro disse: "Non uccidiamo Giuseppe! Se dobbiamo fare qualcosa, gettiamolo invece nel fondo di un pozzo. Sarà tirato fuori da qualche carovana di viaggiatori".

11-Dissero: "Padre, perché non hai fiducia in noi rispetto a Giuseppe, anche se vedi che siamo sinceri nel volergli bene?

12-Mandalo con noi domani per divertirsi e giocare. Ci prenderemo piena cura di lui".

13-Giacobbe disse: "In realtà, mi rattrista che dobbiate portarlo via. Ho paura che un lupo lo divori, mentre non ve ne occupate".

14-Risposero: "Se il lupo dovesse divorarlo, mentre siamo così numerosi, saremo di certo degli incapaci".

15-Così lo portarono via, e furono tutti d'accordo nel gettarlo nel fondo di un pozzo. Ponemmo nel suo cuore questo messaggio[7]: "Sicuramente un giorno tu dirai loro la verità di ciò che hanno compiuto, quando meno se lo aspettano"[8].

16-Poi tornarono dal loro padre nella prima parte della notte, piangendo.

17-Dissero: "O padre, siamo andati a fare una gara di corsa, e abbiamo lasciato Giuseppe con le nostre cose, ma un lupo lo ha divorato. Tu non ci crederai mai, anche se ti diciamo la verità".

18-Macchiarono la sua camicia con falso sangue[9]. Giacobbe disse: "Avete fabbricato delle menzogne[10]. Per me si addice la pazienza

---

[7] Dio era con Giuseppe in tutte le difficoltà e le sofferenze che dovette affrontare. Egli è sempre vicino ai Suoi servi che ripongono in Lui la loro fiducia.

[8] Questo accadde quando Giuseppe divenne governatore dell'Egitto ed i suoi fratelli, durante la carestia, si recarono da lui per ricevere aiuto, senza sapere chi fosse.

[9] Di una capretta che era stata macellata in quell'occasione.

[10] Alcuni commentatori hanno sottolineato che, qualora il lupo avesse sbranato Giuseppe, la sua camicia sarebbe stata a brandelli e non intatta come quella presentata dai suoi fratelli a Giacobbe.

meglio di qualsiasi altra cosa. Solo in Dio può essere cercato il rifugio contro ciò che affermate".

19-Poi giunse una carovana di viaggiatori[11]. Inviarono qualcuno ad attingere l'acqua ed egli gettò nel pozzo il suo secchio. Disse: "Buone notizie[12]! Qui c'è un giovane uomo!" Così lo nascosero con l'intenzione di venderlo[13]. Però Dio sapeva bene tutto ciò che facevano.

20-Lo vendettero per un prezzo miserabile, per pochi denari[14]. Così poco lo stimarono.

21-L'uomo in Egitto[15] che lo comperò, disse a sua moglie[16]: "Rendi onorevole la sua permanenza presso di noi. Forse, ci potrebbe essere utile oppure lo adotteremo come figlio". Così ponemmo Giuseppe in quella terra, affinché gli potessimo insegnare il significato degli eventi[17]. Dio ha pieno potere e controllo sopra i Suoi piani, ma la maggior parte degli uomini non lo comprende.

22-Quando Giuseppe raggiunse la maturità[18], gli demmo potere e la conoscenza [del bene e del male]. Così Noi ricompensiamo coloro che compiono il bene[19].

23-Però colei, nella cui casa lui si trovava, cercò di sedurlo. Chiuse la porta e disse: "Ora, vieni, mio caro!", Egli disse: "Che Dio non voglia! In verità, tuo marito è il mio signore! Egli ha reso piacevole il mio soggiorno! Coloro che compiono il male non raggiungeranno alcun bene".

---

[11] Si trattava di una carovana di Medianesi o di Arabi che si recavano in Egitto per commerciare. Solitamente, alcuni esploratori precedevano la carovana in cerca di pozzi di acqua potabile, presso cui piantare l'accampamento.

[12] In arabo *Bushrā*. Secondo alcuni commentatori questo è il nome proprio della persona cui ci si rivolge.

[13] Nel versetto è presente il termine *Bidhā'ah*, che significa "capitale", "merce", "denaro" e "ricchezza". Cfr. 12:62.

[14] In arabo *Dirham*, derivato a sua volta dal greco *drachma*. Era una piccola moneta d'argento il cui peso e valore variava di paese in paese.

[15] *Azīz*.

[16] *Zulaykhā* secondo la tradizione.

[17] In arabo *Ahādīth*, termine che può essere reso rispettivamente come "storie", "eventi" e "sogni".

[18] Quando aveva lasciato Canaan, Giuseppe era un giovane ingenuo privo dell'esperienza del mondo. Attraverso le vicissitudini in terra egiziana, acquisì conoscenza e saggezza.

[19] In arabo "Muhsinīn".

24-Con passione lei lo desiderava ed egli l'avrebbe desiderata, se non avesse visto un segno della verità[20] del suo Signore affinché Noi potessimo allontanare da lui tutto il male e le azioni vergognose, perché Egli era uno dei Nostri servi, sincero e purificato.

25-Così entrambi corsero verso la porta ed ella gli strappò la camicia da dietro. Trovarono il marito di lei vicino alla porta. Lei disse: "Qual è la punizione che si addice a chi ha cercato di disonorare tua moglie, la prigione o un tremendo castigo?"

26-Giuseppe disse: "È stata lei che ha tentato di sedurmi". Uno dei servi lo vide e testimoniò: "Se la sua camicia fosse strappata dal davanti, allora il racconto di lei sarebbe vero e lui sarebbe un bugiardo.

27-Però, se la camicia è stata strappata da dietro, allora lei è una bugiarda e lui sta dicendo il vero".

28-Così, quando vide la sua camicia che era strappata da dietro, disse: "Questa è un'astuzia di donne. O donne, avete veramente una grande astuzia.

29-O Giuseppe, vai pure. O moglie, chiedi perdono per i tuoi peccati perché in verità sei in errore".

30-Le signore della città dissero: "La moglie del governatore[21] ha cercato di sedurre il suo schiavo. Egli le ha ispirato un amore violento. Vediamo che si è chiaramente perduta".

31-Quando udì il loro discorso malizioso, le mandò a chiamare e preparò un banchetto. Diede ad ognuna un coltello e disse a Giuseppe: "Entra al loro cospetto". Quando lo videro, lo lodarono e nella loro meraviglia si ferirono e dissero: "Che Dio ci protegga. Costui non è un mortale. Costui non è altro che un nobile angelo".

32-Lei disse: "Qui, davanti a voi, vi è colui riguardo al quale mi avete rimproverato. Ho cercato di sedurlo, ma lui si è salvato con fermezza e senza colpa! Ed ora, se non mi ubbidisce, sarà sicuramente gettato in prigione e sarà in compagnia dei miserabili".

33-Egli disse: "O Signore, preferisco la prigione rispetto a ciò a cui mi invitano. Se non allontani da me la loro astuzia, potrei sentirmi attratto da loro ed entrare a far parte della schiera degli ignoranti".

---

[20] Giuseppe vide con i suoi occhi spirituali ciò che la donna accecata dalla passione non riusciva a vedere, ossia la costante presenza divina che veglia e giudica le azioni degli uomini. Questa consapevolezza fu per Giuseppe una protezione.

[21] In arabo '*Azīz*, titolo appartenente ad un nobile o ufficiale di alto rango.

34-Così il Suo Signore ascoltò la sua preghiera e allontanò da lui i loro piani. Egli, in verità, ode e conosce ogni cosa.

35-Così decisero, anche se avevano visto le prove, di imprigionarlo per un periodo.

36-Insieme a lui furono messi in prigione due uomini[22]. Uno di loro disse: "In sogno mi sono visto mentre spremevo dell'uva". L'altro disse: "Ho sognato di portare del pane sulla testa, mentre gli uccellini ne mangiavano". Domandarono: "Raccontaci la verità e il significato di questi sogni. Vediamo che sei benevolente verso tutti".

37-Egli disse: "Prima che il cibo arrivi per nutrirvi, sicuramente vi rivelerò la verità ed il significato dei vostri sogni. Questo fa parte del dovere che il mio Signore mi ha imposto. Ho abbandonato le vie di un popolo che non crede in Dio e che nega persino l'Altra vita[23].

38-E seguo le vie dei miei padri: Abramo, Isacco e Giacobbe e non attribuisco a Dio alcun consimile. Questa è una grazia di Dio per noi e per l'umanità. Eppure la maggior parte degli uomini si dimostra ingrata.

39-O compagni di prigionia vi domando: <<Sono migliori molti signori, in disaccordo gli uni con gli altri, o Dio, l'Uno, il Supremo e Invincibile?

40-Quelli che venerate, oltre Lui, sono solo nomi che altri hanno inventato, voi e i vostri padri, rispetto ai quali Dio non ha concesso alcuna autorità. Il comando non appartiene a nessuno eccetto che a Dio. Ci ha comandato di non adorare nessun altro oltre Lui. Questa è la retta religione, ma la maggior parte degli uomini non lo comprende>>.

41-O compagni di prigionia, uno di voi verserà del vino da bere al suo signore, mentre l'altro penderà dalla croce e gli uccelli mangeranno sul suo capo. Così è stato deciso riguardo a ciò di cui mi avete domandato[24]"

---

[22] Entrambi ufficiali del sovrano che erano incorsi nella sua ira. Uno era coppiere reale e l'altro invece aveva il compito di preparare il pane.

[23] Quegli uomini erano egiziani dediti al politeismo. Giuseppe annuncia loro l'esistenza di un Dio unico.

[24] Giuseppe annuncia ai compagni di prigionia che il coppiere si sarebbe salvato e avrebbe occupato di nuovo il suo ruolo presso la corte del Re. L'altro invece sarebbe stato giustiziato con un crudele supplizio.

42-E a colui che si sarebbe salvato disse: "Ricordati di me presso il tuo signore". Satana però glielo fece dimenticare e Giuseppe rimase in prigione per alcuni[25] anni ancora.

43-Il Re dell'Egitto disse: "Ho visto in sogno sette vacche grasse che venivano divorate da sette vacche magre e sette steli di grano pieni ed altri sette spogli. O nobili, spiegatemi la visione, se potete"

44-Dissero: "Questo è un insieme di sogni confusi e noi non siamo molto preparati nella loro interpretazione".

45-Però l'uomo che era stato rilasciato, si ricordò di lui dopo così tanto tempo e disse: "Vi dirò la verità di questa visione. Lasciatemi andare".

46-[Si recò in prigione da Giuseppe e gli disse]: "O Giuseppe, uomo di verità, spiegaci il sogno di sette vacche grasse che vengono divorate da sette vacche magre e di sette steli di grano verde e di sette steli secchi, affinché io possa tornare dalla mia gente e loro possano comprendere".

47-Giuseppe rispose: "Per sette anni dovrete seminare con attenzione, come è vostro solito. Però dovrete consumare solo una parte del raccolto, mentre il resto dovrete riporlo nei granai[26].

48-Dopo verrà un periodo di sette anni spaventosi che divoreranno tutto ciò che avete messo da parte, eccetto quel poco che avrete conservato.

49-Dopo verrà un anno in cui le persone avranno pioggia abbondante e in cui spremeranno [vino e olio][27]".

50-[Quando gli venne portata questa spiegazione] il Re disse: "Conducetelo da me": Però, quando il messaggero venne da lui, Giuseppe disse: "Torna dal tuo signore e domandagli di scoprire [per prima cosa] la verità su coloro che si sono tagliate le mani, perché in verità il mio Signore è consapevole della loro astuzia".

51-Il Re chiese alle donne [dopo averle mandate a chiamare]: "Che cosa cercavate di ottenere, quando avete deciso di sedurre Giuseppe?" Le donne risposero: "Che Dio ci scampi! Non conosciamo nulla di male riguardo a lui!" La moglie del precedente padrone di Giuseppe disse: "Ora la verità è manifesta di fronte a tutti. Sono stata

---

[25] In arabo *Bidh'* che indica un numero indefinito che va dai 3 ai 9 anni.

[26] Giuseppe non si limita a spiegare il significato del sogno del re, ma propone anche delle misure concrete da assumere in quella precisa situazione.

[27] Simboli di prosperità in seguito ai sette anni di carestia.

io a cercare di sedurlo. Egli è uno di coloro che rimangono veritieri e virtuosi".

52-[Quando Giuseppe venne a sapere quanto era accaduto] disse: "Lo domando affinché il mio precedente padrone sappia che non l'ho tradito. Dio non guida mai l'astuzia dei falsi.

53-Non cerco di assolvere la mia anima dal biasimo. L'anima umana incita[28] in verità l'uomo verso il male, a meno che il mio Signore non conceda la Sua misericordia. In verità, il mio Signore è Perdonatore, Colui che concede la grazia"[29].

54-Così il re disse: "Portatemelo. Lo impiegherò per servirmi personalmente". Poi, quando gli ebbe parlato, disse: "Stai sicuro. Tu sei davanti alla mia presenza con un rango fermamente stabilito e con una fedeltà completamente provata"[30].

55-Giuseppe disse: "Assegnami il controllo dei magazzini del regno. Mi prenderò cura di loro in quanto ne conosco pienamente l'importanza".

56-Così abbiamo fermamente stabilito[31] Giuseppe su questa terra per viverci ovunque volesse. Concediamo la Nostra misericordia a chi vogliamo e non permettiamo che la ricompensa di coloro che compiono il bene vada perduta.

57-In verità, la ricompensa dell'Altra vita è migliore per coloro che credono e si mantengono costanti nella rettitudine.

58-Poi giunsero i fratelli di Giuseppe. Entrarono alla sua presenza; egli li riconobbe, ma loro non fecero lo stesso.

59-Dopo che li ebbe riforniti di ciò di cui avevano bisogno, disse: "Portatemi uno dei vostri fratelli, che ha lo stesso padre vostro ma una madre differente. Non vi ho forse concesso una misura piena e vi ho trattato con la migliore ospitalità?

60-Ora, se non lo condurrete qui da me, non avrete alcuna misura di grano e non vi sarà concesso nemmeno di avvicinarvi a me".

---

[28] In arabo *Ammārah*, traducibile come "pronta", "appassionata" e "disposta".

[29] La maggioranza dei commentatori ritiene che le parole dei versetti 52 e 53 siano da attribuire a Giuseppe. Ibn Kathīr invece reputa che debbano essere attribuite alla moglie di Azīz.

[30] Il sovrano era probabilmente un re appartenente alla dinastia degli Hyksos, che regnò sull'Egitto tra il XIX ed il XVII secolo a.C.

[31] In arabo *Haythu*, che si riferisce al modo, al tempo ed allo spazio. A Giuseppe venne conferito un grande potere come conseguenza della sua provata fedeltà ed onestà. Cfr. 12:53.

61-Dissero: "Cercheremo di convincere nostro padre a separarsi da lui. Faremo sicuramente del nostro meglio".

62-Poi Giuseppe disse al suo servo di porre le loro merci[32] nei loro bagagli, in modo che se ne sarebbero accorti solo dopo essere ritornati dalla loro gente. Così sarebbero tornati indietro[33].

63-Ora, quando tornarono dal loro padre, dissero: "Padre, non potremmo avere nessuna misura di grano [in futuro], a meno che non portiamo con noi nostro fratello. Mandalo con noi, al fine di poter ottenere il grano. Ci prenderemo cura di lui".

64-Disse: "Dovrei credervi nello stesso modo in cui ho fatto con Giuseppe? Dio è il suo miglior custode. Egli è il più misericordioso di coloro che mostrano misericordia".

65-Quando aprirono i bagagli, trovarono che le merci erano state loro riconsegnate. Dissero: "Padre, che cosa di più possiamo desiderare? Le nostre merci ci sono state riconsegnate e, [se mandi insieme a noi Beniamino], potremmo portare del cibo per le nostre famiglie. Ci prenderemo cura di nostro fratello e aggiungeremo un altro carico di cammello. Sarà facile ottenere una misura aggiuntiva".

66-Giacobbe disse: "Non lo lascerò andare via con voi fino a quando non avrete giurato solennemente, nel nome di Dio, che lo ricondurrete indietro a meno che anche voi non siate sopraffatti dal nemico. Quando ebbero pronunciato il solenne giuramento, egli disse: "Che Dio sia testimone e guardiano [di quanto affermate]".

67-Poi disse: "O figli miei, non entrate tutti da una sola porta[34] ma da porte differenti. Io non posso aiutarvi contro la volontà di Dio. Solo Lui ha il potere di decidere ciò che dovrà accadere. In Lui ripongo la mia fiducia e lascio che coloro che confidano ripongano in Lui la loro fiducia.

---

[32] In arabo *Bidhā'at*, che nel contesto di questo versetto può essere tradotto come "merci". Cfr. 12:19. Molto probabilmente i fratelli di Giuseppe si erano recati in Egitto per barattare le loro merci in cambio di grano.

[33] Giuseppe riconsegnò segretamente loro le merci come incentivo ulteriore per indurli a ritornare.

[34] Secondo alcuni commentatori quest'affermazione di Giacobbe sarebbe riconducibile ad un'antica superstizione ebraica ed orientale in generale, secondo cui i membri di una medesima famiglia non dovrebbero muoversi in gruppo per non attirare il malocchio. In realtà, in questo caso Giacobbe invita i suoi figli ad attirare il meno possibile l'attenzione in terra egiziana, in quanto stranieri. Cfr. 39:58.

68-Anche se entrarono nel modo in cui li aveva consigliati il loro padre, non fu loro di alcun profitto contro il piano di Dio, ma riuscì a soddisfare il desiderio di Giacobbe di proteggerli. Egli era, grazie al Nostro insegnamento, pieno di conoscenza [ed esperienza], ma la maggior parte degli uomini non lo comprende.

69-Giunsero alla presenza di Giuseppe. Egli fece avvicinare suo fratello Beniamino e gli disse [in segreto]: "Io sono tuo fratello; non ti curare delle loro azioni[35]".

70-Alla fine, quando li ebbe riforniti, li mandò via con le provviste di cui avevano bisogno. Poi pose la coppa per bere [del Re] nelle sacche da viaggio del fratello e gridò verso il corriere: "O voi della carovana, attenti, in verità siete dei ladri".

71-Dissero, voltandosi verso di loro: "Che cosa hai perduto?"

72-Disse: "Abbiamo perduto la grande coppa del Re. Per colui che la riporta indietro, sarà assegnato come ricompensa un carico di cammello. Ne sono garante".

73-I fratelli dissero: "In nome di Dio! Dovreste sapere che non siamo venuti per spargere la corruzione sulla terra e non siamo dei ladri".

74-Gli egiziani domandarono: "Quale sarà la pena, se sarà stato provato che hanno mentito?".

75-Risposero [i fratelli]: "La pena dovrà essere che colui, nel cui bagaglio da sella sarà trovata la coppa, sarà tenuto come prigioniero per scontare il crimine commesso. In questo modo puniamo coloro che compiono il male[36]".

76-[Furono condotti quindi davanti a Giuseppe per essere perquisiti]; così cominciò[37] a cercare nei loro bagagli[38], prima di arrivare a quello di suo fratello. Alla fine, tirò la coppa[39] fuori dal bagaglio di Beniamino. Questo abbiamo stabilito per Giuseppe. Non avrebbe potuto trattenere suo fratello secondo la legge del Re, eccetto che per il volere di Dio. Noi aumentiamo la saggezza di chi vogliamo, ma su tutti coloro che sono dotati di conoscenza, c'è l'Uno, Colui che tutto conosce.

---

[35] Il passato *Kānū* combinato con l'aoristo *Ya'malūn*, si riferisce alle azioni passate, presenti e future dei suoi fratelli.

[36] Ci si riferisce ad un costume precedente alla Legge mosaica. Cfr. Esodo XXII, 3.

[37] Il pronome personale si riferisce a Giuseppe.

[38] In arabo *Wi'āun* (plurale *Aw'iyah*), che può essere tradotto come "bagagli", "scatole", "sacchi".

[39] In arabo *Siqāyat*.

77- [Non appena la coppa venne ritrovata nella borsa[40] di Beniamino, rivolgendosi ai fratelli] disse: "Se egli ruba, c'è stato un fratello prima di lui che ha rubato". Però Giuseppe lo disse a se stesso nel suo cuore, senza rivelare loro i segreti[41]: "Voi a questo riguardo siete di molto peggiori e Dio meglio conosce la verità di ciò che affermate!"

78-Dissero: "O potente governatore[42], costui ha un padre, anziano e venerabile, che soffrirà molto per lui. Prendi uno di noi al suo posto perché vediamo che sei ben disposto a compiere il bene".

79-Rispose: "Che Dio ci scampi dal commettere [il peccato] di detenere una persona diversa da colui su cui la proprietà è stata trovata. Se lo facessimo, in verità agiremmo molto ingiustamente".

80-Ora, quando persero la speranza di riaverlo, si consultarono privatamente. Colui che li aveva guidati[43] disse: "Non sapete che nostro padre ci ha fatto pronunciare un solenne giuramento nel nome di Dio e che, anche prima di ciò, abbiamo mancato nel nostro dovere verso Giuseppe? Non lascerò questa terra fino a quando mio padre non me lo consentirà o Dio non me lo comanderà. Egli è il migliore tra coloro che comandano.

81-Voi tornate da vostro padre e dite: "Padre, tuo figlio ha commesso un furto! Ti rechiamo testimonianza solo di ciò che conosciamo. Non possiamo proteggerci da ciò che è invisibile.

82-Chiedi al villaggio dove siamo stati e la carovana con cui siamo ritornati. Troverai che stiamo dicendo il vero".

83-[Quando tornarono dal loro padre e gli raccontarono l'accaduto] Giacobbe disse: "No, voi stessi avete inventato questa storia. La pazienza è ciò che mi si addice. Forse Dio alla fine me li riporterà tutti indietro. Egli è pieno di conoscenza e di saggezza".

---

[40] In arabo *Rahl*, che significa letteralmente "sacca della sella".

[41] I segreti cui ci si riferisce nel versetto sono i seguenti: 1-Che lui era Giuseppe, 2-Che suo fratello Beniamino lo sapeva, 3-Che Beniamino era innocente, ma la sua accusa era stata mossa per una ragione precisa.

[42] In arabo *Azīz*.

[43] In arabo *Kabīr*, che può significare sia il maggiore in termini di età che leader. In 12:78, il medesimo termine si contrappone a *Shaykh* che significa "venerabile", mentre *Kabīr* può essere tradotto semplicemente come maggiore di età. In 20:71, il medesimo termine può essere tradotto con "leader". Il nome del fratello maggiore non è dato nel Corano. Nel racconto biblico, invece, viene fatto riferimento a Judah, il quarto dei figli di Giacobbe dopo Reuben, Simeon e Levi, che si offrì di rimanere indietro con Beniamino. Cfr. Gen. 43:9.

84-Egli volse loro le spalle e disse: "Quanto grande è il mio dolore per Giuseppe!" I suoi occhi divennero bianchi per la tristezza e sprofondò in una silenziosa malinconia.

85-Dissero: "Mio Dio, tu non finirai mai di ricordarti di Giuseppe, fino a quando non giungerai all'estremo limite della malattia o non morirai".

86-Egli disse: "Mi lamento solo davanti a Dio della mia disgrazia e del mio dolore; conosco in verità di Dio ciò che voi non conoscete.

87-O figli miei, andate e domandate di Giuseppe e di suo fratello e non disperate mai della misericordia[44] di Dio. In verità, nessuno dispera della misericordia di Dio, se non coloro che mancano di fede".

88-Poi, quando tornarono di nuovo alla presenza di Giuseppe, dissero: "O potente governatore, la sofferenza ha colto noi e la nostra famiglia. Non abbiamo altro che un capitale limitato, così concedici un pieno rifornimento e mostrati caritatevole verso di noi. Dio ricompensa chi si mostra caritatevole".

89-Disse: "Non ricordate ciò che avete fatto a Giuseppe e a suo fratello, quando eravate ancora ignoranti?"

90-Dissero: "Sei tu forse Giuseppe?" Rispose: "Io sono Giuseppe e questo è mio fratello. Dio è stato clemente con noi tutti. Chi è timorato e paziente sappia che Dio non lascerà mai che vada perduta la ricompensa di coloro che compiono il bene".

91-Dissero: "Dio ti ha preferito a noi e noi certamente siamo stati colpevoli!"

92-Egli disse: "Che nessun rimprovero vi sia rivolto. Dio vi concederà il perdono. Egli è il più misericordioso di coloro che mostrano misericordia!

93-Andate con questa mia camicia e ponetela davanti a mio padre. Egli ricomincerà a vedere chiaramente. Poi venite tutti insieme qui con tutta la nostra famiglia".

94-Quando la carovana lasciò l'Egitto, il loro padre disse: "Avverto la presenza di Giuseppe[45] e non ditemi che mi trovo nel delirio".

95-Loro[46] dissero: "Sei ancora preso nel tuo delirio".

---

[44] In arabo *Rawh*, termine che implica una misericordia che calma la persona che si trova nell'ansia o nella disperazione.

[45] Letteralmente "Sento l'odore, l'aria, l'atmosfera o il respiro Di Giuseppe".

[46] Si riferisce probabilmente alle persone che lo circondavano, prima dell'arrivo dei suoi figli.

96-Quando poi colui che portava la buona novella giunse, pose la camicia sul suo volto ed egli ricominciò a vedere di nuovo chiaramente. Disse: "Non vi ho forse detto che conosco di Dio ciò che voi non conoscete?".

97-Dissero: "Padre nostro, chiedi il perdono per i nostri peccati perché certamente siamo colpevoli".

98-Egli disse: "Presto domanderò al mio Signore il perdono per voi. Egli è Perdonatore, Misericordioso".

99-Quando entrarono alla presenza di Giuseppe, egli sistemò un appartamento per i suoi genitori e disse: "Entrate in Egitto in piena sicurezza, se questo è il volere di Dio".

100-Ed egli sollevò i suoi genitori in alto sul trono della dignità e [tutti i fratelli] si prosternarono davanti a lui. Egli disse: "O padre mio, la visione che ho avuto in passato si è avverata! Dio, che l'ha fatta avverare, è stato buono con me quando mi ha liberato dalla prigione e vi ha condotto tutti qui dal deserto, dopo che Satana aveva sparso inimicizia tra me ed i miei fratelli. In verità, il mio Signore comprende nel migliore dei modi i misteri di tutto ciò che ha pianificato. In verità, Egli è pieno di conoscenza e di saggezza".

101- O Signore mio, in verità, Tu mi hai concesso il potere e mi hai insegnato qualcosa dell'interpretazione dei sogni e degli eventi. Tu, Che sei il creatore dei cieli e della terra, sei il mio Protettore in questa vita e nell'Altra. Prendi la mia anima, al momento della morte, come qualcuno che si sottomette al Tuo volere e annoverami tra i giusti"[47].

102-Questa è una delle storie segrete che ti riveliamo attraverso l'ispirazione. Certamente non ti trovavi con loro, quando tramarono.

103-La maggior parte dell'umanità però non avrà fede, anche se tu lo desideri ardentemente.

104-Non domandare loro alcuna ricompensa. Questo non è altro che un messaggio per tutte le creature.

105-E quanti segni nei cieli e sulla terra sono passati? Eppure hanno distolto i loro volti!

106-La maggior parte non crede in Dio senza associarGli altre divinità.

---

[47] Giuseppe nella sua preghiera afferma che: 1-Tutto il potere e la conoscenza appartengono a Dio, 2-Solo Dio può proteggere l'essere umano dal pericolo e dalla rovina, 3-La protezione di Dio è necessaria in questa vita e nell'Altra. Giuseppe, nel momento in cui dopo tanti anni viene riunito alla sua famiglia, rivolge il pensiero all'incontro finale con l'assemblea dei giusti. Cfr. 13:23.

107-Sono forse sicuri che non li coglierà il velo coprente[48] del castigo di Dio, oppure che non giunga all'improvviso l'Ora Ultima, senza che se ne accorgano.

108-Di': "Questa è la mia via. Invito con chiarezza a Dio, io e coloro che mi seguono. Sia gloria a Dio! Non Gli assocerò mai alcuno!"

109-Abbiamo inviato prima di te come messaggeri uomini, che abbiamo ispirato e che vivevano in abitazioni. Non hanno forse viaggiato per la terra e non hanno forse visto qual è stata la fine di coloro che li hanno preceduti? Però, la dimora dell'Altra vita è migliore per coloro che compiono il bene. Non comprenderanno allora?

110- [Tutti i precedenti profeti hanno dovuto soffrire per lungo tempo la persecuzione]. Però, quando avevano ormai perduto la speranza e venivano accusati di mentire[49], giunse il Nostro aiuto e coloro che abbiamo voluto vennero salvati. Però per coloro che si trovano nel peccato, la Nostra punizione non sarà mai allontanata.

111-Nelle loro storie vi è un monito per coloro che posseggono comprensione. Non sono favole inventate, ma una conferma di ciò che le ha precedute, una dettagliata esposizione, una guida ed una misericordia per coloro che credono.

---

[48] In arabo *Gāshiyat*, traducibile come "velo coprente". In questo contesto indica il Giorno del Giudizio.

[49] In arabo *Zannū*. Il nominativo di questo verbo è costituito dai "messaggeri", secondo l'opinione della maggioranza dei commentatori. *Kudhibū* è la lettura condivisa dalla maggioranza, anche se *Kudhdhibū*, la lettura alternativa, è stata sostenuta da alcuni.

XIII

Sura Ar-Rad

(Il tuono)

Rivelato a Medina

Nel nome di Dio, il Clemente, il Misericordioso

1- Alif, Lām, Mīm, Rā. Questi sono i versetti del Libro. Quanto ti è stato rivelato dal tuo Signore è la verità, ma la maggior parte degli uomini non crede.

2-Dio ha innalzato i cieli senza alcun supporto visibile, poi si è stabilito sul Trono dell'autorità[1]. Ha sottomesso il sole e la luna alla Sua legge. Ognuno segue il proprio corso per un termine stabilito. Egli regola ogni cosa spiegando i segni con chiarezza affinché possiate credere con certezza nell'incontro con il vostro Signore[2].

3-Egli ha disteso la terra e vi ha posto montagne stabili e ruscelli che fluiscono. Ha creato a coppie frutti di ogni tipo ed ha steso la notte come un velo sopra il giorno. In verità, in tutto ciò vi sono segni per coloro che riflettono!

4-Sulla terra vi sono terreni vicini, vigne e campi coltivati a grano e palme che crescono da una sola radice o meno. Sono tutti irrigati con la medesima acqua. Eppure alcuni di loro li rendiamo molto più eccellenti da mangiare di altri. In verità, in tutto ciò vi sono segni per coloro che utilizzano la propria ragione.

5-Se vi meravigliate [della creazione di Dio], è ugualmente sorprendente udire coloro che dubitano mentre affermano: "Quando saremo polvere, ci troveremo in una creazione rinnovata?" Costoro negano il loro Signore. Attorno ai loro colli si trova un giogo[3]. Saranno Compagni del Fuoco, dove dimoreranno in eterno".

---

[1] Cfr. 10:3, 35:13. Dio è Colui attraverso cui tutto viene all'essere, esiste e si mantiene.

[2] La vita di questo mondo è solo un periodo di prova limitato, al termine del quale ogni essere umano tornerà da Colui che gli ha dato l'esistenza e lo giudicherà per le azioni compiute in questo mondo.

[3] In arabo *Aglāl*. Termine che indica i gioghi della schiavitù. Cfr. 7:157, 32:10.

6-Ti domandano [o Profeta] di affrettare il male invece del bene, anche se [dovrebbero sapere che] prima di loro sono stati messi in atto dei castighi esemplari. Eppure il tuo Signore è pieno di perdono verso l'umanità per le loro azioni malvagie. Però, in verità, il tuo Signore è anche severo nella punizione.

7-I miscredenti dicono: "Perché non gli viene inviato un segno dal suo Signore? Tu sei in verità un ammonitore e una guida per ciascuno di loro".

8-Dio conosce ciò che ogni femmina porta nell'utero e quanti uteri decrescono prima del tempo stabilito e quali lo superano. Ogni singola cosa si trova presso di Lui nella proporzione dovuta.

9-Egli conosce l'invisibile e ciò che è manifesto. Egli è il Grande, l'Eccelso.

10-Per Lui è lo stesso se qualcuno di voi cela il suo pensiero o lo afferma apertamente, se giace nascosto di notte oppure se cammina liberamente durante il giorno.

11-Ad ogni persona sono stati assegnati degli angeli, davanti e dietro. Costoro lo osservano seguendo il comando di Dio. In verità, Dio non muterà mai la condizione di un popolo, fino a quando i suoi appartenenti non cambieranno le loro stesse anime. Però, quando Dio ha decretato la Sua punizione, non vi è alcun mezzo per impedirlo o non troveranno, oltre Lui, alcun custode.

12-Egli è Colui che vi mostra la luce, attraverso la paura e la speranza. Egli è Colui che fa alzare le nuvole cariche di pioggia.

13-Il tuono ripete la Sua lode e così fanno gli angeli in sottomissione. Egli scaglia i fulmini e colpisce chi vuole. Costoro osano disputare riguardo a Dio, Colui che detiene la forza del Suo potere [supremo].

14-La preghiera nella verità[4] è dovuta solo a Lui. Gli altri, che invocano accanto a Lui, non possono udirli, come se dovessero allungare le mani per raggiungere l'acqua con le loro bocche senza però riuscirvi. La preghiera di coloro che non hanno fede non è altro che vana e futile[5].

---

[4] In arabo *Haqq*. Questo termine significa verità, giustizia e diritto. Se qualcuno venera altri da Dio, la sua azione è contro ogni forma di giustizia e di diritto, oltre ad essere del tutto vana.

[5] La preghiera e l'adorazione sono dovute solo a Dio. Ogni altro tipo di adorazione, qualora sia priva di fede, è da considerarsi del tutto vana.

15-Ogni essere[6] che si trova nei cieli e sulla terra si prosterna davanti a Dio volontariamente o suo malgrado. Lo stesso fanno anche le ombre, al mattino e alla sera.

16-Di': "Chi è il Signore dei cieli e della terra?" Rispondi: "Dio". Di': "Allora vi sceglierete come protettori altri oltre Lui, che non hanno né il potere di beneficarvi né di nuocervi?" Di': "Sono i ciechi uguali a coloro che vedono? Oppure la profondità dell'ignoranza è uguale alla luce? Oppure assegnano a Dio degli associati che nulla hanno creato come Lui ha creato, in modo che le due creazioni appariranno loro simili?" Di': "Dio è il Creatore di tutte le cose. Egli è l'Uno, il Supremo e l'Irresistibile".

17-Egli invia acqua dal cielo e i canali fluiscono, ognuno secondo la sua misura. La corrente porta la schiuma che si forma sulla superficie, una schiuma simile a quella che ponete sul fuoco per forgiare ornamenti ed utensili. Così Dio per mezzo di parabole vi mostra la verità e la vanità. La schiuma scompare, mentre ciò che è buono per l'umanità rimane sulla terra. Così Dio presenta delle analogie.

18-Coloro che rispondono al loro Signore, avranno la migliore ricompensa. Invece, coloro che non lo fanno, anche se possedessero tutto ciò che si trova nei cieli e sulla terra e molto di più, invano lo offrirebbero come riscatto. Per costoro ci sarà un giudizio terribile. La loro dimora sarà l'Inferno, un rifugio di miseria.

19-Colui che sa che ciò che ti è stato rivelato dal tuo Signore è la verità è forse uguale a chi è cieco[7]? Solo quanti sono dotati di comprensione riceveranno il monito,

20-coloro che rimangono fedeli al patto con Dio e non mancano alla parola data,

21-coloro che uniscono ciò che Dio ha ordinato di unire, sono umili davanti al loro Signore e temono il giudizio terribile,

---

[6] In arabo viene impiegato il pronome personale *man*, che si riferisce a degli esseri dotati di personalità.

[7] L'uomo retto e giusto è colui che: 1-Riceve il monito, 2-Si mantiene fedele ai patti, 3-Segue gli insegnamenti religiosi nell'ambito della pratica, 4-Si mostra paziente e perseverante nella ricerca di Dio, 5-Pratica una regolare preghiera, 6-Si mostra generoso sia pubblicamente che privatamente, 7-Non è vendicativo, ma si mostra pronto al perdono al fine di spezzare la catena del male potenzialmente prodotta da un atto malvagio.

22-coloro che perseverano pazientemente, cercando il volto del loro Signore, stabiliscono preghiere regolari, spendono di ciò che abbiamo loro donato segretamente ed apertamente e rispondono al male con il bene. Per costoro sono riservati, come ultima dimora,

23-giardini di benedizione perpetua. Vi entreranno insieme ai devoti tra i loro padri, le loro spose e i loro figli[8] e gli angeli vi accederanno da ogni porta recando il saluto:

24-"La pace sia su di voi che avete perseverato nella pazienza! Quanto eccellente è la vostra dimora finale!"

25-Invece, su coloro che infrangono il loro patto con Dio, dopo aver dato la loro parola, e dividono ciò che Dio ha ordinato di unire e spargono corruzione sulla terra, vi è la maledizione. È riservata per loro una dimora terribile.

26-Dio aumenta o diminuisce la misura del sostentamento di chi desidera. Costoro gioiscono nella vita di questo mondo, ma la vita di questo mondo è poca cosa in confronto all'Altra.

27-I miscredenti dicono: "Perché non gli viene inviato un segno dal suo Signore?" Di': "In verità, Dio lascia che si perda chi desidera e guida coloro che si volgono verso di Lui in pentimento,

28-coloro che credono, i cui cuori trovano soddisfazione nel ricordo di Dio. Senza dubbio nel ricordo di Lui i cuori trovano soddisfazione[9].

29-Per coloro che credono e compiono opere di bene, vi è ogni benedizione[10] e uno splendido luogo per il ritorno finale".

30-Ti abbiamo inviato tra un popolo prima del quale altre nazioni sono passate, al fine che tu possa portare loro ciò che ti abbiamo inviato per ispirazione. Eppure rifiutano il Compassionevole! Di': "Egli è il mio Signore! Non c'è altro dio che Lui! In Lui credo! A Lui ritornerò!"[11].

---

[8] In arabo *Dhurrīyyat*. Con questo termine s'intendono gli antenati, i discendenti, le spose, i fratelli e le sorelle. Cfr. 12:101.

[9] Il segno o il miracolo non sono qualcosa di esteriore, ma qualcosa di interiore che permea la mente, il cuore e lo spirito dell'uomo.

[10] In arabo *Tūbā*. Con questo termine s'intende una condizione di soddisfazione interiore e di gioia che è molto difficile descrivere con le parole, ma che si riflette nella vita dei giusti sia nella buona che nella cattiva sorte.

[11] I credenti debbono essere consapevoli che: 1-Le cattive azioni porteranno nel futuro le loro conseguenze, anche se non possono essere percepite immediatamente, 2-Le conseguenze delle ingiustizie e delle malvagità commesse influenzeranno anche le loro famiglie e la cerchia delle loro amicizie e conoscenze, 3-Il Giudizio di Dio alla fine

31-Se ci fosse una recitazione che smuovesse le montagne, che spianasse la terra e che facesse parlare i morti, [sarebbe questa]. Però, in verità, il comando di ogni cosa riposa presso Dio! Non sanno forse i credenti che, se Dio avesse voluto, avrebbe potuto guidare tutta l'umanità verso il bene? Per quanto riguarda i miscredenti, il disastro non cesserà mai di coglierli per le loro azioni malvagie o sarà vicino alle loro case, fino a quando la promessa di Dio non si sarà avverata perché, in verità, Dio non manca alla Sua promessa.

32-Molti messaggeri prima di te furono scherniti, ma ho garantito una tregua ai miscredenti e alla fine li ho puniti. Quanto terribile è stata la Mia punizione!

33-Egli è Colui che si occupa di ogni anima, secondo quanto le spetta, eppure Gli attribuite degli associati nella Sua divinità. Di': "Nominateli dunque[12]! Vorreste forse informarLo di qualcosa che non conosce sulla terra o è solo un dispiego di parole vane?" A coloro che non credono le loro menzogne sembrano attraenti, ma sono tenuti lontani dalla via. Però, coloro che Dio lascia perdersi, nessuno può guidare.

34-Per costoro c'è una pena nella vita di questo mondo, ma più dura in verità è la pena nell'Altro. Non hanno nessuno che li difenda contro Dio.

35-Ai devoti sono stati promessi Giardini, attraverso i quali scorrono i fiumi, dove c'è godimento perpetuo e ombra[13]. Questa è la fine dei giusti, mentre quella dei miscredenti è il Fuoco!

36-Coloro, a cui abbiamo dato il Libro[14], esultano per ciò che ti è stato rivelato, ma ci sono tra di loro dei gruppi[15] che ne rifiutano una parte.

---

giungerà. I commentatori richiamano a proposito di questo versetto l'esempio della vita del Profeta Muhammad (pbsl) dal suo esilio dalla Mecca al suo vittorioso ritorno.

[12] Cfr. 12:40.

[13] In arabo *Zillun*. Questo termine significa letteralmente ombra e quindi anche protezione, riparo e sicurezza. Cfr. 4:57.

[14] Il termine libro in questo contesto è sinonimo di rivelazione. Nel contesto di questo versetto ci si riferisce rispettivamente: 1-Agli *Ahl al-Kitāb* che, dopo aver ascoltato la rivelazione coranica, la riconoscono come vera, 2-I musulmani che hanno accettato la rivelazione con gioia spirituale.

[15] In arabo *Azhāb* (plurale di *Hizb*). Questo termine può essere tradotto come clan, gruppi, sette, truppe e si riferisce a coloro che sono stati menzionati in 33:20 e 22. In senso generale però indica coloro che accettano solo una parte della rivelazione divina e rifiutano quanto non si accorda ai loro desideri ed inclinazioni egoistiche.

Di': "Mi è stato comandato di adorare Dio e di non associarGli nessuno. Lui invoco e presso di Lui è il ritorno".

37-Lo abbiamo rivelato affinché sia un codice in arabo. Se seguissi i loro desideri vani, dopo che sei stato raggiunto dalla conoscenza, non troveresti nessuno a difenderti[16] ed a proteggerti contro Dio.

38-Abbiamo inviato prima di te dei messaggeri e abbiamo dato loro mogli e figli. Non è mai stato parte del dovere di un messaggero portare un segno, se non con il permesso di Dio [o il Suo comando]. Ogni epoca ha ricevuto un Libro rivelato[17].

39-Dio elimina o conferma quanto desidera. Presso di Lui si trova la fonte della rivelazione[18].

40-Sia che ti mostriamo durante la vita ciò che è stato loro promesso oppure prendiamo la tua anima [prima che tutto sia compiuto], il tuo dovere è che li raggiunga il messaggio. Chiamarli a rendere conto spetta a Noi.

41-Non vedono come gradualmente erodiamo la terra dai suoi confini esterni[19]? Quando Dio comanda, nessuno può opporsi. Egli è veloce nel calcolo.

42-Coloro che li hanno preceduti, hanno complottato, ma il migliore di coloro che pianificano è Dio. Egli conosce le azioni di ogni anima e presto i miscredenti sapranno a chi appartiene l'ultima dimora.

43-I miscredenti dicono: "Non sei un messaggero". Di': "Dio è sufficiente come testimone tra me e voi, insieme a coloro che possiedono la scienza del Libro[20]".

---

[16] Cfr. 2:120. In questo versetto viene impiegato il termine *Wāq*, mentre in 2:120 *Nasīr*.

[17] In arabo *Kitāb*. Questo termine può essere tradotto come "un libro rivelato", ma anche come una "legge decretata". Cfr. 34:4.

[18] In arabo *Umm al-Kitāb*. Cfr. 3:7, 43:4.

[19] Durante i primi anni della predicazione alla Mecca, il Profeta Muhammad (pbsl) dovette affrontare l'opposizione da parte degli esponenti più influenti dei Quraysh, mentre i poveri ed i destituiti accettarono il suo messaggio con prontezza. Dopo l'*Hijrah*, i credenti furono più volte attaccati a Medina dai pagani, ma nell'ottavo anno il Profeta (pbsl) fece la sua entrata pacifica e vittoriosa nella Mecca, distruggendo le ultime fondamenta del potere pagano.

[20] Il riferimento è diretto a coloro che, possedendo la conoscenza delle precedenti scritture, riconosceranno anche la verità della rivelazione coranica. Una lettura alternativa sarebbe invece *"min indihī"*. In questo caso indica che tutta la conoscenza della rivelazione proviene da Dio, che testimonia quindi la veridicità del messaggio inviato al Profeta (pbsl).

XIV

Sura Ibrāhim

(Abramo)

Rivelata alla Mecca

Nel nome di Dio, il Clemente, il Misericordioso

1-Alif, Lām, Rā. Abbiamo rivelato il Libro al fine che tu possa guidare l'umanità fuori dalla profondità delle tenebre nella luce -con il permesso del loro Signore- nella via dell'Eccelso, del degno di ogni Lode[1],

2-di Dio, a Cui appartengono tutte le cose che si trovano nei cieli e sulla terra! Però guai ai miscredenti perché un terribile castigo [li attende]!

3-Coloro che amano[2] la vita di questo mondo più di quella dell'Altro, che intralciano coloro che si pongono sulla via di Dio e cercano di trovare in essa qualcosa di tortuoso, si sono perduti per una lunga distanza.

4-Non abbiamo inviato nessun messaggero senza che insegnasse nella lingua del suo stesso popolo, al fine di rendere per loro chiaro [il messaggio]. Dio lascia che si perda chi vuole[3] e guida chi vuole. Egli è il Potente, il Saggio.

5-Abbiamo inviato Mosè con i Nostri segni: "Conduci il tuo popolo fuori dalla profondità delle tenebre alla luce. Insegna loro a ricordare

---

[1] In questo versetto e nel successivo sono menzionate tre qualità di Dio: 1-La Sua posizione esaltata rispetto alla totalità della creazione, 2-La Sua bontà eccelsa che lo rende degno di ogni lode ed adorazione, 3-Il Suo potere immenso sulla creazione nella sua totalità.

[2] I miscredenti sono qui caratterizzati in tre modi differenti: 1-Costoro amano la vita di questo mondo e le sue vanità molto più dell'Altra, 2-Non solo danneggiano se stessi, ma inducono anche gli altri a perdere la retta via, 3-Cercano nella via ordinata da Dio qualcosa di tortuoso. Cfr. 7:45.

[3] In arabo *Mashiyat*. Con questo termine s'intende la volontà universale ed il piano divino. Cfr. 16:93.

i giorni di Dio"[4], dove in verità ci sono segni per quanti sono pazienti, costanti e grati[5].

6-Ricordate! Mosè disse al suo popolo: "Richiamate alla mente i favori che Dio vi ha concesso, quando vi ha liberato dal popolo del Faraone. Vi sottoposero a dure prove e a punizioni. Hanno massacrato i vostri figli e hanno lasciato in vita le vostre donne: una prova tremenda dal vostro Signore.

7-Ricordate il tempo in cui il vostro Signore ha promesso: <<Se sarete grati, vi concederò maggiori benedizioni. Invece, se mostrerete ingratitudine, invero la Mia punizione sarà terribile>>".

8-Mosè disse: "Se vi mostrerete ingrati -voi e tutto ciò che si trova sulla terra- Dio è privo di qualsiasi bisogno, degno di ogni lode".

9-Non siete stati raggiunti dalla storia di coloro che vi hanno preceduto? Del popolo di Noè, degli Ad e dei Thamud? E di coloro che sono venuti dopo di loro? Nessuno li conosce, tranne Dio. Venne loro un messaggero con chiari segni, ma posero le mani sulla bocca e dissero: "Neghiamo la missione per la quale siete stati inviati e nutriamo sospetti e dubbi[6] verso quello che ci proponete".

10-I loro messaggeri dissero: "Nutrite un dubbio riguardo a Dio, il Creatore dei cieli e della Terra? Egli è Colui che vi invita, al fine che possa perdonare i vostri peccati e concedervi di godere della vita per un termine stabilito!" Dicono: "Non sei altro che un uomo come noi! Desideri distoglierci dal culto degli dei degli antenati. Portaci una chiara autorità".

11-I loro messaggeri dissero loro: "È vero, siamo uomini come voi, ma Dio garantisce la Sua grazia a coloro che desidera tra i Suoi servi.

---

[4] Ci si riferisce ai giorni in cui Dio si è rivolto verso di loro con una speciale misericordia. Cfr. 2:30-60.

[5] Il termine arabo *Sabbār* è la forma intensiva di *Sabr*, che può essere tradotto come "perseveranza" e "pazienza". Invece i due termini *"Shākir"* e *"Shakūr"* indicano la riconoscenza, l'apprezzamento e la gratitudine. Entrambi i termini si applicano sia a Dio che agli esseri umani. Il termine *Shakūr* indica una forma di apprezzamento anche per le azioni minori. Il termine *Shākir* invece indica la riconoscenza per atti più ampi e più specifici. Cfr. 35:30.

[6] Il termine arabo *Shakk* indica un dubbio di natura intellettuale, mentre con *Rayb* s'intende un sospetto di frode ed inganno, che sconvolge i fondamenti morali di una persona e provoca un'inquietudine nell'animo. Cfr. 11:62. In 52:30, il medesimo termine (*Rayb*) è utilizzato come sinonimo di "disastro" e "calamità". Entrambi i tipi di dubbio furono nutriti verso il Profeta (pbsl) da parte dei Quraysh. Cfr. 34:54.

Possiamo portarvi una prova, solo se Dio lo permette. Che tutti coloro che hanno fede ripongano la loro fiducia in Dio.

12-Non abbiamo alcun motivo per non riporre la nostra fiducia in Dio. Invero Egli ci ha guidato sulle nostre vie [verso la luce]. Dovremmo sopportare con pazienza tutto il male che ci causate. Che i fiduciosi ripongano la loro fiducia in Dio".

13-I miscredenti hanno detto ai loro messaggeri: "State sicuri che vi scacceremo dalla nostra terra, a meno che non ritorniate ai nostri costumi". Il loro Signore li ispirò: "Invero lasceremo che i malvagi periscano!

14-Faremo sì che abitiate la terra e siate i loro successori. Questa è la Mia promessa a coloro che temono il tempo in cui staranno davanti al Mio giudizio, coloro che temono la punizione annunciata".

15-Costoro pregarono [per ricevere l'aiuto da Dio] ed il fallimento è stato la ricompensa di ogni testardo nemico della verità.

16-Davanti a costui vi è l'Inferno e gli sarà data da bere acqua fetida e bollente.

17-La deglutirà a piccoli sorsi, eppure con difficoltà la ingoierà. Da ogni lato gli verrà incontro la morte, eppure non potrà morire. Davanti a lui ci sarà un castigo severo.

18-Le opere di coloro che rifiutano il loro Signore assomigliano alla cenere, su cui soffia il vento furiosamente durante un giorno di tempesta. Non avranno potere su ciò che hanno conseguito. Si sono allontanati nella perdizione.

19-Non vedete che Dio ha creato i cieli e la terra secondo verità[7]? Se lo volesse, potrebbe estinguervi e porre al vostro posto una nuova creazione.

20-Non è difficile per Lui[8].

21-Verranno tutti riuniti di fronte a Dio. I deboli diranno agli arroganti: "Noi vi abbiamo semplicemente seguito. Potete forse salvarci dall'ira di Dio?" Risponderanno: "Se avessimo ricevuto la guida di Dio[9], sicuramente vi avremmo guidato. Non fa nessuna

---

[7] In arabo *Haqq*. Il termine può essere tradotto come verità, rettitudine e giustizia. La creazione di Dio si basa sulla verità e sulla rettitudine e coloro che non obbediscono alle leggi divine saranno sostituiti da coloro che invece lo fanno. Questo monito nella storia della rivelazione è ripetuto molteplici volte. Cfr. 6:73.

[8] Il termine *Azīz* significa letteralmente grande, eccellente, potente, raro e prezioso.

[9] Quando giungerà l'Ora del Giudizio, i miscredenti saranno allora vittime di due tipi di disinganno: 1-Coloro che si lasciarono traviare a causa dell'influenza altrui, saranno

differenza se ci infuriamo o sopportiamo questi tormenti con pazienza. Non abbiamo alcuna possibilità di scampo".

22-Quando tutto sarà ormai deciso, Satana dirà: "È stato Dio che vi ha dato una promessa di verità. Anche io vi ho fatto una promessa, ma non l'ho mantenuta. Non ho alcuna autorità sopra di voi, eccetto quella di chiamarvi e voi mi avete ascoltato. Non rimproverate me, bensì le anime vostre. Io non posso ascoltare le vostre grida e voi non potete ascoltare le mie. Mi sono sempre rifiutato di ammettere che ci fosse una qualche verità nella vostra credenza, secondo la quale sono associato a Dio!" Per coloro che commettono il male è stata riservata una grave punizione.

23-Però, coloro che credono e compiono il bene saranno ammessi in Giardini sotto i quali scorrono ruscelli. Qui dimoreranno con il permesso del loro Signore. Il loro saluto sarà: "Pace!".

24-Non vedete a che cosa Dio paragona una buona parola? Una buona parola è come un albero buono, le cui radici sono fissate con fermezza, i cui rami raggiungono il cielo.

25-Produce sempre frutti[10] con il permesso del suo Signore. Dio propone agli uomini delle parabole, al fine che possano ricevere il monito.

26-La parola malvagia assomiglia ad un albero cattivo, che viene divelto dalle radici dalla superficie della terra: manca di stabilità.

27-Dio darà forza, in questo mondo e nell'Altro, a coloro che credono con la parola che sta ritta e ferma. Lascerà invece che si perdano quanti agiscono ingiustamente. Dio fa quello che vuole.

28-Non avete forse rivolto lo sguardo verso coloro[11] che hanno mutato la benedizione di Dio in menzogna e hanno condotto il loro popolo nella dimora della perdizione?

---

chiamati a portare il peso della loro responsabilità, 2-Coloro che si sono affidati al potere del male, ne comprenderanno tutta la vanità.

[10] L'albero buono è conosciuto per le seguenti qualità: 1-La sua bellezza, 2-La sua stabilità, 3-La sua ampiezza che produce un'ombra che serve da riparo a uomini ed animali, 4-I suoi frutti abbondanti. Allo stesso modo la buona parola è bella perché è vera, permane in tutte le condizioni dell'esistenza ed al di là, non è mai scossa dalla tristezza e dalle calamità e le sue radici sono radicate nella profondità dei fondamenti dell'esistenza.

[11] In questo caso il riferimento è sia particolare che generale. In senso particolare si riferisce ai pagani della Mecca che trasformarono la Casa di Dio in un santuario dedicato al culto degli idoli. In senso generale, invece, indica tutti coloro che, quando conquistano il potere, desiderano essere adorati al posto di Dio.

29-Nell'Inferno? ruceranno l dentro, invero una orribile dimora.

30-Hanno posto degli idoli e li hanno considerati pari a Dio, per deviare gli uomini dal retto cammino! Di': "Godete del vostro effimero potere. Invero state percorrendo la strada dritta verso il Fuoco!"

31-Parla ai Miei servi che hanno creduto: che possano stabilire preghiere regolari e spendere in carità di ciò che abbiamo dato[12] loro, in segreto ed apertamente, prima che giunga il giorno in cui non ci saranno né riscatti[13] né amici.

32- Dio Che ha creato i cieli e la terra e ha fatto scendere acqua dal cielo, con la quale fa crescere i frutti di cui vi cibate. gli è Colui che vi ha messo a disposizione le navi, affinché solchiate i mari al Suo comando. Vi sono sottomessi anche i fiumi[14].

33-Vi ha assoggettato il sole e la luna che seguono ognuno la propria orbita. Vi ha sottomesso anche la notte ed il giorno.

34- gli vi ha concesso tutto ciò che avete domandato. Se contaste le benedizioni di Dio, non sarete mai capaci di farlo. Gli esseri umani sono le creature più persistenti nell'ingiustizia e nell'ingratitudine[15].

35-[Ricorda] quando Abramo ha detto[16]: "O mio Signore, rendi questa città un luogo di pace e sicurezza. Preserva me e i miei figli dall'adorazione degli idoli.

36-O mio Signore, costoro hanno condotto lontano dalla retta via molti uomini. Coloro che mi seguono, in realtà mi apparterranno. Per coloro che mi disubbidiscono, Tu sei Perdonatore, Misericordioso".

---

[12] In questo caso si fa riferimento ad un sostentamento di tipo sia spirituale che materiale. Tra i musulmani vi erano coloro che erano privi di beni materiali e coloro che invece avevano bisogno in maniera particolare di un nutrimento di natura spirituale.

[13] In arabo *Bay'*. Questo termine arabo include tutte le vendite e gli acquisti ed ogni tipo di transazione economica.

[14] L'essere umano può controllare le forze della natura solamente in quanto: 1-Ha ricevuto in dono questa capacità da Dio, 2-Ha ricevuto da Dio il permesso di trarre vantaggio dalle leggi fisse della natura stabilite da Lui. Cfr. 2:30, 34.

[15] La forma intensiva araba è stata resa con l'espressione "essere persistenti nel compiere l'ingiustizia e nel mostrarsi ingrati", che suggerisce a sua volta l'ignoranza dei veri valori e la persistente ingratitudine verso i doni ricevuti da Dio.

[16] Abramo, il progenitore dei semiti ed il padre del monoteismo, è introdotto in questi versetti per spiegare in che modo la *Ka'ba* da tempio dedicato al Dio unico da Abramo e suo figlio Ismaele si fosse trasformato in un luogo di culto pagano. Nei versetti 35-36, Abramo parla per se stesso. Nei versetti 37-38, parla per i propri discendenti; in 39-40 fa riferimento espressamente ad Isacco ed Ismaele e in 41 rivolge una preghiera a Dio per se stesso, per i propri discendenti ed in generale per tutti i credenti.

37-O nostro Signore, ho stabilito alcuni dei miei discendenti in una valle arida e spoglia[17] presso la Tua Sacra Casa, al fine, Signore nostro, che possano stabilire preghiere regolari. Riempi il cuore di alcuni uomini dell'amore verso di loro e nutrili con i frutti affinché possano mostrarsi grati.

38-O nostro Signore, tu conosci veramente ciò che nascondiamo e ciò che manifestiamo. Niente è nascosto a Dio sia sulla terra che nel cielo.

39-Che sia lode a Dio che mi ha concesso Ismaele ed Isacco in vecchiaia[18]. In verità, il Mio Signore è Lui, Colui che ascolta le preghiere.

40-"O mio Signore, concedi a me e alla mia discendenza di assolvere all'orazione. O nostro Signore, accetta la mia preghiera.

41-O Signor nostro, coprici con il Tuo perdono: me, i miei genitori[19] e tutti i credenti nel giorno in cui sarà stabilito il giudizio.

42-Non pensate che Dio non presti attenzione alle azioni di coloro che compiono il male. Egli garantisce loro una tregua fino al giorno in cui i loro occhi saranno spalancati con orrore.

43-Costoro corrono intorno confusi, il capo dritto, lo sguardo perso e nei loro cuori un vuoto [abissale].

44-Così avverti l'umanità del giorno in cui li coglierà l'ira divina. Allora quanti hanno commesso il male diranno: "Signore nostro, concedici una tregua per un poco. Risponderemo alla Tua chiamata e seguiremo i profeti!" "Che cosa! Non avete forse giurato che il vostro potere sarebbe durato in eterno[20]?

45-Avete abitato nei luoghi in cui hanno dimorato coloro che hanno commesso ingiustizia contro le anime loro. Vi è stato mostrato chiaramente come ci siamo comportati con loro. Vi abbiamo già mostrato molti esempi!"

---

[17] La valle della Mecca è chiusa tra colline da ogni lato al contrario di Medina, che invece è una pianura coltivabile.

[18] Cfr. Genesi 21:5, 17:24-25.

[19] Il padre di Abramo era un idolatra, che mostrò apertamente la sua disapprovazione per la rinuncia di suo figlio a seguire il culto degli antenati. Cfr. 43:26, 6:74, 19:46, 21:52, 68, 9:114.

[20] O letteralmente "che non avreste subito alcuna forma di declino?". Il termine arabo *Zawāl* significa declino dallo *Zenith*. In termini particolari questo avvertimento è diretto ai pagani della Mecca, mentre in quelli generali agli arroganti di ogni nazione ed epoca storica.

46-I loro piani erano invero potenti, ma non sono sfuggiti allo sguardo di Dio, anche se avessero avuto il potere di far crollare le montagne!
47-Non pensate che Dio non mantenga le promesse che ha fatto ai Suoi profeti. Dio è l'Eccelso, il Signore del Giudizio.
48-Un giorno la terra sarà trasformata e così anche i cieli. Gli uomini saranno riuniti di fronte a Dio, l'Uno, l'Irresistibile.
49-Vedrai quel giorno i peccatori incatenati insieme,
50-le loro vesti[21] fatte di pece liquida[22], mentre il Fuoco coprirà i loro volti
51-affinché Dio possa ricompensare ogni anima per ciò che merita. In verità, Dio è veloce nel calcolo.
52-Questo è un messaggio per l'umanità. Che accolgano il monito e fai loro sapere che Egli è l' unico Dio. Che gli uomini che comprendono, Gli prestino ascolto.

---

[21] In arabo *Sirbāl* (singolare *Sarābīl*). Questo termine indica una veste o una cotta di maglia che copre la parte del corpo in cui sono collocati gli organi vitali.
[22] In arabo *Qatirān*, termine che indica una sostanza resinosa facilmente infiammabile.

XV

Sura Al-Hijr

(Il tratto roccioso)

Rivelata alla Mecca, (tranne il vers. 87)

Nel nome di Dio, il Clemente, il Misericordioso

1- Alif, Lām, Rā Questi sono i segni della rivelazione e un Corano chiaro.

2-Un giorno quanti respingono la fede desidereranno essersi sottomessi a Dio.

3-Lasciali soli a godere[1] dei beni di questa vita e a compiacersi di se stessi. Fai che le false speranze li gratifichino. Presto sapranno.

4-Non abbiamo mai distrutto un popolo che non abbia avuto un termine stabilito assegnato precedentemente[2].

5-Nessuna nazione può né anticipare il termine né posticiparlo.

6-Dicono: "O tu, a cui è stato rivelato il messaggio, sicuramente sei posseduto!

7-Perché non porti gli angeli con te, se dici il vero[3]?"

8-Non abbiamo inviato gli angeli se non nella verità[4]. Se arrivassero, non avrebbero nessuno scampo [coloro che rifiutano la fede].

9-Noi abbiamo, senza dubbio, inviato questo Monito e Noi lo salvaguarderemo dalla corruzione.

---

[1] Lett. "cibarsi". Cfr. 5:66.

[2] In arabo *"Kitūbun Ma'lūm"*, ossia uno "scritto chiaro". In quest'espressione possiamo cogliere le seguenti sfumature di significato: 1-Per ogni essere umano e per ogni popolo vi è un termine assegnato, durante il quale sono chiamati ad obbedire alla legge divina. 2-Né il giusto né il peccatore possono alterare il tempo della venuta del giudizio divino. 3-La distruzione di un popolo non è una decisione arbitraria da parte di Dio, ma una conseguenza di un peccato persistente.

[3] Cfr. 6:8-9. Nel contesto di questo versetto le parole dei miscredenti sono da considerarsi del tutto sarcastiche. Cfr. 41:44.

[4] Gli angeli non sono inviati per soddisfare un capriccio dei miscredenti, ma per recare la benedizione e la rivelazione divina.

10-Abbiamo inviato prima di te dei messaggeri tra le comunità[5] antiche.

11-Non è mai giunto loro un messaggero senza che lo deridessero.

12-In questo modo lasceremo che ciò s'insinui nei cuori dei peccatori.

13-Costoro non crederanno. Gli esempi degli antichi sono ormai passati[6].

14-Anche se aprissimo davanti a loro una porta[7] del Paradiso e potessero ascendervi in continuazione,

15-avrebbero semplicemente affermato: "I nostri occhi sono vittime di un'illusione" o "Siamo stati vittime di un incantesimo".

16-Siamo Noi che abbiamo posto le costellazioni dello zodiaco come segni e le abbiamo dotate di bellezza per coloro che le osservano

17-e le abbiamo protette da ogni spirito maledetto[8].

18-Chiunque cerca di rubare i segreti dell'inconoscibile è inseguito da una fiamma di fuoco brillante.

19-Abbiamo steso la terra come un tappeto. Vi abbiamo posto montagne ferme e immobili e prodotto ogni cosa nel giusto equilibrio.

20-Abbiamo provvisto del nutrimento per voi e per coloro del cui sostentamento non siete responsabili.

21-Non esiste nessuna cosa che non abbia presso di Noi [la Sua origine] ed il suo tesoro[9]. Però, la inviamo solo secondo una misura ben definita.

22-E mandiamo venti fecondatori[10] che fanno scendere la pioggia dal cielo, e poi vi concediamo acqua in abbondanza, anche se non siete i guardiani delle loro fonti.

---

[5]In arabo *Shiya' un*, plurale di *Shī'atun*, che significa letteralmente "setta". In questo caso indica che il messaggio del Corano è stato inviato a quelle sette religiose che si sono divise, dopo che il loro profeta aveva recato il messaggio della unicità divina ed unità dell'umanità predicato nella sua forma completa dal Profeta Muhammad (pbsl).

[6] In arabo *Khalat*. Cfr. 13:30, 10:102. Altri commentatori attribuiscono al termine un'altra sfumatura di significato. Cfr. 48:23.

[7] Il regno spirituale è accessibile a tutti, ma non vi si perviene attraverso un movimento fisico bensì attraverso la conversione del cuore. Cfr. 6:3.

[8] In arabo *Rajim*: scacciato via con le pietre, maledetto, respinto. Cfr. 3:36.

[9] In arabo *Khazāin*, che significa magazzino, tesoreria, luogo in cui i beni vengono riposti per poi essere presi e distribuiti in determinati periodi.

[10] In arabo "*Lawāqih*", plurale di *Lāqih*, che a sua volta viene da *Laqaha*. Con questo termine s'intende l'atto di fecondare l'albero di palma caratterizzato da una differenziazione sessuale.

23-In verità, Noi diamo la vita e la morte. Saremo noi gli eredi, dopo che tutto sarà passato.

24-Conosciamo coloro che vi hanno preceduto e quanti vi seguiranno[11].

25-Il tuo Signore li riunirà insieme. Egli possiede una saggezza ed una conoscenza perfette.

26-Abbiamo creato l'uomo dall'argilla[12], dal fango abbiamo tratto la sua immagine.

27-Abbiamo creato precedentemente i *Jinn* dal fuoco di un vento torrido.

28-Quando il tuo Signore disse agli angeli: "Creerò l'uomo dall'argilla solida, dal fango plasmato in un'immagine.

29-Quando lo avrò formato e gli avrò insufflato dal Mio spirito, prosternatevi davanti a lui"[13].

30-Così gli angeli si prosternarono tutti insieme,

31-ma non Iblis[14]. Egli si rifiutò di essere tra coloro che si prosternano[15].

32-Dio disse: "O Iblis, per quale ragione non sei tra coloro che si sono prosternati?"

33-Iblis rispose: "Non mi si addice inchinarmi all'uomo, a chi hai creato dall'argilla solida, dal fango plasmato!"

34-Dio disse: "Allontanati! Che tu sia maledetto!

35-La maledizione rimarrà su di te fino al Giorno del Giudizio".

36-Iblis disse: "O mio Signore, concedimi una tregua fino al giorno in cui i morti saranno sollevati dalle tombe!"

---

[11] In arabo *Mustaqdimīn*. In 9:100 è utilizzato invece *Sābiqūn*. Il versetto può anche essere interpretato come facente riferimento a coloro che per primi hanno accettato la fede ed a coloro che invece si sono convertiti successivamente.

[12] In arabo *Salsāl*, argilla secca che produce un suono, come nel caso dei vasi. Cfr. 55:14.

[13] Cfr. 2:30-39, 7:11-25. In questi versetti l'enfasi è posta sui seguenti tre punti: 1-L'infusione dello spirito di Dio nell'essere umano, 2-L'origine dell'invidia e dell'arroganza di Iblis, che è riuscito a vedere solo la parte inferiore dell'essere umano ma non quella superiore, ossia la presenza dello spirito divino, 3-Il male può toccare solo coloro che vi si rendono disponibili, ma non i veri e sinceri servi di Dio. Cfr. 15:40, 42, 87:1-6.

[14] La radice di questo nome indica l'idea di ribellione e disperazione. Cfr. 2:36.

[15] Apparentemente l'arroganza di Iblis ha due ragioni: 1-L'uomo è stato fatto di argilla, mentre lui di fuoco, 2-Non desiderava fare ciò che gli altri fanno. In realtà Iblis non aveva compreso la superiorità dell'essere umano, in quanto erede di Dio sulla terra. Il termine arabo *Bashar*, ossia "essere umano", indica l'accento posto sull'organismo fisico.

37-Dio disse: "Ti sia concessa una tregua

38-fino al giorno stabilito".

39-Iblis disse: "O mio Signore, dal momento che mi hai indotto[16] ad abbandonare la retta via, farò apparire loro la terra piacevole e li condurrò[17] tutti all'ingiustizia,

40-tranne i Tuoi servi, sinceri e purificati dalla Tua grazia".

41-Dio ha detto: "Questa è una via retta, che conduce direttamente a Me.

42-Non avrai sui Miei servi alcuna autorità, eccetto coloro che si pongono nell'ingiustizia e ti seguono".

43-In verità, l'Inferno è la dimora che è stata loro promessa!

44-Sette porte conducono all'Inferno. Ad ogni porta è assegnato un particolare tipo di peccatori.

45-I retti saranno ammessi nei Giardini dove ci sono fontane di acqua limpida.

46- "Entrate qui in pace e sicurezza!"

47-Rimuoveremo dai loro cuori ogni persistente senso di ingiustizia[18]. Saranno come fratelli e sorelle, che si guarderanno l'uno con l'altro su troni di dignità.

48-Nessun senso di fatica li potrà toccare e non saranno mai scacciati.

49-Di'ai Miei Servi che io sono Colui che spesso perdona, il Misericordioso

50- e che la Mia punizione sarà la più terribile.

51-Racconta loro degli ospiti di Abramo,

52-quando furono ammessi in sua presenza e dissero: "Pace!" Egli disse: "Abbiamo in verità timore di voi!"

53-Dissero: "Non temere! Ti annunciamo la buona novella di un figlio dotato di saggezza".

54-Egli disse: "Mi annunciate questa notizia, nonostante mi abbia colto la vecchiaia? Quali sono allora le vostre buone notizie?"

55-Dissero: "Ti annunciamo la buona novella nella verità. Non cadere nella disperazione!"

---

[16] In arabo *Agwaitanī*, lett. "posto sulla via sbagliata". Cfr. 7:16.

[17] Iblis di fronte a Dio è del tutto privo di potere. Per questa ragione si è volto contro l'uomo e ne è divenuto nemico (Satana).

[18] Cfr. 7:43. I cuori e le menti saranno purificati da tutto il rancore, l'inimicizia e la gelosia.

56-Egli disse: "Chi dispera della misericordia del suo Signore, se non coloro che si sono smarriti?"
57-Abramo disse: "O inviati di Dio, per quale missioni siete giunti?"
58-"Siamo stati inviati da persone sprofondate profondamente nel peccato,
59-tranne i compagni di Lot. Sicuramente li salveremo,
60-eccetto sua moglie che sarà tra coloro restano indietro".
61-Quando i messaggeri arrivarono tra i compagni[19] di Lot,
62-egli disse: "Chi siete? Avete un aspetto non comune".
63-Loro dissero: "Sì, siamo venuti da te per compiere ciò di cui dubitano.
64-Siamo giunti con la verità inevitabile[20] e siamo sinceri.
65-Viaggia con la tua famiglia, nell'ultima parte della notte, e tu stesso seguili e che nessuno si guardi indietro, ma procedete secondo quanto vi è stato ordinato".
66-Gli abbiamo fatto conoscere ciò che è stato stabilito, ossia che ciò che rimaneva di questi peccatori doveva essere distrutto al mattino.
67-Gli abitanti della città furono colti da una gioia frenetica alla notizia dell'arrivo dei giovani uomini,
68-Lot disse: "Questi sono i miei ospiti. Non trascinatemi nella disgrazia.
69-Temete Dio e non svergognatemi".
70-Dissero: "Non ti abbiamo forse proibito di offrire la tua protezione alle persone?"
71-Egli disse: "Ci sono le mie figlie[21] da sposare!"
72-I messaggeri dissero: "Non mostrare loro attenzione. Costoro sono, in verità, colti da una selvaggia intossicazione".
73-Il grande cataclisma[22] li colse prima del mattino.

---

[19] In arabo *Āl*, che indica delle persone che aderiscono agli insegnamenti di un maestro. Cfr. 15:65, dove è presente invece il termine *Ahl* che, pur essendo traducibile come "famiglia", può includere anche il senso generale di "popolo" (Cfr. 15:67). *Qawm* (Cfr. 15:62) indica invece un insieme di persone aggregate. Cfr. 11:70, dove gli abitanti di Sodoma e Gomorra sono chiamati "*Qawm-i-Lūt*", ossia il popolo di Lot. Il termine arabo "*Ashāb*" (compagni), invece, si riferisce ad un gruppo invece che ad un popolo. Cfr. 15:78.
[20] In arabo *Al-Haqq*. Cfr. 22:18, 16:36, 16:38.
[21] Con quest'espressione s' indicano le giovani donne della città. Cfr. 11:78.
[22] In arabo *Al-Sayhat*, il grande cataclisma, che in altri versetti è menzionato insieme al terremoto. Cfr. 11:67-94.

74-Abbiamo rivoltato le città e abbiamo fatto piovere su di esse pietre di fuoco dure come argilla cotta[23].

75-In ciò vi sono segni per coloro che comprendono;

76-e le città si trovavano lungo una strada che esiste ancora[24].

77-In ciò vi è un segno per tutti coloro che credono.

78-Anche i Compagni di Medyan[25] erano dei peccatori,

79-così abbiamo inflitto loro la Nostra punizione. Si trovavano entrambi su una via conosciuta, ben visibile.

80-Anche gli abitanti dell'*Hijr*[26] hanno respinto i messaggeri.

81-Abbiamo inviato i Nostri segni, ma hanno continuato a voltarsi indietro.

82-Hanno scavato le loro dimore nelle montagne[27] e si sentivano sicuri.

83-Però, il grande cataclisma li colse al mattino

84-e tutto il [potere], che avevano conseguito, non è stato loro di alcun aiuto.

85-Abbiamo creato i cieli, la terra e tutto ciò che si trova nel frammezzo secondo verità. L'Ora si avvicina. Così perdona con misericordia.

86-Invero il Tuo Signore è il Creatore[28], Colui che conosce ogni cosa!

87-Ti abbiamo donato i sette versetti ripetuti[29] ed il sublime Corano.

88-Non guardare con desiderio a ciò che abbiamo concesso ad altri, e non ti addolorare [per coloro che hanno rifiutato il messaggio]. Invece, abbassa le tue ali con gentilezza verso i credenti.

---

[23] Cfr. 11:82, nella cui nota è spiegato il significato del termine *Sijjīl*.

[24] Ci si riferisce alla via che costeggia il Mar Morto tra l'Arabia e la Siria. Cfr. 37:137.

[25] In arabo *Ashāb al-Aykati*, ossia i Compagni dell'*Ayka*. Costoro vengono menzionati nei seguenti versetti coranici: 26:176-191, 38:13, 50:14. L'unico passaggio, in cui sono presenti dettagli maggiori, è 26:176-191, dove si dice che Shu'ayb era stato inviato loro come profeta. A Shu'ayb viene fatto riferimento anche in 7:85-93, in cui si afferma che venne inviato al popolo di Madyan. È quindi presumibile ritenere che con l'espressione *Ashāh al-Aykāti* ci si riferisca proprio a costoro o ad un popolo che abitava in una zona limitrofa.

[26] Ossia "Tratto roccioso". Con questo termine ci si riferisce ad una località geografica nei pressi della *Jabal Hijr* che si trova a nord di Medina sulla via principale per la Siria. Questa zona era abitata anticamente dai Thamud. Cfr. 7:73.

[27] Un esempio potrebbe essere costituito dalle rovine della città di Petra, non troppo distante dalla *Jabal Hijr*.

[28] In arabo *Khallāq*, forma enfatica ed intensiva.

[29] Il riferimento è diretto alla sura aprente del Corano.

89-E di': "Sono solo un ammonitore esplicito[30]!

90-Allo stesso modo inviamo avvertimenti a coloro che cospirando hanno diviso [arbitrariamente le Scritture],

91-e che dividono questo Corano in frammenti, credendo in alcuni e rifiutandone altri [a loro piacimento][31].

92-In verità, il tuo Signore li chiamerà a rendere conto

93-per tutto ciò che hanno compiuto!

94-Esponi apertamente tutto ciò che ti è stato comandato e allontanati da coloro che attribuiscono consimili a Dio.

95-Noi siamo sufficienti contro coloro che deridono la rivelazione,

96-coloro che, al posto di Dio, si prendono un altro dio. Presto sapranno.

97-Noi sappiamo quanto il tuo cuore è addolorato da quanto affermano.

98-Celebra le lodi del Tuo Signore e poniti tra coloro che si prosternano in adorazione.

99-Servi il tuo Signore fino a quando non ti coglierà l'ora che è certa[32].

---

[30] Il termine arabo *Mubīn* indica qualcosa di chiaro e privo di ambiguità.
[31] Il versetto si riferisce ai pagani Quraysh.
[32] In arabo *Yaqīn*, ossia l'ora certa: la morte.

XVI

Sura An-Nahl

(Le api)

Rivelata alla Mecca, (tranne gli ultimi 3 versetti)

Nel nome di Dio, il Clemente, il Misericordioso

1-Il giudizio di Dio si avvicina. Non cercate di affrettarlo. Gloria a Lui. Egli è ben al di sopra di quanto Gli attribuiscono.

2-Egli invia degli angeli con l'ispirazione del Suo comando a quei servi che desidera [dicendo]: "Avvertite gli uomini che non c'è altro dio che Me. Che imparino a temerMi".

3-Egli ha creato i cieli e la terra secondo verità. Egli è ben al di sopra di quanto Gli attribuiscono.

4-Ha creato l'uomo da un uovo fertilizzato e costui è divenuto un aperto disputatore.

5-Ha creato per voi il bestiame. Da loro traete il calore e numerosi benefici, oltre che cibarvi delle loro carni.

6-E nutrite per loro un senso di bellezza e di orgoglio, quando li riportate a casa alla sera e quando li conducete al pascolo al mattino.

7-Costoro portano per voi pesanti carichi in terre che non potreste mai raggiungere se non con grandissima fatica, perché il vostro Signore è Gentile, Misericordioso.

8-Ha poi creato i cavalli, i muli e gli asini con cui potete cavalcare e di cui potete farvi vanto. Egli continua a creare anche cose di cui non possedete alcuna conoscenza.

9-Solo Dio mostra qual è il retto cammino, anche se molti deviano da esso. Se Dio avesse voluto, vi avrebbe guidato tutti.

10-Egli ha inviato la pioggia dal cielo, con cui vi dissetate e che fa crescere l'erba con cui nutrite il bestiame.

11-Con essa poi Egli produce per voi grano, olive, palme di dattero, uva e ogni tipo di frutti. In verità, in ciò vi è un segno per coloro che comprendono.

12-Egli vi ha dato la notte e il giorno, il sole e la luna e le stelle sono poste sotto il Suo comando. In verità, in ciò vi sono segni per i saggi.

13-In tutte le cose che ha moltiplicato sulla terra e nei diversi colori [e qualità], vi è un segno per gli uomini che celebrano la gloria di Dio [con gratitudine].

14-Egli è Colui che vi ha sottomesso il mare, affinché possiate mangiare della carne fresca e tenera[1] ed estrarre ornamenti da indossare. Vedi come le navi fendono le onde affinché possiate cercare la grazia di Dio ed esserGli grati.

15-Ha posto sulla terra delle montagne ferme[2] affinché non si sposti con voi, e fiumi e strade che vi possano guidare[3],

16-e altri punti di riferimento che possano aiutare gli uomini a trovare la via.

17-È colui che crea eguale a chi ne è incapace? Non riceverete il monito?

18-Se doveste enumerare le grazie di Dio, non ne sareste mai capaci. Dio è Perdonatore, Misericordioso.

19-Dio conosce ciò che nascondete e ciò che rivelate.

20-Coloro che invocano oltre a Dio, non creano nulla, ma sono loro stessi creati.

21-Sono cose morte, senza vita. Non sanno nemmeno quando saranno sollevati dalle tombe.

22-Il tuo Signore è un Dio unico. I cuori di coloro che non credono nell'Altra vita si rifiutano di sapere e si mostrano arroganti.

23-Senza dubbio, Dio conosce ciò che nascondono e ciò che rivelano[4]. In verità, Egli non ama gli arroganti[5].

24-Ogni volta che viene domandato agli arroganti: "Che cosa ha rivelato il vostro Signore?", rispondono: "Favole degli antichi".

25-Lascia che portino, nel Giorno del Giudizio, in pieno i loro pesi e anche una parte di quello di coloro che non posseggono alcuna conoscenza e che ingannano[6]. Quanto gravoso sarà il peso di cui dovranno caricarsi!

---

[1] In arabo *Tari*, termine che si riferisce alla natura tenera ed umida della carne del pesce.

[2] Cfr. 13:3, 15:19. In 78:7, 21:31, 27:61 si parla delle montagne come di "picchetti" o di "pali".

[3] In arabo *Tahtadūn*.

[4] Cfr. 16:19 dove le medesime parole sono riferite all'essere umano in generale.

[5] Cfr. 2:34. Tutto ciò che esiste indica l'esistenza dell'unico e vero Dio.

[6] Costoro si sono macchiati infatti di un duplice peccato: 1-Hanno rifiutato il messaggio di Dio, 2-Hanno indotto gli altri a seguire il loro esempio. Cfr. 6:164, in cui si afferma che "nessuno porterà il peso di un altro". In realtà, la persona che ha indotto gli altri ad

26-Anche coloro che li hanno preceduti erano soliti complottare, ma Dio ha rivoltato le loro strutture dalle fondamenta ed il tetto è crollato su di loro e l'ira li ha colti da direzioni che non si aspettavano[7].

27-Poi, nel Giorno del Giudizio, Egli li coprirà di vergogna e dirà: "Dove sono i Miei associati di cui eravate soliti discutere?" Coloro che posseggono la conoscenza, diranno: "Questo giorno i miscredenti sono coperti di vergogna e di miseria".

28-Coloro, le cui vite gli angeli prendono nella condizione di nuocere alle loro anime[8], diranno, dopo aver offerto la sottomissione a Dio: "Non abbiamo commesso il male consapevolmente". Gli angeli risponderanno: "No, ma in verità Dio conosce tutto ciò che avete compiuto.

29-Così entrate per le porte dell'Inferno, per dimorarvi. Terribile è la dimora dell'arrogante".

30-Ai giusti sarà detto: "Che cosa ha rivelato il vostro Signore?". Risponderanno: "Tutto ciò che è buono". Per coloro che compiono il bene, c'è il bene di questo mondo e la dimora dell'Altro è anche migliore. Eccellente di certo è la dimora dei timorati.

31-Giardini di eternità, in cui entreranno, sotto i quali scorreranno ruscelli. Lì avranno tutto ciò che desiderano. In questo modo Dio ricompensa quanti compiono il bene.

32-A coloro, le cui vite gli angeli prendono in una condizione di purezza[9], dicono: "Pace su di voi. Entrate nel Giardino per il bene che avete compiuto nel mondo".

33-Aspettano forse che gli angeli vengano da loro o che il comando del tuo Signore si manifesti? Fecero lo stesso quanti li hanno preceduti. Dio non li ha trattati ingiustamente, ma costoro hanno peccato contro le loro stesse anime.

34-Le conseguenze delle loro azioni malvagie li hanno sopraffatti, e l'ira, che erano soliti irridere, li ha circondati.

---

allontanarsi dalla legge di Dio, sarà punita per questo peccato, senza che coloro che lo hanno seguito abbiano una pena minore.

[7] Cfr. 16:45, 59:25. Ad esempio, i Quraysh erano orgogliosi e sicuri della loro forza militare nel giorno della battaglia di Badr, ma furono sconfitti dai musulmani in accordo con quanto decretato da Dio.

[8] Ossia coloro che muoiono nella condizione di miscredenza, in arabo "*Kufr*".

[9] Ossia liberi dai mali di questo mondo, dalla mancanza di fede e vicini alla grazia di Dio. La libertà da questi mali costituisce il vero segno dell'Islam.

35-Coloro che venerano i falsi dei affermano: "Se Dio avesse voluto, non avremmo adorato che Lui sia noi che i nostri padri, e non avremmo comandato[10] che ciò che Lui aveva proibito. Così fecero coloro che li hanno preceduti. Però qual è la missione dei profeti, se non quella di predicare un messaggio chiaro[11]?

36-Abbiamo inviato ad ogni popolo un messaggero con il comando: "Servite Dio e mantenetevi lontani dal male. Dio ha guidato alcune persone, mentre altre si sono perdute. Così viaggia attraverso la terra e vedi quale è stata la fine di coloro che negano [il vero].

37-Anche se sei ansioso di guidarli, Dio non guida coloro che lascia perdersi e nessuno presterà loro aiuto.

38-Costoro pronunciano dei solenni giuramenti nel nome di Dio, che Egli non solleverà di nuovo quanti sono morti. Però, questa è una promessa fatta nella verità, ma la maggior parte degli uomini non lo comprende.

39-Costoro saranno sollevati al fine che Lui manifesti la verità di ciò in cui differiscono e che coloro che respingono il vero possano comprendere che pronunciavano solo menzogne.

40-Quando stabiliamo qualcosa, Noi diciamo la parola, "Sia" ed essa "è"[12].

41-A coloro che lasciano le loro case[13] per la causa di Dio, dopo aver sofferto l'oppressione, concederemo una buona dimora in questo mondo. Però, in verità, la ricompensa nell'Altro sarà migliore, se solo lo comprendessero.

42-Costoro perseverano con pazienza e ripongono la fiducia nel loro Signore.

---

[10] Cfr. 6:143-145, dove viene fatto riferimento alle diverse proibizioni in ambito di consumo di carne seguite dagli arabi pagani. Il versetto però può essere interpretato anche in senso generale secondo cui gli esseri umani inventano alcuni tabù e proibizioni e poi li attribuiscono falsamente alla religione.

[11] In arabo *Mubīn*. Questo termine deve essere inteso nei seguenti sensi: 1-Un messaggio chiaro e privo di ambiguità, 2-Un messaggio che rende le cose chiare per coloro che vogliono comprendere, 3-Un messaggio predicato ad ognuno apertamente.

[12] Cfr. 36:82, 40:68. La parola di Dio è un atto e la Sua promessa è verità. Non vi è alcun intermezzo temporale o condizione che si pongano tra il Suo volere e le conseguenze, in quanto Egli è la realtà ultima.

[13] L'*Hijrah* è meritevole qualora: 1-Sia compiuta per la causa di Dio, 2-Sia conseguente ad una serie di persecuzioni che impongono al credente di cercare una nuova terra, in cui poter adorare Dio senza impedimenti. Cfr. 29:58.

43-I messaggeri, che abbiamo inviato prima di te, non erano che uomini a cui abbiamo concesso l'ispirazione. Se non lo comprendete, domandate a coloro che posseggono il messaggio.

44-Li abbiamo inviati con chiari segni e scritture. Abbiamo inviato anche a te il messaggio, affinché tu possa spiegare chiaramente agli uomini che cosa è stato loro inviato e possano riflettere.

45-Forse coloro che tramano piani malvagi, sono sicuri che Dio non farà sì che li inghiotta la terra o che la Sua ira non li colga da direzioni che non percepiscono[14]?

46-O che non li chiami a rendere conto nel mezzo delle loro consuete attività[15], senza alcuna possibilità di poterGli sfuggire?

47-O che non possa chiamarli a rendere conto attraverso il processo di una lenta disperazione[16]. Il tuo Signore è, in verità, pieno di gentilezza[17] e misericordia[18].

48-Non considerano la creazione di Dio, come le loro stesse ombre si voltano da destra a sinistra prosternandosi verso di Lui e nella maniera più umile?

49-A Dio mostra obbedienza ciò che si trova nei cieli e sulla terra, qualsiasi creatura vivente o gli angeli. Nessuno è arrogante davanti al suo Signore.

50-Tutti riveriscono il loro Signore, l'Eccelso, e compiono quanto viene loro comandato.

51-Dio ha affermato: "Non adorate due divinità[19], perché c'è un solo ed unico Dio. Dunque temeteMi".

---

[14] Cfr. 16:26. I malvagi complottano in segreto contro i profeti, senza comprendere che ogni loro pensiero è conosciuto da Dio e che saranno chiamati a renderne conto. La punizione di Dio può cogliere i peccatori e gli arroganti quando meno se lo aspettano, come nei casi seguenti: 1-Qārūn fu inghiottito dalla terra quando esultava con arroganza per la sua ricchezza (Cfr. 28:76-82), 2-Hāmān, il primo ministro del Faraone, che fu colto da una calamità improvvisa (Cfr. 40:36-38, 29:39-40), 3-Il Faraone che morì annegato mentre tentava di raggiungere i figli di Israele (Cfr. 10:90-92).

[15] Come nel caso di Abū Jahl, che morì nella battaglia di Badr, anche se prima aveva esultato per la potenza dell'esercito dei Quraysh.

[16] Come nel caso dei pagani Quraysh negli otto anni successivi all'*Hijrah* del Profeta (pbsl). La conquista della Mecca fu incruenta in quanto il potere nemico si era lentamente estinto.

[17] In arabo *Ra'ūf*.

[18] In arabo *Rahīm*.

[19] Gli arabi dell'era pre-islamica, così come gli antichi persiani, credevano in due divinità chiamate rispettivamente *Jibt* (stregoneria) e *Tāgūt* (male). Cfr. 4:51. In 2:158 si fa riferimento ai due idoli posti sulle colline di *Safā* e *Marwa*, noti come Isāf e Nāila.

52-A Lui appartiene quanto si trova nei cieli e sulla terra. A Lui solo è dovuta l'obbedienza. Temerete qualcun altro diverso da Dio?

53-Tutto il bene proviene da Dio. Quando siete colti da qualche sventura, gridate verso di Lui per ricevere aiuto.

54-Però, quando Egli rimuove le difficoltà [che vi affliggono], alcuni di voi si rivolgono ad altri dei per associarli al loro Signore.

55-Così mostrano ingratitudine per i favori che abbiamo loro concesso! Andate pure avanti; godete della vostra breve vita. Alla fine, conoscerete la verità!

56-Costoro assegnano a quanto non conoscono una porzione di ciò che abbiamo concesso loro per il sostentamento! Sarete di certo chiamati a rendere conto delle vostre false invenzioni.

57-Costoro attribuiscono a Dio delle figlie[20] -Gloria a Lui- mentre loro stessi si scelgono [figli maschi].

58-Quando viene portata ad uno di loro la notizia della nascita di una figlia, il suo volto si rabbuia e si riempie di dolore.

59-Con vergogna si nasconde dalla sua gente, a causa delle supposte cattive notizie che ha ricevuto! Deve tenerla con disprezzo o seppellirla nella sabbia?[21] Su quale orribile scelta sono chiamati a decidere.

60-Quanti non credono nell'Altra vita pongono gli esempi peggiori. A Dio si applicano i più eccelsi attributi[22] perché Egli è l'Eccelso, il pieno di saggezza.

61-Se Dio dovesse punire gli uomini per le loro malvagie azioni, non lascerebbe sulla terra nessuna creatura vivente, ma Lui concede loro una tregua fino ad un termine stabilito. Quando il termine è ormai giunto alla fine, non saranno in grado di allontanare la punizione nemmeno per una sola ora, proprio come non possono essere capaci di anticiparla.

62-Costoro attribuiscono a Dio ciò che per loro stessi odiano. Le loro lingue pronunciano la falsità secondo cui tutte le cose buone appartengono loro. Senza dubbio a costoro è riservato il Fuoco e saranno i primi ad esservi spinti dentro.

---

[20] Gli arabi dell'era pre-islamica erano soliti chiamare gli angeli le "figlie di Dio".

[21] Cfr. 81:8-9 dove la pratica dell'infanticidio è condannata severamente.

[22] In arabo *Mathal*, che solitamente viene tradotto come "similitudini" e "paragoni". Nel contesto del presente versetto è meglio utilizzare la parola "attributi". Cfr. 30:27.

63-Abbiamo inviato i Nostri profeti a popoli che ti hanno preceduto, ma Satana ha fatto sembrare i loro atti attraenti. Oggi è loro patrono. A costoro però è riservata la pena più atroce.

64-Ti abbiamo inviato il Libro affinché tu renda loro chiare le cose in cui differiscono e che possa essere una guida ed una misericordia per i credenti.

65-Dio invia la pioggia dal cielo e dà la vita alla terra [dopo che era morta]. In verità, in ciò vi è un segno per coloro che presteranno ascolto.

66-Anche negli armenti avete un segno istruttivo in ciò che si trova nei loro corpi, tra gli intestini e il sangue. Noi produciamo del latte, puro e dal buon sapore per coloro che lo bevono.

67-Dal frutto della palma e dalla vite ricavate bevande salubri e cibo. Anche in ciò vi è un segno per coloro che riflettono.

68-Dio ha ispirato[23] le api ad edificare i loro alveari sulle colline, sugli alberi e nelle abitazioni [degli uomini],

69-ed a mangiare tutto ciò che la terra produce e a seguire umilmente la strada spaziosa[24] ordinata dal loro Signore. Poi sprigionano da dentro i loro ventri un liquido di vari colori, dove si trova per gli uomini una cura. In verità, in ciò vi è un segno per coloro che riflettono.

70-È Dio che vi ha creato e prende le vostre anime al momento della morte. Tra di voi ci sono alcuni che arrivano fino all'età della vecchiaia, cosicché non conoscono nulla dopo aver conosciuto. Dio è Onnisciente, Onnipotente.

71-Dio ha concesso i Suoi doni più liberamente ad alcuni di voi rispetto ad altri. Coloro che hanno ricevuto maggiori favori non hanno intenzione di condividere i loro beni con i loro schiavi così da renderli uguali a loro. Rinunceranno, quindi, alle benedizioni di Dio?

---

[23] In arabo *Awhā*, derivato da *wahyun*, traducibile come "ispirazione". Questo termine è utilizzato anche in riferimento ai profeti.

[24] In arabo *Dhululan*, termine cui possono essere attribuiti i due seguenti significati: 1- Vie facili e spaziose, in riferimento a quelle percorse dalle api, 2-L'umiltà e l'obbedienza di questi animali verso il comando di Dio.

72-Dio vi ha concesso compagni della vostra stessa natura[25] e vi ha dato, attraverso di loro, figli, figlie e nipoti[26]. Egli provvede per il vostro sostentamento nel modo migliore. Crederanno poi in cose vane e si mostreranno ingrati verso i favori di Dio?

73-Adoreranno altri da Dio, che non hanno alcun potere di concedere loro per il sostentamento[27] nulla che si trovi nel cielo o sulla terra, in quanto non possono averne il potere?

74-Non inventate paragoni per Dio, perché Egli sa e voi non sapete.

75-Dio ha proposto il paragone di due uomini. Uno è uno schiavo che non può far nulla da se stesso. L'altro è un uomo cui abbiamo concesso favori e li elargisce liberamente in privato ed in pubblico. Sono forse uguali? Che sia lode a Dio, ma la maggior parte di loro non comprende.

76-Dio ha inviato un'altra parabola di due uomini. Uno di loro è muto con nessun potere a sua disposizione. Costui è un peso per chi se ne prende cura; qualunque sia il compito che gli viene assegnato, non riesce a portare a termine nulla di buono. È costui eguale a chi comanda la giustizia e si trova sulla retta via[28]?

77-A Dio appartiene il mistero dei cieli e della terra e la decisione dell'Ora del Giudizio è come un battito di ciglia oppure anche più veloce. Dio detiene il potere su ogni cosa.

78-Egli è Colui che vi fa uscire dal ventre delle vostre madri, quando non conoscevate nulla e vi ha dato l'udito e la vista, l'intelligenza ed i sentimenti, affinché possiate esserGli grati.

79-Non guardano gli uccelli che planano nel mezzo del cielo? Nulla li sostiene tranne che il potere di Dio. In verità, in ciò vi sono segni per coloro che comprendono.

80-Dio è Colui che ha reso le vostre abitazioni luoghi di riposo e di quiete. E ha fatto per voi dalla pelle degli animali tende per abitarvi, che sono così leggere quando viaggiate e quando vi fermate. E ha fatto

---

[25] La donna, compagna dell'uomo, ha la sua stessa natura e quindi i medesimi obblighi e doveri religiosi. Non deve essere considerata come la fonte del male e del peccato, ma piuttosto di benedizione divina (*Ni'mat*).

[26] Tutti questi termini sono racchiusi nella parola araba *Hafadat*.

[27] In arabo *Rizq*, che indica tutto ciò di cui l'essere umano ha bisogno per il suo sviluppo fisico, mentale e spirituale.

[28] Coloro che deviano dall'adorazione di Dio commettono un duplice peccato: 1-Non riconoscono la differenza tra il Creatore e le creature, 2-Si macchiano d'ingratitudine in quanto Dio è la fonte di tutto il loro benessere.

per voi dalla loro lana[29] delle soffici fibre e dai loro peli oggetti [da utilizzare] per un periodo di tempo.

81-È Dio Che con quel che ha creato vi ha concesso l'ombra ed ha reso alcune colline adatte per dimorarvi. Ha fatto degli abiti per proteggervi dal caldo e cotte di maglia per preservarvi dalla violenza reciproca. Così Egli completa i Suoi favori su di voi affinché possiate sottomettervi alla Sua volontà nell'Islam.

82-Però, se si voltano indietro, il tuo dovere è solo quello di predicare un messaggio chiaro.

83-Costoro riconoscono[30] le grazie di Dio, poi le negano e la maggior parte di loro si dimostra ingrata.

84-Un giorno solleveremo un testimone da ogni popolo. Allora dai miscredenti non sarà accettata nessuna scusa e non riceveranno grazia alcuna.

85-Quando coloro che compiono il male vedranno la sofferenza che li attende, comprenderanno che la loro punizione non sarà in alcun modo mitigata e che non riceveranno una tregua.

86-Quando coloro che attribuiscono associati a Dio, li vedranno, diranno: "O Dio, questi sono coloro che eravamo soliti invocare accanto a Te". Però rifiuteranno le loro parole e diranno: "Invero, siete dei bugiardi".

87-Il quel giorno mostreranno la loro sottomissione a Dio e tutti i loro idoli li lasceranno nell'abbandono.

88-Per coloro che rifiutano Dio e tengono lontani gli uomini dalla Sua via, aggiungeremo castigo a castigo perché erano soliti spargere la corruzione.

89-Un giorno susciteremo da ogni popolo un testimone, e ti porremo [o Profeta] come testimone contro di loro. Noi ti abbiamo inviato un Libro che spiega ogni cosa, una guida, una misericordia e una buona novella per coloro che si sottomettono a Dio [i musulmani].

90-Dio comanda la giustizia, le buone azioni e la liberalità verso i membri della propria famiglia. Egli proibisce gli atti vergognosi,

---

[29] *Sūf* è la parola araba per lana; *Sha'r* indica il pelo delle capre ed il *Wabar* invece il soffice pelo del cammello.

[30] In arabo *'Arafa*, che implica il discernimento di determinate qualità ed utilizzi. Tutta l'umanità riconosce il valore dei beni di cui gode, ma dimentica di essere grata a Dio per averglieli concessi.

l'ingiustizia e la ribellione. Egli vi istruisce, affinché possiate ricevere il monito.

91-Rispettate il patto stretto con Dio dopo averlo accettato, e non rompete i vostri giuramenti dopo averli confermati. In verità, avete reso Dio il vostro garante[31]. Egli conosce tutto ciò che fate.

92-Non siate come la donna che taglia i fili di ciò che ha tessuto precedentemente. Non giurate al fine di ingannarvi a vicenda, affinché una fazione non sia più numerosa dell'altra[32]. Dio vi metterà alla prova attraverso ciò e nel Giorno del Giudizio Egli renderà chiara la verità di ciò in cui differite.

93-Se Dio avesse voluto, avrebbe potuto rendervi un solo popolo, ma Egli lascia che si perda chi vuole e guida chi vuole. Però, sarete chiamati a rendere conto di tutte le vostre azioni.

94-Non utilizzate i vostri giuramenti per ingannarvi a vicenda così che il vostro piede scivoli, dopo essere stato ben piantato, e che dobbiate affrontarne le conseguenze per aver tenuto lontani gli uomini dalla via di Dio e che l'ira tremenda discenda su di voi.

95-Non vendete il patto di Dio per un prezzo miserabile. Ciò che si trova presso Dio è per voi la cosa migliore, se solo sapeste.

96-Tutto ciò che ora possedete dovrà svanire, ma quanto si trova presso Dio è destinato a durare. Egli concederà a coloro che perseverano pazientemente la loro ricompensa secondo le loro azioni migliori.

97-A chiunque compie opere di bene, uomo o donna, e ha la fede, in verità daremo una vita buona[33]. Concederemo loro la ricompensa a seconda delle migliori azioni che hanno compiuto.

---

[31] Il riferimento diretto di questo versetto potrebbe essere il giuramento di fedeltà fatto al Profeta (pbsl) ad *Aqaba*, circa quattordici mesi prima dell'*Hijrah* da Mecca a Medina. Da un punto di vista più generale invece possiamo affermare che: 1-Ogni giuramento o patto è fatto davanti a Dio e per questa ragione deve essere osservato, 2-Ogni musulmano stringe un patto con Dio attraverso la professione di fede (*Shahāda*). Per questa ragione deve obbedire ai doveri imposti dall'Islam.

[32] L'Islam insegna a non utilizzare la religione come mezzo per acquisire potere per la propria fazione attraverso dei giuramenti, che poi non ci si sente vincolati a rispettare.

[33] La fede, qualora sia sincera, implica la retta condotta. Quando la fede e la condotta si confermino a vicenda, la grazia di Dio trasforma la nostra vita.

98-Quando reciti il Corano[34], cerca la protezione di Dio contro Satana, il reietto.

99-Costui non ha alcuna autorità su coloro che credono e confidano nel loro Signore.

100-La sua autorità si estende solo su quanti lo scelgono come patrono ed attribuiscono a Dio degli associati.

101-Quando sostituiamo una rivelazione con un'altra -e Dio conosce bene ciò che rivela- dicono: "Sei un impostore", ma la maggior parte di loro non comprende.

102-Di': "Lo spirito santo ha portato la rivelazione del tuo Signore nella verità, al fine di fortificare coloro che credono e come guida e buona novella per i musulmani".

103-Sappiamo bene che affermano: "Un essere umano gli comunica quanto deve recitare". La lingua a cui si riferiscono è straniera, ma questo è arabo puro e chiaro.

104-Dio non guiderà coloro che non credono nei Suoi segni. Un doloroso castigo li attende.

105-Coloro che non credono nei segni di Dio forgiano menzogne. Non fanno altro che mentire!

106-Su coloro che, dopo aver accettato la fede in Dio, la rinnegano[35] [eccetto che sotto costrizione, ma il cui cuore rimane fermo nella fede] e su quanti aprono i propri petti alla miscredenza incombe l'ira di Dio. Un castigo terribile li attende.

107-Questo perché amano la vita di questo mondo più di quella dell'Altro. Dio non guiderà coloro che respingono la fede.

108-I loro cuori, gli orecchi e gli occhi sono stati sigillati da Dio. Costoro non prestano ascolto.

109-Senza dubbio, nell'Altra vita saranno i perdenti.

---

[34] L'atto di recitare il Corano può essere compreso sia letteralmente che metaforicamente. In quest'ultimo caso simboleggia il desiderio dell'anima di conoscere e di comprendere la volontà di Dio e di agire di conseguenza.

[35] In questo versetto ci si riferisce al caso di 'Ammār, figlio di Yāsir e Sumayya, che pur essendo soggetti ad insopportabili torture da parte dei pagani della Mecca, non rinunciarono alla fede islamica. 'Ammār, invece, sottoposto alle medesime torture, non sopportando più la sua sofferenza e quella dei genitori, rinunciò verbalmente all'Islam. Subito dopo si pentì e si recò dal Profeta (pbsl), che lo consolò e riconfermò la sua fede.

110-In verità, il tuo Signore è perdonatore e misericordioso verso quanti lasciano le loro case, dopo prove e persecuzioni[36], s'impegnano, combattono per la fede e perseverano con pazienza.

111-Un giorno ogni anima supplicherà per se stessa e sarà in pieno ricompensata per tutte le sue azioni. Nessuno subirà ingiustizia.

112-Dio ha proposto una parabola. Vi era una città che godeva di sicurezza e quiete e riceveva abbondanti provvigioni da ogni luogo. Eppure si mostrò ingrata verso la grazia di Dio. Così ha fatto loro provare fame e terrore che li accerchiarono come una veste[37], a causa del male che gli abitanti avevano compiuto.

113-Poi venne presso di loro un messaggero tra la loro gente, ma lo respinsero, così il castigo li colse anche nel mezzo delle loro iniquità.

114-Così mangiate ciò che Dio vi ha concesso, cibo permesso e buono, e siate grati per i favori di Dio, se Egli è Colui che servite.

115-Egli vi ha proibito solo carne di animali morti, il sangue, la carne di suino ed ogni cibo su cui non è stato pronunciato il nome di Dio. Però, se qualcuno vi è spinto dalla necessità, senza volontà di disubbidire e nemmeno quella di trasgredire i limiti, Egli è Perdonatore, Misericordioso.

116-Però non dite -per ogni cosa falsa che la vostra bocca possa pronunciare- questo è permesso e questo non è permesso, in modo da attribuire cose false a Dio. Coloro che attribuiscono le loro menzogne a Dio mai prospereranno.

117-Il loro godimento sarà breve. Una punizione gravosa li attende.

118-Ai Figli d'Israele abbiamo proibito le cose che ti abbiamo menzionato precedentemente. Non abbiamo commesso ingiustizia contro di loro, ma costoro hanno agito ingiustamente contro se stessi.

---

[36] Questo versetto potrebbe riferirsi a coloro che, pur essendo stati al principio con i pagani, successivamente entrarono nell'Islam, sopportando con pazienza e costanza le difficoltà e le persecuzioni. In questo caso, il versetto sarebbe stato rivelato a Medina, anche se la sura risale al periodo meccano. Sarebbe, inoltre, preferibile leggere, in accordo con alcuni commentatori, *fatanū* alla forma attiva al posto di *futinū* in quella passiva, traducendo: "Dopo aver inflitto prove e persecuzioni (ai musulmani)". Da notare il parallelismo nella costruzione di questo versetto e del 119.

[37] In questo versetto il riferimento è diretto alla Mecca prima che fosse conquistata dai musulmani. La città era stata infatti tormentata dalla carestia per sette anni ed i suoi abitanti erano preda del timore che la loro fine fosse vicina.

119-Però in verità, il tuo Signore, verso coloro che commettono ingiustizia per ignoranza, ma che poi si pentono ed emendano la loro condotta, è Perdonatore, Misericordioso.

120-Abramo è stato un modello[38]. Devotamente obbediente a Dio e sincero nella fede. Egli non attribuiva a Dio alcun associato.

121-Egli ha mostrato gratitudine per i favori di Dio, Che lo ha scelto e lo ha guidato sulla retta via.

122-Gli abbiamo concesso il bene in questa vita ed egli sarà nell'Altra nella compagnia dei giusti.

123-Così ti abbiamo insegnato il messaggio ispirato: "Seguite le vie di Abramo, il sincero nella fede. Egli non attribuiva a Dio degli associati".

124-Il sabato è stato reso tassativo per coloro che si dimostravano in disaccordo su di esso. Però Dio giudicherà tra di loro nel Giorno del Giudizio in merito a ciò in cui differiscono.

125-Invita tutti alla via del tuo Signore con saggezza ed uno splendido insegnamento, e discuti con loro nel modo migliore e più educato perché il tuo Signore ben conosce chi si è perduto dalla retta via e chi invece l'ha seguita.

126-Se decidete di rispondere ad un attacco, fatelo in modo equilibrato e proporzionato all'offesa subita. Però, se mostrate pazienza, questo è il corso migliore per coloro che sono pazienti.

127-Anche tu mostrati paziente, perché la pazienza viene da Dio e non ti addolorare per loro e non ti angosciare per i loro piani.

128-Dio è con coloro che Lo ricordano e che operano il bene.

---

[38] In arabo *Ummah*, traducibile come "modello" ed "esempio".

XVII

Sura Al-Isrā'

(Il viaggio notturno)

Rivelata alla Mecca, (tranne i versetti 26, 32, 57, 75-80)

Nel nome di Dio, il Clemente, il Misericordioso

1-Che sia gloria a Colui che ha condotto il Suo servo durante la notte dalla Sacra Moschea[1] fino alla Moschea più lontana[2] -i cui dintorni abbiamo benedetto- al fine di mostrargli alcuni dei Nostri segni. Egli ode e vede ogni cosa.
2-Abbiamo dato a Mosè il Libro[3] e ne abbiamo fatto una guida per i Figli di Israele: "Non sceglietevi altro protettore che Me".
3-Costoro sono i discendenti di quanti abbiamo condotto con Noè nell'Arca. Costui era, in verità, un devoto a Noi grato.

---

[1] *Masjid* è il luogo della preghiera. In questo versetto ci si riferisce alla *Ka'ba* presso la Mecca, che a quel tempo non era stata purificata al suo interno da tutti gli idoli e dedicata al culto di un Dio unico.
[2] Con quest'espressione ci si riferisce alle rovine del Tempio di Salomone a Gerusalemme sulla collina di Moria, non lontano dalla Cupola della Roccia. Quest'ultima costruzione e la *Masjid Al-Aqsā* (la moschea più lontana) furono completate da Abd al-Malik nel 68 a.H. Al tempo del Profeta (pbsl), il sito era parte dell'Impero bizantino e si trovava dal punto di vista religioso sotto l'amministrazione del Patriarca di Gerusalemme. Per quel che concerne il Tempio di Salomone è importante ricordare le seguenti date: 1-Venne completato al tempo di Salomone nel 1004 a.C., 2-Venne distrutto dai babilonesi sotto Nabuchadnezzar nel 586 a.C., 3-Venne ricostruito al tempo di Nehemia ed Ezra nel 515 a.C., 4-Venne trasformato in un tempio pagano da uno dei successori di Alessandro Magno, Antioco Epifane, nel 167 a.C., restaurato da Erode (17 a.C.-29 d.C.) e completamente raso al suolo dall'Imperatore Tito Vespasiano nel 70 a.C.
[3] La rivelazione data a Mosè. Cfr. Esodo, 20:3-5.

4-Abbiamo dato chiari avvertimenti ai Figli di Israele[4] nel Libro: due volte[5] avrebbero diffuso la corruzione sulla terra e avrebbero raggiunto grandi traguardi.

5-Quando il primo degli avvertimenti si realizzò, inviammo contro di voi alcuni dei Nostri servi[6] dal terribile potere militare. Entrarono nelle vostre case e le saccheggiarono. Così, quanto promesso, si realizzò.

6-Poi vi concedemmo di prevalere su di loro ancora una volta[7]. Aumentammo le vostre risorse e i vostri figli e vi rendemmo più numerosi che mai.

7-Se agite per il bene, lo fate a vostro beneficio. Se scegliete il male, lo fate a vostro discapito. Così, quando il secondo avvertimento stava per avverarsi, abbiamo concesso ai vostri nemici di gettarvi nella disgrazia[8] e di entrare nel Tempio, così come fecero in precedenza. Concedemmo loro di abbandonare alla distruzione tutto ciò che si era trovato in loro potere.

8-Il vostro Signore potrebbe mostravi la Sua misericordia. Se vi allontanate dai vostri peccati, Noi ci allontaneremo [dalla punizione]. E [non dimenticate] che abbiamo fatto dell'Inferno una prigione per coloro che negano le Nostre promesse.

---

[4] Cfr. Isaia, 5:29-30, 3:16-26.

[5] Probabilmente nel contesto di questo versetto ci si riferisce ai seguenti episodi della storia ebraica: 1-La distruzione del Tempio di Salomone ad opera dei babilonesi nel 586 d.C., al tempo del re Nebuchadnezzar, quando gli ebrei furono condotti prigionieri in Babilonia, 2-La distruzione di Gerusalemme da parte di Tito nel 70 d.C., in seguito alla quale il Tempio non venne mai più ricostruito.

[6] Nel contesto di questo versetto con l'espressione "Nostri servi" ci si riferisce ai babilonesi, che sono apostrofati in questo modo in quanto strumenti dell'ira divina. Cfr. Isaia, 3:16-26.

[7] Ci si riferisce al ritorno degli ebrei dall'esilio babilonese nel 520 a.C., quando riuscirono a ricostruire il Tempio e condussero una serie di riforme sotto Ezra. Successivamente Babilonia venne assorbita dalla Persia che successivamente divenne parte dell'Impero creato da Alessandro Magno, grazie al quale l'intera Asia occidentale venne ellenizzata. In Palestina, gli ebrei nel periodo degli Asmonei (167-163 a.C.) ricostruirono la loro vita nazionale. Nel periodo degli Idumei (63 a.C.- 4 d.C.), dinastia cui apparteneva il re Erode, godettero di una semi-indipendenza politica. Nel 63 a.C., infatti, i territori della Siria e della Palestina si trovavano sotto il protettorato romano. Gli ebrei cercarono di mantenere la propria indipendenza rispetto al potere romano con una serie di rivolte, fino a quando nel 70 d.C. l'allora generale Tito Vespasiano distrusse il Tempio.

[8] Lett. "Di sfigurare il vostro volto". Con quest'espressione s'intende la perdita di prestigio e di potere.

9-In verità, questo Corano mostra la guida più retta. Annuncia ai credenti, che compiono opere di bene, la buona novella: in verità, riceveranno una magnifica ricompensa.

10-Annuncia a coloro che non credono nell'Altra vita che abbiamo preparato per loro un doloroso castigo.

11-Spesso l'uomo prega per ottenere ciò che è male, come se pregasse per il bene[9]. L'uomo è spesso impaziente nel giudicare.

12-Abbiamo fatto della notte e del giorno due segni. Abbiamo oscurato il segno della notte e abbiamo reso chiaro quello del giorno per illuminarvi, ché possiate cercare le benedizioni del vostro Signore e conoscere il numero degli anni e tenerne conto. Abbiamo spiegato chiaramente ogni cosa.

13-Abbiamo legato intorno al collo il destino[10] di ciascun uomo. Nel Giorno del Giudizio porteremo un rotolo che vedrà aperto [davanti a lui].

14- [Gli sarà detto]: "Leggi questo documento. Questo giorno la tua anima è sufficiente per fare un resoconto contro di te".

15-Colui che riceve la guida, la riceve per suo beneficio. Colui che si perde, nuoce a se stesso. Nessuno può portare il peso di un altro. Non colpiremo con la Nostra ira una comunità prima di aver inviato loro un messaggero.

16-Quando decidiamo di distruggere un popolo, inviamo il Nostro monito prima a coloro che hanno ricevuto i beni di questo mondo. Però hanno continuato a compiere iniquità. Così la parola[11] si è dimostrata vera contro di loro. In questo modo li abbandoneremo alla distruzione.

17-Quante generazioni abbiamo distrutto dopo Noè. Il tuo Signore è sufficiente per annotare ed osservare i peccati dei Suoi servi.

18-Se qualcuno desidera ciò che è transitorio in questa vita, glielo concederemo[12]: ciò che vorremo a chi vorremo. Alla fine abbiamo

---

[9] Gli esseri umani, a causa della loro impazienza ed ignoranza, non comprendono la vera natura del bene e del male e per questa ragione desiderano quanto potrebbe invece nuocere loro. Coloro che invece sono saggi e pazienti sanno attendere e non pongono i propri desideri al di sopra di quelli di Dio.

[10] In arabo *Tāir*, che significa letteralmente "uccello" e secondariamente "presagio" e quindi anche "fato". Cfr. 36:19.

[11] In arabo *Qawl*, che significa "legge", "parola", "ordine" ed "accusa". Cfr. 36:7.

[12] I beni transitori di questa vita hanno un valore illusorio rispetto all'eternità, e sono quindi disposti da Dio secondo il Suo piano definito.

preparato per loro l'Inferno. Lì bruceranno, in disgrazia e nell'abbandono!

19-Dio accetta il sacrificio di quanti sperano nell'Altra vita, s'impegnano per essa nel modo dovuto e hanno fede.

20-Noi concediamo liberamente i beni del tuo Signore. I Suoi beni non sono preclusi [a nessuno].

21-Abbiamo concesso di più ad alcuni rispetto agli altri. In verità, l'Altra vita sarà più nobile, di maggiore pregio ed eccellenza[13].

22-Non adorare altri che Dio o sarai abbandonato nella disgrazia e nella destituzione.

23-Il tuo Signore ha stabilito che non adoriate altri che Lui e che vi mostriate gentili con i genitori. Se uno di loro o entrambi arrivano alla vecchiaia, non dite loro una parola di rimprovero e non mostrate impazienza, ma rivolgetevi con parole rispettose.

24-Abbassate su di loro l'ala della misericordia in umiltà e dite: "O Signore, concedi loro la Tua misericordia, nel modo in cui mi hanno mostrato la loro e si sono presi cura di me quando ero bambino".

25-Il vostro Signore conosce bene ciò che si trova nei vostri cuori. Se compite azioni giuste, invero Egli è Perdonatore verso coloro che si volgono sempre verso di Lui.

26-Date ai vostri parenti ciò che è dovuto, e a coloro che si trovano nel bisogno e ai viandanti. Però, non dissipate la vostra ricchezza come i prodighi.

27-I prodighi sono fratelli dei diavoli. E il maligno è ingrato lui stesso verso il suo Signore.

28-E seppure devi allontanarti da coloro che sono nel bisogno, mentre sei alla ricerca della misericordia proveniente dal tuo Signore e sei in attesa, rivolgi loro parole di gentilezza[14].

29-Non legare la mano al tuo collo[15] e non allungarla al limite delle tue capacità per non divenire degno di rimprovero e destituito.

---

[13] Il credente deve sempre tenere in mente che i doni spirituali sono superiori a quelli materiali, in quanto costituiscono una preparazione adeguata all'Altra vita.

[14] Spesso ci si trova nella condizione di doversi volgere via dalle persone per i seguenti motivi: 1-Ci si trova nella condizione di non poter dare loro quanto domandano o si aspettano, 2-A causa di una discrepanza di opinioni su questioni determinate. In entrambi i casi, l'insegnamento coranico invita ad utilizzare sempre parole gentili e piene di comprensione.

[15] Cfr. 5:64. Quest'espressione indica l'atto di mostrarsi eccessivamente avari.

30-In verità, il tuo Signore provvede del sostentamento in abbondanza per coloro che Egli desidera, ed in misura limitata a chi vuole. Egli comprende pienamente i bisogni delle Sue creature e tutte le abbraccia con il Suo sguardo.

31-Non uccidete i vostri figli[16] per timore del bisogno. Vi daremo sostentamento per loro e per voi. Ucciderli è, in verità, un grande peccato.

32-Non commettete adulterio perché è un'azione biasimevole e un male che apre la via ad altri peccati.

33-Non prendete la vita -che Dio ha voluto sacra- eccetto per una giusta ragione. Se qualcuno viene ucciso ingiustamente, abbiamo dato al suo erede l'autorità [di domandare la *Qisās* o di perdonare]. Che però non superi i limiti, perché è soccorso [dalla Legge].

34-Non vi avvicinate alla proprietà dell'orfano, se non per migliorarla, fino a quando non ha raggiunto la maggiore età e può condurre a termine ogni impegno [assunto]. Mostratevi fedeli verso ogni impegnò perché, in realtà, [nel Giorno del Giudizio] sarete chiamati a rispondere di ogni promessa fatta.

35-Quando misurate, date una misura piena e pesate con una bilancia esatta. Questo vi è di beneficio e alla fine condurrà all'esito migliore.

36-Non intraprendete nulla di cui non avete conoscenza. Ciò che avrete udito, visto o provato nei vostri cuori sarà esaminato nel Giorno del Giudizio.

37-Non camminate sulla terra con insolenza. Non potete fenderla né raggiungere in altezza le montagne.

38-Tutte queste cose sono reprensibili e detestabili agli occhi del tuo Signore.

39-Questi sono gli insegnamenti di saggezza che il tuo Signore ti ha rivelato. Non prendere, oltre a Dio, un altro oggetto di adorazione, a meno che non [desideri] essere gettato nell'Inferno, degno di rimprovero e reietto.

40-Ha forse Dio preferito per voi i figli maschi e per Sé ha riservato delle figlie tra gli angeli? Invero, proferite cose terribili!

---

[16] Gli arabi dell'epoca pre-islamica erano dediti all'infanticidio delle figlie femmine. In una società in perpetuo conflitto, infatti, i maschi erano considerati una fonte di forza, mentre al contrario le femmine di debolezza. L'Islam, fin dall'inizio, ha condannato queste pratiche.

41-Vi abbiamo spiegato la verità in molti modi in questo Corano al fine che possano ricevere il monito. Però, ciò accresce solo il loro allontanamento [dal vero].

42-Di': "Se ci fossero stati altri dei con Lui, avrebbero certamente tentato di trovare una via verso di Lui, il Signore del Trono!

43-La Sua gloria è illimitata. Egli è incommensurabilmente al di sopra di ogni cosa che possono proferire riguardo a Lui!

44-I sette cieli, la terra e tutto ciò che contengono dichiarano la Sua gloria. Non c'è nulla che non celebri la Sua gloria, ma voi non lo percepite. In verità, Egli è Misericordioso, Perdonatore.

45-Quando reciti il Corano, Noi poniamo tra te e coloro che non credono nell'Altra vita un velo invisibile[17].

46-Copriamo i loro cuori in modo che non possano comprendere la rivelazione e rendiamo sordi i loro orecchi. Quando menzioni, recitando il Corano, il tuo Signore e Lui solo, voltano le schiene fuggendo lontano dalla verità.

47-Noi sappiamo bene perché Ti ascoltano, quando ti ascoltano. Quando s'incontrano in privato, gli ingiusti dicono gli uni agli altri: "Non seguite altri che un uomo stregato!"

48-Guarda a cosa ti paragonano. Costoro si sono smarriti e mai ritroveranno la via[18].

49-Dicono: "Che cosa! Quando saremo ridotti ad ossa e cenere, saremo resuscitati ad una nuova creazione?"

50-Di' loro: "Anche se vi trasformaste in pietra o ferro,

51-o in qualsiasi altra materia creata che la vostra mente possa concepire, [sarete resuscitati a nuova vita]. Diranno: "Chi ci farà ritornare?" Di': "Colui che vi ha creati per la prima volta!" Poi scuoteranno la testa verso di te e diranno: "Quando succederà?" Di': "Forse molto presto.

52-Sarà il giorno in cui Egli vi chiamerà e voi risponderete [alla Sua chiamata] con parole di lode e penserete di essere rimasti sulla terra solo per poco tempo!"

---

[17] In arabo *Mastūr*. Secondo alcuni commentatori questo termine può essere considerato l'equivalente di *Sātir*, con cui s'indica un velo nero o dal materiale pesante. Probabilmente questo termine deve essere inteso in senso più generale. Se, infatti, i segni della gloria divina sono presenti nella natura, sia interna che esterna all'essere umano, coloro che vi si allontano, si allontanano anche da Dio.

[18] In arabo *Sabīlan*, termine tradotto con "una via" piuttosto che "la via". I peccatori, quando si sono perduti, non possono trovare alcun modo per ritornarvi.

53-Di' ai Miei servi di parlare solo nel modo migliore[19] perché Satana semina discordia tra di loro. Satana è nemico giurato dell'uomo.

54-Il tuo Signore vi conosce nel migliore dei modi. Se vuole, vi garantisce[20] la Sua misericordia o altrimenti la punizione. Non ti abbiamo inviato con il potere di decidere del loro destino.

55-Il tuo Signore conosce ciò che si trova nei cieli e sulla terra. Ad alcuni profeti abbiamo concesso più doni che ad altri[21]. Abbiamo dato a Davide il dono dei Salmi.

56-Di': "Chiamate coloro che pensate dividano con Lui la divinità. Costoro non hanno il potere né di rimuovere da voi alcun pericolo né di allontanarlo".

57-Coloro che invocano cercano loro stessi di ottenere la benedizione del loro Signore. Anche coloro che Gli sono più vicini[22], sperano nella Sua misericordia e temono la Sua ira, perché l'ira del tuo Signore è qualcosa da cui ci si deve guardare.

58-Ricordate che non c'è nessuna comunità che non distruggeremo prima del Giorno del Giudizio o non visiteremo con una terribile punizione [qualora si dimostri dedita al peccato]. È scritto.

59-Non abbiamo inviato i Nostri segni, solo perché gli uomini appartenenti alle precedenti generazioni li hanno accusati di falsità. Inviammo la femmina di cammello ai Thamud come segno visibile, ma l'hanno trattata ingiustamente. Inviammo i Nostri segni solo come monito.

---

[19] Questo comando si riferisce alle due seguenti situazioni: 1-Quando ci si trova di fronte ai nemici propri ed a quelli di Dio, in quanto solo a quest'ultimo spetta il giudizio finale, 2-Bisogna evitare di nutrire sospetti verso gli altri e rivolgersi loro con parole rispettose.

[20] Questo versetto insegna ai credenti che il *Mashīyat*, ossia il piano e la volontà di Dio, sono al di sopra della volontà e dei desideri umani.

[21] I doni spirituali con cui i profeti sono stati inviati, possono assumere delle forme differenti, secondo i bisogni del mondo e del tempo in cui vivono.

[22] Anche l'adorazione di coloro che sono più vicini a Dio è futile per i seguenti motivi: 1-Nonostante la loro bontà e santità, anche costoro sono alla ricerca costante della grazia e della misericordia divina, 2-Sono delle creature come le altre e quindi condividono con loro le medesime responsabilità.

60-Ti abbiamo detto che la conoscenza del tuo Signore abbraccia tutta l'umanità[23]. Abbiamo fatto della visione[24], che ti è stata mostrata, una prova per gli uomini, cosìcome l'albero maledetto[25] menzionato nel Corano. Abbiamo posto in loro terrore e timore, ma ciò ha accresciuto solo la loro trasgressione.

61-Dicemmo agli angeli: "Prosternatevi davanti ad Adamo". Costoro si prosternarono, eccetto Iblis che disse: "Dovrei prosternarmi davanti a qualcuno che hai creato dall'argilla?"

62-Disse: "Non vedi? Questo è colui che hai onorato al di sopra di me! Se mi concederai una tregua fino al Giorno del Giudizio, condurrò i suoi discendenti- non certo pochi- ad ubbidirmi"[26].

63-Disse: "Vai per la tua strada. Se qualcuno di loro ti segue, in verità l'Inferno sarà una ricompensa per voi tutti, un'ampia ricompensa.

64-Conduci alla distruzione chi puoi con la tua voce seducente. Assaltali con i tuoi uomini ed i cavalli. Condividi con loro ricchezza mondana e progenie. Fai loro promesse. Le promesse di Satana non sono altro che inganno.

65-Sappi però che non avrai autorità alcuna sui Miei servi. Il tuo Signore è sufficiente come custode".

66-Il tuo Signore ha permesso ad ogni imbarcazione di solcare facilmente il mare, al fine che possiate cercare le Sue benedizioni. Egli è il Misericordioso.

67-Quando in mare siete colti dalla difficoltà, coloro che invocate - oltre Me- vi abbandonano! Quando Lui vi conduce di nuovo salvi sulla terra ferma, vi volgete via lontano. L'uomo è, in verità, ingrato!

68-Siete sicuri che non farà sì che il suolo non vi ingoi quando vi trovate sulla terra ferma o che non invii contro di voi un violento tornado tale da non poter trovare nessuno che possa proteggervi?

---

[23] Cfr. 72:28. Anche se questo versetto potrebbe essere stato rivelato alla Mecca, il suo significato è generale ed indipendente dal tempo. I miracoli ed i segni sono inviati infatti secondo il piano di Dio, la Sua misericordia e giustizia.

[24] Secondo alcuni commentatori il riferimento è diretto alla *Mi'rāj*, mentre secondo altri ad un altro tipo di esperienza spirituale.

[25] In arabo *Zaqqūm*, ossia l'albero amaro e pungente che cresce nella profondità dell'inferno. Cfr. 37:62-65, 44:43-46, 56:52.

[26] Cfr. 34:20. Il potere del male sull'essere umano è riconducibile al suo limitato libero arbitrio. Il male invece non ha potere su coloro che servono ed adorano Dio con devozione sincera.

69-Siete sicuri che non vi rimanderà una seconda volta in mare e non invierà una bufera per affogarvi a causa della vostra ingratitudine, in modo che non troverete nessuno che vi aiuti contro di Noi?

70-Abbiamo onorato i figli di Adamo ed abbiamo concesso loro un trasporto per terra e per mare. Abbiamo dato loro come mezzo di sostentamento cose buone e pure e abbiamo elargito speciali favori su gran parte della Nostra creazione.

71-Un giorno chiameremo insieme tutti gli esseri umani con i loro rispettivi *Imām*[27]. Coloro a cui sarà dato il documento nella mano destra, lo leggeranno [con piacere] e non subiranno[28] alcuna ingiustizia.

72-Coloro che però sono stati ciechi in questo mondo, lo saranno anche nell'Altra vita e si allontaneranno ancora di più dalla via.

73-[O Profeta] intendevano allontanarti da ciò che ti abbiamo rivelato, per sostituirlo a Nostro nome con qualcosa di abbastanza differente. In questo caso ti sarebbero stati certamente amici.

74-Se non ti avessimo dato forza, avresti inclinato un poco verso di loro.

75-In questo caso ti avremmo fatto provare una doppia punizione in questa vita ed una uguale dopo la morte. Non avresti trovato alcun aiuto contro di Noi!

76-Intendevano scacciarti da questa terra, in esilio. Però, in quel caso, dopo di te, non vi sarebbero rimasti che per poco tempo.

77-Nulla è cambiato. Ci siamo comportati in questo modo con tutti i profeti inviati prima di te. Non troverai nessun cambiamento da parte Nostra.

78-Stabilisci preghiere regolari[29] al tramonto del sole, quando cadono le tenebre della notte, insieme alla preghiera del mattino ed alla recitazione. La preghiera e la recitazione del mattino recano la loro testimonianza.

---

[27] Nel contesto di questo versetto il termine *"Imām"* è stato interpretato in modo differente dai commentatori. Secondo alcuni, con questo termine s'intende il leader di ciascun popolo o gruppo. Secondo altri, invece, ci si riferisce rispettivamente alla rivelazione ricevuta o alle azioni compiute in vita.

[28] Nel testo arabo è presente il termine *"Fatīl"*, con cui s'intende la pellicina dell'osso di un dattero.

[29] Secondo la maggior parte dei commentatori il riferimento è diretto alle cinque preghiere giornaliere: *Fajr, Zuhr, Asr, Maghrib* ed *'Ishā*.

79-Svegliati e prega, durante parte della notte come opera supererogatoria[30]. Il tuo Signore ti innalzerà ad una condizione di lode e di gloria[31].

80-Di': "O mio Signore, consentimi di entrare[32] per la porta della verità e dell'onore. Concedimi, allo stesso modo, di uscire dalla porta della verità e dell'onore. Attraverso la Tua presenza, donami una forza dalla Tua grazia che tutto sostiene".

81-Di': "La verità è venuta alla luce ed il falso è svanito. Il falso è per natura condannato a scomparire".

82-A poco a poco abbiamo inviato questo Corano, una cura e misericordia per i credenti. Per l'ingiusto però è causa di perdita continua.

83-Quando concediamo all'uomo il Nostro favore, si volge indietro e si allontana. Quando poi il male lo coglie, si abbandona alla disperazione.

84-Di': "Ognuno agisce secondo la propria disposizione. Il tuo Signore però conosce chi è meglio guidato sulla via migliore".

85-Ti domanderanno dello Spirito [dell'ispirazione]. Di': "Lo Spirito giunge a comando del mio Signore e non ve ne è comunicata che una piccola conoscenza".

86-Se lo avessimo voluto, avremmo potuto riprendere tutto ciò che ti abbiamo rivelato per ispirazione. Non troverai nessuno in grado di supplicare al tuo posto davanti a Noi,

87-eccetto che per la misericordia del tuo Signore, perché la Sua grazia è grande.

88-Di': "Se tutti gli uomini ed i *Jinn* si riunissero per produrre qualcosa che assomigli a questo Corano, non riuscirebbero a comporre nulla di simile, anche se si sostenessero a vicenda con aiuto e supporto".

89-Abbiamo spiegato all'uomo, in questo Corano, ogni sorta di similitudine. Però, la maggior parte degli uomini la rifiuta con ingratitudine.

---

[30] Il riferimento è diretto alla preghiera del *Tahajjud*, assolta nel lasso di tempo che intercorre dalla mezzanotte alle prime luci dell'alba.

[31] In arabo *Maqām Mahmūd*, che sarà assegnato nell'Altra vita al Profeta Muhammad (pbsl).

[32] In questo versetto ci si riferisce rispettivamente a:1-L'entrata nella morte e l'uscita nella resurrezione dei giusti, 2-L'entrata a Medina, 3-L'inizio dell'*Hijrah*, 4-L'entrata e l'uscita nei diversi stadi della vita.

90-Dicono: "Non crederemo in te, fino a quando non sarai in grado di far sgorgare per noi una fonte da sotto la terra,

91-o fino a quando non avrai un giardino di palme e viti e farai emergere i fiumi nel loro mezzo, recando acqua abbondante,

92-o non farai sì che il cielo cada in pezzi, come hai detto, sopra di noi o porti Dio e gli angeli davanti ai nostri occhi,

93-o possiederai una casa adorna di oro o salirai su di una scala diretta al cielo. Non ti crederemo nemmeno in questo caso, fino a quando non ci manderai un libro che possiamo leggere." Di': "Sia gloria al mio Signore! Io non sono altro che un uomo, un messaggero!"

94-Ciò che ha tenuto gli uomini lontani dalla fede, quando la guida giunse loro, non è stato niente altro che questo. Hanno detto: "Dio ha inviato un uomo come noi come Suo profeta?"

95-Di': "Se la terra fosse stata abitata da angeli che camminavano in pace, avremmo sicuramente inviato loro dal cielo un angelo come Nostro messaggero".

96-Di': "Dio è sufficiente come testimone tra me e voi. Egli è ben informato sui Suoi servi e vede ogni cosa".

97-Colui che Dio guida, si trova sulla retta via. Per colui che viene lasciato smarrirsi non troverai alcun protettore, oltre Lui. Il Giorno del Giudizio li riuniremo tutti insieme con le facce a terra, ciechi, muti e sordi. La loro dimora ultima sarà l'Inferno. Ogni volta che il Fuoco si affievolirà, Noi aumenteremo la sua fiamma ardente.

98-Questo è ciò che hanno meritato per aver respinto i Nostri segni e aver detto: "Quando saremo ridotti a ossa e polvere, verremo resuscitati ad una nuova creazione?"

99-Non vedete che Dio, Che ha creato i cieli e la terra, ha il potere di creare di nuovo qualcosa che assomiglia loro? Solamente Lui ha stabilito un termine, sul quale non ci sono dubbi. L'ingiusto però rifiuta di ammettere qualsiasi cosa, se non ciò che lo allontana dalla verità.

100-Di': "Se deteneste il controllo dei tesori della misericordia del mio Signore, tentereste di nasconderli per timore di spenderli. L'uomo, in realtà, manca di generosità".

101-A Mosè abbiamo dato nove chiari segni. Domanda ai Figli di Israele [di dirvi che cosa è accaduto] quando Mosè venne dal Faraone e si appellò a lui per loro conto ed il Faraone gli disse: "O Mosè, penso che tu sia vittima di qualche sortilegio!".

102-Mosè gli disse: "Sai bene che nessuno, se non il Signore dei cieli e della terra, può produrre tali miracoli, come prova che apra i tuoi occhi. O Faraone, in verità, ti considero condannato alla distruzione!"

103-Così il Faraone decise di rimuoverli dalla faccia della terra e Noi affogammo lui e coloro che si trovavano con lui.

104-Poi abbiamo detto ai Figli di Israele: "Dimorate sulla terra in piena sicurezza, ma [ricordate che], quando la promessa dell'Ultimo Giorno si avvererà, vi riuniremo come parte di una folla eterogenea".

105-Abbiamo rivelato il Corano nella verità e nella verità è disceso. Ti abbiamo inviato per annunciare la buona novella e per ammonire [i peccatori].

106-Questo è il Corano che abbiamo gradualmente rivelato al fine che tu possa recitarlo agli uomini gradualmente e con riflessione. Lo abbiamo rivelato in fasi distinte.

107-Di': "Sia che crediate o meno, è vero che coloro cui è stata data la conoscenza in precedenza, quando veniva loro recitato, si prosternavano con umiltà.

108-E dicono: "Gloria al nostro Signore! In verità, la promessa del nostro Signore è stata mantenuta!"

109-Si prosternano tra le lacrime ed [il Corano] accresce la loro umiltà.

110-Di': "Invocate Dio o invocate il Misericordioso[33]. Con qualunque nome Lo chiamiate, sappiate che a Lui appartengono i nomi più belli[34]. Nella preghiera non alzate la voce né parlate in tono troppo sommesso, ma mantenetevi nella moderazione.

111-Di': "Sia lode a Dio, Che non ha generato e non divide con nessuno il Suo dominio. Non ha debolezza alcuna e non necessita di alcun aiuto. Esaltate la Sua gloria immensa".

---

[33] In arabo *Rahmān*, nome che descrive la grazia e la misericordia di Dio che viene in soccorso dell'essere umano, anche prima che diventi consapevole di avere bisogno di Lui. Cfr. 7:180. Dio può essere invocato o attraverso il Suo nome, che include tutti gli attributi, o attraverso un nome che ne descrive uno di essi. L'attributo della misericordia implicito nel nome di *Rahmān* era particolarmente sgradito agli arabi pagani. Cfr. 25:60, 21:36.

[34] Cfr. 20:8. Secondo un *Hadīth* riportato da Tirmidhi, che solo alcuni considerano però autentico, sono menzionati i 99 nomi di Dio.

XVIII

Sura Al-Kahf

(La caverna)

Rivelata alla Mecca, (tranne i versetti 28, 83-101)

Nel nome di Dio, il Clemente, il Misericordioso

1-Che sia lode a Dio Che ha inviato al Suo Servo il Libro, e non ha permesso che in esso ci fosse alterazione alcuna[1].

2-Lo ha reso retto[2] [e chiaro] al fine che possa avvertire di una terribile punizione proveniente da Lui e possa annunciare la buona novella ai credenti che compiono opere di bene, affinché abbiano un'eccellente ricompensa,

3-dove dimoreranno per sempre.

4-E, affinché possa avvertire coloro che dicono: "Dio ha generato un figlio".

5-Di questo non hanno conoscenza alcuna né loro né i loro antenati. È qualcosa di terribile ciò che pronunciano con le loro labbra. Ciò che affermano non è altro che falsità.

6-Vorresti forse tormentarti fino alla morte, se non credono nel messaggio?

7-Ciò che si trova sulla terra è uno spettacolo attraente fatto al fine di metterli alla prova, per decidere chi di loro ha la migliore condotta.

8-In verità, renderemo ciò che si trova sulla terra polvere e suolo secco.

---

[1] Nel versetto successivo il termine arabo *Qaiyim* (retto) è utilizzato per caratterizzare il Corano, in contrasto con il termine "*Iwaj*" (tortuoso), presente invece in questo versetto.

[2] In arabo *Qaiyim*, ossia chiaro, privo di tortuosità, dal significato palese e privo di ambiguità. Cfr. 9:36.

9-Non ritenete[3] che i Compagni della Caverna e dell'iscrizione[4] sia stato uno dei Nostri segni più straordinari?

10-I giovani si rifugiarono[5] nella caverna e dissero: "Signore nostro, concedici la Tua misericordia e disponi della nostra vita nel modo più giusto!"

11-Poi abbiamo steso un velo[6] sui loro orecchi per il tempo in cui rimasero nella caverna.

12-Poi li abbiamo svegliati al fine di mettere alla prova quale dei due partiti fosse il migliore per calcolare gli anni della loro permanenza in quel luogo.

13-Ti abbiamo raccontato la loro storia nella verità. Costoro erano giovani che credevano nel loro Signore e Noi abbiamo reso più profonda la loro conoscenza della retta guida[7].

14-Abbiamo dato forza ai loro cuori. Si sono alzati e hanno detto: "Il nostro Signore è il Signore dei cieli e della terra. Non invocheremo altro dio che Lui. Se lo avessimo fatto, avremmo certo proferito una mostruosità!

---

[3] Nei prossimi versetti viene introdotta una storia, in cui sono presenti i seguenti insegnamenti morali: 1-La relatività del tempo, 2-L'irrealtà su questa terra dei ruoli rispettivamente dell'oppressore e dell'oppresso, del persecutore e del perseguitato, 3-La verità della resurrezione finale, 4-La potenza della fede e della preghiera che conduce sulla retta via.

[4] In arabo *Raqīm*, ossia iscrizione, secondo la lettura di Jalālain, con cui concordano la maggioranza dei commentatori. Secondo altri invece il termine *Raqīm* è il nome del cane che era con loro.

[5] La storia, secondo la versione cristiana, è raccontata in *The Decline and Fall of Roman Empire* di E. Gibbon, nel capitolo 33. Al tempo della persecuzione dei cristiani, sette giovani di Efeso si rifugiarono in una caverna, dove rimasero addormentati per secoli. Quando poi si svegliarono, dopo secoli, scoprirono che il Cristianesimo non era più un culto proibito, ma era divenuta la religione di stato. Questa storia divenne molto popolare e cominciò a circolare per tutto l'impero romano. Quindi, è probabile che sulla grotta, in cui veniva individuato il rifugio dei giovani, fosse stata posta un'iscrizione che rimase visibile per molto tempo dopo, essendo Efeso una città molto importante dell'Asia Minore, posta a circa 60 km da Smyrna. Successivamente, il califfo al Wāthiq (842-846 d.C.) mandò una spedizione per esaminare ed identificare la località. Fece poi lo stesso con la barriera di Dhul-Qarnain nell'Asia centrale. La storia venne tramandata oralmente fino a quando nel VI secolo d.C. uno scrittore siriaco la mise per iscritto, suggerendo che dovesse essere collocata cronologicamente nel regno dell'imperatore Decio (249-251 d.C.), mentre il risveglio a quello di Teodosio (408-450 d.C.).

[6] I giovani nella caverna erano completamente isolati dal mondo esterno, come se il tempo stesso si fosse fermato.

[7] La loro fede li fece procedere sempre più in alto sulla via del bene.

15-Il nostro popolo adora altri dei[8] invece di Dio, anche se non sono in grado di produrre alcuna prova a supporto delle loro credenze. Chi commette maggiore ingiustizia di colui che pronuncia falsità contro Dio?"

16-Quando vi sarete allontanati da loro e da ciò che adorano altro da Dio, rifugiatevi nella caverna. Il vostro Signore vi mostrerà la Sua misericordia e renderà la vostra vita facile e piana".

17-Avresti visto il sole, quando sorge, declinare verso destra dalla loro caverna e poi tramontare, allontanandosi verso sinistra, mentre loro giacevano nel mezzo. Questi sono i segni di Dio. Colui che Dio guida è ben guidato[9], ma per colui che Egli lascia disperdere, non sarà possibile trovare alcun protettore che lo riconduca sulla retta via.

18-Li avresti creduti svegli[10], mentre erano invece addormentati. Abbiamo fatto sì che si voltassero spesso, ora a destra ed ora a sinistra. Il loro cane[11] stava con le zampe stese sulla soglia. Se ti fossi avvicinato a loro, saresti certamente fuggito e saresti stato preso dal terrore alla loro vista.

19-Poi li abbiamo risvegliati al fine che s'interrogassero a vicenda. Uno di loro disse: "Per quanto tempo siamo rimasti qui?" Risposero: "Siamo rimasti un giorno o per parte di un giorno". Alla fine dissero: "Dio ben conosce quanto tempo siamo rimasti. Inviamo uno di noi con il denaro nella città. Che trovi il cibo migliore e lo porti, affinché possiamo placare la nostra fame. Che si comporti con accortezza e cortesia. Che non dia alcuna informazione su di noi.

20-Se dovessero trovarci, ci lapiderebbero o ci costringerebbero a tornare al loro culto. In quel caso non raggiungeremo mai alcun bene".

21-In questo modo abbiamo reso il loro caso noto alle persone, affinché sappiano -ogni volta che ne discutono- che la promessa di Dio è verità e che non ci sarà alcun dubbio riguardo l'Ora del Giudizio. Alcuni dicono: "Costruite un tempio", il loro Signore sa che cosa è

---

[8] Oltre al culto pagano, nei primi tre secoli dell'era cristiana divenne piuttosto diffuso il culto reso all'imperatore. Inoltre, Efeso era una città cosmopolita, in cui convivevano diversi culti pagani provenienti da distinte parti dell'impero romano. Basti pensare che la statua di Diana (Artemide) era considerata una delle meraviglie del mondo antico.

[9] I giovani, avendo fede in Dio, trovarono rifugio nella caverna, in cui si salvarono dalla persecuzione e dalla violenza dei pagani.

[10] Forse i loro occhi erano aperti, anche se i loro sensi erano addormentati.

[11] Tradizionalmente si ritiene che il nome del loro cane fosse *Qitmīr*.

accaduto. Coloro, la cui opinione alla fine ha prevalso, hanno detto: "Lasciateci costruire un luogo di adorazione dedicato loro".

22-Alcuni dicono che erano in tre, mentre il cane era il quarto. Altri ancora dicono che erano cinque, mentre il cane era il sesto, avanzando illazioni su ciò che non conoscono. Altri ancora dicono che erano sette[12], mentre il cane era l'ottavo. Di': "Il mio Signore conosce il loro numero. Solo pochi ne hanno una reale conoscenza." Non entrate in controversie in merito a loro, eccetto riguardo a ciò che è chiaro. Non domandate di loro a nessun altro.

23-Non dite di nulla: "Sono sicuro di fare questo o quello domani",

24- senza aggiungere: "Se Dio vuole". Quando dimentichi qualcosa, richiama alla memoria Dio e di': "Io spero che il mio Signore mi guiderà anche più vicino di così alla retta via".

25-Così sono rimasti nella caverna per trecento anni e alcuni ne aggiungono altri nove.

26-Di': "Dio conosce quanto tempo sono rimasti. A Lui appartiene la conoscenza dei segreti dei cieli e della terra. Egli vede e ode chiaramente. Costoro non hanno protettore tranne Lui. Egli non associa nessuno al Suo giudizio".

27-E recita [e insegna] ciò che ti è stato rivelato del Libro del tuo Signore. Nessuno può mutare le Sue parole[13] e non troverai rifugio in alcuno tranne che in Lui.

28-Mantieni il tuo cuore sereno insieme a coloro che invocano il loro Signore al mattino e alla sera, cercando il Suo volto. Che i tuoi occhi non passino oltre, cercando lo splendore di questa vita. Non obbedite a nessuno, al cui cuore abbiamo permesso che si dimenticasse di Noi, chi segue i propri desideri, colui che ha oltrepassato ogni limite[14].

29-Di': "La verità proviene dal vostro Signore. Creda chi lo desidera e la rinneghi, chi vuole". Per coloro che compiono il male abbiamo preparato un Fuoco, che li avvolgerà come le mura e il tetto di una tenda. Se implorano un sollievo, sarà dato loro da bere piombo fuso

---

[12] Nella storia riportata da Gibbon i giovani erano sette. Il loro numero comunque è del tutto irrilevante, in quanto centrale è unicamente l'insegnamento spirituale.

[13] Ossia il Suo comando, decreto o ordine.

[14] Coloro che hanno deviato dal cammino di Dio, qualora non si pentano e modifichino il loro comportamento, troveranno difficile avvicinarsi di nuovo alla grazia divina, a causa della loro insolenza ed orgoglio.

che scotterà i loro volti. Che bevanda terribile! Che giaciglio terribile su cui coricarsi!

30-Quanto a coloro che credono e compiono opere rette, faremo sì che non si perda la ricompensa di chi compie anche una [singola] opera buona.

31-Per loro ci sono Giardini dell'eternità, sotto i quali scorrono i ruscelli. Saranno adornati con bracciali d'oro e indosseranno vesti verdi di seta e di broccato. Si appoggeranno su troni alti. Quale buona ricompensa! Che meraviglioso divano su cui sdraiarsi!

32-Racconta loro di due uomini. Ad uno concedemmo due vigneti che circondammo di palme di dattero. Tra i due ponemmo poi del grano.

33-Ognuno di questi giardini produceva i suoi frutti e non mancava di nulla. Nel mezzo facemmo scorrere un fiume.

34-L'uomo aveva un raccolto abbondante. Disse al suo compagno, durante una discussione: "Possiedo molta più ricchezza di te e più onore e potere".

35-Andò nel suo giardino e, peccando in questo modo contro l'anima sua[15], disse: "Non credo che questo debba mai perire

36-né che mai arriverà l'Ora del Giudizio. Anche se sarò condotto di nuovo dal mio Signore, troverò sicuramente lì qualcosa di meglio in cambio[16]".

37-Nel corso di una discussione il suo compagno gli disse: "Negheresti Colui che ti ha creato dalla polvere, poi da un ovulo fecondato e ti ha plasmato in un uomo?

38-Io credo che Egli è Dio, il mio Signore, e che nessuno possa condividerne la divinità.

39-Perché, quando entri nel Giardino, non dici: "Sia fatta la volontà di Dio! Non c'è nessun potere se non in Dio!" Se vedi[17] che posseggo meno figli e una minore ricchezza,

---

[15] Costui non è andato incontro alla rovina in ragione della sua ricchezza ma piuttosto a causa della sua attitudine mentale.

[16] Il materialista non riesce a pensare al di là dei beni effimeri di questo mondo.

[17] Quest'argomentazione può essere divisa in cinque parti: 1-Costui si lamenta contro l'uomo orgoglioso che nega Dio, 2-Dalla sua personale esperienza spirituale, costui proclama l'unicità e la bontà divina, 3-Individua la gratitudine verso Dio come il modo migliore di godere dei Suoi doni, 4-Esprime soddisfazione in relazione a quanto Dio gli ha donato, 5-Avverte della vanità dei beni di questo mondo e della certezza della pena divina per colui che vi indulge.

40-forse il mio Signore mi darà qualcosa di meglio di questo giardino e invece, come ricompensa, invierà al tuo un tuono[18] dal cielo, rendendolo sabbia che scivola via

41-o l'acqua del giardino potrebbe immergersi sotto terra, in modo che non sarai mai più capace di ritrovarla".

42-Così i suoi frutti furono sorpresi dalla rovina ed egli rimase a torcersi le mani per ciò che aveva speso[19], che adesso giaceva distrutto. Poteva solo dire: "Non avessi attribuito il potere divino ad altri che al mio Signore".

43-Ora non ha alcuno che possa soccorrerlo contro Dio e non è nemmeno in grado di soccorrere se stesso.

44-La sola protezione proviene da Dio, il vero. Egli è il migliore per concedere una ricompensa ed il migliore per garantire il successo.

45-La vita di questo mondo assomiglia alla pioggia che Noi facciamo scendere dal cielo. La vegetazione l'assorbe, ma presto diventa secca paglia che i venti disperdono. Solo Dio detiene il potere assoluto su tutte le cose.

46-La ricchezza ed i figli sono solo attrazioni di questo mondo, ma ciò che resta, le buone azioni, sono migliori davanti al tuo Signore, come ricompensa e come giustificazione di ogni speranza[20].

47-Un giorno faremo scomparire le montagne e la terra diventerà piatta. Tutti li riuniremo, tutti insieme. Nessuno sarà lasciato indietro.

48-Saranno posti in ranghi davanti al loro Signore: "Ora siete venuti davanti a Noi nudi come siete stati creati. Eppure pensavate che non sarebbe mai stato stabilito un incontro con Noi!"

49-Il libro delle vostre azioni vi sarà posto davanti. Vedrai il peccatore colto da un grande terrore, a causa di ciò che è stato registrato. Diranno: "Guai a noi! Quale libro è questo! Non lascia nulla né di

---

[18] In arabo *Husbānan*, termine che include anche una forma di punizione conseguente ad un determinato comportamento (*Hisāb*). In questo versetto è presente probabilmente anche un riferimento al terremoto.

[19] Quest'espressione deve essere intesa in senso prettamente metaforico. Costui ha costruito tutta la sua vita sui beni effimeri di questo mondo, dimenticandosi completamente di Dio.

[20] Le buone opere hanno un valore permanente davanti a Dio e saranno ricompensate nei due seguenti modi: 1-Fluiscono dalla grazia divina e possono essere considerati una forma di ricompensa per la nostra fede, 2-Sono divenuti la fonte ed il fondamento per le ricompense che aspettano il credente nell'Altra vita. Cfr. 19:76.

piccolo né di grande, ma tiene conto di tutto!" Troveranno davanti a loro tutto ciò che hanno compiuto. Nessuno subirà ingiustizia.

50-[Menziona] quando dicemmo agli angeli: "Prosternatevi davanti ad Adamo!" Tutti si prosternarono, eccetto Iblis. Egli era uno dei *Jinn* e non ha rispettato il comando del suo Signore. Sceglierete lui e la sua progenie[21] come protettori, invece di Me? Costoro sono vostri nemici! Coloro che compiono l'ingiustizia riceveranno il male!

51-Non li chiamo ad essere testimoni della creazione dei cieli e della terra e nemmeno della loro stessa creazione. Non mi si addice scegliere come aiuto coloro che inducono gli uomini a smarrirsi!

52-Un giorno Egli dirà: "Invocate coloro che pensate condividano con Me la divinità". Li invocheranno, ma quest'ultimi non presteranno loro ascolto. Faremo per loro un luogo di comune perdizione[22].

53-I peccatori vedranno il Fuoco e sapranno che dovranno caderci dentro. Non troveranno nessun mezzo per scamparvi.

54-Abbiamo spiegato nel dettaglio in questo Corano ogni similitudine a beneficio dell'umanità. Però l'uomo, più di ogni altra cosa, è polemico.

55-Che cosa impedisce agli uomini di credere, ora che è stata inviata loro la guida, o di pregare per il perdono del loro Signore, ora che il destino delle generazioni precedenti non si è ancora abbattuto su di loro e la punizione ancora non li ha colti?

56-Abbiamo inviato i profeti per recare la buona novella ed il monito, ma i miscredenti disputano con argomenti vani, al fine di indebolire la verità. Irridono ai Miei segni ed ai Miei avvertimenti!

57-Chi commette maggiore ingiustizia di colui che, quando gli vengono ricordati i segni del suo Signore, si volta indietro, dimenticando le azioni che le sue mani hanno compiuto? In verità, abbiamo posto dei veli sui loro cuori, affinché non lo comprendano. Abbiamo reso sordi i loro orecchi. Se li chiami ad essere guidati, non accetteranno mai la guida.

58-Il tuo Signore è perdonatore, colmo di misericordia. Se li dovesse chiamare a rendere conto di ciò che hanno compiuto, avrebbe

---

[21] Con quest'espressione s'intendono anche tutti i suoi seguaci.

[22] Altri commentatori preferiscono tradurre come: "E tra di loro porremo una barriera". Secondo questa lettura i malvagi non potranno nemmeno essere visti da coloro che li hanno seguiti, per quanto possano chiamarli.

sicuramente affrettato la loro punizione. È stato però stabilito un tempo, trascorso il quale[23] non troveranno alcun rifugio.

59-Questi sono i popoli che abbiamo distrutto, dopo che avevano commesso iniquità, ma abbiamo stabilito un termine per la loro distruzione, così come è accaduto alle popolazioni che li hanno preceduti.

60-Mosè disse al suo servo[24]: "Non mi fermerò fino a quando non avrò raggiunto il luogo in cui si uniscono due mari[25], anche se dovessi trascorrere molti anni[26] in viaggio".

61-Quando raggiunsero però il luogo in cui si uniscono due mari, si dimenticarono del pesce[27] che si gettò rapido nel mare.

62-Quando si furono allontanati per una certa distanza, Mosè disse al suo servitore: "Porta il pranzo, perché ci siamo molto affaticati in questa tappa del nostro viaggio".

63-Rispose: "Non hai visto che cosa è accaduto quando ci siamo avvicinati a quella roccia? Mi ero quasi dimenticato del pesce. Nessuno, tranne Satana, mi ha indotto a non prestarvi attenzione. Si è gettato in mare e ha trovato la sua via!"

64-Mosè disse: "Questo è ciò che stavamo cercando". Così tornarono indietro sui loro passi, seguendo la via da cui erano venuti.

---

[23] In arabo *Min dūni-hi*. Il pronome potrebbe riferirsi o al "tempo stabilito" oppure al "nostro Signore". La maggior parte dei commentatori propende per la prima scelta. Se invece si opta per la seconda possibilità, il versetto dovrebbe essere tradotto come segue: "Ma hanno il loro tempo stabilito e, tranne che in Dio, non avranno alcun rifugio".

[24] L'episodio narrato nei seguenti versetti reca i seguenti insegnamenti spirituali: 1-La conoscenza umana è limitata, a differenza di quella divina, 2-È necessario che l'uomo mantenga la propria conoscenza al passo con i mutamenti che accadono nel tempo, 3-La vita è piena di paradossi e la conoscenza divina trascende qualsiasi tipo di calcolo umano. Cfr. 18:79-82.

[25] Il riferimento geografico è relativo molto probabilmente al Golfo di Aqaba ed al Golfo di Suez, dove s'incontrano i due bracci del Mar Rosso che racchiude a sua volta la Penisola del Sinai, dove Mosè ed il suo popolo vagarono per molti anni. Altri commentatori (Cfr. Baydawi) leggono l'espressione in chiave simbolica come facente riferimento a due fonti di conoscenza, rispettivamente quella di Mosè e di Khidhr.

[26] In arabo *Huqub*, che indica un lasso di tempo lungo ma indefinito.

[27] Il pesce è l'emblema della conoscenza secolare che s'immerge in quella divina, quando l'intelligenza umana è pronta per una congiunzione tra le due. Questa però è solo la pre-condizione, in quanto la conoscenza divina viene raggiunta solo dopo una lunga ed attenta ricerca.

65-Trovarono uno dei Nostri servi, cui abbiamo garantito la Nostra misericordia e a cui abbiamo insegnato la conoscenza dalla Nostra stessa presenza.

66-Mosè gli disse: "Posso seguirti, in modo che, durante il viaggio, tu mi possa insegnare qualcosa della sublime verità che ti è stata insegnata?"

67-L'altro disse: "In verità, non sarai capace di avere pazienza con me!

68-Come potresti avere pazienza con cose che non comprendi?"

69-Mosè disse: "Tu mi troverai, se Dio vuole, veramente paziente. Non mi mostrerò disubbidiente".

70-L'altro disse: "Se desideri seguirmi, non farmi nessuna domanda, fino a quando non te ne parlerò io stesso".

71-Così procedettero entrambi fino a quando, dopo essere saliti sulla barca, lui aprì una falla. Mosè disse: "Hai aperto una falla per farci annegare? Hai fatto qualcosa di veramente strano!"

72-Egli rispose: "Non ti ho forse detto che non avresti avuto pazienza con me?"

73-Mosè disse: "Perdonami per aver dimenticato e non essere troppo severo con me".

74-Così procedettero fino a quando, dopo aver incontrato un giovane uomo, egli lo uccise. Mosè disse: "Hai assassinato un innocente che non aveva ucciso nessuno? Hai fatto qualcosa di veramente inaudito!"

75-Egli rispose: "Non ti ho forse detto che non avresti avuto pazienza con me?"

76-Mosè disse: "Se, dopo di questo, ti chiederò qualche altra cosa, non mi tenere più in tua compagnia. Hai udito abbastanza scuse da me".

77-Poi procedettero, fino a quando giunsero presso gli abitanti di una città, dove domandarono del cibo, ma venne loro negata l'ospitalità. Trovarono un muro che stava per cadere, ma egli lo riparò. Mosè disse: "Se lo avessi desiderato, avresti ottenuto certamente qualche ricompensa per questo lavoro!"

78-Rispose: "È giunto il momento di separarsi. Ora ti spiegherò le cose su cui non sei stato capace di avere pazienza.

79-La barca appartiene a degli uomini che si trovano in grande bisogno. Costoro lavorano sul mare, ma ho voluto rendere la barca inservibile, perché erano inseguiti da un re che si appropria con la forza di ogni imbarcazione.

80-Per quanto riguarda il giovane, i suoi genitori erano uomini di fede e abbiamo temuto che potesse addolorarli con la sua ostinata ribellione e la sua ingratitudine verso Dio e gli uomini.

81-Abbiamo desiderato che il loro Signore desse loro in cambio un figlio più puro e più affezionato.

82-Il muro appartiene a due giovani orfani della città. Sotto di esso, è stato seppellito un tesoro che spetta loro di diritto. Il loro padre è stato un uomo onesto. Il tuo Signore ha desiderato che raggiungano l'età della maturità e prendano il tesoro, una misericordia dal tuo Signore. Non ho compiuto nessuna di queste cose per mia volontà soltanto. Questa è la spiegazione delle cose con le quali non sei stato capace di avere pazienza".

83-Ti chiederanno di Dhul-Qarnain[28]. Di': "Vi comunicherò qualcosa della sua storia".

84-In verità, abbiamo stabilito il suo potere sulla terra e gli abbiamo dato i modi e i mezzi per raggiungere tutti i fini.

85-Egli scelse una via

86-fino a quando, dopo aver raggiunto il tramontar del sole, lo trovò posto in una fonte di acqua scura[29]. Vicino trovò un popolo. Noi dicemmo: "O Dhul-Qarnain, hai l'autorità di punirli o di trattarli con gentilezza".

87-Egli disse: "Sarà punito chiunque commette il male. Poi sarà rimandato indietro[30] al suo Signore ed Egli lo punirà con un terribile castigo.

---

[28] Lett. Il "Bicorne". Quest'espressione può essere inoltre tradotta come "Il re delle due corna" o "Il signore delle due epoche". Il testo coranico non ci fornisce alcuna prova o informazione specifica che ci consenta di pronunciarci in merito all'identità del personaggio cui si fa riferimento in questo e nei versetti seguenti. Solitamente Dhul-Qarnain è identificato con Alessandro il Grande, anche se quest'epiteto potrebbe riferirsi ad un re persiano o ad un re himyarita. Dhul-Qarnain era un re potentissimo, il cui regno si estendeva su ampi territori e comprendeva diverse civiltà. Il suo esercizio del potere non era mai dettato dall'egoismo, ma era basato sulla giustizia e la rettitudine.

[29] Quest'espressione è stata interpretata dai commentatori in modo diverso. La maggior parte ritiene che con quest'espressione s'intenda un mare scuro e tempestoso posto verso occidente. Se s'identifica Dhul-Qarnain con Alessandro Magno, possiamo ritenere che con la suddetta espressione ci si possa riferire a Lychnidos (odierna Ocrida), posta ad ovest della Macedonia, le cui acque a causa delle fonti limacciose sotterranee non sono mai limpide.

[30] Dhul-Qarnain, benché fosse un re potentissimo, ricordò sempre che il suo potere era del tutto terreno e proveniva unicamente da Dio.

88-Invece, chiunque crede e compie opere rette, avrà una buona ricompensa e sarà suo dovere compiere solo ciò che può facilmente conseguire".

89-Ancora una volta scelse una via,

90-fino a quando arrivò al sorgere del sole[31] e trovò che sorgeva su persone, per le quali non abbiamo provveduto di alcunché per ripararsene.

91-Li lasciò nella condizione in cui si trovavano[32]. La Nostra conoscenza comprese tutto ciò che era accaduto.

92-Ancora una volta scelse una via,

93-fino a quando giunse in una barriera tra due montagne e trovò un popolo che a mala pena comprendeva una parola [della sua lingua].

94-Dissero: "O Dhul Qarnayn, i popoli di Gog e Magog hanno compiuto molta ingiustizia sulla terra. Possiamo pagarti un tributo al fine che tu possa erigere una barriera tra noi e loro?"

95-Egli disse: "Il potere, che Dio mi ha concesso, è migliore del tributo. Aiutatemi, quindi, con il lavoro. Costruirò una barriera[33] tra voi e loro.

96-Portatemi dei blocchi di ferro". Poi, quando ebbe terminato di riempire lo spazio tra i due lati della montagna, disse: "Accendete il fuoco e soffiateci sopra". Poi quando divennero rossi incandescenti, disse: "Portatemi, affinché possa spargerlo, piombo fuso".

97-Così il muro venne costruito e [Gog e Magog] divennero incapaci di attraversarlo e anche di scalfirlo.

98-Egli disse: "Questa è una misericordia del mio Signore. Quando la promessa del mio Signore si avvererà, trasformerà il muro in polvere. La promessa del Signore è verità".

99-Quel giorno lasceremo che sorgano come onde, una sull'altra. La tromba suonerà e li raduneremo tutti insieme.

100-Quel Giorno mostreremo ai miscredenti l'Inferno, aperto.

101- [Lo mostreremo] a coloro che hanno negato il vero, i cui occhi sono stati oscurati da un velo dal ricordo di Me e che sono stati incapaci persino di prestare ascolto.

---

[31] Ci si riferisce ad una spedizione diretta verso oriente.

[32] Il riferimento è molto probabilmente diretto ad una popolazione che viveva allo stato primitivo.

[33] In arabo *Radm*. Con questo termine non s'intende necessariamente un muro, ma piuttosto una porta o entrata bloccata.

102-Pensano forse i miscredenti di potersi scegliere come protettori i Miei servi, invece di Me? In verità, abbiamo preparato l'Inferno per i miscredenti come luogo in cui dimoreranno.

103-Di': "Dovrei parlarvi di coloro che hanno perduto molto in qualunque cosa hanno compiuto?

104-Coloro i cui sforzi in questa vita sono stati vani, mentre pensavano di compiere delle buone azioni?"

105-Costoro hanno negato i segni del loro Signore e che dovranno incontrarLo. Le loro opere saranno vane. Non daremo loro, nel Giorno del Giudizio, alcuna importanza.

106-L'Inferno sarà la loro ricompensa, perché hanno rifiutato la fede e hanno messo in ridicolo i Miei segni ed i Miei profeti.

107-Mentre coloro che credono e compiono opere di bene, avranno come intrattenimento i giardini del Paradiso[34],

108-dove sarà la loro dimora eterna che non desidereranno mai lasciare.

109-Di': "Se l'Oceano fosse fatto di inchiostro per scrivere le parole del Mio Signore, presto si prosciugherebbe senza averle esaurite, anche se ne aggiungessimo un altro".

110-Di': "Sono solo un uomo come voi, ma a me è venuta l'ispirazione, che il vostro Dio è un Dio unico. Colui che si aspetta d'incontrare il proprio Signore, che compia opere di bene e, nell'adorazione del suo Signore, non ammetta nessun altro cui attribuisce la divinità".

---

[34] In persiano *Firdaus*, che significa letteralmente "parco", "spazio chiuso". Nel contesto della rivelazione coranica indica il luogo più alto del Paradiso destinato a coloro che si sono distinti in vita sia per la fede che per le buone opere.

XIX

Sura Maryam

(Maria)

Rivelata alla Mecca, (tranne i versetti 58 e 71)

Nel nome di Dio, il Clemente, il Misericordioso

1-Kāf, Ha, Ya, 'Ayn, Sād[1].
2-Questo [racconto] commemora la misericordia[2] che il tuo Signore ha concesso al Suo servo Zaccaria.
3-Egli gridò verso il suo Signore, in segreto.
4-Pregando: "O mio Signore, ormai le mie ossa sono inferme ed i capelli del mio capo sono grigi. Non sono mai rimasto però privo di una benedizione nelle preghiere che Ti ho rivolto[3].
5-Temo per ciò che i miei famigliari faranno, dopo la mia morte. Mia moglie è sterile, ma Tu concedimi un erede[4] che provenga dalla Tua grazia.
6-Qualcuno che sia mio vero erede ed erede della Casa di Giacobbe. Fai di lui, o Signore, uno di coloro di cui Ti compiaci".

---

[1] Questa è l'unica sura del Corano che comincia con cinque lettere. Queste lettere costituiscono dei simboli, il cui reale significato è conosciuto solo da Dio. Secondo il *Tafsīr Kabīr* queste lettere sono le iniziali di alcuni degli attributi divini quali: *Kafī* (Colui che è autosufficiente), *Hādī* (Colui che guida), *Yad* (la mano simbolo di forza ed autorità), *'Alīm* (l'Onnisciente) ed *Sādiq* (il Vero). Le suddette lettere potrebbero anche essere un'abbreviazione del nome dei alcuni dei profeti quali: Zakaria (K), Ibrāhīm (H), Yahyā, Maryam (Y), ed 'Īsā (*'Ain*). La lettera *Sād* si trova invece nel termine *Qisās*, che può essere tradotto come "le storie dei profeti".

[2] Dio mostrò misericordia verso Zaccaria nel modo seguente: 1-Nell'accettazione della sua preghiera, 2-Nel dono di un figlio come Yahyā.

[3] Zaccaria era uno dei sacerdoti del Tempio di Gerusalemme.

[4] La preghiera di Zaccaria è relativa ad un erede che avrebbe potuto succedergli nel servizio reso a Dio. Cfr. 3:38.

7- [La sua preghiera fu esaudita]. "O Zaccaria, ti annunciamo la buona novella di un figlio. Il suo nome sarà Yahya. Non abbiamo dato questo nome a nessuno prima di lui"[5].

8-Egli disse: "O mio Signore, come posso avere un figlio, quando mia moglie è sterile ed io sono ormai un uomo anziano?"

9-Egli[6] disse: "Così sarà". Il tuo Signore ha detto: <<È cosa semplice per Me. Ti ho creato quando non eri nulla!>>".

10-[Zaccaria] disse: "O mio Signore! Dammi un segno". Rispose: "Ecco il segno: non parlerai a nessun uomo per tre notti, anche se non sei affatto muto".

11-Così Zaccaria uscì dal santuario e disse al suo popolo attraverso i segni di celebrare le lodi di Dio al mattino ed alla sera.

12-[A suo figlio fu dato il comando]: "O Yahya, afferra il Libro con perseveranza". Gli demmo saggezza[7] anche in giovane età.

13-Gli demmo il dono della compassione e la purezza[8]. Egli era devoto
14- e gentile verso i suoi genitori. Non era né autoritario né ribelle.

15-Che sia pace su di lui il giorno in cui è nato, il giorno della sua morte e il giorno in cui sarà resuscitato a nuova vita.

16-Raccontate nel Libro la storia di Maria, quando si allontanò dalla sua famiglia in un luogo disposto verso est[9].

17-Si mantenne in ritiro lontano da loro. Poi inviammo il Nostro angelo e comparve di fronte a lei nelle sembianze di un uomo.

18-Ella disse: "Mi rifugio in Dio, il Compassionevole, da te. [Non avvicinarti], se Lo temi".

19-Egli disse: "Sono solo un messaggero dal tuo Signore e ti annuncio il dono di un figlio santo".

---

[5] La forma ebraica del nome Yahyā è Johanan, che significa "Dio è stato misericordioso". La radice della forma araba significa "vita". La forma avverbiale *Hanānan* indica che per la prima volta Dio ha conferito questo nome ad uno dei Suoi eletti.

[6] Secondo alcuni commentatori con "egli" ci si riferisce a Zaccaria, che avrebbe espresso in questo modo la sua meraviglia alla possibilità di avere un erede in età avanzata. Secondo altri invece si riferisce ad un angelo che reca il messaggio divino. Cfr. 19:21. In questa traduzione si è scelta la seconda alternativa.

[7] In arabo *Hukm*. Questo termine indica una saggezza atta a giudicare e comandare ciò che è buono ed a denunciare ciò che si oppone alla legge divina.

[8] Dio ha garantito a Yahyā nel corso della sua breve vita: 1-La saggezza che proviene da Dio, 2-Gentilezza, pietà e misericordia verso le creature di Dio, 3-La purezza di vita in quanto ha rinunciato al mondo ed era solito dimorare nelle zone desertiche.

[9] Probabilmente in una remota parte del Tempio rivolta verso oriente per dedicarsi alla preghiera ed all'adorazione di Dio.

20-Costei disse: "Come posso avere un figlio, se nessun uomo mi ha mai toccata e sono una donna casta?"

21-Rispose: "Così sarà. Il tuo Signore ha detto: <<È cosa facile per Me. Desideriamo fare di lui un segno per gli uomini e una misericordia da parte Nostra. È stabilito>>".

22-Così lo concepì e si ritirò insieme a lui in un luogo lontano.

23-Quando le doglie del parto la spinsero vicino al tronco di una palma, gridò: "Fossi morta prima di questo! Fossi stata qualcosa di dimenticato e lontano dalla vista!".

24-Però una voce le si rivolse dal di sotto della palma: "Non ti addolorare, perché il tuo Signore ha preparato per te un ruscello.

25-Scuoti verso di te il tronco dell'albero di palma. Cadranno su di te datteri freschi e maturi.

26-Mangia, bevi e rassicurati[10]. Se dovessi vedere qualcuno, di': "Ho fatto voto di digiunare per il Compassionevole. Oggi non parlerò con nessuno".

27-Poi condusse il bambino dal suo popolo, portandolo in braccio. Dissero: "O Maria, ci hai portato qualcosa di veramente sorprendente!

28-O sorella di Aronne[11]! Tuo padre non era un uomo riprovevole e tua madre non era una donna di facili costumi!".

29-Ella però indicò il bambino. Dissero: "Come possiamo parlare ad un neonato nella culla?"

30-Egli disse: "Sono un servo di Dio. Egli mi ha dato la rivelazione e mi ha reso profeta.

31-Mi ha reso benedetto in ogni luogo mi troverò e mi ha comandato la preghiera e la carità per tutto il tempo in cui vivrò.

32-Mi ha reso gentile con mia madre e non autoritario e nemmeno miserabile.

33-Sia pace su di me il giorno in cui sono nato, il giorno della mia morte e il giorno in cui sarò resuscitato a nuova vita".

34-Tale era Gesù, il figlio di Maria, la parola di verità su cui discutono [vanamente].

35-Non si addice a Dio generare un figlio. "Sia gloria a Lui!" Quando decide su qualcosa, dice: "Sia" ed essa "è".

---

[10] Letteralmente "rinfresca i tuoi occhi".

[11] Maria viene chiamata "sorella di Aronne", in quanto apparteneva alla casta sacerdotale dei leviti, così come sua cugina Elisabetta, la madre di Yahyā. Cfr. 3:35. Aronne era figlio di Imrān e fratello di Mosè e fu il primo della casta sacerdotale degli ebrei.

36-In verità, Dio è il mio Signore e il vostro Signore. Servitelo. Questa è la retta via".

37-Le diverse sette differiscono tra di loro. Guai a coloro che negano il vero, quando arriverà il giudizio[12] di un giorno terrificante.

38-Vedranno ed udranno con chiarezza, nel giorno in cui compariranno di fronte a Noi! Gli ingiusti, oggi, sono in errore manifesto.

39-Avvertili del giorno dell'angoscia[13], quando ogni questione sarà decisa. Invero sono negligenti e non credono.

40-Quando la terra e coloro che vi abitano passeranno, Noi solo resteremo. A Noi saranno ricondotti.

41-Menziona nel Libro anche la storia di Abramo. Era un uomo veritiero, un profeta.

42-Egli disse a suo padre: "O padre mio! Perché adori ciò che non può né ascoltare né vedere e non può esserti di alcun beneficio?

43-O padre mio, mi è giunta una conoscenza che non è arrivata a te. Così seguimi e ti condurrò per una via piana e dritta[14].

44-O padre mio, non servire Satana perché Satana è ribelle verso Dio, il Compassionevole.

45-O padre mio, temo per la punizione che ti affliggerà [proveniente] dal Compassionevole, perché per Satana sei divenuto un alleato.

46- [Il padre] rispose: "Stai forse abbandonando i miei dei, o Abramo? Se non desisti, ti lapiderò. Ora allontanati da me per lungo tempo".

47-Abramo disse: "Che sia pace su di te. Pregherò il mio Signore per il tuo perdono. Egli è sempre stato misericordioso verso di me.

48-Mi allontanerò da te e da tutti coloro che invochi accanto a Dio. Mi rivolgerò al mio Signore. Forse, non rimarrò senza benedizioni, quando pregherò rivolto al mio Signore"[15].

49-Quando si allontanò da loro e da quanti adorano accanto a Dio, gli concedemmo Isacco e Giacobbe. Facemmo di entrambi dei profeti.

50-Inviammo su di loro la Nostra misericordia e concedemmo loro un grande onore.

---

[12] In arabo *Mashhad*. Con questo termine s'intende rispettivamente: 1-Il luogo o il tempo in cui viene raccolta una testimonianza, 2-Il luogo o il tempo del giudizio.

[13] In arabo *Hasrat* traducibile come "angoscia", "rammarico", "pentimento" e "sospiro".

[14] In arabo *Sawīyan*. Con questo termine s'intende qualcosa che è liscio, perfetto e dritto. Cfr. 19:10, 19:17.

[15] Abramo abbandonò la casa di suo padre e la terra dei suoi antenati (Ur in Caldea) e non vi tornò mai più.

51-Menziona nel Libro la storia di Mosè. Egli era sincero, un messaggero, un profeta[16].

52-Lo chiamammo dal fianco destro del Monte [Sinai] e lo facemmo avvicinare a Noi in confidenza[17].

53-E, per Nostra misericordia, gli demmo suo fratello Aronne, [anch'egli] un profeta.

54-Menziona nel Libro la storia di Ismaele. Egli manteneva sempre le promesse fatte: era un messaggero ed un profeta[18].

55-Ordinava al suo popolo la preghiera e la carità e trovò grazia presso il suo Signore.

56-Menziona nel Libro la storia di Idris[19]: era un veritiero ed un profeta.

57-Lo innalzammo ad una nobile condizione[20].

58-Questi sono alcuni dei profeti su cui Dio ha inviato la Sua grazia. [Profeti] del seme di Adamo e di coloro che abbiamo fatto salire nell'Arca insieme a Noè e della posterità[21] di Abramo ed Israele, di coloro che abbiamo guidato e scelto. Quando i segni del Compassionevole venivano rivelati loro, si gettavano a terra adoranti e piangenti.

---

[16] In arabo l'appellativo di Mosè è quello di *Kalīmullāh*, che significa "Colui a cui Dio ha parlato direttamente" senza l'intervento degli angeli. I termini "profeta" e "messaggero" sono resi in arabo rispettivamente come *Nabī* e *Rasūl*. Il *Nabī* è colui che ha ricevuto da Dio l'ispirazione, mentre il *Rasūl* è depositario anche di una scrittura rivelata.

[17] Cfr. Esodo 3:1-18, 4:1-17. Sacro Corano 20:9-36. L'episodio accadde quando Mosè si trovava al pascolo con il gregge del suocero Jethro. In arabo il Monte Sinai è chiamato *Jabal al-Mūsā*. Cfr. 20:80.

[18] Nella tradizione islamica Ismaele è chiamato *Zabīhullah*, ossia colui che è stato scelto da Dio come sacrificio. Al contrario della tradizione biblica, quella islamica asserisce che il sacrificio comandato ad Abramo faceva riferimento ad Ismaele e non ad Isacco. Ismaele si mostrò paziente di fronte al decreto divino, fino a quando Dio inviò un montone dal cielo.

[19] Il profeta Idris è menzionato nel Corano due volte. Nel contesto di questo versetto è menzionato come uno di coloro che perseverano pazientemente. La sua identificazione con il biblico Enoch è comunque piuttosto controversa. Cfr. Genesi 5:21-24.

[20] Quest'espressione si potrebbe riferire alla posizione detenuta da Enoch presso il suo popolo o al fatto che, se si accetta il racconto biblico, venne innalzato al cielo senza passare per le porte della morte.

[21] Dal punto di vista spirituale possiamo distinguere tre ere: 1-Quella che va da Adamo a Noè, 2-Quella che va da Noè ad Abramo, 3-Quella che va da Abramo ai profeti successivi fino a Muhammad (pbsl), colui che ha avuto il compito di proclamare il messaggio divino nella sua purezza.

59-Dopo di loro seguì una generazione che trascurava la preghiera e seguiva i propri desideri. Presto saranno posti davanti alla distruzione,

60-tranne coloro che si pentono, credono e operano il bene. Costoro entreranno nel Giardino e non subiranno alcun torto.

61- [Costoro si troveranno in] giardini di eternità che il Compassionevole ha promesso ai Suoi servi, in luoghi lontani dalla percezione umana. La Sua promessa sarà rispettata.

62-Non ascolteranno alcun discorso vano, ma solo il saluto della pace[22] e avranno il loro sostentamento[23] al mattino e alla sera.

63-Questo è il Giardino che daremo in eredità a coloro che tra i Nostri servi si sono mostrati timorati.

64- [Gli angeli dicono]: "Discendiamo solo su comando del tuo Signore. A Lui appartiene ciò che si trova davanti, dietro ed in mezzo a noi. Il tuo Signore non dimentica,

65-Signore dei cieli e della terra e di tutto ciò che si trova nel mezzo. Adoratelo e siate costanti e pazienti nella Sua adorazione. Conoscete forse qualcuno degno di essere nominato accanto a Lui?"

66-L'uomo dice: "Cosa! Quando sarò morto, sarò di nuovo resuscitato a nuova vita?"

67-Non ricorda forse l'uomo che lo abbiamo precedentemente creato dal nulla?

68-Così, per il tuo Signore, senza dubbio li riuniremo insieme. Con loro si troveranno anche i malvagi che condurremo, piegati sulle ginocchia, all'Inferno.

69-Poi, da ogni gruppo [di peccatori], tirerò fuori i peggiori nella ribellione contro il Compassionevole.

70-Certamente, conosciamo bene coloro che sono degni di bruciare [nell'Inferno].

71-Nessuno potrà scampare[24]. Questo è, presso il tuo Signore, un decreto che deve essere eseguito.

---

[22] In arabo *Salām*. Il significato di questo termine include rispettivamente: 1-Un senso di sicurezza e di continuità, che non è possibile conseguire in questa vita terrena, 2-Libertà da difetti e malattie (vedi *Salīm*), 3-Saluto rivolto a coloro che ci sono intorno, 4-Rassegnazione, 5-Pace nel senso comune del termine, ossia assenza di conflitti. Queste sfumature di significato sono proprie anche del termine Islam.

[23] In arabo *Rizq*.

[24] Questo versetto è stato interpretato nei seguenti modi: 1-Si riferisce al fatto che ogni anima dovrà passare presso il Fuoco e che saranno salvati solo coloro che nella vita hanno

72-Dovremo salvare coloro che si sono guardati dal commettere il male, ma lasceremo i malvagi lì, piegati sulle ginocchia.

73-Quando vengono annunciati loro i Nostri segni, quanti negano il vero dicono ai credenti: "Chi tra i due tipi di uomini gode della posizione di maggiore forza e di superiorità nella comunità?"

74-Quante generazioni prima di loro abbiamo condotto alla distruzione, che erano superiori a loro nel potere, nella ricchezza e nel prestigio?

75-Di': "Se gli uomini si perdono, il Compassionevole allunga loro la vita, fino a quando non vedono avverarsi l'avvertimento di Dio, sia nella punizione che nell'avvicinarsi dell'Ora. Costoro comprenderanno chi si trova nella posizione economica peggiore e chi in quella di maggior debolezza!"

76-A coloro che sono ben guidati, Dio accresce la guida e le buone azioni che dureranno, le più stimate e degne di ricompensa presso il Signore[25].

77-Non hai forse visto l'uomo che rifiuta i Nostri segni e dice: "Mi sarà data certamente ricchezza e progenie?"

78-Ha forse conseguito una conoscenza dell'invisibile o ha stretto un patto con il Compassionevole?

79-Prenderemo nota di quello che afferma ed aumenteremo sempre di più la sua punizione.

80-Tutto ciò di cui parla ritornerà a Noi[26] e comparirà davanti a Noi, nudo e solo.

81-Eppure hanno adorato dei altri da Dio e hanno conferito loro potere e gloria[27].

82-Questi falsi dei respingeranno i loro atti d'adorazione e si volgeranno contro di loro.

83-Non hai visto che abbiamo lasciano le forze sataniche libere sui miscredenti, per incitarli a peccare?

84-Non affrettarti contro di loro, perché abbiamo loro concesso un limitato numero di giorni.

---

riposto in Dio la loro fiducia (*Taqwā*), 2-Si riferisce unicamente ai peccatori ed ai miscredenti, 3-Si riferisce al ponte posto sopra l'Inferno, ossia il *Sirāt*, dove ogni anima dovrà passare diretta al suo destino finale.

[25] Questo versetto è identico al 18:46 con l'unica differenza della sostituzione del termine *Amal* (speranza) con *Maradd* (eventuali guadagni).

[26] Cfr. 19:40.

[27] In arabo *Izza* traducibile come "gloria", "rango esaltato" e "potere".

85-Il giorno, in cui riuniremo i virtuosi presso il Compassionevole come ospiti nobili,

86-guideremo i peccatori all'Inferno, come gli armenti assetati vengono condotti all'acqua.

87-Nessuno potrà intercedere per loro, tranne colui che ha ricevuto il permesso dal Compassionevole.

88-Dicono: "Dio l'Eccelso ha generato un figlio!"

89-Avete proferito qualcosa di mostruoso!

90-I cieli sono sul punto di esplodere, la terra di fendersi in due e le montagne di crollare distrutte,

91-perché l'uomo attribuisce un figlio al Misericordioso.

92-Non si addice alla maestà del Compassionevole generare un figlio.

93-Tutto ciò che si trova nei cieli e sulla terra viene al Compassionevole come servo.

94-Tutti li conosce e li ha numerati esattamente.

95-Ognuno di loro si presenterà davanti a Lui nel Giorno del Giudizio.

96-Coloro che credono e compiono opere rette, saranno degni dell'amore del Compassionevole.

97-Abbiamo reso il Corano facile alla tua lingua affinché tu possa annunciare la buona novella ai giusti e ammonire coloro che si mostrano testardi.

98-Quante generazioni prima di loro abbiamo distrutto? Puoi forse riitrovarne una o udire qualcosa di più di un sussurro riguardo a loro?

XX

Sura Tā-Hā

(Ta Ha)

Rivelata alla Mecca, (tranne i versetti 130-131)

Nel nome di Dio, il Clemente, il Misericordioso

1-Tā Hā.
2-Non abbiamo inviato il Corano per causarti alcuna infelicità[1],
3-ma solo come monito per coloro che temono Dio,
4-una rivelazione inviata da Colui Che ha creato la terra ed i cieli.
5-Dio, il Compassionevole, si è saldamente stabilito sul Trono dell'autorità.
6-A Lui appartiene ciò che dimora nei cieli, sulla terra, nel frammezzo e quanto si trova nel sottosuolo.
7-Sia che pronunciate le parole a bassa voce o meno, è lo stesso, perché in verità Egli conosce ciò che è segreto e ciò che è celato ancora più nel profondo.
8-Dio, non c'è altro dio che Lui! A Lui appartengono tutti i nomi più belli.
9-Non ti ha forse raggiunto la storia di Mosè[2]?
10-Egli vide un fuoco e disse alla sua famiglia: "Aspettatemi, vedo un fuoco. Forse potrei portarvi qualche ramoscello o trovare qualche guida".
11-Però, quando giunse presso il fuoco, udì una voce: "Mosè,

---

[1] In termini generali la rivelazione divina può essere la causa di afflizione per le due ragioni seguenti: 1-Mette in crisi il limitato punto di vista degli esseri umani, 2-Spinge i malvagi ed i peccatori a perseguitare i giusti.

[2] La storia di Mosè è stata raccontata in molti passi del Corano: 1-In 2:49-61 è presentata come una fase della storia dell'umanità, 2-In 7:103-162 come una fase della storia del popolo ebraico, 3-In 17:101-103 abbiamo una raffigurazione del declino di un'anima nella storia dell'arroganza del Faraone, 4-In 20:9-24 viene descritta l'investitura profetica di Mosè, 5-In 20:25-36 la relazione spirituale tra Mosè ed Aronne, 6-In 20:37-40 viene narrata l'infanzia di Mosè, 7-In 20:41-76 si fa riferimento al conflitto spirituale con il Faraone, 8-In 20:77-98 viene descritto il conflitto spirituale con gli ebrei.

12-in verità, io sono il tuo Signore! In Mia presenza togliti i sandali[3]; ti trovi nella sacra valle di Tuwa[4].

13-Io ti ho scelto. Ascolta l'ispirazione che ti viene inviata.

14-In verità, io sono Dio, non c'è altro dio che Me, così serviteMi e stabilite preghiere regolari per celebrare le Mie lodi.

15-In verità l'Ora si avvicina, il Mio piano è tenerla nascosta[5], al fine che ogni anima possa ricevere la propria ricompensa secondo la misura del suo comportamento.

16-Non lasciare che ti ostacolino coloro che non credono, ma seguono i propri desideri, affinché tu non perisca".

17- [Dio disse]: "Che cosa si trova nella tua mano destra, o Mosè?"

18-Rispose: "È il mio bastone. Mi ci appoggio, faccio cadere le foglie per il mio gregge e lo utilizzo anche in altri modi".

19-Dio disse: "Gettalo a terra, o Mosè".

20-Egli lo fece e divenne un serpente[6].

21-Disse: "Prendilo e non temere, lo riporteremo nella sua precedente condizione.

22-Ora stringi la mano sotto l'ascella, ne uscirà bianca, anche se sana[7]. Ecco un altro segno,

23-al fine che Noi ti possiamo mostrare [alcuni] dei Nostri segni più grandi di questi.

24-Vai dal Faraone perché invero ha sorpassato ogni limite".

25-Mosè disse: "O mio Signore, espandi il mio petto[8],

26-rendi facile il mio eloquio

---

[3] In segno di rispetto. In senso metaforico significa che Mosè era chiamato a mettere da parte ogni tipo di interesse terreno.

[4] Ossia la valle che si trova al di sotto del Monte Sinai, dove in seguito Mosè avrebbe ricevuto da Dio le Tavole della Legge.

[5] In arabo *Ukhfī*, che può essere tradotto rispettivamente come "tenerlo nascosto" e "renderlo manifesto". I diversi commentatori hanno scelto entrambi i significati. Se si propende per il primo, significa che l'ora ed il giorno della venuta del giudizio saranno tenuti nascosti agli esseri umani. Se invece si propende per il secondo, indica che la venuta del giudizio è stata resa nota agli esseri umani affinché possano pentirsi ed emendare la loro condotta. Anche se in questa traduzione si è preferito il primo, tuttavia entrambi i significati possono essere considerati adeguati.

[6] In arabo *Haiy*, un serpente vivente. Cfr. 7:107 dove invece è presente il termine *Thu'bān* per indicare il serpente.

[7] Cfr. 27:12, 28:32. La bianchezza non deve considerarsi il sintomo di una malattia, ma piuttosto della gloria della luce divina.

[8] Mosè prega Dio di accrescere la sua conoscenza spirituale. Il petto, infatti, è la sede della conoscenza e delle emozioni.

27-e rimuovi l'impaccio dalla mia lingua

28-affinché possano comprendere ciò che dico

29-e concedimi un ministro dalla mia famiglia:

30-Aronne, mio fratello.

31-Accresci la mia forza per mezzo di lui,

32-e fai che condivida il mio compito,

33-che possiamo celebrare ininterrottamente le Tue lodi

34-e ricordarTi senza sosta,

35-perché Tu sei Colui che sempre ci osserva".

36-Dio disse: "La tua richiesta è stata accettata, o Mosè,

37-e comunque Ti abbiamo concesso un'altra grazia qualche tempo prima,

38-quando abbiamo inviato per ispirazione un messaggio a tua madre:

39-"Riponi il fanciullo nella cesta e depositala nel fiume. Il fiume la deporrà sulla banchina e lui sarà preso da qualcuno che Mi è nemico e nemico a lui". Però, io ho gettato la veste dell'amore su di te e questo affinché tu potessi essere cresciuto sotto il Mio occhio.

40-Tua sorella ti seguiva e disse: "Posso mostrarvi qualcuno che può allattare e crescere il bambino?" E così ti riportammo indietro a tua madre, affinché si rallegrasse e non avesse nulla di cui addolorarsi. Poi hai ucciso un uomo, ma Noi ti salvammo dalle difficoltà, e ti abbiamo provato in modi differenti. Hai trascorso molti anni con il popolo di Madyan. Poi sei giunto qui, o Mosè, proprio come avevo stabilito.

41-E ti ho scelto per Me stesso.

42-Andate, tu e tuo fratello, con i miei Segni e mantenetevi costanti nel ricordo di Me.

43-Andate entrambi dal Faraone perché ha invero superato ogni limite.

44-Però rivolgiti a lui con gentilezza. Potrebbe ricevere il monito e temere Dio".

45-Dissero: "Signore Nostro, temiamo che si possa scagliare contro di noi o che superi immediatamente ogni limite".

46-Egli disse: "Non temere perché Io sono con voi, ascolto e vedo ogni cosa".

47-Così andate entrambi da lui e dite: <<In verità, noi siamo dei profeti inviati dal tuo Signore; manda quindi via con noi i Figli di Israele e

non affliggerli[9]. Siamo venuti con un segno dal nostro Signore! Sia pace su tutti coloro che seguono la Via.

48-In verità, ci è stato rivelato che la pena attende tutti coloro che rifiutano e si voltano indietro>>".

49-Quando il suo messaggio venne comunicato, il Faraone disse: "Chi, allora, o Mosè, è il Signore di voi due?"

50-Egli rispose: "Il nostro Signore è Colui che ha dato ad ogni cosa creata la sua forma e natura e poi le ha anche concesso la guida".

51-Il Faraone disse: "Qual è allora la condizione delle generazioni precedenti?".

52-Egli rispose: "La conoscenza di ciò si trova presso il mio Signore, debitamente registrata. Il mio Signore non sbaglia e nemmeno dimentica.

53-Egli ha fatto per voi la terra come un tappeto disteso e vi ha tracciato dei sentieri[10]; ha inviato acqua dal cielo, con cui abbiamo prodotto diverse tipologie[11] di piante che

54-mangiate e su cui fate pascolare il vostro bestiame. In verità, in ciò si trovano i segni per persone dotate di comprensione.

55-Dalla terra vi abbiamo creato e ad essa ritornerete. Poi da essa sarete tratti ancora una volta.

56-Abbiamo mostrato al Faraone tutti i Nostri segni, ma egli li ha respinti e li ha rifiutati.

57-Disse: "Sei venuto qui per scacciarci dalla nostra terra per mezzo della magia, o Mosè?

58-Anche noi però possiamo produrre una magia pari alla tua! Così fissa un incontro tra noi e te, a cui non mancheremo e nemmeno tu mancherai, in un luogo su cui entrambi concorderemo"[12].

59-Mosè disse: "Il nostro incontro sia nel giorno della festa[13], quando le persone si riuniscono a metà del mattino".

60-Così il Faraone si ritirò, preparò il suo piano e poi si ripresentò.

---

[9] Cfr. Esodo, 5:6-19, 6:5.

[10] In arabo *Sabīl*. Questo termine indica generalmente ogni mezzo di comunicazione e non semplicemente una via. Cfr. 43:10.

[11] In arabo *Azwāj*.

[12] In arabo *Suwan*. Questo termine può indicare rispettivamente: 1-Un luogo centrale, 2-Un luogo conveniente per entrambe le parti, 3-Una zona pianeggiante, in cui ci si può riunire facilmente, o 4-Un luogo in cui entrambe le parti possono avere la loro occasione.

[13] Cfr. 26:38. In un giorno di festa si sarebbe potuto riunire il maggior numero di persone.

61-Mosè disse loro: "Guai a voi! Astenetevi dal proferire menzogne contro Dio, oppure Lui vi distruggerà con un castigo terribile. Coloro che proferiscono menzogne dovranno provare la sconfitta".

62-Così disputarono uno con l'altro in segreti conciliaboli, ma mantennero segreti i loro discorsi.

63-Dissero: "Costoro sono certamente dei maghi esperti. Il loro obiettivo è quello di scacciarvi via dalla vostra terra con la loro magia e cancellare le vostre migliori istituzioni[14].

64-Quindi preparate i vostri incantesimi e disponetevi per la gara. Oggi vincerà colui che risulterà superiore".

65-Dissero: "O Mosè, siamo noi i primi a gettare o sei tu?"

66-Egli disse: "No, gettate prima voi". A causa della loro magia gli sembrò che le loro funi ed i bastoni cominciassero a muoversi, come se fossero vivi.

67-Così Mosè iniziò ad avvertire una sorta di paura nella sua mente.

68-Noi dicemmo: "Non temere, perché tu in realtà sei superiore a loro.

69-Getta ciò che si trova nella tua mano destra: immediatamente inghiottirà ciò che hanno cercato di imitare. Ciò che hanno simulato non è altro che un inganno di maghi. Il mago, qualunque cosa faccia, non potrà mai riuscire vittorioso".

70-Così i maghi si gettarono a terra in prosternazione e dissero: "Noi crediamo nel Dio di Aronne e di Mosè".

71-Il Faraone disse: "Crederete in lui prima che vi abbia dato il permesso? In verità, questo deve essere il vostro capo che vi ha insegnato la magia. Vi mozzerò le mani ed i piedi su lati opposti e vi farò crocifiggere su tronchi di palma, affinché sappiate con certezza chi di noi può infliggere la punizione più severa e duratura".

72-Dissero: "Non potremmo mai preferirti ai chiari segni[15] che ci sono arrivati o a Colui che ci ha creati! Così ordina quello che preferisci, perché i tuoi decreti possono riguardare solo la vita di questo mondo.

---

[14] In arabo *Muthlā* (preferita) *Tarīqat* (stile di vita, istituzione), espressione che può anche essere tradotta rispettivamente come: 1-Le vostre istituzioni preferite, e 2-La vostra antica religione e magia.

[15] Con quest'espressione s'intendono rispettivamente: 1-I miracoli, 2-La personalità del profeta di Dio, 3-Lo svolgersi stesso degli eventi, 4-La luce interiore della convinzione nelle loro stesse coscienze.

73-Per quanto ci riguarda, abbiamo creduto nel nostro Signore. Che Egli possa perdonare tutti i nostri peccati e la magia che ci hai costretti a compiere. Dio è migliore ed eterno".

74-In verità, per colui che giunge[16] dal suo Signore come un peccatore c'è l'Inferno, dove non morirà e nemmeno vivrà.

75-Chi giunge da Lui come credente che ha compiuto opere di bene, riceverà l'onore più grande,

76-giardini di eternità sotto i quali scorrono i fiumi, dove abiteranno per sempre. Questa è la ricompensa di coloro che si purificano dal male.

77-Noi abbiamo inviato a Mosè un'ispirazione: "Viaggia di notte con i Miei servi e apri per loro una strada asciutta nel mare senza paura di essere sopraffatto dal Faraone e senza nessun altro timore".

78-Poi il Faraone li inseguì con le sue armate, ma le acque li sommersero completamente e li ricoprirono.

79-Il Faraone guidò il suo popolo verso la rovina, invece di condurli verso la salvezza.

80-O Figli d'Israele, vi abbiamo salvato dal vostro nemico e abbiamo stretto un'alleanza con voi sul lato destro[17] del Monte Sinai e vi abbiamo mandato manna e quaglie.

81-Dicendo: "Mangiate quanto di buono vi abbiamo concesso[18] per il sostentamento, ma non commettete alcun eccesso o la Mia ira discenderà su di voi. Coloro su cui discende la Mia ira, invero periscono.

82-Però, senza dubbio, Io sono anche Colui che perdona sempre di nuovo chi si pente, crede e compie il bene e che, alla fine, si mantiene sul retto cammino".

83-Quando Mosè fu sulla cima del Monte Sinai[19], Dio disse: "Che cosa ti ha spinto a precedere il mio popolo, o Mosè?"

---

[16] Cfr. 20:74-76, dove viene fatto riferimento agli egiziani convertiti "che si erano purificati dal male".

[17] Cfr. 19:52. Il riferimento è diretto al lato arabo del Sinai (*Jabal al-Mūsā*), dove Mosè ricevette l'investitura profetica e successivamente le Tavole della Legge.

[18] Cfr. 2:57, 7:160. Nel contesto di questo versetto si fa riferimento ad un nutrimento di tipo sia materiale che spirituale. Gli ebrei sono invitati ad essere grati per quanto Dio ha loro concesso, e ad evitare di mostrarsi ribelli ed ingrati (un altro significato della radice *Taghā*).

[19] Cfr. 2:51, 7:148-150. La permanenza di Mosè sul Monte Sinai durò quaranta giorni e quaranta notti. Cfr. Esodo, 24:14.

84-Rispose: "Costoro seguono i miei passi. Io mi sono affrettato verso di Te, mio Signore, per compiacerTi".

85-Dio disse: "Noi abbiamo provato il tuo popolo in tua assenza, poi il Samiri[20] li ha condotti alla perdizione".

86-Così Mosè tornò dal suo popolo, indignato e triste. Disse: "O popolo mio, forse il Signore non vi ha fatto una splendida promessa? La promessa vi sembra lunga a venire? Oppure desiderate che l'ira discenda su di voi e così avete infranto la promessa che mi avevate fatto?"

87-Dissero: "Non abbiamo infranto la promessa che ti è stata fatta, per quanto sia in nostro potere. Però dovevamo sostenere un carico pesante a causa del peso degli ornamenti[21] di tutto il popolo, così li abbiamo gettati nel fuoco: questo è ciò che Samiri[22] ci ha suggerito.

88-Poi tirò fuori dal fuoco l'immagine di un vitello che produceva un suono cavernoso", e così si dissero gli uni agli altri: "Questo è il vostro dio e il dio di Mosè, ma egli lo ha dimenticato!"

89-Non vedevano forse che non poteva rispondere loro nemmeno una parola e che non aveva né il potere di nuocere né di giovare?

90-Aronne aveva già detto loro [prima del ritorno di Mosè]: "O popolo mio, siete stati messi alla prova perché in verità, il vostro Signore è Dio, il Compassionevole. Seguitemi ed obbedite al mio comando".

91-Dissero: "Non abbandoneremo questo culto fino a quando Mosè non ritornerà da noi".

92-Mosè disse: "O Aronne, che cosa ti ha indotto a rimanere indietro, quando hai visto che agivano ingiustamente?

93-Perché non mi hai seguito? Perché hai disubbidito ai Miei ordini?"

94-Aronne rispose: "O fratello di mia madre, non mi afferrare per i peli della barba o per i capelli del capo. Ho temuto che avresti detto:

---

[20] Il nome Sāmirī potrebbe essere derivato dalla parola egiziana *Shemir*, che significa "straniero". Cfr. Sir E. A. Wallis Budge, *Egyptian Hieroglyphic Dictionary*, 1920, 815 b. Troviamo il medesimo nome in Re 1, 16:24, dove si afferma che Omri, re di Israele che regnò intorno al 903-896 d.C., costruì una nuova città, Samaria, su di una collina acquistata da un certo Shemer. Cfr. Renan E., *History of Israel*, 2:210.

[21] Cfr. Esodo, 12:35-36.

[22] Il nome Sāmirī potrebbe derivare anche dalla radice ebraica *Shomer*, che significa "guardia", "sentinella", ed è un sostantivo vicino all'arabo *Samara, Yasmuru*, che significa "stare sveglio di notte". *Samīr* significa infatti anche "qualcuno che di notte rimane sveglio".

'Tu hai portato la divisione tra i Figli d'Israele e non hai rispettato la mia parola!'".

95-Mosè disse: "Che cosa hai da dire Samiri?"

96- "Io ho visto ciò che loro non videro, così ho preso una manciata di sabbia dalle orme del profeta[23] e l'ho gettata nel vitello. Questo è ciò che la mia anima mi ha suggerito".

97-Mosè disse: "Vai via! Tutto ciò che potrai chiedere in questa vita è 'Non toccatemi'! Però hai una promessa che non mancherà di realizzarsi [nell'Altra vita]. Ora guarda al tuo dio, di cui sei diventato un devoto adoratore. Noi lo faremo sciogliere nel fuoco e lo spargeremo nel mare!

98-Il dio di tutti voi è Dio. Non c'è altro Dio che Lui. Egli abbraccia ogni cosa nella Sua conoscenza".

99-Così Noi ti abbiamo raccontato alcune storie di ciò che era accaduto precedentemente, perché ti abbiamo inviato direttamente un monito.

100-Se qualcuno si volta indietro, in verità si caricherà di un peso nel Giorno del Giudizio.

101-Rimarranno in questa condizione. Quale terribile peso da portare con sé il Giorno della Resurrezione.

102-Il giorno in cui risuonerà la tromba. Quel giorno riuniremo i peccatori, i cui occhi saranno accecati dal terrore[24].

103-Bisbigliando si consulteranno gli uni con gli altri: "Non siamo rimasti più di dieci giorni".

104-Sappiamo bene che cosa diranno, quando i loro stessi capi affermeranno: "Non siamo rimasti più di un giorno".

105-Se ti domandano delle montagne, rispondi: "Il mio Signore le sradicherà e le ridurrà in polvere[25];

106-le lascerà lisce e levigate.

107-Non vedrete nel luogo, in cui si trovavano, nulla di tortuoso o di concavo".

---

[23] In arabo *Rasūl*. Secondo alcuni commentatori si riferisce al profeta Mosè, mentre secondo altri all'arcangelo Gabriele. Cfr. 11:69,77, 19:19, 35:1, dove il termine è utilizzato in riferimento agli angeli.

[24] In arabo "*Zurq*", termine che significa avere un colore degli occhi diverso dal normale. In questo versetto, invece indica gli occhi accecati dal terrore.

[25] In arabo *Nasafa*. Questo termine indica rispettivamente: 1-L'atto di sradicare, 2-L'atto di spandere, 3-L'atto di essere sparpagliati dal vento.

108-Quel giorno seguiranno colui che chiamerà: tutti i suoni taceranno alla presenza di Dio, il Compassionevole. Non potrà essere udito nulla se non dei bisbigli.

109-In quel giorno non varrà alcuna intercessione, eccetto per coloro che hanno ricevuto da Dio, il Compassionevole, il permesso[26] e la cui parola è per Lui accettabile.

110-Egli conosce che cosa si trova davanti alle Sue creature e che cosa si trova dietro. Costoro però non possono comprenderlo attraverso la loro conoscenza.

111-Tutti i volti saranno umili davanti a Lui, il Vivente, l'Indipendente, l'Eterno. L'uomo che sulla sua schiena carica iniquità sarà privo di speranza.

112-Invece colui che compie opere di bene e ha fede non avrà alcun timore di ricevere alcun danno e non subirà alcuna ingiustizia[27].

113-Così lo abbiamo inviato -un Corano in arabo- per spiegare nel dettaglio alcuni degli avvertimenti, affinché costoro possano temere Dio e possano ricordarsi [di Lui].

114-Che sia esaltato Dio, il Signore della verità e del dominio! Non mostrarti impaziente verso il Corano prima che la rivelazione non venga completata, ma di': "O mio Signore, accresci la mia conoscenza".

115-Abbiamo già stretto un patto con Adamo, ma egli se ne dimenticò e trovammo che da parte sua non vi era alcuna risolutezza.

116-Quando abbiamo detto agli angeli: "Prosternatevi davanti ad Adamo", si prosternarono ma non Iblis, che si rifiutò.

117-Allora dicemmo: "O Adamo, in verità, costui è un nemico tuo e di tua moglie! Non permettergli di farvi uscire entrambi fuori dal Giardino e così cadere nella sofferenza.

118-Nel Giardino non soffrirete né la fame né mancherete di che coprirvi;

119-non soffrirete la sete e nemmeno il caldo del giorno".

---

[26] Cfr. 2:255. In questo versetto il termine "uomo" si trova in caso accusativo governato da *Tanfa'u*. L'intercessione sarà quindi garantita a colui cui Dio ha concesso il permesso e le cui parole di pentimento sono sincere. Altri commentatori invece intendono che potranno intercedere solo coloro la cui intercessione sarà accettata da Dio. Cfr. 21:28, 34:23. In questo caso le due differenti clausole non hanno significati diversi.

[27] Cfr. 3:27, 39:10.

120-Però Satana gli sussurrò il male. Egli disse: "O Adamo, vuoi che ti conduca all'albero dell'eternità e in un regno che mai perisce?"

121-Come risultato, entrambi mangiarono dell'albero e così si resero conto della loro nudità. Cominciarono a cucire insieme, per coprirsi, delle foglie del giardino. Così Adamo disubbidì al Suo Signore e si lasciò sedurre.

122-Però, il suo Signore lo scelse [per la Sua grazia]. Si volse verso di lui e gli diede una guida.

123-Disse: "Scendete, entrambi, tutti insieme[28] dal Giardino, nemici gli uni degli altri. Però, se vi giungerà una guida da parte Mia, chiunque la seguirà, non si perderà e non cadrà nella miseria.

124-Però per chiunque si allontana dal Mio messaggio, in verità, vi è in serbo una vita miserabile e nel Giorno del Giudizio sarà resuscitato cieco.

125-Dirà: "O mio Signore, perché mi hai resuscitato cieco, mentre prima vedevo?".

126-Dio dirà: "Quando i Nostri segni ti sono giunti, li hai dimenticati. Oggi, questo giorno, anche tu sarai dimenticato".

127-Così abbiamo ricompensato chi ha trasgredito oltre ogni limite e non crede nei segni del suo Signore, e la punizione dell'Altra vita è molto più severa e difficile da sopportare.

128-Non serve loro di avvertimento quante generazioni prima di loro abbiamo distrutto, nelle cui dimore oggi loro stessi si aggirano? In verità, in ciò vi sono segni per quanti sono dotati di comprensione.

129-Se non fosse stato per una parola che ha preceduto il tuo Signore, la loro punizione sarebbe necessariamente giunta, ma c'è un termine scelto per una tregua.

130-Quindi, mantieniti paziente verso quello che dicono e celebra le lodi del tuo Signore, prima che sorga il sole e prima che tramonti. Celebratele per parte delle ore notturne e agli estremi[29] del giorno, affinché possiate ricevere la gioia [spirituale].

---

[28] Il termine arabo *Ihbitā* (scendete) si trova alla forma duale e si riferisce ai nostri comuni progenitori. In 2:38 invece *Ihbitū* è alla forma plurale e si riferisce sia all'umanità che a Satana.

[29] In arabo *Taraf* (plurale *Atrāf*). Secondo alcuni commentatori in questo versetto ci si riferisce alle cinque preghiere canoniche. Secondo altri invece il riferimento include anche quelle volontarie. Potrebbe però riferirsi in generale anche ad un'attitudine di costante ricordo di Dio da parte del credente.

131-Non volgere i tuoi occhi con desiderio verso i beni che abbiamo dato per goderne ad alcuni di loro. [Questo è solo] lo splendore della vita di questo mondo, attraverso cui Noi li mettiamo alla prova. Però, il compenso del tuo Signore è certamente più duraturo.

132-Comanda la preghiera alla tua gente e mantieniti costante nell'assolverla. Non ti chiediamo di provvedere per il sostentamento. Noi provvediamo al sostentamento per te. Però, [i frutti] dell'Altra vita sono per i giusti.

133-Dicono: "Perché non ci porta un segno dal suo Signore?" Non è forse arrivato loro un segno annunciato nelle precedenti rivelazioni?

134-Se avessimo inflitto loro una punizione prima di tutto ciò, avrebbero detto: "Signore nostro, se solo avessi inviato presso di noi un messaggero, sicuramente avremmo seguito i Tuoi segni prima di venire umiliati e gettati nella vergogna".

135-Di': "Ognuno di noi sta aspettando, attendete anche voi. Presto sapremo chi si trova sulla retta via e chi ha ricevuto la guida".

XXI

Sura Al-Anbiyā

(I profeti)

Rivelata alla Mecca

Nel nome di Dio, il Clemente, il Misericordioso

1-La resa dei conti si avvicina sempre di più agli esseri umani eppure non ascoltano e si volgono indietro.

2-Non è mai giunto loro un messaggio dal loro Signore, senza che non lo ascoltassero irrispettosi.

3-I loro cuori erano distratti, mentre i malvagi nascondevano i loro concili privati dicendo: "Non è forse costui un uomo come noi? Sarete confusi dalla magia[1] anche se i vostri occhi sono bene aperti?"

4-Di'[2]: "Il Mio signore conosce ogni parola che viene pronunciata nei cieli e sulla terra. Egli ode e vede ogni cosa".

5-"No -dicono- questi sono solo sogni confusi. No! Li ha inventati; non è altro che un poeta! Fai che ci porti un segno come quelli che sono stati inviati ai profeti antichi".

6-Abbiamo distrutto le comunità che li hanno preceduti, perché non hanno creduto. Costoro crederanno?

7-Prima di te, i profeti che sono stati inviati non erano altro che uomini, a cui abbiamo garantito l'ispirazione. Di' a coloro che negano il vero: "Se non lo comprendete, chiedete a coloro che sono in possesso delle rivelazioni precedenti".

8-Non abbiamo concesso ai profeti dei corpi che non mangiassero cibo e che non fossero esenti dalla morte.

---

[1] Lett. "In uno stato in cui potete vedere che è una stregoneria".

[2] Secondo la *Qira'at al-Hafs*, il termine *Qāla* qui ed in altri versetti (Cfr. 21:112, 23:112) è scritto in modo differente dall'usuale *Qul*, che rende l'imperativo singolare. Secondo alcuni commentatori il *Qāla* in questo versetto si riferisce al Profeta (pbsl), menzionato in quello precedente. Secondo altri, invece, costituisce una forma imperativa alternativa a *Qul*. Nella presente traduzione si è preferita la seconda alternativa. Cfr. 23:112.

9-Alla fine, Noi abbiamo mantenuto la Nostra promessa e abbiamo salvato loro e coloro che abbiamo voluto, mentre abbiamo distrutto quelli che hanno trasgredito oltre ogni limite.

10-Noi abbiamo rivelato per voi, o uomini, un Libro che contiene tutto ciò che dovreste ricordare. Non comprenderete dunque?

11-Quante erano le popolazioni che abbiamo completamente distrutto a causa delle loro iniquità, ponendo al loro posto altri popoli?

12-Costoro, quando sentirono che si avvicinava la Nostra punizione, tentarono di fuggire via da essa.

13-"Non fuggite, ma ritornate alle buone cose della vita che vi sono state concesse e alle vostre case, al fine che possiate essere chiamati a renderne conto".

14-Dissero: "Guai a noi! Ci siamo comportati ingiustamente".

15-Non smisero di gridare, fino a quando non li rendemmo come un campo mietuto, come ceneri silenziose e spente.

16-Non abbiamo creato i cieli, la terra e ciò che è nel mezzo invano.

17-Se avessimo voluto dilettarci in occupazioni vane, lo avremmo fatto con qualcosa a Noi più vicino, se avessimo voluto agire senza uno scopo!

18-Noi abbiamo scagliato la verità contro la falsità e la verità l'ha distrutta, perché la falsità sempre perisce! Guai a voi per le cose false che affermate su di Noi[3].

19-A Lui appartengono tutte le creature nei cieli e sulla terra. Anche coloro che si trovano alla Sua presenza, non sono troppo orgogliosi per servirLo e mai se ne stancano.

20-Costoro celebrano le Sue lodi notte e giorno, ininterrottamente.

21-Oppure hanno tratto dalla terra divinità che possono resuscitare i morti?

22-Se ci fossero stati, nei cieli e sulla terra, altri dei oltre Dio, entrambi sarebbero già stati corrotti. Sia gloria a Dio, il Signore del Trono. Egli è molto al di sopra di quanto Gli attribuiscono.

23-Lui non sarà chiamato a rendere conto dei Suoi atti, ma loro saranno chiamati a rendere conto dei loro.

24-Oppure si sono presi altri dei oltre a Lui? Di': "Portate le vostre prove convincenti". Questo è il messaggio per coloro che sono con me

---

[3] Ossia: 1-Attribuire a Dio dei consimili (Cfr. 21:22), 2-AttribuirGli un figlio (Cfr. 21:26), 3-AttribuirGli delle figlie (Cfr. 16:57).

e quanti furono prima di me. Però, la maggior parte non conosce il vero, e così si volta indietro.

25-Non abbiamo mai inviato un messaggero prima di te senza che gli inviassimo anche quest' ispirazione: "Non c'è altro dio che Me. Quindi serviteMi ed adorateMi".

26-Dissero: "Il Clemente ha generato una discendenza". Gloria a Lui! Costoro non sono altro che servi innalzati nell'onore!

27-Non parlano prima che Lui parli e agiscono in tutte le cose secondo il Suo comando.

28-Egli conosce ciò che li precede e che li segue. Non possono intercedere se non per quanti sono da Lui accettati[4], coloro[5] che stanno in timore e riverenza della Sua Gloria.

29-Se qualcuno di loro dovesse dire: "Io sono un dio accanto a Lui", lo ricompenseremo con l'Inferno. In questo modo, Noi ricompensiamo coloro che compiono il male.

30-Non vedono forse i miscredenti che i cieli e la terra erano insieme prima che li scindessimo? Dall'acqua abbiamo tratto ogni essere vivente. Ancora non crederanno?

31-Abbiamo posto sulla terra montagne freme affinché con loro[6] non si scuota e tra le montagne abbiamo fatto ampi sentieri che possano attraversare. Saranno ben guidati[7]?

32-Abbiamo reso il cielo una tenda ben protetta, eppure si volgono indietro dai segni che queste cose indicano!

33-Egli è Colui che ha creato la notte e il giorno, il sole e la luna. Tutti i corpi celesti nuotano, ognuno nella propria orbita.

34-Non abbiamo concesso a nessun uomo una vita eterna in questo mondo. Se tu dovessi morire, forse loro vivrebbero per sempre?

---

[4] Cfr. 20:109. Con quest'espressione s'intendono coloro che si sono conformati alla volontà divina ed hanno ubbidito alla legge di Dio.

[5] Secondo l'interpretazione tradizionale il pronome si riferisce a coloro che intercedono presso Dio. Allo stesso modo, comunque, potrebbe riferirsi anche a coloro che beneficano effettivamente dell'intercessione stessa.

[6] Cfr. 16:51. Il pronome "loro" si riferisce ai miscredenti del versetto precedente, anche se potrebbe essere diretto all'umanità in generale. Nel contesto di questo versetto si è però ritenuta più plausibile la prima ipotesi.

[7] Sia in senso letterale che figurativo:1-I passi delle montagne consentono agli esseri umani di viaggiare, 2-Questi esempi meravigliosi della provvidenza divina dovrebbero volgere l'attenzione verso la guida di Dio nella vita e nel progresso spirituale.

35-Ogni anima proverà il sapore della morte[8]. E Noi vi proviamo con il male e con il bene. Presso di Noi è il ritorno.

36-Quando i miscredenti ti vedono, ridono di te, dicendo: "È forse costui che parla dei nostri dei?" Eppure, quando il Clemente viene menzionato, Lo respingono.

37-L'uomo è una creatura preda dell'impazienza. Presto vi mostrerò i Miei segni e poi non mi chiederete di affrettarli.

38-Dicono: "Quando si avvererà questa promessa, se state dicendo il vero?"

39-Se solo i miscredenti conoscessero il tempo in cui non saranno capaci di rimuovere il fuoco dai loro volti e dalle loro schiene, quando non potranno ricevere aiuto alcuno!

40-No! Li coglierà tutto all'improvviso e resteranno confusi. Non avranno alcun potere di respingerlo e nemmeno potranno ottenere una tregua.

41-Molti messaggeri prima di te sono stati insultati. Però ciò di cui si prendevano gioco li avvolgerà.

42-Di': "Chi può salvarvi di notte e di giorno da Dio, il Misericordioso?" Eppure, alla menzione del loro Signore, si voltano indietro.

43-Hanno forse degli dei che potrebbero proteggerli da Noi? Non hanno alcun potere di aiutare se stessi, e non possono nemmeno essere difesi da Noi[9].

44-No! Noi concedemmo le cose buone di questa vita a questi uomini e ai loro padri fino a quando i loro anni[10] non aumentarono. Non vedono che gradualmente[11] riduciamo la terra sotto il loro controllo dai bordi esterni? Saranno forse loro ad essere vittoriosi?

---

[8] Cfr. 3:185. L'anima non muore ma, al momento della morte del corpo, avverte il sapore della dissoluzione. Cfr. 29:57.

[9] In arabo *Ashaba*, che significa unirsi ad un compagno. Accompagnato da '*An* o *Min* indica l'atto di difendersi o allontanarsi da qualcuno, come nel caso del presente versetto.

[10] In arabo '*Umr* o '*Umur*, che significa letteralmente "periodo", "età" e "generazione".

[11] Cfr. 13:41. Quest'espressione indica che l'Islam si è diffuso dall'esterno verso l'interno sia dal punto di vista sociale che geografico. I primi a convertirsi furono infatti i poveri ed i diseredati, mentre i nobili Quraysh furono gli ultimi ad accettare il messaggio dell'Islam. Dal punto di vista geografico, invece, indica che Medina fu la città che accolse il Profeta (pbsl) ed i suoi compagni, che erano soggetti a persecuzione alla Mecca.

45-Di': "Vi ammonisco in accordo con la rivelazione", ma il sordo non udrà la chiamata, anche se è stato avvertito.

46-Se solo un respiro dell'ira del tuo Signore li toccasse, diranno: "Guai a Noi! Abbiamo compiuto il male!"

47-Noi fisseremo le bilance della giustizia nel Giorno del Giudizio, così nessuna anima sarà trattata ingiustamente. Anche se fosse un'azione del peso di un granello di mostarda, Noi li chiameremo a renderne conto. E Noi siamo sufficienti per domandarne il conto!

48-In passato abbiamo garantito a Mosè e Aronne il Criterio[12] per giudicare, una luce ed un messaggio per coloro che si mantengono nel ricordo di Dio,

49-che temono il loro Signore, anche se non possono percepirLo e che paventano[13] l'Ora del Giudizio.

50-Questo è un messaggio benedetto che Noi abbiamo inviato. Lo rifiuteranno quindi?

51-Noi abbiamo concesso ad Abramo la rettitudine[14] nella condotta e ben lo conoscevamo[15].

52-Egli disse al proprio padre e al suo popolo: "Che cosa sono queste immagini verso le quali siete assiduamente devoti?"

53-Risposero: "I nostri avi li adoravano".

54-Egli disse: "In verità, voi e i vostri padri siete in errore manifesto".

55-Dissero: "Ci hai portato la verità, oppure stai solo celiando?"

56-Disse: "No, il vostro Signore è il Signore dei cieli e della terra. Egli li ha creati dal nulla[16] ed io sono testimone di questa verità.

57-Ed io ho un piano per i vostri idoli, dopo che sarete andati via e avrete volto le spalle".

58-Così li distrusse tutti, eccetto il più grande, al fine che potessero rivolgersi a lui.

---

[12] In arabo *Furqān*. Cfr. 2:53.

[13] Cfr. 21:48-49, dove sono menzionati le tre seguenti tipologie di timore di Dio: 1-*Taqwā*, che indica il timore da parte del credente di porsi contro la legge di Dio, in conseguenza dell'amore per Lui, 2-*Khashyat*, la paura di non essere adeguati allo standard di correttezza morale stabilito da Dio, 3-*Ishfāq*, che indica il timore delle conseguenze del Giorno del Giudizio.

[14] In arabo *Rushd*, ossia retta condotta che corrisponde alla qualità espressa nell'epiteto di *Hanīf* (vero e genuino nella fede) applicato altrove ad Abramo. Cfr. 2:135.

[15] Cfr. 4:125, dove Abramo è definito "amico di Dio" (*Khalīlullah*).

[16] In arabo *Fatara*. Cfr. 2:117.

59-Dissero: "Chi ha fatto questo ai nostri dei? Deve essere un uomo veramente empio!"

60-Alcuni dissero: "Abbiamo udito un giovane che parlava di loro. Si chiama Abramo!"

61-Dissero: "Conducetelo al loro cospetto affinché possano recare testimonianza".

62-Dissero: "Sei tu che hai fatto questo ai nostri dei, o Abramo?"

63-Rispose: "No, è stato l'idolo più grande! Chiedi loro, se sono capaci di parlare".

64-Così si volsero gli uni verso gli altri e dissero: "Davvero siete stati ingiusti!"

65-Così furono confusi dalla vergogna[17]. Dissero: "Tu sai bene che questi idoli non possono parlare!"

66-Abramo disse: "Dunque voi venerate, invece di Dio, cose che non possono né nuocervi né beneficarvi?

67-Vergognatevi di voi stessi e di ciò che venerate! Non avete forse alcuna capacità di discernimento?"

68-Dissero: "Bruciamolo e proteggiamo i nostri dei".

69-Dicemmo: "O fuoco sii fresco ed [un mezzo di] salvezza per Abramo!"

70-Poi ordirono uno stratagemma contro di lui, ma poi facemmo di loro i perdenti più grandi[18].

71-Noi abbiamo salvato lui e suo nipote Lot e li abbiamo diretti ad una terra[19], che abbiamo benedetto per tutte le nazioni.

72-Gli abbiamo concesso Isacco e, come dono ulteriore[20], Giacobbe. Li abbiamo resi uomini retti.

73-E li abbiamo resi leader che guidano gli uomini attraverso il Nostro comando. Noi abbiamo inviato loro l'ispirazione di compiere opere

---

[17] Lett. "Furono rivoltati sui loro capi". Quest'espressione metaforica indica che si ripresero dalla loro vergogna per l'idolatria e che erano pronti a discutere con il giovane Abramo.

[18] Cfr. 19:49.

[19] In questo versetto ci si riferisce alla terra di Aram o Siria, che in una connotazione più ampia include Canaan (Palestina).

[20] In arabo *Nāfilat*, cui possono essere attribuiti i seguenti significati: 1-Bottino, 2-Preghiera o opera supraerogatoria, 3-Dono ulteriore, 4-Nipote. Ad Abramo furono concessi Ismaele ed Isacco. Cfr. 19:49. Nell'Antico testamento sono poi menzionati anche altri figli di Abramo, che si riunirono in occasione della sua sepoltura. Cfr. Genesi 25:9.

buone, di stabilire preghiere regolari e di praticare la carità con costanza e loro Ci hanno servito con fedeltà.

74-Anche a Lot abbiamo concesso giudizio e conoscenza e lo abbiamo salvato dalla città che praticava abomini. In verità, erano persone dedite alla malvagità, un popolo di ribelli.

75-Noi lo abbiamo ammesso alla Nostra Misericordia perché egli era uno dei giusti.

76-Molto prima rispondemmo a Noè, quando gridò verso di Noi. Abbiamo ascoltato la sua preghiera e abbiamo salvato lui e la sua famiglia da una grande calamità.

77-Noi lo aiutammo contro coloro che rifiutavano i Nostri segni. In verità, costoro erano un popolo dedito al male, così li abbiamo fatti affogare tutti insieme nel diluvio.

78-Ricorda Davide e Salomone, quando espressero un giudizio riguardo al campo in cui il gregge di alcune persone si era smarrito di notte. Noi siamo stati testimoni del loro giudizio.

79-A Salomone abbiamo ispirato la retta comprensione in questa materia. Ad ognuno di loro abbiamo concesso giudizio e conoscenza. Il Nostro potere ha permesso che le colline e gli uccelli celebrassero le Nostre lodi[21] insieme a Davide. Siamo stati Noi a compiere tutto questo!

80-Gli abbiamo insegnato[22], a vantaggio vostro, la fabbricazione delle cotte di maglia affinché vi proteggessero dal nemico durante la battaglia. Non ne sarete riconoscenti?

81-Attraverso il Nostro potere abbiamo permesso che il vento[23] soffiasse senza interruzione per Salomone, al suo ordine, sulla terra[24] che Noi abbiamo benedetto. Nulla sfugge alla Nostra conoscenza.

82-E tra i demoni[25] ve ne erano alcuni che si immergevano per lui o svolgevano altri compiti. Siamo Noi che li sorvegliavamo.

---

[21] Cfr. 17:44, 57:1, 16:48-50, 22:18, in cui si afferma che i cieli e la terra celebrano le lodi di Dio. Cfr. 13:13, dove si afferma che tutta la natura canta le lodi di Dio. Cfr. 148:7-10, dove viene fatto riferimento ai Salmi di Davide.

[22] L'invenzione delle cotte di maglia è attribuita a Davide. Cfr. 34:10-11.

[23] Cfr. 34:12, 38:36-38. Alcuni commentatori ritengono che in questo versetto ci si riferisca alla flotta navale di Salomone, che controllava il Mediterraneo ed il Mar Rosso attraverso il Golfo di Aqaba.

[24] Ossia la Palestina, in cui si trovava la capitale del regno di Salomone, che si estendeva fino all'Arabia meridionale ed all'Etiopia.

[25] Secondo i razionalisti ci si riferisce ad un popolo barbaro e cruento, che Salomone aveva posto sotto il suo dominio.

83-E ricordati di Giobbe[26], quando gridò verso al suo Signore. "Una grande calamità mi affligge, ma Tu sei il più misericordioso dei misericordiosi".

84-Così lo abbiamo ascoltato e abbiamo rimosso l'angoscia che lo affliggeva; gli abbiamo donato di nuovo la sua famiglia e moltiplicammo il suo numero come Nostra grazia e come memento per coloro che adorano Dio.

85-E ricordati di Ismaele[27], di Idris e di Dhu al Kifl[28], uomini di costanza e di pazienza.

86-Li abbiamo ammessi alla Nostra misericordia perché erano tra i devoti.

87-E ricorda Dhu al Nun[29], quando se ne andò adirato. Pensò che Noi non avessimo alcun potere su di lui! Poi gridò nella profondità delle tenebre: "Non c'è altro dio che Te. Gloria a Te. Sono stato ingiusto!"

88-Così Noi lo abbiamo ascoltato e lo abbiamo salvato dalla disperazione. Così Noi salviamo coloro che hanno fede.

---

[26] In arabo *Aiyūb*. Costui era un uomo ricco, che aveva fede in Dio e viveva nel nord-est dell'Arabia. Cadde nella disgrazia, ma dopo Dio lo ricompensò per la sua pazienza ed umiltà con ricchezze, armenti, discendenza ed una lunga vita.

[27] Cfr. 21:79, 2:158, 19:54. Ismaele, figlio di Abramo, è considerato il progenitore degli Arabi e l'antenato del Profeta Muhammad (pbsl).

[28] Lett. "colui che dona una porzione doppia" o "colui che utilizza un mantello di doppio spessore". I commentatori non sono sicuri relativamente all'identità del profeta indicato con la precedente espressione. Karsten Niebuhr ha suggerito che possa essere identificato con il biblico Ezechiele, rifacendosi all'esistenza di un villaggio, posto a metà tra Najaf ed Hilla (Babilonia), chiamato appunto Kefil, la forma araba del nome Ezechiele. Il biblico Ezechiele fu condotto con il suo popolo nella cattività babilonese e venne incatenato, legato e gettato in prigione. Nonostante le difficoltà, non desistette mai dal tentativo di riformare spiritualmente il suo popolo. Cfr. Ezechiele, 3:25-26, 34:2-4.

[29] Lett. "l'uomo del pesce o della balena". Ci si riferisce al Profeta Giona che venne inghiottito dalla balena. Costui era cresciuto a Ninive, la capitale dell'Assiria. Dal momento che il suo popolo si mostrava sordo alla sua predicazione, costui li avvertì dell'ira divina che incombeva su di loro, e poi partì imbarcandosi in una nave. I marinai però lo gettarono in mare durante una tempesta ritenendo la sua presenza infausta. Venne inghiottito da una balena ma, nelle tenebre dello stomaco del pesce si rivolse a Dio e confessò la sua debolezza. Le tenebre in questo contesto possono essere interpretate sia in senso materiale che spirituale, in quanto indicano la disperazione di Giona per aver apparentemente fallito nella sua missione. Dio però lo perdonò e lo condusse in salvo. Successivamente, tornò a Ninive dove si dedicò con successo alla sua missione profetica. Cfr. 37:139-149.

89-E ricordati di Zaccaria[30], quando gridò verso il suo Signore: "O Signore mio, non mi lasciare privo di discendenza, sebbene Tu sia il migliore degli eredi!"

90-Così lo abbiamo ascoltato e gli abbiamo concesso Yahya. Abbiamo curato[31] la sterilità di sua moglie. Costoro compivano opere buone ed erano soliti rivolgersi a Noi con amore e riverenza, mostrandosi umili davanti a Noi.

91-Ricorda colei che ha custodito la propria castità[32]. Le abbiamo insufflato il Nostro spirito e abbiamo reso lei e suo figlio un segno per tutte le genti.

92-In verità, la vostra comunità è una singola comunità[33] ed io sono il vostro Signore. Quindi serviteMi.

93-Però le generazioni successive infransero quest'unità, eppure tutti ritorneranno a Noi.

94-Chiunque opera un atto di rettitudine e ha fede, la sua opera non sarà rifiutata. Noi la registreremo in suo favore.

95-Nessuna comunità, che abbiamo distrutto, potrà ritornare,

96-fino a quando Gog e Magog[34] passeranno le barriere diffondendosi da ogni altura.

97-Poi la vera promessa si approssimerà e gli occhi dei miscredenti fisseranno con orrore: "Guai a Noi! Siamo stati noncuranti. Peggio ancora abbiamo commesso l'ingiustizia".

98- "In verità, voi [o miscredenti] e gli dei che adorate accanto a Dio non sono altro che paglia per l'Inferno! Certamente vi entrerete.

99-Se fossero stati dei, non ci sarebbero entrati. Però, ognuno di loro dimorerà lì per sempre.

100-Piangeranno, ma nessuno presterà loro ascolto".

---

[30]Cfr. 19:2-15, 3:38-41. Zaccaria, un sacerdote del Tempio, e sua moglie -devoti credenti- avevano ormai raggiunto l'età avanzata senza poter avere una discendenza. Dio fece dono a Zaccaria e sua moglie di Yahyā, un figlio devoto, santo e profeta.

[31] In arabo *Aslaha*, che significa "curare", "migliorare" e "riformare". L'utilizzo di questo verbo, in relazione alla moglie di Zaccaria, indica rispettivamente che: 1-La sua sterilità sarebbe stata curata, 2-La sua dignità spirituale sarebbe aumentata in quanto sarebbe divenuta la madre di Yahyā.

[32] Riferimento a Maria, la madre di 'Īsā.

[33] In arabo "Umma".

[34] Cfr. 18:94. Ci si riferisce a delle tribù selvagge e barbare che, dopo aver infranto le loro barriere, si diffonderanno sulla terra. Questo sarà uno dei segni dell'avvicinarsi del Giorno del Giudizio.

101-Coloro per i quali abbiamo scelto la migliore [ricompensa], ne saranno allontanati.

102-Non udranno dell'Inferno nemmeno il minimo rumore. Dimoreranno in ciò che le loro anime desiderano.

103-Il Grande Terrore non provocherà loro alcuna sofferenza, ma gli angeli li incontreranno con reciproci saluti: "Questo è il giorno che vi è stato promesso",

104-Il giorno in cui avvolgeremo i cieli come una pergamena avvolta in rotoli. Proprio come abbiamo iniziato la prima creazione così ne ripeteremo una nuova. Questa è una promessa che abbiamo fatto e Noi la manterremo.

105-Prima di questo abbiamo scritto nei salmi[35], dopo il messaggio dato a Mosè: i Miei servi, i giusti, erediteranno la terra.

106-In verità, in questo Corano vi è un messaggio per coloro che veramente adorano Dio.

107-Non ti abbiamo inviato, se non come misericordia per tutta l'umanità!

108-Di': "Ciò che mi è stato ispirato è che il vostro Dio è l'unico Dio. Vi sottometterete al Suo volere [nell'Islam]?"

109-Però, se si volgono indietro, di': "Ho proclamato il messaggio a voi nella verità, ma non sapete se ciò che vi è stato promesso sia vicino o lontano.

110-Egli è Colui che conosce che cosa manifestate nei discorsi e che cosa rimane celato nei vostri cuori.

111-Non so se ciò sia una prova per voi e la garanzia di sostentamento per un certo periodo".

112-Di': "O mio Signore, giudicaci secondo verità! Il nostro Signore è il Compassionevole, da cui invochiamo aiuto contro quanto affermate".

---

[35] In arabo *Zabūr*. Cfr. 4:163, 17:55.

XXII

Sura Al-Hajj

(Il pellegrinaggio)

Rivelata a Medina

Nel nome di Dio, il Clemente, il Misericordioso

1-O uomini, temete il vostro Signore! La violenta convulsione dell'ultima ora sarà qualcosa di terribile.

2-Il giorno in cui la vedrete, ogni madre che allatta il proprio figlio, lo dimenticherà. Ogni donna incinta partorirà prima del tempo stabilito. Vedrai l'umanità come se fosse in preda all'ebbrezza, anche se in realtà non lo è. L'ira di Dio sarà terribile[1].

3-E tra gli uomini ci sono ancora quanti disputano riguardo a Dio, senza possedere alcuna conoscenza e seguono ogni maligno ostinato nella ribellione.

4-Chiunque si volge verso il Maligno, si smarrirà e sarà condotto alla punizione del Fuoco.

5-O uomini, se nutrite dei dubbi riguardo alla resurrezione, sappiate che Vi abbiamo creato dalla polvere, poi da un ovulo fecondato e da qualcosa di somigliante ad una sanguisuga penzolante. Poi da un pezzo di carne, in parte formato ed in parte informe, al fine di poter manifestare a voi il Nostro potere. Facciamo sì che, chi vogliamo, resti nel seno materno per un termine stabilito. Vi facciamo uscire come bambini, poi vi facciamo raggiungere l'età dello sviluppo. Alcuni di voi sono chiamati alla morte e altri raggiungono l'età della vecchiaia, quando non sanno nulla, dopo aver saputo. E vedi la terra spoglia e senza vita ma, quando vi facciamo scendere l'acqua, si sveglia a nuova vita e fa germogliare ogni tipo di pianta.

6-Questo accade perché Dio è la verità. Egli è Colui che dà la vita a chi è morto. Egli è Colui che detiene il potere su tutte le cose[2].

---

[1] In questo versetto sono presenti delle immagini vivide che indicano il terrore e la convulsione da cui gli esseri umani saranno colti all'avvicinarsi dell'Ora del Giudizio.

[2] Tutto ciò che esiste fonda in Dio la propria esistenza perché, mentre tutto è destinato a perire, Lui solo è eterno.

7-In verità, l'Ora verrà. Non c'è dubbio alcuno. Dio resusciterà quelli che sono nelle tombe.

8-Eppure, tra gli uomini, ci sono coloro che discutono relativamente a Dio senza averne alcuna conoscenza, senza guida e senza una scrittura che li illumini[3],

9-sprezzatamente voltandosi dalla verità, al fine di condurre gli uomini lontano dalla via di Dio. Per costoro[4] vi è disgrazia in questa vita e nel Giorno del Giudizio faremo loro assaggiare la punizione del Fuoco.

10- [Sarà detto]: "Questa è la ricompensa per ciò che le tue mani hanno compiuto. In verità, Dio non è ingiusto con i Suoi servi".

11-Tra gli uomini ce ne sono alcuni che servono Dio, ma la loro fede è mutevole. Se li coglie il bene, sono contenti. Però, se sono colti da una prova, volgono il volto. Perderanno questo mondo e l'Altro. Questa è una perdita manifesta.

12-Costoro si volgono, invece che a Dio, a divinità che non possono né danneggiarli né beneficarli. Si sono smarriti dalla via.

13-[Forse] invocano qualcuno, che li può solo danneggiare invece che beneficare. Disgustoso è questo patrono e disgustoso colui che lo segue.

14-In verità, Dio ammetterà coloro che credono e compiono opere di bene ai Giardini, sotto cui scorrono ruscelli. Dio porta a termine tutto ciò che ha stabilito.

15-Se qualcuno pensa che Dio non aiuterà [il Suo Profeta] in questo mondo e nell'Altro, che cerchi di trovare un modo per raggiungere il cielo. Vediamo se questo piano rimuoverà ciò che lo urta[5].

---

[3] Cfr. 3:184. Con il termine "intelligenza" ci si riferisce alla facoltà umana di comprensione intellettuale. La parola "guida" indica invece la rivelazione divina inviata da Dio attraverso i profeti nei diversi luoghi e nelle diverse epoche storiche.

[4] Secondo alcuni commentatori in questo versetto ci si riferisce ad Abū Jahl, mentre secondo altri a Nadr ibn al Hārith. Potrebbe comunque riferirsi in generale anche ad una tipologia di persona comune in tutte le epoche storiche.

[5] I commentatori differiscono relativamente all'interpretazione di questo versetto. Secondo alcuni con il pronome "lui" ci si riferisce al Profeta (pbsl), mentre con "costoro" ai suoi nemici. Il termine arabo "Sama" è interpretato come soffitto. Questa è la lettura proposta da Ibn Abbās, parafrasabile nel modo seguente: "Se i nemici del Profeta di Dio sono adirati per il suo successo, che attacchino una corda al soffitto per impiccarsi". Se invece il termine "Sama" viene tradotto con "cielo", la parafrasi sarebbe: "Se i nemici del Profeta sono adirati per l'aiuto che riceve dal cielo, che tendano una corda

16-Abbiamo inviato dei chiari segni. In verità, Dio guida chi vuole.

17-Dio giudicherà nel Giorno del Giudizio coloro che credono [nel Corano] e quanti seguono le Scritture ebraiche, i Sabi, i Cristiani, i Magi[6] ed i Politeisti. Egli è testimone di tutte le cose.

18-Non vedi che verso Dio si chinano in adorazione tutte le creature che sono nei cieli e sulla terra: il sole, la luna, le stelle, le montagne, gli alberi, gli animali ed una parte degli uomini? Un grande numero però è degno della punizione. Nessuno può restituire l'onore a quanti cadono in disgrazia davanti a Dio. Egli porta a termine tutto ciò che desidera.

19-Questi due antagonisti[7] disputano uno con l'altro relativamente al loro Signore. A coloro che negano il loro Signore, sarà tagliata una veste di fuoco. Sui loro capi sarà versata acqua bollente.

20-Con essa sarà scottato ciò che si trova nei loro corpi e anche la loro pelle.

21-Saranno mantenuti in questo stato da ganci di ferro.

22-Ogni volta che desidereranno scampare dalla sofferenza, vi saranno respinti indietro e sarà detto loro: "Gustate il tormento del Fuoco che brucia".

23-Dio ammetterà coloro che credono e compiono opere rette nei Giardini sotto i quali scorrono ruscelli. Saranno adornati da bracciali di oro e perle. Le loro vesti saranno di seta,

24-perché sono stati guidati verso il migliore degli eloqui. Sono stati guidati sulla via del Degno di ogni lode.

25-A coloro che hanno rifiutato Dio e trattengono [gli uomini] dalla Sua via e dalla Sacra Moschea, che è stata aperta per tutti gli uomini - sono uguali infatti colui che vi risiede e chi si reca in visita da un altro paese- ed a coloro che hanno intenzione di profanarla, faremo assaggiare un terribile castigo.

---

verso di esso per impedirlo". Nella presente traduzione abbiamo preferito la seconda resa.

[6] I Magi (*Majūs*) sono menzionati solo in questo versetto del Corano. Costoro abitavano nella zona della Persia, degli altopiani di Median e delle valli della Mesopotamia. Erano degli adoratori del fuoco che consideravano emblema di Dio. La religione magia venne riformata da Zardusht (600 a.C.?). Le loro scritture prendono il nome di *Zend-Avesta*.

[7] Ci si riferisce rispettivamente agli uomini di fede ed ai miscredenti.

26-Abbiamo indicato ad Abramo il luogo della Sacra Casa[8], dicendo: "Non Mi associate nessuno nel culto. Santificate la Mia Casa per coloro che le girano intorno, stanno in piedi[9], si inchinano o si prosternano in preghiera.

27-E annuncia il Pellegrinaggio. Verranno da te a piedi e cavalcando ogni sorta di cammello dimagrito per i viaggi attraverso profondi e distanti sentieri di montagna.

28-Costoro potranno testimoniare dei benefici offerti loro e celebrare il nome di Dio nei giorni stabiliti[10]. Egli ha concesso loro degli animali sacrificali[11]: mangiatene e nutrite coloro che, sofferenti, si trovano nel bisogno.

29-Lascia che completino i riti prestabiliti[12], eseguano i loro voti[13] e girino ancora intorno alla Casa Antica".

30-Tale è [il Pellegrinaggio]: per chiunque onora i sacri riti di Dio, è bene agli occhi del suo Signore. Come cibo durante il Pellegrinaggio vi è concesso il bestiame, tranne quello che vi è stato vietato. Però, evitate l'abominio degli idoli e la menzogna.

31-Siate veritieri nella vostra fede verso Dio. Non pensate che qualcuno condivida con Lui la divinità. Colui che lo fa, è come se fosse caduto dal cielo afferrato dagli uccelli, o dal vento che lo hanno fatto precipitare e gettato in un luogo molto distante.

32-Questa è la condizione: chiunque onora i simboli[14] di Dio, lo deve fare con la pietà del cuore.

---

[8] La *Ka'ba* venne costruita da Abramo ed Ismaele come santuario del culto dedicato al Dio unico.

[9] Il termine arabo *Qāimīn*, che significa "colui che sta ritto per la preghiera", viene utilizzato al posto di *'Ākifīn*, ossia "che si recano in ritiro nel santuario". Il significato però è il medesimo, in quanto coloro che si ritirano nel santuario, stanno ritti in preghiera in adorazione di Dio. Cfr. 2:125.

[10] Ci si riferisce al giorno 8, 9 e 10 del mese del *Dhul al-Hajj* ed i tre successivi giorni del *Tashrīq*, i cui riti sono spiegati in 2:197.

[11] Nel giorno del *'Id al-Adhā* nel decimo giorno del *Dhul al-Hajj*. La carne degli animali deve essere distribuita tra i poveri ed i bisognosi.

[12] Il termine arabo *Tafath* indica il lasciar crescere le parti del corpo superflue, quali unghie, peli e capelli che è proibito tagliare quando s'indossa l'*Ihrām*. È invece concesso farlo nel 10 di *Dhul al Hajj*, quando il pellegrinaggio può dirsi completato.

[13] Il pellegrinaggio non può considerarsi completo con il compimento dei riti esteriori perché il pellegrino deve tenere in mente un voto o la promessa di un servizio particolare dopo il compimento del quale viene effettuata l'ultima *Tawāf*.

[14] In arabo *Sha'āir*, che significa "segni", "simboli" e "marchi". In questo contesto si applica ai riti sacrificali. Invece in 2:158 si riferisce alle colline di *Safā* e *Marwa*. Il

33-Traete dei benefici da questi animali segnati per il sacrificio per un tempo specifico. Il luogo del sacrificio è invece vicino[15] alla Casa Antica.

34-Ad ogni popolo abbiamo assegnato dei riti prestabiliti. Che possano celebrare il nome di Dio sugli animali che abbiamo concesso loro di sacrificare. Il vostro Dio è l'unico Dio. Sottomettete, quindi, a Lui la vostra volontà. Annunciate la buona novella a coloro che si fanno umili,

35-coloro i cui cuori, alla menzione di Dio, si riempiono di timore, che mostrano una perseveranza paziente nelle afflizioni che li colgono, pregano regolarmente e spendono in carità di ciò che abbiamo loro concesso[16].

36-Abbiamo reso i cammelli sacrificali uno dei simboli di Dio. In loro c'è molto bene. Quando vengono allineati per il sacrificio, pronunciate su di loro il nome di Dio. Quando giacciono sul fianco, mangiatene e datene a chi è povero e a chi è costretto a chiedere l'elemosina con umiltà. Abbiamo reso gli animali soggetti a voi, al fine che vi mostriate grati.

37-Non è la loro carne né il loro sangue che raggiungono Dio, ma la vostra pietà. Dio li ha resi a voi soggetti affinché possiate glorificarLo per la Sua guida. Proclama la buona novella a coloro che agiscono con rettitudine.

38-In verità, Dio difenderà coloro che credono. In verità, Dio non ama un traditore della fede o un ingrato.

39-A coloro contro i quali viene dichiarata la guerra[17] ingiustamente, è dato il permesso di combattere perché hanno subito ingiustizia. In verità, Dio ha il potere di concedere loro la vittoria.

40-Costoro sono stati espulsi dalle loro case per la difesa del vero, senza nessuna causa tranne l'aver affermato: "Il nostro Signore è

---

sacrificio cui si fa riferimento in questo versetto è comunque simbolico ed indica l'impegno e la pietà del cuore. Cfr. 22:37.

[15] In arabo *Ila*, che significa vicino, nei pressi. Il sacrificio viene infatti compiuto non presso la *Ka'ba*, ma a Mina dove i pellegrini solitamente si accampano.

[16] Nel contesto di questo versetto sono menzionate alcune delle qualità dei servi di Dio: 1-Sono umili di fronte a Lui e quindi pronti a prestare ascolto alla rivelazione, 2-Il timore di Dio permea tutto il loro essere, 3-Non hanno paura delle prove e si mantengono costanti nelle avversità, 4-La loro preghiera non è un atto formale, ma una sincera comunione con Dio, 5-Sono grati a Dio.

[17] L'espressione araba *Yuqātalūna* ha un senso passivo ed indica il diritto alla difesa di coloro che sono stati attaccati ingiustamente.

Dio". Se Dio non avesse concesso alle persone di difendersi le une dalle altre[18], sarebbero sicuramente stati distrutti monasteri, chiese, sinagoghe e moschee, in cui il nome di Dio è molto ricordato. Dio aiuterà coloro che supportano la Sua causa. Dio è pieno di forza ed Eccelso[19].

41-Se Noi concediamo loro potere sulla terra, stabiliscono preghiere regolari, elargiscono regolare carità, consigliano il bene e proibiscono il male. In Dio riposa la decisione finale di tutte le cose.

42-Se accusano di falsità la tua missione [o Profeta], così hanno fatto coloro che vi hanno preceduto [con i loro profeti][20]: il popolo di Noè, gli Ad ed i Thamud,

43-i popoli di Abramo e di Lot,

44-ed i Compagni del popolo di Madyan. Anche Mosè venne apostrofato come bugiardo. Però, ho concesso ai miscredenti un periodo di tregua fino a quando non li punirò. E quanto terribile è stata la Mia reazione.

45-Quanti popoli abbiamo distrutto che si erano dati all'ingiustizia? Le loro dimore sono cadute in rovina. Quanti pozzi giacciono deserti e abbandonati insieme a castelli nobili e ben costruiti?

46-Non viaggiano forse attraverso la terra, così che i loro cuori [e le loro menti] possano imparare la saggezza ed i loro orecchi imparare ad ascoltare? In verità, non sono i loro occhi ad essere ciechi ma i cuori nei loro petti.

47-Eppure ti domandano di affrettare la loro punizione! Dio non mancherà alla Sua promessa. In verità, un giorno per il tuo Signore equivale a mille dei vostri calcoli.

48-Quanti popoli, cui ho concesso una tregua, si sono abbandonati all'ingiustizia? Alla fine sono stati puniti. Verso di Me è la destinazione di tutte le cose.

49-Di': "O uomini, sono stato inviato a voi solo per darvi un chiaro avvertimento:

---

[18] Quest'espressione è utilizzata per la prima volta nel versetto 2:151 in relazione alla lotta di Davide contro i filistei. Il versetto diede ai musulmani il diritto di combattere contro i Quraysh che li avevano perseguitati, li avevano costretti all'esilio ed avevano confiscato indebitamente le loro proprietà immobili rimaste alla Mecca.

[19] In arabo *Aziz*, che indica qualcuno pieno di potere, di forza, di rango e di dignità. Cfr. 22:74.

[20] Cfr. 7:64 (Noè), 7:66 (Hūd il profeta degli Ad), 7:76 (*Sālih* il profeta dei Thamud), 21:55 (Abramo), 7:82 (Lūt), 7:85 (Shu'ayb, il profeta del popolo di Madyan), etc.

50-per coloro che credono e agiscono rettamente c'è il perdono e un generoso sostentamento.

51-Coloro che lottano contro i Nostri segni, per renderli vani, saranno Compagni del Fuoco".

52-Non abbiamo mai inviato un messaggero o un profeta prima di te, senza che Satana s'insinuasse e lo facesse dubitare [che il suo messaggio sarebbe stato ascoltato]. Dio però cancella ciò che Satana ha insinuato. Dio confermerà i Suoi segni. Egli è pieno di conoscenza e saggezza.

53-Che Egli possa rendere i suggerimenti di Satana una prova per coloro nel cui cuore si cela una malattia e che ormai hanno i cuori induriti. In verità, i malvagi sono lontani dalla verità.

54-E che coloro, cui è stata data la conoscenza, possano imparare che il Corano è la verità proveniente dal Tuo Signore e che possano quindi credere e che i loro cuori possano essere umilmente aperti ad essa. In verità, Dio è la guida dei credenti verso il retto cammino.

55-Coloro che respingono la fede, non smetteranno di essere in dubbio relativamente alla rivelazione fino a quando l'ora del giudizio non cadrà improvvisamente su di loro o giungerà la punizione di un giorno di disastro.

56-In quel giorno il dominio apparterrà a Dio. Egli giudicherà tra di loro. Coloro che credono e compiono opere di bene, saranno nel Giardino delle delizie.

57-Coloro che respingono la fede e negano i Nostri segni, andranno incontro ad una avvilente punizione.

58-A coloro che lasciano le loro case per la causa di Dio e sono uccisi o muoiono, Egli concederà una degna ricompensa[21]. In verità, Dio è Colui che concede la migliore ricompensa.

59-In verità, li ammetterà in un luogo che piacerà loro. Dio è Onnisciente, Colui che spesso perdona.

60-Dio presterà soccorso a qualcuno che si è vendicato solo proporzionalmente all'ingiuria che ha ricevuto, ma poi viene di

---

[21] In arabo *Rizq*, traducibile come "sostentamento", "scorte", "provviste". Nel contesto di questo versetto il termine è inteso in senso metaforico in quanto indica tutto ciò di cui il credente deve essere provvisto per conquistare l'Altra vita.

nuovo attaccato in modo infido. Egli è Colui che assolve i peccati e sempre di nuovo perdona[22].

61-Questo perché Dio fonde la notte nel giorno e il giorno nella notte. In verità, Dio è Colui che ode e vede tutte le cose.

62- Dio è la Verità. Coloro che invocano insieme a Lui, sono solo vanità e falsità. In verità, Dio è l'Eccelso, il Grande.

63-Non vedi che Dio fa cadere la pioggia dal cielo e poi la terra viene sommersa dal verde? Dio è Colui che comprende i misteri più complessi[23] e ben li conosce.

64-A Lui appartiene tutto ciò che si trova nei cieli e sulla terra. In verità, Dio è privo di bisogni, degno di ogni lode.

65-Non vedi forse come Dio vi ha assoggettato tutto ciò che si trova sulla terra e le navi che salpano nel mare al Suo comando? Egli fa sì che il cielo [pioggia][24] non cada sulla terra senza il Suo comando. Dio è il più Compassionevole e il più Misericordioso verso gli uomini.

66-È Lui Che vi dona la vita, che la toglie e che ve la donerà nuovamente. In verità, l'uomo è la creatura più ingrata.

67-Ad ogni popolo abbiamo prescritto riti e cerimonie, che sono chiamati a seguire. Non lasciarli discutere con te in materia, ma invitali al Tuo Signore. Tu sei sulla retta via.

68-Se costoro combattono contro di te, di': "Dio conosce le vostre azioni.

69-Dio giudicherà tra di voi nel Giorno del Giudizio riguardo a ciò in cui differite".

70-Non sapete che Dio conosce tutto ciò che si trova nei cieli e sulla terra? Tutto è stato registrato. Questo è semplice per Lui.

71-Eppure adorano, oltre a Dio, qualcosa su cui Egli non ha garantito alcuna autorità e di cui non posseggono conoscenza alcuna. Per quanti compiono il male non c'è alcun aiuto.

---

[22] Cfr. 23:96. Solitamente i musulmani sono chiamati a perdonare le offese. In alcuni casi però, come nelle condizioni di conflitto o di guerra, la difesa è legittima anche se la reazione non deve superare l'entità dell'offesa subita. La porta alla riconciliazione deve comunque essere sempre lasciata aperta.

[23] Il termine arabo *Latīf* comprende le seguenti sfumature di significato: 1-Fine, sottile, 2-Non percepibile proprio per la sua sottigliezza, 3-Talmente puro da risultare incomprensibile, 4-Dotato della capacità di penetrare i misteri più profondi (Cfr. 33:34), 5-Comprensivo e misericordioso. Cfr. 12:110, 6:103, 42:19.

[24] Il termine *Samā* in arabo significa sia cielo che pioggia. Nel contesto di questo versetto abbiamo optato per il secondo significato.

72-Quando i Nostri segni vengono provati loro, noterai il rifiuto[25] sui volti dei miscredenti! Quasi attaccano violentemente quelli che recano loro i Nostri segni: "Posso dirvi qualcosa che è peggiore di questi segni? È il castigo del Fuoco. Dio lo ha promesso ai miscredenti! Una terribile dimora!"

73-O uomini, vi viene proposta una metafora. Ascoltatela! Coloro che, oltre a Dio, invocate non possono creare nemmeno una mosca, se pure si riunissero per questo scopo! E, se la mosca dovesse togliere loro qualcosa, non avrebbero nemmeno il potere di riprendersela indietro. Deboli sono coloro che domandano e privi di forza coloro a cui domandano.

74-Non hanno compreso Dio. Egli è forte e capace di far prevalere il Suo volere.

75-Dio sceglie i messaggeri tra gli angeli e tra gli uomini. Egli è Colui che vede ed ode ogni cosa.

76-Egli conosce ciò che si trova davanti e dietro di loro. A Dio viene rimandata ogni questione.

77-O voi che credete, inchinatevi, prosternatevi e adorate il vostro Signore. Fate il bene al fine di prosperare[26].

78-Lottate per la Sua causa nel modo dovuto [con sincerità e disciplina]. Egli vi ha scelto e non vi ha posto in nessuna difficoltà nella religione. Questo è il culto del vostro padre Abramo. Egli vi ha chiamato musulmani nella precedente e in questa rivelazione. Che il Profeta possa essere un testimone per voi e voi possiate essere testimoni per l'umanità! Stabilite preghiere regolari, fate la carità in modo costante e mantenetevi vicini a Dio! Egli è il vostro protettore, il migliore patrono ed il migliore aiuto!

---

[25] In arabo *Munkar*, termine che indica rispettivamente: 1-Il rifiuto di accettare qualcosa che viene offerto, 2-La negazione di qualcosa affermato, 3-Sentimento di disapprovazione e di disgusto.

[26] Sia in questa vita che nell'Altra.

XXIII

Sura Al-Mū'minūn

(I credenti)

Rivelata alla Mecca

Nel nome di Dio, il Clemente, il Misericordioso

1-In verità, i credenti prospereranno[1],
2-quelli che si fanno umili[2] nelle loro preghiere,
3-che evitano discorsi vani,
4-che sono attivi in opere di carità,
5-che proteggono la loro castità,
6-eccetto che con coloro con cui sono legati da vincoli matrimoniali o le cui destre posseggono. In questo caso saranno liberi dal rimprovero.
7-Quanti desiderano non rispettare i limiti sono i trasgressori,
8-mentre quanti fedelmente osservano ciò che è stato loro affidato, mantengono i patti
9-ed osservano la preghiera[3].
10-saranno gli eredi[4]:
11-erediteranno il Paradiso, dove dimoreranno per sempre.
12-Abbiamo creato l'uomo dall'essenza dell'argilla,
13-poi lo abbiamo posto come una goccia di sperma in un luogo di riposo, stabilmente fissato.
14-Poi abbiamo trasformato l'ovulo fecondato in un'aderenza somigliante ad una sanguisuga. Di quest'aderenza abbiamo fatto un

---

[1] In arabo *Aflaha*, traducibile come "vincere", "prosperare", "conseguire i propri obiettivi", "liberarsi dal male".

[2] L'umiltà nella preghiera implica: 1-La consapevolezza della propria debolezza davanti a Dio, 2-La consapevolezza di aver bisogno della Sua grazia e del Suo perdono.

[3] In questo e nei versetti precedenti sono indicati i sette elementi principali della fede: 1-Umiltà, 2-Mancanza di vanità, 3-Carità, 4-Purezza in ambito sessuale, 5-Onestà, 6-Osservanza dei patti, 7-Desiderio di avvicinarsi a Dio.

[4] Cfr. 21:105 dove si afferma che i giusti erediteranno la terra.

nodulo, somigliante ad un pezzo di carne masticata, da cui creiamo le ossa, che poi rivestiamo di carne e lo facciamo sviluppare in un'altra creatura. Sia benedetto Dio, il migliore dei creatori!

15-Dopo, alla fine, dovrete morire.

16-Di nuovo, nel Giorno del Giudizio, sarete resuscitati.

17-Abbiamo posto, al di sopra di voi, sette orbite[5] celesti. Non siamo mai immemori della Nostra creazione.

18-Facciamo scendere la pioggia dal cielo secondo la misura necessaria e facciamo sì che penetri nel terreno, anche se abbiamo il potere di ritirarla.

19-Attraverso di essa facciamo crescere giardini di palme e vigne, dove crescono frutti in abbondanza, di cui vi nutrite e da cui traete beneficio.

20-E anche un albero che sorge dal Monte Sinai[6], che produce olio e una sansa che utilizzano come cibo.

21-Anche negli armenti vi è una lezione[7] per voi. All'interno dei loro corpi produciamo il latte. E in loro vi sono molti altri benefici per voi. Vi cibate della loro carne

22-e cavalcate su di loro, così come navigate sulle navi.

23-Abbiamo inviato Noè al suo popolo[8] che disse: "O popolo mio, adorate Dio! Non avete altro dio che Lui. Non Lo temete forse?"

24-Però i capi, che erano tra coloro che respingono la fede, dissero: "Non è altro che un uomo come noi. Desidera solo stabilire una superiorità su di noi. Se Dio avesse voluto inviare dei messaggeri, sicuramente avrebbe mandato degli angeli. Non abbiamo mai udito nulla di simile dai nostri antenati".

25-Alcuni dissero: "È solo un uomo posseduto. Aspettiamo e [siamo pazienti] con lui per un poco. Vediamo che cosa gli accadrà".

26-Noè disse: "O Signore mio, aiutami perché mi accusano di pronunciare falsità!"

27-Così lo abbiamo ispirato con questo messaggio: "Costruisci l'Arca sotto il Nostro sguardo e secondo la Nostra guida. Quando ti giungerà

---

[5] In arabo *Tarāiq*, traducibile come "tratto", "strada" ed "orbita".

[6] Cfr. 95:1-3, dove il fico, l'olivo, il monte Sinai e la Mecca sono menzionati insieme. Cfr. 24:35, dove l'olivo è definito "albero benedetto".

[7] In arabo *'Ibrat*, la cui radice significa "interpretare, spiegare o istruire". Cfr. 12:43, 16:66, 3:13, 36:71-73.

[8] Ossia ai suoi contemporanei.

il Nostro comando e quando sgorgheranno le fontane della terra[9], carica su di essa una coppia di ogni specie animale e la tua famiglia, eccetto coloro contro i quali è stata pronunciata la sentenza e non Mi invocare a favore dei malvagi perché saranno annegati nell'inondazione.

28-Quando ti sei imbarcato[10] sull'arca -tu e quanti sono con te- di': 'Sia lode a Dio, Che ci ha salvato da coloro che commettono l'ingiustizia'.

29- Di': O mio Signore, permettermi di sbarcare con le tue benedizioni. Tu sei il solo che può consentirci di sbarcare ".

30-In ciò ci sono segni per uomini che comprendono. In questo modo mettiamo gli uomini alla prova.

31-Abbiamo fatto sorgere dopo di loro un'altra generazione.

32-Abbiamo inviato un messaggero del loro stesso popolo[11] dicendo: "Adorate Dio, non avete altro dio che Lui. Non Lo temete forse?"

33-Ed i loro capi, che non credevano e negavano di incontrarCi nell'Altra vita e ai quali abbiamo concesso i beni di questo mondo, dissero: "Non è niente altro che un uomo come noi. Mangia ciò che noi mangiamo e beve ciò che noi beviamo.

34-Se obbediamo ad un uomo come noi, certamente saremo perduti.

35-Non ci ha forse promesso che, quando moriremo e diventeremo polvere ed ossa, saremo risorti a nuova vita?

36-Ciò che ci è stato promesso è in verità molto lontano!

37-Non vi è nulla tranne la vita in questo mondo! Viviamo e moriamo! Non saremo mai resuscitati!

38-Egli è solo un uomo che inventa una menzogna contro Dio, ma noi non gli crederemo!"

39-Il profeta disse: "O mio Signore, aiutami perché mi accusano di falsità!"

40-Dio ha affermato: "Tra un poco si dispiaceranno!"

41-Poi li colpì il cataclisma secondo giustizia e li rendemmo come foglie secche[12]. Allontanatevi con coloro che hanno commesso l'ingiustizia!

---

[9] In arabo *Tannūr*. Cfr. 11:40.

[10] In arabo *Istawā*. Cfr. 10:3.

[11] Ci si riferisce in termini generali ai profeti inviati a Dio in epoca post-diluvio.

[12] In arabo *Guthāun*, traducibile come "mucchio di foglie secche" o "schiuma che scorre in un torrente".

42-Abbiamo fatto sorgere dopo di loro un'altra generazione.

43-Nessun popolo può avvicinare il proprio termine e nemmeno può allontanarlo.

44-Abbiamo inviato i Nostri messaggeri in successione. Ogni volta che un messaggero fu inviato alla sua gente, lo accusarono di falsità. Li abbiamo fatti seguire gli uni con gli altri nella punizione, fino a quando non sono divenuti materia di semplici racconti. Allontanatevi con coloro che mancano di fede!

45-Poi abbiamo inviato Mosè con suo fratello Aronne con i Nostri segni ed un'autorità manifesta

46-al Faraone ed ai suoi capi, persone insolenti ed arroganti.

47-Dissero: "Dovremmo credere in due uomini come noi, mentre il loro popolo si trova in nostro potere?"

48-Così li accusarono di falsità e furono tra coloro che andarono incontro alla distruzione.

49-Abbiamo dato a Mosè il Libro, al fine che possano ricevere la guida.

50-Abbiamo reso il figlio di Maria e sua madre un segno. Abbiamo dato loro un riparo su un luogo elevato, ricco di corsi d'acqua, in pace e sicurezza.

51- [Dio disse]: "O profeti, godete di tutto ciò che è buono e puro e fate opere di bene. Io sono ben consapevole delle vostre azioni.

52-In verità, questa comunità è una sola comunità ed Io sono il vostro Signore. TemeteMi dunque".

53-I popoli [vostri seguaci] però hanno infranto la loro unità e si sono divisi in sette. Ognuna di esse gode di ciò che possiede[13].

54-Però, lasciali per un poco nella loro confusa ignoranza.

55-Pensano forse che, dal momento che abbiamo concesso loro abbondanza di ricchezza e di figli,

56-ci affretteremo a concedere loro tutti gli altri beni? No! Non comprendono.

57-Coloro che vivono nella consapevolezza e nel timore del loro Signore,

58-coloro che credono nei messaggi del loro Signore;

59-coloro che non attribuiscono la divinità a nessun altro che a Dio,

---

[13] Coloro che hanno cominciato a parlare in nome dei loro profeti, hanno infranto l'unità della comunità umana ed hanno fondato delle sette che si rallegrano della conservazione della loro dottrina limitata.

60-coloro che fanno la carità con il cuore pieno di timore perché torneranno dal loro Signore

61-si affrettano a compiere opere buone e saranno i primi a raggiungerle.

62-Non poniamo su nessuna anima un peso più grande di quello che può portare. Davanti a Noi c'è uno scritto che riporta il vero con chiarezza. Non subiranno mai alcuna ingiustizia.

63-I loro cuori però si trovano in una confusa ignoranza. Così compiono azioni ancora peggiori,

64-fino a quando puniremo coloro che hanno ricevuto i beni di questo mondo. Allora gemeranno supplicanti!

65- "Non gemete supplicanti questo giorno! Non riceverete certamente da Noi alcun aiuto.

66-Vi sono stati recati i Miei segni, ma eravate soliti voltarvi indietro

67-con arroganza, affermando sul Corano menzogne, come qualcuno che narra delle favole di notte"[14].

68-Non riflettono sulla parola di Dio o è forse giunto loro qualcosa che non era mai pervenuto ai loro antenati?

69-O non riconoscono il loro Messaggero? Perché mai non lo riconoscono?

70-O dicono: "È posseduto?" No, Egli ha portato loro il vero, ma la maggior parte odia la verità.

71-Se la verità fosse stata in accordo con i loro desideri, invero i cieli e la terra e tutto ciò che contengono si sarebbero trovati nella confusione e nella corruzione! No, Noi abbiamo inviato loro il Nostro monito, ma si sono voltati indietro.

72-O forse hai domandato loro qualche ricompensa? La ricompensa del tuo Signore è la migliore. Egli è il migliore di coloro che concedono il sostentamento.

73-In verità, li hai chiamati sulla retta via.

74-In verità, coloro che non credono nell'Altra vita, hanno deviato dalla via.

---

[14] In arabo *Sāmir*, traducibile come "qualcuno che rimane sveglio di notte" o "qualcuno che trascorre la notte in chiacchiere o nella recitazione di storie o leggende". Questo era uno dei passatempi favoriti degli arabi dell'era pre-islamica.

75-Se avessimo pietà e rimuovessimo la sofferenza che li opprime[15], ostinatamente persisterebbero nella loro trasgressione, passando da distrazione in distrazione.

76-Abbiamo inflitto loro una punizione[16], ma non si sono umiliati davanti al loro Signore e non si sono nemmeno mostrati sottomessi.

77-Quando apriremo per loro una porta che conduce ad una punizione severa, cadranno nella disperazione.

78-Egli è Colui che ha creato per voi le facoltà dell'udito, della vista, del sentimento e della comprensione. Eppure, quanto poco siete riconoscenti.

79-Egli vi ha moltiplicati sulla terra e sarete a Lui ricondotti.

80-Egli è Colui che dona la vita e la morte. A Lui si deve l'alternanza tra il giorno e la notte. Non comprendete dunque?

81-Al contrario dicono cose simili a quelle che affermano gli antichi.

82-Dicono: "Cosa? Quando moriremo e diventeremo polvere ed ossa, saremo di nuovo resuscitati a nuova vita?

83-Questo è stato promesso a noi e ad i nostri padri! Non sono altro che favole degli antichi!".

84-Di': "A chi appartiene la terra e tutto ciò che contiene? Ditelo, se lo sapete!"

85-Risponderanno: "A Dio!" Di': "E ancora non accettate il Monito?"

86-Di': "Chi è il Signore dei sette cieli e il Signore del Trono Supremo?"

87-Diranno: "Appartengono a Dio". Di': "Non sarete, quindi, memori di Lui?"

88-Di': "Chi è Colui nelle cui mani è detenuto il governo di tutte le cose, Colui che tutto protegge, ma non è protetto da nessuna cosa? Ditelo, se lo sapete".

89-Diranno: "Appartengono a Dio." Di': "Allora perché vi lasciate ingannare?"

90-Abbiamo inviato loro la verità, ma pronunciano menzogne!

---

[15] Ci si riferisce ad una violenta carestia che afflisse la Mecca e che venne attribuita dai miscredenti alla presenza del Profeta (pbsl) ed alla sua predicazione contro le loro divinità pagane. In accordo con quanto affermato da Ibn Kathīr, la carestia cui si allude nel versetto si verificò nel ottavo anno della missione del Profeta (pbsl) alla Mecca, circa quattro anni prima dell'*Hijrah*.

[16] Il riferimento è di ordine generale. Secondo alcuni commentatori invece ci si riferisce alla battaglia di Badr. Costoro collocano questo versetto nel periodo di Medina.

91-Dio non ha generato un figlio, né c'è un altro dio insieme a Lui. Se ci fossero molti dei, ognuno di loro avrebbe portato via ciò che aveva creato e alcuni avrebbero cercato di prevaricare sugli altri! Sia gloria a Dio! Egli è libero da tutto ciò che Gli attribuiscono!

92-Egli conosce ciò che è nascosto e ciò che è manifesto. Egli è superiore a coloro che Gli attribuiscono.

93-Di': "O mio Signore, se stai per mostrarmi ciò che hai loro promesso[17],

94-allora, o mio Signore, non pormi tra coloro che compiono l'ingiustizia".

95-Siamo certamente capaci di mostrarti ciò contro cui sono avvertiti.

96-Respingete il male con ciò che è migliore. Noi sappiamo bene tutto ciò che affermano.

97-E di': "O mio Signore, mi rifugio in Te dalle mormorazioni del Maligno.

98-Cerco rifugio in Te, o mio Signore! Che non possano avvicinarsi a me".

99-Quando la morte giungerà ad uno di loro, egli dirà: "O mio Signore, fammi vivere di nuovo,

100-al fine che io possa compiere le opere buone che ho trascurato". "Non è possibile! Ciò che afferma sono solo parole. Davanti a loro è posta una barriera[18] fino al giorno in cui saranno resuscitati.

101-Allora, quando sarà suonata la tromba, non ci saranno più relazioni tra loro quel giorno, e nessuno si occuperà dell'altro.

102-Allora coloro il cui peso delle buone azioni è pesante, raggiungeranno la salvezza.

103-Coloro il cui peso è invece leggero, avranno perduto le anime loro. L'Inferno sarà la loro dimora.

104-Il Fuoco brucerà i loro volti e loro gemeranno con le labbra contorte dal dolore.

---

[17] Questo versetto si riferisce prima di tutto al Profeta (pbsl), la cui *Hijrah* a Medina e la successiva conquista della Mecca, provano la veridicità ed il successo della sua missione. In senso generale però il messaggio di questo versetto indica che coloro che commettono il male andranno incontro ad una punizione terribile.

[18] In arabo *Barzakh*, traducibile come "barriera" o "partizione". Nell'ambito della rivelazione coranica con questo termine s'intende un luogo o una condizione in cui le anime si troveranno dopo la morte e prima del giudizio. Cfr. 25:53, 55:20.

105- "Non vi sono forse stati inviati i Miei segni e li avete trattati solo come falsità?"

106-Diranno: "Signor nostro, la nostra sfortuna ci ha sopraffatto e ci siamo perduti!

107-O Signore nostro, tiraci fuori di qui. Se ritornassimo al male, saremo invero dei malvagi!"

108-Egli dirà: "Che siate trascinati nell'Inferno [con ignominia]! Non rivolgetevi a Me!"

109- "C'è stata una parte dei Miei servi che era solita pregare: "Signore nostro, crediamo. Perdonaci e abbi misericordia di noi. Tu sei il Migliore di coloro che mostrano misericordia!"

110-Però li avete scherniti così tanto che, mentre ridevate di loro, avete dimenticato il Mio messaggio.

111-Oggi li ho ricompensati per la loro pazienza e la loro costanza. Costoro hanno meritato il successo.

112-Egli dirà[19]: "Quanti giorni avete trascorso sulla Terra?"

113-Diranno: "Siamo rimasti per un giorno o per parte di un giorno. Domanda a coloro che hanno tenuto il contro [dei giorni trascorsi sulla terra]".

114-Egli dirà: "Non siete rimasti che per poco tempo. Se solo lo aveste saputo!"

115-Pensavate forse che vi avessimo creato per gioco e che non sareste stati ricondotti a Noi?"

116-Che sia esaltato Dio, il vero Re. Non c'è altro dio oltre Lui. Il Signore del Trono dell'Onore!"

117-Se qualcuno invoca, oltre a Dio, ogni altro dio, senza averne alcuna autorità, sarà giudicato presso il suo Signore! E, in verità, i miscredenti non raggiungeranno mai una condizione di prosperità!

118-Di': "O mio Signore! Garantiscici il perdono e la misericordia! Tu sei il migliore di coloro che mostrano misericordia!"

---

[19] La *Kūfa Qirāat* legge *"Qāla"*, ossia la forma futura. La *Kūfa Basra* legge invece *"Qul"*, ossia la forma imperativa. La differenza si trova unicamente nella costruzione grammaticale. Cfr. 21:4.

XXIV

Sura An-Nūr

(La luce)

Rivelata a Medina

Nel nome di Dio, il Clemente, il Misericordioso

1- [Questa è] una sura che abbiamo inviato ed ordinato in modo chiaro. In essa abbiamo mostrato segni espliciti, al fine che possiate prestare ascolto.
2-La donna e l'uomo, che si sono macchiati del peccato dell'adulterio e della fornicazione[1], devono essere puniti con cento colpi di frusta. Che nel loro caso tu non sia mosso da compassione che ti impedisce di obbedire alla legge di Dio, se credi in Lui e nell'ultimo giorno. Che un gruppo di credenti siano testimoni della loro punizione.
3-Che un uomo, che si è macchiato della colpa dell'adulterio o della fornicazione, sposi o una donna che si è macchiata della medesima colpa, o una miscredente. Che solo una donna di questo tipo o una miscredente lo sposino. Questo è proibito per i credenti[2].
4-Coloro che sollevano un'accusa contro donne caste e non producono quattro testimoni [a sostegno della loro accusa] devono essere puniti con ottanta frustrate e la loro testimonianza dovrà essere rifiutata nei casi successivi. Costoro sono degli evidenti trasgressori,
5-a meno che dopo non si pentano[3] e mutino la loro condotta. Dio è Perdonatore, Misericordioso.

---

[1] In arabo *Zinā*. Questo termine si applica al rapporto sessuale tra due persone non coniugate ed include sia l'adulterio che la fornicazione.
[2] L'Islam comanda la purezza sessuale sia per gli uomini che per le donne prima della vita matrimoniale, durante quest'ultima e nel periodo successivo al dissolvimento del legame matrimoniale sia in seguito al divorzio che alla morte di uno dei coniugi.
[3] Secondo alcuni commentatori il diritto civile alla testimonianza è restituito al calunniatore qualora si penta. Secondo Abū Hanīfa, invece, la pena e la privazione del suddetto diritto civile permangono, anche in seguito all'espressione di pentimento.

6-Coloro che sollevano un'accusa contro le loro spose e non portano a supporto alcuna testimonianza, tranne la loro, quest'ultima sarà accettata se testimoniano quattro volte, nel nome di Dio, che stanno solennemente affermando il vero.

7-Nel quinto giuramento devono invocare su se stessi la maledizione divina, se dicono il falso.

8-La punizione sarà rimossa dalla moglie, se testimonia quattro volte, nel nome di Dio, che suo marito ha raccontato una menzogna.

9-Nel quinto giuramento dovrà invocare su se stessa l'ira di Dio, se il suo accusatore afferma il vero.

10-Se non fosse stato per la grazia e la misericordia di Dio, Colui che accetta il pentimento ed il Saggio, [sareste invero incorsi nella rovina].

11-C'è un gruppo tra di voi che diffonde calunnie[4]. Non pensate che ciò sia stato un male per voi. Al contrario, è un bene. Saranno puniti per il peccato di cui si sono macchiati. Colui, che ha dato origine alla menzogna, sarà degno di una grave punizione.

12-Perché mai i credenti -uomini e donne[5]- quando hanno udito dell'accusa, non hanno pensato il meglio gli uni degli altri, dicendo: "Questa è chiaramente una menzogna?"

13-Perché non hanno portato quattro testimoni a sostegno della loro accusa? Se non portano quattro testimoni, questi uomini sono loro stessi dei bugiardi davanti a Dio.

---

[4] In questo versetto ci si riferisce a quanto accadde nella marcia di ritorno dalla spedizione presso i Banū Mustaliq nel 5-6 a.H. In quell'occasione, quando l'esercito riprese la sua marcia diretto di nuovo a Medina, Āishah rimase indietro, in quanto si allontanò per cercare un prezioso monile che aveva perduto nella sabbia. Quando sollevarono il suo *palaquin* velato, non si resero conto della sua assenza. Se ne accorsero solo quanto si fermarono per la sosta successiva. Quando scese la notte, Āishah rimase nel luogo in cui si erano accampati precedentemente e si addormentò. La mattina seguente fu trovata da Safwān, un *Muhājir*, che era rimasto indietro per raccogliere quanto poteva essere stato dimenticato nel campo. Quando trovò Āishah, la scortò a Medina e questo episodio diede agli ipocriti, capeggiati da 'Abdullāh ibn Ubayy, l'occasione di diffondere una grave calunnia.

[5] La calunnia venne diffusa sia dagli uomini che dalle donne, che avrebbero dovuto pensare solo il bene di una donna della levatura di Āishah, la madre dei credenti e la sposa prediletta del Profeta Muhammad (pbsl).

14-Se non fosse stato per la grazia e la misericordia di Dio in questa vita e nell'Altra, una terribile punizione vi avrebbe colti come risultato del vostro indulgere nella calunnia[6].

15-Avete ricevuto sulle vostre lingue e proferito con le vostre bocche cose di cui non avete conoscenza. Pensavate che fosse qualcosa di nessun conto, invece è una questione molto seria davanti a Dio[7].

16-Perché non avete detto, quando avete udito l'accusa: "Non è giusto da parte nostra parlare di ciò. Sia gloria a Te[8], o Dio. Questa è una grave calunnia?"

17-Dio vi ammonisce, al fine che non ripetiate più una condotta simile, se siete credenti.

18-Dio rende i Segni chiari. Egli è pieno di conoscenza e saggezza.

19-Coloro che amano udire lo scandalo diffuso pubblicamente tra i credenti, saranno severamente puniti in questa vita e nell'Altra. Dio sa e voi non sapete.

20-Se non fosse stato per la grazia e la misericordia di Dio su di voi[9] e che Dio è pieno di gentilezza e misericordia, [sarete incorsi nella rovina].

21-O voi che credete, non seguite le orme di Satana. Se qualcuno seguisse le orme di Satana, egli gli comanderà solo ciò che è vergognoso e biasimevole. Se non fosse stato per la misericordia e la grazia di Dio su di voi, nessuno sarebbe stato purificato. Dio concede la purezza a chi vuole. Egli è Colui che ode e conosce tutte le cose.

---

[6] Attraverso la misericordia divina la comunità fu salvata da una serie di negative conseguenze derivanti alla diffusione della calunnia. La saggia condotta del Profeta (pbsl) in questo caso evitò qualsiasi forma di estraniamento da coloro che gli erano più vicini. Coloro che si erano lasciati influenzare dalla calunnia furono in seguito perdonati al fine che la comunità non fosse lacerata dai dubbi e dal rancore.

[7] In questo versetto sono presenti tre distinti ma correlati insegnamenti spirituali: 1-Se qualcuno proferisce una parola malvagia, il credente non deve lasciarsi influenzare da essa, rispondendo al medesimo modo, 2-Ci si deve astenere pubblicamente dall'esprimere un pensiero o un sospetto qualora non si abbiano prove che ne certifichino la veridicità; 3-Macchiarsi di una calunnia è un grave peccato agli occhi di Dio.

[8] In arabo *Subhānaka* che indica un'esclamazione di sorpresa e di diniego.

[9] Nel contesto di questa sura quest'espressione è utilizzata in altri tre passaggi in riferimento alle seguenti situazioni: 1-In relazione all'accusa di adulterio all'interno del vincolo matrimoniale (Cfr. 24:10), 2-In relazione alla diffusione di calunnie ingiustificate all'interno della comunità (Cfr. 24:14), 3-In relazione alla conservazione della purezza nel pensiero e nell'azione. In questo versetto indica invece la protezione che Dio accorda ai credenti contro i piani dei malvagi che vorrebbero vedere la loro caduta.

22-Che coloro che tra di voi hanno ricevuto la grazia e l'ampiezza di mezzi[10], non decidano mediante giuramento di non aiutare i loro parenti, coloro che si trovano nel bisogno e che hanno lasciato le proprie case per amore di Dio. Che perdonino e guardino oltre. Non desiderate forse che Dio vi perdoni? Egli è Perdonatore, Misericordioso.

23-Coloro che calunniano donne caste, indiscrete ma credenti, sono maledetti in questa vita e nell'Altra. Per costoro è in serbo un castigo doloroso.

24-Nel giorno in cui le loro lingue, le loro mani e i loro piedi testimonieranno contro di loro per le azioni che hanno compiuto.

25-Quel giorno Dio darà loro quanto hanno guadagnato. Allora comprenderanno che Dio è verità che illumina [rende manifesta ogni cosa].

26-Donne impure sono per uomini impuri e uomini impuri per donne impure. Donne pure per uomini puri e uomini puri per donne pure. Costoro sono innocenti di ciò che le persone affermano contro di loro. Per costoro c'è il perdono ed il migliore sostentamento.

27-O credenti non entrate nelle case altrui, senza aver prima chiesto permesso e aver salutato coloro che vi si trovano all'interno. Questa è la cosa migliore per voi, al fine che possiate ricordare i doveri che avete gli uni verso gli altri.

28-Se non trovate nessuno in casa, non entrate fino a quando non vi è stato dato il permesso. Se vi si chiede di tornare indietro, fatelo. Questo è meglio per la vostra purezza. Dio conosce tutte le vostre azioni.

29-Non commettete nessun peccato se entrate in edifici dove non abita nessuno, e che utilizzate in modo diverso. Dio ben conosce ciò che celate e ciò che rivelate.

30-Dite ai credenti[11] di abbassare lo sguardo e proteggere la loro modestia. Questo sarà meglio per la loro purezza. Dio ben conosce le loro azioni.

---

[10] Il riferimento immediato di questo versetto è diretto al padre di Āishah, Abū Bakr. Costui era solito supportare economicamente uno dei suoi cugini, un certo Mistah, che aveva contribuito a diffondere la calunnia contro la madre dei credenti. L'etica islamica insegna al credente a perdonare ed a dimenticare nell'interesse dell'unità della comunità nella sua interezza.

[11] L'invito alla modestia in ambito sessuale e nel rapporto tra i sessi è un insegnamento e comando rivolto sia agli uomini che alle donne.

31-Dite alle credenti di abbassare lo sguardo, proteggere la loro modestia, e di non mostrare la loro bellezza[12] e i loro ornamenti, eccetto quelli che ordinariamente vengono mostrati. Devono anche coprire con i loro veli il petto e non mostrare la propria bellezza eccetto che ai loro mariti, ai loro padri, ai loro suoceri, ai loro figli, ai figli dei loro mariti, ai loro fratelli o ai figli dei loro fratelli, o ai figli della loro sorella, alle loro donne, agli schiavi e ai servi maschi, privi di bisogni sessuali e a bambini piccoli che non provano la vergogna sessuale. E che non scuotano i piedi al fine di mostrare gli ornamenti nascosti. O credenti, volgetevi verso Dio in pentimento. Che possiate ottenere il successo e la benedizione[13].

32-Sposate coloro che tra di voi sono nubili[14] o celibi, o tra gli schiavi e le schiave virtuose[15]. Se si trovano nella povertà, Dio concederà loro mezzi attraverso la Sua grazia. Dio abbraccia e conosce ogni cosa.

33-Quanti non posseggono i mezzi per contrarre matrimonio[16], si mantengano casti fino a quando Dio non darà loro i mezzi attraverso la Sua grazia. Se uno dei vostri schiavi desidera la manomissione[17], concedetegliela se sapete che in loro si trova qualcosa di buono. Date voi stessi loro qualcosa attraverso i mezzi che Dio vi ha concesso. Non spingete però le vostre schiave alla prostituzione se desiderano contrarre matrimonio, affinché possiate guadagnare qualcosa dei beni di questo mondo[18]. Se qualcuno però le costringe, a causa della costrizione, Dio è Perdonatore e Misericordioso [verso di loro].

---

[12] In arabo *Zinā*. Questo termine indica sia la bellezza naturale che gli ornamenti utilizzati per accrescerla o per sottolineare alcuni aspetti fisici particolari. Cfr. 33:59.

[13] L'Islam insegna al credente a curarsi in modo particolare del proprio benessere spirituale attraverso un modo corretto di gestire la vita sociale, domestica ed individuale.

[14] In arabo *Ayāmā* (plurale di *Aiyim*). Questo termine indica qualcuno che non è stretto da alcun vincolo matrimoniale, sia che non sia mai stato sposato, che sia vedovo o divorziato.

[15] Il contratto matrimoniale con una persona libera implica sia per lo schiavo che per la schiava il conseguimento della libertà.

[16] In occasione del matrimonio, secondo la legge islamica, l'uomo è chiamato a pagare una dote alla donna. Qualora non sia nella condizione di farlo, gli è consigliato di mantenersi casto.

[17] L'Islam concedeva allo schiavo il diritto di comprare il proprio affrancamento attraverso una somma prestabilita. Per questo motivo allo schiavo doveva essere consentito di lavorare per guadagnare il denaro necessario per acquistare la propria libertà e lo stesso padrone è invitato a condividere con lui una parte della sua ricchezza al fine di favorire il suo affrancamento.

[18] Il riferimento è diretto ad 'Abdullāh ibn Ubayy, il capo degli ipocriti di Medina.

34-Vi abbiamo già inviato dei versetti che rendono le cose chiare, degli esempi tratti dalla vita di quanti vi hanno preceduto e un'ammonizione per coloro che temono Dio.

35-Dio è la luce dei cieli e della terra. L'immagine della Sua luce è quella di una nicchia, dentro la quale si trova una lampada. La lampada è chiusa in un vetro[19] come una stella brillante[20]. La lampada è accesa da un albero benedetto, un albero di ulivo che non viene né da oriente né da occidente[21]. L'olio è così luminoso che il fuoco riesce a lambirlo appena. Luce su luce! Dio guida chi vuole alla Sua luce. Dio propone delle parabole agli uomini. Egli è l'Onnisciente.

36- [E si trova questa luce] nelle case di preghiera, che Dio ha permesso di costruire[22] cosicché il Suo nome possa essere ricordato e glorificato al mattino e alla sera

37-da uomini che né il commercio né i bisogni quotidiani possono distogliere dal ricordo[23] di Dio, né dalla preghiera, né dalla pratica della regolare carità. Il loro unico timore[24] è quello del giorno in cui gli orecchi e gli occhi saranno trasformati.

---

[19] Nel presente versetto sono impiegate le tre immagini della nicchia, della lampada e del vetro. Con il termine nicchia (in arabo *Mishkāt-ul-Anwār*) s'intende un piccolo recesso nel muro delle case orientali in cui, prima dell'avvento dell'elettricità, veniva collocata una luce. La nicchia era di forma semicircolare e dipinta di bianco in modo da riflettere e catalizzare la luce in tutta la stanza. Allo stesso modo, la luce spirituale è posta al di sopra delle cose terrene e si trova nella rivelazione e nei segni di Dio sparsi nel creato. Vi si accede però solo attraverso la fede. 2-La lampada è il cuore della luce spirituale, in quanto la nicchia esiste proprio per accoglierla. 3-Il vetro è il mezzo trasparente attraverso cui passa la luce, che viene attualmente protetta e conservata da questo materiale. Allo stesso modo, nella vita spirituale deve essere filtrata attraverso il linguaggio al fine di poter essere resa intelligibile agli esseri umani.

[20] Il vetro non brilla di luce propria. Gli uomini veritieri, quando diffondono la luce di Dio, divengono illuminati dalla luce divina, divenendo il mezzo della sua diffusione presso tutta l'umanità.

[21] È il simbolo della completa ed universale luce divina.

[22] Alcuni commentatori ritengono che il riferimento sia diretto alla *Ka'ba* posta presso la Mecca, o alla moschea di Medina o Gerusalemme. In generale può indicare però anche tutti i luoghi in cui Dio è adorato e venerato in maniera pura.

[23] Il ricordo di Dio indica un atto più ampio della stessa preghiera ed include la preghiera silenziosa e l'attivo servizio reso a Dio ed alle Sue creature.

[24] Alcuni commentatori ritengono che in questo passo del versetto ci si riferisca al terrore provato nel Giorno del Giudizio. Potrebbe comunque avere un significato più ampio, ossia il timore e la riverenza che si accompagnano all'amore che il credente nutre verso Dio.

38-Che Dio possa ricompensarli secondo le loro azioni migliori e che possa aggiungere per loro anche di più dalla Sua grazia. Dio provvede per chi vuole senza misura.

39-Per quanto riguarda invece i miscredenti, le loro opere sono come un miraggio[25] nel deserto sabbioso che l'uomo, arso dalla sete, scambia per acqua. Quando però si avvicina, scopre che non vi è nulla, ma trova Dio con lui ed Egli gli darà quanto gli spetta. Dio è veloce nel calcolo.

40-La condizione dei miscredenti può essere paragonata alla profondità dell'oscurità in un oceano vasto, oscurato da onde che si sovrappongono ad onde, coperto da nere nuvole, profondità della tenebra, una su l'altra. Se un uomo allunga la mano, può appena vederla. Per colui, a cui Dio non concede alcuna luce, non c'è luce alcuna.

41-Non vedete che la gloria illimitata di Dio viene celebrata nei cieli e sulla terra e dagli uccelli del cielo con le ali spiegate? Ognuno di loro conosce il modo di pregarLo e di lodarLo. Dio conosce bene tutte le loro azioni.

42-A Dio appartiene il dominio dei cieli e della terra. A Lui tutto ritorna.

43-Non vedete che Dio fa muovere lentamente le nuvole, poi le unisce e poi le ammassa? Poi vedete cadere la pioggia. Lui invia dal cielo masse di nuvole, dove c'è la grandine. Egli colpisce con essa chi vuole e la allontana da chi desidera. Il lampo vivo della Sua luce acceca la vista.

44-È Dio che alterna la notte e il giorno. In verità, in queste cose c'è un esempio per coloro che sono capaci di vedere.

45-Dio ha creato ogni essere vivente dall'acqua[26]. Tra di loro ve ne sono alcuni che strisciano sul proprio ventre, altri che camminano su due zampe ed altri ancora che camminano su quattro. Dio crea ciò che vuole. In verità, Dio detiene il potere su tutte le cose.

46-Abbiamo già inviato dei segni per rendere ogni cosa manifesta. Dio guida chi vuole sulla retta via.

---

[25] Il miraggio è qui un simbolo dell'inganno del male che allontana il credente dalla verità e da Dio attraverso la sua falsa luce.

[26] La zoologia insegna che il protoplasma, che è alla base di tutta la materia vivente, dipende dalla costante presenza di acqua. Cfr. 21:30.

47-Costoro dicono: "Crediamo in Dio e nel Profeta e obbediamo", ma dopo di ciò alcuni di loro si volgono indietro. Costoro non sono dei veri credenti.

48-Quando sono convocati da Dio e dal Suo Profeta, al fine che Egli possa giudicarli, alcuni di loro evitano di presentarsi.

49-Però, se pensano che la ragione sia dalla loro parte[27], si sottomettono completamente a lui [Profeta] in obbedienza.

50-C'è forse una malattia nei loro cuori? Dubitano o hanno timore che Dio e il Suo Profeta si comporteranno con loro ingiustamente? No, sono loro che commettono ingiustizia.

51-La risposta dei credenti, quando vengono convocati da Dio e dal Suo Profeta al fine che possa giudicarli, non è altro che questa. Affermano: "Ascoltiamo e ubbidiamo". Costoro raggiungeranno la felicità.

52-Alla fine sarà vincitore colui che obbedisce a Dio e al Suo Messaggero, teme Dio e compie il bene.

53-Giurano solennemente che, se solo glielo comandassi, avanzerebbero [per la causa di Dio][28]. Di': "Non giurate. È più ragionevole l'obbedienza. In verità, Egli è ben al corrente di quello che fate".

54-Di': "Ubbidite a Dio e obbedite al Profeta". Però, se vi volgete indietro, egli è responsabile solo di quanto gli è stato assegnato, mentre voi siete responsabili per ciò che vi è stato affidato. Se obbedirete, sarete ben guidati. Il dovere del Profeta è solo quello di predicare il messaggio con chiarezza.

55-Dio ha promesso a coloro che credono e compiono opere di bene, che Egli concederà loro il potere sulla terra[29], così come ha fatto con coloro che li hanno preceduti; che stabilirà con fermezza la religione

---

[27] Gli ipocriti desideravano recarsi da un giudice pronto ad emettere un giudizio in loro favore. Per questa ragione andavano dal Profeta (pbsl) solo quando sapevano di avere ragione, in quanto ne conoscevano l'imparzialità. In caso contrario, invece, si rivolgevano ad un altro giudice, che avrebbe mostrato verso di loro favore e parzialità di giudizio.

[28] Anche in questo versetto il riferimento è diretto agli ipocriti di Medina.

[29] A coloro che hanno fede in Dio ed obbediscono alla legge divina vengono fatte le tre seguenti promesse: 1-Erediteranno il potere e l'autorità al fine che mantengano la legge, la giustizia ed il diritto e non per fini egoistici; 2-La religione di Dio sarà fermamente stabilita contro ogni forma di oppressione; 3-I giusti vivranno in pace e serenità senza subire alcuna forma di persecuzione.

scelta per loro; che muterà la loro condizione, dopo il timore[30] in cui sono vissuti, nella sicurezza e nella pace. Costoro adoreranno Me solo e non Mi assoceranno nessun altro. Se dopo di ciò, alcuni di loro negano la fede, sono ribelli e malvagi.

56-Stabilite preghiere regolari ed elargite regolari elemosine. Ubbidite al Profeta. Che possiate ricevere misericordia.

57-Non pensare che i negatori del vero possano sfuggire a Dio sulla terra. La loro dimora è il Fuoco. Questa è invero una dimora miserabile.

58- O credenti! Che i vostri servitori ed i bambini, che ancora non hanno raggiunto l'età dello sviluppo, domandino il vostro permesso prima di entrare in presenza vostra in tre occasioni: prima della preghiera del mattino, quando vi togliete gli abiti al caldo del mezzogiorno e dopo la preghiera della notte. Questi sono per voi tre momenti privati. Eccetto che in queste tre occasioni, non è peccato se vi occupate gli uni degli altri. Dio ha reso chiari per voi i segni. Dio è pieno di conoscenza e di saggezza.

59-Quando però i bambini raggiungono l'età dello sviluppo, devono chiedere permesso così come i ragazzi più grandi. Dio rende chiari i Suoi segni per voi. Dio è pieno di conoscenza e di saggezza.

60-Le donne di età avanzata, che ormai non necessitano più dell'unione matrimoniale, non commettono alcun peccato se tralasciano di indossare i loro veli, a condizione che non mostrino la loro bellezza in modo promiscuo. È meglio per loro però essere modeste. Dio vede e conosce ogni cosa.

61-Non c'è peccato nel cieco, in colui che è nato zoppo o in qualcuno che è affetto da una malattia[31] o in voi, se consumano un pasto nelle vostre stesse case, o in quelle dei vostri padri, o delle vostre madri, o dei vostri fratelli, o delle vostre sorelle, o dei fratelli di vostro padre, o delle sorelle di vostro padre, o dei fratelli o delle sorelle di vostra madre o delle case di cui possedete le chiavi, o nelle case di un vostro sincero amico. Non c'è nessun peccato se mangiate insieme o separatamente. Però, se entrate in una casa, salutatevi uno con l'altro

---

[30] Questo versetto venne rivelato al tempo della battaglia del fossato (*Khandaq*), chiamata anche la battaglia dei confederati (*al-Ahzāb*), nel 4-5 a.H. I musulmani a quel tempo vivevano nel terrore e nello sconforto a causa dell'assedio nemico. Cfr. 33:9-20.

[31] In questo versetto sono rifiutate una serie di superstizioni arabe quali: 1-Quella secondo cui le persone affette da un handicap o da una malattia grave fossero oggetto del dispiacere divino; 2-Era considerato inappropriato mangiare in casa dei parenti stretti.

con un saluto benedetto e santo così come viene comandato da Dio. Egli vi rende chiari i Suoi segni affinché possiate comprendere.

62-Sono credenti solo coloro che credono in Dio e nel Suo Profeta. Quando vi intrattenete con lui per una questione che riguarda tutta la comunità[32], non andatevene prima di avere domandato il permesso. Coloro che chiedono il permesso, credono in Dio e nel Suo Profeta. Quando quindi ti domandano di andare via, per occuparsi di una questione che li riguarda, dai il permesso a chi ritieni opportuno e domanda il perdono per loro a Dio. Egli è Perdonatore, Misericordioso.

63-Non rivolgetevi al Profeta nel modo in cui vi rivolgete gli uni agli altri. Egli conosce bene coloro che con una scusa si allontanano [dall'incontro con il Profeta]. Che coloro che resistono all'ordine del Profeta stiano attenti che non li colga una prova o gli venga inflitta una grave punizione.

64-Siate sicuri che a Dio appartiene ciò che si trova nei cieli e sulla terra. Egli ben conosce dove vi trovate e che cosa cercate. Un giorno sarete ricondotti a Lui e Lui vi dirà la verità di ciò che avete compiuto. Egli conosce ogni cosa.

---

[32] Ci si riferisce a delle questioni che riguardano la comunità nella sua totalità.

XXV

Sura Al-Furqān

(Il discrimine)

Rivelato alla Mecca, (tranne i versetti 68 e 70)

Nel nome di Dio, il Clemente, il Misericordioso

1-Sia benedetto[1] Colui Che ha inviato il Discrimine al Suo servo, affinché possa[2] essere di ammonizione a tutti i popoli,
2-Egli a Cui appartiene il dominio dei cieli e della terra, Che non si è preso un figlio e con Cui nessuno condivide il potere. Egli ha creato tutte le cose e ne ha determinato la natura.
3-Eppure Gli hanno associato dei che non possono creare nulla, ma solo loro stessi creati, idoli che non hanno la capacità né di nuocere né di beneficare se stessi. Non possono controllare né la morte, né la vita e nemmeno la resurrezione.
4-Coloro che respingono la fede dicono: "Questa [il Corano] è solo una menzogna[3] che lui stesso ha inventato con l'aiuto di altri". In realtà, costoro hanno pervertito la verità e hanno formulato solo falsità.
5-Dicono: "Favole degli antichi che lui stesso ha messo per iscritto e che gli vengono dettate al mattino e alla sera".
6-Di': "Il [Corano] è stato rivelato da Colui che conosce i misteri dei cieli e della terra. Egli è in verità Perdonatore, Misericordioso".

---

[1] In arabo *Tabāraka*. Il significato della radice di questo verbo è aumentare, accrescere, beneficare. Il verbo italiano "benedire" copre solo parzialmente alcuni dei suoi significati principali.

[2] Il pronome *Yakūna* potrebbe riferirsi rispettivamente al termine *Furqān* (criterio) ed al termine *'Abd* (servo) riferito al Profeta (pbsl). Comunque, in entrambi i casi il significato è il medesimo e si riferisce al fatto che il Corano costituisce il discrimine ultimo per distinguere ciò che è giusto da ciò che è sbagliato.

[3] In arabo *Ifk*. Questo termine, che è stato tradotto come "menzogna", deve essere distinto da *Zūr*, che invece è stato tradotto con "falsità". Il Profeta (pbsl) è stato accusato di aver proferito menzogne relativamente alla rivelazione divina ed al giudizio che attende ogni uomo. In realtà, nel versetto si ribadisce che l'accusa dei miscredenti è solo una delle tante falsità su cui si fonda la loro esistenza.

7-Dicono: "Che sorta di profeta è questo, che mangia del cibo e cammina per la strada? Perché non gli è stato inviato un angelo che possa ammonire insieme con lui[4]?

8-Perché non gli è stato concesso un tesoro? Perché non possiede un bellissimo giardino[5]?" Gli ingiusti affermano: "Non seguite altro che un uomo stregato".

9-Guarda quali esempi utilizzano per descriverti [o Profeta]! Però si sono smarriti e non saranno mai capaci di ritrovare la strada!

10-Sia benedetto Colui Che, se avesse voluto, avrebbe potuto darti qualcosa di migliore: giardini in cui scorrono ruscelli[6] e un palazzo sicuro in cui abitare.

11-Costoro negano l'Ora, ma Noi abbiamo preparato un Fuoco ardente per coloro che la negano.

12-Quando dovranno affrontarlo da lontano, udranno la sua furia e il suo sibilo[7].

13-Quando vi saranno gettati, legati insieme in uno spazio angusto, pregheranno di potersi completamente estinguere.

14-"Non pregate di estinguervi solo una volta. Domandate invece di morire molte volte".

15-Di': "È questo forse migliore o il Giardino eterno promesso a coloro che compiono il bene? Per costoro, questa è una ricompensa ed una destinazione[8].

16-Nel Giardino potranno avere tutto ciò che desiderano. Questa è una promessa vincolante del loro Signore".

---

[5] Letteralmente "da cui possa trarre sostentamento". Il termine arabo *Akala*, così come in 5:66, ha un significato comprensivo che indica tutti i tipi di godimento sia spirituale che materiale.

[6] Quest'espressione, che compare in molti versetti del Sacro Corano, esprime simbolicamente le benedizioni di cui gli eletti godranno in Paradiso. Se Dio avesse voluto, avrebbe impedito che il Profeta (pbsl) fosse oggetto di persecuzione da parte dei miscredenti. In questo caso però l'umanità non avrebbe potuto beneficare del suo esempio nei momenti di difficoltà.

[7] In arabo *Zafir*. Cfr. 11:106. Nel contesto di questo versetto il Fuoco è quasi personificato come se i dannati lo vedessero arrivare da lontano pronto al castigo.

[8] Il termine "ricompensa" in questo caso è utilizzato in senso improprio in quanto: 1- Le benedizioni di cui saranno degni i giusti saranno maggiori di quel che meritano, 2- La rettitudine deve essere considerata la ricompensa di se stessa.

17-Quel giorno li riunirà tutti insieme, e ci saranno anche coloro che venerano oltre a Dio. Sarà domandato loro: "Siete stati voi che avete fatto smarrire i Miei servi? O si sono smarriti dalla via da soli?"

18-Risponderanno: "Sia gloria a Te! È impossibile per noi scegliere come nostro Signore qualcuno oltre Te. Tu hai concesso a loro e ai loro padri i beni di questa vita. Hanno però dimenticato il messaggio, e sono divenuti un popolo indegno e perduto[9]".

19-Dio dirà: "Costoro hanno rifiutato voi e ciò che affermate. Ora non potrete scampare alla vostra punizione né ricevere aiuto alcuno. Faremo provare a chiunque di voi commette l'ingiustizia un doloroso castigo".

20- I profeti, che abbiamo inviato prima di te, erano tutti uomini che mangiavano del cibo e camminavano per le strade. Abbiamo reso alcuni di loro una prova per gli altri. Sarete pazienti e perseveranti? Dio è Colui che vede ogni cosa.

21-Coloro che non temono di incontrarCi [nel Giorno del Giudizio] dicono: "Perché non ci vengono inviati gli angeli e perché non possiamo vedere[10] il nostro [Signore]?" In realtà, costoro sono troppo orgogliosi di se stessi e l'insolenza della loro miscredenza è immensa.

22-Quel giorno -il giorno in cui vedranno gli angeli- i peccatori non avranno alcuna ragione di gioia. Gli angeli [a guardia delle porte del Paradiso] diranno: "Fermatevi! Restatene lontani".

23-Ci volteremo verso ognuna delle azioni che hanno compiuto [in questa vita] e le renderemo come sabbia che si disperde.

24-I compagni del Giardino invece saranno benedetti e troveranno riposo nel migliore dei luoghi.

25-Quel giorno il cielo sarà oscurato dalle nuvole e gli angeli inviati discenderanno in ranghi.

26-Quel giorno il dominio apparterrà completamente a Dio, il Misericordioso. Questo sarà un giorno di tremenda difficoltà per coloro che respingono la fede.

27-Quel giorno il malvagio si morderà le mani dicendo: "Avessi seguito la guida insieme al Profeta!

28-Non avessi mai scelto quel tale come amico!

---

[9] In arabo *Bur* che indica entrambi i significati.

[10] Gli ebrei dei tempi di Mosè domandarono di vedere Dio, ma quando alzarono lo sguardo vennero accecati da fulmini e saette. Se non fosse stato per la misericordia divina, sarebbero sicuramente andati incontro alla morte. Cfr. 2:55.

29- "Costui mi ha indotto a deviare dal messaggio di Dio, dopo che mi era stato inviato!" Satana è per l'uomo un traditore.

30-Allora il Profeta dirà: "O Signore, in verità alcuni tra il mio popolo[11] hanno reputato insensato questo Corano".

31-Noi abbiamo scelto per ogni profeta un nemico tra i peccatori. Il tuo Signore è però sufficiente come guida e come aiuto.

32-Coloro che respingono la fede affermano: "Perché il Corano non gli è stato rivelato tutto in una volta? [Il Corano è stato rivelato] in questo modo affinché possa fortificare[12] il tuo cuore e lo abbiamo fatto scendere in fasi ben organizzate e lente, gradualmente.

33-Ogni volta che costoro giungono da te con una domanda, ti comunicheremo la verità intera e la migliore spiegazione.

34-Coloro che saranno riuniti all'Inferno con i volti rivolti verso terra, si troveranno nel peggiore dei luoghi perché si sono allontanati sempre di più dalla via.

35-Abbiamo inviato il Libro a Mosè e abbiamo scelto suo fratello Aronne come aiuto[13].

36-Abbiamo comandato loro: "Andate entrambi da coloro che hanno rifiutato i Nostri segni". Li abbiamo poi condannati alla distruzione.

37-E il popolo di Noè. Quando hanno respinto i messaggeri, li abbiamo fatti annegare e li abbiamo resi un segno per le genti. Abbiamo preparato per gli ingiusti una gravosa punizione.

38-E anche gli Ad, i Thamud e i Compagni di Rass[14] e molte generazioni tra di loro.

---

[11] Il riferimento è diretto ai miscredenti Quraysh, che consideravano la rivelazione come un messaggio insensato da cui sarebbe stato opportuno liberarsi.

[12] Il compito di diffondere tra gli arabi l'Islam, che poi avrebbero avuto il compito di proclamare il messaggio al mondo intero, fu una prova di suprema pazienza per il Profeta (pbsl). Il Corano venne poi rivelato gradualmente ed in occasioni particolari per consentire ai primi musulmani di assimilare i suoi insegnamenti in modo corretto, al fine di conformare ad essi la loro intera esistenza.

[13] Cfr. 20:29. Nei versetti successivi vengono portati come esempi i profeti precedenti che, pur nella persecuzione, si mostrarono pazienti e perseveranti nella proclamazione del messaggio divino.

[14] I commentatori non esprimono un parere unanime rispetto all'identificazione della popolazione apostrofata mediante quest'espressione. Il significato della radice del termine "Rass" è quella di un vecchio pozzo o di un luogo di sepoltura. Con l'espressione "Compagni del Rass" ci si potrebbe riferire, secondo alcuni, al popolo di Madyan, cui venne inviato il profeta Shu'ayb. Il popolo di Madyan viene infatti menzionato in connessione con quello di Noè, degli Ad e dei Thamud in altri versetti

39- Ad ogni comunità abbiamo inviato parabole ed esempi; abbiamo condotto alla più completa distruzione ognuna di esse [per i peccati dei suoi membri].

40- E [i negatori del vero] devono essere passati accanto alla città su cui piovve una pioggia terribile[15]. Non l'hanno vista forse con i loro stessi occhi? Costoro però non attendono la resurrezione.

41- Quando ti vedono, non ti trattano se non con scherno: "È forse costui che Dio ha inviato come profeta?

42- Se noi non fossimo stati fedeli ai nostri dei, sicuramente egli ci avrebbe distolti da loro!" Presto sapranno, quando vedranno il castigo, chi li ha veramente distolti dalla via[16].

43- Non vedi colui che si sceglie come dio la propria stessa passione? Puoi forse essere responsabile per lui?

44- O forse pensi che la maggior parte di loro ascolti e comprenda? Assomigliano alle mandrie di bestiame; sono sempre più lontani dalla via.

45- Non hai forse rivolto lo sguardo[17] verso il tuo Signore? Al modo in cui ha fatto sì che l'ombra si allunghi, quando avrebbe anche potuto renderla fissa. Abbiamo fatto del sole la sua guida.

46- Poi la richiamiamo a Noi in modo graduale.

47- Egli è Colui che ha fatto della notte una veste e il sonno come riposo. Egli è Colui che fa del giorno un risveglio.

48- Egli è Colui che manda i venti come annunciatori di buone novelle, che precedono la Sua misericordia. Noi inviamo acqua pura dal cielo,

49- con la quale ridiamo la vita alla terra morta e calmiamo la sete di tutto ciò che abbiamo creato: animali e uomini in abbondanza.

---

come, ad esempio, 26:176-190 e 11:84-95. Madyan si trova infatti nella zona nord-est dell'Arabia, dove sono localizzati anche alcuni antichi pozzi. Altri commentatori hanno invece sottolineato la presenza di un'oasi chiamata al-Rass nel distretto di Qasim nel mezzo di Najd, a sud-ovest della cittadina di 'Unaiza, situata a metà tra Mecca e Basra. Cfr. Doughty, *Arabia Deserta*, London 1926.

[15] Ci si riferisce a Sodoma e Gomorra. Cfr. 15:74.

[16] In arabo *Sabīl*. Questo termine indica una condotta di vita.

[17] Cfr. 24:35, in cui Dio è definito "la luce dei cieli e della terra". In questo versetto invece la gloria divina viene descritta attraverso il gioco di luci ed ombre presenti nella creazione.

50-In realtà, l'abbiamo distribuita tra di loro affinché possano celebrare le [Nostre] lodi[18], ma la maggior parte degli uomini continua a negare la verità.

51-Se lo avessimo voluto, avremmo potuto inviare un ammonitore ad ogni comunità separatamente.

52-Non ascoltare coloro che rifiutano la fede, ma impegnati strenuamente [con questo Corano]".

53-Colui che ha concesso libertà di movimento alle due masse di acqua corrente[19], una dolce e dissetante e l'altra salina e acida, ha posto tra di loro una barriera[20] che non può essere attraversata.

54-Egli che ha creato l'uomo dall'acqua e poi ha stabilito i rapporti di parentela e il matrimonio. Il tuo Signore detiene il potere su ogni cosa.

55-Eppure adorano, accanto a Dio, ciò che non può recare loro né un beneficio né un danno. Colui che respinge la fede aiuta [il male] contro il suo stesso Signore.

56-Ti abbiamo inviato per annunciare la buona novella e per ammonire le genti.

57-Di': "Non domando alcuna ricompensa, ma solo che colui che desidera trovare il suo Signore trovi la via".

58-Riponete la vostra fiducia nel vivente che mai muore e celebrate le Sue lodi. Egli solo basta ad essere informato dei peccati dei Suoi servi.

59-Egli ha creato i cieli e la terra e tutto ciò che si trova nel mezzo in sei giorni; Colui che siede con fermezza sul Trono, Dio, il Compassionevole. Domanda quindi riguardo a Lui a chi ne è ben consapevole.

60-Quando viene detto loro: "Adorate Dio, il Misericordioso". Rispondono: "E chi è il Compassionevole? Dobbiamo adorare chi tu ci comandi?" E si allontanano sempre di più dalla verità.

---

[18] Cfr. 25:48-50. L'acqua è il simbolo della vita non solo biologica ma anche spirituale.

[19] Il termine arabo *Maraja* significa letteralmente "lasciare liberi gli animali al pascolo". *Bahrain*, invece indica due mari o due corsi di acqua. Il termine *Bahr*, invece, si applica sia all'acqua dolce che a quella salata. Cfr. 27:61, 35:12.

[20] Questa parte del versetto si riferisce ad un fatto scoperto dalla scienza solo recentemente, ossia che l'acqua salata e quella dolce, pur potendo passare una nell'altra, rimangono tuttavia corpi distinti con due diverse funzioni.

61-Sia benedetto Colui che nel cielo ha ordinato le costellazioni e ha posto una lampada e una luna che illumina.

62-Egli ha stabilito che la notte e il giorno si susseguano, per colui che vuole celebrare le Sue lodi o mostrarsi grato.

63-I servi del Compassionevole sono coloro che camminano sulla terra con umiltà e, quando un ignorante[21] si rivolge loro, dicono: "Pace!"

64-Coloro che trascorrono la notte nell'adorazione del loro Signore prosternati ed in piedi.

65-Coloro che dicono: "Signore nostro! Allontana da noi la sofferenza dell'Inferno, perché la sua sofferenza è gravosa,

66-un tristo luogo e soggiorno".

67-Coloro che, quando spendono, non lo fanno in modo stravagante o senza generosità, ma si mantengono nella giusta misura tra i due estremi.

68-Coloro che, oltre a Dio, non invocano nessun' altra divinità, non tolgono la vita -quella vita che Egli ha voluto sacra- eccetto che per una giusta causa, né commettono[22] adulterio e sanno che colui che lo compie non solo va incontro ad una punizione,

69-ma gli sarà raddoppiata la pena nel Giorno del Giudizio e sarà coperto dalla vergogna.

70-A meno che si penta, creda e compia opere buone. Dio muterà il male, che queste persone hanno commesso, in bene. Dio è Perdonatore, Misericordioso.

71-Chiunque si pente e compie il bene, si è rivolto verso Dio veramente pentito.

---

[21] Nel contesto di questo versetto il termine "ignorante" è da intendersi in senso eminentemente spirituale. L'umiltà dei veri credenti si esprime nei due seguenti modi: 1-Sono sempre alla ricerca della conoscenza, disponendo il loro animo ad accoglierla, 2-Si astengono dalle dispute vane, augurando nello stesso tempo il dono della "pace" a coloro che invece vi indulgono.

[22] In questo versetto sono condannate espressamente tre cose: 1-Il culto falso che è un crimine contro Dio, 2-Uccidere che è un crimine contro le creature, 3-La fornicazione che è un crimine contro se stessi. La "giusta causa", che limita la proibizione di uccidere, deve essere intesa come riferita alla punizione per l'omicidio, all'autodifesa ed al consumo di carne animale secondo le regole della macellazione *Halāl*. Cfr. 5:5.

72-Coloro che non testimoniano[23] il falso e, se incontrano persone che sono impegnate in occupazioni frivole, procedono oltre con dignità.

73-Coloro che, quando vengono ammoniti dai segni del loro Signore, non si mostrano né muti né ciechi[24].

74-Coloro che pregano: "O Signore, fai sì che le nostre spose e i nostri figli siano la gioia dei nostri occhi e fai di noi dei buoni esempi per coloro che Ti temono"[25].

75-Costoro saranno ricompensati con il posto più alto in Paradiso, perché hanno perseverato con pazienza. Lì saranno accolti con il saluto della pace,

76-e vi abiteranno. Quale splendida residenza!

77-Di' a quanti respingono la fede: "Il mio Signore non vi presterà attenzione alcuna, se non vi volgerete verso di Lui, adorandoLo. Invece su di voi, che Lo avete rinnegato, presto scenderà una punizione inevitabile".

---

[23] Nel contesto di questo versetto con quest'espressione ci si riferisce rispettivamente a: 1-Coloro che si astengono dal recare falsa testimonianza, 2-Coloro che non partecipano ad attività che implicano qualche forma di frode.

[24] Il termine arabo *Kharra* significa letteralmente "cadere", "russare", "cadere addormentati". In generale, indica l'atto di una persona che non presta attenzione o si mostra del tutto annoiata da un discorso o da una situazione.

[25] I veri servi di Dio: 1-Sono umili e perdonano coloro che si trovano ad uno stadio inferiore di sviluppo e crescita spirituale, 2-Si mantengono costantemente nel ricordo di Dio, 3-Ricordano sempre il Giudizio cui andranno incontro nell'Altra vita, 4-Si mantengono sempre nella moderazione, 5-Si allontanano da ogni falsità e vanità, 6-Si mantengono leali a Dio, a se stessi ed agli altri, 7-S'impegnano nella costante osservazione dei segni di Dio, 8-S'impegnano nella formazione di famiglie sane.

XXVI

Sura Ash-Shu'arā

(I poeti)

Rivelata alla Mecca, (tranne i versetti 197, 224-227)

Nel nome di Dio, il Clemente, il Misericordioso

1-Tā, Sīn, Mīm.
2-Questi sono i versetti del Libro che rende ogni cosa chiara.
3-Forse [Profeta] riempi la tua anima di afflizione perché non diventano credenti[1]?
4-Se questa fosse stata la Nostra volontà, avremmo mandato dal cielo un miracolo, di fronte al quale avrebbero abbassato il collo in umiltà.
5-Però non giunge loro un nuovo messaggio rivelato da parte del Compassionevole senza che se ne allontanino.
6-Costoro hanno, in realtà, rifiutato il messaggio, ma presto conosceranno la verità di ciò che erano soliti irridere.
7-Non guardano forse alla terra e a quante cose nobili di varia natura vi abbiamo prodotto?
8-In verità, questo è un segno, ma la maggior parte non crede.
9-In verità, il tuo Signore è Lui, l'Eccelso, il Misericordioso.
10-Il Tuo Signore chiamò Mosè: "Recati dal popolo d'iniquità,
11-il popolo del Faraone. Non Mi temeranno forse?"
12-Egli disse: "O mio Signore, ho paura che mi accusino di falsità.
13-Il mio petto è oppresso e la mia lingua è legata, così manda Aronne.
14-Hanno in corso un'accusa contro di me[2] e ho paura che possano assassinarmi".
15-Dio ha affermato: "Procedete entrambi con i Nostri segni. Noi siamo con voi e presteremo ascolto.

---

[1] Il riferimento è diretto ai pagani della Mecca.
[2] Cfr. 20:39-40. Mosè era cresciuto nel palazzo del Faraone e, quando assistette ad una lite tra un ebreo ed un egiziano, uccise quest'ultimo. Successivamente fuggì nel paese di Midyan nella penisola del Sinai dove ricevette l'investitura profetica. L'accusa di aver ucciso un egiziano però pendeva ancora sul suo capo.

16-Andate entrambi dal Faraone e dite: <<Siamo stati inviati dal Signore dei Mondi.

17-Manda via con noi i Figli di Israele>>".

18-Il Faraone disse: "Non ti abbiamo forse protetto quando eri un bambino e non sei rimasto tra noi molti anni della tua vita?

19-Poi hai commesso un atto che tu sai di aver commesso e ti sei comportato da ingrato!"

20-Mosè disse: "Lo feci, quando ero in errore[3].

21-Allora sono fuggito lontano da voi, perché vi temevo. Però, il mio Signore mi ha concesso come grazia con il giudizio e la saggezza e mi ha scelto come uno dei profeti.

22-Mi rimproveri di questo favore dopo aver ridotto in schiavitù i Figli di Israele?"

23-Il Faraone disse: "Chi è il Signore dei Mondi?"

24-Mosè disse: "Il Signore dei cieli e della terra e di tutto ciò che si trova nel mezzo, se solo lo sapessi".

25-Il Faraone disse a coloro che erano intorno: "Non avete sentito ciò che ha detto?"

26-Mosè disse: "È il vostro Signore e il Signore dei vostri padri fin dal principio!"

27-Il Faraone disse: "In verità, il messaggero che vi è stato inviato è un vero folle".

28-Mosè disse: "Signore dell'Oriente e dell'Occidente e di tutto ciò che si trova nel mezzo! Se solo aveste un minimo di comprensione!"

29-Il Faraone disse: "Se prenderai un altro dio all'infuori di me, ti farò sicuramente imprigionare".

30-Mosè disse: "Anche se ti mostrassi qualcosa di chiaro e convincente?"

31-Il Faraone disse: "Mostralo quindi, se ciò che affermi è vero".

32-E Mosè lanciò il suo bastone e divenne un serpente

33-e poi allungò la mano ed era bianca scintillante per coloro che la guardavano.

34-Il Faraone disse ai nobili intorno a lui: "Questo è veramente un mago esperto.

---

[3] Le parole di Mosè implicano rispettivamente che: 1-Commise l'assassinio dell'egiziano in un attimo d'ira, 2-Si era pentito davanti a Dio del suo gesto (Cfr. 28:15-16), 3-Ormai era un uomo diverso rispetto a quando viveva presso il palazzo del Faraone.

35-Il suo piano è quello di condurvi via dal vostro paese attraverso la magia. Che cosa allora consigliate?"

36-Dissero: "Tieni lui e suo fratello in sospeso per un poco ed invia alle città dei messaggeri per riunire

37-e portare da te dei maghi esperti".

38-Così tutti i maghi si riunirono per un appuntamento nel giorno stabilito

39-e venne detto al popolo: "Vi riunirete

40-in modo da poter seguire i maghi, se saranno vincitori?"

41-Così i maghi, quando giunsero, dissero al Faraone: "Avremo una graziosa ricompensa se saremo vincitori?"

42-Egli disse: "Sì, perché in quel caso sarete tra i miei favoriti".

43-Mosè disse loro: "Gettate quello che dovete gettare".

44-Così gettarono le loro corde ed i bastoni e dissero: "Per il potere del Faraone, vinceremo sicuramente!"

45-Poi Mosè gettò il suo bastone e questo inghiottì tutti i loro inganni.

46-Allora i maghi caddero a terra e si prosternarono in adorazione,

47-dicendo: "Noi crediamo nel Signore dei Mondi,

48-il Signore di Mosè e di Aronne".

49-Il Faraone disse: "Credete in Lui prima che io vi dia il permesso? Sicuramente egli è il vostro capo che vi ha insegnato la stregoneria! Però presto saprete. Siate sicuri che vi mozzerò le mani ed i piedi in lati opposti e vi farò morire sulla croce!".

50-Risposero: "Non ci importa. Noi ritorneremo dal nostro Signore.

51-Il nostro solo desiderio è che il nostro Signore perdoni i nostri peccati e che possiamo essere annoverati tra i credenti".

52-Per ispirazione abbiamo detto a Mosè: "Viaggia di notte con i Miei servi, perché sicuramente v'inseguiranno".

53-Poi il Faraone inviò messaggeri a tutte le città,

54-dicendo: "Questi ebrei sono solo un piccolo gruppo

55-e si stanno sollevando furiosamente contro di noi,

56-ma noi siamo una moltitudine attenta e vigile.

57-Così li abbiamo espulsi dai giardini, dalle fonti,

58-dai tesori e da ogni sorta di posizione onorevole".

59-Così è stato, ma Noi abbiamo reso i Figli d'Israele eredi di tutte queste cose.

60-Così al mattino li inseguirono

61-e quando i due gruppi si videro, il popolo di Mosè disse: "Saremo sicuramente raggiunti".

62-Mosè disse: "No! Il mio Signore è con me! Presto mi guiderà".

63-Allora abbiamo detto a Mosè per ispirazione: "Colpisci il mare con il tuo bastone". Così si divise ed ogni parte separata divenne come la grossa e ferma massa di una montagna;

64-poi facemmo sì che gli altri si avvicinassero ancora di più[4].

65-Noi salvammo Mosè e tutti coloro che si trovavano insieme con lui,

66-ma affogammo tutti gli altri.

67-In verità, in ciò vi è un segno, ma la maggior parte di loro non crede.

68-In verità, il tuo Signore è Lui, l'Eccelso, il Misericordioso.

69-Abbiamo raccontato loro qualcosa della storia di Abramo[5].

70-Egli disse a suo padre e al suo popolo: "Che cosa adorate?"

71-Dissero: "Noi adoriamo degli idoli e ci curiamo di loro in continuazione".

72-Disse: "Vi ascoltano quando li invocate,

73-vi beneficano o vi danneggiano?"

74-Risposero: "No, ma i nostri padri hanno fatto la medesima cosa".

75-Egli disse: "Non vedete dunque chi avete adorato?

76-Voi e i vostri padri prima di voi?

77-Costoro sono miei nemici, ma non il Signore dei Mondi,

78-Che mi ha creato. Egli è Colui che mi guida,

79-Che mi dà da mangiare e da bere

80-e, quando sono malato, mi cura.

81-Egli mi farà morire e dopo mi farà vivere ancora.

82-E che, spero, perdonerà i miei peccati nel Giorno del Giudizio".

83- [Abramo poi disse]: "O mio Signore! Dammi la saggezza[6], e ponimi in compagnia degli onesti.

---

[4] Il miracolo è duplice: 1-Mosè ed il suo popolo passarono indenni attraverso le acque, 2-Il Faraone ed il suo esercito invece affogarono.

[5] Ossia: 1-La denuncia del culto pagano, 2-La preghiera di un uomo retto per i suoi antenati e discendenti, 3-L'immagine del Giudizio.

[6] Abramo esprime in forma di preghiera i desideri del suo cuore: 1-Desidera che la sua anima sia illuminata dalla saggezza divina, 2-Che il suo cuore e la sua vita siano pieni di rettitudine, 3-Desidera la medesima gioia spirituale per i suoi antenati e discendenti, 4-Desidera che anche costoro possano essere reputati degni del Paradiso nel Giorno del Giudizio.

84-Garantiscimi una menzione onorevole sulla lingua della verità tra le generazioni future;

85-rendimi uno di coloro che erediteranno il Giardino di Misericordia.

86-Perdona mio padre perché egli è uno di coloro che si sono perduti,

87-e fai che non sia in disgrazia il giorno in cui gli uomini saranno sollevati dalle tombe,

88-il giorno in cui non potranno avvalersi né dei figli né delle ricchezze

89-e prospererà solo colui che porterà a Dio un cuore sincero".

90-Per i giusti, il Giardino sarà condotto vicino.

91-Coloro che invece deviano nel male, vedranno il Fuoco in piena vista

92-e sarà detto loro: "Dove sono gli dei che eravate soliti adorare

93-oltre a Dio? Possono aiutare voi o se stessi?"

94-Poi saranno gettati nel Fuoco, loro e quanti si sono perduti nel male

95- e tutte le armate di Iblis insieme.

96-Saranno lì disputando tra di loro:

97- "Ci trovavamo in errore manifesto

98-quando vi abbiamo ritenuti eguali al Signore dei Mondi.

99-Nessuno ci ha ingannati se non coloro che costringono gli altri a respingere i messaggi di Dio".

100-Ora non abbiamo nessuno che interceda per noi,

101-nessun amico.

102-Se solo avessimo la possibilità di ritornare, saremo certamente tra i credenti".

103-In verità, in ciò vi è un segno, ma la maggior parte di loro non crederà.

104-Ed, in verità, il tuo Signore è Lui, l'Eccelso, il Misericordioso.

105-Il popolo di Noè ha respinto i messaggeri.

106-Il loro fratello Noè disse loro: "Non temete Dio?

107-Io sono per voi un messaggero degno di essere creduto[7].

108-Così temete Dio ed obbeditemi.

---

[7] In arabo *Amīn*, un termine che implica le seguenti sfumature di significato: 1-Degno di essere creduto, 2-Obbligato ad onorare la responsabilità che gli è stata affidata, 3-Qualcuno che agisce secondo la responsabilità affidatagli, 4-Qualcuno che agisce in modo disinteressato.

109-Non chiedo per questo alcuna ricompensa. La mia ricompensa si trova presso il Signore dei Mondi.

110-Così temete Dio ed obbeditemi".

111-Dissero: "Dovremmo credere in te, quando sei seguito solo dai più miserabili?"

112-Egli disse: "Io non conosco quello che fanno,

113-il giudizio spetta solo al mio Signore, se solo comprendeste.

114-Non sarò qualcuno che scaccia chi crede

115-Sono stato inviato solo per recare un chiaro messaggio".

116-Dissero: "Se non desisti, o Noè, sarai lapidato a morte[8]".

117-Egli disse: "O mio Signore, in verità, il mio popolo mi ha rifiutato.

118-Giudica quindi, tra me e loro apertamente e salvami insieme ai credenti che si trovano con me".

119-Così salvammo lui e coloro che si trovavano con lui nell'Arca colma di creature;

120-poi affogammo quelli che rimasero indietro.

121-In verità, in ciò vi è un segno, ma la maggior parte di loro non crederà.

122-In verità, il tuo Signore è Lui, l'Eccelso, il Misericordioso.

123-Gli Ad rifiutarono i messaggeri.

124-Il loro fratello Hud disse loro: "Non temerete Dio?

125-Io sono per voi un messaggero degno di essere creduto.

126-Così temete Dio ed obbeditemi.

127-Non vi domando alcuna ricompensa. La mia ricompensa proviene unicamente dal Signore dei Mondi.

128-Eleverete un edificio su ogni altura solo per vanità?

129-Preparate per voi meravigliose abitazioni nella speranza di viverci per sempre?

130-Quando avete alzato la vostra forte mano, non lo avete forse fatto come uomini dotati di potere assoluto?

131-Ora temete Dio e obbeditemi.

132-Sì, temete Colui Che vi ha concesso liberamente tutto ciò che sapete.

133-Allo stesso modo vi ha donato figli e bestiame,

134-giardini e ruscelli.

---

[8] Anche Abramo e Shu'ayb furono minacciati di essere lapidati a morte. Cfr. 19:46, 11:91.

135-In verità, temo per voi la punizione di un giorno terribile".
136-Risposero: "Per noi è lo stesso se ci ammonisci o meno.
137-Questo non è altro che un costume degli antichi
138-e quindi non saremo noi a ricevere dolori e punizioni".
139-Così lo hanno rifiutato e li abbiamo distrutti. In verità, in ciò vi è un segno, ma la maggior parte di loro non crederà.
140-In verità, il tuo Signore è Lui, l'Eccelso, il Misericordioso.
141-I Thamud hanno rifiutato i loro messaggeri.
142-Il loro fratello Sahih disse loro: "Non temete Dio?
143-Io sono per voi un messaggero degno di essere creduto.
144-Così temete Dio ed obbeditemi.
145-Non vi domando alcuna ricompensa. La mia ricompensa si trova presso il Signore dei Mondi.
146-Sarete lasciati qui a godere dei beni a vostra disposizione:
147-giardini, ruscelli
148-campi di grano e palme di dattero con spate sul punto di rompersi sotto il peso dei frutti
149-e le vostre graziose abitazioni, che ricavate dalle montagne con grande abilità?
150-Temete Dio ed obbeditemi
151-e non seguite i desideri di coloro che si abbandonano agli eccessi,
152-che spargono la corruzione sulla terra e non mutano la loro condotta".
153-Dissero: "Non sei altro che un uomo stregato.
154-Non sei altro che un mortale come noi. Portaci un segno, se dici il vero!".
155-Egli disse: "Qui c'è una femmina di cammello. Ha il diritto di essere abbeverata, mentre voi potete accedere all'acqua in un giorno stabilito.
156-Non fatele alcun male, altrimenti vi colpirà la pena di un giorno terribile".
157-Invece la uccisero, anche se poi se ne pentirono amaramente
158-e la punizione li colse. In verità, in questo c'è un segno, ma la maggior parte di loro non crederà.
159-In verità il tuo Signore è Lui, l'Eccelso, il Misericordioso.
160-Il popolo di Lot rifiutò i messaggeri.
161-Il loro fratello Lot disse loro: "Non vi ricorderete forse di Dio?
162-Io sono un messaggero degno di fiducia,

163-così volgetevi verso Dio ed obbeditemi.

164-Non chiedo alcuna ricompensa. La mia ricompensa proviene dal Signore dei Mondi.

165-Tra tutte le creature della terra, vi avvicinate ai maschi con desiderio,

166-e lasciate coloro che Dio ha creato come vostre compagne? Avete trasgredito ogni limite".

167-Risposero: "Se, o Lot, non desisti sicuramente sarai scacciato!"

168-Egli disse: "Io detesto il vostro comportamento.

169-O mio Signore libera me e la mia famiglia da ciò che compiono".

170-Così noi salvammo lui e la sua famiglia,

171-eccetto una donna anziana[9] che rimase indietro,

172-ma abbiamo distrutto il resto.

173-Abbiamo fatto piovere su di loro una pioggia di meteoriti. Terribile è stata la pioggia su coloro che erano stati ammoniti, ma non mutarono la propria condotta.

174-In verità, in ciò vi è un segno, ma la maggior parte di loro non crederà.

175-In verità, il tuo Signore, è Lui, l'Eccelso, il Misericordioso.

176-I compagni della Legna rifiutarono i messaggeri.

177-Shuayb disse loro: "Non avrete timore di Dio?

178-Io sono per voi un messaggero degno di ogni fiducia.

179-Così temete Dio ed obbeditemi.

180-Non vi domando alcuna ricompensa. La mia ricompensa proviene dal Signore dei Mondi.

181-Date la giusta misura e non arrecate alcuna perdita agli altri mediante l'inganno,

182-pesate con giuste bilance,

183-non rifiutate agli uomini ciò che è loro dovuto e non spargete la corruzione sulla terra, compiendo il male.

184-Temete Colui che vi ha creato e ha creato le generazioni prima di voi".

185-Dissero: "Non sei altro che un uomo stregato.

186-Non sei altro che un mortale come noi e pensiamo anche che tu sia un bugiardo.

187-Ora fai sì che un pezzo di cielo cada su di noi, se sei veritiero!"

---

[9] Ossia la moglie di Lot. Cfr. 7:83.

188-Egli disse: "Il mio Signore conosce bene che cosa fate.
189-Costoro però lo respinsero. Poi la punizione di un giorno terribile li colpì e quella è stata la punizione di un terribile giorno".
190-In verità, in ciò vi è un segno, ma la maggior parte di loro non crederà.
191-In verità, il tuo Signore è Lui, l'Eccelso, il Misericordioso.
192-In verità, questa è una rivelazione proveniente dal Signore dei Mondi.
193-Con essa discese lo spirito della fede e della verità[10]
194-al tuo cuore[11] e alla tua mente, affinché tu possa ammonire
195-nell'esplicita lingua araba.
196-Senza dubbio questo è annunciato nei libri[12] rivelati agli antichi.
197-Non è un segno per loro che i dotti tra i Figli d'Israele riconoscono che questa è la verità[13]?
198-Se lo avessimo rivelato ad un non-arabo
199-e li avesse recitati, non avrebbero creduto.
200-In questo modo abbiamo permesso che entrasse nel cuore dei peccatori.
201-Non crederanno in esso fino a quando non vedranno un severo castigo,
202-che piomberà su di loro improvvisamente, senza che se ne accorgano.
203-Allora diranno: "Ci sarà concessa una tregua?"
204-Non hanno forse domandato che il Nostro castigo fosse anticipato?
205-Non hai visto? Se li lasciamo godere di questa vita per pochi anni,
206-alla fine giunge loro la punizione promessa.
207-Non sarà loro di alcun aiuto ciò di cui hanno goduto in vita.

---

[10] In arabo *Rūh al-Amīn*, l'epiteto dell'arcangelo Gabriele.

[11] In arabo *Qalb*, termine con cui s'intende non solo la sede delle emozioni ma anche della memoria e della comprensione.

[12] In arabo *Zubur* (plurale di *Zabur*). Il medesimo termine è utilizzato per indicare il testo rivelato al Profeta Dāwūd. Nel Corano è impiegato anche nel significato generale di libro rivelato. Cfr. 54:52.

[13] Il riferimento è diretto ad 'Abdullāh ibn Salām e Mukhairīq. Quest'ultimo era un uomo facoltoso, che lasciò in eredità i propri beni alla comunità islamica. Vi furono comunque anche monaci e dotti cristiani che riconobbero la veridicità della missione del Profeta (pbsl).

208-Non abbiamo mai distrutto un popolo senza che gli fossero inviati degli ammonitori,

209-per indurli a ricordare. Non ci siamo mai mostrati ingiusti.

210-Non sono i demoni che hanno fatto scendere questa rivelazione.

211-Non si addice loro e mai sarebbero stati in grado di farlo.

212-In realtà, è stato impedito loro di ascoltare [che cosa accade intorno al trono della Sua Maestà].

213-Non invocate altro dio all'infuori di Dio, oppure sarete tra coloro che sono degni della punizione.

214-Ammonisci i tuoi parenti più stretti.

215-Abbassa la tua ala verso i credenti che ti seguono.

216-Se disobbediscono, di': "Non sono responsabile delle vostre azioni!"

217-e riponi la tua fiducia nell'Eccelso, il Misericordioso,

218-Che ti ha visto ritto in preghiera

219-e i tuoi movimenti tra coloro che si prosternano.

220-Egli è Colui che ode e vede ogni cosa.

221-Dovrei informarvi su chi sono discesi i demoni?

222-Costoro discendono su ogni persona bugiarda e malvagia,

223-nei cui orecchi versano vanità, ma la maggior parte di loro sono bugiardi.

224-Relativamente ai poeti, solo coloro che si perdono nel male li seguono.

225-Non vedi come vagano distratti per ogni valle?

226-Che dicono ciò che non praticano?

227-Tranne coloro che credono, compiono il bene, si mantengono nel ricordo di Dio e si difendono solo dopo aver subito un'ingiustizia. Presto gli ingiusti vedranno a quale destino saranno condotti!

XXVII

Sura An-Naml

(Le formiche)

Rivelata alla Mecca

Nel nome di Dio, il Clemente, il Misericordioso

1-Tā, Sīn. Questi sono i versetti del Corano, un Libro chiarissimo,
2-guida e buona novella per i credenti[1],
3-coloro che stabiliscono preghiere regolari, donano le elemosine con costanza e nutrono una fede ferma nell'Altra vita.
4-A coloro che non credono nell'Altra vita, abbiamo reso le loro opere piacevoli davanti ai loro occhi e così vagano come ciechi.
5-Per costoro è stata preparata una severa punizione. Nell'Altra vita subiranno la perdita più grave.
6-Il Corano ti è stato inviato dall'Uno Saggio ed Onnisciente.
7-[Menziona] quando Mosè disse alla sua famiglia: "Vedo un fuoco. Vi porterò presto delle informazioni o un ramoscello ardente per illuminare il nostro focolare al fine di poterci riscaldare".
8-Quando però si avvicinò al fuoco[2], udì una voce: "Siano benedetti coloro che sono nel fuoco [nella luce] e coloro che vi si trovano intorno. Sia gloria a Dio, Signore dei Mondi.
9-O Mosè! In verità, Io sono Dio, l'Onnipotente, il Saggio!
10-Ora getta il tuo bastone!" Però, quando lo vide muoversi, come se fosse stato un serpente, si allontanò e non ritornò sui suoi passi. "Mosè, non temere. In verità, coloro che sono chiamati ad essere profeti non hanno paura in Mia presenza.

---

[1] In questo versetto sono indicati tre aspetti della rivelazione: 1-Spiega la realtà del mondo spirituale, 2-Insegna all'uomo come astenersi dal male ed assumere la retta condotta, 3-Concede perdono, misericordia e promessa della salvezza a coloro che vi si attengono.
[2] I commentatori sottolineano che questo non era un fuoco fisico, ma un'immagine della gloria degli angeli, riflesso a sua volta della gloria divina.

11-Però, se qualcuno ha compiuto il male, ma poi sostituisce le azioni malvagie con quelle buone, in verità io sono Perdonatore, Misericordioso.

12-Ora poni la mano sul tuo petto e diventerà completamente bianca[3] [senza macchia]. Questo è uno dei nove segni che porterai davanti al Faraone e al suo popolo. Costoro sono persone ribelli nella trasgressione".

13-Quando i Nostri segni illuminanti sono giunti loro, dissero: "Questa è una stregoneria manifesta!"

14-Hanno respinto i Nostri segni con ingiustizia ed arroganza, anche se ne erano convinti nelle anime loro. Vedete quindi qual è stata la fine di coloro che hanno sparso la corruzione.

15-Abbiamo concesso la conoscenza a Davide e a Salomone[4] ed entrambi dissero: "Sia lode a Dio, Che ci ha favorito al di sopra di molti dei Suoi servi che hanno creduto!"

16-Salomone era l'erede di Davide. Egli disse: "O popolo mio, mi è stato insegnato il linguaggio degli uccelli e mi è stata concessa una porzione di ogni cosa. Questa è una grazia manifesta da Dio".

17-Davanti a Salomone sono state riunite le schiere di *Jinn*, di uomini ed uccelli secondo gli ordini ed i ranghi[5].

18-Quando giunsero in una valle di formiche, una delle formiche disse: "O formiche, entriamo nelle nostre abitazioni, oppure Salomone e la sua armata ci schiacceranno inavvertitamente[6]".

---

[3] Cfr. 20:22. Quest'immagine può essere interpretata anche in senso spirituale. Il petto indica l'essere interiore che viene trasformato dalla luce divina e trasmette questa trasformazione alla stessa mano, strumento di azione della volontà.

[4] Cfr. 21:78-82. In questo versetto ci si riferisce ad un tipo di conoscenza che conduce l'essere umano a raggiungere una superiore condizione e consapevolezza spirituale.

[5] Quest'espressione, oltre al significato letterale, contiene anche i due seguenti significati simbolici: 1-Tutti i sottoposti dotati di un diverso grado di intelligenza e civiltà erano tenuti nel giusto ordine e nella cooperazione attraverso la disciplina, la giustizia ed il buon governo; 2-Tutti i doni, che gli erano stati concessi, venivano utilizzati nell'ordine e nella coordinazione loro propria.

[6] L'episodio narrato in questo versetto può essere interpretato in senso spirituale. La formica è una creatura molto piccola e molto umile. In alcune circostanze potrebbe essere ignorata o addirittura schiacciata dalle persone inconsapevoli della sua presenza. Attraverso la saggezza datale da Dio, questa piccola creatura vive nella propria sfera d'influenza e silenziosamente contribuisce in modo utile all'economia del mondo. Questo versetto insegna quindi che nel mondo spirituale vi è posto anche per la più umile tra le creature.

19-Egli sorrise, divertito da queste parole, e disse: "O mio Signore, ispirami affinché possa esserTi grato per sempre per i favori che hai concesso a me e ai miei genitori. Che io possa compiere il bene che Ti compiace. Ammettimi, per Tua Grazia, nei ranghi dei tuoi servi retti".

20-Un giorno, mentre passava in rassegna tutti gli uccelli, disse: "Perché non vedo l'upupa[7]? È forse assente senza permesso?

21-Certamente la punirò con una punizione severa o la condannerò a morte, a meno che non mi porti una valida scusa [per la sua assenza]".

22-L'upupa non si assentò per molto e disse: "Sono stato in un territorio che tu non hai mai visitato e ti reco buone notizie da Saba[8].

23-Ho trovato lì una donna a capo del regno[9], provvista di ogni bene in abbondanza, signora di un magnifico trono.

24-Ho trovato che lei e il suo popolo adorano[10] il sole invece di Dio. Satana ha reso le loro azioni piacevoli davanti ai loro occhi e li ha tenuti lontani dalla via. Così non possono trovare la strada

25-e non si sono potuti inchinare davanti a Dio, Che porta alla luce ciò che si trova celato nei cieli e sulla terra. E ben conosce ciò che nascondete e ciò che manifestate!

26-Dio! Non c'è altro Dio che Lui, il Signore del Trono Supremo!"

27-[Salomone] disse: "Presto vedremo se hai detto la verità oppure se hai mentito!

---

[7] L'upupa è un grazioso uccello dal piumaggio colorato ed una cresta gialla sul capo.

[8] Il regno di Saba può essere identificato con la biblica Sheba. Cfr. 1 Re 10:1-10. Si trovava nel territorio dello Yemen ad una distanza di circa tre giorni di viaggio da San'a. Secondo il Dottor Hans Helfritz, un esploratore tedesco, la città di Saba si trovava in Hadhramaut. Cfr. 34:15-20. Saba doveva la sua prosperità alla presenza della famosa diga di Ma'rib.

[9] La regina di Saba nella tradizione araba è chiamata Bilqis. Costei probabilmente governava non solo lo Yemen, ma anche l'Abissinia. La tribù di Habashah, da cui l'Abissinia prende il nome, era infatti originaria dello Yemen. Inoltre, tra la costa meridionale dello Yemen e quella settentrionale dell'Abissinia si trova solo uno stretto (*Bāb al-Mandab*), che misura circa 25 km. Nel X e XI secolo a.C., l'Abissinia fu più volte invasa dagli Arabi, e gli storici collocano il regno di Salomone tra il 992 ed il 952 a.C. Gli alfabeti sabei ed himyariti, le cui iscrizioni furono ritrovate nell'Arabia meridionale, passarono nell'Etiope, il linguaggio parlato in Abissinia. Gli Abissini posseggono anche un libro intitolato *Kebra Nagast*, ossia *Il libro della gloria dei re*, tradotto in inglese da E. A. Wallis Budge (Oxford 1932), nel quale la regina di Sheba e suo figlio Menyelek I sono indicati come i fondatori della dinastia abissina.

[10] I Sabei adoravano i pianeti ed i corpi celesti ed il loro culto era probabilmente simile a quello praticato in Caldea, la patria di Abramo (Cfr. 6:75-79). Dallo Yemen infatti si poteva raggiungere la Mesopotamia via mare in modo piuttosto facile.

28-Vai, con questa mia lettera e consegnala loro. Poi, allontanati e attendi una risposta".

29-[La regina] disse: "O nobili, mi è stata consegnata una lettera degna di rispetto,

30-proviene da Salomone e vi è scritto: "Nel nome di Dio, il Clemente, il Misericordioso:

31-Non siate arroganti verso di me, ma avvicinatevi a me in sottomissione [alla vera religione]".

32-Lei disse: "O nobili! Consigliatemi in questa questione. Non ho mai preso una decisione senza domandarvi consiglio".

33-Dissero: "Siamo potenti e possediamo ancora più forza in battaglia. Il comando però appartiene a te. Decidi quindi che cosa comandarci".

34-Ella disse: "I re, quando entrano in un paese, lo saccheggiano ed umiliano i suoi nobili abitanti. Questo è il modo in cui si comportano sempre.

35-Ho deciso di inviargli un regalo e aspettare per sapere quale risposta mi porteranno i miei ambasciatori".

36-Quando l'ambasciata giunse da Salomone, disse: "Mi portate forse della ricchezza? Ciò che Dio mi ha concesso è migliore di ciò che ha concesso a voi! Solo le persone come voi gioiscono di un dono come questo!

37-Tornate da loro e state sicuri che giungeremo con un'armata che non saranno mai in grado di fronteggiare. Li scacceremo dalla loro terra, umiliati e deplorevoli".

38-Egli disse: "O [miei] cortigiani! Chi di voi può portarmi il suo trono[11], prima che si sottomettano a me?

39-Uno dei più audaci tra i *Jinn*[12] disse: "Te lo porterò prima che ti sia alzato dal tuo concilio. Possiedo abbastanza forza e sono degno di fiducia".

40-Chi era stato illuminato dalla rivelazione[13] disse: "Te lo porterò in un batter d'occhio". Quando Salomone lo vide di fronte a lui, disse:

---

[11] Il trono è simbolo di potere e dignità regale. Il "trono" della regina si basava sulla ricchezza materiale, mentre Salomone aveva intenzione di alterarlo sulla base della fede e della religione dell'unità.

[12] In arabo *'Ifrīt*, uno dei più potenti tra i *Jinn*.

[13] La sola forza materiale dell' *'Ifrīt* non sarebbe stata in grado di trasformare il "trono" del potere secondo la luce spirituale della rivelazione divina.

"Questo è parte della grazia del mio Signore per provare se sono grato o ingrato. Se qualcuno è grato[14], certamente la gratitudine è di beneficio alla sua anima. Se invece è ingrato, il mio Signore è privo di qualsiasi bisogno, Signore supremo.

41-Egli disse: "Modificate il suo trono affinché non possa essere riconosciuto. Vediamo se è condotta verso la verità o fa parte di coloro che non ricevono alcuna guida".

42-Quando arrivò, le venne chiesto: "È il tuo trono?". Lei disse: "È come se fosse lo stesso". [Salomone disse]: "In precedenza ci è stata concessa la conoscenza e ci siamo sottomessi a Dio".

43-Ciò che venerava la distolse dall'adorazione di Dio, perché era nata da persone prive di fede.

44-Le venne chiesto di entrare nel nobile palazzo ma, quando lo vide, pensò che fosse un lago e si scoprì le gambe. Disse: "Questo è solo un palazzo pavimentato con lastre di vetro". Ella disse: "O mio Signore, Ho commesso un'ingiustizia contro la mia stessa anima. Mi sottometto con Salomone al Signore dei Mondi".

45-Abbiamo inviato ai Thamud il loro fratello Salih, dicendo: "Servite Dio", ma si divisero in due fazioni che discutevano una con l'altra.

46-Egli disse: "O popolo mio, perché domandate che si affretti il male ad avvicinarsi a voi invece del bene? Se solo aveste chiesto il perdono a Dio, avreste potuto sperare di ricevere misericordia".

47-Dissero: "Scongiuriamo via il male [che proviene] da te e da coloro che ti seguono". Egli disse: "Il vostro destino, buono o cattivo, dipende da Dio. Siete nel mezzo di una prova".

48-Vi erano nella città nove membri di una famiglia, che avevano sparso la corruzione sulla terra e non avevano alcuna intenzione di riformare il proprio comportamento.

49-Dissero: <<Giuriamo solennemente nel nome di Dio che attaccheremo segretamente[15] e di notte lui e la sua famiglia. Al suo protettore diremo: "Non eravamo presenti al massacro della sua famiglia. Stiamo dicendo il vero">>.

50-Complottavano e pianificavano, ma anche Noi abbiamo pianificato, anche se non se ne accorsero.

---

[14] In arabo *Karīm*. Con questo termine s'intende una gratitudine che eleva la spiritualità dell'uomo.

[15] Il piano contro Sālih doveva essere estremamente segreto al fine di poter sfuggire alla vendetta del suo clan.

51-Guarda la fine del loro piano; distruggemmo loro e il loro popolo. Tutti perirono.

52-Ora le loro case sono in rovina perché hanno compiuto il male. Questo è un segno per coloro che comprendono.

53-Abbiamo condotto in salvo coloro che credono e temono Dio.

54-Abbiamo inviato [come messaggero] anche Lot. Egli disse al suo popolo: "Come potete compiere un'azione così vergognosa, anche se vedete la sua iniquità?"

55-Vi avvicinerete agli uomini con desiderio invece che alle donne? Non possedete alcuna conoscenza[16]!".

56-Però costoro non diedero altra risposta che questa: "Scacciamo i seguaci di Lot dalla nostra città. Sono uomini che vogliono essere puliti e puri".

57-Abbiamo condotto in salvo lui e la sua famiglia, eccetto sua moglie che era destinata ad essere tra coloro che rimangono indietro.

58-Facemmo piovere su di loro una pioggia distruttiva. Distruttiva fu la pioggia su coloro che, pur essendo stati avvertiti, non prestarono ascolto [al monito].

59-Di': "Sia lode a Dio e pace sui Suoi servi che ha scelto. Chi è migliore? Dio o i falsi dei che gli associano?

60-O chi ha creato i cieli e la terra e chi vi ha inviato la pioggia dal cielo? Con essa facciamo sorgere giardini pieni di bellezza e delizie. Da soli non avreste il potere di far crescere nemmeno un albero. Ci può essere un altro dio oltre Dio? Ci sono però persone che si allontanano dalla giustizia.

61-O chi ha reso la terra una dimora ferma, ha fatto scorrere i ruscelli, ha posto le montagne immobili ed una barriera invalicabile tra le acque [dolci e salate]? Può forse esserci un altro dio oltre a Dio? Però, la maggior parte di loro non lo comprende.

62-O chi presta ascolto all'anima sofferente quando si rivolge a Lui e chi allevia la sua sofferenza e ha fatto di voi uomini eredi della terra? Ci può essere un altro dio oltre Dio? Quanto poco riflettete!

63-O chi vi guida attraverso le profondità delle tenebre per terra e per mare? Chi invia i venti come messaggeri di liete nuove che precedono

---

[16] L'ignoranza, cui si fa riferimento nel contesto di questo versetto, è di natura eminentemente spirituale.

la Sua misericordia? Ci può essere un altro dio oltre a Dio? Egli è ben al di sopra di quanto Gli associano.

64-O chi ha dato origine alla creazione, e poi la ripeterà, e chi vi concede il sostentamento dal cielo e dalla terra? Ci può essere un altro dio oltre Dio? Di': "Spiegate pure i vostri argomenti, se siete veritieri".

65-Di': "Nessuno nei cieli e sulla terra, eccetto Dio, conosce ciò che è nascosto e nemmeno possono sapere quando saranno di nuovo resuscitati per il Giudizio.

66-E ancora meno la loro conoscenza può comprendere l'Altra vita. Sono nel dubbio e nell'incertezza. Sono ciechi[17]".

67-I miscredenti dicono: "Cosa! Quando diventeremo polvere -noi ed i nostri padri- saremo di nuovo resuscitati dalla morte?

68-Ci è stato promesso questo, a noi e ai nostri padri che ci hanno preceduto. Queste non sono altro che leggende degli antichi".

69-Di': "Viaggiate attraverso la terra e vedete qual è stata la fine di coloro che hanno costretto gli altri a respingere il nostro messaggio."

70-Non ti addolorare e non soffrire a causa delle loro trame.

71-Dicono anche: "Quando si avvererà questa promessa? Ditelo, se siete veritieri".

72-Di': "Forse alcuni degli eventi che vorreste affrettare si stanno già avvicinando".

73-In verità, il tuo Signore è pieno di grazia verso l'umanità. La maggior parte degli esseri umani però è ingrata.

74-In verità, il tuo Signore è consapevole di ciò che si nasconde nei loro cuori, proprio come conosce ciò che rivelano.

75-Non c'è nulla di occulto sia in cielo che in terra, che non sia stato chiaramente annotato.

76-Questo Corano spiega ai Figli di Israele molte delle questioni, in cui sono discordi[18].

77-E certamente è una guida ed una misericordia per i credenti.

---

[17] I miscredenti sono solitamente anche dei materialisti incapaci di andare al di là di quanto possono percepire attraverso l'esperienza sensibile.

[18] Tra le diverse sette ebraiche, risalenti al periodo precedente alla distruzione del Secondo Tempio, possiamo citare: 1-I Sadducei che dubitavano della resurrezione, 2-I Farisei che preferivano un'interpretazione letterale delle Scritture ed un approccio alla fede che prediligeva il formalismo dei riti, 3-Gli Esseni, di cui sappiamo che praticavano una vita in comune e l'ascetismo, astenendosi anche dal matrimonio.

78-In verità, il tuo Signore deciderà tra di loro attraverso un suo decreto[19]. Egli è l'Onnipotente, l'Onnisciente.

79-Riponi la tua fiducia in Dio perché sei nella verità manifesta.

80-Invero non puoi far sì che chi è morto ascolti, o chi è sordo oda la chiamata, specialmente quando si sono voltati indietro ed allontanati.

81-Per il cieco non puoi essere una guida e non puoi impedire loro di perdersi. Ti presteranno ascolto solo coloro che credono nei Nostri segni e si sottomettono nell'Islam.

82-E, quando la parola si sarà avverata contro gli ingiusti, faremo sorgere dalla terra una bestia che vi si opporrà[20]. Parlerà con loro, perché l'umanità non ha creduto nei Nostri segni.

83-Un giorno raduneremo da ogni popolo coloro che hanno respinto i Nostri segni e saranno disposti in schiere

84-e, quando verranno davanti al Trono del Giudizio, Dio dirà: "Avete respinto i Miei segni, senza neppure cercare di comprenderli? Oppure che cosa avete fatto?"

85-La parola di verità starà di fronte a loro, a causa delle loro azioni malvagie e diventeranno incapaci di parlare.

86-Non hanno veduto che abbiamo dato loro la notte per il riposo e il giorno abbiamo concesso loro la luce? In verità, in ciò ci sono segni per coloro che credono!

87-E il giorno in cui suonerà la tromba del giudizio, tutte le creature che si trovano nei cieli e sulla terra saranno colte dal terrore, eccetto coloro che Dio avrà scelto. Tutti si presenteranno alla Sua presenza, nella piena consapevolezza della loro nullità.

88-Vedete le montagne e pensate che siano fissate con fermezza. Le vedrete passare così come le nuvole: opera di Dio che ha disposto[21] tutto ciò che esiste in modo perfetto. Lui è consapevole di tutte le vostre azioni.

---

[19] In arabo *Hukm*. In questo caso può indicare: 1-La rivelazione, 2-Lo svolgersi degli eventi, 3-Il giudizio cui tutte le anime andranno incontro nell'Altra vita.

[20] Il termine arabo può essere letto come *Tukallimuhum* e *Taklimuhum*. Nel primo caso significa "opporsi", "porsi di fronte", nel secondo "ferire". Se si sceglie la seconda interpretazione, allora il versetto indica che il materialismo (simbolizzato dalla bestia) produrrà la sua stessa nemesi.

[21] In arabo *Atqana*, che significa disporre le cose con arte ed equilibrio in modo da ottenere il migliore effetto possibile.

89-Se qualcuno di voi compie il bene, otterrà il bene e quel giorno sarà libero dal terrore.

90-Se compiono il male, i loro volti saranno gettati nel Fuoco[22]: "Avete ricevuto una ricompensa diversa da quella che le vostre azioni hanno meritato?"

91-Mi è stato comandato di servire il Signore di questa città[23], Colui che la ha santificata e a Cui appartiene ogni cosa. Mi è stato comandato di essere tra coloro che si sottomettono a Dio nell'Islam

92-e recitano il Corano[24]. Se qualcuno accetta la guida, lo fa per il bene della propria anima. E, se si allontanano, di': "Sono solo un ammonitore".

93-Di': "Sia lode a Dio, che presto vi mostrerà i Suoi segni affinché possiate conoscerli". Il tuo Signore non è inconsapevole di quello che fate.

---

[22] Quest'espressione indica che tutto ciò di cui si gloriavano vanamente sarà gettato nel Fuoco per primo.

[23] Questo versetto venne rivelato alla Mecca circa 5 anni prima dell'*Hijrah*, quando il Profeta (pbsl) ed i primi musulmani venivano perseguitati dai notabili della Mecca.

[24] Il dovere del Profeta (pbsl) e dei suoi seguaci era quello di accettare l'Islam e di diventare un esempio fulgido della grazia e della misericordia di Dio, al fine di proclamare e diffondere il messaggio nel mondo.

XXVIII

Sura Al-Qasas

(Il racconto)

Rivelata alla Mecca, (tranne i versetti 52-55)

Nel nome di Dio, il Clemente, il Misericordioso

1-Tā, Sīn, Mīm.
2-Questi sono i versetti del Libro perspicuo.
3-Ti abbiamo raccontato nella verità la storia di Mosè[1] e del Faraone.
4-In verità, il Faraone si mostrò arrogante e divise gli abitanti [del suo regno] in fazioni, perseguitando un piccolo gruppo tra di loro. I loro figli furono massacrati e solo le femmine furono lasciate in vita, perché era uno di coloro che spargono la corruzione.
5-Abbiamo desiderato mostrarci favorevoli verso coloro che venivano oppressi per renderli comandanti ed eredi della terra,
6-per accrescere il loro potere e per mostrare al Faraone, ad Hāmān[2] e alle loro armate ciò che temevano[3].
7-Così Noi inviammo questa inspirazione alla madre di Mosè[4]: "Allatta tuo figlio ma, quando avrai paura per lui, ponilo nel fiume. Però, non

---

[1] In questa sura viene narrata la storia di Mosè, di come si salvò dall'eccidio ordinato dal Faraone degli infanti di sesso maschile del popolo ebraico, di come fu allevato nella casa stessa dei regnanti d'Egitto e di come Dio stesso attraverso una serie di esperienze lo preparò per affrontare la missione che gli sarebbe stata assegnata. Mosè affrontò l'esilio e trovò aiuto e supporto presso un popolo straniero fino a quando Dio non gli parlò assegnandogli il ruolo di liberatore del popolo ebraico dalla schiavitù egiziana.

[2] Hāmān era il ministro del Faraone. Questo personaggio non deve essere confuso con il suo omonimo biblico che era ministro di Serse (Ahasuerus), re di Persia. Cfr. *Libro di Esther* 3:2.

[3] Il Faraone cercava di uccidere gli israeliti, ma le dieci piaghe invocate da Mosè ed inviate da Dio uccisero migliaia di egiziani. Cfr. 7:133.

[4] Le ostetriche egiziane avevano ricevuto l'ordine di uccidere tutti gli infanti di sesso maschile del popolo ebraico. Mosè si salvò e sua madre lo allattò fino a quando, consapevole del pericolo che il piccolo correva se fosse stato trovato in casa sua, su ispirazione divina lo depose in una cesta e lo adagiò nel fiume, dove venne trovato da una delle spose del Faraone.

temere e non ti addolorare perché Noi te lo restituiremo e faremo di lui uno dei Nostri profeti."

8-Poi la gente del Faraone lo raccolse dal fiume. Era stato stabilito che Mosè sarebbe stato per loro un avversario ed una causa di sofferenza, perché il Faraone, Hāmān e tutte le loro armate erano peccatori.

9-La moglie del Faraone disse: "Qui c'è una gioia per i miei ed i tuoi occhi; non lo uccidere. Potrebbe esserci utile e potremmo adottarlo come figlio"[5]. Non compresero che cosa stavano facendo.

10-Però poi nel cuore della madre di Mosè ci fu un vuoto. Stava quasi per svelare tutto, se Noi non avessimo fortificato il suo cuore con la fede affinché potesse rimanere una ferma credente.

11-Disse alla sorella di Mosè: "Seguilo". Così costei lo osservò di nascosto e loro non ne ebbero alcun sospetto.

12-Ordinammo che rifiutasse tutte le nutrici, fino a quando sua sorella venne e disse: "Posso mostrarvi le persone di una casa che lo nutriranno per voi, lo cresceranno e saranno sinceramente affezionati a lui?"

13-Così lo riconsegnammo a sua madre, affinché i suoi occhi potessero essere confortati, non soffrisse e sapesse che la promessa di Dio è verità. La maggior parte di loro però non comprende.

14-Quando raggiunse la maturità[6] e fu nel pieno dello sviluppo, gli abbiamo concesso saggezza e conoscenza. In questo modo ripaghiamo quanti compiono il bene.

15-Un giorno entrò in città senza essere notato[7]. Vide due uomini che combattevano, uno appartenente al suo popolo e l'altro a quello del nemico. Ora l'uomo del suo stesso popolo si appellò a lui contro il suo nemico e Mosè gli diede un pugno e lo uccise. Disse: "Questa è opera di Satana, perché egli è un nemico che manifestatamente devia"[8].

16-Allora pregò: "O mio Signore, ho commesso un'ingiustizia contro la mia stessa anima! Perdonami!". Così Dio lo perdonò, perché Egli è Perdonatore, Misericordioso.

---

[5] Il Faraone egiziano cui si fa riferimento era molto probabilmente Thothmes I.

[6] Con quest'espressione s'intende un'età compresa tra i 18 ed i 30 anni.

[7] Un giovane cresciuto nel palazzo reale non godeva di un'ampia libertà di movimento all'interno dei quartieri dei plebei. Molto probabilmente Mosè si recava in questa parte della città di nascosto ed eludendo la sorveglianza delle guardie del palazzo.

[8] Mosè aveva commesso in questa situazione una serie di errori, che avrebbero potuto compromettere per sempre la sua vita futura tra gli egiziani: 1-Era uscito di nascosto dal palazzo, 2-Aveva preso le difese di un ebreo, 3-Aveva ucciso un egiziano.

17-Egli disse: "O mio Signore, per la grazia che mi hai concesso, non sarò mai di aiuto a coloro che commettono il male!"

18-Così il mattino successivo entrò nella città, guardandosi intorno timoroso, quando colui che, il giorno prima, aveva cercato il suo aiuto, lo chiamò di nuovo. Mosè gli disse: "Tu sei sicuramente un provocatore evidente!"

19-Poi, quando decise di colpire l'uomo che era nemico di entrambi, quest'ultimo disse: "O Mosè, è tua intenzione uccidermi come hai ucciso ieri quell'altro uomo. Non vuoi altro che diventare un oppressore sulla terra e non qualcuno che promuove la giustizia!"

20-Poi giunse un uomo, correndo, dalla zona più remota della città. Egli disse: "O Mosè! I capi si sono riuniti in consiglio riguardo a te, per ucciderti. Fuggi via; ti do un sincero consiglio".

21-Così si allontanò, guardandosi intorno timoroso[9] e pregò: "O mio Signore, salvami da coloro che sono dediti all'oppressione".

22-Poi, quando volse il suo volto verso la terra di Madyan[10], disse: "Spero che il mio Signore mi mostri la retta via".

23-Quando arrivò presso un'oasi in Madyan, trovò un gruppo di uomini che abbeveravano le loro greggi e accanto due donne, che tenevano indietro il loro. Disse: "Che cosa vi è accaduto?" Risposero: "Non possiamo abbeverare il nostro gregge, fino a quando i pastori non ritirano il loro. Nostro padre è un uomo molto anziano".

24-Così egli abbeverò per loro il gregge. Poi si voltò verso l'ombra e disse: "O mio Signore, in verità, sono in un disperato bisogno di un bene che Tu possa inviarmi!"

25-Successivamente una delle giovani donne tornò indietro da lui, camminando in modo molto timido. Ella disse: "Mio padre ti invita per ricompensarti per aver abbeverato il nostro gregge per noi. Così, quando egli giunse ed ebbe raccontato la storia, disse: "Non temere, sei scampato da un popolo di ingiusti".

---

[9] Mosè vide che la sua posizione era ormai insostenibile sia nel palazzo che nella città, quando si seppe quanto aveva compiuto. Per questa ragione decise di affrontare l'esilio e affidò tutto se stesso a Dio.

[10] Ad est del Basso Egitto si trova la Penisola del Sinai, che confina a sud con il Golfo di Suez e a nord con l'allora Istmo di Suez, ora diviso in due dal canale. Sull'istmo correva la strada maestra che conduceva dalla Siria alla Palestina. Mosè probabilmente attraversò l'istmo e dopo essere entrato nel deserto del Sinai si trovò nel territorio di Madyan.

26-Una delle fanciulle disse: "O padre, assumilo. In verità, è l'uomo migliore per te da impiegare: è forte e degno di fiducia".

27-Egli disse: "È mia intenzione darti in sposa una delle mie figlie a condizione che tu mi possa servire per otto anni. Però, se completi i dieci anni, sarà considerato un favore da te concesso. Non voglio porti in nessuna difficoltà. Tu mi troverai, se Dio vuole, uno degli onesti".

28-Rispose: "Sia questo l'accordo tra me e te. Qualunque dei due termini completerò, non mi sarà attribuita alcuna colpa. Che Dio sia testimone di quanto affermiamo".

29-Ora, quando Mosè ebbe completato il termine e stava viaggiando insieme alla propria famiglia, vide un fuoco nella direzione del Monte Tur. Disse allora ai suoi: "Aspettatemi, vedo un fuoco. Spero di portarvi alcune informazioni oppure un ramo che brucia per potervi riscaldare".

30-Però, quando si avvicinò al fuoco[11], udì una voce dalla riva destra della valle, da un albero, in una striscia di terra benedetta. "O Mosè, in verità, Io sono Dio, il Signore dei Mondi.

31-Ora getta il tuo bastone", ma quando lo vide muoversi, come se fosse un serpente, si voltò, ma non tornò sui suoi passi: "O Mosè, avvicinati e non temere. Ti trovi sotto [la Mia] protezione.

32-Infila la mano nel petto e diventerà bianca senza macchia. Tieni le braccia strette ai fianchi per calmare il tuo timore. Queste sono due prove dal tuo Signore per il Faraone ed i suoi nobili, perché in verità sono gente ribelle e malvagia".

33-Disse: "O mio Signore, ho assassinato uno di loro e ho paura che vogliano uccidermi.

34-Mio fratello Aronne è molto più eloquente di me. Mandalo insieme a me come aiutante per confermarmi e rafforzarmi perché temo che mi accuseranno di falsità.

35-Egli disse: "Certamente rafforzeremo il tuo braccio attraverso tuo fratello e conferiremo ad entrambi autorità, così non saranno in grado di toccarvi[12]. Con i Nostri segni trionferete: voi due e coloro che vi seguono[13]".

---

[11] Cfr. Esodo 3:2.

[12] Si riferisce al fatto che i segni inviati da Dio avrebbero impedito agli egiziani di nuocere a Mosè e ad Aronne.

[13] La potenza della luce divina raggiunge il più umile di coloro che Lo cercano.

36-Quando Mosè giunse da loro con i Nostri chiari segni, dissero: "Questa non è altro che stregoneria. Non abbiamo mai udito qualcosa di simile tra i nostri antenati".

37-Mosè disse: "Il mio Signore conosce meglio chi giunge con la guida proveniente da Lui e chi avrà il destino migliore nell'Altra vita. Certamente, gli ingiusti non prospereranno".

38-Il Faraone disse: "O capi, non conosco altro dio tranne me stesso[14]. O Hāmān, accendi un fuoco sull'argilla e costruiscimi un alto palazzo[15], affinché possa arrivare al dio di Mosè. Comunque, per quello che mi riguarda, penso che Mosè sia un bugiardo".

39-Egli ed i suoi erano arroganti ed insolenti, dal momento che non conoscevano la verità. Pensavano che non sarebbero mai ritornati a Noi.

40-Così Noi afferrammo lui e le sue armate e li scagliammo nel mare. Ora guardate qual è stata la fine di coloro che compiono il male.

41-Noi li abbiamo resi come guide che invitano al Fuoco e nel Giorno del Giudizio non troveranno alcun aiuto.

42-In questo mondo abbiamo fatto sì che li seguisse una maledizione e nel Giorno del Giudizio saranno i detestati ed i disprezzati.

43-Abbiamo rivelato a Mosè il Libro, dopo aver distrutto le generazioni precedenti, per concedere comprensione, guida e misericordia agli uomini affinché possano ricevere il monito[16].

44-Tu [Profeta] non ti trovavi sul lato occidentale[17] quando abbiamo affidato la missione a Mosè, e non sei stato nemmeno testimone di questi eventi.

---

[14] Il Faraone si proclamò dio supremo del suo popolo. Cfr. 79:24: "Io sono il vostro dio eccelso".

[15] Le parole del Faraone appaiono piuttosto sarcastiche, anche se alcuni commentatori ritengono che debbano essere interpretate letteralmente. Cfr. 40:36.

[16] Dopo la distruzione della tirannia del Faraone, Dio ha inaugurato una nuova era della rivelazione, che può essere considerata sotto i seguenti punti di vista: 1-Era una luce per l'umanità affinché non vagasse nelle tenebre, 2-Era una guida per mostrare loro la via affinché non si perdessero, 3-Era una misericordia da parte di Dio. In 6:91 si fa riferimento ad una luce e guida in relazione alla rivelazione data a Mosè; invece in 6:154 ad una guida e ad una misericordia. Qui le tre definizioni sono combinate e *Basāir* è stata sostituita con *Nūr*. *Basāir* è il plurale di *Basīrat* e può essere tradotto come "prove". Cfr. 6:104. In 7:203, dove la parola è stata tradotta come "luci".

[17] La penisola del Sinai si trova nella parte nord-occidentale dell'Arabia. Il riferimento del presente versetto sembra comunque rivolto al Monte Tur, che si trova sul lato occidentale della valle di *Tuwā*.

45-Abbiamo fatto crescere nuove generazioni e lunghi sono stati gli anni che sono passati sopra di loro. Tu non hai abitato tra il popolo di Madyan, recitando loro i Nostri segni, ma siamo stati Noi ad inviare i profeti con l'ispirazione.

46-Non sei stato al lato del Monte Tur, quando abbiamo chiamato Mosè. Eppure sei stato inviato come misericordia dal tuo Signore per avvertire coloro che prima di te non hanno ricevuto nessun messaggero, affinché possano essere ammoniti.

47-Se non ti avessimo inviato, quando sarebbero stati colti da una calamità per ciò che le loro mani hanno compiuto, avrebbero potuto dire: "Signore Nostro! Perché non ci hai inviato un profeta? Avremmo sicuramente seguito i segni e saremmo stati tra i credenti."

48-Però, ora, quando sono stati raggiunti dalla verità, affermano: "Perché non gli sono stati inviati dei segni, come quelli che sono stati dati a Mosè?" Non respingono forse i segni, che prima sono stati inviati a Mosè? Dicono: "Due tipi di magia, che si sostengono a vicenda" e aggiungono: "Per quanto ci riguarda, noi respingiamo tutti questi segni".

49-Di': "Allora portate un Libro che provenga da Dio che è una guida migliore di entrambi, affinché possa seguirlo. Fatelo, se quel che dite è vero".

50-Però, se non ti prestano ascolto, sappi che seguono solo i loro desideri e chi è più perduto di colui che segue solo i propri desideri, senza la guida da parte di Dio? Dio non guida quanti compiono il male.

51-Ora abbiamo permesso che giunga loro la parola, al fine che possano ricevere il monito.

52-Coloro ai quali abbiamo inviato il Libro, prima di questo, credono in questa rivelazione

53-e, quando viene recitata loro, affermano: "Crediamo. Questa è la verità che proviene dal nostro Signore. Invero, ci siamo sottomessi al volere di Dio, anche prima che giungesse questa rivelazione".

54-Costoro riceveranno una doppia ricompensa perché hanno perseverato, hanno scacciato il male con il bene e perché hanno speso in carità ciò che abbiamo loro concesso.

55-E, quando odono discorsi vani, si voltano e dicono: "A noi le nostre azioni e a voi le vostre. Pace a voi. Non cerchiamo la compagnia dell'ignorante".

56-Non potrai guidare chi ami, ma Dio guida chi vuole ed Egli conosce meglio chi riceve la guida.

57-Dicono: "Se dovessimo seguire la guida con te, saremmo strappati via dalla nostra terra". Non abbiamo stabilito per loro un santuario sicuro, a cui sono stati portati come tributi frutti di ogni tipo, come provvidenza da parte Nostra? Però la maggior parte di loro non comprende.

58-Quante popolazioni abbiamo distrutto che vivevano nella comodità e nell'abbondanza, ma erano ingrate? Ora, le loro abitazioni sono rimaste deserte e Noi ne siamo gli eredi!

59-Il tuo Signore non distrugge un popolo fino a quando non ha inviato un messaggero, affinché reciti i Nostri versetti. Non distruggeremo alcuna città se non quelle i cui abitanti sono malvagi.

60-Le cose materiali, che vi sono concesse, non sono altro che godimento e vanità di questa vita. Ciò che rimane presso Dio è migliore e più duraturo. Non sarete allora saggi?

61-Sono forse uguali questi due? Uno a cui abbiamo fatto una buona promessa e che sta per raggiungere il suo soddisfacimento e qualcuno, a cui abbiamo concesso le buone cose di questa vita[18], ma che, nel Giorno del Giudizio, sarà tra coloro che verranno condotti alla punizione?

62-Dio quel giorno li chiamerà e dirà: "Dove sono quelli che avete immaginato di associarMi?"

63-Coloro contro i quali sarà provata l'accusa, diranno: "Signore nostro, li abbiamo indotti a perdersi. Li abbiamo fatti deviare, allo stesso modo in cui noi stessi eravamo deviati. Al Tuo cospetto ci liberiamo [di loro]. Non siamo certo noi quelli che adoravano"[19].

64-Sarà detto loro: "Chiamate i vostri associati per ricevere aiuto. Li chiameranno, ma non presteranno alcun ascolto e vedranno la pena davanti a loro. Se solo avessero seguito la Nostra guida!"

---

[18] Le due classi di persone, cui ci si riferisce in questo versetto, sono rispettivamente: 1-Coloro che hanno fede nelle promesse fatte da Dio a quanti compiono il bene, 2-Coloro che si mostrano ingrati verso i beni che Dio ha loro concesso.

[19] Cfr. 10:28. Il fulcro della falsa adorazione è l'adorazione del Sé. Per questo motivo i miscredenti non potranno accusarsi gli uni con gli altri, ma ognuno di loro sarà chiamato ad affrontare la pena ed il castigo di cui è degno.

65-Quel giorno Dio li chiamerà[20] e domanderà: "Quale risposta avete dato ai profeti?"

66-Quel giorno tutta la loro storia sarà oscura[21] per loro [come la luce per il cieco] e non saranno capaci d' interrogarsi a vicenda.

67-Invece chi in questa vita si è pentito, ha creduto e ha operato per il bene, avrà la speranza di essere tra quanti ricevono la salvezza.

68-Il tuo Signore crea qualsiasi cosa Egli voglia e scelga[22]. Costoro invece non hanno alcuna scelta. Gloria a Dio! Egli è ben al di là di ciò che Gli associano.

69-Il tuo Signore conosce tutto ciò che i loro cuori nascondono e tutto ciò che rivelano.

70-Egli è Dio. Non c'è altro dio che Lui. A Lui sia la lode, in questo mondo e nell'Altro. A Lui appartiene il comando e presso di Lui tutti sarete ricondotti.

71-Di': "Non comprendete? Se Dio avesse reso la notte perpetua fino al Giorno del Giudizio, quale altro dio oltre Dio, potrebbe darvi la luce? Non presterete, quindi, ascolto?"

72-Di': "Qualora Dio avesse reso il giorno perpetuo fino al Giorno del Giudizio, quale altro dio oltre Lui potrebbe darvi una notte nella quale riposare? Non vedete, dunque?"

73-È per la Sua misericordia che Egli ha creato la notte e il giorno affinché possiate riposare e cercare la Sua grazia, al fine di mostrarvi grati.

74-Il giorno, in cui li chiamerà, dirà: "Dove sono coloro che avete immaginato di associarMi?"

75-Da ogni popolo trarremo un testimone e diremo: "Produci la tua prova". Allora comprenderanno che la verità si trova [solo] presso Dio e che le menzogne che hanno inventato li hanno abbandonati.

---

[20] Il riferimento è diretto a coloro che hanno perseguitato e tacciato di menzogna i profeti inviati da Dio. Cfr. 28:62-64.

[21] La mente dei peccatori e miscredenti sarà del tutto ottenebrata e confusa. Il passato sembrerà loro irreale ed il presente incomprensibile. Non saranno nemmeno nella condizione di consultarsi a vicenda.

[22] Secondo la sua volontà ed il suo piano.

76-Qarūn[23] faceva parte del popolo di Mosè, ma agì con insolenza contro di loro. I tesori[24] che gli abbiamo concesso erano così tanti che le chiavi sarebbero state un peso per un gruppo[25] di uomini forti. Il suo popolo gli disse: "Non esultare, perché Dio non ama coloro che esultano.

77-Invece cerca, con la ricchezza che Dio ti ha concesso, la dimora[26] dell'Altra vita. Non dimenticare ciò che ti spetta in questa vita, ma compi il bene così come Dio è stato buono verso di te, e non cercare di spargere corruzione sulla terra. Dio non ama coloro che spargono la corruzione".

78-Egli disse: "Questo mi è stato concesso a causa di una certa conoscenza che possiedo". Non sa forse che Dio ha distrutto, prima di lui, intere generazioni che erano superiori a lui in potere e avevano ammassato molte più ricchezze? I malvagi non sono immediatamente chiamati a rendere conto per i loro peccati.

79-Così procedette tra il suo popolo con l'arroganza del suo splendore terreno. Coloro, la cui meta è la vita di questo mondo, hanno affermato: "Oh avessimo ciò che possiede Qarūn! Perché egli in realtà è signore di una grande fortuna!".

80-Invece coloro, a cui è stata garantita la vera conoscenza, affermano: "Guai a voi! La ricompensa di Dio nell'Altra vita per coloro che credono e compiono il bene è migliore. Però nessuno la raggiungerà, tranne coloro che perseverano nel bene".

---

[23] Costui è identificato con il Korah biblico. Cfr. Numeri 16:1-35. Nella Bibbia si racconta che costui ed i suoi seguaci, che ammontavano a circa 250 uomini, si ribellarono contro Mosè ed Aronne reclamando per se stessi, in forza della loro posizione sociale e benessere economico, il diritto di compiere i riti sacerdotali compreso quello di bruciare l'incenso presso l'altare sacro, cui solo i leviti potevano avvicinarsi.

[24] La ricchezza di Korah è descritta nel *Midrashim* compilati sulla base dei racconti orali tramandati nelle sinagoghe.

[25] Il termine arabo *'Usbat* indica una quantità indefinita e solitamente un gruppo di uomini composto dalle 10 alle 40 unità.

[26] Se la ricchezza non è utilizzata in modo corretto, ne conseguono tre mali: 1-Il suo possessore diventa avaro e non rispetta i diritti di coloro che gli sono intorno, 2-Il suo possessore dimentica i bisogni dei poveri e la necessità di supportare le cause superiori, 3-Il suo possessore può causare una serie di danni attraverso il compimento di azioni riprovevoli.

81-Poi abbiamo fatto sì che la terra inghiottisse lui e casa sua[27]. Ed egli non ebbe nessuno in grado di aiutarlo contro Dio né ebbe la possibilità di difendersi.

82-Quanti il giorno prima avevano invidiato la sua posizione, il giorno dopo cominciarono ad affermare: "Dio è Colui che concede o che lesina a chiunque vuole dei Suoi servi! Se Dio non fosse stato clemente con noi, avrebbe sicuramente comandato alla terra di sommergerci! Coloro che rifiutano Dio, mai prospereranno".

83-Concederemo la dimora dell'Altra vita a coloro che sulla terra non vogliono essere superbi e non spargono la corruzione. L'esito finale appartiene ai timorati.

84-Se qualcuno compie il bene, la ricompensa di cui è degno è migliore della sua azione, ma se qualcuno compie il male, sarà punito solo per ciò che ha compiuto.

85-In verità, Colui che ti ha ordinato il Corano, ti condurrà al luogo del ritorno. Di': "Il mio Signore conosce bene chi reca la vera guida e chi in realtà è in errore manifesto".

86-Non speravi che ti sarebbe stato rivelato il Libro, eccetto che come misericordia[28] dal tuo Signore. Non supportare in nessun modo coloro che respingono il messaggio di Dio.

87-Fai che nulla ti mantenga lontano dai Segni di Dio, dopo che ti sono stati rivelati, e invita gli uomini al tuo Signore e non essere tra coloro che associano a Dio altri dei.

88-Non invocare, oltre a Dio, un altro dio. Non vi è altro dio che Lui. Tutto ciò che esiste perirà, tranne il Suo volto. A Lui appartiene il comando e a Lui sarete ricondotti.

---

[27] Oltre al significato immediato del testo, da questo versetto si possono dedurre anche le seguenti osservazioni: 1-Qarun si trovava nel deserto con gli altri ebrei e in quel territorio spoglio ed inospitale la sua stessa fortuna non gli era di grande beneficio; 2-Anche se il suo corpo si trovava con il popolo ebraico, il suo cuore ed i suoi pensieri erano invece in Egitto, 3-Dio solo è la fonte di ogni benessere sia materiale che spirituale, 4-Qarūn non ha compreso che il potere e la forza spirituale non si misurano con il benessere materiale.

[28] La rivelazione e la predicazione della verità all'inizio portano conflitto, persecuzione e tristezza, ma recano sempre alla fine la misericordia di Dio, anche se non è immediatamente visibile.

XXIX

Sura Al-'Ankabūt

(Il ragno)

Rivelato alla Mecca, (tranne i versetti 1-11)

Nel nome di Dio, il Clemente, il Misericordioso

1-Alif, Lām, Mīm.
2-Pensano forse che saranno lasciati soli, dopo aver detto: "Crediamo"[1] e che non saranno sottoposti a delle prove?
3-Abbiamo messo alla prova quanti li hanno preceduti e Dio così distingue i veritieri dai bugiardi.
4-Coloro che compiono il male, pensano forse che potranno sfuggirCi? Hanno giudicato male[2].
5-Coloro che ripongono le loro speranze nell'incontro con Dio nell'Altro mondo, [sappiano che] il termine[3], che Dio ha stabilito, in verità si avvicina. Dio ode e conosce ogni cosa.
6-Se si impegnano strenuamente, lo fanno a beneficio delle anime loro. Dio basta a Se stesso. Non ha bisogno della creazione.
7-Da coloro che credono e compiono opere di bene, allontaneremo tutte le cattive azioni che hanno commesso[4] e li ricompenseremo in relazione alle loro azioni migliori.

---

[1] La mera professione di fede non è abbastanza. Il vero credente sarà sempre messo alla prova dalle diverse difficoltà da affrontare nel corso della vita quotidiana, al fine di saggiare la sua capacità di impegnarsi nella causa di Dio. Il dolore, la tristezza ed il sacrificio sono necessari non in se stessi, ma in quanto possono aiutare gli esseri umani a sviluppare una forte tempra spirituale.

[2] La persecuzione dei malvagi a volte promuove la fede presso i non-credenti e rafforza l'animo di coloro che già credono.

[3] In arabo *Ajal*. Questo termine significa rispettivamente: 1-Il tempo stabilito per la morte, 2-Il tempo stabilito per la vita in questo mondo. In ogni caso, il credente deve impegnarsi in ogni momento della propria esistenza senza posticipare nulla per il futuro.

[4] Cfr. 46:16. Con l'impegno, la sincerità e l'aiuto divino saremo nella posizione di evitare le conseguenze delle nostre azioni moralmente scorrette.

8-Abbiamo comandato all'uomo la gentilezza verso i genitori, ma se ti spingono ad adorare, oltre Me, qualcosa di cui non possedete conoscenza alcuna, non prestate loro obbedienza. Tutti voi tornerete a Me e vi farò comprendere [la verità] di ciò che avete compiuto in vita.

9-Coloro che credono e compiono opere meritorie saranno ammessi nella compagnia dei virtuosi.

10-Tra gli uomini ci sono coloro che dicono: "Crediamo in Dio", ma quando soffrono per la Sua causa, interpretano l'oppressione degli uomini severa come l'ira divina! Se giunge la vittoria dal tuo Signore, dicono: "Siamo sempre stati con te!". Non è forse Dio Colui che conosce nel modo migliore quanto si trova nei cuori di tutto ciò che è stato creato?

11-Dio conosce i credenti e coloro che invece sono ipocriti[5].

12-I miscredenti dicono ai credenti: "Seguite la nostra vita e noi saremo responsabili[6] delle conseguenze dei vostri errori". Mai lo faranno. Non fanno altro che professare menzogne.

13-Costoro porteranno i loro pesi e, oltre i loro, anche quelli degli altri[7]. Nel Giorno del Giudizio saranno chiamati a rendere conto di tutte le falsità che hanno proferito.

14-Abbiamo inviato Noè al suo popolo ed egli abitò tra loro per mille anni, meno cinquanta. Poi, il diluvio li sommerse, mentre erano ancora intenti a compiere azioni malvagie.

15-Abbiamo salvato lui ed i Compagni dell'Arca e abbiamo fatto di quest'ultima un segno per le genti.

16-E [abbiamo inviato] anche Abramo. Egli disse al suo popolo: "Servite e temete Dio. Questa è la cosa migliore per voi. Se solo comprendeste!

17-Adorate idoli invece di Dio ed inventate falsità! Coloro che adorate, oltre a Dio, non hanno il potere di sostenervi. Cercate quindi il

---

[5] Cfr. 29:3. Nel contesto di questo versetto l'opposizione generale tra verità e falsità è ricondotta allo specifico caso degli ipocriti, che sono in realtà dei nemici della fede, anche se pretendono di supportare i credenti.

[6] Secondo l'insegnamento coranico ogni essere umano è responsabile delle proprie azioni.

[7] Coloro che hanno indotto gli altri a perdersi ed a rifiutare la fede, porteranno il peso della propria miscredenza e di quella altrui.

sostentamento[8] presso Dio, serviteLo e siateGli grati. Presso di Lui è il ritorno.

18-Se rifiutate il messaggio, come hanno fatto le generazioni che vi hanno preceduto, [sappiate che] il dovere del profeta è solo quello di predicare pubblicamente.

19-Non vedono come Dio ha dato origine alla creazione e poi la rinnova? Questo è semplice per Lui.

20-Di': "Viaggiate attraverso la terra e vedete come Dio ha dato origine alla creazione. In seguito ne produrrà una nuova. Egli detiene il potere supremo su ogni cosa.

21-Egli punisce chi vuole e mostra misericordia verso chi vuole. Presso di Lui è il ritorno[9].

22-Non potreste mai sfuggirGli né in cielo né in terra. Oltre Lui, non avete nessun protettore o aiuto.

23-Coloro che respingono i segni di Dio e negano il ritorno presso di Lui, disperano della Mia misericordia. Costoro[10] soffriranno il più cocente castigo.

24-Il popolo di Abramo ebbe una sola risposta: "Uccidetelo o bruciatelo". Dio lo ha salvato dal fuoco. In verità, in ciò ci sono segni per coloro che credono.

25-Egli disse: "Avete scelto di adorare degli idoli invece di Dio, a causa del vostro reciproco amore e legame in questa vita. Nel Giorno del Giudizio vi disconoscerete e vi maledirete gli uni con gli altri. La vostra dimora sarà il Fuoco e non avrete nessuno che vi aiuti".

26-Lot[11] credette e disse: "Lascerò la mia casa per amore del mio Signore. Egli è Onnipotente, Saggio".

---

[8] In questo contesto il termine "sostentamento" è inteso sia in senso materiale che spirituale. Il credente deve domandare a Dio tutto ciò di cui ha bisogno per vivere sia materialmente che spiritualmente nell'attesa del compimento del suo destino finale.

[9] In arabo *Ilaihi Tuqlabūn* che potrebbe essere tradotto anche come "vi volgete verso di Lui", ad indicare la totale dipendenza dell'uomo da Dio non solo per quel che riguarda il suo destino nell'Altra vita, ma anche nelle difficoltà ed i bisogni di questo mondo.

[10] In arabo *Ulāika*. Quest'enfasi indica che solo coloro che respingono i segni di Dio e l'Altra vita si troveranno nell'abisso della disperazione.

[11] Lot, nipote di Abramo, accettò il suo insegnamento ed andò con lui in esilio, dopo essere stato ostracizzato dalla sua gente a causa del suo rifiuto delle pratiche pagane. Abramo lasciò infatti la terra degli antenati in Chaldea e si stabilì nel territorio situato tra la Siria e la Palestina.

27-Abbiamo concesso ad Abramo Isacco e Giacobbe[12] e tra i suoi discendenti abbiamo scelto i profeti ed i messaggeri della rivelazione. Gli abbiamo garantito una ricompensa in questo mondo e nell'Altro la compagnia dei veritieri.

28-Ricordate: Lot disse al suo popolo: "Vi macchiate di azioni abominevoli come nessuno prima di voi.

29-Vi accostate agli uomini [con desiderio]; non rispettate la natura e commettete questi ignobili crimini anche nei vostri incontri pubblici?" Costoro non diedero alcuna risposta tranne questa: "Portaci il castigo di Dio, se hai detto il vero".

30-Disse: "O mio Signore, aiutami contro coloro che commettono il male!".

31-Quando i nostri messaggeri giunsero da Abramo con la buona novella, dissero: "Stiamo per distruggere gli abitanti di questa città[13] perché in verità sono dei malvagi".

32-Egli disse: "Lì abita Lot". Dissero: "Sappiamo bene chi vi abita. Certamente salveremo lui e coloro che lo seguono, eccetto sua moglie[14] che sarà tra coloro che rimangono indietro".

33-Quando i nostri messaggeri giunsero da Lot, si addolorò perché non era in grado di garantire loro protezione. Costoro però dissero: "Non temere e non ti addolorare. Siamo qui per condurre in salvo te e quanti ti seguono, eccetto tua moglie. Ella è tra coloro che rimarranno indietro.

34-Stiamo per inviare sugli abitanti di questa città una punizione[15] dal cielo perché sono stati ribelli".

35-Abbiamo lasciato un segno evidente[16] di quella città per tutti coloro che vogliono comprendere.

---

[12] Isacco e Giacobbe erano rispettivamente figlio e nipote di Abramo. I discendenti di Abramo, compreso Ismaele, furono benedetti da Dio attraverso la rivelazione. Mosè discendeva infatti da Isacco e Giacobbe ed il Profeta Muhammad (pbsl) da Ismaele. Cfr. Genesi 32:28, 35:10.

[13] Sodoma e Gomorra.

[14] La moglie di Lot mostrava di possedere un certo attaccamento emotivo al popolo malvagio.

[15] Il riferimento è diretto ad un'eruzione vulcanica, ad una pioggia di cenere e lapilli e ad un terremoto, che distrussero completamente le due città. Cfr. 11:82.

[16] Il tratto posto ad est del Mar Morto, dove erano situate le due città, è coperto di sale sulfureo e nessuna pianta o animale può viverci. In arabo il Mar Morto è chiamato *Bahr Lut*.

36-Agli abitanti di Madyan abbiamo inviato il loro fratello Shu'ayb. Poi egli disse: "O popolo mio, servite Dio e temete l'ultimo giorno. Non commettete il male sulla terra con l'intenzione di spargere la corruzione".

37-Costoro però lo rifiutarono. Allora li colse il grande cataclisma[17] e giacquero prostrati nelle loro case al mattino.

38-Ricordate i popoli degli Ad e dei Thamud. Il loro destino vi apparirà chiaramente dalle tracce delle vestigia delle costruzioni. Satana ha fatto sembrare le loro azioni desiderabili e li ha tenuti lontani dalla via, anche se era stata data loro intelligenza e capacità di comprendere la verità.

39-Ricordate Qarūn, il Faraone ed Hāmān. Venne da loro Mosè con chiari segni, ma costoro si comportarono con insolenza sulla terra. Non hanno potuto sfuggire alla Nostra punizione.

40-Ognuno di loro è stato colpito per il crimine commesso. Contro alcuni abbiamo inviato un violento tornado[18] [con una pioggia di pietre]. Altri sono stati colti da un immenso cataclisma[19]. Alcuni sono stati inghiottiti dalla terra. Altri furono sommersi dalle acque[20]. Non è stato Dio che ha commesso ingiustizia contro di loro, ma costoro hanno commesso ingiustizia contro le loro stesse anime.

41-Coloro che scelgono protettori oltre a Dio, assomigliano al ragno che fila da solo la propria tana. Però, la dimora più fragile è quella del ragno. Se solo sapessero!

42-In verità, Dio conosce chi invocano oltre Lui. Egli è Onnipotente, Saggio.

43-Queste sono le parabole che presentiamo agli esseri umani. Possono comprenderle però solo coloro che sono in possesso della conoscenza.

---

[17] Cfr. 11:84-95. Il riferimento è diretto ad un'esplosione che accompagna solitamente le eruzioni vulcaniche.

[18] In arabo *Hāsib*. Cfr. 17:68. Secondo alcuni commentatori con questo termine ci si riferisce sia alla punizione da cui furono colpiti gli abitanti di Sodoma e Gomorra che gli Ad. Il Corano però, nel caso degli Ad, fa riferimento ad un vento violento e freddo (Cfr. 41:16, 54:19, 69:6).

[19] In arabo *Saihat*. Questo termine è utilizzato per indicare la punizione inviata al popolo di Madyan (Cfr. 11:94), dei Thamud (Cfr.11:67), alla popolazione cui Lot ha predicato (Cfr. 15:73), all'*Hijr* (Cfr. 15:83) e nella parabola dei tre profeti che in una cittadina trovarono un solo credente (Cfr. 36:29).

[20] Il riferimento è diretto alla punizione da cui furono colpite le milizie del Faraone (Cfr. 28:40) e coloro che rifiutarono il messaggio di Noè (26:120).

44-Dio ha creato i cieli e la terra secondo verità[21]. In ciò vi sono segni per i credenti.

45-Recita la parte della rivelazione che ti è stata inviata[22] per ispirazione. Stabilisci preghiere regolari perché la preghiera trattiene dal compiere atti vergognosi ed ingiusti. Il ricordo di Dio è certamente la cosa migliore. Dio conosce bene quello che fate.

46-Non disputate con le genti del Libro se non nel modo migliore, tranne contro coloro che commettono ingiustizia, ma dite: "Crediamo in ciò che è stato rivelato a noi ed in ciò che è stato rivelato a voi. Il nostro Dio e il vostro Dio sono il medesimo. A Lui ci sottomettiamo [nell'Islam]".

47-Così ti abbiamo inviato il Libro. Coloro che comprendono la rivelazione ed alcuni tra coloro che hanno ricevuto la rivelazione precedente credono[23]. Solo coloro che negano il vero respingono i Nostri segni.

48-Tu [O Muhammad] non hai potuto recitare nessuna rivelazione, prima che questo Libro fosse rivelato, e nemmeno sei stato capace di trascriverlo con la tua stessa mano. Se fosse stato altrimenti, coloro che smentiscono il vero avrebbero potuto nutrire dei dubbi.

49-Il Corano è un chiaro messaggio per i cuori di coloro, cui è stata concessa la conoscenza[24]. Solo gli ingiusti respingono i Nostri segni.

50- Dicono: "Perché il suo Signore non gli invia dei miracoli?" Di': "I miracoli si trovano presso Dio ed io sono solo un ammonitore".

---

[21] Cfr. 6:73. Possiamo anche tradurre "nella giusta armonia e proporzione".

[22] In arabo *Tilāwat*. Questo termine indica: 1-La recitazione pubblica, 2-La lettura privata e 3-Lo studio attento.

[23] Relativamente agli ebrei che scelsero di credere nella rivelazione portata dal Profeta Muhammad (pbsl) vedi riferimento al versetto 26:77. Per quanto riguarda invece i cristiani, dobbiamo ricordare che rispettivamente nel sesto e settimo anno dell'*Hijrah* vennero inviate dal Profeta (pbsl) delle ambasciate alle seguenti capitali: Costantinopoli (capitale dell'Impero bizantino), Madāin (capitale dell'Impero persiano), Ctesifone (capitale dell'Impero sasanide). Altre furono poi mandate in Siria, Egitto ed Abissinia. Nello stesso periodo furono inviati dei messaggeri in Yamāma (ad est dell'Hijaz), dove la tribù dei Banū Hanifa professava il Cristianesimo, mentre gli Hārith di Najrān inviarono una loro ambasciata a Medina.

[24] In arabo *'Ilm*. Questo termine indica una capacità di comprensione sia intellettuale che spirituale e specificatamente nel contesto di questo versetto si riferisce alla capacità di discernimento della verità delle rivelazioni inviate da Dio per mezzo dei profeti.

51-Per loro non è abbastanza che ti abbiamo inviato il Libro affinché comunicassi il messaggio? In verità, in esso c'è misericordia e monito per i credenti.

52-Di': "Basta Dio come testimone tra me e voi. Egli conosce che cosa si trova nei cieli e sulla terra. Saranno perdenti coloro che credono in false vanità e rifiutano Dio".

53-Ti sfidano ad affrettare il castigo divino[25] su di loro. Se non fosse stato stabilito un termine, la punizione li avrebbe certamente colti. Li colpirà improvvisamente, senza che ne abbiano consapevolezza.

54-Ti domandano di affrettare il castigo divino. Certamente l'Inferno inghiottirà coloro che rifiutano la fede

55-nel giorno in cui la punizione li coprirà da sopra e da sotto i piedi, ed una voce dirà: "Assaggiate i frutti delle vostre azioni".

56-O Miei servi credenti, la Mia terra è invero vasta[26]! ServiteMi!

57-Ogni anima dovrà assaggiare la morte. A Noi sarete ricondotti.

58-A coloro che credono e compiono opere rette, concederemo alte dimore nei cieli, sotto le quali scorrono ruscelli, dove risiedere: ricompensa eccellente per coloro che compiono il bene,

59-per coloro che pazientemente perseverano e ripongono la fiducia nel loro Signore!

60-Quante sono le creature che non si curano del proprio sostentamento? Dio nutre loro e voi. Egli ode e conosce ogni cosa.

61-Se domandi loro chi il creato i cieli e la terra e ha sottomesso il sole e la luna [alla Sua legge], certamente risponderanno: "Dio". Perché poi si allontanano dalla verità?

62-Dio garantisce sostentamento abbondante a chi desidera tra i Suoi servi. Allo stesso modo ne diminuisce la misura. Egli ha piena conoscenza di ogni cosa.

63-E se domandi loro chi ha inviato la pioggia dal cielo e dona nuova vita alla terra morta, certamente risponderanno: "Dio". Di': "Che Dio sia lodato!" Molti di loro però non comprendono.

64-Che cosa è la vita di questo mondo se non una delizia passeggera e vanità? La vera vita è nell'Altro mondo, se solo sapessero!

---

[25] Cfr. 22:47. Ai peccatori è sempre dato un periodo di tempo che precede la punizione di cui sono degni, affinché possano avere la possibilità di pentirsi.

[26] Nel contesto di questo versetto viene fatto riferimento all'*Hijrah*, ossia all'esilio che i credenti debbono in alcuni casi affrontare in seguito alla persecuzione per la loro fede. Cfr. 39:10.

65-Ora, se si imbarcano, si rivolgono a Dio con devozione esclusiva e sincera. Però, quando li ha condotti salvi sulla terra ferma, attribuiscono la divinità ad altri oltre Lui,

66-sdegnando i Nostri doni in modo ingrato e dandosi ai piaceri mondani! Presto sapranno.

67-Non vedono forse che abbiamo concesso loro un santuario sicuro, mentre intorno a loro gli uomini sono preda [della paura e del timore][27]? Credono in ciò che è vano e respingono la grazia di Dio.

68-Chi commette un'ingiustizia peggiore di colui che inventa menzogne contro Dio e respinge la verità, quando viene a lui? Non c'è forse una dimora nell'Inferno per coloro che rifiutano la fede?

69-Certamente guideremo sul retto cammino[28] coloro che s'impegnano per la Nostra causa[29]. In verità, Dio è con coloro che agiscono con rettitudine.

---

[27] Il riferimento immediato è diretto al santuario della *Ka'ba* ed al progresso graduale dell'Islam nei territori intorno alla Mecca, dopo la persecuzione che i Quraysh misero in atto verso il Profeta Muhammad (pbsl) ed i musulmani.

[28] In arabo *Sirāt al-Mustaqīm*. Ci si riferisce alla via retta che conduce l'essere umano alla rettitudine della condotta, alla purificazione della sua natura ed al conseguimento del destino assegnategli da Dio.

[29] Quando il credente s'impegna per la causa di Dio con tutta la sua forza ed i suoi mezzi, con costanza e con determinazione, incontrerà la luce e la misericordia di Dio, attraverso i quali sarà perdonato dei peccati e guidato sulla via dei giusti.

XXX

Sura Ar-Rūm

(I romani)

Rivelata alla Mecca

Nel nome di Dio, il Clemente, il Misericordioso

1-Alif, Lām, Mīm.
2-I romani sono stati sconfitti[1]
3-in una terra vicina[2]. Costoro però, dopo questa sconfitta, saranno di nuovo vittoriosi[3]
4-entro pochi anni[4]. La decisione, nel passato e nel futuro, appartiene a Dio. Quel giorno i credenti esulteranno
5-per il Suo supporto. gli concede la vittoria a chi vuole[5], gli è l' ccelso, il Misericordioso.
6-Questa è la promessa di Dio. gli non manca mai ad una Sua promessa, ma la maggior parte degli uomini non lo comprende.
7-Costoro conoscono solo l'apparenza della vita di questo mondo, ma non ne comprendono il fine[6].
8-Non riflettono forse nelle loro menti? Dio ha creato i cieli e la terra e tutto ciò che si trova nel mezzo per un giusto fine e per un termine

---

[1] Si riferisce alle molteplici sconfitte subite dall'Impero bizantino da parte degli eserciti persiani al tempo dell'Imperatore Heraclius.
[2] Si riferisce alla Siria o alla Palestina. I izantini perdettero il controllo di Gerusalemme nel 614-15 d.C., poco prima della rivelazione di questa sura.
[3] I Quraysh sostenevano i Persiani e speravano che anche la comunità islamica subisse delle perdite tali da determinarne la scomparsa. I loro calcoli e le loro speranze si rivelarono però del tutto vane. Nel 624 d.C., quando Heraclius condusse la campagna militare nel cuore della Persia, i Quraysh subirono poi una cocente sconfitta a adr.
[4] In arabo *Bidh'un*. Questo termine indica un lasso di tempo che va dai tre ai nove anni. Il periodo intercorrente tra la perdita di Gerusalemme 614-615 d.C. da parte dei izantini e la loro vittoria ad Isso 622 d.C. . è di sette anni, mentre quello tra la sconfitta dei izantini e l'invasione della Persia è di nove anni.
[5] In occasione della battaglia di adr nel secondo anno dell'*Hijrah* 624 d.C. , i pagani Quraysh subirono una cocente sconfitta e molti dei loro leader morirono in battaglia.
[6] In arabo *Ākhirat*. In questo contesto questo termine può indicare sia il fine degli eventi storici che l'Altro mondo in senso escatologico.

8-Non riflettono forse nelle loro menti? Dio ha creato i cieli e la terra e tutto ciò che si trova nel mezzo per un giusto fine e per un termine prestabilito. Eppure ci sono uomini che negano l'incontro con il loro Signore.

9-Non hanno forse viaggiato per tutta la terra e visto la fine di coloro che li hanno preceduti? Erano superiori in forza. Occuparono la terra e la popolarono molto di più di costoro. Poi venne da loro un profeta con chiari segni. Dio non ha commesso un'ingiustizia contro di loro. Costoro si sono comportati ingiustamente verso le loro anime[7].

10-Di certo orribile[8] sarà la fine di quanti hanno commesso il male perché hanno respinto i segni di Dio e li hanno messi in ridicolo.

11-Dio inizia il processo della creazione, poi la ripete. A Lui saremo ricondotti.

12-Nel giorno in cui sarà stabilita l'Ora, il colpevole sarà reso muto dalla disperazione.

13-Nessuno di coloro, cui avevano attribuito la divinità, verrà in loro soccorso. Loro stessi li rifiuteranno.

14-Il giorno, in cui sarà stabilita l'Ora, tutti gli uomini saranno convocati.

15-Coloro che hanno creduto e compiuto opere di bene, saranno felici in un'ombra deliziosa.

16-Coloro, che hanno respinto la fede e hanno negato falsamente i Nostri segni e l'incontro nell'Altro mondo, saranno consegnati ad una punizione eterna.

17-Così glorificate Dio, quando giunge la sera[9] e quando vi levate al mattino.

---

[7] Cfr. 35:44. La storia delle civiltà precedenti, i loro successi, il benessere e la successiva sconfitta debbono insegnare agli esseri umani l'umiltà.

[8] In arabo ʿĀqibat. In questo contesto indica un male estremo frutto dell'accumulo di azioni riprovevoli da parte degli esseri umani.

[9] Il tempo migliore per ricordarsi di Dio include l'intervallo in cui compiamo i nostri doveri quotidiani: da quando ci alziamo al mattino a quando ci corichiamo nelle ore notturne, quando ci troviamo nel mezzo delle attività lavorative, al tramontare del sole e nel tardo pomeriggio. I musulmani sono chiamati ad assolvere quotidianamente alle seguenti cinque preghiere (*Salāt*): 1-La preghiera del *Fajr*, prima del sorgere del sole, 2-La preghiera del *Zuhr*, subito dopo il mezzogiorno, 3-La preghiera dell'*Asr*, nel pomeriggio, tra il pomeriggio ed il tramonto, 4-La preghiera del *Maghrib* subito dopo il tramonto, 5-La preghiera dell'*Ishā*, al sopraggiungere della notte. Cfr. 11:114, 17:78-79, 20:130.

18-Sia a Lui la lode nei cieli e sulla terra, durante la notte e quando il giorno comincia a declinare.

19-Egli è Colui che da ciò che è morto fa emergere la vita e dal vivo fa emergere il morto. Colui che dà la vita alla terra, dopo che era morta. Così sarete tratti dall'estinzione.

20-Tra i Suoi segni c'è questo: vi ha creato dalla polvere ed eccovi esseri umani diffusi ogni dove!

21-Tra i Suoi segni vi è la creazione di compagni al fine che possiate vivere con loro in tranquillità. Egli ha posto amore e misericordia tra i vostri cuori. In verità, in ciò vi sono segni per coloro che riflettono.

22-E tra i Suoi segni vi è la creazione dei cieli e della terra e la differenza di idiomi e di colori. Questi sono segni per coloro che sanno.

23-Tra i Suoi segni vi è il sonno, a cui vi abbandonate la notte e il giorno, e la vostra capacità di cercare alcune delle Sue ricchezze. In verità, in ciò vi sono segni per coloro che prestano ascolto[10].

24-E tra i Suoi segni vi mostra il lampo come motivo insieme di paura e gioia[11], ed invia la pioggia dal cielo, con cui dona di nuovo la vita alla terra morta. In ciò vi sono segni per i saggi.

25-E tra i Suoi segni c'è che i cieli e la terra stanno saldi per Suo comando. Allora, quando vi chiamerà con un unico richiamo dalla terra, avanzerete.

26-A Lui appartiene ogni cosa che si trova nei cieli e sulla terra. Tutti ubbidiscono devotamente al Suo volere.

27-Egli inizia il processo della creazione, poi la ripete. È facile per Lui. A Lui appartiene ciò che di più umile si trova in cielo ed in terra. Egli è l'Eccelso, il Saggio.

---

[10] Dal versetto 20 al 25 sono menzionati una serie di "Segni" o "Miracoli", che dovrebbero risvegliare la nostra coscienza conducendoci verso Dio. I segni suddetti possono essere riassunti nel modo seguente: 1-L'origine ed il destino degli esseri umani (30:20), 2-L'istituzione del matrimonio e della famiglia (30:21), 3-L'esistenza della diversità tra i diversi gruppi umani che popolano la terra (30:22), 4-Le diverse condizioni psicologiche degli esseri umani nelle diverse fasi dell'esistenza (30:23), 5-Le diverse condizioni spirituali (30:24) simbolizzate dalle forze della natura che possono recare sia abbondanza che distruzione (30:25), 6-La crescita spirituale che ci permette di elevarci al di sopra di tutto ciò che è effimero.

[11] Cfr. 13:12. I fenomeni della natura dal potere sia benefico che distruttivo rappresentano e simbolizzano il timore spirituale rispetto alla rivelazione divina, nella quale l'essere umano crede per conseguire la rigenerazione e il benessere spirituale.

28-Egli vi propone delle similitudini tratte dalla vostra stessa esperienza. Sareste d'accordo che alcuni dei vostri schiavi prendano parte alla ricchezza che Vi abbiamo concesso? Temete loro così come temete gli uni gli altri? [No], così Noi spieghiamo in dettaglio i Nostri segni alle persone dotate di comprensione.

29-No, coloro che commettono ingiustizia seguono solo i loro desideri, essendo privi di conoscenza. Però, chi guiderà colui che Dio ha lasciato perdersi?[12] Per costoro non ci sarà aiuto alcuno.

30-Così poni il tuo volto con fermezza e verità verso la fede[13], e voltati via da tutto ciò che è falso, secondo la disposizione che ha posto nella natura di tutti gli uomini. Non vi è nessun mutamento nella creazione di Dio. Questa è la vera religione[14], ma la maggior parte degli uomini non lo comprende.

31-Volgetevi in pentimento[15] verso di Lui e temeteLo. Stabilite preghiere regolari e non siate tra coloro che attribuiscono a Dio qualcuno che possa condividere la Sua divinità,

32-coloro che apportano divisioni nella religione e formano delle sette, delle quali ognuna si rallegra di ciò che possiede.

33-Quando la sofferenza tocca gli uomini, invocano il loro Signore[16], volgendosi verso di Lui in pentimento. Però, quando fa assaggiare loro la Sua misericordia, alcuni di loro invocano, oltre Lui, altri dei,

34-per mostrarsi ingrati verso le grazie che abbiamo loro concesso! Godete della vostra [breve] vita perché presto saprete!

35-O abbiamo inviato loro una rivelazione che giustifica il culto di altri dei?

---

[12] Coloro che consapevolmente respingono la guida di Dio ed infrangono la Sua legge, si pongono al di fuori della misericordia di Dio.

[13] Coloro che hanno ricevuto la verità, non debbono esitare ma piuttosto mantenersi costanti e consapevoli di Dio nelle diverse situazioni. Cfr. 2:135.

[14] In arabo *Dīn al-Qaiyim*. Nel contesto di questo versetto indica un sistema diverso da quelli semplicemente umani, che si oppongono reciprocamente e non potranno mai ricondurre l'umanità all'unità ed all'armonia.

[15] In senso propriamente islamico il pentimento indica l'atto di ritornare alla propria vera natura così come è stata creata da Dio, prima che il male introducesse i suoi inganni e vanità.

[16] Cfr. 10:12. Nel tempo del dolore, dell'avversità e della difficoltà gli esseri umani comprendono la loro debolezza e volgono la loro attenzione e devozione a Dio, inteso come la fonte di tutto il bene e della felicità.

36-Quando facciamo provare agli uomini la Nostra misericordia[17], esultano. Quando però qualche male li affligge, a causa di ciò che le loro mani hanno compiuto, si mostrano disperati!

37-Non vedono forse che Dio aumenta le Sue concessioni e le diminuisce, a chiunque desidera? In verità, in ciò vi sono segni per coloro che credono.

38-Date ciò che è dovuto ai famigliari, ai bisognosi ed ai viandanti. Questa è la cosa migliore per coloro che cercano il compiacimento[18] di Dio. Costoro prospereranno[19].

39-Ciò che date in usura[20] affinché si moltiplichi attraverso i beni di altre persone, non si accresce presso Dio. Ciò che invece donate in carità, cercando il compiacimento di Dio, aumenterà. Otterrete una ricompensa moltiplicata.

40-Dio vi ha creato. Poi vi ha garantito il sostentamento. Vi farà morire e poi vi darà di nuovo la vita. Chi, tra coloro cui attribuite la divinità, può compiere solo una di queste cose? Gloria a Lui! Egli è ben al di sopra di quanto Gli attribuiscono!

41-La corruzione è apparsa sulla terra e sul mare a causa di ciò che le mani dell'uomo hanno compiuto[21]. Che Dio possa dare loro un assaggio di alcune delle conseguenze[22] delle loro azioni affinché possano allontanarsi dal male.

42-Di': "Viaggiate attraverso la terra e vedete qual è stata la fine di coloro che vi hanno preceduto. Molti hanno adorato altri da Dio".

---

[17] Cfr. 30:33. Gli esseri umani, quando si trovano nella prosperità, debbono comprendere che quest'ultima non deriva dai loro meriti ma piuttosto dalla grazia divina. Quando invece si trovano nell'avversità, devono rivolgersi umilmente a Dio affinché conceda loro di nuovo il Suo perdono e la Sua misericordia. Cfr. 42:48.

[18] In arabo *Wajh*. Cfr. 2:112, 6:52.

[19] Sia in questa vita che nell'Altra.

[20] In arabo *Ribā*. L'insegnamento islamico proibisce il prestito ad interesse sia attraverso lo sfruttamento del lavoro che delle altrui proprietà. I credenti sono inoltre chiamati a superare il proprio egoismo e a prestare aiuto con le proprie persone ed i loro beni a coloro che si trovano in difficoltà.

[21] La creazione di Dio in se stessa è pura e buona. Ogni tipo di male e la corruzione sono apparse a causa dell'arroganza, della disonestà e l'egoismo degli esseri umani.

[22] Cfr. 2:6, 32:13. Il fine ultimo della giustizia divina e della punizione è quello di richiamare l'essere umano dal male e di ricondurlo alla primordiale innocenza e purezza in cui è stato creato. Il male causato da una limitata capacità di volere deve essere gradualmente eliminato attraverso l'educazione e la purificazione della volontà.

43-Rivolgi il volto verso la vera religione, prima che giunga da Dio il giorno che non può essere evitato in nessun modo, in cui gli uomini saranno distrutti.

44-Coloro che hanno rifiutato la fede, soffriranno per questo rifiuto, e coloro che hanno compiuto opere rette avranno preparato per se stessi la via.

45-Che Egli possa, dalla Sua ricchezza, ricompensare quanti hanno creduto e compiuto opere giuste. Egli non ama coloro che rifiutano la fede.

46-Tra i Suoi segni c'è questo: che Egli invia i venti, come annunciatori della buona novella della Sua grazia e misericordia, affinché le navi possano salpare al Suo comando e possiate cercare la Sua ricchezza, al fine di esserGli grati.

47-Abbiamo in verità inviato, prima di te, dei messaggeri ai loro rispettivi popoli. Sono giunti presso di loro con chiari segni. Poi abbiamo inflitto la Nostra punizione a coloro che hanno trasgredito. Abbiamo invece stabilito come nostro dovere quello di prestare aiuto ai credenti.

48-Dio è Colui che ha inviato i venti e ha sollevato le nubi, che lascia espandere nel cielo secondo la Sua volontà e le divide in frammenti, fino a quando non vedrai scendere dal loro gocce di pioggia. Quando Egli dispone che raggiungano coloro che desidera tra i Suoi servi, si rallegrano,

49-anche se, prima di ricevere la pioggia, erano ammutoliti per la disperazione!

50-Riflettete, o uomini, sugli esempi della misericordia di Dio. Come ha dato la vita alla terra dopo che era morta. Lui stesso darà di nuovo la vita a chi è morto. Egli detiene il potere su ogni cosa.

51-Invece, se inviassimo un vento che brucia la terra e la fa diventare gialla[23], continuerebbero a mostrarsi miscredenti [ingrati].

52-In verità, tu non puoi far udire chi è morto[24] e non puoi far sì che chi è sordo oda la chiamata, quando mostrano le spalle e si voltano indietro.

---

[23] Nel contesto del presente versetto l'immagine naturale illustra un'importante verità spirituale. I segni e le benedizioni divine possono recare la punizione per coloro che li tacciano di menzogna.

[24] Le meraviglie della creazione divina possono essere comprese da chiunque ha una disposizione spirituale tale da lasciare che la conoscenza penetri nella sua mente.

53-Non puoi riportare indietro il cieco, dopo che si è perduto. Non puoi far ascoltare la tua chiamata a nessuno, eccetto che a quanti credono nei Nostri segni e si sottomettono nell'Islam.

54-Dio è Colui che vi ha creato in una condizione di estrema debolezza. Poi, dopo la debolezza, vi ha dato la forza. Poi, dopo la forza, vi ha posto di nuovo nella debolezza e ha reso grigi i vostri capelli. Egli crea ciò che vuole. Egli è Colui che detiene tutta la conoscenza ed il potere.

55-Nel giorno in cui sarà stabilita l'Ora, quanti hanno compiuto l'ingiustizia giureranno di aver dimorato sulla terra solo per un'ora. Così hanno ingannato se stessi per tutta la loro esistenza.

56-Coloro che, invece, posseggono la fede e la conoscenza, diranno: "In verità avete tardato nell'accettare come vero ciò che Dio ha rivelato fino al Giorno della Resurrezione. Questo è il Giorno della Resurrezione, ma voi eravate decisi a non riconoscerlo".

57-Quel giorno gli ingiusti non avranno alcuna scusa e non saranno invitati a cercare la grazia attraverso il pentimento.

58-In verità, abbiamo proposto all'uomo ogni tipo di parabole in questo Corano. Però, se rechi loro qualche segno, i miscredenti diranno: "Non fai altro che pronunciare parole vane."

59-Dio però pone un sigillo sui cuori di coloro che non comprendono.

60-Così persevera con pazienza. In verità, la promessa di Dio è verità. Che non sconvolgano la tua fermezza quanti non hanno alcuna certezza della fede.

XXXI

Sura Luqmān

(Luqmān)

Rivelata alla Mecca, (tranne i versetti 27-29)

Nel nome di Dio, il Clemente, il Misericordioso

1-Alif, Lām, Mīm.
2-Questi sono i versetti del Libro saggio[1],
3-guida e misericordia per coloro che compiono il bene.
4-Coloro che stabiliscono preghiere regolari, elargiscono la carità con costanza e nei loro cuori sono sicuri dell'Altra vita[2],
5-sono rettamente guidati dal loro Signore. Ecco coloro che prospereranno.
6-Ci sono però, tra gli uomini, quelli che preferiscono racconti senza significato per distogliere gli uomini dalla via di Dio e deriderla. Per costoro è in serbo una punizione umiliante.
7-Quando i Nostri segni gli vengono recitati, costui si volta indietro con arroganza, come se non li avesse mai uditi e come se fosse sordo da entrambi gli orecchi. Annunciagli una punizione severa.
8-Per coloro che credono e compiono opere rette ci saranno giardini di benedizione,
9-in cui dimoreranno in eterno. La promessa di Dio è verità. Egli è onnipotente, saggio.
10-Egli ha creato i cieli senza alcun sostegno visibile e ha posto le montagne ferme sulla terra, altrimenti si sarebbe mossa e voi con

---

[1] Il termine arabo *Hakīm* indica qualcuno che non solo possiede la conoscenza umana e divina, ma che agisce anche in accordo con essa nella sua condotta pratica (*'Amal*). *Al Kitāb al-Hakīm* è uno dei titoli del Sacro Corano.
[2] I giusti sono riconoscibili dai tre seguenti segni: 1-Si mantengono devoti a Dio, 2-Compiono atti di carità, 3-Nutrono nel proprio cuore la speranza dell'Altra vita.

essa. Vi ha posto animali di ogni tipo. Abbiamo[3] inviato pioggia dal cielo e prodotto coppie di ogni genere di nobili[4] creature.

11-Tale è la creazione di Dio. Ora mostrateMi che cosa altri da Lui possono aver creato. Gli ingiusti si trovano in errore manifesto.

12-Egli ha concesso la saggezza a Luqmān[5]: "Mostra la tua gratitudine a Dio. Colui che è grato lo è a beneficio della sua stessa anima. Però, se è ingrato, Dio è privo di necessità, degno di ogni lode".

13-Luqmān[6] disse come monito a suo figlio: "O figlio mio, non adorare altri che Dio. Il culto falso è un grave peccato".

14-Abbiamo comandato all'uomo di mostrarsi buono con i suoi genitori. Sua madre lo ha portato con dolore e per due anni è dipeso da lei. "Mostrate gratitudine a Me e ai vostri genitori. Presso di Me è il destino finale.

15-Però, se cercano di indurti ad adorare oltre Me, cose di cui non possedete conoscenza alcuna, non obbedire loro. Tieni però loro compagnia in questa vita secondo giustizia e segui la via di coloro che si volgono con amore verso di Me. Alla fine, sarete a Me ricondotti e vi dirò la verità e il significato di tutto ciò che avete compiuto[7]."

16- "O figlio mio, se ci fosse solo un granello di mostarda e se fosse nascosto in una roccia, da qualche parte nel cielo o sulla terra, Dio lo porterà alla luce. Egli comprende i misteri più complessi e ben li conosce.

---

[3] In questo versetto abbiamo il passaggio dalla forma singolare al plurale. Nel primo caso si faceva riferimento al processo della creazione del mondo, che risale ad un'epoca antichissima, mentre nel secondo si indica un processo continuo osservabile dagli esseri umani.

[4] Il termine arabo *Karīm* si riferisce agli animali ed alle piante che sono di maggiore beneficio per gli esseri umani.

[5] Luqmān è una figura che appartiene alla tradizione araba. Solitamente è associato ad una lunga vita e per questa ragione è chiamato anche Muammar (il longevo). Alcuni lo collocano storicamente al tempo degli Ad (7:65). Si dice che fosse uno schiavo ed un carpentiere e che rifiutò il potere ed un regno terreno. Altri accostano la figura di Luqmān a quella del greco Esopo, anche se una tale identificazione non sembra avere alcun fondamento storico.

[6] Nella prospettiva di Luqmān così come in quella islamica, la vera saggezza umana s'identifica con quella divina, in quanto entrambe non possono essere separate l'una dall'altra. L'inizio della sapienza è quindi la conformità alla volontà ed alla legge divina. Cfr. 31:12-14.

[7] Alla presenza di Dio sarà possibile comprendere anche quegli eventi che non riusciamo a capire a causa della nostra visione limitata e contingente.

17-O figlio mio, stabilisci preghiere regolari, comanda ciò che buono e proibisci quanto è riprovevole. Sopporta con paziente perseveranza qualsiasi cosa ti accada. Tutto ciò richiede coraggio.

18-Non voltare via la guancia[8] dagli uomini con falso orgoglio e non camminare sulla terra in modo insolente. Dio non ama gli arroganti.

19-Sii moderato nel modo di camminare ed abbassa la voce. Il peggiore dei suoni è certamente il barrito dell'asino".

20-Non vedete che Dio vi ha sottomesso tutto ciò che si trova nei cieli e sulla terra e vi ha concesso i Suoi tesori in abbondanza, visibili e invisibili? Eppure alcune persone disputano riguardo a Dio nell'ignoranza, senza guida o scritture che li possano illuminare.

21-Quando viene detto loro di seguire la rivelazione che Dio ha inviato, affermano: "No, dovremo piuttosto seguire la via dei nostri padri." Che cosa! Anche se è Satana stesso che li conduce al castigo del Fuoco?

22-Chiunque si sottomette a Dio e compie il bene, ha afferrato la presa più sicura. Presso Dio si trova la decisione finale su ogni cosa.

23-Però, se qualcuno rifiuta la fede, che il suo rifiuto non ti addolori. A Noi ritorneranno e diremo loro la verità delle azioni che hanno compiuto. Dio ben conosce ciò che si trova nel cuore degli uomini.

24-Abbiamo concesso loro per un breve tempo alcuni piaceri. Alla fine li condurremo al castigo.

25-Se chiedete loro chi ha creato i cieli e la terra, certamente risponderanno: "Dio". Di': "Sia lode a Dio", ma la maggior parte degli uomini non comprende.

26-A Dio appartiene tutto ciò che si trova nei cieli e sulla terra. In verità, Egli è da ogni cosa indipendente, degno di ogni lode.

27-Se tutti gli alberi della terra fossero penne e l'acqua dell'Oceano inchiostro, con altri sette oceani a fare da scorta, le parole di Dio non potrebbero essere scritte tutte. Dio è Onnipotente, pieno di saggezza.

28-La vostra creazione e resurrezione è come la creazione e la resurrezione di una sola anima. Dio è Colui che ode e vede ogni cosa.

29-Non vedete che Dio sommerge la notte nel giorno e il giorno nella notte, che ha soggetto il sole e la luna alla Sua legge: ognuna gira per la sua orbita per un termine stabilito, e che ben conosce quello che fate?

---

[8] Il voltare la guancia in arabo esprime un sentimento di autosufficienza e di superiorità.

30-Dio è l'unica realtà e qualsiasi cosa che invocano, oltre Lui, è falsa. Egli è l'Eccelso, il Grande.

31-Non vedi che la nave salpa per l'Oceano per la grazia di Dio affinché Lui possa mostrarvi i Suoi segni? In verità, in ciò vi sono segni per coloro che perseverano[9] con pazienza e rendono grazie.

32-Quando un'onda gigantesca li copre, invocano Dio, offrendoGli una devozione sincera. Però, quando li ha posti sani e salvi sulla terra, alcuni di loro rimangono a metà tra la fede e la miscredenza. Respingono però i Nostri segni solo i perfidi e gli ingrati.

33-O uomini, compite i vostri doveri verso il vostro Signore e temete il giorno in cui un padre non potrà essere di aiuto al proprio figlio né un figlio potrà essere di aiuto al proprio padre. La promessa di Dio è verità. Non lasciate che questa vita vi inganni. Che il Grande Ingannatore non vi inganni riguardo a Dio.

34-La conoscenza dell'Ora è presso Dio. Egli è Colui che invia la pioggia e che conosce ciò che si trova nei grembi. Nessuno sa che cosa raccoglierà domani. Nessuno sa in quale terra lo coglierà la morte. Dio possiede la conoscenza assoluta ed è consapevole di ogni cosa.

---

[9] Il termine arabo *Sabbār* è la forma intensiva di *Sabr*, che può essere tradotto con "costantemente" ed indica una costante perseveranza unita al riconoscimento dei doni e della grazia divina.

XXXII

Sura As-Sajdah

(La prosternazione)

Rivelata alla Mecca, (tranne i versetti 16-20)

Nel nome di Dio, il Clemente, il Misericordioso

1-Alif, Lām, Mīm.
2-La rivelazione del Libro su cui non ci sono dubbi proviene dal Signore dei Mondi.
3-O[1] dicono: "Lo ha forse inventato?" No, questa è la verità che proviene dal tuo Signore affinché tu possa ammonire coloro a cui non è stato inviato alcun messaggero. Che possano ricevere la guida.
4-È Dio Che ha creato i cieli e la terra e tutto ciò che è nel mezzo in sei Giorni[2]. Poi si è stabilito sul Trono [dell'autorità]. Oltre Lui, non avete nessuno che possa proteggervi o intercedere per voi. Non accetterete il monito?
5-Egli comanda su ogni cosa dal cielo alla terra. Alla fine tutto tornerà a Lui in un giorno che durerà mille anni.
6-Tale è Colui Che conosce ogni cosa, nascosta e manifesta. Egli è l'Eccelso, il Misericordioso[3].

---

[1] In arabo *Am*. In realtà, l'alternativa introdotta da questa particella è da considerarsi inverosimile per le seguenti motivazioni: 1-I Quraysh sapevano bene che il Profeta (pbsl) era un uomo onesto, che non si era mai macchiato di alcuna colpa verso la sua comunità, 2-Il Profeta (pbsl) era illetterato e non avrebbe mai potuto comporre un testo come quello coranico, 3-Gli arabi non avevano mai ricevuto un messaggero prima del Profeta (pbsl), al contrario di quanto era accaduto invece alle altre comunità.

[2] Nel contesto di questo versetto il termine "Giorni" indica le condizioni del cosmo prima della creazione stessa della terra e del sole. Cfr. 7:54. Nel versetto 5, un "Giorno" è paragonato a mille dei nostri anni e nel versetto 70:4 a ben cinquantamila anni. Cfr. 41:9-12.

[3] Gli attributi divini possono essere riassunti in riferimento alla conoscenza, al potere ed alla misericordia. Mentre la nostra conoscenza è parziale ed incerta, quella divina invece è completa e certa. Mentre il nostro potere spesso fallisce nel portare a termine quanto ci siamo prefissi di compiere, Dio è onnipotente. Mentre la nostra misericordia spesso viene meno per i più diversi motivi, quella divina è incondizionata ed assoluta.

7-Egli Che, quando crea, lo fa in modo eccellente. Ha iniziato la creazione dell'uomo dall'argilla.

8-Ha stabilito che fosse generato dall'essenza di un umile fluido.

9-Lo ha creato in modo proporzionato e ha insufflato in lui il Suo spirito. Vi ha dato la capacità di sentire, vedere e provare sentimenti [e di comprendere]. Eppure siete così poco riconoscenti!

10-Dicono: "Cosa! Quando giaceremo, nascosti e perduti, nella terra, saremo creati di nuovo?" Costoro negano che incontreranno il loro Signore!

11-Di': "L'angelo della morte, cui siete stati affidati, prenderà le vostre anime e sarete ricondotti al vostro Signore".

12-Se solo poteste vedere quando i colpevoli abbasseranno il capo davanti al loro Signore, dicendo: "Signore nostro, abbiamo visto e abbiamo udito. Rimandaci indietro di nuovo [sulla terra]. Compiremo opere buone. Adesso siamo credenti".

13-Se solo avessimo voluto, avremmo potuto condurre ogni anima alla retta guida. Però, la Mia parola diventerà verità: "Riempirò l'Inferno con uomini e *Jinn*".

14-Provate adesso -perché avete dimenticato l'incontro di questo giorno e anche Noi ci dimenticheremo di voi- la punizione per le vostre malvagie azioni".

15-Coloro che credono nei Nostri segni, quando vengono recitati loro, si prosternano a terra in adorazione[4] e celebrano le lodi del loro Signore e non sono gonfi di orgoglio.

16-Le loro membra[5] trascurano i letti, mentre invocano il loro Signore nel timore e nella speranza e spendono in carità dei beni che abbiamo loro concesso.

17-Nessuno conosce le delizie benedette in serbo per loro come ricompensa per ciò che hanno compiuto.

18-Non è forse il credente migliore di colui che si mostra ribelle e malvagio? Non sono uguali.

---

[4] In arabo *Sujjadan*, un termine che esprime la profonda umiltà e la fede. Tutti i segni di Dio conducono i nostri pensieri verso di Lui e, quando si dispiegano di fronte ai nostri occhi, dobbiamo mostrare a Dio la nostra umile gratitudine.

[5] In arabo *Junūb*. Questo termine indica letteralmente il "lato" su cui si dorme o ci si volta durante il sonno. In questo contesto abbiamo preferito tradurre il termine come "membra".

19-Per coloro che credono e compiono opere rette, ci sono giardini e dimore ospitali [come ricompensa] per le loro azioni.

20-La dimora dei malvagi e dei ribelli sarà l'Inferno. Ogni volta desidereranno uscirne fuori, saranno respinti indietro e sarà detto loro: "Provate la punizione del Fuoco che eravate pronti a negare come falso".

21-Invero faremo sì che provino la punizione [in questa vita] prima di quella suprema, al fine che possano pentirsi e ritornare.

22-Chi compie un'ingiustizia maggiore di colui che, quando gli vengono recitati i segni del suo Signore, si allontana? Invero, daremo ciò di cui sono degni a coloro che hanno costretto gli altri a rifiutare i Nostri segni.

23-Abbiamo dato il Libro a Mosè[6]. Non essere in dubbio perché hai ricevuto la medesima rivelazione. L'abbiamo resa una guida per i Figli di Israele.

24-Abbiamo scelto, tra loro, dei capi, affinché li guidino sotto il Mio comando, fino a quando persevereranno con pazienza e continueranno ad avere fede nei Nostri segni.

25-In verità, il tuo Signore giudicherà tra di loro nel Giorno del Giudizio in ciò in cui differiscono[7].

26-Non impartisce forse loro una lezione quante generazioni abbiamo annientato prima di loro, generazioni che abitavano in luoghi in cui adesso camminano? Invero in ciò vi sono dei segni. Non prestano forse loro ascolto?

27-Non vedono forse che inviamo la pioggia al terreno arido e poi vi produciamo messi che danno nutrimento a loro ed ai loro animali? Non vedono dunque[8]?

28-Dicono: "Quando verrà il giudizio, se dite il vero?"

29-Di': "Nel giorno della decisione finale per coloro che non credono, anche se crederanno, la fede non sarà di alcun beneficio né sarà garantita loro alcuna tregua".

---

[6] Il termine "Libro" è qui indicato come sinonimo della rivelazione inviata da Dio ai profeti che hanno preceduto Muhammad (pbsl).

[7] Mentre le diverse comunità religiose sono occupate in vane dispute, Dio ha inviato il messaggio finale al Profeta Muhammad (pbsl) al fine di chiamare gli esseri umani a far parte di un'unica comunità religiosa.

[8] Nella prima parte di questo versetto viene impiegata l'espressione "a wa lam yarau", che indica una visione intesa in senso fisico. Nell'ultima parte invece viene utilizzata l'espressione "Afa lā yubsirūn", che invece esprime una visione di tipo spirituale.

30-Così, dunque, respingili e attendi. Anche loro attendono.

XXXIII

La sura Al-Ahzāb

(I confederati)

Rivelata a Medina

Nel nome di Dio, il Clemente, il Misericordioso

1-O Profeta, temi Dio e non prestare ascolto ai miscredenti[1] e agli ipocriti. In verità, Dio è pieno di conoscenza e di sapienza.
2-Piuttosto segui ciò che ti viene ispirato dal tuo Signore, perché Dio ben conosce quello che fai.
3-Riponi la tua fiducia in Dio. gli è abbastanza per disporre i tuoi affari.
4-Dio non ha fatto per nessun uomo due cuori[2] in un medesimo corpo e non ha reso le mogli[3], da cui divorziate per mezzo dello *Zihār*, vostre madri[4] e nemmeno ha reso i figli adottivi figli naturali. Questo è solo un modo in cui vi esprimete. Però, Dio vi insegna la verità e vi mostra la retta via.
5-Chiamali con il nome dei loro padri. Questo è più giusto davanti agli occhi di Dio. Però, se non ne conoscete il nome[5], chiamateli fratelli nella fede o coloro che ti sono stati affidati. Però non vi è rimprovero

---

[1] Questa sura deve essere letta alla luce degli episodi avvenuti nel 5 a.H., quando una potente coalizione composta dai Quraysh della Mecca, i beduini dell'Arabia centrale, gli brei di Medina e gli ipocriti guidati da 'Abdullāh ibn Ubayy decise di attaccare i musulmani.

[2] Quest'espressione indica che nel cuore dell'essere umano non possono coesistere due attitudini contrastanti.

[3] Gli Arabi della *Jāhiliyyah* erano soliti privare una delle loro mogli del diritto coniugale, tenendole in sospeso e privandole della possibilità di risposarsi.

[4] Attraverso il pronunciamento dello *Zihār*, l'uomo negava alla moglie i diritti coniugali, pur continuandola a mantenere sotto il suo controllo e non concedendole la possibilità di contrarre un nuovo matrimonio. Cfr. 58:1-5 dove questa pratica è condannata severamente.

[5] Solitamente gli schiavi affrancati venivano chiamati con il nome dei loro precedenti padroni. Il termine *Mawlā* però, oltre che schiavo affrancato e affiliato di un clan, indica qualcuno che è legato ad un altro da una forte relazione di amicizia.

per voi, se commettete uno sbaglio. Ciò che importa è l'intenzione dei vostri cuori. Dio è Perdonatore, Misericordioso.

6-Il Profeta è più vicino ai credenti di loro stessi e le sue mogli sono le loro madri[6]. Secondo il decreto di Dio i legami di sangue hanno la priorità rispetto alla fratellanza dei credenti e degli immigrati[7]. Non di meno fate ciò che è giusto verso i vostri amici più intimi. Questo è il decreto di Dio.

7-Ricorda che stringemmo un patto con i profeti come abbiamo fatto con te, con Noè, con Abramo, con Mosè e con Gesù, figlio di Maria. Abbiamo stretto con loro un patto solenne.

8-Che Dio possa interrogare i custodi della verità relativamente a quella loro affidata. Egli ha preparato per i miscredenti un doloroso castigo.

9-O voi che credete, ricordate la grazia che Dio vi ha concesso, quando le schiere[8] sono piombate su di voi ed abbiamo inviato contro di loro un vento fortissimo[9] e forze che erano incapaci di percepire. Dio vede chiaramente tutto quello che fate.

10-Quando piombarono su di voi da sopra e da sotto di voi, la vostra vista si annebbiò e i vostri cuori arrivarono alle gole e vi lasciaste andare ad ogni sorta di congettura riguardo a Dio.

11-In quella situazione i credenti furono messi alla prova; furono scossi tremendamente.

12-Gli ipocriti e quanti nel proprio cuore celano una malattia, dissero: "Dio e il Suo Messaggero non ci hanno promesso altro che delusione"[10].

---

[6] In questo versetto viene fatto riferimento alla dignità ed alla posizione delle spose del Profeta (pbsl), cha hanno una speciale missione e responsabilità in quanto "Madri dei credenti".

[7] Nel periodo successivo all'*Hijrah*, gli Ansari avevano il diritto di ereditare dai *Muhājirūn*, i cui parenti erano rimasti alla Mecca come miscredenti. Successivamente, quando le relazioni tra la Mecca e Medina vennero ristabilite, questa pratica scomparve progressivamente.

[8] L'esercito dei Confederati, cui abbiamo fatto riferimento precedentemente, era composto da dodicimila unità. Lo scontro finale tra le forze musulmane e quelle dei confederati è conosciuto come la battaglia del Fossato.

[9] Dopo un assedio durato tra le due e le quattro settimane, l'accampamento nemico venne investito da un vento gelido.

[10] Un anno prima di questo attacco, i musulmani avevano raggiunto il confine settentrionale con la Siria e vi erano speranze di potersi avvicinare anche al confine meridionale con lo Yemen. Il Profeta (pbsl) aveva considerato quegli eventi come segni

13-Un gruppo tra di loro disse: "O uomini di Yathrib, non potete sopportare un tale attacco, quindi ritiratevi. Un gruppo di loro chiese al Profeta di allontanarsi, dicendo: "Le nostre case sono senza protezione ed esposte al nemico"[11], sebbene non fosse così, ma avevano solo intenzione di fuggire.

14-Se fosse stato aperto un varco dai lati della città e fossero stati incitati alla sedizione, avrebbero sicuramente accettato senza indugio.

15-Eppure avevano giurato a Dio che non avrebbero voltato le schiene fuggendo. Sicuramente bisogna rispondere ad un patto[12] con Dio.

16-Di': "Correre via non vi sarà di aiuto alcuno se state fuggendo lontano dalla morte o dall'essere uccisi. E, anche se vi salvasse, non vi sarebbe concesso di godere che di una breve tregua".

17-Di': "Chi vi potrà proteggere da Dio, se è Suo desiderio inviarvi una punizione o concedervi la Sua misericordia?" Costoro non potranno trovare, oltre a Dio, alcun protettore o aiuto.

18-In verità, Dio conosce chi tra di voi trattiene gli uomini e chi dice ai propri fratelli: "Venite con noi!", ma non si recano al combattimento eccetto che per breve tempo.

19-Verso di voi si dimostrano avari[13]. Li vedrai rivolgere lo sguardo verso di te con gli occhi che ruotano, come [fanno] quelli su cui incombe la morte. Però, quando ormai è passato il timore, vi colpiranno con le lingue affilate, risentendosi per ogni bene che vi è stato concesso. Questi uomini non hanno fede alcuna e così Dio ha reso le loro azioni vane. Questo è facile per Lui.

20-Costoro pensano che i confederati non si siano ritirati e, se dovessero giungere ancora, desidererebbero trovarsi nel deserto tra

---

della prossima vittoria dell'Islam. In occasione dell'assedio, invece, gli ipocriti affermarono che si erano lasciati ingannare da false speranze.

[11] I soldati musulmani erano usciti da Medina accampandosi nello spazio aperto tra il fossato e la città stessa. Gli ipocriti invece cercavano qualsiasi scusa improbabile pur di allontanarsi dal pericolo.

[12] In seguito alla battaglia di Uhud, alcuni di coloro che si erano mostrati codardi furono perdonati, dopo aver giurato che si sarebbero comportati con maggiore valore nel caso di un attacco successivo.

[13] In arabo *Ashihhatan*. Questo termine può essere compreso in modo duplice: 1-Costoro risparmiano se stessi nella battaglia, 2-Costoro, pur non avendo mostrato alcun desiderio di combattere valorosamente, tuttavia desiderano con avidità il possibile bottino di guerra.

i beduini e, dalla distanza, chiedere notizie su di voi. Comunque, se fossero stati con voi, non avrebbero combattuto che per un poco[14].

21-Avete nel Messaggero di Dio un meraviglioso esempio di condotta, per ognuno la cui speranza riposa in Dio e nell'ultimo giorno e che molto si dedica[15] alla Sua lode.

22-Quando i credenti videro le forze dei confederati, dissero: "Questo è ciò che Dio e il Suo Profeta ci hanno promesso e Dio e il Suo Messaggero ci hanno detto il vero". Questo si aggiunge alla loro fede e zelo nell'obbedienza.

23-Tra i credenti ci sono coloro che sono rimasti fedeli al patto stretto con Dio; alcuni di loro sono morti mentre tenevano fede alla promessa fatta[16] e altri ancora sono in attesa, ma non hanno mai mutato la loro decisione.

24-Che Dio possa ricompensare gli uomini per la loro fedeltà e punire gli ipocriti, se questo è il Suo volere, o rivolgersi verso di loro con misericordia. Dio è Perdonatore, Misericordioso.

25-Dio ha respinto i miscredenti nella loro ira. Non hanno guadagnato nulla. Poi ha risparmiato i credenti dalla battaglia. Dio è pieno di forza, capace di mettere in atto il Suo volere[17].

26-Quanti tra i popoli del Libro hanno dato loro aiuto[18], sono stati tratti dalle loro fortezze[19]. Nei loro cuori è stato sparso il terrore; alcuni furono uccisi ed altri furono fatti prigionieri[20].

---

[14] In questo versetto viene descritta con maggiore precisione la psicologia degli ipocriti: 1-Quando videro il nemico, nutrirono nel loro animo un sentimento di disfatta, 2-Cercarono di convincere anche gli altri a tradire i musulmani, 3-Erano pronti a consegnare Medina al nemico, 4-Dimenticarono tutte le promesse di fedeltà fatte in passato, 5-Erano comunque pronti ad appropriarsi delle spoglie di guerra.

[15] Cfr. 26:277 in modo particolare l'ultima clausola del versetto rivelato alla Mecca che si realizzò poi a Medina.

[16] Tra costoro possiamo ricordare Sa'd ibn Mu'ādh, il capo della tribù degli Aws, che morì di una ferita infertagli durante la battaglia del Fossato.

[17] In arabo Azīz.

[18] Il riferimento è diretto alla tribù dei Banū Qurayza, che tradirono i musulmani e prestarono aiuto segretamente ai Confederati.

[19] Quando Medina fu libera dal pericolo, i Banū Qurayza furono colti dal terrore e si rifugiarono nel loro fortino posto a circa 3 o 4 miglia a nord-est di Medina, dove affrontarono un assedio di 25 giorni, in seguito ai quali si arresero accettando di sottomettersi a quanto decretato da Sa'd ibn Mu'ādh, capo della tribù degli Aws, che in passato era stato loro alleato.

[20] In questo caso Sa'd giudicò secondo la stessa legge ebraica nella sua forma più clemente. Infatti, secondo il Deuteronomio (Cfr. 20:16), la punizione di cui erano degni

27-Vi ha fatto eredi della terra, delle loro case, dei loro beni e di una terra[21] che prima non avevate mai visitato. Dio ha potere su ogni cosa.

28-O Profeta, di' alle tue spose[22]: "Se desiderate la vita di questo mondo e il suo splendore, disporrò per voi mezzi di svago e vi lascerò libere in una buona maniera.

29-Però, se cercate Dio e il Suo Messaggero e la dimora dell'Altra vita, in verità Egli ha preparato per coloro che tra di voi compiono il bene una grande ricompensa".

30-O spose del Profeta, se una di voi sarà colpevole di una condotta turpe[23], sarà degna di una doppia punizione. Questo è facile per Dio.

31-Invece a colei che tra di voi è devota nel servizio di Dio e del Suo Messaggero e opera con rettitudine, concederemo una doppia ricompensa e le abbiamo preparato generosi mezzi di sostentamento[24].

---

sarebbe stato lo sterminio totale della popolazione, compresi donne e bambini. In questo caso però venne applicata la legge relativa alle città lontane, ossia l'uccisione dei maschi adulti e di coloro che si erano impegnati nel combattimento. Cfr. Deuteronomio 20:10-18.

[21] Questa parte della sura venne rivelata dopo l'autunno del 7 a.H., ossia in seguito alla spedizione di Khaibar, un'oasi piuttosto fertile posta a circa 100 m da Medina, dove si riorganizzarono le forze contrarie al Profeta pbsl . Gli abitanti opposero resistenza, ma l'oasi fu conquistata con successo dai soldati musulmani guidati da 'Alī ibn Abū Tālib.

[22] In arabo le spose del Profeta pbsl sono apostrofate mediante l'espressione *Azwāj Mutahharāt*, ossia le consorti della purezza. La prima e sola sposa del Profeta pbsl per venticinque anni fu Khadīja, colei che lo sostenne e lo consolò nei difficili momenti dell'inizio del suo apostolato tra i Quraysh. Dopo la morte di Khadī a, il Profeta pbsl strinse alcune unioni matrimoniali prevalentemente sotto la spinta delle seguenti motivazioni: 1-Compassione e clemenza verso le vedove, al fine di dare loro un posto importante nella società come nel caso di Sawda , 2-Come aiuto nella sua leadership, considerato che nell'Islam gli uomini e le donne godono degli stessi diritti civili. ishah, la figlia di Abū a r, era una donna intelligente e colta, che ci ha tramandato molte delle tradizioni del Profeta pbsl . aynab, la figlia di huzaymah, era devota in modo particolare verso i poveri e per questa ragione era chiamata "la madre dei poveri". aynab bint ahsh provvedeva invece ai bisognosi attraverso la sua abilità artigiana nella lavorazione della pelle. La vita delle spose del Profeta pbsl non era semplice, in quanto erano chiamate a condividere il peso della responsabilità del Profeta pbsl verso la comunità.

[23] La punizione sarebbe stata più severa in virtù dell'importante posizione detenuta presso la società islamica.

[24] Da intendersi in senso eminentemente spirituale.

32-O spose del Profeta, voi non siete come le altre donne[25]. Se temete Dio, non siate troppo accondiscendi nel parlare, affinché chi cela una malattia nel proprio cuore non vi desideri. Parlate invece in modo conveniente.

33-Rimanete con calma nelle vostre case e non mostrate la vostra bellezza come nell'Età dell'ignoranza. Stabilite preghiere regolari, date la carità con costanza ed obbedite a Dio e al Suo Messaggero. Egli desidera solo rimuovere ogni abominio da voi membri[26] della famiglia e rendervi puri e senza macchia.

34-Ricordate[27] tutti i segni di Dio e la Sua sapienza, che viene recitata nelle vostre case. Dio conosce i misteri più complessi ed è ben informato su di loro.

35-Per i musulmani e le musulmane[28], per i credenti e le credenti, per i devoti e le devote, per i veritieri e le veritiere, per gli uomini e le donne che si mantengono pazienti e costanti, per gli uomini e le donne umili, per gli uomini e le donne che spendono in carità, per gli uomini e le donne che digiunano, per gli uomini e le donne che proteggono la loro castità e per gli uomini e le donne che si mantengono molto nella lode[29] di Dio, Egli ha preparato il perdono ed una grande ricompensa.

36-Non si addice ad un credente, uomo o donna, quando è stata presa una decisione da parte di Dio e del Suo Profeta, sostenere una propria opinione in proposito. Se qualcuno non ubbidisce a Dio o al Suo Messaggero, in realtà si trova su un cammino chiaramente deviato.

---

[25] Le spose del Profeta (pbsl) detenevano all'interno della comunità una speciale posizione ed una serie di responsabilità, che non competevano invece alle donne ordinarie.

[26] Con quest'espressione non ci si riferisce solo alle spose del Profeta (pbsl), ma anche a sua figlia Fatima, al genero ʿAlī ibn Abū Tālib ed ai suoi nipoti. In arabo, il genere maschile è utilizzato per indicare un gruppo in cui sono presenti sia uomini che donne.

[27] Il verbo *Udhkurna*, al genere femminile, si riferisce di nuovo alle spose del Profeta (pbsl). Questo verbo non significa solo "ricordare", ma anche "rendere pubblico", "recitare", "insegnare" e "diffondere".

[28] In questo versetto si sottolinea che nell'Islam gli uomini e le donne hanno i medesimi doveri in ambito religioso, che li condurrà ad essere degni della medesima ricompensa nell'Altra vita.

[29] Le virtù cui si fa riferimento sono: 1-La fede, la speranza e la fiducia riposta in Dio, 2-La devozione ed il servizio nella vita pratica, 3-L'amore e la pratica della verità nei pensieri e nelle azioni, 4-La pazienza e la costanza, 5-L'umiltà, che aiuta ad evitare un'attitudine di arroganza e di superiorità, 6-La disposizione verso la carità, 7-La castità e 8-L'abnegazione.

37-Quando [Muhammad] hai detto a qualcuno che ha ricevuto la grazia di Dio[30] ed il tuo favore: "Tieni con te tua moglie e temi Dio", hai tenuto nascosto nel tuo cuore ciò che Dio stava per rendere manifesto. Hai avuto timore delle persone, ma sarebbe stato meglio che avessi temuto Dio. Poi, quando Zayd ha dissolto il suo matrimonio con lei con le necessarie formalità[31], Noi l'abbiamo unita in matrimonio con te[32], al fine che in futuro non ci sia alcuna difficoltà per i credenti nel matrimonio con le spose dei loro figli adottivi[33], qualora quest'ultimo sia stato dissolto con le necessarie formalità. Il comando di Dio deve essere ubbidito.

38-Non vi è alcuna difficoltà per il Profeta in ciò che Dio ha disposto come suo dovere. È stata una pratica approvata da Dio con i profeti precedenti. Il comando di Dio è un decreto ormai determinato.

39-Questa è la pratica di coloro che diffondono il messaggio di Dio, Lo temono e non paventano nessun altro tranne Lui. Dio è abbastanza per chiamare gli uomini a rendere conto.

40-Muhammad non è il padre di nessuno di voi, ma egli è il Profeta di Dio e il sigillo dei profeti. Dio ha una piena conoscenza di tutte le cose.

41-O voi che credete, celebrate le lodi di Dio e fatelo spesso.

42-Glorificatelo al mattino e alla sera.

43-Egli è Colui che vi invia le benedizioni, così come i Suoi angeli, al fine di condurvi dalla profondità delle tenebre alla luce. Egli è pieno di misericordia verso i credenti.

44-Il loro saluto, nel giorno in cui Lo incontreranno, sarà: "Pace" ed Egli ha preparato per loro una generosa ricompensa.

45-O Profeta[34], in verità, ti abbiamo inviato come testimone, come messaggero di buone nuove e come un ammonitore,

---

[30] Ci si riferisce a Zayd, il figlio di Hāritha, uno dei primi ad accettare il messaggio dell'Islam. Costui era un liberto del Profeta (pbsl), che lo amava come un figlio. Gli diede in sposa sua cugina Zaynab, ma il matrimonio non si rivelò felice.

[31] Nel caso in cui un matrimonio sia infelice, Dio consente che venga dissolto, a condizione che i diritti sia degli sposi che di un'eventuale prole siano salvaguardati. Cfr. 33:28. In seguito al divorzio, la donna è poi chiamata a rispettare il periodo dell'*Iddah*. Cfr. 2:28.

[32] Zaynab fu unita in matrimonio con il Profeta (pbsl) e divenne una delle *Umm al-Muminīn*, con tutte le responsabilità che questa posizione comportava.

[33] Il riferimento è diretto ad una serie di tabù che riguardavano i figli adottivi secondo il costume degli Arabi dell'epoca pre-islamica.

[34] In questo versetto e nel seguente vengono indicati i ruoli che il Profeta (pbsl) è chiamato ad assumere: 1-Testimone di fronte a tutta l'umanità della verità spirituale

46-che invita[35] a Dio con il Suo permesso ed assomiglia ad una lampada[36] che diffonde la luce.

47-Poi dai la buona novella ai credenti, che avranno da Dio una grazia abbondante.

48-Non ubbidire ai miscredenti e agli ipocriti e non curarti della loro persecuzione, ma riponi la tua fiducia in Lui. Dio è abbastanza come protettore.

49-O voi che credete, quando sposate delle credenti e poi divorziate da loro prima di averle toccate, non deve essere rispettato nessun periodo di *Iddah*[37]. Fate loro un regalo[38] e rimandatele indietro in modo grazioso[39].

50-O Profeta[40], abbiamo reso legali per te le tue spose, per cui hai pagato la dote, e coloro che la tua mano destra possiede tra le prigioniere di guerra che Dio ti ha assegnato, e le figlie dei tuoi zii paterni e delle zie e le figlie degli zii materni e delle zie, che sono emigrati con te dalla Mecca[41]. E ogni donna credente che dedica la sua anima al Profeta[42], se costui desidera sposarla. Questo è un privilegio concesso [unicamente] a te e non agli altri credenti. Noi sappiamo che cosa abbiamo stabilito per loro e per le prigioniere che le loro mani destre posseggono, al fine che non vi sia per te alcuna difficoltà. Dio è Perdonatore, Misericordioso.

51-Puoi far attendere quelle che desideri e ricevere quelle che desideri. Non c'è alcun biasimo se tu inviti qualcuno che ha già

---

oscurata dalle tenebre dell'ignoranza, 2-Come annunciatore del messaggio di perdono e della misericordia divina, 3-Come ammonitore di coloro che si mostrano disattenti.

[35] Il Profeta (pbsl) viene presso gli uomini con un messaggio di perdono e riconciliazione.

[36] In arabo *Siraj*. Il medesimo termine è utilizzato in 71:16 in riferimento al sole.

[37] Cfr. 2:228, 2:34, 65:4. Il periodo dell'*Iddah* dura tre mesi.

[38] Questo dono è inteso come qualcosa che si aggiunge alle metà della dote, secondo quanto specificato nel versetto 2:237. Qualora la dote non sia stata fissata, il dono dovrebbe essere maggiore ed includere quello cui viene fatto riferimento in 2:236.

[39] Il dono deve essere fatto in modo grazioso e la libertà della donna di risposarsi non deve essere ostacolata dal suo precedente marito.

[40] I versetti dal 50 al 52 specificano in che senso i matrimoni contratti dal Profeta (pbsl) debbono considerarsi sotto certi aspetti differenti rispetto da quelli dei musulmani ordinari.

[41] Le spose del Profeta (pbsl) eccedevano il numero di quattro, che è invece il limite prescritto per i musulmani. Cfr. 4:3-4.

[42] Ci si riferisce probabilmente a Zaynab bint Khuzaymah conosciuta anche come *Umm al-Masākīn*, ossia la "Madre dei poveri".

passato il proprio turno. Questo è per il conforto dei loro occhi e per far cessare la loro afflizione e affinché siano contente di ciò che hai loro concesso. Dio conosce tutto ciò che si cela nei vostri cuori. Dio conosce ogni cosa, è Perdonatore.

52-Non ti è concesso di prendere altre spose[43] dopo di queste e nemmeno di cambiarle con altre mogli, anche se la loro bellezza potrebbe attrarti, eccetto coloro che la tua mano destra possiede. Dio guarda ogni cosa.

53-O credenti, non entrate nelle case del Profeta per consumare un pasto, fino a quando non vi è stato dato il permesso e non arrivate troppo presto attendendo la sua preparazione. Quando siete invitati, entrate e, dopo aver consumato il pasto, andate via, senza cercare dei colloqui famigliari. Questo tipo di comportamento annoia il Profeta. Egli si vergogna a mandarvi via, ma Dio non ha vergogna di raccontarvi il vero. Quando domandate qualcosa alle sue mogli, fatelo da dietro un velo. Questo è molto più puro per i vostri e per i loro cuori. Non è giusto che disturbiate[44] il Profeta di Dio o che possiate sposare le sue vedove. Questo è un gravissimo peccato davanti a Dio.

54-Sia che riveliate qualcosa oppure lo teniate nascosto, in verità Dio ha una piena conoscenza di tutte le cose.

55-Non vi è biasimo [per le spose del Profeta] se appaiono davanti ai loro padri, ai figli, ai fratelli, ai figli dei fratelli, ai figli delle sorelle, alle loro donne o ai loro schiavi. Temete Dio perché Egli è testimone di ogni cosa.

56-Dio e i Suoi angeli inviano la benedizione sul Profeta. O voi che credete, mandate su di lui le vostre benedizioni e sottomettetevi al messaggio che gli è stato inviato.

57-Coloro che offendono Dio e il Suo Messaggero sono maledetti in questa vita e nell'Altra ed Egli ha preparato per loro una punizione umiliante.

58-Coloro che offendono i credenti e le credenti senza motivo, si caricano di una calunnia e di un peccato palese.

---

[43] Questo versetto venne rivelato nel 7 a.H.

[44] In arabo *Ādhā*. Questo termine può essere ugualmente tradotto come "insultare", "offendere", "causare fastidio" o "assumere una condotta inadeguata nei confronti di qualcuno".

59-O Profeta, di' alle tue mogli, alle tue figlie e alle credenti di coprirsi con i veli[45], quando escono di casa. Questa è la cosa più conveniente, affinché non siano riconosciute e non siano molestate. Dio è Perdonatore, Misericordioso.

60-In verità, se gli ipocriti e coloro che nel proprio cuore celano una malattia e coloro che spargono notizie false nella città, non desistono, certamente ti invieremo contro di loro. Allora non potranno dimorarvi come tuoi vicini per molto più tempo.

61-Costoro saranno maledetti ed in ogni luogo si troveranno saranno catturati ed uccisi.

62-Questa era la consuetudine, approvata da Dio, per coloro che sono vissuti precedentemente. Non potrai trovare alcun mutamento nella pratica di Dio.

63-Quando ti domanderanno dell'Ora, di': "La conoscenza riposa solo presso Dio[46]. Che cosa ne sai? Forse l'Ora è vicina!

64-In verità, Dio ha maledetto i miscredenti e ha preparato per loro un Fuoco ardente

65-come loro eterna dimora. Non troveranno alcun protettore né alcuno che li aiuti.

66-Il giorno, in cui i loro volti[47] si gireranno nel Fuoco, diranno: "Guai a noi! Se solo avessimo ubbidito a Dio e al Suo Messaggero".

67-E diranno: "Signore nostro! Noi abbiamo ubbidito ai nostri capi e a coloro che tra di noi hanno detenuto il potere e che ci hanno indotto a deviare dal retto cammino.

68-Signore nostro dai loro una doppia pena e maledicili di una grande maledizione".

69-O voi che credete, non siate come coloro che hanno vessato e che hanno insultato[48] Mosè. Dio però lo ha liberato delle calunnie che avevano pronunciato. Egli era onorevole agli occhi di Dio.

---

[45] In arabo *Jilbāb* (plur. *Jalābīb*). Con questo termine s'intende una veste che copre nello stesso tempo il capo ed il corpo.

[46] Cfr. 7:187. In senso individuale, la morte di ciascuno può essere definita "Qiyāmat Sughrā", ossia "Giorno del giudizio minore".

[47] Il volto è il simbolo della personalità e del sé di una persona. L'immagine descritta in questo versetto indica la degradazione e l'ignominia di cui saranno degni i dannati per aver trasgredito e per aver indotto gli altri a seguire il loro esempio.

[48] Nell'Antico testamento si fa riferimento all'insulto rivolto a Mosè da parte di sua sorella Maryam e di suo fratello Aronne, a causa del matrimonio contratto con una donna etiope. Cfr. Numeri 12:1-15.

70-O voi che credete, temete Dio e parlate sempre chiaramente ed onestamente

71-affinché Egli possa rendere la vostra condotta retta e perdoni i vostri peccati. Colui che ubbidisce a Dio e al Suo Messaggero ha già raggiunto il successo più grande.

72-Abbiamo offerto la responsabilità della fede ai cieli, alla terra e alle montagne, ma costoro si sono rifiutati perché ne furono spaventati[49]. Invece l'uomo se l'assunse, anche se commette l'ingiustizia e si comporta come un folle[50],

73-e per questo Dio ha punito gli ipocriti, uomini e donne, e i miscredenti, uomini e donne, e ha rivolto la Sua misericordia verso i credenti, uomini e donne. Egli è Perdonatore, Misericordioso.

---

[49] Il verbo arabo *Hamala* significa "intraprendere", "assumersi", "caricarsi di". Alcuni commentatori invece preferiscono tradurlo secondo uno dei seguenti significati secondari quali: 1-Scappare con qualcosa, 2-Appropriarsi indebitamente di qualcosa. In questo secondo caso si riferisce al fatto che le altre creature rifiutarono la "responsabilità" a causa del timore di non poter far fronte agli obblighi ed alle responsabilità che questa comporta.

[50] In arabo rispettivamente *Zalūm* e *Jahūl*, entrambi nella forma intensiva.

XXXIV

Sura Saba

(Saba)

Rivelata alla Mecca, (tranne il versetto 6)

Nel nome di Dio, il Clemente, il Misericordioso

1-Sia lode a Dio, Cui appartiene tutto ciò che si trova nei cieli e sulla terra. A Lui sia lode nell'Altra vita. Egli è il Saggio, Colui che ben conosce ogni cosa.

2-Egli abbraccia nella Sua conoscenza tutto ciò che finisce nella terra e tutto ciò che ne esce, tutto ciò che scende dal cielo e tutto ciò che vi ascende. Egli è il Misericordioso, Colui che sempre perdona.

3-I miscredenti affermano: "Da noi non arriverà mai l'Ora". Di': "No! Sicuramente, per il mio Signore, si abbatterà su di voi -per Colui che conosce l'invisibile- da Colui a cui nulla né in cielo né in terra è nascosto. Non c'è nulla di piccolo o di grande di cui non sia stato preso nota.

4-Che Egli possa ricompensare quanti credono e compiono opere rette, per i quali ci sarà perdono e grande sostentamento[1].

5-Una punizione attende coloro che si oppongono ai Nostri segni per renderli vani, una pena umiliante.

6-Coloro che possiedono la conoscenza sanno che la rivelazione, che ti è stata inviata dal tuo Signore, è verità e guida per la via che conduce all'Eccelso, il Degno di Lode.

7-Coloro che si oppongono ai Nostri segni dicono: "Dovremmo indicarvi un uomo che vi dirà che, quando saremo tutti dispersi in pezzi in piena disgregazione, saremo risollevati ad una nuova creazione?

8-Ha forse inventato una falsità contro Dio o uno spirito si è impadronito di lui?" No, solo coloro che non credono nell'Altra vita, sono degni del castigo e si trovano nell'errore.

---

[1] Nel contesto di questo versetto il termine "sostentamento" è da intendersi sia in senso fisico che spirituale.

9-Non vedono forse ciò che si trova davanti a loro e dietro di loro, in cielo e in terra[2]? Se lo avessimo voluto, avremmo potuto lasciare che li inghiottisse la terra o far precipitare su di loro un pezzo di cielo[3]. In verità, in ciò vi è un segno per ogni credente che si volge a Dio in pentimento.

10-Abbiamo concesso la grazia[4] a Davide: "O montagne! Cantate le lodi di Dio insieme a lui! E anche voi uccelli! Abbiamo reso il ferro flessibile per lui,

11-comandandogli: "Fabbrica cotte di maglia e stringile bene"[5]. Fate il bene[6]. Sono consapevole di tutte le vostre azioni.

12-Abbiamo reso per Salomone obbediente il vento: il suo corso al mattino copriva la distanza di un mese di viaggio e il suo corso alla sera copriva la medesima distanza. Abbiamo fatto sì che una fonte[7] di ottone fuso fluisse per lui. Vi erano *Jinn* che lavoravano per lui con il permesso del suo Signore. Se uno di loro non avesse obbedito al Nostro comando, gli avremmo fatto provare la pena del fuoco ardente.

13-Costoro lavoravano per lui secondo il suo desiderio, facendo archi[8], immagini, vassoi grandi come bacini idrici e calderoni per cucinare: "Lavorate, o figli di Davide, con gratitudine[9]!" Però pochi dei Miei servi mostrano gratitudine!

---

[2] Coloro che camminano nella cecità spirituale e non credono nell'Altra vita dovrebbero osservare il potere divino nella natura che li circonda.

[3] Cfr. 26:187. Il popolo del profeta Shuʿayb venne annientato da una pioggia di meteoriti e cenere lavica.

[4] Cfr. 21:79-80. Al profeta Davide era stato concesso il dono della musica e del canto sacro.

[5] La fabbricazione delle armature in cotte di maglia è stata tradizionalmente attribuita a Davide.

[6] Nel contesto di questo versetto si passa dal singolare al plurale. Dio invita a compiere il bene ed a comportarsi secondo giustizia non solo Davide, ma anche tutti coloro che, nel mezzo di un conflitto, rischiano di farlo degenerare nel dispiegamento di una violenza fine a se stessa.

[7] Cfr. Antico Testamento, 2 Cronache, 4:18.

[8] In arabo *Mihrāb* (plur. *Mahārīb*). Questo termine arabo può essere applicato ad ogni struttura architettonica elevata e spaziosa. È stato tradotto con "archi", in quanto potrebbe indicare gli ornamenti strutturali del Tempio. Cfr. 2 Cronache, 4:3, 3:14, 4:22, 4:16.

[9] La costruzione del Tempio fu un evento fondamentale nella storia ebraica. Però senza il compimento di opere rette, tutta la gloria ed il potere sono destinate a passare come qualsiasi altra vanità.

14-Poi, quando abbiamo decretato la morte di Salomone[10], nulla la mostrò loro tranne un piccolo verme della terra, che lentamente corrose il suo bastone. Così, quando cadde a terra, i *Jinn* videro chiaramente che, se avessero conosciuto l'invisibile, non avrebbero continuato a sopportare l'umiliante schiavitù.

15-Per il popolo di Saba[11] ci fu un segno nella loro stessa patria: due giardini a destra e a sinistra. Mangiate di ciò che il vostro Signore vi ha concesso e siateGli grati: un territorio chiaro, ridente e un Signore che sempre perdona.

16-Però si voltarono indietro e Noi inviammo contro di loro i flutti delle dighe[12] e trasformammo i loro giardini in luoghi che producono frutti amari, tamarindi e pochi [ritorti] alberi di loto.

17-Questa è stata la ricompensa che abbiamo dato loro perché, senza gratitudine, hanno respinto la fede[13]. Non demmo questa ricompensa se non a coloro che senza gratitudine hanno respinto la fede.

18-Tra di loro e le città[14], su cui abbiamo fatto piovere le nostre benedizioni, abbiamo collocato delle contrade in una posizione predominante e tra di loro abbiamo posto in dovuta proporzione le tappe di viaggio: "Viaggiate sicuri di notte e di giorno".

---

[10] L'allegoria presente in questo versetto illustra che: 1-Il potere terreno, per quanto grande possa essere, è destinato a tramontare e scomparire senza che gli esseri umani si accorgano del suo declino, 2-Gli eventi più importanti possono accadere grazie all'opera silenziosa e lenta di un umile individuo, 3-Tutto ciò che è compiuto sulla base della mera forza fisica non è destinato ad avere una durata. Cfr. 2:251, 34:11.

[11] Ci si riferisce alla medesima città ed al medesimo territorio dello Yemen menzionato in 27:22, dove si fa riferimento alla regina Bilqis.

[12] In arabo *Arim*. Questo termine può indicare sia una diga sia un'opera costruita attraverso l'allineamento progressivo di pietre. Le rovine della diga di *Maārib* sono state descritte dal viaggiatore francese T. J. Arnaud. Cfr. *Journal Asiatique*, January 1874; W. B. Harris, *Journey through Yemen*, Edinburgh, 1893. Alcuni storici collocano la data di distruzione della diga intorno al 120 a.C. Altri ancora invece preferiscono collocare l'evento in un periodo più tardo.

[13] *Kafūr*, forma intensiva indicante "coloro che rifiutano Dio con persistenza e deliberazione".

[14] La grande rotta dell'incenso (*Imām Mubīn* 15:79, *Sabīl Muqīm*, 15:76) si stendeva tra l'Arabia e la Siria. La rotta tra lo Yemen e la Siria era intensamente praticata nel mondo antico ed una delle sue stazioni, la *Madāin Sālih*, era particolarmente famosa. Successivamente divenne anche una delle stazioni del Pellegrinaggio. Lungo la suddetta rotta erano disposte una serie di città che consentivano ai mercanti di viaggiare in piena sicurezza.

19-Dissero[15]: "Signore nostro, aumenta la distanza tra le nostre soste[16]". Costoro però hanno ingannato se stessi. Li abbiamo resi alla fine uno di quei racconti che vengono narrati dei tempi antichi e li abbiamo dispersi in singoli gruppi. In verità, in ciò vi sono segni per ogni anima pazientemente costante e grata.

20-Satana ha provato che la sua opinione su di loro era vera. Costoro lo seguirono e solo un gruppo credette.

21-Costui non aveva però alcuna autorità su di loro, eccetto per il fatto che intendevamo distinguere[17] chi crede nell'Altra vita da colui che invece ne dubita. Il tuo Signore veglia su ogni cosa.

22-Di': "Chiamate gli altri dei, che invocate invece di Dio. Costoro non hanno alcun potere, nemmeno quello del peso di un atomo, né in cielo né in terra. Non partecipano nemmeno al governo e non Gli sono nemmeno di alcun aiuto.

23-E, davanti a Lui, non ci può essere alcuna intercessione, eccetto per coloro a cui ha garantito il permesso". Quando sarà rimosso il terrore dai loro cuori nel Giorno del Giudizio, diranno: "Che cosa ha comandato il vostro Signore?" Risponderanno: "La verità e la giustizia. Egli è l'Eccelso, il Grande".

24-Di'[18]: "Chi vi ha dato il sostentamento dai cieli e la terra?". Di': "Dio! Certamente o noi o voi ci troviamo sulla retta via o in manifesto errore".

25-Di': "Non sarete chiamati a giustificarvi per ciò che avremo commesso e nemmeno noi saremo chiamati a giustificarci per le azioni vostre".

---

[15] In questo contesto, così come in altri versetti coranici, il verbo "dire" indica un'azione o un pensiero. I commentatori definiscono questa figura retorica il linguaggio dei fatti (*Zabān Hāl*) inteso come opposto a quello delle parole (*Zabān Qāl*).

[16] Gli abitanti di Saba, al fine di aumentare il profitto derivato dalle provviste per i viaggiatori attraverso la presenza di minori stazioni di posta che avrebbero potuto monopolizzare, di fatto distrussero la prosperità derivante da un commercio sviluppato su larga scala.

[17] Lett. Conoscere. Cfr. 3:154, 47:31.

[18] Nel contesto di questa sura compaiono sei proposizioni introdotte dall'imperativo "di'", rispettivamente nei versetti 22, 24, 25, 26, 27 e 30. Ognuno di questi versetti spiega: 1-La dottrina del *Tawhīd* (22), 2-La misericordia di Dio (24), 3-La responsabilità dell'uomo (25), 4-La giustizia divina (26), 5-Il potere e la saggezza divina (27), 6-L'inevitabilità del Giudizio (30).

26-Di': "Il nostro Signore ci riunirà tutti e alla fine deciderà tra di noi secondo verità e giustizia. Egli è Colui che decide, Colui che conosce ogni cosa."

27-Di': "Mostratemi coloro a cui avete attribuito la divinità. Certo non potete! Dio è l'Onnipotente, il Saggio."

28-Ti abbiamo inviato come un profeta per tutte le genti per annunciare loro la buona novella ed ammonirli [contro il peccato]. La maggior parte degli uomini però non comprende.

29-Dicono: "Quando si avvererà questa promessa, se stai dicendo il vero?"

30- "È stato stabilito per voi un giorno, di cui non potete né anticipare né posticipare nemmeno un'ora".

31-I miscredenti dicono: "Non crederemo né in questa scrittura né in un'altra che l'ha preceduta". Se potessi vedere, quando i miscredenti saranno posti davanti al loro Signore, rimproverandosi gli uni con gli altri! I disprezzati diranno agli arroganti: "Se non fosse stato per voi, sicuramente saremmo stati credenti!"

32-Gli arroganti invece diranno a coloro che sono stati disprezzati: "Siamo stati forse noi che vi abbiamo tenuti lontani dalla guida, dopo che vi aveva raggiunto? No, piuttosto siete stati voi che l'avete respinta".

33-Coloro che sono stati disprezzati diranno agli arroganti: "No, avete complottato di giorno e di notte. Ci avete costantemente comandato di mostrarci ingrati verso Dio e di attribuire la divinità ad altri esseri!" Quando vedranno il castigo, dichiareranno il loro pentimento. Sui colli dei miscredenti saranno posti dei gioghi. Questa sarà la ricompensa per le loro azioni malvagie.

34-Non abbiamo mai inviato un messaggero presso un popolo senza che i ricchi dicessero: "Non crediamo nel messaggio con cui sei stato inviato".

35-Dissero: "Siamo ricchi di beni e di figli; la punizione non potrà coglierci".

36-Di': "In verità, il mio Signore aumenta e diminuisce i beni di chi desidera. La maggior parte degli uomini però non lo comprende".

37-Né la vostra ricchezza né i vostri figli vi condurranno vicino a Noi. Solo per coloro che credono e compiono opere rette c'è una ricompensa moltiplicata[19] per ciò che hanno compiuto, mentre sicuri dimorano nell'alto [del Paradiso].

38-Coloro che combattono contro i Nostri Segni per renderli vani[20] saranno raggiunti dalla punizione.

39-Di': "In verità, il mio Signore aumenta e diminuisce i beni dei Suoi servi così come desidera. Nulla è speso per la Sua causa, senza che venga restituito. Egli è il migliore di coloro che garantiscono i beni di sostentamento".

40-Un giorno li riunirà tutti insieme e dirà agli angeli: "Siete forse voi coloro che gli uomini erano soliti adorare?"

41-Diranno: "Gloria a Te! Tu solo sei a noi vicino[21], non loro!" No, hanno adorato i *Jinn* e la maggior parte credeva in essi".

42-Quel giorno non avranno alcun potere gli uni sugli altri né per aiutarsi né per nuocere. Diremo a coloro che compiono il male: "Assaggiate il castigo del Fuoco, che eravate pronti a negare!"

43-Quando i Nostri chiari segni sono stati provati, dicono: "Questo è solo un uomo che desidera impedirci di adorare ciò che i nostri padri hanno adorato". Dicono: "Queste sono solo falsità inventate!" Coloro che respingono la fede dicono della verità, dopo che è giunta: "Questa non è altro che magia manifesta!"

44-Però, Noi non abbiamo dato loro dei libri che potessero studiare, né abbiamo inviato dei messaggeri prima di te come ammonitori.

45-Quanti li hanno preceduti hanno respinto la verità. Costoro non hanno ricevuto però un decimo di ciò che abbiamo garantito a loro. Quando però hanno respinto i Miei profeti, quanto terribile è stata la Mia punizione!

46-Di': "Io vi consiglio: siate consapevoli di trovarvi davanti a Dio, sia che siate soli sia che vi troviate in compagnia. Il vostro compagno non è posseduto da uno spirito. Vi avverte solo di un terribile castigo".

47-Di': "Non vi domando alcuna ricompensa. La mia ricompensa viene da Dio. Egli è testimone di ogni cosa".

---

[19] Cfr. 30:39. Il valore dei beni terreni è effimero e transitorio. Solo coloro che, sostenuti dalla fede, compiono opere di bene, si trovano nella condizione di sviluppare al meglio il proprio destino superiore.

[20] Cfr. 34:5. Il tentativo di vanificare i segni di Dio non solo condurrà al fallimento, ma renderà degni dell'abisso della perdizione coloro che vi si impegneranno.

[21] In arabo *Walī*. Questo termine indica qualcuno che protegge, benefica ed esprime un legame fondato sulla benevolenza, confidenza ed amicizia.

48-Di': "In verità, il mio Signore getta il mantello della verità sui Suoi servi. Egli ha piena conoscenza di tutto ciò che è nascosto".

49-Di': "La verità è giunta. Il falso non crea nulla di nuovo e nemmeno può riportare indietro ciò che è ormai passato".

50-Di': "Se mi sono perduto, lo faccio a discapito della mia anima. Se però sono guidato, è dovuto all'ispirazione che proviene dal mio Signore. Egli è Colui che ode tutte le cose. Egli è sempre vicino".

51-Se solo potessi vedere quando tremeranno di terrore, senza nessuna via d'uscita e afferrati da vicino.

52-Diranno: "Adesso crediamo nella verità", ma come potranno ricevere la fede da una posizione così lontana,

53-vedendo che l'hanno precedentemente rifiutata e che in continuazione hanno calunniato l'invisibile?

54-Tra loro e i loro desideri è posta una barriera, come è stato fatto in passato con i loro simili precedentemente vissuti[22] perché si erano persi in un dubbio senza speranza.

---

[22] I versetti dal 51 al 54, che illustrano il conflitto tra il bene ed il male, possono essere interpretati nei seguenti modi: 1-La descrizione si applica a quanto accadrà nell'Altra vita; 2-Si applica alla posizione dell'Islam a Medina intesa come differente da quella alla Mecca, in cui i musulmani erano perseguitati; 3-Si applica in generale alla storia universale.

XXXV

Sura Fātir

(Colui che dà origine)

Rivelata alla Mecca

Nel nome di Dio, il Clemente, il Misericordioso

1-Sia lode a Dio, Che ha creato[1] [dal nulla] i cieli e la terra e ha reso gli angeli messaggeri dotati di due, tre o quattro[2] ali. Egli aggiunge alla creazione ciò che desidera. Dio detiene il potere sommo su tutte le cose.

2-Ciò che Dio, attraverso la Sua misericordia, ha concesso all'umanità, nessuno può togliere. Ciò che Lui toglie, nessuno può garantire tranne Lui. Egli è l'Eccelso, il Sapiente.

3-O uomini, ricordate la grazia che Dio vi ha concesso! C'è un altro creatore, oltre Dio, capace di darvi il sostentamento dal cielo e dalla terra? Non c'è altro dio che Lui. Perché allora vi allontanate sempre di più dalla verità?

4-E, se ti respingono, sappi che anche i messaggeri, che ti hanno preceduto, sono stati respinti. Tutto viene stabilito da Dio.

5-O uomini, certamente la promessa di Dio è verità. Che questa vita presente non vi tragga in inganno[3]. Che il Grande Ingannatore non vi inganni riguardo a Lui.

6-In verità, Satana è nemico vostro. Così anche voi trattatelo come un nemico. Egli chiama coloro che si uniscono a lui ad essere Compagni del Fuoco ardente.

---

[1] Cfr. 2:177. Il termine arabo *Fatara* in questo contesto indica la creazione della materia primordiale, con cui ha inizio il processo creativo divino che secondo la rivelazione coranica ha un carattere continuo e dinamico.

[2] Cfr. 26:193, 79:15. Il termine "ali" nel contesto di questo versetto indica il possesso di un determinato numero di qualità o di capacità da parte di questi esseri celesti.

[3] Cfr. 31:33. L'inganno del male può assumere due forme: 1-Le tentazioni seduttive di questo mondo possono indurre l'uomo a dimenticarsi dell'Altra vita; 2-La capacità di giudizio dell'essere umano può essere così tanto offuscata da ritenere che il male possa apportare dei benefici alla sua esistenza.

7-Per coloro che respingono Dio[4] c'è una terribile punizione. Invece, per quanti credono e compiono opere di bene, c'è il perdono e una magnifica ricompensa.

8-Che cosa accadrà a colui, per il quale il male della sua condotta è reso attraente, così che lo considera bene? Dio lascia che si perda chi vuole e guida chi vuole. Così lascia che il dispiacere provato per loro non ti dispiaccia oltremodo. Dio ben conosce tutto quello che fanno!

9-È Dio che invia i venti affinché alzino le nuvole e le conducano presso una terra morta[5]. È Lui che dà nuova vita alla terra, dopo che era morta. Così sarà la resurrezione!

10-Se qualcuno cerca la gloria e il potere, a Dio appartiene tutta la gloria e il potere. A Lui ascendono tutte le parole pure. Egli è Colui che esalta ogni opera retta. Per coloro che pianificano il male, vi è una terribile punizione ed i loro complotti saranno vani.

11-Dio vi ha creato dalla polvere, poi da una goccia di sperma e poi vi ha creato in coppie. Nessuna femmina concepisce o partorisce, senza che Lui ne sia a conoscenza. Né ad un uomo saranno garantiti lunghi giorni né la sua vita sarà abbreviata, se non per decreto Suo. Tutto è semplice per Dio.

12-Non sono uguali le due masse d'acqua fluenti: una è piacevole al palato, dolce e gradevole da bere, e l'altra salata e amara. Da entrambi i tipi di acqua traete carne fresca e tenera ed ornamenti[6] da indossare. E vedete le navi che solcano le onde affinché possiate cercare la grazia di Dio ed esserGli grati.

13-Egli fa sì che la notte si sommerga nel giorno e il giorno nella notte. Egli ha assoggettato il sole e la luna alla Sua legge[7]. Ognuno ruota intorno ad un'orbita per un tempo prestabilito. Questo è Dio, il vostro Signore, a Lui appartiene ogni dominio. E coloro che invocate oltre Lui non hanno potere alcuno[8].

---

[4] Rifiutare Dio equivale a rifiutare il bene presente nella nostra natura ed il destino superiore di cui è degna secondo il decreto divino.

[5] L'immagine della terra arsa dal sole e dalla siccità che riprende vita grazie alla pioggia costituisce una duplice allegoria dell'azione divina nell'ambito spirituale, in quanto rappresenta sia la resurrezione individuale che quella di tutta l'umanità nel Giorno del Giudizio. Il termine arabo per resurrezione è *Nushūr*.

[6] Perle, coralli, diverse qualità di quarzo e l'agata.

[7] Cfr. 13:2.

[8] Il termine arabo *Qitmīr* indica la pellicola sottile che ricopre il nocciolo di dattero. Nel contesto di questo versetto significa qualcosa privo di forza, consistenza e valore. In

14-Se li invocate, non ascolteranno la vostra chiamata e, se pure potessero udirvi, non potrebbero rispondere alle vostre preghiere. Il Giorno del Giudizio vi negheranno. O uomo, nessuno può dirti la verità come Colui che ben conosce tutte le cose.

15-O uomini, voi avete bisogno di Dio. Egli è libero da qualsiasi bisogno, degno di ogni lode.

16-Se lo volesse, potrebbe farvi perire e suscitare una nuova creazione.

17-Ciò non è difficile per Dio[9].

18-Nessuno può caricarsi[10] del peso di un altro. Se qualcuno, che è stato caricato di un pesante fardello, dovesse chiamare un altro per condividerne il peso, l'altro non potrebbe assumersi nemmeno una parte di esso, anche se dovesse essergli particolarmente vicino. Potrai ammonire solo coloro che si volgono verso il loro Signore che non possono percepire[11], e assolvono regolarmente alla preghiera. Chiunque si purifica, lo fa per il bene della sua stessa anima. La destinazione di ognuno è presso Dio.

19-Non sono uguali il cieco e colui che è dotato della vista;

20-come non lo sono le tenebre profonde e la luce;

21-come non lo sono le fresche ombre e la calura del sole,

22-come non sono uguali coloro che vivono e coloro che invece sono morti. Dio però rende chi desidera capace di udire. Però tu non puoi far sì che ascoltino quelli che sono seppelliti nelle tombe.

23-Tu non sei altro che un ammonitore.

24-In verità, ti abbiamo inviato nella verità, come colui che porta la buona novella e reca il monito. Ad ogni popolo è stato inviato un messaggero.

---

altri versetti (Cfr. 4:53, 4:154) è presente il termine *Naqīr*, che indica la scanalatura del nocciolo di dattero, ossia qualcosa di poco consistente.

[9] Non vi sono limiti all'energia creatrice divina. Il termine arabo *Azīz* in questo contesto indica che l'energia creatrice di Dio è esercitata in ogni momento della vita dell'universo.

[10] Il termine arabo *Hāmilatun* al femminile si riferisce all'anima (*Nafs*). Cfr. 6:164, 53:38.

[11] Nel contesto di questo versetto l'espressione araba *Bil-ghaybi* deve essere intesa in senso avverbiale. Il credente, anche se non può percepire fisicamente Dio, tuttavia ne avverte la presenza attraverso la rivelazione ed i segni diffusi nella natura stessa. Cfr. 36:11.

25-Se ti respingono, così hanno fatto anche coloro che li hanno preceduti, presso i quali sono giunti dei messaggeri con chiari segni, le scritture ed il libro illuminato.

26-Alla fine ho punito coloro che respingono la fede e quanto terribile è stato il Mio rifiuto.

27-Non vedi che Dio invia acqua dal cielo? Con esso facciamo crescere piante di vari colori. Nelle montagne ci sono sentieri bianchi e rossi e varie ombre di colore e di nero intenso.

28-Come tra di loro, vi sono creature brulicanti e bestiame che hanno diversi colori. Coloro che, tra i Suoi servi, possiedono la conoscenza, si mantengono nel timore di Dio. Egli è l'Eccelso, Colui che sempre perdona.

29-Coloro che recitano il Libro di Dio, stabiliscono preghiere regolari e spendono in carità parte di ciò che abbiamo loro concesso, segretamente e apertamente, sperando in un commercio che mai si esaurirà.

30-Egli pagherà loro quanto dovuto e concederà ancora di più dalla Sua grazia. Egli è Perdonatore, Riconoscente[12].

31-Ciò che ti abbiamo rivelato del Libro è la verità, a conferma di ciò che è stato rivelato prima di esso. In verità, Dio è ben informato sui Suoi servi; Egli è Colui che vede con chiarezza.

32-Poi, abbiamo dato il Libro in eredità ai Nostri servi scelti. Ci sono però tra loro alcuni che commettono ingiustizia contro la propria anima, alcuni che seguono una via intermedia e altri che sono, con il permesso di Dio, eminenti in buone opere. Questa è la grazia suprema.

33-Entreranno in Giardini di eternità, dove saranno adornati con bracciali di oro e di perle. Le loro vesti saranno di seta.

34-Diranno: "Sia lode a Dio, che ha rimosso da noi tutta la tristezza. Il nostro Signore è Perdonatore, Riconoscente.

35-Egli ha stabilito per noi una dimora duratura, dove non ci toccherà nessuna fatica o senso di stanchezza.

36-Invece, per coloro che rifiutano Dio, ci sarà il Fuoco dell'Inferno. Non sarà stabilito un termine in cui dovranno morire e nemmeno la loro pena sarà ridotta. Questa è la ricompensa per gli ingrati.

37-Grideranno forte: "Signore nostro! Facci uscire. Faremo opere di bene e non ciò che eravamo soliti compiere". "Non vi abbiamo forse

---

[12] Cfr. 14:5, 64:17. Il termine arabo è *Shakūr*, che indica la disponibilità di Dio ad accettare e ricompensare anche il più piccolo servizio reso alla causa del bene.

concesso una vita abbastanza lunga per poter ricevere il monito? Inoltre è giunto presso di voi un messaggero. Così gustate i frutti delle azioni vostre. Gli ingiusti non riceveranno aiuto".

38-In verità, Dio conosce tutto ciò che è nascosto nei cieli e sulla terra. In verità, Egli ha una piena conoscenza di tutto ciò che si trova nei cuori degli uomini.

39-Egli è Colui che vi ha fatto eredi[13] della terra. Se qualcuno, allora, rinnega Dio, recherà danno solo a se stesso. La loro mancanza di fede non fa che accrescere l'abominio dei miscredenti di fronte al loro Signore. Il loro rifiuto finisce per aumentare la loro rovina.

40-Di': "Avete visto coloro che invocate oltre a Dio? Mostratemi che cosa hanno creato nella vasta terra. O hanno forse una porzione nei cieli? O abbiamo dato loro un Libro da cui possono trarre una chiara evidenza? No, i malvagi promettono gli uni agli altri niente altro che delusioni.

41-Dio è Colui che sostiene i cieli e la terra affinché non sprofondino. Se dovessero cadere, nessuno potrebbe sostenerli. In verità, Egli è Magnanimo, Perdonatore.

42-Costoro pronunciarono forti giuramenti nel nome di Dio che, se giungesse presso di loro un ammonitore, seguirebbero la sua guida meglio[14] di ogni altro popolo. Però, quando giunge presso di loro un messaggero, questo non fa altro che accrescere la loro fuga dalla rettitudine

43-a causa della loro arroganza sulla terra e delle loro trame malvagie[15]. Però, le trame malvagie avvolgeranno coloro che le hanno ordite. Non considerano forse il modo in cui sono stati trattati gli

---

[13] Nel contesto di questo versetto il termine arabo *Khalāif* può essere interpretato in modo duplice: 1-Come vicari di Dio sulla terra, 2-Come successori di quei popoli che hanno meritato il castigo divino e si sono estinti. Cfr. 6:165.

[14] Cfr. 6:157. Questo versetto si riferisce all'attitudine mostrata dai Quraysh verso i Popoli del Libro (Ebrei e Cristiani), che venivano accusati di aver deviato dagli insegnamenti ricevuti nelle rispettive rivelazioni. Nello stesso tempo, prima che giungesse loro la rivelazione, erano soliti affermare che l'avrebbero seguita nel modo più corretto e sincero possibile. Le loro parole però si mostrarono false, in quanto non solo rifiutarono il messaggio della rivelazione quando giunse loro, ma perseguitarono il Profeta (pbsl) ed i credenti.

[15] Qui vengono menzionate le due seguenti cause, che inducono gli esseri umani a rifiutare il messaggio di verità recato dai profeti: 1-L'arroganza, 2-Il desiderio di minare e di distruggere la verità.

antichi? Non troverai nessun cambiamento nella consuetudine di Dio[16]. Nella consuetudine di Dio non troverai alcun mutamento.

44-Non hanno forse viaggiato per la terra e visto qual è stata la fine di coloro che li hanno preceduti, anche se la loro forza era maggiore? Nulla di ciò che si trova nei cieli o sulla terra può annullare la potenza di Dio. Egli è Onnisciente, Onnipotente.

45-Se Dio avesse dovuto punire gli uomini secondo quanto spetta loro, non lascerebbe sulla terra una sola creatura. Però Lui concede loro una tregua per un tempo determinato. Quando il loro termine è stato stabilito, in verità Dio vede [nei cuori] di tutti i Suoi Servi.

---

[16] Dio nel corso della storia: 1-Ha mostrato pazienza e misericordia verso i peccati degli uomini, 2-Ha inviato i profeti con la rivelazione, 3-Ha decretato la pena di cui gli uomini sono degni per i loro peccati.

XXXVI

Sura Yā Sīn

(Yā Sīn)

Rivelata alla Mecca, (tranne il versetto 45)

Nel nome di Dio, il Clemente, il Misericordioso

1-Yā, Sīn[1].
2-Per il Corano, colmo di saggezza,
3-Tu sei in verità uno dei messaggeri
4-su una via retta.
5-Questa è una rivelazione inviata dall'Eccelso, il Misericordioso
6-al fine che tu possa ammonire coloro, i cui padri non hanno ricevuto ammonizione[2] alcuna e così sono rimasti inconsapevoli.
7-La parola si rivelerà nella sua verità[3] contro la maggior parte di loro, perché non crederanno.
8-Abbiamo posto dei gioghi[4] attorno ai loro colli che arrivano ai menti, così che il loro capo sia bloccato e non possano vedere.
9-Abbiamo posto una barriera davanti e dietro di loro e poi li abbiamo coperti, al fine che non possano vedere.
10-È lo stesso se li ammonisci o non li ammonisci: non crederanno[5].

---

[1] Secondo alcuni commentatori *Ya* costituisce un articolo vocativo mentre *Sin* può essere considerato un'abbreviazione di *Insān* (essere umano). La sura sarebbe quindi rivolta agli esseri umani o più specificatamente al Profeta (pbsl). L'espressione *Yā Sīn*, infatti, è generalmente considerata un titolo del Profeta (pbsl).

[2] Dio, prima di Muhammad, non aveva inviato alcun messaggero presso i Quraysh.

[3] Cfr. 7:30, 17:16. La miscredenza comporta la perdita della grazia e della misericordia divina.

[4] In questo versetto la disubbidienza dei peccatori ed il loro progressivo allontanamento dalla grazia divina sono illustrate attraverso le seguenti metafore: 1-Il rifiuto della luce divina finisce per porre l'essere umano sotto il controllo del peccato, 2-La mente dei peccatori diviene progressivamente offuscata ed incapace di pensiero lineare, 3-La privazione della grazia divina conduce ad un progressivo impoverimento spirituale.

[5] La conseguenza del progressivo impoverimento spirituale è l'incapacità di prestare ascolto alla rivelazione divina.

11-Puoi ammonire solo coloro che seguono il messaggio e temono il Misericordioso, che non possono vedere. Dai a costoro la buona novella del perdono e di una ricompensa.

12-In verità, Noi riporteremo in vita a chi è morto e annotiamo ciò che inviano davanti a loro e ciò che, invece, lasciano indietro[6]. Di ogni cosa abbiamo preso nota in un chiaro registro.

13-Proponi loro come esempio i compagni della città[7], che venne visitata dai messaggeri.

14-Quando inviammo loro due messaggeri, li respinsero, ma Noi li abbiamo rinforzati con un terzo. Dissero: "In verità, siamo i messaggeri a voi inviati".

15-Risposero: "Siete solo uomini come noi. Dio, il misericordioso, non invia nessuna rivelazione. Non fate altro che mentire".

16-Dicono: "Il nostro Signore sa che siamo stati inviati per una missione presso di voi.

17-Il nostro dovere è solo quello di proclamare il messaggio".

18-Le persone dissero: "Da parte nostra, vi auguriamo la sfortuna[8]. Se non desisterete, vi lapideremo sicuramente e vi infliggeremo una grave punizione".

19-Dicono: "Le vostre maledizioni rimangano con voi! Così vi comportate, quando siete esortati? In verità, avete sorpassato ogni limite!"

20-Poi, dalla parte più lontana della città, un uomo giunse correndo e disse: "O popolo mio, ubbidite ai profeti.

21-Obbedite a coloro che non vi chiedono alcuna ricompensa e che hanno ricevuto la guida.

---

[6] Ci si riferisce rispettivamente alle opere compiute in questa vita che precedono l'essere umano presso Dio, e le conseguenze che provocheranno in questo mondo e nell'Altro.

[7] La maggior parte dei commentatori ritiene che in questo versetto ci si riferisca alla città di Antiochia, una delle più importanti della Siria settentrionale nel primo secolo dell'era cristiana. Antiochia venne fondata nel 300 a.C. da Seleuco Nicatore, uno dei successori di Alessandro Magno, e prese il nome da Antioco, padre dello stesso fondatore. Dopo l'avvento del Cristianesimo, divenne una delle più importanti sedi episcopali del mondo cristiano. Preferiamo comunque seguire Ibn Khatīr nel rifiuto di questa identificazione, in quanto non supportata da nessuna prova testuale adeguata.

[8] In arabo Tāir, traducibile come "uccello augurale". Gli Arabi, così come i Romani, ritenevano che fosse possibile leggere il futuro nel volo degli uccelli. Cfr. 17:13 e 27:47 dove gli Egiziani ed i Thamud attribuiscono la malasorte rispettivamente alla predicazione di Mosè e di Salih.

22-Perché non dovrei servire Colui che mi ha creato e a cui ritornerò?
23-Dovrei forse scegliere altri dei oltre Lui? Se Dio dovesse stabilire per me qualche avversità, la loro intercessione non avrebbe alcun valore e non potrebbero certo salvarmi.
24-Se lo facessi, mi troverei in un errore manifesto.
25-Io ho fede nel Signore di noi tutti. Prestatemi ascolto".
26-Venne detto: "Entra nel Giardino". Egli disse: "Oh, se la mia gente sapesse quello che io so!
27-Il mio Signore mi ha concesso il perdono e mi ha annoverato tra coloro che sono tenuti in grande onore".
28-Noi non abbiamo inviato, dopo di lui, alcuna armata dai cieli contro costoro e non ne abbiamo avuto nemmeno bisogno.
29-Fu solo un singolo cataclisma e furono come ceneri, spente e silenziose.
30-O miseria sui servi di Dio! Non giunge loro un messaggero senza che lo scherniscano!
31-Non vedi quante generazioni[9] prima di loro abbiamo distrutto? Non torneranno mai più.
32-Invece porteremo ognuna di loro davanti a Noi per essere giudicata.
33-Sia per loro un segno la terra morta. Noi gli concediamo di nuovo la vita e produce il grano di cui vi cibate.
34-Produciamo giardini con palme di dattero[10] e viti e facciamo sgorgare le fonti,
35-ché possano godere[11] dei frutti di ciò che producono e di ciò che le loro mani hanno coltivato. Non saranno forse riconoscenti?
36-Sia gloria a Dio, Che ha creato ogni cosa in coppia di ciò che la terra produce, degli esseri umani e di molte altre cose di cui non avete conoscenza.
37-Un segno per loro è la notte. Noi facciamo recedere il giorno e rimangono immersi nelle tenebre.

---

[9] In arabo *Qurūn*.
[10] Nel contesto di questo versetto ci si riferisce ad i frutti in generale menzionando però quelli caratteristici delle terre arabe.
[11] In arabo *Akala*, che significa letteralmente "cibarsi". Cfr. 7:19, 5:66.

38-Il sole segue il suo corso per un periodo determinato[12]. Questo è il Suo decreto, dell'Eccelso, del Sapiente.

39-Abbiamo misurato per la luna delle fasi da attraversare, fino a quando non ritorna come una palma secca ed invecchiata[13].

40-Il sole non può raggiungere la luna e la notte non può sopravanzare il giorno. Ognuno nuota nella sua orbita.

41- cco un altro segno: abbiamo portato la loro progenie su di un'Arca[14] ben carica.

42-Abbiamo creato per loro vascelli[15] simili su cui navigano veloci.

43-Se volessimo, li potremmo affogare. Allora non ci sarebbe nessuno ad aiutarli e non potrebbero salvarsi,

44-eccetto che per mezzo della Nostra misericordia e come temporaneo godimento.

45-Quando viene detto loro: "Temete ciò che si trova davanti a voi e ciò che sarà dopo di voi[16], al fine che possiate ricevere la misericordia".

46-Si sono però allontanati da ogni segno[17] che giunse dal loro Signore.

47-E quando viene detto loro: "Spendete la ricchezza che Dio vi ha concesso", i miscredenti dicono ai credenti: "Dovremmo forse nutrire coloro che, se Dio avesse voluto, Egli avrebbe potuto nutrire? Vi trovate in un errore manifesto".

48-Successivamente affermano: "Quando questa promessa si avvererà, se ciò che dici è vero?"

49-Non dovranno attendere che un singolo cataclisma, che li coglierà mentre sono ancora occupati a discutere.

---

[12] In arabo *Mustaqarr*. Questo termine significa rispettivamente: 1-Un periodo di tempo determinato (Cfr. 6:67); 2-Un luogo di riposo; 3-Un luogo in cui abitare (Cfr. 2:36). Anche se alcuni commentatori preferiscono il secondo significato, in questa traduzione si è scelto di adottare il primo.

[13] In arabo *'Urjūn*, che significa un racemo di dattero o di una palma.

[14] Cfr. 29:15. L'arca di Noè è un simbolo della salvezza degli esseri umani dalle forze distruttive della natura.

[15] Con questo termine ci si potrebbe riferire anche ai moderni aeroplani.

[16] Gli esseri umani dovrebbero guardarsi dalle conseguenze delle azioni passate e di quelle future, al fine di prepararsi all'Altra vita.

[17] I segni di Dio si trovano nella natura, nell'interiorità umana e nella rivelazione inviata attraverso i profeti.

50-Non avranno la possibilità di darne testimonianza e nemmeno di tornare presso il loro popolo!

51-Nel corno[18] sarà soffiato, poi dai sepolcri gli uomini si avvicineranno al loro Signore!

52-Diranno: "Guai a noi! Chi ci ha destato dai letti del nostro riposo? Questo è ciò che Dio, il Clemente, ha promesso e la parola dei profeti è verità!"

53-Sarà non più di un solo grido[19] e saranno condotti tutti davanti a Noi!

54-Poi, quel giorno, nessuna anima subirà un torto e sarete ricompensati per le vostre azioni passate.

55-In verità, i Compagni del giardino trarranno gioia da tutto ciò che faranno.

56-Insieme alle loro spose staranno sotto la fresca ombra, reclinando su troni di dignità.

57-Ogni frutto[20] [godimento] sarà lì a loro disposizione; avranno tutto ciò che domanderanno.

58-"Pace": una parola di saluto dal Signore, il Misericordioso.

59-Voi che avete costretto gli altri a rifiutare il Nostro messaggio, fatevi da parte in questo giorno!

60-Non vi ho forse comandato, o figli di Adamo[21], di non venerare Satana perché è per voi un nemico dichiarato?

61-Ma di adorare Me, perché questa è la retta via?

62-Egli ha fatto deviare molti di voi. Non comprendete[22] dunque?

63-Questo è l'Inferno di cui siete stati ripetutamente avvertiti.

---

[18] Tradizionalmente si ritiene che l'angelo che soffierà nel corno sia Isrāfil, anche se non viene menzionato specificatamente nel Corano. Cfr. 6:73, 78:18.

[19] Il tempo e lo spazio, così come li conosciamo in questa vita, scompariranno definitivamente. Cfr. 36:29, 36:49, 37:19.

[20] In arabo *Fākihatun*. La radice verbale *Fākiha* significa "rallegrarsi", "gioire per qualcosa". Proprio come nel caso del termine "*Akala*" (cibarsi), che viene tradotto come "godere di qualcosa", il termine *Fākihat* (frutto) indica tutto ciò di cui i credenti potranno rallegrarsi in Paradiso.

[21] L'espressione "figli di Abramo" nel contesto di questo versetto è utilizzata per indicare che: 1-La salvezza è per tutti i discendenti di Adamo che, secondo la tradizione islamica, venne perdonato da Dio dopo l'atto di disubbidienza, 3-Che Dio in tutte le epoche storiche ha inviato dei profeti per comunicare agli esseri umani di guardarsi dal male.

[22] In arabo *'Aql*.

64-Oggi abbracciate il Fuoco perché con persistenza avete rifiutato la fede.

65-Quel giorno porremo un sigillo sulle loro bocche, ma le loro mani Ci parleranno e i loro piedi recheranno testimonianza su tutto ciò che erano soliti compiere.

66-Se fosse stato per la Nostra volontà, sicuramente avremmo potuto cancellare la loro vista; e allora si sarebbero sforzati di trovare la via. Però come avrebbero potuto vederla?

67-Se fosse stata la Nostra volontà, avremmo potuto bloccarli nel luogo in cui si trovavano e così sarebbero stati incapaci di muoversi né indietro né avanti.

68-Se concediamo a qualcuno una lunga vita, stabiliamo anche che il suo potere diminuisca. Allora forse comprenderanno?

69-Non abbiamo insegnato al Profeta la poesia[23]. Questo non gli si addice. Questo non è altro che un messaggio e un Corano precipuo,

70-affinché possa recare il monito a coloro i cui cuori sono vivi[24] e che si realizzi il decreto contro i miscredenti.

71-Non vedono forse che siamo Noi che abbiamo creato per loro - tra le altre cose che le Nostre mani hanno plasmato- bestiame che si trova sotto il loro dominio?

72-E che lo abbiamo sottomesso a loro? Tra di loro alcuni li trasportano e di altri mangiano la carne,

73-da loro ottengono anche altre cose profittevoli come latte da bere. Non saranno quindi grati?

74-Eppure venerate altri dei oltre Dio, sperando di poter ricevere il soccorso!

75-Costoro non hanno il potere di aiutarli, ma saranno loro stessi condotti davanti al trono del Giudizio in truppe per essere condannati[25].

---

[23] Cfr. 26:224. Nel contesto di questo versetto il termine "poesia" è utilizzato per indicare qualcosa di oscuro, fantasioso, inverosimile, futile e palesemente falso.

[24] Indica non solo l'essere vivi in senso fisico, ma anche tutte le facoltà che sono solitamente associate alla vita. Nel linguaggio religioso, coloro che sono sordi alle verità spirituali è come se fossero morti, anche se il loro corpo svolge le normali funzioni fisiche.

[25] Secondo la maggior parte dei commentatori, in questo versetto si afferma che le falsità, che gli esseri umani hanno adorato nel corso della loro esistenza, contribuiranno alla loro condanna.

76-Che le loro parole, quindi, non ti facciano soffrire. In verità, sappiamo bene quello che nascondono e quello che manifestano.

77-Non vede l'uomo che lo abbiamo creato da uno sperma? Eppure si pone come un avversario aperto.

78-Ci ha proposto un paragone, dimenticando la sua origine e la sua creazione. Dice: "Chi può dare la vita alle ossa ormai secche e decomposte?

79-Di': "Ridarà loro la vita Colui che le ha create per la prima volta! Egli conosce perfettamente ogni creazione".

80-Egli è Colui che ha prodotto[26] dall'albero verde ciò con cui accendete il fuoco.

81-Non è forse Colui che ha creato i cieli e la terra capace di creare ciò che assomiglia loro? Possiede infinita capacità e conoscenza. Egli è il Creatore Supremo.

82-In verità, quando Lui intende qualcosa, il Suo comando è: "Sia" e quella "è".

83-Così gloria a Colui nelle cui mani si trova il dominio di ogni cosa. A Lui farete ritorno.

---

[26] Ci si riferisce ad uno strumento di legno chiamato *Zinād*, che consiste di due parti che debbono essere strofinate l'una contro l'altra. La parte superiore era chiamata *'Afār* e quella inferiore *Markh*, e veniva ricavata dall'albero *Cynanchum viminale*, i cui rami sono privi sia di foglie che di spine.

XXXVII

Sura As-Sāffāt

(I ranghi)

Rivelata alla Mecca

Nel nome di Dio, il Clemente, il Misericordioso

1-Per coloro che si schierano in ranghi[1],
2-che respingono con forza il male[2],
3-che proclamano il messaggio di Dio,
4-il vostro Dio è Uno,
5-Signore dei cieli e della terra e di tutto ciò che contengono, Signore di ogni alba[3].
6-In verità, abbiamo adornato i cieli più vicini con i pianeti,
7-e li abbiamo protetti contro ogni diavolo ribelle,
8-[cosicché i diavoli] non possano prestare ascolto all'assemblea [degli angeli] ma siano scacciati da ogni dove
9-ed espulsi. Per costoro vi è una punizione perpetua,
10-[Carpirà qualcosa] solo chi riesce a cogliere un barlume [di questa conoscenza]. Costui sarà colto da una fiamma lacerante.
11-Domanda a coloro che ancora persistono nella negazione della verità, se è stato più difficile creare loro rispetto agli altri esseri [che abbiamo creato] perché li abbiamo plasmati da argilla umida.

---

[1] La maggioranza dei commentatori ritiene che con quest'espressione ci si riferisca agli angeli. Altri invece preferiscono leggerla in riferimento agli esseri umani che si dedicano al servizio di Dio. La forma femminile in arabo è utilizzata per indicare il plurale indefinito. Nel versetto 37:165, il termine *Sāffūn* è impiegato nel plurale definito e potrebbe riferirsi sia agli angeli che agli uomini di Dio.

[2] Può indicare sia gli angeli che gli uomini probi che: 1-Sono sempre pronti a dedicarsi al servizio della causa divina, 2-Sono disposti a combattere il male con tutte le loro forze.

[3] In arabo *Mashāriq*, dalla radice *Shāraqa*, che significa non tanto l'Oriente quanto piuttosto il sorgere del sole. Cfr. 7:137, l'espressione *"Mashāriq al ardi wa maghāribahā"* è utilizzata per indicare che Dio è il Signore del mondo intero. Cfr. 70:40, 55:17.

12-Nessuna meraviglia che tu sia sorpreso nel vedere che deridono [il messaggio],

13-e, quando viene ricordata loro [la verità], non vogliono ricordare,

14-e, quando vedono un segno, lo scherniscono,

15-dicendo: "Questa è una semplice magia.

16-Quando saremo morti e ridotti a polvere ed ossa, saremo forse fatti risorgere,

17-noi ed i nostri antenati?"

18-Rispondi: "Sì, e [nel Giorno del Giudizio] sarete umiliati".

19- [In quel Giorno] ci sarà un unico grido ed i loro occhi si apriranno.

20-Diranno: "Quanto terribile è per noi! Questo è il Giorno del Giudizio",

21-e [sarà detto loro]: "Questo è il giorno della separazione [tra il bene ed il male], che eravate soliti negare".

22- [Sarà ordinato agli angeli]: "Riunite insieme gli ingiusti e tutti coloro che vi assomigliano, insieme agli idoli, che erano soliti venerare

23-al posto di Dio e mostrate loro la via per l'Inferno.

24-Fermateli, perché verrà loro domandato:

25- "Perché adesso non vi supportate gli uni con gli altri?"

26-No, questo giorno giungeranno in assoluta sottomissione,

27-e si volgeranno gli uni verso gli altri, rivolgendosi domande.

28-[Alcuni] diranno: "Eravate soliti rapportarvi a noi da una posizione di potere".

29-Gli altri diranno: "No, non eravate credenti,

30-e non avevamo alcun potere su di voi, che invece vi mostravate eccessivamente arroganti.

31-La parola del vostro Signore si è realizzata contro di noi e adesso proveremo la punizione.

32-Vi abbiamo indotto a deviare e noi stessi eravamo deviati".

33-Quel giorno condivideranno la punizione,

34-perché così Ci comportiamo contro coloro che costringono gli altri a rifiutare il Nostro messaggio.

35-Ogni volta che viene detto loro: "Vi è un unico Dio", diventano arroganti

36-e affermano: "Dovremmo abbandonare i nostri dei per un poeta posseduto?"

37-Piuttosto, il Profeta è giunto con la verità e ha confermato i [precedenti] messaggeri.

38-Voi [che negate il vero] assaggerete una punizione terribile

39-e sarete ripagati solo per quanto eravate soliti compiere.

40-Non sarà però così per i devoti credenti,

41-che avranno riconoscibile[4] sostentamento[5]

42- di frutti; saranno onorati

43-in Giardini di delizie,

44-sdraiati su divani e con i volti rivolti gli uni verso gli altri.

45-Tra di loro sarà fatta passare una coppa di un ruscello che scorre,

46-bianco e delizioso al gusto,

47-che non li farà né ammalare né li intossicherà.

48-Insieme a loro ci saranno compagni casti dallo sguardo modesto con occhi meravigliosi,

49-che assomigliano a perle gelosamente custodite.

50-Si rivolgeranno gli uni agli altri, interrogandosi.

51-Uno di loro afferma: "Ero solito avere un amico sulla terra,

52-che mi domandava: <<Sei un credente?

53-Forse, quando saremo divenuti ossa e polvere, saremo fatti risorgere di nuovo per il Giudizio?>>".

54-E si domanderà: "Dovrei forse cercarlo?"

55-Quando lo cerca, si accorge che si trova nel mezzo dell'Inferno.

56-Quindi gli dice: "Nel nome di Dio, quasi mi avevi indotto a perdermi.

57-Se non fosse stato per la grazia del mio Signore, sarei stato tra coloro che vengono condotti all' [Inferno]".

58-Poi, [egli dice a coloro che si trovano in Paradiso]: "Non moriremo più,

59-tranne per la prima morte e non saremo puniti?"

60-Vero. Questo è il successo supremo.

61-Questo è quanto bisogna sforzarsi di raggiungere.

62-È il Paradiso un luogo migliore in cui trovarsi o l'albero di *Zaqqūm*?

63-Abbiamo reso [quest'albero][6] una punizione per l'ingiusto.

---

[4] In arabo *Ma'lūm*. La ricompensa dei benedetti sarà stabilita da un decreto di Dio secondo giustizia.

[5] In senso metaforico. Cfr. 7:50.

[6] Cfr. 44:43-46. Dal punto di vista eminentemente simbolico, si possono avanzare le seguenti riflessioni relativamente all'albero maledetto del Corano: 1-Le sue radici affondano nella corruzione della natura umana, 2-Trasforma ogni tenero sentimento in odio ed invidia, 3-Aumenta il desiderio del male, 3-La sua cura non fa altro che accrescere la malattia.

64-Questo è un albero che cresce nel cuore dell'Inferno.

65-I suoi frutti assomigliano alle teste dei diavoli,

66- e [coloro che abitano l'Inferno] ne mangeranno, riempiendosene lo stomaco.

67-Avranno poi da bere una bevanda bollente.

68-Poi ritorneranno all'Inferno,

69-perché hanno trovato che i loro padri erano privi di una guida.

70-Così si sono affrettati a seguire i loro passi.

71-Molti dei popoli, che li hanno preceduti, si sono perduti prima di loro,

72-anche se abbiamo già inviato qualcuno per dare loro un avvertimento.

73-Considerate quindi il destino di quanti hanno ricevuto il Monito,

74-eccetto coloro che hanno adorato Dio con devozione.

75-Noè Ci chiamò e quanto eccellente è stata la Nostra risposta.

76-Abbiamo salvato lui e la sua famiglia da una grande sofferenza.

77-Rendemmo i loro discendenti dei sopravvissuti,

78-e lasciammo [per lui] una menzione onorevole tra le generazioni successive[7]:

79- "Pace su Noè, tra tutti i popoli".

80-In questo modo Noi ricompensiamo coloro che compiono il bene,

81-perché egli era tra i Nostri fedeli devoti.

82-Invece abbiamo lasciato che gli altri annegassero.

83-Abramo era come lui.

84-Egli si avvicinò al suo Signore con un cuore innocente[8],

85-e disse a suo padre e al suo popolo: "Che cosa venerate?

86-State forse ingannando voi stessi scegliendovi falsi dei al posto di Dio?

87-Che cosa pensate del Signore dei Mondi?"

88-Poi rivolse lo sguardo alle stelle,

89-e disse: "Sono stanco [nel mio cuore]",

---

[7] La storia del diluvio è presente presso le diverse culture -non solo quelle che seguono la tradizione mosaica- in modi differenti. Nella tradizione greca, sono nominati Deucalione e Pirra; in quella indiana (*Shatapatha Brāhmana* and *Mahābhārata*) Manū e il pesce. La tradizione cinese sul grande diluvio è narrata nel Shu-King. Tra gli indiani d'America la tradizione era comune a molte tribù.

[8] In arabo *Qalb Salīm*, traducibile come "cuore puro". In arabo, il cuore è la sede non solo dei sentimenti, ma anche dell'intelligenza e delle motivazioni che spingono una persona a compiere determinate azioni. Cfr. 26:89 e 2:135.

90-Così si volsero via da lui e si allontanarono.

91-Poi si volse verso i loro idoli e disse "Non mangiate dunque?

92-Perché non parlate?"

93-Poi si volse verso di loro e li colpì con la mano destra[9].

94-Il suo popolo giunse correndo verso di lui.

95-Disse: "Come potete venerare l'opera delle vostre stesse mani,

96-mentre Dio ha creato voi e tutte le vostre opere?"

97-Dissero: "Costruiamo una fornace e gettiamolo nel fuoco ardente".

98-Costoro complottarono contro di lui, ma Noi li abbiamo umiliati.

99-[Abramo] disse: "Andrò via dal mio Signore. Egli mi guiderà.

100-O Signore, concedimi un figlio giusto".

101-Così gli demmo la buona novella di un figlio gentile.

102-Quando [il bambino] fu abbastanza grande per lavorare insieme a lui, disse: "Figlio mio, ho visto in sogno[10] che debbo sacrificarti. Che cosa ne pensi?" Egli disse: "Padre mio, fai quanto ti è stato ordinato. Se Dio vuole, mi troverai paziente".

103-Quando però entrambi si erano sottomessi a [ciò che credevano fosse] la volontà di Dio, e [Abramo] aveva fatto stendere [suo figlio] su un lato,

104-Lo chiamammo: "Abramo,

105-hai prestato obbedienza alla visione". In questo modo, Noi ricompensiamo coloro che compiono il bene.

106-Questa fu chiaramente una prova severa

107-e lo abbiamo riscattato con un grande[11] sacrificio.

108-Abbiamo poi lasciato che le generazioni successive dicessero di lui:

109- "Sia pace su Abramo".

110-In questo modo ripaghiamo coloro che compiono il bene,

111-perché Abramo era tra i nostri fedeli adoratori.

---

[9] La mano destra simbolizza il potere e la forza. Cfr. 37:28.

[10] Secondo la tradizione islamica, Abramo ebbe questa visione nella valle di Mina non lontano dalla Mecca. L'evento è celebrato il 10 del *Dhul al Hajj* (il giorno di 'Eid), che segna la fine del periodo del pellegrinaggio. Cfr. 2:197, 2:158.

[11] In arabo *'Azīm*, che può essere interpretato sia in senso figurativo che letterale. Nel secondo senso indica il montone che fu inviato per essere sacrificato e nel primo invece la disposizione d'animo di coloro che erano pronti al sacrificio di se stessi per obbedire alla volontà divina.

112-Poi gli annunciammo la buona novella di Isacco[12], un profeta tra i giusti.

113-E abbiamo benedetto lui ed Isacco. Tra i loro discendenti ci sono coloro che compiono il bene e coloro che chiaramente commettono ingiustizia contro se stessi.

114-Abbiamo mostrato sicuramente una grande gentilezza verso Mosè e Aronne.

115-Li salvammo insieme al loro popolo da una terribile calamità.

116-Li abbiamo supportati affinché prevalessero;

117-abbiamo dato loro il Libro perspicuo[13],

118-e li abbiamo guidati sulla retta via.

119-Lasciammo poi che le generazioni successive dicessero di loro:

120-"Che sia pace su Mosè ed Aronne".

121-In questo modo Noi ricompensiamo coloro che compiono il bene,

122-perché costoro erano tra i Nostri fedeli devoti.

123-Elia[14] era certamente uno dei messaggeri.

124-Quando disse alla sua gente: "Temerete Dio?"

125-Vi rivolgete a Baal e abbandonate il migliore dei creatori?

126-Dio, il vostro Signore ed il Signore dei vostri padri?

127-Però lo negarono e saranno condotti alla punizione,

128-tranne i fedeli devoti a Dio.

129-Lasciammo che le generazioni successive dicessero di lui:

130-"Che sia pace su Elia[15]".

131-In questo modo Noi ricompensiamo coloro che compiono il bene.

132-Era tra i Nostri fedeli devoti.

133-Lot era uno dei Nostri messaggeri.

134-Salvammo lui e la sua famiglia,

135-tranne una donna anziana che rimase indietro.

136-Poi abbiamo distrutto gli altri.

---

[12] Isacco è il progenitore degli ebrei.

[13] In arabo *Mustabīn*, che ha un significato leggermente differente da *Mubīn*. Nel secondo caso si è preferito tradurre "ciò che rende chiare le cose". Nel primo invece si è utilizzata l'espressione "ciò che aiuta a rendere chiare le cose".

[14] Cfr. 6:85, Re 1, 17-19, Re 2, 1-2. Elia visse durante il regno di Ahab (896-874 a.C.) e di Azaziah (874-872 a.C.) che governavano la parte settentrionale del regno d'Israele. Costoro abbandonarono il culto del Dio d'Israele per dedicarsi a quello di Baal praticato in Siria. Il profeta Elia denunciò la loro idolatria e dovette fuggire per salvarsi la vita.

[15] In arabo *Ilyāsīn*, che può essere interpretato: 1-Come una forma alternativa di *Ilyās*, 2-Come il plurale di *Ilyās*. In questo secondo caso è traducibile "le persone come Elia".

137-Passate accanto a loro al mattino

138-e alla sera. Non comprendete dunque?

139-Giona fu uno dei Nostri messaggeri.

140-Corse via verso una nave carica di passeggeri;

141-loro però gettarono le frecce e lui perdette.

142-Così lo gettarono nel mare ed un grande pesce[16] lo inghiottì perché era colpevole [per quanto aveva compiuto].

143-Se non fosse stato uno di coloro che glorificano la gloria illimitata del Signore,

144-sarebbe rimasto nel suo stomaco fino al giorno della resurrezione.

145-Abbiamo stabilito che fosse rigettato su di una aperta spiaggia in una condizione di sofferenza.

146-E facemmo sì che su di lui crescesse una pianta di zucca.

147-Lo abbiamo inviato a centinaia di migliaia di persone o più.

148-Costoro credettero, così lasciammo che godessero della propria vita[17].

149-Così [Profeta] domanda: "Perché pensano che Dio abbia delle figlie, mentre loro hanno dei figli?

150-Oppure abbiamo creato gli angeli femmine e loro sono stati presenti alla loro creazione?

151-No, e a causa delle falsità [che hanno inventato] dicono:

152-"Dio ha generato" e proferiscono menzogne.

153-Si è forse scelto delle figlie invece dei figli?

154-Che cosa vi accade? Come utilizzate il vostro intelletto?

155-Non riceverete quindi il monito?

156-O possedete un'autorità incontestabile [per quanto affermate]?

157-Così, producete il vostro Libro, se siete veritieri.

158-Costoro reclamano anche una parentela tra Lui ed i *Jinn*, ma quest'ultimi sanno che verranno condotti davanti a Lui per essere giudicati.

---

[16] In arabo *Hūt*, termine che può indicare sia un pesce che un coccodrillo. Secondo la tradizione biblica, Giona partì dal porto di Joppa (Jaffa) nel Mediterraneo, a circa 800 km da Ninive. Secondo alcuni commentatori invece ci si riferisce al fiume Tigri, in cui sono presenti dei pesci di straordinaria grandezza.

[17] Cfr. 10:98. La storia di Giona insegna ai credenti che: 1-Nessun essere umano può farsi giudice in merito all'ira o alla misericordia divina, 2-Che Dio è pronto al perdono, qualora i peccatori siano pronti al pentimento, 3-Che il piano di Dio è destinato a prevalere.

159-Che Dio sia esaltato nella Sua gloria al di sopra di quanto affermano.
160-Tranne per i Suoi fedeli devoti [che non fanno simili affermazioni].
161-Così voi [che negate il vero] e qualsiasi cosa voi adoriate,
162-non può tenere nessuno lontano da Lui,
163-tranne coloro che bruceranno nell'Inferno.
164-[Tutta la creazione di Dio] dirà: "Ognuno di noi ha un posto stabilito".
165-Siamo schierati in ranghi,
166-e siamo coloro che glorificano Dio.
167-I miscredenti erano soliti affermare:
168-"Se solo avessimo ricevuto un messaggio da coloro che ci hanno preceduto,
169-saremmo stati fedeli adoratori di Dio".
170-Costoro però hanno rifiutato il messaggio, così comprenderanno presto [le conseguenze].
171-La Nostra parola è già stata consegnata ai Nostri profeti,
172-secondo cui sarebbero stati vittoriosi,
173-e le Nostre schiere avrebbero preso il sopravvento.
174-Così [Profeta] lasciali per un periodo
175-ed osservali perché presto vedranno.
176-Vogliono veramente affrettare la Nostra punizione?
177-Quando discenderà su di loro, quanto terribile sarà quel mattino per coloro che erano stati avvertiti.
178-Lasciali per un poco
179-ed osservali perché presto vedranno.
180-Che il vostro Signore, il Signore della potenza, sia esaltato nella Sua gloria al di sopra di quanto affermano.
181-Sia pace sui messaggeri
182-e sia lode a Dio, Signore dei Mondi.

XXXVIII

Sura Sād

(Sād)

Rivelata alla Mecca

Nel nome di Dio, il Clemente, il Misericordioso

1-Sād. Per il Corano, in cui è contenuto il monito[1].
2-I miscredenti sono preda dell'orgoglio e della divisione.
3-Quante generazioni prima di loro abbiamo distrutto? Alla fine, invocavano la misericordia, quando ormai non vi era più tempo per essere salvati!
4-Così si meravigliano che sia stato scelto un messaggero tra il loro stesso popolo e i miscredenti dicono: "Questo è un mago che racconta menzogne!
5-Ha forse ridotto gli dei ad un unico Dio[2]? In verità, questo è qualcosa di straordinario!"
6-E i loro capi con impazienza si allontanano[3] dicendo: "Andate via e rimanete fedeli ai vostri dei! Questa è davvero la cosa più augurabile!
7-Non abbiamo mai udito nulla di simile tra le persone dei tempi andati[4]. Questa è solo una menzogna fabbricata!
8-Che cosa! Gli sarebbe stato inviato un messaggio, a lui tra tutti noi?" Costoro dubitano del Mio messaggio, ma non hanno ancora provato la Mia punizione!
9-O possiedono forse i tesori della misericordia del tuo Signore, l'Eccelso, Colui che sparge la grazia senza misura?

---

[1] In arabo *Dikhr*. Questo termine reca con sé i seguenti significati: 1-Il ricordo caratterizzato da uno spirito di riverenza, 2-La celebrazione delle lodi di Dio, 3-Insegnamento ed ammonizione, 4-Messaggio e rivelazione. Cfr. 16:43, in cui è presente l'espressione "Ahl al-Dikhr", ossia "coloro che posseggono il messaggio".

[2] Con quest'espressione s'intende che il messaggio dell'unità divina ha recato l'ordine al posto del caos e l'armonia al posto del conflitto.

[3] Il riferimento è diretto al comportamento dei pagani Quraysh durante i primi anni dell'apostolato del Profeta Muhammad (pbsl) presso il suo popolo.

[4] Secondo alcuni commentatori l'espressione araba "al Millat Ākhirah" si riferisce all'ultima religione predicata prima dell'Islam, ossia il Cristianesimo.

10-O possiedono il dominio dei cieli e della terra e di tutto ciò che si trova nel mezzo? Allora che ascendano pure verso il cielo.

11-Sono solo soldati che saranno sconfitti, indipendentemente dalle alleanze che hanno stretto.

12-Prima di loro ci sono stati molti che hanno rifiutato i messaggeri: il popolo di Noè, gli Ad ed il Faraone, Signore degli alti pali[5],

13-i Thamud, il popolo di Lot ed i compagni della Legna: costoro erano i confederati.

14-Ognuno di loro rifiutò i messaggeri, così la Mia punizione è stata pienamente giustificata.

15-Costoro attendono solamente un cataclisma che, quando arriverà, non lascerà scampo[6] alcuno.

16-Dicono: "Signore nostro! Anticipa ciò che ci spetta anche prima del giorno del rendiconto!

17-Mantieniti paziente verso quanto affermano e ricorda il Nostro servo Davide, l'uomo forte[7] che si volse sempre verso Dio.

18-Siamo stati Noi che abbiamo fatto sì che le colline dichiarassero in unisono[8] con lui la Nostra lode alla sera e allo spuntare del giorno,

19-e che gli uccelli si riunissero[9] insieme a lui, cantando le lodi di Dio.

20-Abbiamo rafforzato il suo dominio e gli abbiamo concesso saggezza e sano giudizio nelle parole e nelle decisioni.

21-Non ti è forse giunta la storia dei disputanti? Costoro si sono arrampicati sul muro della sua stanza di preghiera[10] e,

22-quando entrarono alla sua presenza, si mise in allerta, ma loro gli dissero: "Non temere, siamo due disputanti, uno dei quali ha commesso ingiustizia verso l'altro. Decidi ora tra di noi secondo verità e non trattarci con ingiustizia, ma guidaci sulla retta via.

23-Quest'uomo è mio fratello. Egli possiede novantanove pecore, mentre io una sola. Mi ha detto: <<Affidami la tua pecora>> ed ebbe la meglio su di me nell'alterco".

---

[5] Il palo è simbolo di: 1-Stabilità, 2-Fermezza, 3-Amministrazione tirannica del potere.

[6] In arabo *Fawāq*. Questo termine indica letteralmente un breve intervallo di tempo che intercorre tra la mungitura di due cammelli.

[7] Davide fu colui che sconfisse il gigante Golia, campione dell'esercito dei Filistei. Cfr. 2:249-252.

[8] Tutta la creazione canta all'unisono la Gloria di Dio. Cfr. 21:79.

[9] Letteralmente "volgessero", in arabo *Awwāb*, che compare anche alla fine del versetto 17.

[10] In arabo *Mihrāb*.

24-Davide disse: "Di sicuro, [tuo fratello] ha commesso un'ingiustizia contro di te chiedendoti di aggiungere al suo gregge la tua unica pecora. In verità, molti che fanno affari insieme commettono ingiustizia gli uni contro gli altri. Non si comportano invece così coloro che credono e compiono buone azioni. Però sono così pochi!" Davide allora comprese che lo avevamo messo alla prova, chiese il perdono del suo Signore, cadde a terra e si prosternò volgendosi verso Dio in pentimento.

25-Così lo abbiamo perdonato. Gli è stato riservato un posto a Noi vicino e un bellissimo luogo di ritorno.

26-O Davide, ti abbiamo fatto reggente[11] di questa terra. Giudica tra gli uomini secondo verità e giustizia. Non seguire i desideri del tuo cuore perché ti distoglieranno dal sentiero di Dio. Per coloro che si allontanano dal cammino di Dio, vi è una tremenda punizione perché hanno dimenticato il Giorno del Giudizio.

27-Non abbiamo creato i cieli e la terra e ciò che si trova nel mezzo senza un piano prestabilito[12]! Questo è il pensiero di quanti mancano di fede! Invece guai ai miscredenti a causa del Fuoco dell'Inferno!

28-Dovremmo forse trattare coloro che credono e compiono opere di bene come coloro che spargono corruzione sulla terra? Dovremmo trattare coloro che si guardano dal male come coloro che si allontanano da ciò che è giusto?

29-Qui c'è un libro che ti abbiamo inviato, pieno di benedizioni, affinché possiate meditare sui Nostri segni e gli uomini dotati di comprensione possano ricevere un'ammonizione.

30-A Davide abbiamo dato come figlio Salomone[13]. È stato un servo eccellente! Pronto sempre a volgersi verso di Noi.

31-Furono condotti davanti a lui, al tramonto, dei destrieri di razza pura, ritti su tre zampe[14],

---

[11] In arabo *Khalīfa*.

[12] Cfr. 3:191. La miscredenza è la negazione della fede nell'ordine, della bellezza e della vita eterna.

[13] I versetti relativi alla storia di Davide e Salomone sono stati interpretati in modo diverso dagli studiosi. Nel contesto della presente traduzione sono state preferite le opinioni di studiosi differenti.

[14] In arabo *Sāfināt*.

32-ed egli disse: "In verità, amo l'amore di quanto è buono in ricordo del Mio Signore[15]. E, quando i destrieri scomparvero nella distanza, disse:

33-"Riportateli da me", e poi iniziò a passare la mano sulle loro zampe e sui colli.

34-Noi mettemmo alla prova[16] Salomone. Ponemmo sul suo trono un corpo senza vita[17], così lui si volse a Noi in vera devozione.

35-Egli disse: "O mio Signore, perdonami! Assicurami un regno che non potrà essere posseduto da nessuno dopo di me. Tu sei Colui che concede ogni grazia senza misura".

36-Poi gli abbiamo assoggettato il vento per spirare al suo volere, ogniqualvolta lo desiderasse,

37-e asservimmo al suo volere demoni[18] costruttori o nuotatori,

38-e anche altri legati insieme[19] a coppie.

39-"Questa è la Nostra grazia, sia che la concediamo o la ritiriamo, non vi sarà domandato di renderne conto".

40-Egli ha goduto della Nostra vicinanza e di un bellissimo luogo di ritorno[20].

41-Ricordate il Nostro servo Giobbe. Egli gridò al Signore: "Il Malvagio mi ha afflitto[21] con sofferenze ed angoscia!"

42-Il comando venne emesso: "Batti con il piede. Avrai acqua fresca per lavarti e per bere".

43-Gli demmo indietro la sua famiglia e la raddoppiammo di numero: una grazia da Noi e monito per tutti i dotati di comprensione.

---

[15] Secondo alcuni commentatori l'amore di Salomone verso i suoi cavalli è riconducibile alla sua fede in Dio, il loro creatore. Secondo altri invece, Salomone avrebbe dimenticato di assolvere alla preghiera dell'*Asr*, in quanto occupato nella contemplazione della forza e della grazia dei suddetti animali.

[16] Il potere, la gloria, l'onore e la ricchezza vennero concesse a Salomone come prova da parte di Dio, al fine di saggiare se le avrebbe utilizzate per fini personali o al servizio di Dio. Cfr. 34:14.

[17] Secondo la maggior parte dei commentatori quest'immagine simbolizza la vera natura del potere terreno, qualora non sia vivificato dallo spirito di Dio.

[18] Cfr. 21:82, 34:12-13. In quest'ultimo versetto gli spiriti sono chiamati *Jinn*.

[19] Cfr. 14:49 dove la medesima espressione è applicata ai peccatori nel Giorno del Giudizio.

[20] Le medesime parole sono utilizzate in riferimento a Davide. Cfr. 38:25.

[21] Le afflizioni di Giobbe erano di natura fisica, mentale e spirituale. Costui perdette infatti la sua famiglia, la sua proprietà e la stessa salute, ma anche nel mezzo delle sue sofferenze non mancò mai di rivolgersi a Dio. Cfr. 21:83.

44- "Prendi con la mano una manciata di erba[22]. Gettala e non mancare al tuo giuramento." In verità, lo abbiamo trovato pieno di pazienza e di costanza, eccellente nel Nostro servizio[23]! Egli si è sempre volto verso di Noi!

45-Ricordate i Nostri servi: Abramo, Isacco e Giacobbe, che possedevano potere e saggezza.

46-In verità, li abbiamo scelti per un fine speciale, ossia proclamare il messaggio dell'Altra vita.

47-Costoro si trovavano, di fronte a Noi, nella compagnia degli eletti e degli eccellenti.

48-Ricordate Ismaele[24], Elia ed Ezechiele. Tutti costoro si trovano tra gli eccellenti.

49-Questo è un messaggio di ammonizione ed, in verità, per i giusti un bellissimo luogo di ritorno:

50-giardini di eternità, le cui porte per loro saranno sempre aperte.

51-Lì reclineranno. Potranno domandare frutti in abbondanza e bevande deliziose.

52-Accanto a loro ci saranno compagni casti, che nascondono lo sguardo, di eguale età.

53-Questa è la promessa, che vi è stata fatta, per il giorno del resoconto!

54-Questa, in verità, è la Nostra grazia che mai viene a mancare,

55-ma per coloro che compiono il male ci sarà un orribile luogo di ritorno!

56-L'Inferno -dove bruceranno- un triste giaciglio.

57-Lì assaggeranno un fluido bollente ed un fluido nero, melmoso ed estremamente freddo[25],

---

[22] Secondo il Libro di Giobbe (2:9-10) sua moglie gli disse: "<<Perché continui a mantenere la tua integrità? Maledici Dio e muori>>. Egli però le disse: <<Parli come una donna folle. Che cosa? Riceviamo il bene dalla mano di Dio e non dovremmo ricevere il male? Giobbe non peccò con le labbra". Probabilmente Giobbe disse a sua moglie che l'avrebbe punita, ma poi si pentì. Dio, quindi, gli concesse di farlo simbolicamente gettandole contro una manciata di erba.

[23] Cfr. 38:30. La pazienza e la costanza sono forme di servizio rese a Dio, in quanto testimoniano un'attitudine attiva della fede e non semplicemente passiva.

[24] Ismaele è il patriarca degli Arabi ed è menzionato nel Corano (Cfr. 37:101-107) come esempio di abnegazione. In questo versetto è nominato insieme ad Elisha (Cfr. 6:86) ed a Dhu al-Kifl (Cfr. 21:85), esempi di pazienza e costanza nelle avversità.

[25] Quest'immagine simbolizza la mancanza di armonia e la discordanza che caratterizza l'Inferno. Cfr. 10:4.

58-ed altre punizioni dello stesso tipo.

59-Questa è una folla che si precipita in avanti nel luogo in cui vi trovate. Per loro non vi è alcun benvenuto! In verità, bruceranno nell'Inferno!

60- [Quanti li hanno seguiti, dovranno gridare a coloro che li hanno fatti deviare]: "Non siate i benvenuti! Siete voi che ci avete condotto a questo castigo! Ora, questo è un luogo orribile dove dimorare!"

61-Diranno: "Signore nostro! Aggiungi una doppia punizione nel Fuoco per colui che vi ci ha condotto!"

62-Diranno: "Che cosa ci è accaduto? Non vediamo coloro che eravamo soliti annoverare tra i miserabili,

63-che eravamo soliti ridicolizzare e a cui evitavamo persino di rivolgere lo sguardo?"

64-Queste saranno le recriminazioni adeguate a coloro che dimoreranno nel Fuoco!

65-In verità, sono un ammonitore. Non c'è alcun dio tranne l'Unico Dio, il Supremo e l'Irresistibile[26],

66-il Signore dei cieli e della terra e di tutto ciò che contengono, l'Eccelso[27], Colui che perdona sempre di nuovo[28].

67-Di': "Questo è un messaggio supremo,

68-eppure lo ignorate!"

69-Non avevo alcuna conoscenza dei capi del supremo consesso, quando hanno discusso tra di loro.

70-Solo questo mi è stato rivelato, che debbo ammonire chiaramente e pubblicamente[29].

71-Il tuo Signore ha detto agli angeli[30]: "Ho intenzione di creare l'uomo dall'argilla,

---

[26] Cfr. 12:39, che si riferisce alla predicazione di Giuseppe durante la sua prigionia.

[27] In arabo *Azīz*.

[28] In arabo *Ghaffār*, che costituisce una forma intensiva di *Ghafūr*. Cfr. 20:82.

[29] In arabo *Mubīn*. In questo termine è implicito rispettivamente che: 1-Il messaggio deve essere chiaro e privo di ambiguità (Cfr. 7:184), 2-Il messaggio deve essere proclamato pubblicamente (Cfr. 26:115).

[30] Questo versetto può essere confrontato rispettivamente con: 1-2:30-39 dove sono menzionati solo i primi atti di ribellione contro Dio e le conseguenze per l'umanità; 2-15:29-40 dove si fa riferimento alla successiva intrusione del male nella vita degli esseri umani. Nel medesimo versetto si specifica che il male avrà potere solo su coloro che vi si piegheranno.

72-quando lo avrò formato nelle proporzioni dovute e avrò insufflato dentro di lui il Mio spirito, prosternatevi in obbedienza davanti a lui".

73-Così gli angeli si prosternarono, tutti,

74-ma non Iblis, che era superbo e divenne uno di coloro che respingono la fede.

75-Dio disse: "O Iblis, che cosa ti ha impedito di prosternarti di fronte a qualcuno che ho creato con le Mie stesse mani? Sei forse altezzoso? O pensi di essere uno degli elevati?"

76-Iblis disse: "Sono migliore di lui. Tu mi hai creato dal fuoco mentre lui è stato creato dall'argilla".

77-Dio ha detto: "Vai fuori di qui, reietto e maledetto,

78-la Mia maledizione sarà su di te fino al Giorno del Giudizio".

79-Iblis disse: "O mio Signore, concedimi una tregua fino al giorno in cui i morti saranno sollevati dalle tombe".

80-Dio disse: "Ti sia concessa una tregua,

81-fino al giorno del tempo stabilito".

82-Iblis disse: "Allora, per il Tuo potere, li porrò tutti nell'errore,

83-eccetto i Tuoi servi, sinceri e purificati dalla Tua grazia".

84-Dio disse: "Questa è la verità. Io affermo in verità,

85-che riempirò[31] l'Inferno con te e con tutti coloro che ti seguono, ognuno di loro".

86-Di': "Non vi chiedo alcuna ricompensa per questo Corano e non pretendo di essere chi non sono[32].

87-Questo non è altro che un messaggio per tutti i mondi

88-e ne conoscerete la verità con certezza fra qualche tempo.

---

[31] Cfr. 7:18, 7:179, 11:119, 10:33.

[32] In arabo *Mutakallif.* Con questo termine s'intende qualcuno che dichiara l'esistenza di fatti che non esistono o che si diletta della menzogna.

XXXIX

La sura Az-Zumar

(I gruppi)

Rivelato alla Mecca, (tranne i versetti 52-54)

Nel nome di Dio, il Clemente, il Misericordioso

1-La rivelazione di questo Libro proviene da Dio, l'Eccelso, Colui che possiede la saggezza in modo eminente.

2-In verità, Noi ti abbiamo rivelato il Libro nella verità: così servi Dio, offrendoGli una devozione sincera.

3-Non si deve forse a Dio una devozione sincera? Però, quanti si scelgono come protettori altri rispetto a Lui, dicono: "Li serviamo solo al fine che ci possano condurre più vicini a Lui". In verità, Dio giudicherà tra di loro in ciò in cui differiscono. Però, Egli non guida i falsi e gli ingrati [negatori della verità].

4-Se Dio avesse voluto prendersi un figlio, Egli avrebbe scelto chi voleva tra coloro che aveva creato. Gloria a Lui! Egli è Dio, l'Unico, il Dominatore.

5-Egli ha creato i cieli e la terra in proporzione. Ha fatto sì che la notte si sovrapponesse al giorno e il giorno si sovrapponesse alla notte. Egli ha sottomesso il sole e la luna alla Sua legge. Ognuno segue un proprio corso per un tempo stabilito. Non è Lui forse l'Eccelso, Colui che sempre perdona[1]?

6-Vi ha creato da una sola anima, da cui ha tratto la sua compagna. Vi ha donato otto coppie di bestiame. Egli vi crea nel seno delle vostre madri, in stadi[2], uno dopo l'altro, in tre veli di tenebra[3]. Costui è Dio, il vostro Signore. A Lui appartiene ogni dominio. Non c'è altro Dio che Lui. Allora perché vi volgete indietro?

---

[1] L'onnipotenza divina è eguagliata all'ammontare della Sua misericordia.

[2] Cfr. 22:5. In questo versetto la generazione dell'essere umano in diversi stadi è considerata un segno del potere creativo di Dio e della cura mostrata verso il creato.

[3] I tre veli che ricoprono il feto sono: 1-La membrana, 2-L'utero e 3-La cavità che racchiude l'utero stesso.

7-Se Lo rinnegate, invero Dio non ha alcun bisogno di voi, ma Egli non ama che i Suoi servi si dimostrino ingrati. Se invece Gli siete grati, Lui sarà compiaciuto di voi. Nessuno può portare il peso di un altro[4]. Alla fine, il ritorno è presso il vostro Signore, quando Lui vi dirà la verità di tutto ciò che avete compiuto[5]. Egli conosce bene ciò che si trova nel cuore degli uomini.

8-Quando l'uomo viene toccato da qualche turbamento[6], Egli grida verso il suo Signore, volgendosi verso di Lui in pentimento. Però, quando Egli gli concede un favore, l'uomo dimentica per che cosa ha gridato e pregato precedentemente, e pone rivali davanti a Dio, inducendo gli altri a deviare dalla Sua via. Di': "Rimani nella tua blasfemia ancora per un poco. In verità, tu sei un compagno del Fuoco!"

9-È forse qualcuno che prega devotamente durante le ore della notte prosternandosi o stando in piedi, che pensa all'Altra vita e che ripone la sua speranza nella misericordia del suo Signore [uguale a qualcuno che si mostra indifferente]? Di': "Sono forse uguali coloro che sanno e coloro che non sanno? Coloro che posseggono la comprensione, riceveranno il monito".

10-Di': "O servi Miei che credete, temete[7] il vostro Signore. Buona è la ricompensa per coloro che in questo mondo compiono il bene. La terra di Dio è estesa[8]! Coloro che perseverano con pazienza, in verità, riceveranno una ricompensa senza misura!"

11-Di': "In verità, mi è stato comandato di servire Dio con sincera devozione,

---

[4] Cfr. 6:164. L'essere umano sarà giudicato singolarmente e nessuno potrà condividere il peso del peccato di un altro.

[5] Coloro che si dedicano al male, sembrano essere favoriti nel mondo, ma il loro benessere è sempre di breve durata.

[6] Cfr. 10:12. Le avversità spesso riconducono l'essere umano alla consapevolezza della propria finitudine. Però, se non si mantiene fermo e costante, dimentica quanto la vita gli ha insegnato e di attribuire alla grazia divina tutto ciò di cui gode in questa vita.

[7] Il timore di Dio è reso con il termine arabo *Taqwā* che è esprime un sentimento molto vicino all'amore verso Dio, che impedisce al credente di compiere azioni che possano dispiacerGli. Cfr. 2:2, 23:60.

[8] Cfr. 29:56. Questo versetto richiama il credente alla maturità spirituale, secondo cui è chiamato ad agire con giustizia e per il bene in ogni circostanza della vita. Al fine di mantenersi vicini a Dio, i credenti debbono essere pronti ad affrontare anche l'ostracismo della propria comunità e l'esilio.

12-e mi è stato comandato di essere il primo[9] di coloro che si sottomettono a Dio nell'Islam".

13-Di': "Se disubbidissi al mio Signore, dovrei temere la pena di un giorno terribile".

14-Di': "Io servo Dio con sincera devozione.

15-Voi servite chi volete oltre a Lui". Di': "In verità, saranno sconfitti coloro che perderanno le loro anime e il loro popolo nel Giorno del Giudizio. Questa è una perdita reale ed evidente!

16-Sopra e sotto di loro ci saranno solo strati di fiamme. In questo modo Dio ammonisce i Suoi servi: "O servi Miei, temeteMi dunque".

17-Per coloro che si allontanano dal male e non cadono nella sua adorazione, ma si volgono a Dio in pentimento, ci sono buone nuove. Così annuncia la buona novella ai Miei servi,

18-coloro che ascoltano la parola[10] e obbediscono a quanto di meglio essa contiene. Dio li ha guidati e li ha dotati di comprensione.

19-È forse uno contro il quale il decreto di punizione è stato deciso uguale a colui che si è allontanato dal male? Vorresti, quindi, salvarlo dal Fuoco?

20-Le alte dimore sono state riservate per coloro che temono il loro Signore. Sono state costruite una sopra l'altra e sotto di loro scorrono i fiumi. Questa è la promessa di Dio. Egli non manca mai alla propria promessa[11].

21-Non hai visto che Dio invia la pioggia dal cielo e la conduce attraverso le fonti sulla terra. Fa crescere la vegetazione di diversi colori. Poi, la secca e la vedi diventare gialla. Infine, la rende secca paglia e la sparge via. In verità, questo è un messaggio di ricordo per coloro che comprendono.

---

[9] Cfr. 6:14. L'espressione non deve essere intesa necessariamente in senso cronologico, ma può indicare anche la prontezza ad impegnarsi con la propria persona ed i propri beni per la causa di Dio.

[10] I commentatori interpretano questo versetto in modo duplice: 1-Se il termine "parola" viene inteso in senso generale, allora si afferma che la persona onesta presta ascolto ad ogni parola per poi valutare il miglior corso d'azione da scegliere; 2-Se invece, con il medesimo termine ci si riferisce alla parola di Dio, allora significa che gli esseri umani sono chiamati a prestarvi ascolto e ad agire di conseguenza. I differenti corsi di azione sono riservati a coloro, la cui statura morale e volontà non consentono di aspirare a fini di ordine superiore. Cfr. 23:96.

[11] Il termine *Mī'ād* indica il tempo, il luogo e la maniera del mantenimento di una promessa.

22-Colui, il cui cuore Dio ha aperto all'Islam[12] e che ha ricevuto l'illuminazione, non è forse migliore di colui il cui cuore è indurito? Guai a coloro i cui cuori si sono induriti[13] ancora di più dal ricordo di Dio! Costoro si sono chiaramente perduti nell'errore.

23-Dio ha rivelato il messaggio più meraviglioso nella forma di un Libro, coerente[14] e reiterante[15]. La pelle di coloro che temono il loro Signore trema, poi insieme al loro cuore si rasserena nella celebrazione delle lodi di Dio. Questa è la guida di Dio. Egli guida chi vuole, ma coloro che Dio lascia che si perdano, non avranno nessuno che li conduca.

24-È, allora, colui che si nasconde il volto davanti alla peggiore punizione del Giorno del Giudizio uguale a chi se ne guarda? Sarà detto a coloro che compiono il male: "Assaggiate i frutti di ciò che vi siete guadagnati!"

25-Anche coloro che li hanno preceduti, hanno respinto la rivelazione, e così giunse la punizione da direzioni che non conoscevano.

26-Dio diede loro un assaggio dell'umiliazione nella vita presente, ma la punizione nell'Altra vita è ancora più grande, se solo sapessero!

27-Abbiamo posto davanti all'uomo in questo Corano ogni tipo di parabole[16], al fine che possa essere ammonito.

28-È un Corano in arabo[17] che non contiene alcuna tortuosità, al fine che possano guardarsi dal male.

29-Dio ha proposto la parabola di colui che appartiene a molti padroni, in lite uno con l'altro e colui che, invece, appartiene ad uno

---

[12] Coloro che prestano ascolto al messaggio della rivelazione, ricevono da Dio una grazia che consente loro di crescere spiritualmente, al fine procedere sulla via del bene e della rettitudine.

[13] Coloro che invece rifiutano il messaggio della rivelazione divengono progressivamente incapaci di comprendere le superiori realtà spirituali.

[14] Il termine arabo *Mutashābih* in questo contesto deve essere interpretato in modo diverso rispetto al versetto 3:7. La radice del termine indica rispettivamente: l'avere qualcosa di simile, l'operare secondo l'analogia e la coerenza delle diverse parti di un tutto. In quest'ultimo senso è stato tradotto in questo versetto.

[15] In arabo *Mathānī*. Cfr. 15:87. Nel contesto di quest'ultimo versetto il medesimo termine è stato tradotto come "spesso ripetuto".

[16] Gli esseri umani possono comprendere le superiori realtà spirituali solo per mezzo di parabole e similitudini.

[17] Le precedenti rivelazioni erano state inviate nella lingua dei popoli cui erano rivolte.

solo. Sono forse uguali? Sia lode a Dio! Però la maggior parte di loro non ne possiede conoscenza alcuna.

30-In verità, un giorno morirai e anche loro moriranno.

31-Alla fine, nel Giorno del Giudizio, porrete le vostre dispute alla presenza del vostro Signore.

32-Chi commette più male di colui che pronuncia una menzogna relativamente a Dio e poi respinge la verità, dopo esserne stato raggiunto? Non è forse l'Inferno la dimora dei blasfemi?

33-Coloro che recano la verità, che la confermano e la supportano: ecco i timorati.

34-Costoro avranno tutto ciò che desiderano alla presenza del loro Signore. Questa è la ricompensa di coloro che compiono il bene.

35-Dio rimuoverà anche la peggiore delle loro azioni[18] e concederà loro la ricompensa secondo le loro azioni migliori.

36-Non è forse Dio abbastanza per i Suoi servi? Costoro però cercano di spaventarti con altri dei oltre Lui! Per coloro che Dio lascia perdersi, non c'è guida alcuna.

37-Nessuno può indurre a perdersi coloro che Dio guida[19]. Non è forse Dio l'Eccelso, Signore della punizione?

38-Se dovessi domandare loro chi ha creato i cieli e la terra, risponderebbero sicuramente: "Dio". Di': "Non vedete dunque? Coloro che invocate accanto a Dio possono forse, se Dio vuole per me una punizione, rimuoverla? Se Egli ha destinato per me qualche grazia, possono forse allontanarla?" Di': "Dio per me è sufficiente. In Lui ripongo la mia fiducia".

39-Di': "O popolo mio, fate ciò che potete, anche io lo farò, ma presto saprete

40-chi sarà colpito da una pena ignominiosa e su chi ne discenderà una duratura[20].

41-In verità, Noi ti abbiamo rivelato il Libro nella verità per istruire l'umanità. Colui che riceve la guida, benefica la sua stessa anima, ma

---

[18] In questo passaggio la congiunzione araba *Lam* indica i risultati e non il proposito. Dio nella Sua misericordia cancellerà le conseguenze non solo dei peccati minori ma anche di quelli maggiori.

[19] Nulla e nessuno può ingannare o indurre a perdersi colui che si mantiene vicino alla verità rivelata da Dio.

[20] Cfr. 11:93. In questo versetto ci si riferisce alla medesima persona secondo due aspetti differenti: la sofferenza della pena e quella della vergogna.

colui che si perde la danneggia. Tu non sei stato scelto per disporre dei loro affari[21].

42-È Dio che prende le anime degli uomini al momento della morte e quelle dei viventi durante il sonno. Trattiene quelle per cui Egli ha stabilito il decreto di morte e rinvia le altre fino ad un termine stabilito. In verità, in ciò vi sono segni per coloro che comprendono.

43-Che cosa? Scelgono come intercessori altri diversi da Dio? Di : "Anche se non hanno né potere né intelligenza?"

44-Di : "A Dio appartiene tutta l'intercessione[22]. A Lui appartiene il dominio dei cieli e della terra. Alla fine, saremo ricondotti a Lui".

45-Quando Dio, l'Uno e il Solo, viene menzionato, i cuori di coloro che non credono nell'Altra vita si riempiono di disgusto e di orrore. Invece, quando vengono menzionati altri dei, si riempiono di gioia.

46-Di': "O Dio, Creatore dei cieli e della terra, conoscitore di ciò che è nascosto e manifesto, Tu giudicherai tra i Tuoi servi su quelle questioni su cui differiscono".

47-Anche se i malvagi avessero tutto ciò che si trova sulla terra e molto di più[23], invano lo offrirebbero per essere liberati dal dolore della pena del Giorno del Giudizio. Dio mostrerà loro ciò che non si sarebbero mai aspettati.

48-Il male delle azioni commesse sarà davanti a loro e saranno completamente circondati da ciò che erano soliti irridere.

49-Quando l'uomo viene toccato da qualche disgrazia, grida verso di Noi. Però, quando gli concediamo una grazia, invece afferma: "Questo favore mi è stato concesso per la conoscenza che posseggo!" Questa non è altro che una prova, ma la maggior parte di loro non lo comprende.

50-Questo hanno compiuto le generazioni che li hanno preceduti! Però tutto ciò che hanno compiuto non è stato loro di alcun beneficio.

51-Saranno colpiti anche dalle conseguenze delle azioni malvagie compiute da coloro che hanno commesso ingiustizia contro se stessi. Non potranno mai sfuggire a Dio!

---

[21] Cfr. 6:107. I profeti hanno il compito di comunicare il messaggio divino all'umanità, ma non possono controllare la volontà degli esseri umani.

[22] In arabo *Shafā'at*. Cfr. 2:255, 10:3, 20:109, 21:28.

[23] Cfr. 13:18. Per coloro che rifiutano la rivelazione verrà il tempo in cui desidereranno aver sacrificato tutto quello che possiedono per la causa della verità e della giustizia, ma sarà troppo tardi.

52-Non sanno forse che Dio concede a chi vuole e a chi vuole lesina[24]? In verità, in ciò vi sono segni per coloro che comprendono.

53-Di': "O servi Miei, che avete trasgredito contro le vostre anime, non disperate della misericordia di Dio perché perdona tutti i peccati. Egli è Perdonatore, Misericordioso.

54-Volgetevi in pentimento verso il vostro Signore e inchinatevi alla Sua volontà, prima che vi colga la pena. Successivamente non potrete ricevere alcun soccorso.

55-Seguite la migliore rivelazione[25] che vi è stata inviata dal vostro Signore, prima che vi colga il castigo, improvvisamente, mentre nemmeno ve ne accorgete".

56-Che l'anima poi non dica: "Guai a me! Ho trascurato i miei doveri verso Dio e sono stato tra coloro che schernivano,

57-o che debba affermare: "Se solo Dio mi avesse guidato, certamente sarei tra i giusti";

58-o che debba dire, quando vedrà il castigo: "Se solo avessi un'altra possibilità, sicuramente sarei tra coloro che compiono il bene!"

59-La risposta sarà: "No! Ti sono giunti i Miei segni e tu li hai respinti. Ti sei mostrato altezzoso e sei divenuto uno di coloro che rifiutano la fede".

60-Nel Giorno del Giudizio vedrai i volti di coloro che pronunciano menzogne contro Dio, diventare oscuri. Non è forse l'Inferno la dimora dell'arrogante?

61-Però Dio condurrà i giusti nei loro luoghi di salvezza[26]. Non li colpirà alcun male e non soffriranno.

62-Dio è il Creatore di tutte le cose; Egli è il Guardiano e Colui che dispone di ogni cosa.

63-A Lui appartengono le chiavi dei cieli e della terra e coloro che respingono i segni di Dio, si troveranno nella perdita.

---

[24] Cfr. 28:82. I doni di Dio sono stati concessi a tutti gli uomini, anche se ad alcuni in misura maggiore rispetto agli altri, secondo il piano divino. Per questa ragione la rivelazione coranica invita il credente a non abbattersi eccessivamente in caso di avversità e a non assumere, in caso di prosperità, un'attitudine egoista e gretta.

[25] Cfr. 39:18. Il credente è chiamato a compiere il bene ed a seguire i comandi della rivelazione divina secondo le sue possibilità e capacità, consapevole che la grazia e la misericordia divina giungeranno in suo soccorso.

[26] In arabo *Mafāzah*, che significa condizione o luogo di salvezza, di vittoria o del conseguimento di una meta o di un proposito.

64-Di': "È qualcuno diverso da Dio che mi ordinate di venerare, o ignoranti?"

65-Però ti è stato già rivelato, come a coloro che ti hanno preceduto: "Se assocerai altri dei a Dio, in verità le tue opere saranno vane[27] e sarai sicuramente nel rango di coloro che perdono ogni bene spirituale.

66-No, ma adora Dio e sii tra coloro che rendono grazie".

67-Non hanno compreso Dio secondo ciò che Gli è dovuto[28]. Nel Giorno del Giudizio l'intera terra sarà nelle Sue mani e i cieli saranno arrotolati in quella destra. Gloria a Lui! Egli è ben al di là di ciò che Gli attribuiscono!

68-Il corno risuonerà e tutti coloro che si trovano nei cieli e sulla terra saranno colti da svenimento[29], eccetto coloro per cui Dio avrà disposto diversamente. Poi sarà risuonato un secondo colpo; si alzeranno e rimarranno a guardare!

69-La terra risplenderà della gloria del suo Signore. Il registro delle azioni sarà lasciato aperto. I profeti e i testimoni saranno fatti avanzare e sarà pronunciata tra di loro una giusta decisione e non subiranno alcuna ingiustizia.

70-Ogni anima riceverà i frutti delle sue azioni e Dio conosce bene tutto ciò che compiono.

71-I miscredenti saranno condotti all'Inferno in gruppi fino a quando, arrivati lì, le sue porte saranno aperte e i guardiani diranno: "Non sono forse giunti presso di voi dei messaggeri, recandovi i segni del vostro Signore e avvisandovi dell'incontro di questo giorno? La risposta sarà: "Vero!" Però, il decreto della punizione sarà emesso contro i miscredenti!

72-Sarà detto loro: "Entrate nelle porte dell'Inferno, per dimorarvi. Orribile è la dimora dell'arrogante".

---

[27] Cfr. 5:5. Il culto falso implica che l'essere umano dedica la propria attenzione a vanità senza scopo, perdendo di vista il vero fine della vita spirituale.

[28] Cfr. 6:91, 22:74. Gli esseri umani, a causa della adorazione di falsi dei e delle forze della natura, non hanno compreso che tutte le creature non sono che un nulla davanti a Dio.

[29] In arabo *Sa'iqa*, termine che implica l'idea di svenimento, perdita di coscienza e delle normali facoltà sensibili e vitali. Quando suonerà la Tromba della resurrezione, il mondo cesserà di esistere e gli esseri umani perderanno momentaneamente la consapevolezza della propria personalità. Dopo il secondo squillo, invece, le anime si troveranno in un mondo nuovo, in cui avrà inizio il giudizio.

73-Coloro che hanno temuto il loro Signore saranno condotti nel Giardino in gruppi, fino a quando, arrivati lì, le porte si apriranno e i guardiani diranno: "Pace su di voi! Avete compiuto il bene. Entrate qui per dimorarvi".

74-Diranno: "Sia lode a Dio, Che ha rispettato la Sua promessa e ci ha concesso in eredità questa terra. Possiamo dimorare nel Giardino. Quale eccellente ricompensa per coloro che operano il bene".

75-Vedrai gli angeli circondare il Trono divino da ogni parte, cantando la gloria e la lode del loro Signore. La decisione tra di loro nel giudizio avverrà con perfetta giustizia e da ogni lato diranno: "Sia lode a Dio, il Signore dei Mondi".

XL

Sura Ghāfir

(Il Perdonatore)

Rivelato alla Mecca, (tranne i versetti 56-57)

Nel nome di Dio, il Clemente, il Misericordioso

1-Hā, Mīm.
2-La rivelazione di questo Libro proviene da Dio, l'Eccelso, l'Onnisciente[1]
3-Che perdona il peccato, accetta il pentimento[2], è severo nella punizione e concede una grazia senza limiti. Non c'è Dio che Lui. Presso di Lui è la meta finale.
4-Nessuno può disputare sui segni di Dio, se non i miscredenti. Che non ti tragga in inganno il loro muoversi sulla terra in totale libertà.
5-Però ci sono stati popoli prima di loro che hanno negato i segni: il popolo di Noè e poi tutti gli altri che si erano coalizzati contro i profeti. Ognuna di queste comunità ha complottato contro il messaggero che le era stato inviato, e ha disputato con argomenti fallaci al fine di vanificare la verità. Poi però li abbiamo messi alla prova e quanto terrificante è stata la loro ricompensa.
6-Tale è stato il decreto del tuo Signore contro i miscredenti, che in verità sono Compagni del Fuoco.
7-Coloro che sostengono il Trono di Dio e che vi sono intorno, cantano la lode e la gloria del loro Signore. Credono in Lui e implorano il perdono per i credenti: "Signore nostro, a Te appartiene ogni cosa nella misericordia e nella conoscenza. Perdona, quindi, coloro che si pentono e salvali dalla punizione del Fuoco ardente.

---

[1] Cfr. 39:1, 40:83. In questa sura viene posto l'accento sull'onniscienza divina, davanti alla quale la superficiale conoscenza umana è del tutto vana.

[2] Dio concede il perdono ed accetta il pentimento quando è sincero e conduce ad un mutamento del cuore e della condotta. Nello stesso tempo però Dio è anche severo e giusto nel decretare la punizione per coloro che hanno condotto una vita riprovevole.

8-Concedi loro di entrare nei Giardini dell'eternità, che hai promesso loro e agli onesti tra i loro antenati, alle loro spose ed ai loro figli! Tu sei l'Eccelso, il Saggio.

9-Proteggili dal commettere azioni malvagie. Quel Giorno sarai misericordioso verso chi hai protetto dal commettere azioni inique[3]. Questo sarà per loro in verità il migliore dei successi".

10-Ai miscredenti sarà detto: "Più grande del dispiacere che nutrite verso voi stessi, è il dispiacere che il vostro Signore nutre verso di voi, vedendo che eravate chiamati alla fede ed avete rifiutato".

11-Diranno: "Signor nostro, due volte ci hai resi senza vita e due volte ce l'hai donata di nuovo! Ora, che abbiamo riconosciuto i nostri peccati, c'è forse una via d'uscita da questa punizione?"

12- "[Avviene] questo perché, quando Dio è stato invocato come l'unico degno di essere adorato[4], avete respinto la fede, ma quando sono stati attribuiti a Lui dei consimili vi avete creduto. Il comando appartiene a Dio, l'Eccelso, il Grande.

13-Egli è Colui che vi ha mostrato i Suoi segni e ha inviato per voi il sostentamento dal cielo, ma solo coloro che hanno ricevuto il monito si volgono verso di Lui.

14-Chiamateli, quindi, a Dio con devozione sincera, anche se i miscredenti potrebbero detestarlo.

15-Alto sopra tutti gli esseri[5] è il Signore del Trono, dal Suo comando Egli invia lo spirito della rivelazione ad alcuni dei Suoi servi, di cui si è compiaciuto affinché possano ammonire gli uomini del giorno del reciproco incontro[6].

16-Il giorno in cui tutti loro saranno chiamati. Nulla che li riguarda sarà tenuto nascosto a Dio. A chi apparterrà il dominio di quel giorno? A Dio, l'Uno, Colui che tutto conquista.

---

[3] Nel giorno del giudizio finale, tutti coloro che saranno scampati dalle conseguenze delle loro azioni riprovevoli, saranno salvati dalla misericordia di Dio. Questo è il successo supremo, che comporta il compimento del proprio destino ed il conseguimento dei nobili fini perseguiti durante la vita terrena.

[4] Cfr. 39:45. Quando la devozione degli esseri umani non è rivolta esclusivamente a Dio, costoro non sono in grado di comprendere in pieno la loro posizione ed il piano divino nella creazione.

[5] In questo contesto il termine arabo *Rafī'* potrebbe essere interpretato come l'equivalente di *Rāfī'*, parola con cui s'intende il potere divino di innalzare le creature ad i più alti ranghi del mondo spirituale.

[6] Nel giorno del giudizio tutti gli esseri umani di tutti i luoghi e di tutte le epoche saranno riuniti insieme di fronte alla maestà divina.

17-Quel giorno ogni anima sarà ricompensata per ciò che ha compiuto; quel giorno non sarà commessa alcuna ingiustizia. Dio è veloce[7] nel calcolo.

18-Avvertili del giorno che si sta avvicinando, quando i cuori raggiungeranno le gole per soffocarli. Coloro che hanno compiuto il male non avranno nessun intimo amico, né intercessore né sarà prestato loro ascolto.

19-Dio conosce ogni sguardo ingannatore[8] e ciò che nascondono i cuori degli uomini.

20-Dio giudicherà con giustizia e verità, ma coloro che gli uomini invocano al Suo posto, non potranno giudicare. In verità, solo Dio ode e vede ogni cosa.

21-Non hanno forse viaggiato per la terra e visto qual è stata la fine di quelli che li hanno preceduti? Erano persino superiori a loro nella forza e nelle vestigia[9] che hanno lasciato sulla terra. Dio però li ha chiamati a rendere conto dei loro peccati ed ora non hanno nessuno a difenderli contro di Lui,

22-perché sono giunti loro dei messaggeri con chiari segni, ma li hanno respinti. Dio allora li ha chiamati a renderne conto. Egli è pieno di forza, severo nella punizione.

23-Abbiamo inviato Mosè con i Nostri segni ed un'autorità manifesta 24-al Faraone[10], Hāmān[11] e Qārūn[12], ma costoro lo hanno chiamato "Mago che diffonde menzogne!"

---

[7] Quest'espressione può essere interpretata in maniera duplice: 1-Il tempo della vita presente, se paragonato all'eternità, appare piuttosto breve; 2-Il processo stesso del giudizio sarà piuttosto veloce in quanto ogni cosa è conosciuta da Dio, che dispenserà grazia e punizioni in modo equo. Cfr. 16:77.

[8] Quest'espressione può essere interpretata nei seguenti modi: 1-Un inganno può abbagliare gli occhi delle persone, inducendole a ritenere di aver visto quanto invece non esiste, 2-Gli occhi di colui che inganna possono manifestare un'intenzione o un sentimento diverso e contrario da quello che nutre nel proprio cuore, 3-Gli occhi del peccatore indulgono nell'oggetto stesso del peccato.

[9] Cfr. 40:82. In questo versetto viene rivolta l'attenzione alla storia delle precedenti nazioni che, pur essendo potenti ed in grado di costruire imponenti monumenti, non hanno potuto evitare che su di loro si abbattesse il giudizio in conseguenza dei peccati commessi.

[10] Il Faraone è il simbolo dell'arroganza, della crudeltà e della forza bruta.

[11] Cfr. 28:6, 28:38. Hāmān era il potente ministro del Faraone.

[12] Cfr. 28:76-81. Qārūn era un uomo di grande ricchezza, ma trascurava i propri doveri verso i poveri ed i destituiti.

25-Quando è venuto loro con la verità proveniente da Noi, affermarono: "Uccidete i figli di coloro che credono insieme a lui e lasciate vive solo le donne", ma i complotti dei miscredenti non finiscono in altro che errori e delusioni!

26-Disse il Faraone: "Lasciatemi uccidere Mosè e che invochi il suo Signore. Temo che possa mutare la nostra religione[13] e spargere la corruzione sulla terra!"

27-Mosè disse: "Ho invocato il mio Signore ed il vostro Signore come protezione contro ogni tiranno che non crede nel giorno del giudizio!"

28-Un credente, un uomo della famiglia del Faraone che teneva nascosta la propria fede, disse: "Vorresti forse uccidere un uomo perché dice: "Il mio Signore è Dio?", quando è giunto presso di voi con chiari segni dal vostro Signore? E, se fosse un bugiardo, patirà le conseguenze della sua menzogna. Però, se sta dicendo la verità, ricadrà su di voi la calamità della quale vi ha avvertito. In verità, Dio non guida chi trasgredisce e mente!

29-O popolo mio, vostro oggi è il dominio, vostro è il potere sulla terra, ma chi vi aiuterà contro la punizione di Dio, se ricadrà su di voi?" Il Faraone disse: "Voglio farvi vedere ciò che io stesso vedo. Non vi farei seguire mai nessuna via, se non quella della rettitudine!"

30-Invece il credente disse: "O popolo mio, in verità, temo per voi qualcosa come il giorno del disastro, che si è abbattuto contro i confederati [nel peccato]!

31-Qualcosa che assomiglia al destino del popolo di Noè, degli Ad, dei Thamud e di coloro che sono venuti dopo di loro. Dio non desidera mai l'ingiustizia per i Suoi servi.

32-O popolo mio! Io temo per voi un giorno[14] in cui ci si chiamerà a vicenda e si urlerà;

33-il giorno in cui volgerete le spalle e correrete via. Non avrete nessuno che vi difenda contro Dio. Nessuno può guidare chi Dio induce a perdersi.

---

[13] Alcuni membri del popolo del Faraone credettero nel Dio di Mosè e di Aronne e per questo dovettero affrontare il martirio. Cfr. 20:70-73.

[14] Ci si riferisce al giorno del giudizio quando: 1-Le persone si chiameranno le une con le altre, ma non saranno nella condizione di prestarsi un aiuto vicendevole, 2-I malvagi saranno condotti nella pena di cui sono degni, 3-Nessuno potrà prestare aiuto o intercessione, in quanto la grazia e la guida di Dio saranno state respinte da coloro che nella vita terrena si sono mostrati arroganti.

34-Presso di voi è venuto Giuseppe in giorni ormai andati con chiari segni, ma non avete mai cessato di dubitare della missione per cui era giunto. Alla fine, quando morì, avete detto: "Dio non invierà nessun profeta dopo di lui". Egli lascia che si perdano quanti peccano e vivono nel dubbio.

35-Costoro disputano sui segni di Dio senza che siano stati raggiunti da alcuna autorità. Questa condotta è dolorosa ed odiosa agli occhi di Dio e dei credenti. Dio sigilla il cuore di ogni tiranno arrogante.

36-Il Faraone ha detto: "O Hāmān, fammi costruire un alto palazzo, che io possa raggiungere le vie[15],

37-le vie dei cieli e volgere lo sguardo verso il Dio di Mosè. Per quanto mi riguarda, penso che Mosè sia un bugiardo!" In questo modo le malvagie azioni del Faraone sono apparse attraenti ai suoi occhi e fu tenuto lontano dalla via. I piani[16] del Faraone non lo condussero che alla rovina.

38-L'uomo che credette disse anche: "O popolo mio, seguitemi, vi condurrò sulla retta via.

39-O popolo mio, questa vita presente non è altro che un godimento temporaneo. L'Altro mondo è la dimora destinata a durare!

40-Colui che compie il male verrà ricompensato con il male e colui che compie opere di bene -sia uomo o donna- ed è credente, entrerà nel Giardino delle delizie, dove avrà abbondanza senza misura.

41-O popolo mio, quanto è strano per me chiamarvi alla salvezza, mentre voi mi chiamate al Fuoco!

42-Mi invitate a proferire falsità riguardo a Dio e ad attribuirGli consimili di cui non avete conoscenza. Io vi chiamo all'Eccelso e a colui che sempre perdona!

43-Senza dubbio mi chiamate a chi non ha fondamento né in questo mondo né nell'Altro. La nostra meta è presso Dio ed i peccatori saranno Compagni del Fuoco!

44-Presto ricorderete ciò che vi ho detto. Affido a Dio ogni mio interesse, perché Egli è ben consapevole di coloro che Lo venerano".

---

[15] Cfr. 28:38. Il Faraone nel proprio crasso materialismo pensava che il regno dei cieli fosse paragonabile a quello terreno. In realtà, il potente sovrano d'Egitto non credeva in nessun regno spirituale, come dimostra la sua frase successiva, quando accusa sia Mosè che Aronne di essere dei bugiardi.

[16] Cfr. 40:25-26. Il Faraone aveva complottato per uccidere i figli d'Israele, ma il suo piano si trasformò in un mezzo di annientamento per se stesso ed il suo popolo.

45-Allora Dio lo ha salvato da ogni male che avevano complottato contro di lui, ma la peggiore delle punizioni[17] circondò da ogni parte la famiglia del Faraone.

46-Di fronte al Fuoco saranno condotti al mattino e alla sera e la sentenza sarà pronunciata il giorno in cui sarà stabilito il Giudizio: "Gettate la famiglia del Faraone nella peggiore delle punizioni".

47-Costoro discuteranno uno con l'altro nel Fuoco. I deboli, che li hanno seguiti, diranno agli arroganti: "Vi abbiamo seguito. Potete forse concederci una tregua dal Fuoco?"

48-Coloro che sono stati arroganti diranno: "Noi ci troviamo tutti nel Fuoco. Dio ha giudicato tra i Suoi servi!"

49-Coloro che sono nel Fuoco diranno ai guardiani dell'Inferno: "Pregate il vostro Signore di alleviare il castigo, anche solo per un giorno!"

50-Diranno: "Non sono forse giunti presso di voi i Nostri messaggeri con chiari segni?" Risponderanno: "Sì". Diranno: "Allora pregate come volete! La preghiera dei miscredenti sarà sempre vana!"

51-Noi aiuteremo, senza dubbio, i nostri messaggeri e coloro che credono, sia in questa vita sia nel giorno in cui si solleveranno i testimoni[18],

52-il giorno in cui coloro che compiono il male non trarranno nessun beneficio dalle loro scuse, ma avranno solo la maledizione ed una miserabile dimora.

53-Abbiamo dato a Mosè il Libro della guida e le Scritture in eredità ai Figli d'Israele,

54-una guida ed un messaggio per coloro che comprendono.

55-Persevera, quindi, con pazienza perché la promessa di Dio è verità. Domanda il perdono per i tuoi peccati e celebra le lodi del tuo Signore alla sera e al mattino.

56-Coloro che discutono in merito ai segni di Dio, senza che sia stata conferita loro alcuna autorità, non hanno nulla nei loro cuori se non

---

[17] Cfr. 7:130-136. Il Faraone ed il suo popolo, al tempo di Mosè, furono visitati da una serie di calamità.

[18] Con quest'espressione s'indica che nel Giorno del Giudizio: 1-Gli esseri umani saranno giudicati secondo giustizia senza subire alcun torto, in quanto saranno esaminate tutte le azioni passate, insieme al modo in cui le facoltà donate da Dio sono state utilizzate, 2-Ogni essere umano testimonierà contro se stesso, 3-I profeti ed i giusti testimonieranno della loro missione sulla terra. Cfr. 24:24, 6:130, 39:69, 2:133.

l'arroganza: non raggiungeranno mai i loro scopi. Cercate, quindi, rifugio in Dio. Egli è Colui che ode e vede ogni cosa.

57-Sicuramente la creazione dei cieli e della terra è qualcosa di più grande della creazione dell'uomo[19], ma la maggior parte degli esseri umani non lo comprende.

58-Non sono uguali i ciechi e coloro che vedono con chiarezza. Non sono uguali coloro che credono e compiono opere di bene e quanti invece compiono il male. Quanto poco imparano dal monito!

59-Certamente arriverà l'Ora. Non c'è alcun dubbio. La maggior parte degli uomini però non crede.

60-Il tuo Signore dice: "InvocateMi e vi risponderò. Però coloro che sono troppo arroganti per servirMi, si troveranno sicuramente all'Inferno e nell'umiliazione".

61-Dio ha creato per voi la notte affinché possiate riposare e il giorno affinché vi aiuti a vedere. In verità, Egli è pieno di grazia. La maggior parte degli uomini però non è riconoscente.

62-Tale è Dio, il nostro Signore, il Creatore di tutte le cose. Non c'è alcun dio oltre Lui. Allora, perché vi lasciate ingannare e vi allontanate dalla verità?

63-In questo modo vengono delusi coloro che respingono i segni di Dio.

64-Dio è Colui che ha fatto della terra un luogo dove riposare[20] e del cielo una tenda. Vi ha dato una forma e l'ha resa armoniosa e vi ha concesso il godimento di cose pure e buone[21]. Tale è Dio, il vostro Signore, sia gloria a Lui, il Signore dei Mondi.

65-Egli è il Vivente. Non c'è altro dio che Lui. InvocateLo e siateGli sinceramente devoti. Sia gloria a Dio, il Signore dei Mondi!

66-Di': "Mi è stato proibito di invocare coloro che invocate[22] invece di Dio, dopo che mi sono giunti chiari segni dal mio Signore e mi è stato comandato di sottomettermi al Signore dei Mondi.

---

[19] In realtà, gli esseri umani, quando negano la possibilità della resurrezione, assumono un punto di vista antropocentrico e limitato, che non prende in considerazione i segni dell'onnipotenza divina diffusi nell'ambito della creazione nella sua totalità.

[20] Quest'espressione sembra indicare un luogo temporaneo in cui soggiornare.

[21] Lett. Sostentamento, ossia tutto ciò che è necessario per lo sviluppo fisico, morale e spirituale. Cfr. 16:73.

[22] Tutto ciò che l'essere umano adora altro da Dio è una mera delusione. Quando si comprende questa verità, diviene chiaro che l'obbedienza a Dio equivale alla sottomissione della propria vita e volontà all'eterno ed al vero.

67-Egli è Colui che vi ha creato dalla polvere, poi da una goccia di sperma, poi da una aderenza e successivamente vi fa venire alla luce come bambini. Poi vi fa crescere e raggiungere l'età della maturità. Dopo vi fa diventare vecchi, sebbene tra di voi ci siano alcuni che muoiono prima. E vi fa arrivare ad un termine stabilito, al fine che possiate imparare la saggezza.

68-Egli è Colui che concede la vita e la morte. Quando decide in merito a qualcosa, Egli dice: "Sia" ed essa "è".

69-Non vedi coloro che disputano relativamente ai segni di Dio? [Non vedi] Come si sono voltati via dalla verità?

70-Coloro che respingono il Libro e la rivelazione inviata ai nostri messaggeri, presto sapranno.

71-Quando i gioghi saranno intorno ai loro colli e le catene, con cui saranno trascinati

72-nel fluido bollente e fetido, e poi nel Fuoco dove saranno bruciati.

73-Allora sarà detto loro: "Dove sono i falsi dei cui avete attribuito la divinità,

74-invece che a Dio?" Risponderanno: "Ci hanno abbandonato[23]. In passato non abbiamo invocato qualcosa che aveva una reale esistenza". Dio lascia così che coloro che negano il vero si perdano.

75-Questo perché sulla terra vi siete compiaciuti di cose diverse dalla verità e siete stati insolenti.

76-Entrate nelle porte dell'Inferno, per dimorarvi. Terribile è la dimora dell'arrogante.

77-Così perseverate nella pazienza perché la promessa di Dio è verità. Anche se Noi ti mostriamo in questa vita parte di ciò vi abbiamo promesso o se richiamiamo la tua anima alla nostra misericordia, in ogni caso presso di Noi è il ritorno.

78-Abbiamo inviato dei messaggeri prima di te. Ti abbiamo raccontato la storia di alcuni di loro, mentre di altri non ti abbiamo detto nulla. Non è stato possibile per alcun messaggero recare un segno eccetto che con il permesso di Dio. Però, quando il comando di Dio è stato emesso, la questione è stata decisa secondo verità e giustizia e sono periti, di volta in volta, coloro che si sono fondati su ciò che è falso.

---

[23] Cfr. 7:37. Tutto ciò che è falso è destinato alla scomparsa ed all'estinzione. La vera realtà si manifesterà anche a coloro che nella vita terrena hanno lasciato che il male li ingannasse ed li inducesse a perdersi.

79-Dio è Colui che ha creato per voi il bestiame affinché possiate utilizzarne alcuni per cavalcare ed altri come cibo.

80-Ci sono in loro anche altri vantaggi per voi. Attraverso di loro potete raggiungere un desiderio che nutrite nel cuore, perché su di loro, come su delle navi, potete viaggiare.

81-Egli vi mostra i Suoi segni[24]. Quale dei segni di Dio allora negherete?

82-Non hanno forse viaggiato attraverso la terra e visto qual è stato il destino di quanti sono venuti prima di loro? Erano più numerosi e superiori in forza e nelle vestigia che hanno lasciato sulla terra. Eppure, tutto ciò che hanno conseguito non è stato loro di alcun profitto.

83-Quando i messaggeri sono giunti con chiari segni, hanno esultato nella conoscenza che già possedevano. Alla fine sono stati sopraffatti da ciò che erano soliti deridere.

84-Però, quando hanno visto il Nostro castigo, hanno affermato: "Noi crediamo in Dio, l'unico Dio, e respingiamo tutti gli idoli".

85-La loro professione di fede non è stata loro di alcun beneficio, quando hanno visto il Nostro castigo. Questo è il modo in cui Dio si è occupato dei Suoi servi [fin dai tempi più antichi]. In questo modo quanti hanno rifiutato Dio sono stati distrutti.

---

[24] I segni della misericordia e della clemenza divina sono così numerosi da essere difficilmente enumerabili. Questo è il tema evidenziato nella sura *Al-Rahmān*.

XLI

Sura Fussilat

(Spiegati chiaramente)

Rivelata alla Mecca

Nel nome di Dio, il Clemente, il Misericordioso

1-Hā, Mīm,
2-una rivelazione proveniente da Dio, il Clemente, il Misericordioso,
3-un Libro, i cui versetti sono spiegati nel dettaglio, un Corano in arabo per coloro che comprendono,
4-che reca la buona novella e ammonisce. Eppure, la maggior parte di loro si volta indietro e così non prestano ascolto.
5-Dicono: "I nostri cuori si trovano sotto dei veli[1], nascosti da ciò a cui ci inviti e i nostri orecchi sono sordi; tra noi e te vi è un velo. Tu fai quello che vuoi, noi continueremo a fare quello che vogliamo".
6-Di': "Io non sono altro che un uomo come voi. Mi è stato rivelato per ispirazione che il vostro Dio è l'unico Dio così siate veritieri verso di Lui e domandate il Suo perdono. Guai a coloro che associano a Dio altri dei,
7-coloro che non praticano regolare carità e che negano persino l'Altra vita.
8-Per coloro che credono e compiono opere di bene ci sarà una ricompensa che mai si esaurirà".
9-Di': "Forse negate Colui Che ha creato la terra in due giorni[2]? E così Gli associate degli eguali? Egli è il Signore dei Mondi.

---

[1] Cfr. 6:25; questa è da intendersi come una conseguenza del loro volontario rifiuto della rivelazione divina.

[2] Cfr. 15:19-20. Questo versetto costituisce un passaggio difficile che descrive la creazione del nostro universo. Se sommiamo il numero di giorni menzionati rispettivamente nei versetti 9, 10 e 12, raggiungiamo un totale di otto giorni. In altri versetti (7:54 e 32:4) si afferma che il processo della creazione è stato completato in sei giorni. I commentatori quindi ritengono che i quattro giorni menzionati nel versetto 10 includano anche quelli cui si fa riferimento nel versetto 9. In questo modo viene mantenuto il numero di 6 giorni.

10- Egli ha infisso sulla terra montagne che se ne stanno ferme e alte; ha inviato benedizioni sulla terra e ha misurato tutte le cose per dare loro nutrimento in proporzione, in quattro giorni, secondo i bisogni di coloro che cercano il sostentamento[3].

11-Egli ha compreso[4] nel Suo piano il cielo ed era come fumo. Egli disse alla terra: "Venite entrambi, volenti o meno". Costoro dissero: "Veniamo, in obbedienza".

12-Così Egli completò i sette firmamenti in due giorni[5] e assegnò a ciascun cielo il suo dovere ed il suo comando. Abbiamo adornato il cielo più basso con le luci[6] e lo abbiamo dotato di una protezione. Questo è il decreto dell'Eccelso, dell'Onnisciente.

13-Però, se si voltano indietro, di': "Io vi ho avvertito di una terribile punizione [come di tuoni e fulmini] come quella che ha colto gli Ad ed i Thamud!

14-I messaggeri giunsero loro da ogni dove, dicendo: "Servite solo Dio". Dissero: "Se il Signore avesse voluto, avrebbe sicuramente inviato degli angeli. Noi comunque rifiutiamo la tua missione".

15-Ora gli Ad si comportarono sulla terra con arroganza opponendosi alla verità ed alla ragione. Dissero: "Chi è superiore a noi in forza?" Che cosa! Non vedono forse che Dio, Che li ha creati, era superiore a loro nella forza? Eppure hanno continuato a rifiutare i Nostri segni.

16-Così inviammo loro un vento furioso per giorni che causò un disastro, affinché potessero gustare la pena dell'umiliazione in questa

---

[3] Il termine arabo *sā-ilīn* si riferisce sia a coloro che cercano che a coloro che domandano ed investigano. Secondo il primo significato, ogni cosa è stabilita secondo i bisogni delle creature di Dio. Se invece si preferisce il secondo, allora s'intende che i bisogni di coloro che domandano sono soddisfatti da quanto è menzionato precedentemente.

[4] Per la spiegazione del termine *Istawā* vedi 10:3 e 2:29.

[5] Con il termine "giorni" s'intende un lasso di tempo di migliaia di anni. Nella rivelazione coranica, a differenza di quella biblica, i sei giorni della creazione possono essere riassunti nel modo seguente: 1-Formazione dei pianeti dalla materia cosmica (Primo giorno), 2-Raffreddamento e condensazione della materia cosmica (Secondo e terzo giorno), 3-Crescita della vita vegetale e animale (Quarto giorno), 4-Sviluppo del sistema solare (Quinto e sesto giorno). Secondo la rivelazione coranica, l'attività creatrice di Dio non si è esaurita in un tempo immemorabile, ma continua. Cfr. 32:5, 7:54.

[6] In questa parte del versetto si ha il passaggio dalla terza persona alla prima persona. Cfr. 15:17, 37:6-9.

vita. Però la pena dell'Altra vita sarà ancora più prostrante e non troveranno aiuto alcuno.

17-Per quanto riguarda i Thamud, abbiamo concesso loro una guida, ma loro hanno preferito la cecità del cuore. Così una punizione umiliante li ha colti per ciò che hanno compiuto.

18-Però abbiamo salvato coloro che hanno creduto e hanno praticato la rettitudine

19-nel giorno in cui i nemici di Dio saranno tutti radunati insieme presso il Fuoco. Marceranno in ranghi[7],

20-e, quando poi lo raggiungeranno, il loro udito, la loro vista e la loro pelle testimonierà contro di loro per ciò che hanno compiuto.

21-Diranno alla loro pelle: "Testimonierete contro di noi?" Risponderanno: "Dio ci ha concesso la parola; Lui che dà voce ad ogni cosa. Egli vi ha creato per la prima volta e a Lui ritornerete".

22-Non avete nemmeno cercato di nascondervi affinché il vostro udito, la vostra vista e la vostra pelle non testimoniassero contro di voi! Pensavate che Dio non conoscesse la maggior parte delle azioni che eravate soliti compiere?

23-Questo pensiero, che nutrivate riguardo il vostro Signore, vi ha condotto alla distruzione, ed ora siete completamente perduti!

24-Se avranno pazienza, l'Inferno sarà per loro dimora! E, anche se implorano di ricevere una grazia, non la riceveranno.

25-Abbiamo destinato per loro compagni intimi di eguale natura, che hanno fatto apparire bello ciò che si trovava davanti e dietro di loro. La sentenza contro di loro è ormai stata emessa, così come per le precedenti generazioni di *Jinn* e di uomini che ormai sono passati: furono completamente perduti.

26-I miscredenti dicono: "Non ascoltate questo Corano[8], ma parlate a tratti nel mezzo della sua recitazione. Che possiate avere la meglio!"

27-Certamente invieremo ai miscredenti un assaggio di una pena severa e li ricompenseremo per le loro azioni peggiori.

28-Questa è la ricompensa dei nemici di Dio: il Fuoco sarà per loro una dimora eterna, una ricompensa adeguata a coloro che hanno respinto i Nostri segni".

---

[7] Quest'espressione richiama l'immagine di criminali condotti alla punizione.

[8] I Quraysh erano soliti disturbare la recitazione dei versetti coranici facendo rumore e parlando ad alta voce, al fine che gli astanti non potessero comprendere le parole pronunciate dal Profeta (pbsl).

29-I miscredenti diranno: "Signore nostro, mostraci coloro, tra i *Jinn* e gli uomini, che ci hanno traviato. Li schiacceremo sotto i piedi affinché diventino ancora più vili";

30-invece, nel caso di quanti affermano: "Dio è il Nostro Signore!", e poi rimangono retti e perseveranti, gli angeli discendono su di loro suggerendo: "Non abbiate paura! Non siate tristi! Ricevete la buona novella del Giardino di misericordia che vi è stato promesso!

31-Noi siamo i vostri protettori in questa vita e nell'Altro mondo. Lì avrete tutto ciò che le vostre anime desiderano. Lì avrete tutto ciò che domandate,

32-un dono di ospitalità da Colui che perdona, dal Misericordioso.

33-Chi parla meglio di colui[9] che invita gli uomini a Dio, compie opere di bene e dice: "Sono tra coloro che si sottomettono a Dio nell'Islam?"

34-Il bene e il male non possono essere uguali. Scacciate il male con ciò che è meglio. Colui da cui eri separato dall'odio, diventerà tuo amico intimo.

35-A nessuno sarà garantito questo bene tranne che a quanti di loro esercitano la pazienza e l'autocontrollo, a nessuno tranne a coloro che già posseggono un dono immenso.

36-Se mai Satana ti incitasse alla discordia[10], cerca rifugio in Dio. Egli è Colui che ode e conosce tutte le cose.

37-Tra i Suoi segni ci sono la notte e il giorno[11], il sole e la luna. Non adorate il sole e la luna, ma adorate Dio che li ha creati, se desiderate servirLo.

38-Però, se i miscredenti sono arroganti, non ti crucciare perché alla presenza del tuo Signore ci sono coloro che celebrano le Sue lodi di notte e di giorno, ininterrottamente.

39-Tra i Suoi segni c'è la terra sterile e desolata. Però, quando inviamo la pioggia, ritorna alla vita ed aumenta il raccolto. In verità, colui che ridà la vita alla terra morta sicuramente potrà resuscitare i morti. Egli ha il potere su tutte le cose.

---

[9] Con quest'espressione s'intende colui che è degno di essere ascoltato, in quanto chiama alla verità di Dio, agisce secondo giustizia e si sottomette completamente alla volontà divina.

[10] Il termine arabo *Nazaga* indica la discordia, la mancanza di armonia e la calunnia.

[11] La notte ed il giorno, così come il sole e la luna, sono opposti ma complementari ed entrambi arrecano diversi benefici agli esseri viventi. Lo stesso accade anche nell'ambito spirituale e morale, in cui gli opposti secondo l'alchimia voluta da Dio cooperano in vista del conseguimento del bene.

40-Coloro che pervertono la verità dei Nostri segni non ci sono nascosti. Che cosa è migliore? Chi viene gettato nel Fuoco o chi giunge sano nel Giorno del Giudizio? Fate quello che desiderate! In verità, Egli vede chiaramente tutto ciò che fate.

41-Respingono il messaggio, quando giunge loro, eppure questo è un Libro venerando.

42-Nessuna falsità lo potrà avvicinare né apertamente né in segreto. Viene inviata da qualcuno eminente nella saggezza, degno di ogni lode.

43-Non ti viene detto nulla che non sia stato comunicato ai messaggeri che ti hanno preceduto. Il tuo Signore ha al Suo comando il perdono ed il più grave castigo.

44-Se avessimo inviato questo Corano in una lingua diversa dall'arabo[12], avrebbero detto: "Perché i suoi versetti non sono spiegati nel dettaglio? Che cosa! Un libro in una lingua straniera ad un arabo?" Di': "È una guida e una cura per coloro che credono e, per coloro che non credono c'è una sordità nei loro orecchi e la cecità nei loro cuori, come se fossero stati chiamati da un luogo lontano!

45-Certamente abbiamo dato a Mosè il Libro, ma sono sorte delle dispute. Se non fosse stato per un decreto del tuo Signore, sarebbe già stato deciso tra di loro, ma sono rimasti nel sospetto e nel dubbio.

46-Chiunque opera per il bene, è di beneficio alla sua stessa anima. Chiunque compie il male, la danneggia. Il tuo Signore non è mai ingiusto con i Suoi servi.

47-A Lui appartiene la conoscenza dell'Ora[13]. Il frutto del dattero non esce mai dal suo involucro né una femmina può concepire né partorire senza che Lui ne sia a conoscenza. Il giorno in cui Dio domanderà[14] loro: "Dove sono coloro che eravate soliti associarMi?", diranno: "Ti possiamo rassicurare che tra di noi non vi è nessuno che possa recare testimonianza!"

---

[12] Cfr. 16:103-105, 12:2. Era piuttosto naturale che la lingua araba divenisse il mezzo linguistico della rivelazione coranica, in quanto fu rivelata per la prima volta agli arabi. Costoro però, in quanto privi di spiritualità e di fede, non potevano comprendere il messaggio della rivelazione, anche se era stato inviato nella loro stessa lingua.

[13] Cfr. 21:4. La conoscenza dell'Ora della resurrezione e conseguentemente del Giorno del Giudizio appartiene solo a Dio e costituisce uno dei misteri che la mente umana non è in grado di comprendere e penetrare.

[14] Quando arriverà la finale proclamazione della verità, tutto ciò che è falso sarà destinato a scomparire per sempre.

48-Gli dei, che erano soliti invocare, li hanno abbandonati e comprendono di non avere alcun mezzo di salvezza.

49-L'uomo non è mai stanco di invocare il bene, ma se il male lo tocca, perde ogni speranza e si abbandona alla disperazione.

50-Quando gli facciamo assaggiare qualcosa della Nostra misericordia[15], dopo che è stato toccato da qualche avversità, dirà: "Questo è dovuto ai miei meriti. Non credo che il Giorno del Giudizio sarà mai stabilito. Però, se venissi riportato indietro dal mio Signore, otterrei comunque da Lui una grande ricompensa!" Però, Noi mostreremo ai miscredenti la verità di ciò che hanno compiuto e faremo loro provare l'assaggio di una pena severa.

51-Quando Noi concediamo dei favori all'uomo, si volge indietro e si allontana, invece di avvicinarsi. E quando il male lo coglie, comincia a pregare incessantemente.

52-Di': "Non vedete forse? Se questo Corano viene da Dio e voi lo rinnegate, chi sarà più rinnegato di colui che si trova nello scisma lontano [da qualsiasi scopo]?"

53-Presto mostreremo loro i Nostri segni nelle più lontane regioni della terra e nelle loro stesse anime, fino a quando non diventerà loro manifesto che questa è la verità. Non è forse abbastanza che il tuo Signore sia testimone di ogni cosa?

54-Sono forse nel dubbio riguardo l'incontro con il loro Signore? Egli è Colui che abbraccia ogni cosa.

---

[15] Gli esseri umani, che vivono secondo dei falsi valori, possono assumere le tre seguenti attitudini: 1-Possono nutrire un desiderio smodato per i beni di questo mondo e, quando ne sono privati, cadono nella disperazione, 2-Se i loro desideri sono esauditi, ritengono che il loro soddisfacimento sia riconducibile esclusivamente alle loro capacità e, di conseguenza, cominciano a ritenersi del tutto auto-sufficienti e a dimenticare la realtà dell'Altra vita.

XLII

La sura Ash-Shūrā

(La consultazione)

Rivelata alla Mecca, (tranne i versetti 23-25 e 27)

Nel nome di Dio, il Clemente, il Misericordioso

1-Hā, Mīm.
2-Ayn, Sīn, Qāf.
3-Dio, l'Eccelso, il Saggio ti ha inviato l'ispirazione come ha fatto con coloro che ti hanno preceduto.
4-A Lui appartiene tutto ciò che si trova nei cieli e sulla terra. Egli è l'Eccelso, il Misericordioso.
5-I cieli si sono quasi squarciati [per la Sua gloria] e gli angeli celebrano le lodi del loro Signore e pregano per il perdono di tutti coloro che si trovano sulla terra. In verità, Dio è il Perdonatore, il Misericordioso.
6-Coloro che scelgono come protettori altri accanto a Lui si trovano sotto lo sguardo di Dio e tu non sei responsabile per loro.
7-Ti abbiamo inviato per ispirazione un Corano in arabo, affinché tu possa ammonire la Madre delle Città[1] e tutto ciò che la circonda e avvertirli del giorno del raduno, sul quale non vi è dubbio alcuno, quando alcuni saranno nel Giardino e altri saranno invece nel Fuoco.
8-Se Dio avesse voluto, avrebbe fatto di loro un solo popolo[2], ma Egli ammette chi vuole nella Sua misericordia e gli ingiusti non avranno alcun protettore né aiuto.
9-Che cosa! Hanno scelto [di adorare] dei patroni all'infuori di Lui? Egli è Dio, il Protettore, Colui che dà la vita a chi era morto. Egli detiene il potere su tutte le cose.

---

[1] Il riferimento è diretto alla Mecca. Cfr. 6:92. La Mecca è il centro stesso dell'Islam, mentre con l'espressione "tutto ciò che la circonda" s'intende il mondo nella sua totalità. Secondo i commentatori questo versetto specifico è stato rivelato alla Mecca.
[2] Cfr. 5:48. La diversità presente nell'universo deve essere interpretata come uno dei segni dell'onnipotenza divina. Dio ci esorta però a considerare la differenza come un invito alla conoscenza e non alla divisione.

10-In qualunque cosa voi differiate, la decisione appartiene a Dio. Egli è il mio Signore. In Lui ripongo la mia fiducia; verso di Lui mi rivolgo in pentimento.

11-Egli è il Creatore dei cieli e della terra. Egli vi ha creato in coppie e ha creato in coppie anche gli animali. In questo modo vi fa moltiplicare. Non vi è nulla che possa esserGli paragonato. Egli ode e vede ogni cosa.

12-A Lui appartengono le chiavi dei cieli e della terra. Egli accresce e limita il sostentamento[3] di chi desidera. La Sua conoscenza abbraccia tutte le cose.

13-Egli ha scelto per voi la medesima religione che ha stabilito per Noè, che abbiamo inviato a te per ispirazione e che abbiamo proposto ad Abramo, a Mosè e a Gesù[4], ossia che dovete rimanere costanti nel culto e non renderlo motivo di divisione. Per coloro che venerano altri oltre Dio, la via a cui li chiami è dura. Dio sceglie per Lui coloro che desidera, e guida coloro che si rivolgono verso di Lui.

14-Però, dopo che la conoscenza li ha raggiunti, a causa dell'invidia reciproca sono caduti preda della divisione. Se non fosse stato per la decisione del tuo Signore di posticipare il termine stabilito, il giudizio sarebbe già stato pronunciato. Però, in verità, coloro che hanno ereditato il Libro successivamente sono in dubbio relativamente ad esso.

15-Ora, per questa ragione[5] invitali alla fede e rimani perseverante così come ti è stato comandato. Non seguire i loro vani desideri, ma di': "Io credo nel Libro che Dio ha inviato, e mi è stato comandato di giudicare con giustizia tra di voi. Dio è il nostro Signore e il vostro Signore[6]. A noi la responsabilità delle nostre azioni e a voi quella delle

---

[3] Il termine "sostentamento" indica tutto ciò che supporta ogni fase della vita, fisica, sociale, intellettuale e spirituale. Cfr. 10:59. La fonte di tutti i doni è però Dio; il Suo tesoro è inesauribile ed Egli lo concede a chi desidera, secondo la Sua onniscienza e saggezza.

[4] Il messaggio islamico costituisce il cuore della rivelazione comunicata a tutti i profeti inviati da Dio all'umanità.

[5] L'insegnamento islamico fondato sul *Tawhīd* di fatto cancella tutte le differenze settarie ed i conflitti. Affinché ciò sia possibile il musulmano deve mostrarsi perseverante, sincero nel culto reso unicamente a Dio e non deve lasciarsi influenzare nel corso della propria missione da questioni di natura mondana o politica.

[6] Nella restante parte del versetto la missione dell'Islam è descritta in modo più approfondito: 1-Dio è il Signore dei mondi e quindi il Suo messaggio deve essere diffuso in modo inclusivo; 2-La fede si fonda sulle azioni, di cui ogni credente è responsabile in

vostre. Che non vi sia alcuna polemica tra voi e noi. Dio ci riunirà e presso di Lui vi è il destino finale.

16-Futile è la disputa davanti al loro Signore di coloro che discutono riguardo a Dio, dopo che hanno accettato la fede. L'ira incombe su di loro e li attende una pena terribile.

17-È Dio che ha inviato il Libro nella verità e la bilancia[7]. Per quanto ne sapete, l'Ora potrebbe essere vicina.

18-Solo coloro che desiderano affrettarla, non credono in essa. Coloro che invece credono, ne hanno timore e sanno che questa è la verità. Coloro che disputano riguardo all'Ora, sono dei deviati.

19-Dio è dolce[8] verso i Suoi servi. Egli dà il sostentamento a chi desidera ed ha il potere di realizzare tutto ciò che vuole. Egli è l'Onnipotente, l'Eccelso.

20-A coloro che desiderano il raccolto dell'Altra vita, Noi lo aumenteremo e a colui che desidera quello di questo mondo, gliene garantiremo una parte, ma non avrà parte alcuna della porzione dell'Altro.

21-Che cosa! Hanno forse degli associati[9] che hanno stabilito per loro qualche via senza il permesso di Dio? Se non fosse stato per il decreto del tuo Signore, il giudizio sarebbe già stato pronunciato. Però in verità, gli ingiusti avranno un severo castigo.

22-Vedrai gli ingiusti colti dal terrore[10] per quello che hanno fatto, dal momento che ne dovranno rispondere. Però coloro che credono e compiono opere di bene, saranno nelle lussureggianti ombre dei Giardini. Costoro avranno dal loro Signore tutto ciò che desiderano. Sarà una grazia magnifica da parte di Dio.

23-Dio dà la buona novella ai Suoi servi che credono e che compiono il bene. Di': "Non vi domando alcuna ricompensa, tranne l'affetto derivante dalla parentela. E, se qualcuno compie una buona azione,

---

maniera personale; 3-La fede non porta mai alla contesa, ma cerca sempre l'armonia e la riconciliazione; 4-Ogni dubbio e differenza sarà poi resa chiara da Dio.

[7] Con questo termine ci si riferisce sia alla capacità di distinguere il bene dal male che alla rivelazione stessa, attraverso cui il credente può misurare e valutare ogni singola azione.

[8] Il termine arabo utilizzato è *Latif*, che può essere tradotto come comprensivo, gentile e dolce. Cfr. 22:63, 12:100.

[9] Nulla può esistere senza il *Fiat* divino. Cfr. 13:6.

[10] In questo versetto si fa riferimento al terrore provato dai peccatori a causa dei rimorsi della loro stessa coscienza.

Noi gli concederemo qualcosa di migliore. Dio è Perdonatore, Riconoscente.

24-Che cosa! Dicono: "Egli ha fabbricato una menzogna contro Dio?" Però, se Dio volesse, potrebbe sigillare il tuo cuore[11]. Egli potrebbe estinguere il falso e confermare la verità delle Sue parole. Egli ben conosce i segreti dei cuori.

25-Egli è Colui che accetta il pentimento da parte dei Suoi servi e perdona i peccati. Egli conosce tutte le vostre azioni.

26-Egli ascolta coloro che credono e compiono opere di bene e concede loro grazia abbondante, mentre per i miscredenti vi è un doloroso castigo.

27-Se Dio dovesse aumentare la ricchezza dei Suoi servi, trasgredirebbero ogni limite sulla terra. Egli però invia in misura dovuta ciò che desidera. Egli conosce bene i Suoi servi e li osserva.

28-Egli invia la pioggia sulla terra, anche dopo che gli uomini hanno abbandonato ogni speranza, e diffonde la Sua misericordia. Egli è il Protettore, Degno di ogni lode.

29-Tra i Suoi segni vi è la creazione dei cieli, della terra e delle creature viventi[12] che vi ha disperso. Egli ha il potere di riunirli insieme quando vuole.

30-Qualunque sfortuna vi capiti, è una conseguenza di ciò che le vostre mani hanno compiuto[13], ma a molti Egli concede il perdono.

31-Non potete opporvi alla Sua potenza sulla terra e nemmeno avete, oltre a Dio, nessuno per proteggervi o per aiutarvi.

32-Tra i Suoi segni ci sono le navi che corrono veloci sull'oceano, alte come montagne.

---

[11] Se qualcuno dovesse nutrire dei dubbi relativamente alla missione del Profeta (pbsl), dovrebbe prendere in considerazione la sua vita, il suo carattere e le sue azioni. Dio ama la verità e non la menzogna. Il cuore di colui che diffonde il male e la menzogna è chiuso in se stesso e quasi sigillato, al contrario di quello del vero messaggero di Dio che invece è sempre aperto alla Sua grazia.

[12] In arabo *Dābbatun*. Con questo termine s'intendono tutte le tipologie di animali esistenti. Allo stesso modo in 24:45, il medesimo termine è utilizzato per indicare ogni tipo di creatura vivente, il cui fondamento materiale è il protoplasma. L'aumento della conoscenza in campo biologico ci aiuta a comprendere l'unità e la diversità presente nella natura.

[13] Il male è il qui inteso come il risultato delle azioni compiute dagli esseri umani, di cui sono chiamati ad accettare la responsabilità.

33-Qualora lo voglia, Egli calma il vento e le navi rimangono immobili nell'oceano. In verità, in ciò vi sono segni per quanti perseverano con pazienza e si mostrano grati[14].

34-Oppure potrebbe farli perire a causa del male che gli uomini hanno compiuto, ma molti Egli perdona.

35-Fai sapere a quanti discutono sui Nostri segni, che non hanno alcuna via di uscita.

36-Qualunque cosa vi venga concessa in questa vita, è solo un effimero godimento, mentre ciò che si trova presso Dio è migliore e durevole. Ciò è per coloro che credono e ripongono la loro fiducia in Dio.

37-Coloro che evitano i peccati più gravi e le azioni vergognose e, anche quando sono in preda all'ira, perdonano.

38-Coloro che rispondono al loro Signore[15] e stabiliscono preghiere regolari, che gestiscono quanto li riguarda dopo una reciproca consultazione[16], che spendono di ciò che è stato loro concesso come sostentamento,

39-e coloro che, quando viene loro inflitta un'ingiustizia opprimente, si difendono.

40-La ricompensa per un'offesa è un'offesa eguale[17]. Però, se una persona perdona e si riconcilia, gli è dovuta una ricompensa da parte di Dio perché Egli non ama coloro che commettono il male.

41-Però, se qualcuno si difende dopo che è stata compiuta contro di lui un'ingiustizia, non può essere rimproverato.

---

[14] L'essere umano è invitato a mostrarsi paziente e perseverante nella fede e nello stesso tempo grato per i benefici e le grazie che Dio gli ha concesso, tra i quali degno di menzione è il perdono dei peccati.

[15] I veri credenti si dimostrano sempre pronti a riconoscere i segni di Dio, a seguire l'insegnamento dei profeti, assolvendo regolarmente alla preghiera, praticando una regolare carità ed impegnandosi per la salvaguardia della giustizia e del diritto anche di fronte alle difficoltà.

[16] Il termine *Shura*, ossia consultazione, dà il nome all'intera sura ed indica il modo in cui i credenti debbono gestire la propria vita sia personale che comunitaria, evitando i due estremi del gretto egoismo e della totale mancanza di responsabilità.

[17] Cfr. 41:34 e 23:96. Quando un credente cerca di far valere i propri diritti di fronte ad un'offesa o ad un'ingiustizia deve sempre considerare i limiti imposti dalla legge, sia nell'ambito privato che in quello comunitario. È inoltre necessario mantenersi sempre nella moderazione evitando qualsiasi forma di eccesso. L'insegnamento islamico comunque sottolinea anche l'importanza del perdono e della magnanimità inteso come mezzo per trasformare l'odio e l'inimicizia in amore e fratellanza per la pace dell'anima del credente e per il bene della comunità nella sua interezza.

42-Il rimprovero è solo per coloro che opprimono gli uomini con malvagità ed insolenza, superando ogni limite sulla terra, violando ogni diritto e giustizia. Per costoro ci sarà una terribile punizione.

43-Però, se qualcuno mostra pazienza e perdona[18], questa sarà una dimostrazione di coraggiosa volontà e risoluzione nella condotta degli affari.

44-Non c'è protettore alcuno per colui che Dio lascia perdersi. I malvagi, quando vedranno la punizione, diranno: "C'è forse qualche modo per ritornare?"

45-Li vedrete mentre saranno condotti verso la punizione, in umiltà a causa della loro disgrazia e con lo sguardo furtivo. I credenti diranno: "Sono sconfitti coloro che si sono dati alla perdizione insieme alle loro famiglie nel Giorno del Giudizio. In verità, gli ingiusti si trovano in una pena senza fine.

46-Non hanno alcun protettore che li aiuti, oltre Dio. Per chi Dio lascia perdersi, non c'è alcuna via".

47-Rispondete al vostro Signore, prima che venga un giorno, il cui termine non sarà mutato da Dio, a causa del Suo ordine! Quel giorno non ci sarà luogo in cui rifugiarvi e non ci sarà nessuna possibilità di negare i vostri peccati.

48-Se si voltano indietro, non ti abbiamo inviato come loro guardiano. Il tuo dovere è quello di recare il messaggio. In verità, quando facciamo assaggiare all'uomo la Nostra misericordia, egli esulta, ma quando gli accade il male, a causa di ciò che le sue mani hanno compiuto, si dimostra ingrato.

49-A Dio appartiene il dominio dei cieli e della terra. Egli crea ciò che desidera. Egli concede figli, maschi e femmine, a seconda del Suo piano,

50-oppure Egli concede sia maschi che femmine e lascia sterile chi vuole. Egli è pieno di conoscenza e di potere.

---

[18] Spesse volte mostrarsi magnanimi e concedere il perdono, come fece in molte occasioni il Profeta (pbsl), costituisce la prova di un animo forte e coraggioso. In alcuni casi perseguire la soppressione del male ed il ravvedimento del peccatore è meglio dell'infliggere una punizione. In altri casi, invece, in conseguenza di determinate circostanze, è meglio mantenersi all'interno della legge che prescrive pene e punizioni per determinati reati per il benessere stesso dell'intera società e non per una forma di vendetta.

51-Non si addice all'uomo che Dio debba parlarGli se non per ispirazione[19] o da dietro un velo[20] o inviando un messaggero[21] per rivelare, con il Suo permesso, ciò che Egli desidera. Egli è l'Eccelso, il Saggio.

52-Noi, per il Nostro comando, ti abbiamo inviato l'ispirazione[22]; prima non sapevi che cosa fosse la rivelazione e la fede, ma Noi abbiamo reso il Corano una luce con cui guidiamo i servi che desideriamo. In verità tu guiderai sulla retta via,

53-la via di Dio, a Cui appartiene tutto ciò che si trova nei cieli e sulla terra. Sì, ritornano a Dio tutte le cose.

---

[19] Il termine arabo *Wahyun*, tradotto in italiano con ispirazione, può essere inteso in modo duplice: 1-Come una suggestione posta da Dio nel cuore dell'uomo, di cui quest'ultimo è in grado di comprendere il significato, 2-Ispirazione verbale per mezzo della quale il messaggio divino è inviato agli esseri umani attraverso la mediazione dei profeti.

[20] Ci si riferisce al velo mistico della luce. Nel *Sahīh Muslim* viene riportato un *Hadīth* in cui il Profeta (pbsl) ha affermato: "Il Suo velo è la luce. Se venisse rimosso, lo splendore del Suo volto consumerebbe tutta la creazione".

[21] In questo caso con il termine *Rasūl* ci si riferisce all'arcangelo Gabriele, per mezzo del quale la rivelazione divina veniva comunicata al Profeta Muhammad (pbsl).

[22] In questo versetto compare il termine arabo *Rūh*, che in questo contesto è stato tradotto come ispirazione. Secondo alcuni commentatori con questo termine ci si riferisce all'arcangelo Gabriele.

XLIII

La sura Az-Zukhruf

(I gioielli)

Rivelata alla Mecca, (tranne il versetto 54)

Nel nome di Dio, il Clemente, il Misericordioso

1-Hā, Mīm
2-Per il Libro che rende ogni cosa chiara,
3-lo abbiamo reso un Corano in arabo, affinché diveniate capaci di comprendere e d' imparare la saggezza
4-e, in verità, si trova nella Madre del Libro[1] alla presenza Nostra, alta in dignità, piena di saggezza.
5-Dovremmo forse escludervi dal monito e rifiutarvi perché siete persone che superano ogni limite?
6-Quanti sono stati i profeti che abbiamo inviato agli antichi?
7-Non è mai giunto presso di loro un messaggero senza che lo schernissero.
8-Così Noi li distruggemmo ed erano molto più forti di loro[2]. In questo modo è passata la parabola degli antichi.
9-Se dovessi domandare loro: chi ha creato i cieli e la terra? Risponderebbero sicuramente che sono stati creati dall'Eccelso, l'Onnisciente.
10-Lui stesso ha fatto per voi della terra un tappeto[3] e strade al fine che possiate trovare la via.

---

[1] Cfr. 3:7, 13:39. La Madre del Libro, il fondamento della Rivelazione e la Tavola Protetta (al *Lawh al-Mahfūz*, 85:22) costituisce l'essenza della rivelazione, il principio originario della Legge divina universale ed eterna.

[2] Il risultato della loro ribellione fu la distruzione. In questo versetto viene ricordato alla generazione contemporanea al Profeta (pbsl) che gli antichi, che erano molto più numerosi e potenti di loro, furono distrutti per aver disubbidito alla legge divina. Gli eventi del passato sono qui intesi come paradigmatici per il presente ed il futuro.

[3] Cfr. 20:53. Il termine arabo *"Mihād"* significa un tappeto disteso, che indica non solo la possibilità di muoversi in piena libertà ma anche di riposarsi. L'espressione "strade e canali" indica la possibilità di spostarsi e di comunicare con luoghi lontani.

11-Poi invia di tanto in tanto pioggia dal cielo in misura dovuta e Noi richiamiamo alla vita una terra che prima era morta. In maniera simile sarete sollevati dalla morte.

12-Egli è Colui che ha creato una coppia di tutte le cose e ha fatto imbarcazioni e gli animali su cui viaggiate

13-al fine che possiate sedere fermi sulle loro schiene e, quando state seduti in questo modo, possiate celebrare il favore del vostro Signore e dire: "Sia gloria a Colui che li ha sottomessi a noi perché non avremmo mai potuto addomesticarli da soli.

14-Sicuramente dovremmo ritornare presso il nostro Signore[4]".

15-Eppure attribuiscono ad alcuni dei Suoi servi una condivisione della Sua divinità. In verità, l'uomo è ingrato.

16-Che cosa! Lui, da ciò che ha creato, si è scelto delle figlie e ha invece garantito a voi dei maschi?

17-Quando viene portata loro la notizia della nascita di ciò che attribuiscono al Compassionevole[5], il loro volto si rabbuia e si riempie di dolore!

18- "Qualcuno allevato tra gli orpelli ed i fronzoli, incapace inoltre di disputare in modo chiaro?"

19-Considerano poi femmine gli angeli[6] che servono Dio. Sono stati forse testimoni della loro creazione? Sarà preso nota della loro testimonianza e saranno chiamati a renderne conto.

20-Dicono: "Se fosse stata la volontà del Compassionevole, non avremmo certo adorato queste divinità!" Di ciò non possiedono alcuna conoscenza! Non fanno altro che mentire.

21-Che cosa! Abbiamo dato loro un libro prima di questo, al quale si attengono?

22-No! Dicono: "I nostri padri seguivano una certa religione e noi abbiamo seguito i loro passi".

---

[4] Le persone dotate di comprensione, ogni volta che intraprendono un viaggio, sono chiamate a ricordare il viaggio finale che li condurrà dal mondo temporale a quello dell'eternità. La loro meta finale è infatti Dio, ed i loro pensieri sono costantemente rivolti verso di Lui.

[5] Cfr. 16:57-59. Questo versetto sottolinea che gli arabi pagani attribuivano a Dio ciò che di fatto odiavano per se stessi. Questo non fa altro che accrescere la blasfemia della loro affermazione.

[6] Gli angeli per grazia e purezza possono essere paragonati alle forme più pure ed immacolate che conosciamo. Costoro sono servi e messaggeri di Dio, che si mantengono costantemente nella Sua adorazione.

23-Allo stesso modo, ogni volta che abbiamo inviato un ammonitore prima di te presso un popolo, i ricchi tra di loro hanno detto: "I nostri padri seguivano una certa religione, e noi sicuramente seguiremo i loro passi".

24-Di': "Che cosa! Anche se vi portassi una guida migliore di quella seguita dai vostri padri?" Rispondono: "Per quanto ci riguarda, neghiamo che voi profeti siete stati inviati per una missione[7]".

25-Così abbiamo inflitto loro la giusta punizione. Ora vedi quale è stata la fine di coloro che hanno rifiutato il vero.

26-Abramo[8] disse a suo padre e al suo popolo: "Mi dissocio da quello che voi adorate.

27-Io adoro solo Colui che mi ha creato e mi ha dato uno scopo; certamente mi guiderà".

28-Egli ha reso quest' affermazione una parola duratura tra coloro che sono venuti dopo di lui, affinché possano volgersi verso Dio.

29-Sì, ho concesso i beni di questa vita a quegli uomini e ai loro padri, fino a quando non è giunta loro la verità e un messaggero che chiarifica ogni cosa.

30-Però, quando giunse loro la verità, dissero: "Questa è una magia e noi la rifiutiamo".

31-Successivamente, dissero: "Perché questo Corano non è stato inviato ad alcuni uomini che comandano in una delle due città principali[9]?"

32-Sono forse costoro che dispensano la misericordia del tuo Signore? Siamo Noi che distribuiamo per loro i mezzi di sussistenza in questa vita. Innalziamo alcuni di loro rispetto agli altri affinché alcuni

---

[7] Il Profeta (pbsl) fa riferimento ai meriti ed alla verità del suo insegnamento, indicando anche la sua superiorità rispetto a quello che definiscono i loro costumi ancestrali. Costoro però negano la realtà e validità della sua missione. Costoro di fatto mostrano di non credere né nella rivelazione né nell'ispirazione e proseguono a praticare i loro culti idolatri ed i costumi di vita riprovevoli fino a portare su di sé la distruzione totale.

[8] Abramo viene presentato come esempio di coloro che rifiutano i costumi e la pratica religiosa degli antichi. Abramo infatti, progenitore degli Arabi attraverso Ismaele, abbandonò il culto idolatra praticato dal proprio padre e la sua gente per seguire la via del puro monoteismo fino all'estremo sacrificio. Cfr. 21:51-70.

[9] Il mondo giudica con i propri criteri. Dal punto di vista del mondo, il Profeta (pbsl) era povero ed orfano. Per questa ragione i Quraysh si domandavano il perché fosse stato benedetto con una tale conoscenza e potere spirituale. Secondo la loro prospettiva, sarebbe stato più adeguato che la rivelazione fosse stata inviata ad uno dei capi della Mecca o della fertile oasi di Tā'if.

possano comandare sugli altri. Però, la misericordia del tuo Signore è migliore della ricchezza che accumulano.

33-E, se non fosse che tutti gli uomini avrebbero scelto un'esistenza malvagia, Noi avremmo concesso a chiunque proferisce menzogne contro il Compassionevole tetti di argento sulle loro case e scale di argento su cui ascendervi

34-e porte di argento alle loro dimore e troni di argento su cui sedersi,

35-e anche ornamenti d'oro[10]. Però tutto ciò non è niente altro che un godimento effimero della vita presente. L'Altra vita, davanti al tuo Signore, è per i giusti.

36-Se qualcuno si allontana dal ricordo di Dio, il Compassionevole, Noi scegliamo per lui un demone come intimo compagno.

37-I malvagi si allontanano dalla retta via eppure pensano di essere ben guidati[11].

38-Alla fine, quando uno di loro viene da Noi, dice al suo demone compagno: "Che tra me e te ci fosse stata la distanza che vi è tra Oriente ed Occidente[12]!" Ah, il suo compagno è invero malvagio.

39-In quel giorno però le vostre azioni riprovevoli non vi saranno di alcun aiuto: sarete compagni nella punizione.

40-Puoi forse ridare l'udito a chi è sordo o dare una direzione al cieco o a colui che barcolla in errore manifesto?

41-Anche se ti richiamassimo[13], daremo loro la ricompensa,

42-o che ti mostrassimo ciò che abbiamo permesso loro, perché in verità Noi prevarremo su di loro.

43-Afferra con forza la rivelazione che ti è stata inviata. In verità, sei sulla retta via.

---

[10] Questo termine dà il nome alla presente sura. Il falso oro è tutto ciò che brilla, ma che in questo mondo può essere di scarso beneficio agli esseri umani, in quanto li induce spesso a perdere la retta via per amore di una ricchezza effimera e transitoria.
[11] Il male spesse volte è tale da persuadere coloro che lo commettono di trovarsi sulla retta via del bene.
[12] Letteralmente "la distanza tra i due orienti". La maggioranza dei commentatori reputa che il versetto si riferisca alla distanza tra i punti in cui il sole rispettivamente sorge e tramonta. Altri invece reputano che indichi i punti estremi del sorgere del sole, tra il solstizio d'estate e quello d'inverno. Cfr. 37:5.
[13] Cfr. 8:30. I pagani della Mecca erano soliti complottare contro il Profeta (pbsl). Nel versetto si puntualizza che, anche se questi loro intrighi fossero andati a buon fine, non sarebbero mai stati capaci di vanificare il piano divino e nemmeno di sfuggire alla punizione di cui erano degni per i loro peccati. Cfr. 10:46.

44-Il Corano è un messaggio[14] per te e per il tuo popolo e presto tutti saranno chiamati a rendere conto.

45-Domanda ai Nostri messaggeri che abbiamo inviato prima di te. Abbiamo stabilito che un'altra divinità oltre al Compassionevole dovesse essere venerata?

46-Poi, abbiamo inviato Mosè con i Nostri segni, al Faraone e ai suoi capi. Egli disse: "Io sono un messaggero del Signore dei Mondi".

47-Però, quando giunse con i Nostri segni, lo schernirono.

48-Mostrammo loro un segno dopo l'altro, uno più grande dell'altro, e li abbiamo puniti al fine che ritornassero da Noi.

49-Dissero: "O mago, invoca il tuo Signore per noi secondo il Suo patto con te. Accetteremo sicuramente la guida",

50-Però, quando abbiamo allontanato da loro la punizione, hanno infranto la promessa fatta.

51-Il Faraone tra i suoi proclamò: "O popolo mio, forse non appartiene a me il dominio dell'Egitto e questi fiumi che scorrono sotto il mio palazzo[15]? Che cosa! Non li vedete forse?

52-Non sono forse migliore di questo miserabile, capace appena di esprimersi?

53-Allora perché non gli vengono concessi braccialetti d'oro o perché non giungono insieme a Lui angeli che lo accompagnano in processione?"

54-Il Faraone ha ingannato il suo popolo e loro gli hanno creduto. In verità, erano un popolo ribelle contro Dio.

55-Quando poi, alla fine, hanno suscitato la Nostra ira, Noi li abbiamo puniti e li abbiamo affogati tutti

56-e abbiamo fatto di loro un precedente e un esempio per i posteri.

57-Quando Gesù, figlio di Maria, viene proposto come esempio, il tuo popolo lo rifiuta.

---

[14] Il termine utilizzato in arabo è *Dikhr*, che significa letteralmente "ricordo", "memoria" e "memento". Dall'utilizzo del presente termine si evince che: 1-Il Corano reca un messaggio di verità e di guida, 2-Il Corano nobilita coloro cui è stato rivelato per la prima volta, in quanto li rende degni di essere ricordati nel corso della storia. Tale onore però comporta anche la responsabilità di diffondere il messaggio e di accrescere attraverso di esso la propria ricchezza spirituale.

[15] La *Wāw* in arabo è la cosiddetta *Wāw Hāliyah* ed indica gli abbondanti corsi d'acqua che, dal Nilo, scorrevano sotto il palazzo del Faraone come simbolo della sua potenza, prosperità e regalità.

58-Dicono: "Sono migliori i nostri dei o lui?" Lo diranno solo perché vogliono iniziare una discussione. Sono infatti un popolo litigioso.

59-Egli non era nulla di più di un servo Nostro. Noi Gli abbiamo concesso il Nostro favore e ne abbiamo fatto un esempio per i Figli d'Israele.

60-E, se lo avessimo voluto, avremmo potuto trasformarvi in angeli che vi avrebbero sostituito sulla terra.

61-Gesù sarà un segno della venuta[16] dell'Ora del giudizio. Quindi, non dubitatene, ma seguitemi. Questo è il retto cammino.

62-Che il Maligno non vi intralci perché è per voi un nemico manifesto.

63-Quando Gesù giunse con chiari segni, disse: "Ora sono venuto a voi con la saggezza[17], al fine di rendere chiare per voi alcune questioni su cui disputate. Temete Dio ed obbeditemi.

64-Dio è il mio Signore e il vostro Signore[18]. AdorateLo: questa è la retta via".

65-Però si divisero gli uni dagli altri in discordia. Guai ai malvagi dal castigo di un giorno terribile!

66-Attendono solamente l'Ora che arriverà improvvisamente, mentre nemmeno se ne accorgeranno?

67-Quel giorno gli amici diventeranno nemici, uno dell'altro, eccetto coloro che si ricordano di Dio.

68-Miei devoti![19] Quel giorno non avrete nulla da temere e nemmeno avrete nulla di cui affliggervi

---

[16] Secondo alcuni commentatori questo versetto si riferisce alla seconda venuta del Messia negli ultimi giorni che precedono la Resurrezione.

[17] La vera saggezza consiste nel comprendere l'unità della persona divina. Gesù è venuto per portare alla riconciliazione le diverse sette ebraiche ed il suo insegnamento coincide con il nucleo stesso della rivelazione islamica.

[18] Nei versetti 26-28 viene rivolto un appello agli arabi pagani, cui viene spiegato che l'Islam è la religione del loro antenato Abramo. Nei versetti 46-54, viene rivolto un appello agli Ebrei, cui si dice che l'Islam è la medesima religione insegnata da Mosè. Infine, nei versetti 57-65 ci si rivolge ai cristiani, dicendo loro che l'Islam è la medesima religione insegnata da Gesù. Tutti costoro vengono infatti invitati ad abbandonare la loro attitudine settaria ed a cercare la religione universale, l'unica capace di mostrare il retto cammino.

[19] La devozione ed il servizio reso alla causa di Dio fanno sì che l'anima si liberi da ogni paura e tristezza passata, presente e futura, come se vivesse in una condizione atemporale. Questa sincerità e devozione sono mostrati dalla 1-Fede nei segni di Dio, che indica la comprensione e l'accettazione della Sua volontà, 2-Tentativo di

69-perché avete creduto nei Nostri segni e vi siete sottomessi nell'Islam.

70-Entrate nel Giardino, voi e le vostre spose, e sarete onorati.

71-Tra di loro circoleranno piatti e coppe d'oro. Ci sarà tutto ciò che le loro anime possano desiderare, tutto ciò in cui gli occhi si potranno deliziare. E dimoreranno lì, per sempre.

72-Questo è il Giardino di cui siete stati fatti eredi per le buone azioni che avete compiuto in vita.

73-Lì avrete frutti abbondanti di cui cibarvi[20].

74-I peccatori si troveranno nella punizione dell'Inferno per sempre.

75-La loro pena non sarà diminuita e saranno attanagliati dalla disperazione.

76-Noi non ci siamo comportati ingiustamente verso di loro. Sono stati loro che hanno commesso un torto contro se stessi.

77-Grideranno: "O Mālik[21], che il tuo Signore ci faccia perire definitivamente!" Risponderà: "No, qui dovete dimorare[22]".

78-Vi abbiamo inviato la verità, ma la maggior parte di voi l'ha odiata.

79-Che cosa! Hanno forse organizzato qualche piano? Ma siamo Noi che stabiliamo i piani,

80-oppure pensano che non ascoltiamo i segreti dei loro privati conciliaboli? Noi, in verità, lo facciamo. I Nostri messaggeri si trovano presso di loro a prenderne nota.

81-Di': "Se Dio, il Clemente, avesse generato un figlio, sicuramente sarei il primo a venerarlo".

82-Gloria al Signore dei cieli e della terra, il Signore del Trono dell'autorità. Egli è libero da tutto ciò che Gli attribuiscono.

83-Così lasciali divagare ed intrattenersi con le vanità, fino a quando non incontreranno il giorno loro promesso.

84-Egli è Dio nei cieli e sulla terra. Egli possiede saggezza e conoscenza al grado eminente.

---

convergere la nostra volontà in quella universale ed agire con il pensiero costantemente rivolto al Suo regno.

[20] Il verbo arabo *Akala* viene utilizzato in molti versetti con il significato esteso di "godere" e "avere soddisfazione". Cfr. 5:69, 7:19.

[21] Termine che si riferisce all'angelo posto a guardia dell'Inferno.

[22] L'annientamento totale è preferibile all'agonia, ma i malvagi non potranno distruggere i "frutti" (le conseguenze di cui sono degni) delle loro azioni.

85-Che sia benedetto Colui al quale appartiene il dominio dei cieli e della terra, e di tutto ciò che si trova nel mezzo. La conoscenza dell'Ora si trova presso di Lui. A Lui dovremmo ritornare.

86-E coloro che invocano, accanto a Dio, non hanno alcun potere di intercedere, eccetto colui che avrà testimoniato la verità e costoro ne hanno una piena conoscenza[23].

87-Se domandi loro chi li ha creati, diranno: "Dio", perché poi si lasciano allontanare dalla verità?

88- [Dio riconosce il grido][24] del Profeta: "O mio Signore, in verità, costoro sono persone che non crederanno!"

89-Però tu [Muhammad] perdonali e di': "Pace![25]" Presto sapranno!

---

[23] I commentatori classici costruiscono questo versetto in modo differente. Secondo la loro costruzione, la traduzione dovrebbe essere "eccetto coloro che recano testimonianza della verità con piena conoscenza", intendendo con "verità'" il messaggio dell'unità divina (*Tawhīd*). Secondo quest'interpretazione l'espressione *Man Shahida* si riferirebbe alla medesima persona o persone allo stesso modo del plurale *Hum Ya'lamūn*. Questa difficoltà è rimossa se traduciamo come sopra. Con l'espressione "Colui che reca testimonianza alla verità" ci si riferisce al Profeta (pbsl), che ha portato all'umanità il messaggio del *Tawhīd*, mentre con "loro lo conoscono" ci si potrebbe riferire ai Quraysh, tra i quali il Profeta (pbsl) era conosciuto come un uomo onesto e veritiero (*Amīn*).

[24] I commentatori differiscono in merito alla costruzione grammaticale di questo versetto. In questa traduzione è stato preferito il punto di vista secondo cui *Qīlihī* è riferito al termine *Ilm'* del versetto 85. Una costruzione alternativa sarebbe quella di interpretare il *Wow* come una *Wāw Qasamiyah*. In questo caso però al fine di completare il senso della frase sarebbero state necessarie altre clausole.

[25] Cfr. 25:63.

XLIV

La sura Ad-Dukhān

(Il fumo)

Rivelata alla Mecca

Nel nome di Dio, il Clemente, il Misericordioso

1-Hā, Mīm,
2-per il Libro che spiega ogni cosa con chiarezza,
3-lo abbiamo fatto scendere durante una notte benedetta[1] come monito contro il male;
4-in quella notte viene stabilito ogni decreto con saggezza[2],
5-che abbiamo comandato perché siamo Noi che inviamo la rivelazione,
6-come misericordia dal tuo Signore perché Egli ode e conosce tutte le cose[3];
7-Colui che sostiene i cieli, la terra e i tutto ciò che si trova nel mezzo. Se solo poteste comprenderlo con fermezza.
8-Non vi è altro dio che Lui. Egli è Colui che dà la vita e la morte. Il Signore vostro e di coloro che nel passato vi hanno preceduto.
9-Lascia che si divaghino con i loro dubbi[4].

---

[1] Tradizionalmente si riferisce ad una notte del mese del *Ramadān*, che può cadere il 23, il 25 o il 27 del mese sacro. In 97:1-2 è definita anche la Notte del Destino. Cfr. 2:185. La notte della discesa del messaggio è benedetta come un giorno di pioggia per una terra arida.

[2] La saggezza divina ci viene presentata attraverso la rivelazione, che conduce alla soluzione di problemi spirituali importanti per l'umanità.

[3] Dio è l'amico di coloro che non hanno nessuno e l'aiuto dei disperati. Egli infatti ode ogni preghiera e la Sua conoscenza abbraccia ogni cosa. Egli ci concede qualsiasi cosa sia buona per noi non nel modo in cui noi la percepiamo, ma nel modo in cui è da Lui conosciuta nella Sua conoscenza perfetta.

[4] Il riferimento è diretto prevalentemente ai Quraysh, anche se vi è un significato generale applicabile a tutti gli uomini di ogni epoca storica. La quasi totalità dei Quraysh, specialmente nei primi tempi della predicazione del Profeta (pbsl), prima di mettere in atto contro di lui una vera e propria persecuzione, accolsero il messaggio con scherno piuttosto che con odio. Ne minimizzarono la portata ed espressero dubbi sulla sua veridicità, anche se il Profeta (pbsl) era serio e predicava con tutto il suo cuore

10-Ebbene, attendi il giorno[5] in cui dal cielo sarà visibile un fumo[6],

11-che circonderà ogni uomo. Questa sarà una gravosa punizione.

12-Diranno: "Signore nostro, rimuovi da Noi il castigo perché crediamo!"

13-Come potrà essere loro di beneficio quest'improvvisa consapevolezza, dal momento che il Messaggero[7], che spiega le cose chiaramente, è già giunto presso di loro?

14-Però costoro si voltano indietro e dicono: "È un uomo posseduto, a cui qualcuno ha insegnato!"

15-Rimanderemo per un poco la punizione, ma in verità ritornerete a Noi.

16-Un giorno Noi vi bloccheremo con una stretta implacabile ed esigeremo esattamente quanto ci spetta!

---

e la sua anima, in quanto amava il suo popolo e desiderava salvarli dalla loro malvagità e follia.

[5] Ci si riferisce ad una grande calamità che accadrà nel futuro. Il termine *Yaghshā* in questo versetto può essere paragonato a *Ghāshiyah* in 88:1, che riporta chiaramente al Giorno del Giudizio. Il versetto 15 però prova che qui non ci si riferisce al giudizio finale, ma a qualche calamità che si sarebbe verificata presto, probabilmente una carestia.

[6] I commentatori sono d'accordo sul fatto che ci si riferisce ad una severa carestia alla Mecca, in cui gli uomini erano così tormentati dalla fame da vedere una sorta di foschia quando guardavano verso il cielo. Ibn Kathīr nel suo *Tārīkh* menziona due carestie che si verificarono alla Mecca, una nell'ottavo anno della missione del Profeta e un'altra nell'ottavo anno dopo l'*Hijrah*. Probabilmente queste due carestie furono continue e la loro severità variava di anno in anno. Bukhārī menziona solo la carestia successiva all'*Hijrah*, che fu così grave che gli uomini cominciarono a mangiare ossa e carogne. Abū Sufyān, intorno all'8 A.H., domandò al Profeta (pbsl) di intercedere e pregare per la fine della carestia che i pagani attribuivano ad una maledizione del Profeta (pbsl) stesso (pbsl). Anche nella sura 23 versetto 75 è presente un riferimento ad una severa forma di carestia. Al momento che le sure non sono state rivelate interamente nello stesso periodo, è possibile che alcuni versetti siano stati rivelati in una data differente rispetto all'intera sura.

[7] I Quraysh avevano di fronte a loro un profeta la cui purezza di vita era ampiamente conosciuta, in quanto loro stessi lo avevano soprannominato *Al-Amīn*. Egli predicò nel loro stesso linguaggio con parole eloquenti e di cristallina chiarezza. Eppure si voltarono via da lui e lo accusarono di essere posseduto da uno spirito maligno e non credettero che le sue parole fossero ispirate da Dio, ma scritte da una mano straniera.

17-Abbiamo precedentemente messo alla prova il popolo del Faraone[8]. Poi giunse presso di loro un onorato messaggero[9],

18-dicendo: "Restituitemi[10] i servi di Dio. Io sono un messaggero degno di fiducia[11].

19-Non siate arroganti contro Dio perché io vengo da voi con autorità manifesta.

20-Io, da parte mia, mi sono rifugiato[12] nel Signore mio e vostro contro tale comportamento ingiurioso[13].

21-Se non mi credete[14], almeno non mostratevi ostili".

22-Però erano aggressivi[15] ed egli gridò verso il suo Signore: "Costoro sono persone dedite al peccato".

23-"Marcia con i Miei servi di notte. Sicuramente sarete inseguiti.

---

[8] Questo riferimento è diretto all'orgoglio del Faraone e degli Egiziani e alla loro caduta piuttosto che alla storia di Mosè, proprio come i versetti 44:30-33 sono riferiti alle benedizioni concesse ad Israele che si pongono in contrasto con il loro orgoglio, la loro miscredenza e la loro caduta. In 44:37 si parla invece dell'antico Regno di Himyar nello Yemen, che cadde per i suoi peccati.

[9] Questo epiteto è riferito specialmente a Mosè, in contrasto con il Faraone definito come uno spregevole malvagio (43:52).

[10] L'argomentazione di Mosè e la sua autorità manifesta possono essere trovate in 7:104-108, 120-126, 130-137. Mosè reclama tutti i veri servi di Dio, ossia i veri adoratori, sotto la Sua protezione per la sua missione sia per gli egiziani che per gli israeliti. Egli domanda che debbono essergli riconsegnati, quando audacemente denuncia l'arroganza del Faraone contro Dio.

[11] *Amīn*, titolo applicato ai profeti. Cfr. 26:107. Dal momento che il Santo Profeta (pbsl) veniva chiamato così dal suo stesso popolo, le reminiscenze della storia di Mosè gli si applicano in relazione agli arroganti Quraysh.

[12] Non è di aiuto alcuno complottare o cercare di umiliare il Profeta (pbsl) perché la Sua salvezza riposa in Dio.

[13] Letteralmente "mi lapidate". L'espressione indica metaforicamente il tentativo di danneggiare e di umiliare.

[14] Se non mi credete, andate per la vostra strada almeno. Non aggiungete a quelli di cui già vi siete macchiati il peccato di aver soppresso me o il messaggio di verità, di cui sono stato portatore.

[15] Il profeta, a cui veniva costantemente impedito di portare a termine il proprio dovere, gridò verso Dio, non per distruggere i suoi oppositori, in quanto il giudizio appartiene solo a Dio. Il profeta in preghiera afferma di aver fatto del suo meglio, ma costoro persistevano ancora nel peccato e stavano cercando di opprimere e di danneggiare i credenti. Successivamente giunse l'ordine di marciare nel cuore della notte, perché i nemici li avrebbero sicuramente inseguiti. Gli venne ordinato di marciare con tutti i credenti sia egiziani che israeliti. Cfr. 7:121.

24-Lascerai il mare aperto[16] dopo averlo attraversato, perché costoro sono destinati ad affogare".

25-Quanti sono stati i giardini[17] e le fonti che hanno lasciato indietro,

26-le piantagioni di grano ed i nobili edifici,

27-e una vita semplice, in cui hanno riposto tutta la loro delizia!

28-Questa è stata la loro fine e Noi abbiamo fatto sì che altri possano ereditare questi beni!

29-Né il cielo[18] né la terra hanno versato una lacrima su di loro. E nemmeno sarà loro concessa una tregua.

30-Abbiamo salvato i Figli di Israele da una punizione umiliante[19]

31-inflitta dal Faraone, perché costui era arrogante e tiranno.

32-Noi li abbiamo scelti tra le nazioni in piena consapevolezza[20],

33-e abbiamo dato loro segni[21], in cui vi era una prova manifesta.

34-Ora costoro[22] affermano:

---

[16] Al passaggio di Mosè e dei credenti il mare si divise. Costoro dovettero passare nel mezzo. Dopo il loro passaggio il mare si chiuse sull'esercito egiziano, che venne totalmente distrutto dalle acque.

[17] Qui segue un'immagine di tutte le cose belle e piacevoli che la classe dirigente aveva monopolizzato. Ora questi orgogliosi monopolizzatori affogarono nel mare e la loro eredità passò in altre mani.

[18] Costoro morirono senza onore, senza compianti e senza lode. Erano troppo irrecuperabili perché fosse concessa loro un'altra possibilità. Il Faraone infatti aveva affermato di essere il dio supremo e loro lo avevano seguito.

[19] Gli Ebrei venivano tenuti in schiavitù prima dell'Esodo ed erano soggetti ad ogni sorta di umiliazione: i loro figli maschi furono uccisi e le loro femmine furono lasciate vive per gli egiziani.

[20] Israele fu salvato da una degradante servitù e venne condotto, nonostante molti atti di ribellione, alla terra dove scorrono latte e miele, dove stabilirono i gloriosi regni di Davide e di Salomone. Questo però non accade invano in quanto nel piano di Dio, questi regni dovevano rappresentare un legame con un progetto più universale. Il loro essere stati scelti non implica la concessione di poter agire secondo il proprio capriccio. In questo senso davanti a Dio non esiste alcun popolo eletto. Dio concede ad ogni individuo e ad ogni popolo una possibilità e, quando sia l'individuo che il popolo falliscono nella missione loro affidata, decadono ed il loro posto viene occupato da altri.

[21] Tra i segni concessi al popolo di Israele vi è la rivelazione data a Mosè, la prospera terra di Canaan, e i regni fiorenti di Davide e Salomone, i loro profeti portatori della verità, e l'avvento di Gesù per riportare sulla retta via quanti del suo popolo si erano perduti. Tutte queste erano delle prove. Chi fallisce in questo tipo di prove, è destinato ad essere abbandonato nella solitudine e nella sofferenza.

[22] Il riferimento è qui diretto ai Quraysh che agivano in modo estremamente arrogante verso il Santo Profeta (pbsl). Costoro negavano la rivelazione, la vita dopo la morte, proprio come i Sadducei tra gli Ebrei, perseguitavano il Profeta di Dio (pbsl) e coloro che credevano in lui. Si beffavano della rivelazione domandando che i loro antenati

35- "Non vi è nulla al di là della morte e non saremo resuscitati di nuovo.

36-Allora riporta indietro i nostri padri, se quello che dici è vero!"

37-Che cosa! Sono forse migliori del popolo di Tubba[23] e di coloro che li hanno preceduti? Li abbiamo distrutti perché erano tra coloro che hanno respinto il Nostro messaggio e hanno reciso ogni legame con Dio[24].

38-Non abbiamo creato i cieli, la terra e tutto ciò che è nel mezzo invano,

39-ma li abbiamo creati solo per un giusto fine. Però la maggior parte di loro non comprende.

40-In verità, il Giorno[25] del Giudizio è stato stabilito per tutti,

41-il giorno in cui nessun protettore[26] potrà essere di beneficio al suo cliente e non potranno ricevere aiuto,

---

fossero riportati in vita, per dimostrare la verità della resurrezione. Viene ricordato loro che persone migliori hanno abitato il suolo arabo, uomini che avevano conoscenza della rivelazione di Dio. Costoro però perirono a causa della miscredenza e delle loro azioni malvagie.

[23] Solitamente s' interpreta il nome *Tubba'* come un titolo o il nome di una famiglia di regnanti yemeniti appartenenti alla tribù di Hamdan. Gli Himyar erano una stirpe antica e sembra che avessero esteso la loro egemonia in tutto il territorio arabo e persino nelle zone limitrofe, verso la costa orientale. Sembra che venerassero i corpi celesti, anche se successivamente hanno probabilmente professato la religione giudaica e quella cristiana. Il Profeta (pbsl) intorno al 9-10 A.H. inviò un'ambasciata agli Himyar dello Yemen, che si convertirono all'Islam. Questo però accadde molto dopo la rivelazione di questa sura.

[24] Sembra che in tempi piuttosto antichi gli Himyar abbiano rivestito un ruolo molto importante in Arabia e anche oltre. Però, quando si lasciarono inebriare dal potere, caddero vittima del peccato e gradualmente perdettero ogni influenza sia in Arabia che nello Yemen.

[25] Il Giorno della Decisione. Cfr. 37:21. L'ignoranza, il pregiudizio, la passione, il disprezzo, l'egoismo sembrano qualche volta fiorire in questa vita piena di prove. In qualche caso si mescolano con la conoscenza, la giustizia, il senso comune, l'amore e la considerazione per gli altri. Nel Giorno del Giudizio invece il bene e il male saranno separati.

[26] Quando arriverà il Giorno del Giudizio prevarrà la giustizia più severa. Nessun uomo, per quanto prominente ed importante sia stato nel corso della propria vita, potrà aiutare un altro. Lui stesso avrà bisogno di aiuto, ma non di quella sorta di soccorso che gli uomini prestano gli uni agli altri in questa vita, ma di un aiuto che nelle condizioni di quella specifica realtà non sarà di beneficio. L'unica cosa che avrà importanza sarà la misericordia di Dio.

42-tranne coloro che sono degni[27] della misericordia di Dio, perché Egli è l'Eccelso, il Misericordioso.

43-In verità, l'albero[28] di *Zaqqūm*[29]

44-sarà il cibo dei peccatori.

45-Come ottone fuso, bollirà dentro di loro,

46-come olio fumante.

47-Un grido risuonerà: "Bloccatelo e trascinatelo nel mezzo del Fuoco dell'Inferno!"

48-Poi spargete su di lui la punizione dell'acqua bollente.

49-Gusta questo! Sei forse tu l'eccelso, il nobile[30]?

50-Questo è ciò di cui hai solitamente dubitato.

51-Per quanto riguarda i giusti, si troveranno in una condizione di sicurezza,

52-tra giardini e fonti,

53-vestiti di seta e di fine broccato. Si guarderanno l'uno con l'altro[31].

54-Inoltre, li uniremo a compagni[32] con bellissimi e luminosissimi occhi[33].

55-Lì potranno domandare di ogni tipo di frutto in pace e sicurezza.

56-Non assaggeranno la morte, eccetto la prima[34], e verranno preservati dalla punizione del fuoco che brucia[35],

---

[27] La misericordia di Dio sarà l'unica cosa dotata di qualche efficacia, perché Egli è capace di aiutare e pronto a perdonare.

[28] Ora segue un'immagine degli orrori a cui il male può condurci.

[29] Indicato come opposto ai frutti deliziosi, l'albero di *Zaqqūm* è descritto anche in 37:62-68 e 17:60.

[30] In questa sura il peccato preso in considerazione è l'arroganza che deriva dal potere, dalla posizione sociale, dalla ricchezza e dall'onore, così come è concepita in questo mondo.

[31] Tutti i sentimenti di gelosia o di possesso saranno destinati a scomparire.

[32] I compagni, così come gli abiti, l'apparenza, i frutti e l'ambiente saranno bellissimi. Ci sarà la vita, ma libera da tutte le sue volgarità.

[33] Il termine *Hūr* implica: 1-Purezza. Il termine *Hawwāriyūn*, applicato ai primi discepoli di Gesù, deriva dalla medesima radice, 2-La bellezza delle pupille nere e dei globi oculari bianchi indicano la presenza di sentimenti molto intensi, 3-Veridicità e bontà.

[34] La morte naturale propria di questa vita che li condurrà al Giardino della Felicità, dove non ci sarà più una morte successiva. Cfr. 37:59.

[35] L'Islam ci insegna che la salvezza non si raggiunge solo attraverso i nostri sforzi personali, che comunque costituiscono una condizione indispensabile. La misericordia di Dio viene in nostro soccorso e ci salva dal Fuoco della punizione finale. Questo è il fondamento ultimo su cui si costruisce la nostra eterna felicità e la nostra positiva gioia spirituale.

57-come grazia del vostro Signore! Questo sarà il supremo successo[36]!
58-In verità, abbiamo reso questo Corano semplice[37] alla recitazione al fine che possano riflettere.
59-Così attendi ed osserva. Anche loro attendono.

---

[36] Il tesoro di Dio sorpassa tutto ciò che i nostri occhi hanno visto, ciò che le nostre orecchie hanno udito e ciò che la nostra immaginazione può concepire.

[37] Indica non solo la comprensibilità ma la sua musicalità, che conduce colui che lo ascolta su un piano spiritualmente più elevato. In un altro senso il Corano è un testo difficile da comprendere, specialmente nel suo significato profondo, per cogliere il quale è richiesto molto impegno.

XLV

Sura Al-Jāthiyah

(La genuflessa)

Rivelata alla Mecca (tranne il versetto 4)

Nel nome di Dio, il Clemente, il Misericordioso

1-Hā, Mīm.
2-La rivelazione[1] del Libro proviene da Dio, l'Eccelso, il Saggio.
3-In verità, nei cieli[2] e sulla terra ci sono segni per coloro che credono.
4-Nella creazione[3] di voi stessi e negli animali sparsi sulla terra, ci sono segni per coloro che hanno una fede certa.
5-Nell'alternanza del giorno e della notte e nell'acqua che Dio invia dal cielo e ridona vita alla terra, dopo che era morta, e nel mutamento dei venti ci sono segni per i sapienti.
6-Questi sono i segni di Dio, che Noi vi abbiamo inviato nella verità. In che cosa crederanno poi, dopo aver respinto Dio ed i Suoi segni?
7-Guai ad ogni peccatore bugiardo.
8-Egli ode i segni di Dio che gli vengono recitati, ma si mantiene ostinato e altezzoso, come se non li avesse mai uditi. Annunciagli una pena gravosa in serbo per lui.
9-Quando impara qualcuno dei Nostri versetti, li irride; per costui vi sarà un castigo umiliante[4].

---

[1] Questo versetto è identico al 40:2, eccetto che il termine saggezza è sostituito da conoscenza. Questa differenza è appropriata in quando in questa sura si parla della follia di coloro che respingono Dio e i Suoi segni, mentre la sura 40 tratta dell'anima individuale che testimonia fede e virtù.

[2] Cfr. 2:164, dove ci si riferisce ai grandi segni a noi estranei, alcuni dei quali si situano al di là della nostra esperienza personale e, per questa ragione, al fine di comprenderli abbiamo bisogno della fede.

[3] Si tratta di segni visibili nella nostra natura ed in quella degli animali che popolano la terra.

[4] Un'anima morta, ossia incapace di comprendere i segni di cui si parla nei versetti precedenti, è anche malvagia. Nella condotta si abbandonerà alla falsità, si mostrerà ostinata e, anche se ascolterà il messaggio, non sarà capace di trarne alcun profitto.

10-Davanti a loro vi è l'Inferno e non sarà loro di beneficio ciò che hanno guadagnato e nemmeno i protettori che si sono scelti oltre a Dio. Li attende un tremendo castigo[5].

11-Questa è la retta guida e, coloro che respingono i segni del loro Signore, saranno degni di una terribile punizione.

12-È Dio che vi ha sottomesso il mare[6] affinché le navi possano salpare al Suo comando al fine che possiate cercare la Sua grazia e mostrarvi grati.

13-Egli vi ha sottomesso tutto ciò che si trova nei cieli e sulla terra. Tutto proviene da Lui. Qui ci sono segni per coloro che riflettono.

14-Di' ai credenti di perdonare coloro che non nutrono alcuna speranza nei giorni di Dio[7]. Spetta a Lui ricompensare ognuno [8] per ciò che ha compiuto.

15-Se qualcuno compie un'azione retta, lo fa a beneficio della sua anima. Se compie un'azione malvagia, lo fa a suo discapito. Alla fine, tutto sarà ricondotto al tuo Signore.

16-Abbiamo garantito ai Figli[9] di Israele la rivelazione, il potere del comando e la profezia. Abbiamo concesso loro cose buone[10] e pure e li abbiamo scelti tra tutti i popoli.

---

[5] In ognuno dei versetti 8-11 la pena è descritta in modo differente, che si accorda con il peccato commesso. Nel versetto 8 la pena, di cui è degno l'uomo che si mostra arrogante verso i segni dell'amore e della cura di Dio, è definita dolorosa. Nel versetto nove, dove ci si riferisce a colui che considera ridicoli i segni di Dio, la punizione è definita invece umiliante.

[6] Cfr. 16:14. L'Oceano che circonda il globo è uno dei fatti più significativi nella nostra geografia fisica in quanto l'acqua salata è un agente di salute globale grazie all'aria ricca di ozono. Inoltre, grazie alle navi, il mare unisce invece di dividere sia dal punto di vista degli scambi commerciali e culturali che dell'aiuto e della solidarietà umana.

[7] Ci si riferisce a coloro che hanno respinto la guida specifica venuta loro dalla parola di Dio o dagli insegnamenti del Profeta (pbsl). La sua pena è definita abominevole perché si è guadagnato l'orrore e il rifiuto dei giusti.

[8] Cfr. 31:20. Il mare è solo un esempio dell'impegno divino a rendere tutto ciò che esiste nella natura disponibile per l'utilizzo dell'uomo, attraverso le facoltà che gli sono state concesse in quanto vice-reggente di Dio sulla terra. Cfr. 2:30.

[9] Cfr. 7:54. L'espressione "Giorni di Dio" indicano gli stadi attraverso i quali il fine di Dio opera in noi per darci un senso capace di distinguere il peccato e la misericordia. Dobbiamo mostrarci pazienti verso coloro che ancora non hanno acquisito questo senso. Inoltre, con l'espressione i Giorni di Dio ci si riferisce anche ai Giorni del Regno di Dio, quando il male sarà distrutto e l'autorità di Dio regnerà indiscussa.

[10] Dio concederà la dovuta ricompensa per il bene ed il male secondo la Sua piena conoscenza e il Suo piano rigoroso a tempo stabilito.

17-Abbiamo garantito loro chiari segni. Dopo che è stata data loro la conoscenza, sono caduti nella divisione[11] per invidia[12]. In verità, il tuo Signore giudicherà tra loro nel Giorno del Giudizio in quelle materie in cui differiscono.

18-Allora ti abbiamo posto sulla retta via della religione[13]. Segui questa via e non i desideri di coloro che non sanno.

19-Non ti saranno di alcuna utilità davanti a Dio[14], se decidessi di disubbidirGli. Gli ingiusti sono protettori gli uni degli altri. Però, Dio è Colui che protegge i giusti.

20-Questi sono chiari segni per gli uomini e una guida e una misericordia per coloro che hanno una fede salda.

21-Che cosa! Forse coloro che perseverano in azioni malvagie, pensano che li tratteremo come eguali a coloro che credono e compiono opere di bene? Pensano che saranno uguali nella vita e nella morte? Il loro giudizio è errato.

22-Dio ha creato i cieli e la terra per un giusto fine affinché ogni anima possa ottenere la ricompensa per quanto ha compiuto e che nessuno subisca alcun torto.

23-Non vedi colui che si è scelto come dio i suoi stessi desideri? Dio ha lasciato che si perdesse e ha sigillato[15] i suoi orecchi ed il suo cuore e ha posto un velo sulla sua vista. Chi, poi, lo guiderà, quando Dio ha smesso di guidarlo? Non riflettete dunque?

24- dicono: "Che cosa c'è se non la vita di questo mondo? Dobbiamo vivere e morire[16] e nulla se non il tempo potrà distruggerci". Di ciò non posseggono però conoscenza alcuna, fanno semplici congetture.

---

[11] Ogni popolo o ogni gruppo. Possiamo interpretare questo riferimento come diretto ad un gruppo con caratteristiche comuni, ossia i giusti come opposti agli ingiusti, gli oppressi come opposti agli oppressori e cos via.

[12] L'argomento di questo versetto è simile a 44:32-33, anche se è indicato in modo più particolareggiato. Ad Israele è stata data la rivelazione attraverso Mosè, il potere di giudizio e di comando attraverso i Regni di Davide e Salomone, ed i moniti profetici da uomini come Isaia e Geremia.

[13] Possono essere intesi sia in senso fisico che metaforico. La legge mosaica indica le regole per condurre una vita pura ed onorevole. In questo modo Israele è divenuto il primo custode della rivelazione di Dio ed in questo senso è stato favorito tra le nazioni.

[15] I segni di Dio devono diventare chiari per tutti gli uomini. Per coloro che hanno fede ed accettano la grazia di Dio, sono guida e misericordia.

[16] Da questo versetto possono essere dedotti tre significati: 1- I malvagi non sono come i giusti davanti a Dio, né durante la vita né dopo la morte. Durante la vita i giusti sono guidati da Dio e ricevono la Sua grazia e, dopo la morte, la Sua misericordia. I malvagi

25-Quando vengono portati loro i Nostri chiari segni, sostengono: "Riporta indietro i nostri padri, se ciò che dici è vero!"

26-Di': "È Dio che vi dà la vita e la morte. Poi vi riunirà tutti insieme per il Giorno del Giudizio, sul quale non ci sono dubbi, ma la maggior parte degli uomini non lo comprende.

27-A Dio appartiene il dominio dei cieli e della terra e il giorno, in cui sarà stabilita l'Ora del Giudizio, coloro che si dilettano con il falso[17] periranno!

28-Vedrete ogni nazione piegata sulle ginocchia ed ogni comunità sarà chiamata al suo registro: "Questo giorno sarete ricompensati per ciò che avete compiuto".

29-Questo Nostro archivio parla di voi secondo verità perché abbiamo preso nota di ciò che avete compiuto.

30-Poi, per quanto riguarda coloro che credono e compiono opere di bene, il loro Signore li ammetterà alla Sua misericordia. Questo sarà un grande successo.

31-Invece a coloro che respingono Dio, [sarà detto]: "Non vi abbiamo forse portato i Nostri segni? Però eravate persone arroganti e dedite al peccato".

32-E quando venne detto che la promessa di Dio è verità e che non vi è alcun dubbio relativamente alla venuta dell'Ora, erano soliti affermare: "Non sappiamo che cosa sia l'Ora. Pensiamo che sia solo un'idea e non abbiamo alcuna ferma certezza".

---

invece respingono la Sua grazia e dopo la morte ricevono la condanna e la punizione. 2-Non sono uguali né in questa vita né nell'Altra. Se i malvagi prospereranno in questa vita, saranno condannati nell'Altra. Invece, se in questo mondo i giusti soffrono e sono addolorati, riceveranno conforto e consolazione nell'Altra vita. 3-La vita reale dei giusti, ossia di coloro che conducono un'esistenza spirituale, non è uguale a quella dei malvagi che è invece più vicina alla morte e non lo è nemmeno la morte fisica del giusto che lo condurrà alla vita eterna, mentre la terribile morte del malvagio lo condurrà all'eterna miseria.

[17] Se un uomo segue non le leggi di Dio, che sono anche quelle della sua natura, ma i desideri del suo sé corrotto dall'attitudine ribelle della sua volontà, la conseguenza inevitabile sarà la privazione della grazia e della guida di Dio. Tutte le sue facoltà ne soffriranno e nulla potrà più guidarlo, a meno che non si volga in pentimento verso Dio.

33-Poi appariranno loro i frutti malvagi di ciò che hanno compiuto e saranno[18] completamente circondati da ciò che erano soliti tacciare di menzogna!

34-Sarà anche detto loro: "Questo giorno vi dimenticheremo allo stesso modo in cui voi lo avete dimenticato[19]. La vostra dimora sarà l'Inferno e non avrete alcun aiuto!

35-Questo accadrà, perché eravate soliti irridere i segni di Dio e la vita di questo mondo vi ha ingannato[20]. Non saranno liberati quel giorno e non saranno ammessi nella grazia.

36-Sia lode a Dio[21], Signore dei cieli e della terra, Signore dei Mondi!

37-A Lui sia gloria nei cieli e sulla terra. Egli è l'Eccelso, l'eminentemente Saggio.

---

[18] Questi vani negatori della vita futura e della verità possono avere uno spazio in questa vita sfuggente, ma nel momento in cui il mondo della realtà si sarà fermamente stabilito, vedranno con i loro occhi ciò che erano soliti negare. I fatti distruggeranno le loro fantasie e si troveranno umiliati e persi per aver deliberatamente ignorato i segni di Dio e aver agito in opposizione al Suo santo volere.

[19] Cfr. 19:72, dove si afferma che, qualunque sia l'arroganza degli esseri umani nel corso di questa vita, qualsiasi setta o divisione possano formare, verrà il tempo in cui si sottometteranno umilmente e piegheranno le ginocchia davanti alla verità. Di fronte al Trono del Giudizio, quando le loro azioni saranno descritte, rimarranno muti.

[20] Cfr. 7:51. Dimenticare qui indica ignorare in modo deliberato.

[21] Dopo aver completato l'argomentazione relativa ai frutti di questa vita che saranno raccolti con pienezza nell'Altra, dove sarà riportato l'equilibrio perfetto e regnerà suprema la giustizia perfetta, la sura si chiude con la lode e la gloria di Dio, Che non è solo Onnipotente ma Saggio e pieno di cura per tutta la Sua creazione.

XLVI

Sura Al-Ahqāf

(Le dune di sabbia)

Rivelata alla Mecca, (tranne i versetti 10, 15, 35)

Nel nome di Dio, il Clemente, il Misericordioso

1-Hā, Mīm.
2-La rivelazione del Libro proviene da Dio, l'Onnipotente, il Saggio.
3-Non abbiamo creato i cieli e la terra e ciò che vi è nel mezzo se non per giusti fini e per un termine stabilito. I negatori del vero si volgono indietro, anche se sono stati avvertiti.
4-Di': "Non vedete che cosa invocate accanto a Dio? Mostratemi che cosa hanno creato sulla terra o se condividono qualcosa nel cielo. Portatemi un libro che è stato rivelato prima di questo, o qualche altro vestigio di conoscenza, se quel che dite è vero".
5-Chi è più perduto di colui che invoca, invece di Dio, chi non gli risponderà nel Giorno del Giudizio, e chi non percepisce nemmeno che qualcuno lo invoca?
6-Quando tutta l'umanità sarà riunita insieme, le saranno ostili e rigetteranno ogni adorazione.
7-Quando i Nostri chiari segni sono provati, coloro che rifiutano la fede dicono, in merito alla verità giunta loro[1]: "Questo è un manifesto sortilegio!"
8- O dicono: "Lo ha inventato?" Di': "Se lo avessi inventato, non potreste fare nulla per proteggermi da Dio. Egli conosce bene ciò che propalate. Egli è abbastanza come testimone tra me e voi! Egli è Perdonatore, Misericordioso".

---

[1] Quando la verità viene portata davanti alle loro case, la chiamano maleficio. Cfr. 37:12-15.

9-Di': "Non sono il messaggero[2] di una nuova dottrina tra i profeti, e non conosco né il mio destino né il vostro. Seguo solo ciò che mi è stato rivelato attraverso l'ispirazione. Sono unicamente un ammonitore aperto e chiaro".

10-Di': "Non vedete[3]? Se questo insegnamento provenisse da Dio e voi lo rifiutate? Un testimone tra i Figli di Israele ne attesta la somiglianza[4] con le scritture precedenti e ha creduto, mentre voi vi mostrate arroganti. Invero, Dio non guida un popolo d'ingiusti".

11-I miscredenti dicono dei credenti: "Se questo messaggio fosse[5] qualcosa di buono, costoro non ci avrebbero preceduto!" E, dal momento che rifiutano di esserne guidati, diranno sempre: "Questa è un'antica falsità".

12-Prima di questo, vi era il Libro di Mosè come guida e misericordia. Questo Libro lo conferma in lingua araba per ammonire l'ingiusto e annunciare la buona novella a coloro che compiono il bene.

13-Coloro che dicono: "Il nostro Signore è Dio" e rimangono fermi sulla via, non avranno nulla da temere e nemmeno soffriranno.

14-Costoro saranno i Compagni del Giardino, dove dimoreranno in eterno, una ricompensa per le buone azioni che hanno compiuto.

15-Abbiamo ordinato all'uomo la gentilezza verso i genitori: nel dolore sua madre lo ha portato, nel dolore lo ha partorito. Per trenta mesi sua madre si occupa di lui esclusivamente. Poi, quando

---

[2] Tutti i profeti hanno insegnato l'unità di Dio ed i doveri che abbiamo verso l'umanità. Il Profeta (pbsl) non era il messaggero di una nuova dottrina bensì di verità eterne che sono state conosciute dagli uomini attraverso i secoli.

[3] Gli arabi pagani erano colmi di orgoglio, anche se erano una nazione ignorante. Tra il popolo ebraico vi erano molti che comprendevano le scritture precedenti e che trovavano nel Corano e nel Messaggero una conferma della rivelazione da loro ricevuta. Costoro hanno accettato l'Islam come il completamento della rivelazione dello stesso Mosè. Cfr. Deuteronomio 18:18-19. Eppure gli arabi si mostrarono esitanti, anche se il Corano era stato rivelato nella loro lingua, al fine di aiutarli a comprendere meglio il messaggio della rivelazione.

[4] Vi erano dotti ebrei e cristiani che videro nel Profeta (pbsl) il Messaggero di Dio annunciato nelle rivelazioni precedenti e accettarono l'Islam. Dal momento che questa sura è stata rivelata alla Mecca, non può riferirsi all'episodio della conversione di 'Abdullāh ibn Salām, che invece avvenne a Medina due anni prima della morte del Profeta (pbsl).

[5] Molti dei primi musulmani detenevano un'umile posizione sociale e venivano disprezzati dai pagani Quraysh, che sostenevano che la loro accettazione dell'Islam costituiva la prova che in esso non vi fosse nulla di buono. La cecità spirituale e l'orgoglio impedì loro di vedere la verità, che liquidarono come antiche falsità.

raggiunge l'età della piena forza fisica ed i quaranta anni[6], dice: "O mio Signore! Fai che possa essere grato del favore che hai concesso a me ed ai miei genitori, che possa compiere opere rette che Tu approvi. MostraTi compassionevole verso di me. Dammi una progenie giusta. In verità, mi volgo a Te in pentimento e mi sottometto a Te nell'Islam".

16-Accetteremo le loro azioni migliori e sorvoleremo su quelle peggiori. Costoro saranno tra i Compagni del Giardino: una promessa di verità che è stata fatta loro in questa vita.

17-C'èchi dice ai suoi genitori: "Ne ho abbastanza di entrambi! Mi promettete forse che sarò resuscitato, anche dopo che molte generazioni sono passate prima di me?" E, quando cercando l'aiuto di Dio, dicono: "Abbi fede, perchéla promessa di Dio è verità", egli afferma: "Queste sono solo leggende degli antichi".

18-Contro costoro ricadrà la sentenza del medesimo destino delle precedenti generazioni di *Jinn* e uomini, che sono passati prima di loro perché saranno completamente perduti.

19-E a tutti[7] sarà dato secondo ciò che hanno compiuto al fine che Dio possa ricompensare le loro azioni e non sia commessa contro di loro alcuna ingiustizia.

20-Il giorno in cui i miscredenti saranno posti davanti al Fuoco, [sarà detto loro]: "Avete goduto dei piaceri[8] nella vita terrena senza curarvi dell'Altra. Oggi però sarete ricompensati con il castigo dell'umiliazione perchésiete stati arroganti sulla terra senza una giusta causa e avete sempre trasgredito.

21-Menziona uno degli Ad [Hud]. Egli avvertì il suo popolo- cui erano stati inviati dei messaggeri prima e dopo di lui- che dimorava tra le dune di sabbia: "Non adorate altri che Dio. In verità, temo per voi il castigo di un giorno terribile."

---

[6] L'età della maturità si raggiunge tra i 18 e i 30 anni. Tra i 30 ed i 40 anni l'uomo si trova nel pieno della sua forza. Dopo questo periodo inizia l'età avanzata.

[7] Nel regno spirituale vi sono diversi gradi. Ogni opera, buona o cattiva che sia, è giudicata e soppesata al grado minimo con i suoi motivi, le sue intenzioni, i suoi risultati e le circostanze rilevanti.

[8] L'espressione araba implica l'afferrare, l'essere avidi e la ricerca di ciò che dà un piacere effimero invece delle cose serie della vita, sacrificando lo spirituale per il materiale.

22-Dissero: "Sei forse venuto per distoglierci dal culto dei nostri dei? Allora reca su di noi la calamità di cui ci hai minacciato, se stai dicendo il vero!"

23-Disse: "La conoscenza [di quando arriverà] appartiene solo a Dio. Io vi annuncio la missione per cui sono stato inviato. Però vedo che siete un popolo di ignoranti!"

24-Poi, quando videro[9] il castigo nella forma di una nuvola che attraversava il cielo diretta verso la loro valle, dissero: "Questa nuvola ci porterà la pioggia!" "No, sarà la calamità che mi chiedevate di affrettare: un vento in cui si trova un terribile castigo!

25-Ogni cosa sarà distrutta dal comando del suo Signore!" Al mattino[10], nulla era visibile tranne le rovine delle loro case! In questo modo ricompensiamo coloro che si abbandonano al peccato!

26-Abbiamo concesso loro una prosperità ed un potere che non abbiamo dato a voi, e li abbiamo dotati della facoltà[11] di udire, vedere, del cuore e dell'intelletto. Però, il loro udito, la vista, il cuore e l'intelletto non sono stati loro di alcun beneficio. Hanno continuato a rifiutare i segni[12] di Dio e furono completamente circondati[13] dalla punizione che erano soliti irridere.

27-Abbiamo distrutto le popolazioni intorno a voi[14] e abbiamo mostrato i Nostri segni in modi differenti affinché possano tornare sulla retta via.

---

[9] La punizione giunse improvvisamente e quando meno se lo aspettavano. Costoro desideravano la pioggia e, quando videro una nuvola, si rallegrarono. I loro canali di irrigazione sarebbero stati pieni, i loro campi sarebbero stati verdi e la stagione sarebbe stata fruttuosa. Quello che però si verificò fu un violento uragano che distrusse tutto ciò che si trovava sul suo cammino. Il mattino sorse su un paesaggio desolato.

[10] Cfr. 7:65, dove si afferma che non poteva essere visto nulla tranne le rovine delle loro case.

[11] I popoli degli Ad e dei Thamud possedevano conoscenze scientifiche, abilità artistiche ed in generale una cultura superiore a quella dei Quraysh dell'era pre-islamica. "Udire" e "vedere" si riferiscono a facoltà sperimentali, mentre il termine arabo "cuore" all'intelletto ed alle facoltà razionali, insieme ai sentimenti e alle emozioni. I Thamud avevano lasciato vestigia interessanti della loro architettura nel paese intorno all'*Hijr*. Cfr. 7:73, 15:80-82.

[12] I più alti talenti e le facoltà di questo mondo non hanno alcun utilizzo nel mondo spirituale, se noi respingiamo le sue leggi.

[13] Cfr. 45:33.

[14] I falsi idoli che adoravano non erano altro che creazioni della loro immaginazione. Se avessero avuto qualche forma di esistenza, non sarebbe stata quella che loro avevano immaginato.

28-Perché non hanno ricevuto alcun aiuto da coloro che adoravano come dei, oltre a Dio, come mezzo per accedere a Lui? No, li hanno abbandonati. Costoro erano solo falsità e loro invenzioni.

29-Abbiamo volto verso di te [o Profeta] un gruppo[15] di *Jinn*, per ascoltare il Corano.Quando lo udirono, dissero: "Ascoltate in silenzio". Quando poi la recitazione terminò,ritornarono dal loro popolo per ammonirlo.

30-Dissero: "O popolo nostro, abbiamo udito un Libro rivelato dopo Mosè, a conferma di ciò che è giunto precedentemente e che guida gli uomini alla verità e al retto cammino.

31-O popolo nostro, ubbidite a colui che vi invita a Dio e credete in Lui. Egli perdonerà i vostri peccati e vi proteggerà da un castigo doloroso.

32-Se qualcuno non risponde a chi lo invita a Dio, non può rendere vani[16] i Suoi piani sulla terra e non avrà protettori all'infuori di Lui. Questi uomini si trovano in errore manifesto.

33-Non vedete che Dio, che ha creato il cielo e la terra e mai si stanca della Sua creazione, è capace di ridare la vita ai morti? Sì, Egli detiene il potere su tutte le cose.

34-Il giorno in cui[17] i miscredenti saranno posti davanti al Fuoco, [sarà domandato loro]: "Non è forse questa la verità?". Risponderanno: "Sì, per il nostro Signore". "Allora assaggiate la punizione che avete guadagnato per aver respinto la fede".

35-Pazienta e mantieniti perseverante, come tutti i profeti dal cuore fermo. Non avere fretta con coloro che rifiutano la fede. Nel giorno in cui vedranno la punizione che è stata loro promessa, sarà come se avessero abitato sulla terra per poche ore del giorno. Questo è il Nostro Messaggio. Chi sarà annientato, se non i trasgressori?

---

[15] In arabo *Nafar*, termine che indica un gruppo che può essere composto dalle tre alle dieci persone. Per *Jinn* cfr. 6:100, dove si afferma che costoro ascoltavano la recitazione del Corano con grande rispetto.

[16] Se una persona si rifiuta di credere nella verità o si oppone ad essa, questo non ha il minimo effetto sul santo piano di Dio che sarà portato a termine, ma priverà questa persona della grazia e di qualsiasi forma di protezione.

[17] Cfr. 46:20.

XLVII

Sura Muhammad

(Muhammad)

Rivelata a Medina

Nel nome di Dio, il Clemente, il Misericordioso

1-Egli renderà vane le opere di coloro che rifiutano il vero e tengono lontani gli uomini dalla via di Dio.

2-Egli libererà dai loro mali e migliorerà la condizione[1] di coloro che hanno fede, compiono opere di bene e credono nella rivelazione inviata a Muhammad perché è una verità che proviene dal loro Signore.

3-Coloro che negano Dio inseguono solo vanità, mentre i credenti si attengono alla verità che proviene dal loro Signore. Dio insegna loro [la verità] attraverso parabole[2].

4-Quindi, quando incontrate i miscredenti in battaglia, colpiteli al collo, fino a quando non li avrete completamente sottomessi. Stringeteli con fermezza[3], ma dopo lasciateli liberi o come atto di carità o in seguito al pagamento di un riscatto[4], fino a quando la guerra non sia terminata. Questo ti è comandato. Però, se Dio avesse

---

[1] In arabo *Bāl*, termine che significa stato o condizione sia esteriore che interiore, ossia del cuore e della mente. Entrambi i significati sono applicabili nel presente contesto.

[2] Impariamo le più grandi verità spirituali attraverso le parabole e le similitudini di ciò che accade nel mondo esterno. Se l'uomo insegue un miraggio o qualcosa che manca di un'esistenza reale, non potrà mai raggiungere il suo obiettivo, mentre l'uomo che segue la luce che proviene da Dio e che lo guida, sarà felice nel suo cuore, equilibrato nella sua mente e fermo in ogni momento della vita.

[3] Nella prima fase di un conflitto vi è un grande numero di perdite di vite umane, ma quando il nemico è stato quasi sconfitto, ossia non ha più modo di perseguitare la verità, devono essere messe in atto delle condizioni per tenerlo sotto controllo. Questo passaggio può essere confrontato con 8:67. Molti commentatori hanno preferito tradurre: "Quando il numero dei nemici è considerevolmente diminuito, possono essere presi dei prigionieri".

[4] Quando ormai il nemico è stato sottomesso, è raccomandata la generosità o il riscatto.

voluto, avrebbe potuto sconfiggerli da solo, ma vi ha permesso di combattere per mettere alla prova alcuni di voi per mezzo degli altri. Però, Egli non lascerà mai che le opere di coloro che vengono uccisi[5] sulla via di Dio vadano perdute.

5-Presto li guideremo, miglioreremo la loro condizione

6-e li ammetteremo in Giardini[6] che Egli ha annunciato per loro.

7-O credenti, se aiutate la causa di Dio, Egli vi aiuterà e renderà fermi i vostri passi.

8-Invece, per coloro che respingono Dio è pronta la distruzione e Egli renderà vane le opere loro.

9-Costoro odiano la rivelazione di Dio e per questo Egli ha reso le loro opere sterili[7].

10-Non hanno forse viaggiato[8] attraverso la terra e hanno visto la fine di coloro che li hanno preceduti? Dio li ha condannati alla distruzione e un destino simile attende coloro che persistono nel respingere la verità.

11-Dio è il protettore dei credenti, ma coloro che rifiutano la fede non hanno alcun patrono.

12-In verità, Dio ammetterà coloro che credono e compiono opere di giustizia nei giardini sotto cui scorrono i ruscelli, mentre coloro che Lo respingono, godranno di questo mondo, mangeranno come fanno le bestie e avranno il Fuoco come ultima dimora.

13-E quante città, che avevano un potere maggiore di quella che ti ha scacciato[9], abbiamo distrutto per i loro peccati? Non vi era nessuno ad aiutarli.

---

[5] Possono essere avanzate due interpretazioni alternative: 1-*Qātalū*, tradotto con "*coloro che combattono*", 2-*Qutilū*, tradotto con "coloro che vengono uccisi". Il significato della prima lettura è molto più ampio ed include anche quello della seconda interpretazione.

[6] Lo stato di benedizione che nella rivelazione è indicato come destinato a coloro che servono Dio.

[7] Le loro opere sono sterili nel senso che sono vane, ossia non hanno prodotto il risultato che coloro che le hanno compiute avevano inteso. Però, nello stesso tempo, le loro opere produrranno la conseguenza naturale del male, ossia la degradazione e la miseria dell'anima.

[8] La fine del male è il male. Tutta la storia passata e la tradizione lo dimostrano. Gli uomini di ogni generazione non impareranno forse questa lezione? Dio aiuta i Suoi servi, ma coloro che si ribellano contro di Lui non hanno alcuno che li aiuti.

[9] Il riferimento è diretto ai pagani della Mecca, che scacciarono il Santo Profeta (pbsl) a causa della sua rettitudine e perché predicava il pentimento. Questa sura probabilmente è stata rivelata dopo l'*Hijrah*.

14-Colui che ha ricevuto una chiara[10] prova dal suo Signore non è forse migliore di colui che ritiene attraente la malvagità della sua condotta e colui che segue i propri desideri?

15-Nel Giardino, che è stato promesso ai credenti, ci sono fiumi di acqua incorruttibile[11], fiumi di latte, il cui sapore non si altera, fiumi di nettare, una gioia per chi lo beve e fiumi di miele puro e chiaro. Vi sono molti tipi di frutti ed il perdono del loro Signore. Possono quanti si trovano in un simile stato di grazia, essere paragonati a coloro che dimoreranno per sempre nel Fuoco, a cui sarà data da bere acqua bollente così che il loro intestino sarà tagliato in pezzi[12]?

16-Tra loro ci sono uomini che ti ascoltano, ma alla fine, quando si allontanano da te[13], dicono a coloro che hanno ricevuto la conoscenza: "Che cosa ha appena detto?" Costoro sono gli uomini, i cui cuori Dio ha sigillato e che seguono i loro desideri.

17-Invece Dio accresce la guida di coloro che desiderano essere guidati[14] e li fa crescere nel timore di Dio.

18-Attendono solo l'Ora che piomberà improvvisamente? Già ne sono arrivati i segni. Quando incomberà su di loro, come potranno trarre beneficio dal monito ricevuto?

19-Sappi, allora, che non c'è altro dio all'infuori di Dio, e chiedi perdono per i tuoi peccati, e per gli uomini e le donne che credono.

---

[10] Un sentiero in cui splende la luce di Dio.

[11] In questa immagine simbolica sono indicati quattro tipi di bevande e tutte le tipologie di frutti, come per riassumere tutte le delizie spirituali di cui godranno nella grazia dal loro Signore. I quattro tipi di bevande sono: 1-Acqua fresca e pura, diversa dall'acqua terrestre, 2-Il latte che non diventa mai amaro, ma che rimane sempre fresco e tiepido come se fosse stato appena munto, 3-Un vino, diverso da quello sulla terra, perché non provoca nessuna ubriacatura e nessuna intossicazione, 4-Miele, puro e chiaro, privo di aggiunta di sostanze estranee. Queste bevande, metaforicamente parlando, calmeranno lo spirito, nutriranno il cuore, riscalderanno l'anima e renderanno più dolce la vita.

[12] Cfr. 37:66-67. Proprio come la benedizione penetrerà sempre più profondamente nell'essere di coloro che sono stati benedetti, allo stesso modo l'agonia di coloro che sono stati condannati penetrerà sempre più profondamente nei loro animi. Il termine suggerisce non solo l'essere più profondo, ma anche la sede dei loro sentimenti e delle loro affezioni.

[13] Cfr. 10:42, 6:25-26. Qui ci si riferisce agli ipocriti che andavano alle assemblee dei musulmani a Medina e facevano finta di ascoltare gli insegnamenti del Profeta (pbsl), ma i loro cuori e le loro menti non erano pronte ad imparare la saggezza, ma solo a cavillare su quello che avevano visto o udito.

[14] Il miglioramento spirituale è progressivo, ogni passo rende il successivo più semplice e più completo.

Dio conosce quando andate e venite e quando restate nelle vostre case.

20-Coloro che credono, dicono: "Perché non ci viene inviata una sura [relativa al combattere]?" Però, quando una sura dal significato chiaro[15] viene rivelata, vedrai coloro nel cui cuore regna una malattia[16], guardarti con lo sguardo di colui che sta per svenire per il timore della morte. Sarebbe però meglio per loro

21-obbedire e proferire ciò che è giusto e, quando la decisione di combattere è stata presa, sarebbe meglio per loro mantenersi veritieri davanti a Dio.

22-Allora: "Dopo esservi voltati indietro, [preferite] spargere la corruzione sulla terra e rompere i legami famigliari?"

23-Costoro sono gli uomini che sono stati maledetti da Dio, perché Egli li ha resi sordi e ciechi.

24-Perché non tentano con alacrità di comprendere il Corano oppure i loro cuori sono sigillati?

25-Il Maligno ha fomentato coloro che si voltano indietro[17], dopo che la guida è stata loro mostrata con chiarezza, e li ha riempiti di false speranze.

26-Questo accade perché dicono a coloro che odiano ciò che Dio ha rivelato: "Ti obbediremo solo in parte", ma Dio conosce i loro segreti più intimi.

27-Però, che cosa accadrà[18] quando gli angeli al momento della morte prenderanno le loro anime, e colpiranno i loro volti e le loro schiene[19]?

---

[15] Cfr. 3:7, dove si afferma che la difesa della verità e della rettitudine a costo di ogni sacrificio, quando viene comandata da un 'Amīr al-Muminīn, è una condizione fondamentale per essere ammessi nella grazia di Dio. Se è vero che il giudizio e la punizione appartengono solo a Dio, è anche vero che la nostra fedeltà e rigore devono essere messi alla prova.

[16] Cfr. 2:10. Il male è l'ipocrisia, la mancanza di lealtà verso la causa e di coraggio, di spirito di sacrificio e di vera comprensione.

[17] Questi uomini si trovano interamente nelle mani del male. Seguono i suoi suggerimenti e le loro speranze sono costruite sui suoi inganni.

[18] Come si sentiranno coloro che hanno agito per tutta la vita in modo ipocrita al momento della morte, quando scopriranno che gli angeli conoscono ogni macchia che hanno tentato di nascondere?

[19] Il volto è quello che guarda davanti, ossia il lato che si presenta al mondo esterno, mentre il dietro è ciò che non si mostra, ciò che viene nascosto. Gli ipocriti saranno colpiti da entrambi i lati. Il volto può anche indicare ciò di cui si sono vantati, ciò di cui

28-Questo accade perché costoro seguono ciò che invoca l'ira di Dio e odiano quanto suscita il Suo compiacimento. Egli ha allora reso vane le loro opere.

29-Coloro nei cui cuori si cela una malattia[20], pensano forse che Dio non porterà alla luce tutto il loro rancore?

30-Se Egli avesse voluto, avremmo potuto mostrarteli, e tu li avresti riconosciuti dai loro segni visibili[21], ma sicuramente li riconoscerai dal tono della voce! Dio conosce tutto ciò che fate.

31-Vi proveremo per riconoscere chi tra di voi s'impegna e persevera nella pazienza. Dobbiamo provare la verità di tutto ciò che affermate[22].

32-Coloro che rifiutano Dio e tengono lontani gli uomini dalla Sua via e resistono al Profeta dopo che è stata mostrata loro la guida, non colpiranno Dio, ma Egli renderà vane le loro opere.

33-O voi che credete, obbedite a Dio e obbedite al Profeta e non rendete vane le vostre opere!

34-Coloro che rifiutano Dio e tengono lontani gli uomini dalla Sua via e muoiono rinnegandoLo, non saranno perdonati da Lui.

35-Non essere stanco e disperato, invocando la pace, quando stai per avere la meglio[23]. Dio è con te e non lascerà che le tue opere siano vane.

36-La vita di questo mondo è solo vanità e distrazione. Però, se credete e temete Dio, Egli vi darà ciò che vi spetta e non vi chiederà di dare via ciò che possedete.

37-Se Egli vi domandasse tutto ciò che possedete, e lo facesse con urgenza, vi rifiutereste e la vostra mancanza di volontà diverrebbe manifesta.

38-Siete invitati a spendere le vostre sostanze sulla via di Dio, ma tra di voi ci sono alcuni che si mostrano avari. Gli avari danneggiano solo

---

erano orgogliosi, mentre la schiena ciò che cercano di nascondere, che non hanno il coraggio di confessare ma li tormenta. Cfr. 8:50.

[20] Cfr. 47:20 dove si afferma che, dal momento che sono profondamente afflitti da questa malattia nell'intimo del loro essere, costoro non comprendono i semplici fatti della vita spirituale.

[21] In questa vita il male non è sempre necessariamente manifestato, ma per coloro che sono capaci di comprenderlo si tradisce attraverso la parola e il comportamento.

[22] In arabo *Akhbār*, ossia le notizie riportate, la reputazione di coraggio e di costanza.

[23] Coloro che cercano di estirpare il male dovrebbero rendersi conto che il bene dovrà necessariamente prevalere e l'aiuto di Dio si trova con coloro che, per quanto possono, cercano di mettere in atto un piano universale.

le anime loro. Dio è indipendente, mentre voi vi trovate nel bisogno. Se però vi voltate indietro, Egli sostituirà al posto vostro altre genti, che non saranno come voi!

XLVIII

Sura Al-Fath

(La vittoria)

Rivelata a Medina

Nel nome di Dio, il Clemente, il Misericordioso

1-In verità, ti abbiamo concesso una vittoria manifesta[1].
2-Che Dio possa perdonare i tuoi peccati passati e futuri, completare la Sua grazia su di te e guidarti sulla retta via.
3-Che Dio possa venirti in soccorso con un aiuto[2] potente.
4-Egli è Colui che invia la pace[3] nel cuore dei credenti affinché possano crescere nella fede. A Dio appartengono le forze del cielo[4] e della terra. Egli è pieno di conoscenza e di saggezza.
5-Che Egli possa ammettere gli uomini e le donne che credono nei Giardini, sotto cui scorrono i fiumi, per dimorare lì per sempre e allontanare i loro mali. Questo è, davanti a Dio, il successo supremo.
6-Che possa punire gli ipocriti, uomini e donne, e i politeisti, uomini e donne, che nutrono pensieri riprovevoli riguardo a Dio. Sono circondati dal male e su di loro incombe l'ira divina. Egli li ha

---

[1] Il riferimento è diretto al Trattato di Hudaibiya. Grazie a questo trattato venne aperta la porta per la libera diffusione dell'Islam attraverso l'Arabia e quindi nel mondo.

[2] Sono qui menzionati tre risultati del Trattato: 1-Il perdono che equivale alla misericordia, 2-La realizzazione della dignità della profezia attraverso il conseguimento di una posizione effettiva e riconosciuta in Arabia, 3-Il permesso di poter accedere l'anno successivo alla Mecca.

[3] I risultati erano stati raggiunti attraverso la tranquillità, la calma e il coraggio di 1400-1500 uomini non armati che accompagnarono il Profeta (pbsl) ad Hudaibiya e che furono minacciati con violenza dai leader Quraysh della Mecca.

[4] Ci sono forze visibili che possono essere vedute nel mondo fisico. Gli uomini combattono con forze armate e anche i musulmani dovettero difendersi con le armi e non senza successo. Però le forze sociali, morali e spirituali stavano combattendo per loro sotto il comando di Dio ed infine sono state quelle che hanno stabilito il messaggio dell'Islam.

maledetti e ha preparato per loro l'Inferno. La loro destinazione sarà orribile.

7-A Dio appartengono le forze del cielo e della terra. Egli è Onnipotente, Saggio.

8-Ti abbiamo invero inviato come testimone, come colui che porta la buona novella e come un ammonitore,

9-al fine che possiate credere in Dio e nel Suo Profeta, che possiate assisterlo ed onorarlo e celebrare le Sue lodi al mattino ed alla sera.

10-In verità, coloro che stringono[5] alleanza con te, lo fanno con Dio stesso. La mano di Dio si trova sulle loro mani. Chiunque viola questo patto, lo fa a discapito della sua stessa anima e, a chiunque rispetta il patto che ha stretto con Dio, Egli concederà una grande ricompensa.

11-Gli arabi del deserto che restano indietro[6], ti diranno: "Eravamo preoccupati per le nostre greggi, i nostri armenti e le nostre famiglie. Chiedi quindi il perdono per noi[7]". Costoro proferiscono con le loro lingue ciò che non si trova nei loro cuori. Dì: "Chi ha il potere d'intervenire a vostro nome presso Dio, se Egli decide di infliggervi qualche perdita o concedervi qualche profitto? Dio è ben consapevole di tutto ciò che fate".

12-Pensavate che il Profeta e i credenti non sarebbero mai tornati dalle loro famiglie. Questo sembrava piacevole ai vostri cuori[8] e poi

---

[5] Durante i negoziati di Hudaibiya, quando era incerto su come i Quraysh si sarebbero comportati con l'ambasciatore del Profeta (pbsl) alla Mecca, vi fu un grande trambusto tra i 1500 uomini che lo accompagnavano. Costoro erano venuti con grande entusiasmo e avevano giurato la loro fedeltà al Profeta (pbsl) ponendo una mano sull'altra secondo il costume arabo. Questa in se stessa è stata una splendida dimostrazione di forza materiale e spirituale, una vera vittoria, e nella storia islamica è nota sotto il nome di *Bay'at al-Ridwān*. Costoro posero le loro mani in quelle del Profeta (pbsl) ma la mano di Dio era sopra di loro ed Egli accettò la loro fedeltà. *'Alaihu* è una forma arcaica di *'Alaihi*.

[6] Quando il Profeta partì da Medina per il viaggio diretto verso la Mecca che terminò ad Hudaibiya, domandò a tutti i musulmani di unirsi a lui in questa pia impresa e ricevette una risposta entusiasta. Alcune delle tribù del deserto però rimasero indietro e avanzarono delle scuse. La loro fede era tiepida e non desideravano condividere con loro le difficoltà che avrebbero potuto incontrare a causa dei Quraysh.

[7] Proferirono questo con le loro lingue, ma nei loro cuori non albergava alcun sentimento di pietà.

[8] La loro fede venne così scossa che pensarono che sarebbe accaduto il peggio e che i pagani della Mecca avrebbero distrutto il gruppo disarmato. Nel profondo del loro cuore non si sarebbero dispiaciuti, dal momento che erano immersi nel peccato e si rallegravano della sofferenza altrui. Questo tipo di persone però bruceranno nel fuoco della loro stessa delusione.

avete nascosto un pensiero cattivo. Siete persone perse nella malvagità.

13-Se qualcuno non crede in Dio e nel Suo Messaggero, Noi abbiamo preparato per quanti respingono Dio un fuoco ardente.

14-A Lui appartiene il dominio dei cieli e della terra. Egli perdona chi vuole e punisce chi vuole. Egli è Perdonatore, Misericordioso.

15-Coloro che rimangono indietro, diranno, quando sarai libero di avanzare e prendere il bottino di guerra: "Lascia che ti seguiamo". Costoro desiderano cambiare il decreto di Dio. Dì: "Non potete venire con noi. Dio ha stabilito precedentemente a chi appartiene il bottino di guerra". Allora diranno: "Siete gelosi di noi". Quanto poco comprendono!

16-Comunica agli arabi del deserto che sono rimasti indietro: "Voi siete chiamati a combattere contro un popolo che possiede un grande potere bellico. Se mostrate obbedienza, Dio vi garantirà una buona ricompensa. Se invece vi voltate indietro, così come avete fatto in precedenza, vi punirà con un grave castigo".

17-Non c'è nessun motivo di rimprovero per il cieco, per lo zoppo o per chi è malato se non partecipa alla guerra. Colui che ubbidisce a Dio e al Suo Profeta, sarà ammesso nei Giardini dove scorrono ruscelli, ma colui che si volta indietro sarà colto da una grave punizione.

18-Il compiacimento[9] di Dio era con i credenti, quando ti hanno giurato fedeltà sotto l'albero[10]. Egli conosce[11] ciò che si trovava nei loro cuori ed Egli ha inviato loro la pace[12] e li ha ricompensati con una veloce vittoria

19-ed un cospicuo guadagno. Dio è Onnipotente, Saggio.

---

[9] Il vocabolo derivato da *Radhiya* è *Ridwān*. Da qui è derivato il nome *Bay'at al Ridwān*, Il patto del compiacimento di Dio. Cfr. 48:10.

[10] Il patto venne stretto dal Profeta (pbsl) sotto un albero nella piana di Hudaibiya.

[11] O mette alla prova. Cfr. 47:31.

[12] In arabo *Sakīna*: pace, calma, senso di sicurezza, confidenza e tranquillità. Cfr. 48:4. Il medesimo vocabolo è utilizzato in connessione con la battaglia di Hunain Cfr. 9:26 ed in connessione con la Cava di Thawr nella prima fase dell'*Hijrah*, Cfr. 9.40.

20-Dio vi ha promesso un bottino abbondante[13], questa tregua e ha tenuto lontane da voi le mani degli uomini, affinché possano essere un segno[14] per i credenti e guidarvi sulla retta via.

21-E altre cose conseguirete che non sono in vostro potere, ma che Dio ha disposto per voi. Egli detiene il potere su ogni cosa.

22-Se i miscredenti vi avessero combattuto, certamente[15] si sarebbero voltati indietro e sarebbero fuggiti. Poi non avrebbero trovato nessun protettore né aiuto.

23-Questa è stata la consuetudine di Dio anche nel passato. Non potrai trovare nessun cambiamento nella consuetudine di Dio.

24-Egli è Colui che ha trattenuto le loro mani da voi e le vostre mani da loro nel mezzo[16] della Mecca, dopo che vi ha concesso la vittoria. Dio vede tutto ciò che fate.

25-Costoro negano la rivelazione, vi tengono lontani dalla Sacra Moschea e non consentono che gli animali sacrificali[17] raggiungano il luogo del sacrificio. Se non ci fossero stati gli uomini e le donne credenti, che tu senza saperlo[18] avresti travolto e a causa di ciò saresti diventato colpevole, involontariamente, di una grave ingiustizia, li

---

[13] I primi frutti del *Bay'ah* furono la vittoria o il trattato di Hudaibiya, la cessazione per il tempo presente delle ostilità dei Quraysh e l'apertura della via verso la Mecca. Tutte queste cose sono implicate nella frase: "Egli ha trattenuto le mani degli uomini da voi".

[14] Hudaibiya era un vero segno per i credenti, in quanto mostrava la posizione che i musulmani avevano ottenuto all'interno del mondo arabo.

[15] Il loro morale non era realmente depresso.

[16] Sono avvenuti molti incidenti che avrebbero potuto innescare il conflitto tra i Quraysh e i musulmani provenienti da Medina. Dal canto loro, i Quraysh erano determinati a tenere lontani i musulmani, azione di cui non avevano comunque alcun diritto. I musulmani, invece, anche se erano disarmati, avevano giurato di rimanere insieme e, se avessero contrattaccato, avrebbero potuto entrare con la forza nella *Ka'ba*. Dio però impedì ad entrambi di fare qualcosa che avrebbe violato la pace del santuario e dopo che venne firmato il Trattato, il pericolo passò.

[17] I pellegrini provenienti da Medina avevano portato con sé gli animali sacrificali e avevano indossato la veste del pellegrino, ossia l'*Ihrām*. Venne però loro impedito non solo di entrare nella Mecca, ma anche di inviare i loro animali sacrificali al luogo, in cui solitamente veniva compiuto il sacrificio. Il sacrificio allora venne offerto ad Hudaibiya.

[18] A quel tempo alla Mecca si trovavano dei musulmani, sia uomini che donne, la cui fede era però sconosciuta ai loro fratelli in Medina. Se si fosse combattuto alla Mecca, anche se i musulmani fossero stati vittoriosi, ci sarebbe stato il pericolo di uccidere qualche fratello musulmano, che vivendo alla Mecca aveva tenuto nascosta la propria fede, ed i musulmani sarebbero stati colpevoli di aver sparso del sangue fraterno anche se inconsapevolmente. Questo fu attualmente impedito dal Trattato.

avreste attaccati. Dio ammette alla Sua Misericordia chi Egli desidera. Se fossero stati pienamente riconoscibili[19], avremmo sicuramente inflitto ai miscredenti una terribile punizione.

26-Mentre i miscredenti fomentavano nei loro cuori un ostinato sdegno -l'ostinato sdegno dell'ignoranza[20]- Dio ha inviato la Sua pace al Suo Profeta e ai credenti e ha reso vincolante il comando all'autocontrollo, di cui avevano diritto e di cui erano degni[21]. Dio ha piena conoscenza di tutte le cose.

27-In verità, Dio ha mostrato la verità della visione del Suo Apostolo[22]: entrerete nella Sacra Moschea, se Dio vorrà, in piena sicurezza, con le teste rasate o i capelli accorciati, senza provare timore alcuno. Egli conosce ciò che voi non conoscete e vi ha garantito, oltre a ciò, una vittoria rapida a venire.

28-Egli è Colui che ha inviato il Suo Profeta con la guida e la religione della verità, per prevalere su ogni altra religione. Dio è sufficiente come testimone.

29-Muhammad è il profeta di Dio. Coloro che sono con lui sono forti contro i miscredenti, ma hanno compassione gli uni degli altri. Li vedrai inchinarsi e prosternarsi in preghiera, cercando la grazia di Dio ed il Suo compiacimento. Sui loro volti ci sono i segni, le tracce delle loro prosternazioni. Così vengono descritti nella Torah. Nel Vangelo vengono invece paragonati ad un seme che stende le sue radici, le fortifica, poi diviene spesso e si alza con lo stelo dritto, delizia dei seminatori. La loro vista suscita la collera nei miscredenti.

---

[19] Se gli uomini provenienti da Medina fossero stati in grado di distinguere i musulmani dai non-musulmani tra gli abitanti della Mecca, sarebbe stato loro concesso di combattere e punire i pagani per la loro vanità e per la violazione delle leggi non scritte. La soluzione migliore nelle circostanze attuali era però il Trattato di Hudaibiya.

[20] Mentre i miscredenti erano eccitati e protestavano, e muovevano un'obiezione dopo l'altra durante la stesura del trattato, il Profeta (pbsl) rimase calmo e ottenne dal trattato quello di cui la comunità aveva bisogno, senza dar troppo peso alle parole. Anche se i compagni ritennero i termini del trattato poco convenienti per i musulmani, rimasero fedeli al loro leader e mostrarono fiducia nella sua migliore capacità di giudizio, una fiducia che fu confermata dagli eventi che seguirono.

[21] La loro calma nel mezzo di tutte queste provocazioni era un dono di Dio.

[22] Il Profeta (pbsl) aveva sognato di entrare nella Sacra Moschea della Mecca, poco prima di partire per il viaggio durante il quale fu stipulato il Trattato di Hudaibiya. Lui e i musulmani compirono il pellegrinaggio l'anno successivo senza subire alcuna molestia e nella veste del pellegrino.

Dio ha promesso il perdono ed una grande ricompensa a coloro che credono e compiono opere giuste.

XLIX

Sura Al-Hujurāt

(Le stanze private)

Rivelata a Medina

Nel nome di Dio, il Clemente, il Misericordioso

1-O credenti, non ponete le vostre opinioni davanti[1] a quelle di Dio e del Suo Messaggero, ma temeteLo. Egli ode e conosce ogni cosa.

2-O credenti, non alzate la voce su quella del Profeta, né parlategli ad alta voce, così come vi parlate gli uni con gli altri, a meno che desideriate che le vostre opere diventino vane senza che ne siate consapevoli.

3-Coloro che abbassano la voce davanti al Profeta di Dio, sono quelli i cui cuori sono stati messi alla prova da Dio al fine che Lo temano. Per costoro c'è il perdono ed una grande ricompensa.

4-Coloro che gridano verso di te dall'esterno delle tue stanze intime[2], non comprendono nulla.

5-Se solo avessero pazienza fino a quando tu non esca loro incontro, sarebbe meglio per loro. Dio è Perdonatore, Misericordioso.

6-O voi che credete, se una persona malvagia[3] giunge da voi con una notizia, verificatela, al fine di non danneggiare nessuno

---

[1] In quest'espressione sono implicate molte sfumature di significato: 1-Non rendetevi troppo appariscenti quando siete alla presenza di Dio, ossia in una moschea o presso le assemblee religiose, 2-Non anticipate nelle parole o nelle azioni quello che il Profeta (pbsl) potrebbe dire o fare, 3- Non siate impazienti cercando di ottenere qualcosa prima che il tempo sia maturo per essa, il che può essere giudicato solo da Dio Che parla per mezzo dei Suoi profeti. Siate riverenti in ogni cosa, come se vi trovaste alla presenza stessa di Dio, perché Egli vede ed ode ogni cosa. 4-Guardate al Corano e alla Sunna del Profeta (pbsl) per essere guidati e non lasciate che nulla prenda la precedenza.

[2] *Al-Hujurāt*, ossia le stanze intime.

[3] Ogni notizia, specialmente se proviene da una persona che non conosciamo, deve essere verificata e la sua verità deve essere accertata. Se costoro fossero stati creduti e le loro notizie si fossero diffuse, avrebbero provocato molto male e coloro che avevano avuto fiducia in loro se ne sarebbero pentiti di tutto cuore. Qui sono condannati scandali e calunnie specialmente contro le donne. Cfr. 24:11-20, 23-26.

involontariamente e dopo divenire pieni di pentimento per ciò che avete compiuto.

7-Sappiate che tra di voi c'è il Profeta di Dio. Se lui, in molte questioni, dovesse seguire i vostri personali desideri, cadreste sicuramente nella difficoltà. Invece Dio vi ha fatto amare la fede e l'ha resa meravigliosa davanti ai vostri occhi e ha reso odiosi la miscredenza, la malvagità e la ribellione. Costoro camminano nella rettitudine.

8-Questa è una grazia e un favore provenienti da Dio. Egli è pieno di conoscenza e di saggezza.

9-Se due partiti[4] tra i credenti cadono in una disputa, cercate di mettere pace tra di loro. Però, se uno trasgredisce contro l'altro superando i limiti, allora combattete tutti contro colui che ha trasgredito i limiti fino a quando non ubbidisce al comando di Dio. Però, se ubbidisce, allora ristabilite pace tra di loro con giustizia e siate equi perché Dio ama coloro che si comportano con equità.

10-I credenti sono una sola fratellanza. Così mediate la pace e la riconciliazione tra i vostri fratelli che contendono gli uni con gli altri. Temete Dio affinché possiate ricevere la misericordia.

11-O voi che credete, che alcuni di voi non scherniscano[5] gli altri. Potrebbe essere che i secondi siamo migliori dei primi. Che le donne non scherniscano le altre. Potrebbe accadere che le seconde siano migliori delle prime. Non diffamate[6] e non siate sarcastici gli uni con gli altri e non chiamatevi con soprannomi offensivi. È un male

---

[4] Le dispute individuali sono più semplici da risolvere di quelle tra gruppi o, in termini moderni, tra nazioni. La comunità dell'Islam però è chiamata ad essere superiore ai gruppi e alle nazioni. Ci si aspetta di agire giustamente e di tentare di ricomporre le questioni perché la pace è migliore della guerra. Però, se un partito è determinato ad agire come un aggressore, l'intera forza della comunità è chiamata a portarne il peso. La condizione essenziale di tutto questo è che ci deve essere una perfetta giustizia, rettitudine e rispetto per i principi superiori perché l'Islam tiene conto di ogni interesse giusto e legittimo senza separare le questioni spirituali da quelle materiali.

[5] Ci è concesso ridere con le persone ossia condividere con loro la felicità della vita. Non dovremmo mai invece ridere delle persone ridicolizzandole o umiliandole. In molte cose infatti costoro potrebbero essere migliori di noi stessi!

[6] La diffamazione consiste nel parlare male degli altri con parole scritte o pronunciate o agendo in modo tale da suggerire un'accusa. Un'osservazione tagliente o una battuta sarcastica sono entrambe sfumature della parola *Lamaza*. Un soprannome offensivo può costituire una forma di diffamazione, specialmente nel caso in cui si riferisca a difetti reali o immaginari. Questo comportamento poco si accorda con la serietà che i musulmani dovrebbero avere nella vita.

utilizzare un tale nome per qualcuno che è divenuto credente. Quanti non desistono compiono il male.

12-O voi che credete, evitate il sospetto[7] perché in alcuni casi il sospetto è peccato e non spiatevi gli uni con gli altri e non sparlate gli uni degli altri. Qualcuno di voi vorrebbe forse mangiare la carne del proprio fratello morto? No, ne avrebbe orrore! Però temete Dio. Egli è Colui che accetta il pentimento, il Misericordioso.

13-O uomini[8], vi abbiamo creato da una singola anima, maschio e femmina, e vi abbiamo diviso in nazioni e tribù affinché vi conosceste a vicenda. In verità, agli occhi di Dio il più onorevole tra di voi è colui che agisce secondo giustizia. Dio ha piena conoscenza ed è ben informato su quello che fate.

14-Gli arabi del deserto dicono[9]: "Crediamo". Di': "No! Non avete fede, ma avete solo detto: <<Abbiamo sottomesso il nostro volere a Dio>>. La fede ancora non è entrata nel vostro cuore. Se voi ubbidite a Dio e al Suo Profeta, Egli non trascurerà nessuna delle vostre azioni. Dio è Perdonatore, Misericordioso".

15-Sono credenti solo coloro che hanno ubbidito a Dio e al Suo Profeta senza mai dubitare e si sono impegnati con le loro persone ed i loro beni per la causa di Dio. Ecco i sinceri.

16-Che cosa? Sarete forse voi ad istruire Dio sulla vostra religione[10]? Dio conosce ciò che si trova nei cieli e sulla terra. Egli ha una piena conoscenza di tutte le cose.

17-Vantano di essersi sottomessi come un favore che ti hanno fatto, così comunica loro: "Non considerate la vostra sottomissione come

---

[7] Molti tipi di sospetto sono senza fondamento e devono essere evitati e alcuni sono crimini in se stessi, in quando costituiscono una crudele ingiustizia commessa contro uomini e donne innocenti.

[8] Dal momento che l'umanità discende dai medesimi progenitori, la distinzione in tribù, razze e nazioni costituisce l'etichetta dalla quale possiamo riconoscere certe determinate caratteristiche. Davanti a Dio però tutti gli esseri umani sono uguali e riceve più onore colui che si mostra più retto.

[9] Gli arabi del deserto erano alquanto deboli nella fede. Le loro menti e i loro cuori erano meschini, mentre l'Islam richiede la completa sottomissione dell'intero essere a Dio. Cfr. 48:11-15. Alcuni commentatori ritengono che qui il riferimento sia diretto specificamente ai Banū Asad che giunsero a professare l'Islam per ottenere la carità durante un periodo di carestia.

[10] Dio conosce i motivi più interni ed i segreti dei nostri cuori e non possiamo ingannarLo proclamandoci semplicemente quello che poi non siamo nel nostro intimo. La fede deve infatti portare i suoi frutti.

un favore fatto a me. Dio vi ha concesso una grazia guidandovi verso la fede, se siete veritieri e sinceri.

18-In verità, Dio conosce i segreti dei cieli e della terra. Egli osserva tutte le vostre azioni.

L

Sura Qāf

(Qāf)

Rivelata alla Mecca, (tranne il versetto 38)

Nel nome di Dio, il Clemente, il Misericordioso

1-Qāf. Per il Glorioso[1] Corano,

2-si meravigliano che sia giunto loro un ammonitore dalla loro gente. Così i miscredenti dicono: "Questa è una strana cosa!

3-Che cosa! Quando moriremo e diventeremo polvere [vivremo ancora]? Questo ritorno sembra inverosimile!"

4-Sappiamo quanti di loro la terra consuma. Presso di Noi c'è un registro infallibile che tutto annota.

5-Però negano il vero, quando giunge loro. Si trovano nella confusione.

6-Non guardano al cielo sopra di loro? Come lo abbiamo costituito e adornato senza alcuna forma d'imperfezione?

7-E la terra, come l'abbiamo distesa e vi abbiamo posto montagne stabili e prodotto ogni specie di vegetazione,

8-per essere osservate e ricordate da ogni devoto che si rivolge a Dio?

9-Abbiamo inviato dal cielo la pioggia carica di benedizioni, e produciamo giardini e grano per il raccolto;

10-e alte e ferme palme, stracolme di frutti, uno sopra l'altro,

11-come sostentamento per i servi di Dio. Abbiamo dato una nuova vita alla terra che era morta. Allo stesso modo avverrà la Resurrezione.

12-Prima di loro, [l'Altra vita] è stata negata dal popolo di Noè, dagli abitanti di Ar-Rass, dal popolo di Thamud[2],

---

[1] In arabo *Majīd*, uno degli appellativi del Sacro Corano.

[2] In riferimento al popolo di Noè vedi 11:25-48. In riferimento ai Compagni di ar-Rass vedi 25:38. In riferimento agli Ad ed ai Thamud vedi 26:123-158. In riferimento al Faraone vedi 2:49-50. In riferimento a Lot vedi 7:80-84. In riferimento agli abitanti di Madhyan vedi 15:78-79. In riferimento al popolo di Tubba vedi 44:37.

13-dagli Ad, dal Faraone e dai fratelli di Lot,

14-dagli abitanti di Madyan e dal popolo di Tubba. Ognuno di loro ha respinto i profeti e il Mio avvertimento si è avverato.

15-Siamo stati forse stanchi della prima creazione, da indurli a dubitare relativamente alla nuova?

16-Abbiamo creato l'uomo e conosciamo i tenebrosi bisbigli dell'animo suo. Gli siamo più vicini della vena giugulare.

17-Gli sono stati assegnati due angeli guardiani che prendono nota delle sue opere, uno posto alla sua destra e l'altro alla sua sinistra.

18-Non può pronunciare nemmeno una parola senza che venga registrata da un guardiano[3] vicino a lui

19-e lo stupore della morte porterà la verità davanti [ai suoi occhi]: "Questo è ciò da cui cercavi di sfuggire!"

20-Verrà suonata la tromba. Quello sarà il giorno, su cui è stato inviato l'avvertimento.

21-E si avvicinerà ogni anima. Sarà accompagnata da un angelo ed un altro sarà testimone.

22-Sarà detto: "Tu non hai prestato attenzione a questo giorno. Ora abbiamo rimosso il tuo velo e la tua vista è divenuta acuta!"

23-E il suo inseparabile compagno[4] dirà: "Questo è ciò di cui ho preso nota!"

24- "Gettate, gettate[5] nell'Inferno ogni testardo nemico della verità

25-che ha impedito il bene e ha oltrepassato tutti i limiti, ha diffuso dubbi e sospetto

26-ed ha posto un altro dio accanto a Dio. Condannatelo ad una pena severa".

27-Il Suo compagno dirà: "Signore nostro, non sono stato io che lo ho spinto a trasgredire. È stato lui stesso a perdersi".

28-Egli allora dirà: "Non discutete uno con l'altro in Mia presenza. Vi ho già inviato in precedenza il monito.

---

[3] In arabo *Raqīb*, traducibile come "sentinella".

[4] In arabo *Qarīn*, termine che si riferisce all'angelo.

[5] In arabo è presente la forma duale che, secondo la maggioranza dei commentatori, è stata utilizzata per esprimere enfasi. La forma duale potrebbe comunque riferirsi anche agli angeli menzionati nei versetti 17, 18, 21 e 23.

29-Al Mio cospetto la sentenza emessa non muta e non commetto ingiustizia contro i Miei devoti[6]".

30-Un giorno sarà domandato all'Inferno: "Non sei pieno fino all'orlo?", risponderà: "Ci sono ancora altri a venire?"

31-Il Giardino sarà portato alla vista dei giusti e non sarà più lontano.

32- [Una voce dirà]: "Questo è ciò che è stato promesso ad ognuno che si volge a Dio in pentimento, che rispetta la Sua legge,

33-che teme [Dio] il Misericordioso anche senza vederLo, e volge il cuore in devozione verso di Lui:

34-"Entrate qui in pace e sicurezza in questo giorno di vita eterna!"

35-Ci sarà per loro tutto ciò che desiderano e di più alla Nostra presenza.

36-Quante generazioni che li hanno preceduti abbiamo distrutto, molto più potenti di loro? Non hanno forse cercato, percorrendo la terra, di sfuggire al castigo?

37-In verità, in ciò vi è un messaggio per chiunque abbia un cuore ed un intelletto, che ascolta e reca testimonianza alla verità.

38-Abbiamo creato i cieli e la terra e tutto ciò che si trova nel mezzo in sei giorni e non ci ha colto alcun senso di stanchezza.

39-Sopporta [o Profeta], quindi, con pazienza tutto ciò che affermano e celebra le lodi del tuo Signore prima del sorgere del sole e del suo tramonto.

40-Durante parte della notte, celebra la Sua lode e così dopo il completamento di ogni preghiera.

41-E poniti in ascolto di quel giorno in cui il Chiamante chiamerà da un luogo molto vicino.

42-Il giorno in cui udranno un cataclisma[7]. In verità, quello sarà il giorno della resurrezione.

43-In verità, Egli è Colui che dà la vita e la morte. Presso di Noi si trova il destino finale di ognuno.

44-Il giorno in cui la terra si fenderà intorno a loro e tutti correranno in avanti. Riunirli sarà facile per Noi.

---

[6] Il termine arabo *Abd* ha due plurali: 1-'*Abīd*, che indica tutti i servi di Dio, ossia tutte le creature, 2-'*Ibād*, che indica i servi di Dio dedicati al Suo servizio. Nella presente traduzione quest'ultimo termine è stato tradotto come "devoti".

[7] In arabo *Saihalun*, termine utilizzato per indicare o la resurrezione dei morti o l'improvvisa punizione che coglierà i malvagi su questa terra. Cfr. 11:67.

45-Noi conosciamo bene quello che dicono e tu non puoi forzarli alla fede. Così ammoniscili con il Corano affinché possano temere il Mio avvertimento.

LI

Sura Adh-Dhāriyāt

(Quelle che spargono)

Rivelata alla Mecca

Nel nome di Dio, il Clemente, il Misericordioso

1-Per quei venti[1] che spargono la sabbia,
2-per quelli carichi [di pioggia],
3-per quelli che rendono facile[2] la navigazione
4-e distribuiscono la pioggia,
5-quanto ti è stato promesso è verità:
6-il Giudizio[3] giungerà.
7-Per il cielo con le sue [innumerevoli] vie,
8-invero sostenete delle dottrine discordanti[4]
9-attraverso le quali sono condotti lontano dalla verità coloro che desiderano essere ingannati[5].
10-Che periscano coloro che diffondono la menzogna,
11-perché non sono consapevoli[6] di quanto hanno perduto nella loro ignoranza.
12-Domandano: "Quando giungerà il Giorno del Giudizio?"
13-Quel giorno quando vedranno il Fuoco, lo proveranno.
14- [Sarà detto loro]: "Gustate la vostra prova. Questo è ciò verso cui vi affrettavate".
15-Coloro che invece sono stati timorati di Dio si troveranno nel mezzo di Giardini e corsi d'acqua,

---

[1] In arabo *Rīh*. Alcuni commentatori ritengono che in questo versetto si faccia riferimento agli angeli o ad altri enti. Comunque, qualsiasi sia il riferimento, i differenti modi di operare sono il simbolo del potere, della bontà e dell'unità del piano divino.

[2] In arabo *Jam*, che significa letteralmente "fluire". Cfr. 2:164.

[3] In arabo *Dīn*, termine che implica il dare a ciascuno quanto gli è dovuto.

[4] In arabo *Qawl* (teorie, dottrine, discorsi) e *Mukhtalif* (varie, inconsistenti, discordanti).

[5] Cfr. 5:75, 9:30. Il verbo arabo *Ufika* può essere tradotto infatti come "saranno delusi o sarebbero delusi".

[6] Costoro si trovano in un grave pericolo spirituale.

16-accettando quanto il loro Signore ha concesso loro. In verità, costoro compivano il bene.

17-Dormivano poco la notte.

18-Al mattino pregavano per il perdono.

19-Assegnavano una porzione della loro ricchezza agli indigenti che chiedono, ed a coloro che invece non domandano, ma si trovano nel bisogno.

20-Per coloro che sono certi nella fede, vi sono segni sulla terra,

21-ed in loro stessi. Non vedete dunque?

22-Nel cielo vi è il vostro sostentamento[7] e ogni cosa che vi sia stata promessa.

23-Per il Dio dei cieli e della terra, tutto ciò corrisponde a verità, proprio come è vero che proferite parole.

24-Vi ha forse raggiunto la storia degli onorevoli ospiti di Abramo?

25-Quando si trovarono al suo cospetto, dissero: "Pace". Egli rispose: "Pace a voi, o stranieri[8]".

26-Poi andò dalla sua famiglia e tornò con un grasso vitello arrostito.

27-Lo pose davanti a loro e disse: "Mangiatene, prego".

28-Poi cominciò a preoccuparsi e ad avere paura di loro. Loro però dissero: "Non temere" e gli diedero la buona novella di un figlio dotato di conoscenza.

29-Sua moglie avanzò [ridendo] forte, si prese il volto tra le mani e disse: "Una sterile donna anziana come me!"

30-Dissero: "Questo è quanto ha affermato il tuo Signore, Egli è Saggio, Onnisciente".

31-[Abramo] allora domandò: "O stranieri, qual è la vostra missione?"

32-Dissero: "Siamo stati inviati presso un popolo ribelle,

33-affinché cadano su di loro rocce di argilla,

34-scelte dal tuo Signore per coloro che hanno rifiutato i Suoi messaggi e hanno reciso qualsiasi relazione con Lui.

35-Così conducemmo fuori i credenti che si trovavano nella città,

36-ma trovammo solo una famiglia che si era sottomessa a Dio.

37-Abbiamo lasciato nella città un segno per coloro che temono il doloroso castigo.

---

[7] Da intendersi sia in senso materiale che spirituale.

[8] In arabo *Munkar*, termine che può essere tradotto come "sconosciuto", "straniero", "inusuale", "non comune". Il termine è opposto a *Ma'rūf*, traducibile invece come "solito", "usuale" e "familiare". Cfr. 15:62.

38-Vi è un altro segno in Mosè, quando lo abbiamo inviato al Faraone con un'autorità manifesta.

39-Il Faraone però si volse indietro con i suoi sostenitori e disse: "Un mago, un folle".

40-Così circondammo lui ed i suoi soldati e li gettammo nel mare. Il Faraone si era comportato in modo biasimevole.

41-E un segno negli Ad, quando sollevammo contro di loro un vento devastante,

42-che non risparmiò nulla di quanto incontrò nel suo percorso, lasciando solo rovine.

43-Ed un segno nei Thamud, quando venne detto loro: "Godete ancora per un poco".

44-Costoro non obbedirono al comando del loro Signore, così la folgore[9] li colpì mentre stavano a guardare.

45-Non riuscirono a risollevarsi da soli e non poterono ricevere alcun soccorso.

46-E prima di loro, il popolo di Noè. Costoro erano dei malvagi.

47-Abbiamo formato l'universo con potere ed abilità e ancora lo espandiamo.

48-Abbiamo disteso la terra e l'abbiamo ben spianata.

49-Abbiamo creato una coppia di ogni creatura. Forse rifletterete!

50- "Così rivolgetevi verso Dio. Vi porto un chiaro messaggio da parte Sua,

51-e non ponete un'altra divinità oltre Lui. Io vengo a voi con un chiaro messaggio da parte Sua".

52-Allo stesso modo, ogni volta che giunse presso di loro un messaggero, dissero: "Un mago o un folle".

53-Lo hanno raccomandato gli uni agli altri forse? Piuttosto sono un popolo di ribelli.

54-Così volgiti via da loro. Non potrai essere rimproverato.

55-Continua però a ricordare loro. È bene che i credenti ricevano un monito.

56-Ho creato i *Jinn* e gli uomini affinché mi adorassero.

57-Non domando loro alcuna ricompensa e non mi aspetto che Mi diano il sostentamento.

58-Dio è Colui che concede ogni cosa, il Potente, il Forte.

---

[9] In arabo *Sā'iqat*, un suono assordante che può riferirsi sia ad un fulmine che ad un tuono (Cfr. 2:55) o che spesso accompagna un violento terremoto (Cfr. 41:17, 7:78).

59-Quanti sono stati ingiusti subiranno la medesima sorte, proprio come i predecessori. Che quindi non affrettino la Mia punizione.
60-Quanto terribile sarà per i miscredenti il giorno loro promesso.

LII

Sura At-Tūr

(Il monte)

Rivelato alla Mecca

Nel nome di Dio, il Clemente, il Misericordioso

1-Per il Monte della Rivelazione,
2-per il Decreto stabilito[1]
3-in una pergamena srotolata,
4-per la casa più visitata[2];
5-per la volta elevata in alto,
6-per l'Oceano[3] che ribolle[4].
7-In verità, la punizione del tuo Signore giungerà,
8-nulla può impedirlo.
9-Il giorno[5] in cui il firmamento si troverà in un convulso movimento,

---

[1] I cinque segni a cui ci si appella sono: 1-Il monte della rivelazione nel versetto 1, 2-Il decreto stabilito nei versetti 2-3 3-La casa più frequentata nel versetto 4, 4-La volta elevata in alto nel versetto 5, 5-L'Oceano gonfio nel versetto 6. Ognuno di questi segni ha un significato figurativo e mistico. Nel caso di Mosè viene esemplificato dal Monte Sinai. Cfr. 95:2 dove è menzionato in giustapposizione al sacro territorio della Mecca (Cfr. 95:3). Nel caso di Gesù è il Monte degli Olivi (Cfr. 95:1). Nel caso di Muhammad (pbsl) è invece la Montagna della Luce, dove ha ricevuto per la prima volta l'ispirazione divina.

[2] Solitamente s'interpreta questa espressione come riferita alla *Ka'ba*, ma a causa del parallelismo descritto nella nota precedente, potrebbe anche significare ogni tempio o casa di preghiera dedicata al Dio unico. In questo senso potrebbe includere anche il Tabernacolo degli Ebrei nel deserto, il Tempio di Salomone, il Tempio in cui Gesù ha pregato, e la *Ka'ba* che il Profeta Muhammad (pbsl) ha purificato e ha dedicato di nuovo alla vera adorazione. Possono essere inclusi anche altri luoghi di adorazione e dal punto di vista astratto potrebbe riferirsi anche al cuore dell'uomo che nutre un profondo desiderio di trovare ed adorare Dio.

[3] L'Oceano vasto che tutto circonda è il simbolo materiale della natura universale, illimitata e comprensiva dell'invisibile mondo spirituale.

[4] In arabo *Masjūr*, termine traducibile come ribollente, straripante.

[5] Il Giorno del Giudizio è rappresentato da due figure: 1-Il firmamento si troverà in una tremenda agitazione. I cieli, così come li vediamo adesso, suggeriscono pace e

10-e le montagne voleranno da ogni parte[6].

11-Guai quel giorno a coloro che trattano la verità come falsità,

12-e che si dilettano in vanità e frivolezze.

13-Quel giorno saranno gettati nel Fuoco dell'Inferno.

14-Questo è il Fuoco in cui non credevate!

15-È forse una magia? Oppure siete incapaci di vedere?

16-Entrateci. È lo stesso per voi se lo sopportate con pazienza o meno. Ora, ricevete la ricompensa per tutto ciò che avete compiuto.

17-I giusti[7] saranno nei giardini e nella felicità.

18-Godranno della benedizione che il Signore ha concesso. Il loro Signore li salverà dal castigo del Fuoco.

19- [Sarà detto loro][8]: "Mangiate e bevete con profitto e salute[9], a causa delle vostre buone azioni".

20-Costoro reclineranno su troni di dignità, disposti in ranghi. Saranno insieme a compagni dagli occhi[10] grandi e brillanti.

21-Coloro che hanno creduto e le cui famiglie[11] li hanno seguiti nella fede, li uniremo a quest'ultime e non li priveremo dei frutti del loro lavoro. Ognuno è pegno di quello che avrà guadagnato.

22-Concederemo loro frutti e carne. Ogni cosa che desidereranno.

23-Si scambieranno gli uni con gli altri una coppa d'amore, priva di frivolezza e di qualsiasi forma di contaminazione.

---

tranquillità e il potere di leggi fisse a cui tutti i corpi celesti ubbidiscono. Tutto questo verrà scosso quando emergerà il nuovo mondo spirituale.

[6] Le montagne sono un simbolo di fermezza e di stabilità. Però le cose che riteniamo in questo mondo ferme e stabili saranno distrutte in pezzi e non saranno più concrete di un miraggio nel deserto. Cfr. 78:20.

[7] I retti saranno nella benedizione molto al di là dei loro meriti. I loro peccati e i loro difetti saranno perdonati dalla grazia di Dio, che li salverà dalle punizioni in cui sarebbero dovuti incorrere a causa della loro fragilità umana.

[8] La benedizione dei retti è descritta sotto tre aspetti: 1- La loro benedizione individuale espressa nei versetti 17-20, 2- La loro benedizione sociale espressa nei versetti 21-24, 3- La loro soddisfazione nella dissipazione delle passate tenebre e la loro comprensione piena della bontà di Dio, secondo quanto scritto nei versetti 25-28.

[9] La soddisfazione è espressa con tre immagini: 1- Il mangiare e il bere, 2-I troni della dignità, 3-La gioia della compagnia individuale.

[10] Cfr. 44:54 dove è pienamente spiegato il significato di *Hūr*.

[11] In arabo *Dhurrīyat*: letteralmente progenie, famiglia e discendenza che si applica a tutti coloro che sono vicini e cari indipendentemente dalla presenza o meno di un legame di parentela. Questo versetto si applica specialmente al Profeta (pbsl) e alla sua *Ummah* (comunità).

24-Li serviranno giovani belli come perle[12].

25-Si andranno incontro, interpellandosi a vicenda.

26-Diranno: "Quando eravamo presso le nostre famiglie, vivevamo solitamente nel timore.

27-Dio però è stato buono con noi e ci ha salvato dalla punizione del vento infuocato[13].

28-In verità, Lo abbiamo invocato. In verità, Egli è il Beneficente, il Misericordioso".

29-Proclama quindi le lodi del tuo Signore, perché per la Sua grazia non sei un volgare indovino e nemmeno un posseduto.

30-Dicono: "È solo un poeta. Aspettiamo che con il tempo lo colga qualche calamità[14]".

31-Di' loro: "Attendete che anche io attenderò[15] con voi".

32-Forse i loro ragionamenti li inducono ad affermarlo, oppure sono persone che hanno passato ogni limite?

33-Dicono: "Ha inventato lui stesso il messaggio". Sono persone prive di fede.

34-Che producano una recitazione simile a questa, se solo affermano il vero!

35-Sono stati forse creati dal nulla[16] o sono stati loro i creatori?

36-Oppure hanno creato i cieli e la terra? No, costoro non hanno una fede ferma.

37-Oppure posseggono i tesori del tuo Signore? Oppure possono esercitare un controllo su di essi?

---

[12] In arabo *Maknūn*, ossia "tenuto vicino", "protetto", "nascosto".

[13] Il vento simboleggia la fretta, l'arroganza ed il fuoco, come quello di cui sono composti i *Jinn*. Cfr. 15:27 dove invece si afferma che il destino dell'uomo è quello di raggiungere la calma, la pace e la sicurezza.

[14] Per i vari significati di *Raib* cfr. 14:9.

[15] Cfr. 9:52. Se i malvagi attendono che qualche disgrazia o calamità accada a coloro che predicano la verità, il suo predicatore con molta più giustizia attenderà la decisione della questione tra lui ed i suoi persecutori.

[16] I commentatori suggeriscono tre possibili significati alternativi per questo versetto a seconda del significato che attribuiamo alla preposizione araba *min*: 1- *Min* intesa come "da". Costoro sono forse stati creati dal nulla? Sono forse venuti all'esistenza da se stessi? È stato solo un caso che siano venuti all'essere? 2-*Min* inteso come "con". Come uomini siete stati forse creati con nulla? Non sono stati forse creati in modo meraviglioso, che implica l'opera di un saggio creatore? Non dovrebbero forse allora cercare la Sua volontà? 3- *Min* inteso come "per". Sono forse stati creati per nulla, senza uno scopo? Se sono stati creati per uno scopo, non dovrebbero forse cercare di imparare a quale fine sono stati creati comprendendo la rivelazione di Dio?

38-Posseggono forse una scala[17] con la quale salire fino al cielo per ascoltarne i segreti? Lascia dunque che coloro che lo ascoltano producano una prova manifesta.

39-Oppure Egli ha solo figlie[18] e voi avete figli?

40-Oppure, chiedi una ricompensa[19] così che saranno oberati da molti debiti?

41-Oppure, posseggono nelle loro mani l'invisibile e lo possono scrivere?

42-Oppure intendono mettere a punto un piano contro di te[20]? Coloro che non ubbidiscono a Dio sono coinvolti in una cospirazione!

43-Hanno forse un dio altro da Dio? Che Egli sia esaltato nella Sua gloria! Dio è superiore a tutto ciò che Gli associano.

44-Se vedessero un pezzo di cielo[21] che cade sopra di loro, direbbero: "Nuvole che si sono riunite".

45-Così lasciali soli fino a quando non incontreranno il loro giorno, quando saranno colti dal terrore[22].

46-Quel giorno i complotti non saranno loro di beneficio e non riceveranno alcun aiuto.

47-Per coloro che compiono il male, oltre questa, c'è anche un'altra punizione. Però molti di loro non lo comprendono.

---

[17] Cfr. 6:35 dove è presente un riferimento alla credenza pagana secondo la quale attraverso una scala materiale l'uomo potrebbe salire al cielo ed imparare i suoi segreti!

[18] Cfr. 16:57-59. Gli arabi pagani ritenevano che gli angeli fossero le figlie di Dio.

[19] Il Profeta (pbsl) non ha domandato alcuna ricompensa per aver predicato il messaggio di Dio e aver diretto gli uomini sulla retta via.

[20] Gli uomini superficiali che complottano contro Dio sono loro stessi le vittime dei piani insidiosi del male.

[21] Cfr. 26:187 dove Shu'ayb, profeta di Dio, viene sfidato dai suoi Compagni del Legno a fare cadere su di loro un pezzo di cielo per provare la veridicità del suo messaggio. Tale sfida, in termini differenti, è stata lanciata a tutti i profeti. Si tratta però di una semplice sfida priva di significato. Se un pezzo di cielo fosse veramente caduto su di loro, avrebbero detto che erano solo cumuli di nuvole. Costoro non desideravano credere. Ci sono infatti molti segni e prove evidenti del progetto di Dio nella creazione e nel cuore stesso dell'uomo, davanti ai quali però molti uomini mostrano indifferenza.

[22] Ossia il Giorno del Giudizio. Cfr. 39:68.

48-Ora, attendi con pazienza il comando del tuo Signore perché in verità tu sei sotto i Nostri occhi[23]. Celebra le lodi del tuo Signore mentre rimani in piedi[24]

49-e per parte della notte[25]. LodaLo anche quando tramontano[26] le stelle.

---

[23] Il profeta deve impegnarsi al meglio per proclamare il messaggio di Dio, anche se non può tenere sotto controllo il risultato della sua missione. Deve attendere con pazienza nella piena consapevolezza di non essere stato dimenticato da Dio, ma di essere costantemente sotto i Suoi occhi, ossia sotto la Sua cura e protezione. Egli deve anche glorificare il nome di Dio, in quanto è colui che porta lo stendardo della verità che proviene da Lui.

[24] Il termine *Taqūmu* indica il destarsi dal sonno. Io ho preferito tradurre il termine secondo l'uso in cui compare in altre parti del Corano. In 26:218 abbiamo *Hīna Taqūmu* che significa stare ritti in preghiera. Nel 57:25 abbiamo *Li-yaqūm an-nāsu bil-qisti* che indica gli uomini che stanno retti nella giustizia, ossia coloro che conducono tutte le loro opere secondo giustizia. In 78: 38 viene usato *Yaqūmu* per indicare gli angeli che stanno ritti in ranghi.

[25] Ritengo che non si riferisca a nessuna preghiera canonica, ma solo alla bontà insita nell'atto di trascorrere parte della notte ritti in preghiera. Cfr. 73:6 dove l'alba costruisce un miracolo ricorrente della natura. Cfr. 17:78-79.

[26] In arabo *'Idbār al-Nujūm*, ossia il ritirarsi delle stelle, nella gloriosa ora dell'alba. In 113:1 il credente cerca protezione presso Dio, chiamato Signore dell'Alba.

LIII

La sura An-Najm

(La stella)

Rivelata alla Mecca, (tranne il versetto 32)

Nel nome di Dio, il Clemente, il Misericordioso

1-Per la stella[1] quando tramonta,
2-il vostro Compagno[2] non si è smarrito, non ha perduto il retto cammino,
3-né parla seguendo il suo desiderio.
4-Questa è un'ispirazione che gli è stata inviata dall'alto;
5-che gli è stata inviata da un eccelso[3] nel potere,
6-dotato di saggezza. Gli è apparso,
7-mentre si trovava sulla parte più alta dell'orizzonte,
8-poi si è avvicinato fino a quando non si è trovato

---

[1] Il termine *Najm* è interpretato in modi diversi. Molti commentatori ritengono che significhi una stella intesa in senso generale o il gruppo di sette stelle conosciuto con il nome di Pleiadi nella costellazione del Toro, in cui il sole entra ogni anno intorno al 21 Aprile. Nel mezzo di aprile, o un poco più tardi, il bellissimo gruppo tramonta subito dopo il sole, dopo aver asceso gradualmente il cielo durante i mesi invernali. Nel tardo maggio o un pochino più tardi sorge proprio prima del sole. Dal punto di vista occidentale può essere considerata una costellazione primaverile. Nel territorio arabo, famoso per le sue notti stellate, le Pleiadi sono oggetto di grande interesse intorno al quale nacquero molte leggende. Quando un gruppo così glorioso s'inchina all'orizzonte e sommerge la sua luce in quella più grande creata da Dio, diventa un simbolo di umiltà nella bellezza e nel potere davanti all'Altissimo, la cui rivelazione dischiude i picchi di bellezza, potere e saggezza. Il termine arabo *Hawa* nel testo più significare sia tramontare che sorgere. Qualsiasi significato scegliamo però non fa alcuna differenza per l'interpretazione simbolica.

[2] Si riferisce al Profeta Muhammad (pbsl) che era vissuto tra i Quraysh tutta la sua vita. Egli si è difeso contro tre tipologie di accuse che i miscredenti gli hanno mosso contro: 1-Che si era perduto o per mancanza di intelligenza o per disattenzione, 2- Che era stato tratto in inganno da spiriti maligni, 3-Che parlava per una sorta di capriccio, impulso o per imporre la propria personalità.

[3] Secondo la maggioranza dei commentatori il riferimento è diretto all'arcangelo Gabriele. Cfr. 81:20.

9-alla distanza di circa due tiri[4] d'arco o meno.

10-Così Dio [attraverso quell'angelo] ha inviato[5] l'ispirazione al Suo servo, rivelando ciò che ha voluto rivelare.

11-Il cuore [e la mente del Profeta] non hanno mentito[6] su ciò che vide.

12-Vorrete forse discutere con lui su quello che vide?

13-Poi lo vide ad una seconda discesa[7],

14-vicino all'albero di Loto[8], oltre il quale nessuno mai procede.

15-Vicino vi è il giardino del rifugio[9].

16-Quando il loto era coperto [nel mistero inspiegabile],

17-la vista non distolse né passò oltre il suo limite,

18-perché Egli vide, in verità, il più grande tra i segni del suo Signore!

19-Avete considerato[10] Lāt and Uzzā,

20- e la terza, Manāt?

21-Per voi i maschi e per Lui le femmine?

22-Questa sarebbe certamente una divisione ingiusta!

23-Questi non sono altro che nomi che avete inventato, voi e i vostri padri, per cui Dio non ha fatto scendere alcuna autorità. Costoro non seguono altro che congetture e ciò che le loro anime desiderano, anche se era giunta precedentemente presso di loro la guida dal loro Signore!

24-L'uomo avrà forse tutto quello che desidera[11],

---

[4] Si intende una distanza abbastanza visibile.

[5] Gabriele è solo un messaggero che reca il Messaggio di Dio al Profeta (pbsl).

[6] Il cuore in arabo indica la facoltà dell'intelligenza e quella del sentimento. L'impressione comunicata era pura verità. In essa non vi era alcuna illusione.

[7] La prima occasione in cui Gabriele apparve in forma visibile fu alla Montagna della Luce, quando portò la prima rivelazione al Profeta (pbsl). La seconda occasione è avvenuta durante la *Mi'rāj*. Queste sono state le uniche due occasioni in cui Gabriele è apparso in forma visibile.

[8] Cfr. 34:16. Il loto è simbolo delle benedizioni celesti. Cfr. 56:28.

[9] *Jannāt al-Mā'wa* che si trova vicino all'albero di Loto e, secondo l'opinione di alcuni commentatori, è chiamato in questo modo in quanto le anime dei credenti vi troveranno la loro dimora.

[10] I tre idoli principali degli arabi pagani erano le dee Lāt, Uzzā, e Manāt. Sulla loro forma sono state avanzate opinioni differenti: Lāt era raffigurata in forma umana, Uzzā aveva la sua origine in un albero sacro e Manāt era rappresentata come una pietra bianca.

[11] I desideri impuri dei cuori degli uomini spesso conducono alla distruzione perché sono dettati dal male. La fonte della vera guida e della luce è Dio, proprio come Egli è il fine a cui tutte le persone e le cose ritornano.

25-quando questa vita e quella che verrà appartengono solo a Dio?

26-Quanti sono gli angeli nel cielo[12]! Eppure la loro intercessione non avrà valore se Dio non l'avrà permessa per chi desidera e per chi è accettabile[13].

27-Coloro che non credono nell'Altra vita, chiamano gli angeli con nomi da donna[14],

28-ma non ne hanno alcuna conoscenza. Non seguono altro che congetture[15] che non hanno alcun valore di fronte alla verità.

29-Quindi evita coloro che si allontanano dal messaggio e non desiderano altro che la vita di questo mondo.

30-Fin qui arriva la loro conoscenza[16]. In verità, il vostro Signore è ben consapevole di chi si allontana dal Suo cammino e chi invece riceve la guida.

31-Sì, a Dio appartiene tutto ciò che si trova nei cieli e sulla terra. Egli ripaga coloro che compiono il male secondo le loro opere. Egli ripaga coloro che compiono il bene con quanto è meglio.

32-In verità, Dio ampiamente perdona coloro che evitano i peccati maggiori e le azioni vergognose, ma commettono solo delle mancanze minori. Egli ben vi conosce quando vi ha fatto uscire dalla terra e quando eravate nel seno di vostra madre. Quindi non cercate di attestare le vostre virtù. Egli conosce bene chi si guarda dal male.

33-Hai visto colui che si volta[17],

---

[12] Cfr. 2:34. Gli arabi pagani ritenevano che gli angeli potessero agire come intermediari ed intercessori presso Dio. La rivelazione coranica comunque condanna del tutto questa concezione.

[13] Cfr. 20:109 e 21:28, dove si afferma che nessuno può intercedere eccetto che con il permesso di Dio. Cfr. 20:109, dove si afferma che il permesso verrà dato solo a colui che è accettato da Dio.

[14] Cfr. 53:21. Gli arabi pagani non avevano una fede ferma nell'Altra vita. Le preghiere per l'intercessione rivolte agli angeli e alle divinità minori riguardavano questioni prevalentemente terrene.

[15] Cfr. 53:23.

[16] Ci si riferisce alla conoscenza di coloro che si basano esclusivamente su di una prospettiva di tipo materialista.

[17] Secondo Baidhāwī questo passaggio si riferisce ad Al Walīd ibn al Mughīra, che aveva contrattato con un pagano Quraysh una certa somma di denaro se avesse preso su di sé i peccati dell'altro. Costui saldò parte della somma, ma poi si rifiutò di pagare il resto. Il significato generale del versetto è comunque il seguente: 1- Se accettiamo l'Islam, dobbiamo farlo completamente senza voltarci indietro verso delle superstizioni pagane, 2-Nessun uomo può mercanteggiare in questioni spirituali perché non può

34-che poco dona e poi indurisce il proprio cuore?

35-Possiede forse la conoscenza dell'invisibile per poter vedere[18] il futuro?

36-Non è forse informato di quanto è scritto nella rivelazione data a Mosè[19],

37-e di Abramo[20] che è stato fedele al suo patto[21]?

38-Nessuno può portare[22] in verità il peso di un altro.

39-L'uomo non avrà nulla tranne ciò per cui ha lottato

40-ed i frutti del suo impegno presto diventeranno visibili.

41-Sarà degno di una ricompensa completa.

42-La meta finale è presso il Signore[23],

43-Egli è Colui che concede il riso e le lacrime.

44-Egli è Colui che dispensa la vita e la morte.

45-Egli è Colui che vi ha creato in coppie: maschio e femmina[24],

46-da un ovulo fecondato in seguito ad una eiaculazione.

47-Egli è Colui che ha promesso una seconda creazione.

48-Egli è Colui che concede ricchezza ed impoverisce.

49-Egli è il Signore di Sirio[25],

---

sapere quale sarà la sua fine, a meno che egli non segua la legge di Dio che è la legge di rettitudine.

[18] Così egli potrà vedere che cosa accadrà nell'Altra vita.

[19] Sembra che il riferimento non sia diretto alla *Torah* ma a qualche altro libro adesso scomparso. Ad esempio, nell'Antico Testamento si fa riferimento al Libro delle Guerre di Jehovah, che però è andato perduto. Cfr. Num. 21:14. Il Pentateuco ora in nostro possesso non ha un messaggio chiaro relativamente alla vita dopo la morte.

[20] Possediamo solo un libro intitolato *Il testamento di Abramo*, che sembra una traduzione greca dell'originale ebraico. Cfr. 87:19 dove i Libri di Mosè e di Abramo sono menzionati insieme.

[21] Uno dei titoli di Abramo è *Hanīf*, ossia il vero e sincero nella fede. Cfr. 16:120, 123.

[22] Il peso spirituale di una persona, ossia la responsabilità dei suoi peccati, gli appartiene in maniera esclusiva e non può condividerlo con nessun altro. Cfr. 6:164.

[23] Tutto ritornerà a Dio. Tutte le nostre speranze debbono essere riposte in Lui e non dobbiamo temere nessuno oltre Lui. Egli solo può dare la vita e la morte.

[24] Tutte le cose sono state create in coppia. Ogni sesso compie le funzioni che gli sono proprie e che costituiscono parte del processo creativo di Dio.

[25] Ci si riferisce ad un meraviglioso spettacolo della natura, ossia la magnificente stella Sirio, che è estremamente visibile nel cielo nella prima parte dell'anno solare, da gennaio ad aprile. Si tratta della stella più brillante del firmamento e la sua luce provocava terrore e meraviglia nella mente dei pagani. I pagani arabi la adoravano come una divinità. Dio però è il Signore, Creatore e Guardiano, della più magnificente parte della creazione e l'adorazione è dovuta a Lui solo.

50-Egli è Colui che ha distrutto il potente popolo degli Ad[26],

51-dei Thamud, e non risparmiò nessuno,

52-e prima di loro, il popolo di Noè, perché erano ingiusti e insolenti trasgressori.

53-Egli distrusse le città di Sodoma e Gomorra,

54-coprendole di rovine.

55-O uomo, di quale grazia del tuo Signore vorresti discutere?

56-Costui è un ammonitore, come quelli che sono giunti in passato.

57-Il Giudizio si avvicina.

58-Nessuno, oltre Dio, può svelarne l'Ora.

59-Si meravigliano forse di questa recitazione?

60-Riderete e non piangerete,

61-perdendo il vostro tempo in vanità?

62-Prosternatevi dunque davanti a Dio ed adorateLo.

---

[26] Ci si riferisce alle punizioni dei popoli antichi per i loro peccati. Il riferimento è diretto agli Ad, 7:65, ed ai Thamud, 7:73. Costoro erano forti e possedevano del talento, ma la loro forza e i loro talenti non li hanno salvati dall'essere distrutti per i loro peccati. Lo stesso può essere detto riguardo al popolo di Noè, che fu distrutto nel diluvio. Cfr. 7:64, 7:59 e 11:25-49.

LIV

Sura Al-Qamar

(La luna)

Rivelata alla Mecca, (tranne i versetti 44-46)

Nel nome di Dio, il Clemente, il Misericordioso

1-L'Ultima Ora[1] si avvicina e la luna si fende[2].

2-Però, se vedono un segno, si volgono indietro e dicono: "Questa è solo una magia"[3].

3-Costoro respingono il monito e seguono i loro desideri, ma ogni cosa alla fine rivela la propria verità.

4-Sono giunti presso di loro dei moniti che avrebbero dovuto limitarne l'arroganza. Sono stati raggiunti

5-da una saggezza matura, ma gli ammonimenti non hanno avuto alcun effetto su di loro.

6-Quindi, o Profeta, allontanati da loro. Il giorno in cui saranno chiamati[4] ad una terribile punizione,

7-avanzeranno con gli occhi bassi dai loro sepolcri, lenti come locuste disperse dal vento,

8-affrettandosi, con gli occhi fissi, verso Colui che li chiama. I miscredenti diranno: "Questo è un giorno disastroso!"

---

[1] L'idea del giudizio all'inizio di questa sura ci connette con la medesima idea alla fine di quella precedente, sebbene le parole utilizzate nei due casi siano differenti.

[2] Nel *Mufradāt* sono date le tre seguenti spiegazioni relativamente a quest'espressione: 1-Una volta nella valle della Mecca è apparsa la luna divisa in due ed è stata vista dal Profeta (pbsl), dai Compagni e da alcuni dei pagani, 2- L'utilizzo del passato remoto indica il futuro e questo non è altro che uno dei segni dell'avvicinarsi del giudizio, 3-La frase può avere un significato metaforico ed indica che la questione è diventata chiara come la luna. Il primo riferimento è stato notato dai contemporanei, inclusi i miscredenti, così come appare chiaro nel versetto 2. Il secondo è riferito invece alla distruzione del sistema solare al tempo della nuova creazione. Cfr. 75:8-9.

[3] In arabo *Mustamirr*, traducibile come transeunte o potente. Entrambi i significati possono essere applicati a questo contesto. I miscredenti riconoscono l'inusuale apparizione, ma la definiscono magia e non ne traggono alcun giovamento spirituale.

[4] L'angelo la cui voce darà inizio alla Resurrezione e dirigerà tutte le anime. Cfr. 20:108-111.

9-Prima di loro il popolo di Noè ha respinto la verità. Costoro respinsero il Nostro servo[5] dicendo: "Costui è posseduto!", scacciandolo.

10-Allora invocò il suo Signore: "Sono sopraffatto. Aiutatami!"[6]

11-Così abbiamo aperto le cataratte dei cieli e ne è scesa la pioggia.

12-Abbiamo fatto sì che la terra non riuscisse a contenere gli argini dei corsi d'acqua. Così le acque[7] s' incontrarono [e si alzarono] fino al termine stabilito.

13-Noi lo abbiamo posto in un'Arca fatta di larghe tavole e fibre di palma[8],

14-che navigava sotto i Nostri occhi, ricompensa per coloro che erano stati respinti con derisione.

15-E l'abbiamo lasciata come un segno per tutti i tempi[9]. C'è chi riceverà il monito?

16-Quanto terribile è stata la Mia punizione e il Mio monito!

17-Abbiamo reso il Corano semplice da comprendere e da ricordare. Chi allora riceverà il monito?

18-Anche gli Ad rifiutarono la verità. Quanto terribile è stata la Mia punizione e il Mio monito!

19-Abbiamo inviato contro di loro un vento furioso nel giorno di un violento disastro[10],

20-che ha spazzato via gli uomini come se fossero stati tronchi di palme estirpate dalla terra.

21-Quanto terribile è stata la Mia punizione e il Mio monito!

---

[5] In una fase dell'invasione degli sciami di locuste, questi insetti appaiono intorpiditi e sparsi da ogni parte. Questa immagine si addice agli esseri stupefatti che si risveglieranno dalle loro tombe in sciami e diranno: "Chi ci ha risvegliati?" Cfr. 36:52.

[6] Noè non ha invocato la punizione divina, ma solamente di essere aiutato nella sua missione in quanto si sentiva sopraffatto dalla forza bruta. Le persone però erano ben lontane dal pentimento e furono tutte spazzate via.

[7] I torrenti di pioggia unitesi alle fonti che si sprigionarono dal sottosuolo provocarono una grande inondazione che sommerse il paese. Cfr. 11:40 e 23:27.

[8] In arabo *Dusur*, plurale di *Disār*, termine che indica la fibra di palma con cui le navi sono calafatate, dal verbo *Dasara* che significa congiungere, legare insieme.

[9] Cfr. 29:15 dove l'arca è menzionata come un segno per tutte le genti. Nei versetti 25:37 e 26:121 viene indicata come un segno per gli uomini. Allo stesso modo la salvezza di Lot, insieme alla distruzione di Sodoma e Gomorra, è menzionata come un segno lasciato per coloro che desiderano comprendere. Cfr. 29:35 e 51:37.

[10] Cfr. 41:16. Qui per giorno s' intende un periodo di tempo indefinito. Il vento che ha distrutto il popolo degli Ad è durato infatti sette giorni e sette notti. Cfr. 69:7.

22-Abbiamo invero reso facile il Corano da comprendere e da ricordare. Chi riceverà il monito?

23-Anche i Thamud hanno respinto i loro messaggeri

24-perché dissero: "Che cosa![11] Un uomo! Un uomo solo del nostro stesso popolo! Dovremmo forse seguirlo? Dovremo avere la mente allucinata ed essere divenuti pazzi!

25- Forse il messaggio è stato inviato proprio a lui, tra tutte le persone intorno a noi? No, egli è un bugiardo ed un insolente!"

26-Ah! Sapranno chi è il bugiardo, chi è l'insolente!

27-Invieremo una femmina di cammello come prova. Così osservali, o Salih, e mantieniti paziente.

28-Di' loro che l'acqua deve essere divisa equamente. Ognuno avrà diritto ad una porzione.

29-Costoro però chiamarono il loro compagni. Sfoderarono la spada ed uccisero l'animale.

30-Quanto terribile è stata la Mia punizione e il Mio monito!

31-Abbiamo inviato contro di loro un solo grande cataclisma e sono divenuti come dei ramoscelli secchi[12].

32-Abbiamo reso il Corano facile da comprendere e da ricordare. Chi riceverà il monito?[13]

33-Il popolo di Lot[14] respinse i messaggeri.

34-Abbiamo inviato contro di loro un violento tornado con una pioggia di pietre[15] che li distrussero, tranne la famiglia di Lot che fu salvata all'alba.

35-Questa è stata una grazia da parte Nostra. Così Noi ricompensiamo coloro che si mostrano riconoscenti[16].

---

[11] La psicologia di Thamud è analizzata con maggiore precisione qui rispetto a 41:17 per indicare il contrasto tra le idee instabili degli uomini relativamente alla rivelazione e la vera sanità mentale, il valore sociale e la verità della rivelazione. La rivelazione venne portata loro da Salih.

[12] Divennero come ramoscelli secchi usati dai mandriani per costruire recinti per il bestiame.

[13] Questa frase compare sei volte in questa sura.

[14] La storia di Lot e la città della pianura a cui ci si è spesso riferiti. Cfr. 11:74-83.

[15] In arabo *Hāsib*, ossia un violento tornado accompagnato da una pioggia di pietre. La parola compare qui in 17:68, senza riferimento ad un luogo particolare, in 29:40 (dove si riferisce alle città di Lot), e nel 67:17, dove non c'è riferimento ad un luogo particolare. Cfr. 11:82.

[16] Rendere grazie significa ubbidire alla legge di Dio, compiere il Suo dovere, vivere secondo rettitudine e utilizzare tutti i doni al Suo servizio.

36-Lot li avvertì della Nostra punizione, ma disputarono sul monito.

37-Nutrirono un desiderio verso i suoi ospiti[17], ma Noi abbiamo reso ciechi i loro occhi. "Ora assaporate la Mia ira ed il Mio monito."

38-Il giorno dopo li colse una terribile punizione.

39-"Ora assaporate la Mia ira e il Mio monito".

40-Abbiamo reso il Corano semplice da comprendere e da ricordare. C'è chi riceverà il monito?

41-Sono giunti ammonitori anche al Popolo del Faraone.

42-Il popolo respinse tutti i Nostri segni, ma li abbiamo colti con una punizione che viene dall'Onnipotente, capace di mettere in atto il Suo volere.

43-Siete forse voi miscredenti migliori di loro? O avete ricevuto un'immunità nei libri sacri?

44-O dicono: "Siamo una moltitudine capace di vincere".

45-Presto saranno messi in fuga e mostreranno le schiene.

46-L'Ora del Giudizio è il tempo che è stato loro promesso e quell'ora sarà la più dolorosa e la più amara.

47-In verità, coloro che si trovano nel peccato hanno la mente annebbiata. Hanno perduto la ragione.

48-Il Giorno in cui supini e con i volti[18] a terra saranno trascinati verso il Fuoco: "Assaggiate il tocco del Saqār!"

49-In verità, abbiamo creato ogni cosa nella giusta misura e proporzione.

50-Il Nostro comando è un atto unico[19], come un battito di ciglia.

51-Spesso in passato abbiamo distrutto persone come voi[20]. C'è chi riceverà il monito?[21]

---

[17] Lot aveva predicato contro le loro iniquità.

[18] Il volto è il simbolo della personalità. La loro intera personalità sarà sovvertita e degradata nel mezzo del fuoco della sofferenza.

[19] Mentre nella vita delle cose create c'è misura e proporzione e un lasso di tempo o distanza o circostanza, nel comando di Dio, il piano, la parola, l'esecuzione e le conseguenze sono tutte contenute in un singolo atto. Nel comando di Dio la parola "Sia" (*Kun*) include ogni cosa, senza l'intervento o la dipendenza da qualche altra.

[20] In arabo *Ashyā'akum*: in riferimento agli uomini malvagi che arrogantemente si basano sulla loro forza o influenza, nessuna delle quali può resistere un momento contro la volontà di Dio.

[21] I casi degli uomini del Faraone e dei pagani Quraysh sono considerati in parallelo e viene fatto un appello ai secondi attraverso l'esperienza dei primi: non imparerete forse e vi pentirete?

52-Ogni cosa che compiono sarà annotata nel registro delle loro azioni[22].
53-Di ogni cosa, piccola e grande, sarà preso nota.
54-Per quanto riguarda i giusti, si troveranno nel mezzo di Giardini e di fiumi[23],
55-in un luogo di verità alla presenza[24] di un Sovrano Onnipotente[25].

---

[22] Nulla di ciò che l'uomo compie andrà perduto, bene o male. Ogni azione genera una catena di conseguenze, la cui interruzione è possibile solo attraverso l'intervento della grazia di Dio, successivo allo sforzo compiuto dall'uomo di pentirsi e volgersi verso di Lui.

[23] Nel caso di coloro che hanno onorato la verità e l'hanno adottata nelle loro vite oneste, il risultato è espresso con quattro metafore: 1-Saranno collocati nel mezzo di Giardini dove scorrono i fiumi, 2-Saranno nella assemblea della verità, 3-Si troveranno alla presenza di Dio, 4-Si troveranno davanti ad una sovranità onnipotente. Il giardino simboleggia tutta la benedizione che possiamo immaginare attraverso gli organi di senso.

[24] C'è una concezione ancora superiore, qualcosa di così intensamente spirituale che può essere espressa in riferimento alla presenza di Dio.

[25] *Muqtadir*, che viene tradotto con "Onnipotente", ma implica un concetto più ampio, ossia il potere che scaturisce dalla natura divina ed è del tutto indipendente.

LV

Sura Ar-Rahmān

(Il Compassionevole)

Rivelata a Medina

Nel nome di Dio, il Clemente, il Misericordioso

1-Il Misericordioso!
2-È Lui che ha[1] insegnato il Corano.
3-Egli ha creato l'uomo
4-e gli ha insegnato la parola[2].
5-Il sole e la luna seguono un percorso esattamente calcolato.
6-Sia le erbe[3] che gli alberi si sottomettono a Lui[4].
7-Egli ha innalzato il firmamento e ha posto la Bilancia [della Giustizia][5],
8-al fine che non trasgrediate l'equilibrio.
9-Stabilite il peso con giustizia e non falsate la bilancia.
10-Lui ha steso la terra per le Sue creature,
11-dove ci sono frutti e palme di dattero cariche di spate,
12-grano che cresce alto sugli steli ed erbe aromatiche.

---

[1] La rivelazione proviene da Dio il Misericordioso ed è uno dei più grandi segni della Sua grazia e del Suo favore. Egli è la fonte di tutta la luce e la Sua luce si è diffusa per tutto l'universo.

[2] In arabo *Bayān*, termine che esprime la capacità di parlare in modo comprensibile, il potere di espressione e la capacità di comprendere chiaramente la relazione tra le cose e spiegarle. Dio ha dato all'uomo questa capacità e lo ha aiutato con i segni presenti nella natura ed il messaggio recato dai profeti e dai messaggeri.

[3] In arabo *Najm*: interpretato sia come l'insieme dei corpi celesti sia come l'insieme della vegetazione terrestre.

[4] Tutta la natura adora Dio. Cfr. 22:18, 13:15 e 16:48-49.

[5] La bilancia della giustizia in questo versetto è connessa con la bilancia di cui si parla nei due versetti successivi secondo cui gli uomini sono chiamati ad agire con giustizia gli uni verso gli altri e ad osservare il dovuto equilibrio nelle loro azioni, seguendo il giusto mezzo e non oltrepassando i limiti. La bilancia è anche connessa con i cieli secondo tre simboli: 1-La giustizia è una virtù celeste, 2- I cieli stessi sono sostenuti da una giustizia matematica, 3-La costellazione della bilancia entra nel sole nel mezzo dell'anno zodiacale.

13-Allora quale favore[6] del vostro Signore negherete?
14-Egli ha creato l'uomo dall'argilla solida[7], come un vasaio,
15- e ha creato i *Jinn*[8] da una fusione di fuoco.
16-Allora quale favore del vostro Signore negherete?
17-Egli è il Signore dei due Orienti[9] e dei due Occidenti.
18-Allora quale favore del vostro Signore negherete?
19-Egli ha lasciato libere[10] le due masse di acqua corrente, che non si incontrano:
20-tra di loro vi è una barriera che non possono attraversare.
21-Allora quale favore del vostro Signore negherete?
22-Al di fuori delle quali emergono perle e coralli.
23-Allora quale favore del vostro Signore negherete?
24-Sue sono le navi[11] che solcano leggere attraverso i mari, alte come montagne.
25-Allora quale favore del vostro Signore negherete?
26-Tutto ciò che si trova sulla terra perirà,

---

[6] In questo versetto sia il verbo che il pronome sono espressi nella forma duale e l'intera sura può essere definita una sinfonia della dualità. Tutta la creazione è costituita da coppie. Cfr. 51:49, 36:36. La giustizia consiste nella conciliazione di due opposti in un'unità.

[7] Cfr. 15:26. L'uomo è stato creato di argilla solida e secca, mentre i *Jinn* da una fiamma di fuoco. Agli uomini e ai *Jinn* Dio ha concesso capacità e abilità differenti.

[8] Cfr. 6:100 per il significato di *Jinn*. Costoro, essendo spiriti, sono sottili come una fiamma di fuoco.

[9] Sono i due punti estremi dove il sole sorge durante l'anno e includono tutti quelli intermedi. Allo stesso modo i due occidenti indicano i due punti estremi dove il sole tramonta, così come tutti quelli intermedi. Anche in questo versetto viene adoperato il duale. Dio è il Signore di ogni regione della terra e del cielo ed Egli sparge ogni dove le sue ricchezze. Cfr. 43:38, 37:5.

[10] Cfr. 25:53 dove viene spiegato come le due masse di acqua, la salata e la dolce, si mescolano rimanendo tuttavia separate, come se ci fosse tra di loro una barriera.

[11] Le navi sono costruite dagli uomini, ma l'intelligenza e la scienza che ha reso possibile la loro costruzione è data dal creatore dell'uomo e per questo motivo possono essere considerati dei doni di Dio.

27-rimarrà per sempre solo il volto del tuo Signore[12] pieno di maestà, ricchezza ed onore[13].

28-Allora quale favore del vostro Signore negherete?

29-Da Lui dipendono[14] tutte le creature che si trovano in cielo e sulla terra. Ogni giorno Lui si manifesta[15] in modo differente.

30-Allora quale favore del vostro Signore negherete?

31-Presto disporremo dei vostri affari[16], o voi che siete carichi di peccati.

32-Allora quale favore del vostro Signore negherete?

33-O assemblea dei *Jinn*[17] e degli uomini! Se pensate di potere superare le regioni dei cieli e della terra, fatelo! Non lo farete, tranne che con il permesso del Signore.

34-Allora quale favore[18] del vostro Signore negherete?

35-Un lampo di fuoco e di fumo[19] sarà scagliato contro di voi lasciandovi soli e privi di qualsiasi soccorso!

36-Allora quale favore del vostro Signore negherete?

37-Quando il cielo sarà diviso e diventerà rosso come pomata[20]!

---

[12] Le più magnificenti opere dell'uomo sono solo transeunti. Navi, imperi e meraviglie della scienza e dell'arte, lo splendore dell'intelligenza e della capacità tecnica dell'uomo sono destinate a passare. Gli enti più magnificenti della natura: le montagne, le valli, il sole e la luna, le costellazioni ed i pianeti passeranno quando verrà il tempo. Ciò che invece durerà per sempre è il Volto di Dio. Il termine "Volto" indica la personalità, la gloria, la maestà, l'essenza e il sé, tutte nobili qualità che vengono associate ai bellissimi nomi di Dio. Cfr. 2:112, 7:180 e 17:110.

[13] In arabo *Ikrām*. Questo termine arabo esprime due idee principali: 1- L'idea di generosità che procede dalla persona che possiede questo attributo, 2- L'idea di onore, data da altri ad una persona che ne possiede l'attributo. Entrambe queste idee sono riassunte nel termine "nobiltà". Per rendere chiaro il significato ho utilizzato due termini che traducono la parola *Ikrām*. Gli stessi attributi ricorrono negli ultimi versetti di questa sura.

[14] Ogni singola creatura dipende da Dio per i suoi bisogni.

[15] In arabo *Shān* traducibile come splendore, opera, fine.

[16] In arabo *Thaqal* ossia peso, qualcosa che ha un peso. I due *Thaqals* sono gli uomini e i *Jinn* che sono carichi di responsabilità o, secondo la resa di alcuni commentatori, sono carichi di peccati.

[17] Cfr. 6:35 dove ci si riferisce contemporaneamente sia ai *Jinn* che agli uomini.

[18] I segni di Dio si trovano in noi stessi, nella rivelazione, nella nostra intelligenza e nella natura che ci circonda. Tutti questi segni debbono insegnarci la verità ed ammonirci per il futuro, così come accade nell'ultima parte di questa sura.

[19] Anche in questo versetto viene utilizzato il duale.

[20] Il colore rosso sarà provocato dalle fiamme e dal calore. L'intero mondo, così come lo conosciamo, si dissolverà.

38-Allora quale favore del vostro Signore negherete?

39-Quel giorno non sarà domandato[21] dei loro peccati né agli uomini né ai *Jinn*.

40-Allora quale favore del vostro Signore negherete?

41-Quelli che hanno costretto gli altri a respingere il Nostro messaggio saranno riconosciuti dai loro segni e saranno bloccati alle caviglie e ai piedi.

42-Allora quale favore del vostro Signore negherete?

43-Questo è l'Inferno che i peccatori negano.

44-Nel mezzo dell'acqua bollente vagheranno.

45-Allora quale favore del vostro Signore negherete?

46-Per quanti temono il tempo in cui staranno ritti davanti al Trono del Giudizio del loro Signore, ci saranno due Giardini,

47-Allora quale favore del vostro Signore negherete?

48-Che contengono ogni tipo di (alberi e delizie).

49-Allora quale favore del vostro Signore negherete?

50-Nel mezzo vi scorreranno due fiumi[22].

51-Allora quale favore del vostro Signore negherete?

52-Ci saranno paia di ogni specie di frutti.

53-Allora quale favore del vostro Signore negherete?

54-Si stenderanno su tappeti tessuti di ricchi broccati ed i frutti del Giardino saranno facili da raggiungere[23].

55-Allora quale favore del vostro Signore negherete?

56-Con loro ci saranno compagni casti e dallo sguardo trattenuto, che nessun essere umano o *Jinn* ha mai toccato.

57-Allora quale favore del vostro Signore negherete?

58-Somiglianti a rubini e coralli.

59-Allora quale favore del vostro Signore negherete?

60-C'è qualche ricompensa per il bene, oltre il bene?

61-Allora quale favore del vostro Signore negherete?

---

[21] Questo non significa certamente che non saranno chiamati a rendere conto dei loro peccati. Cfr. 15:92-93, dove si afferma che le loro lingue, le loro mani ed i loro arti recheranno testimonianza alle loro azioni. Cfr. 24:24. Ogni uomo porterà sulla sua persona dei segni che mostreranno la sua classificazione nel Giudizio Finale. Ognuno riceverà il registro delle proprie azioni. Cfr. 69:19, 25. Gli sarà data la possibilità di supplicare (7:53), ma se è un peccatore si troverà nel mezzo della confusione. Cfr. 28:66.

[22] Le due fonti che sono relative alla presenza di due giardini.

[23] La fatica e il duro lavoro di questa vita finiranno. Cfr. 35:35 e 69:23.

62-Accanto a questi, ci saranno anche due altri Giardini.
63-Allora quale favore del vostro Signore negherete?
64-Il loro colore sarà verde scuro.
65-Allora quale favore del vostro Signore negherete?
66-In essi ci saranno fonti dove l'acqua scorre in abbondanza.
67-Allora quale favore del vostro Signore negherete?
68-In essi ci saranno frutti: datteri e melograni.
69-Allora quale favore del vostro Signore negherete?
70-In essi ci saranno compagni chiari e bellissimi.
71-Allora quale favore del vostro Signore negherete?
72-Compagni puri e modesti[24] in splendidi palazzi.
73-Allora quale favore del vostro Signore negherete?
74-Compagni che nessun essere umano o *Jinn* ha mai toccato.
75-Allora quale favore del vostro Signore negherete?
76-Reclineranno su verdi cuscini[25] e ricchi tappeti.
77-Allora quale favore del vostro Signore negherete?
78-Che sia benedetto il nome del tuo Signore, Che detiene la maestà, la ricchezza e l'onore in maniera eccelsa.

---

[24] In arabo *Maqsūrāt*, la forma passiva del participio dello stesso verbo *Qāsirāt*, al participio attivo, che compare in 55:56, 37:48 e 38:52. Questo è l'unico versetto del Corano in cui appare la forma passiva.

[25] Confronta il parallelo con le parole usate per descrivere gli altri due giardini nel versetto 55:54. Il termine arabo *Rafraf* solitamente viene tradotto con cuscini. Un'altra interpretazione è prati, in relazione all'aggettivo *Abqarī* (verde), in riferimento a tappeti lavorati finemente e riccamente ricamati.

LVI

Sura Al-Wāqiʿa

(L'evento)

Rivelato alla Mecca, (tranne i versetti 81-82)

Nel nome di Dio, il Clemente, il Misericordioso

1-Quando l'evento inevitabile[1] accadrà,
2-allora nessun' anima potrà negarlo.
3-Molti umilierà[2] e molti esalterà.
4-Quando la terra sarà scossa fino nelle profondità,
5-e le montagne saranno ridotte in atomi,
6-diventando come polvere sparsa,
7-sarete divisi in tre gruppi separati.
8-Ci saranno i Compagni della mano destra. Chi saranno i Compagni della mano destra?
9-Ci saranno i Compagni della mano sinistra. Chi saranno i Compagni della mano sinistra?
10-Coloro che sono stati primi nella fede, lo saranno anche nell'Altra vita[3].
11-Saranno i più vicini a Dio[4]
12-in Giardini di benedizione.
13-Ci sarà un certo numero di persone tra gli antichi,

---

[1] L'evento inevitabile è l'Ora del giudizio.

[2] Ci sarà una divisione tra bene e male. Tra i giusti ci saranno coloro che si troveranno più vicini a Dio, *al Muqarrabūn*, 56:11-26, e generalmente le persone giuste, chiamate Compagni della mano destra (*Ashāb al-Maymana*, 56:27-40). Ci saranno poi coloro che si troveranno in agonia, ossia i Compagni della mano sinistra (*Ashāb al-Mashʿamah*, 56:41-56). Molti che in questa vita erano potenti ed orgogliosi saranno umiliati per i loro peccati, e molti che erano umili ma virtuosi saranno esaltati in modi diverso. I punti di riferimento del mondo fisico e spirituale saranno perduti completamente nell'Altra vita.

[3] La vicinanza a Dio è la prova della maggiore benedizione.

[4] Prima del profeta Muhammad (pbsl) sono stati inviati all'umanità molti profeti, ma Muhammad (pbsl) è l'ultimo di essi, il sigillo della profezia.

14-e pochi tra coloro venuti successivamente.

15-Saranno su cuscini[5] tessuti meravigliosamente,

16-su cui reclineranno, guardandosi l'uno l'altro.

17-Saranno serviti da giovani di perpetua giovinezza,

18-con coppe e bicchieri scintillanti pieni acqua che sgorga da limpide fonti.

19-Non soffriranno nessun dolore e nessuna intossicazione.

20-Saranno nutriti con frutti, qualsiasi sia quello scelto,

21-e carne di volatili, quella che potranno mai desiderare.

22-Avranno compagni con occhi bellissimi, grandi e luminosi[6],

23-come perle ben custodite,

24-ricompensa per le opere del loro passato.

25-Lì non ascolteranno alcuna frivolezza[7] e discorso peccaminoso.

26-Udranno solo la parola: "Pace".

27-I Compagni della mano destra! Dove saranno i Compagni della mano destra?

28-Saranno nel mezzo degli alberi di loto[8] privi di spine,

29-tra gli alberi di Talh con fiori [o frutti] posti gli uni sugli altri,

30-sotto ombre estese,

31-presso acqua che scorre costantemente.

32-Avranno frutti in abbondanza,

33-la cui stagione non è limitata e che non sono proibiti.

34-Saranno seduti su troni di dignità innalzati.

35-Abbiamo creato [i loro compagni][9] di una speciale creazione,

36-e li abbiamo resi vergini,

37-amabili per natura, di eguale età,

---

[5] Non saranno separati, ma si guarderanno l'un l'altro, e la loro compagnia reciproca sarà parte della loro benedizione.

[6] Cfr. 52:24 dove questa descrizione è stata applicata alla gioventù che serve. Cfr. 56:78 dove l'aggettivo *Maknūn* è applicato al Corano.

[7] In arabo *Qīl*, termine che è meglio tradurre con "dire" piuttosto che con "parola". Il dire infatti è un atto, un pensiero, un fatto, che può essere incarnato in una parola, ma che si situa al di là di essa. L'espressione la "pace di Dio" riassume meglio i cieli dello stesso termine benedizione.

[8] Secondo alcuni questo nome si riferisce all'albero di banano, i cui frutti crescono in caschi. L'albero di banano non cresce però in Arabia e il suo nome arabo è *Mawz*. Ritengo che sia meglio interpretare il nome come una sorta di albero di Acacia i cui fiori appaiono molto fitti, come se fossero quasi disposti a strati.

[9] Gli eletti avranno molti compagni in cielo che appartengono a tutte le epoche storiche. Cfr. 56:13. Questo è il tesoro illimitato di Dio.

38-per i Compagni della mano destra,

39-molti tra gli antichi,

40-e molti tra gli uomini venuti successivamente.

41-I Compagni della sinistra. Chi saranno i Compagni della sinistra?

42-Costoro saranno nel mezzo di un fuoco ardente e nell'acqua bollente,

43-e all'ombra di nero fumo[10],

44-che non li rinfresca né li protegge dal caldo

45-perché erano soliti abbandonarsi, prima di ciò, al lusso e alla ricchezza[11]

46-e ostinatamente persistevano nella suprema malvagità![12]

47-Erano soliti affermare: "Che cosa! Quando saremo morti e saremo divenuti polvere ed ossa[13], saremo di nuovo resuscitati?

48-Noi ed i nostri padri?"

49-Sì, coloro che vi hanno preceduto e coloro che sono venuti dopo di voi.

50-Saranno tutti riuniti insieme per incontrarsi in un giorno ben noto[14].

51-Voi, che avete commesso il male e avete tacciato la verità di menzogna,

52-per certo assaggerete l'albero di *Zaqqūm*[15].

53-Poi, ve ne riempirete il ventre,

54-e berrete acqua bollente.

55-In verità, berrete come cammelli resi furiosi per la sete!

56-Questo sarà il loro benvenuto nel Giorno del Giudizio!

57-Siamo Noi che vi abbiamo creato. Perché allora non credete?

58-Non vedete? Il seme umano che avete emesso?

59-Siete voi che lo avete creato, oppure siamo Noi i creatori?

---

[10] Anche le ombre hanno una qualità differente nella dimora di miseria: ombre di nero fumo in contrasto con le ombre rinfrescanti ed ampie che provengono dagli alberi.

[11] Cfr. 34:34, e 43:23. I versetti 45 e 46 debbono essere letti insieme. Costoro possedevano ricchezze e le cose buone di questa vita, ma si sono dedicati al peccato e sono stati indulgenti verso se stessi ed ora sono nell'umiliazione.

[12] Associare a Dio altre divinità, in arabo *Shirk*.

[13] La loro mancanza di fede e la messa in ridicolo del messaggio di Dio contrastano con la realtà severa che ora vedono intorno a se stessi.

[14] Cfr. 26:38. L'espressione un "giorno ben conosciuto" è utilizzato per un solenne giorno di festa, quando si riunisce una moltitudine di persone. Il Giorno del Giudizio è un tale giorno nel vero senso del termine.

[15] Questo è l'albero maledetto menzionato in 17:60. Cfr. 37:62, 44:43-46.

60-Abbiamo stabilito che la morte sia il vostro destino comune[16] e nulla ci può impedire

61-di mutare le vostre forme e di crearvi di nuovo in altre che non conoscete.

62-Già conoscete la prima forma della creazione. Perché allora non celebrate le Sue lodi?

63-Non hai forse visto il seme[17] che piantate nel terreno?

64-Siete voi che lo fate crescere o siamo Noi la causa della sua crescita?

65-Se lo avessimo voluto, avremmo potuto sbriciolarlo in polvere secca, lasciandovi nella meraviglia,

66-dicendo: "Siamo invero abbandonati ai debiti.

67-Invero siamo stati privati dei frutti del nostro lavoro".

68-Non vedete l'acqua che bevete?

69-Siamo Noi che la facciamo scendere dalle nuvole o siete voi?

70-Se fosse stato il Nostro volere, l'avremmo resa salata. Perché allora non rendete grazie?

71-Non vedete forse il fuoco che accendete?

72-Siete voi che fate crescere l'albero che nutre il fuoco, oppure siamo Noi?

73-Lo abbiamo reso un segno e uno strumento utile per coloro che abitano nel deserto[18].

74-Quindi, celebra con lodi[19] il nome del tuo Signore, il Supremo!

75-Chiamo come testimoni le stelle che tramontano,

---

[16] Proprio come Dio ha creato la vita che adesso vediamo, così ha stabilito che la morte debba essere il destino comune di tutti noi. Sicuramente, se Egli può dare sia la vita sia la morte, come possiamo rifiutarci di credere che ci potrà dare altre forme, quando questa vita sarà finita? L'esistenza futura, sebbene indicata attraverso ciò che in questa vita ci è famigliare, si situerà su di un piano completamente differente.

[17] Dopo aver fatto riferimento alla natura interiore dell'uomo, adesso ci si appella a quella esterna che ci circonda, che testimonia la cura amorevole verso di noi da parte di Dio, e del suo essere dovuto a cause altre da quelle che produciamo e controlliamo. Qui sono dati tre esempi: 1-Il seme che viene piantato nella terra, 2-L'acqua che beviamo, 3- Il fuoco che accendiamo.

[18] Cfr. 20:10, dove il significato mistico del fuoco che Mosè ha visto nel deserto viene ampiamente spiegato. Anche nei casi ordinari un fuoco nel deserto è segno della presenza dell'uomo, e seguendolo si viene in contatto con la comunità umana. Un fuoco, una luce o del fumo in molti luoghi dirigono il viaggiatore. Cfr. 2:17-18 dove è presente un'altra parabola relativa al fuoco.

[19] Vedendo tutti questi segni nella natura e il loro significato simbolico nel mondo spirituale, l'uomo deve volgersi verso Dio e compiere la Sua volontà.

76-e questo è un giuramento solenne, se solo lo sapeste!

77-Questo è un Corano nobilissimo[20],

78-(contenuto) in un libro ben protetto,

79-che nessuno potrà toccare, tranne coloro che si sono purificati.

80-Questa è una rivelazione proveniente dal Signore dei Mondi.

81-È quindi questo il messaggio al quale irridete

82-o lo negate, come se il vostro sostentamento dipendesse da ciò[21]?

83-Perché allora, quando l'anima dell'uomo morente raggiungerà la gola,

84-mentre state a guardare[22],

85-Noi siamo più vicini a lui di voi, anche se non ve ne accorgete-

86-Perché allora, se siete indipendenti da un [futuro] giudizio,

87-non la richiamate indietro, se siete veritieri?

88-Se egli è tra coloro che sono vicini a Dio,

89-per lui ci sarà riposo e soddisfazione[23] e Giardini di delizie.

90-Se egli è tra i Compagni della mano destra,

91-per lui ci sarà il saluto: "Sia pace su di te[24], o compagno della destra".

92-Se costui appartiene a coloro che trattano la verità come la menzogna e che compiono il male,

93-gli sarà dato il benvenuto con acqua bollente,

94-e il bruciore del Fuoco dell'Inferno.

95-In verità, questa è la verità e la certezza.

96-Così celebra con le lodi il nome del tuo Signore, l'Eccelso.

---

[20] La rivelazione coranica è descritta attraverso quattro caratteristiche: 1-È la più onorevole, ossia *Karīm*. Non solo poi è la più degna di essere onorata, ma è anche conferitrice di onore per coloro che la ricevono. È ben protetta, (*Maknūn*), ossia preziosa in se stessa e ben preservata nella sua purezza. Cfr. 56:23 e 15:9. Nessuno, tranne colui che è puro, può toccarla, pulito nel corpo, nella mente, nel pensiero, nell'intenzione e nell'anima. Solo costui potrà essere in grado di coglierne il significato profondo. È una rivelazione che proviene dal Signore dei Mondi e quindi è un messaggio universale per tutti.

[21] La peggiore accusa contro un nemico della rivelazione è quella di rendere il falso una fonte di lucro impuro.

[22] Cfr. 50:16. Uno dei titoli di Dio è infatti "Colui che è sempre vicino". Cfr. 34:50.

[23] In arabo *Raihān*. Cfr. 55:12. Qui utilizzato come simbolo di completa soddisfazione e delizia.

[24] Cfr. 56:26 dove il medesimo saluto è rivolto a coloro che si trovano molto vicini a Dio. In questo versetto invece è rivolto ai Compagni della mano destra. Entrambi si trovano nel giardino della benedizione con la differenza che i primi godranno di una dignità maggiore dei secondi.

LVII

Sura Al-Ḥadīd[1]

(Il ferro)

Rivelato a Medina

Nel nome di Dio, il Clemente, il Misericordioso

1-Qualunque cosa si trova nei cieli e sulla terra, che dichiari la lode e la gloria di Dio perché Egli è l'Eccelso, il Saggio.

2-A Lui appartiene il dominio del cielo e della terra. Egli dà la vita e la morte. Egli detiene il potere su tutte le cose.

3-Egli è il Primo e l'Ultimo, il Manifesto e il Nascosto[2]. Egli possiede una conoscenza completa di tutte le cose.

4-Egli ha creato i cieli e la terra in sei giorni e poi si è stabilito sul Trono dell'autorità[3]. Egli conosce ciò che entra nella terra e che cosa ne esce fuori, ciò che scende dal cielo e ciò che vi ascende. Egli è con voi in qualunque luogo vi troviate[4]. Dio vede tutto quello che fate.

5-A Lui appartiene il dominio dei cieli e della terra[5]. Tutto torna a Lui per una decisione.

6-Egli fonde la notte nel giorno e il giorno nella notte. Egli ha una piena conoscenza dei segreti dei vostri cuori.

---

[1] Il ferro è l'emblema della forza e dell'affidabilità, da cui dipendono le virtù esposte in questa sura, come la vera umiltà, la carità e la compassione. Cfr. 57:25.

[2] Vi sono ampie prove ed evidenze dell'esistenza e della provvidenza di Dio nel mondo che ci circonda. La seguente tradizione riportata in *Sahīh Muslim* ci può aiutare a comprendere il significato di questo versetto. Il Profeta (pbsl) disse: "Tu sei il Primo e non vi era nulla prima di Te. Tu sei l'Ultimo perché non vi è nulla dopo di Te. Tu sei l'ascendente perché non vi è nulla al di sopra di Te. Tu sei il Nascosto, il conoscitore di tutto ciò che è nascosto, dal momento che non vi è nulla che ti rimane nascosto".

[3] Cfr. 10:3. Alcune forme esterne dell'universo furono completate dal comando di Dio in sei periodi evolutivi. Il Suo processo creativo però va ancora avanti ed Egli ancora e sempre sarà detentore del pieno controllo del creato.

[4] Dio vigila sull'uomo e sulle sue opere. La sua conoscenza comprende ogni cosa: i cieli, la terra, ciò che è sotto e sopra di loro e nel frammezzo. Cfr. 6:59.

[5] Cfr. 57:2 dove questa frase è riferita alla completa autorità di Dio sull'intero universo.

7-Credete in Dio e nel Suo Profeta e spendete in carità della sostanza di cui vi ha fatto eredi. Per coloro che credono e spendono in carità, vi è una grande ricompensa.

8-Per quale ragione non dovreste credere in Dio? Il Profeta vi invita a credere nel vostro Signore, Che ha stretto un patto[6] con voi. [Mostratevi leali], se siete uomini di fede.

9-Egli è Colui che invia al Suo servo[7] dei segni manifesti, al fine di condurvi dalla profondità delle tenebre alla luce. In verità, Dio è verso di voi Gentile e Misericordioso.

10-Per quale ragione non dovreste spendere per la causa di Dio? A Lui appartiene l'eredità[8] dei cieli e della terra. Tra di voi non sono uguali coloro che spendono liberamente e combattono prima della vittoria[9], (e coloro che lo fanno dopo). I primi occupano un rango superiore rispetto a quanti spendono e combattono successivamente. A tutti però Dio ha promesso una buona ricompensa. Egli ben conosce quello che fate.

11-Chi presterà a Dio un prestito meraviglioso? Egli lo raddoppierà e gli garantirà una ricompensa generosa.

12-Un giorno vedrai la luce dei credenti e delle credenti diffondersi davanti a loro e dalle loro mani destre. Il loro saluto sarà: "Buone

---

[6] Qui sono implicate due sfumature di significato: 1-Vi è un patto implicito nell'uomo che accetta il messaggio dell'unità divina in cui promette di credere in Dio e che servirà Lui e l'umanità. Cfr. 5:1, 2-Ci sono stati diversi patti in cui hanno giurato di servire Dio ed essere fedeli al Profeta (pbsl) paragonabili a quello stretto dagli ebrei al tempo di Mosè. Bisogna poi ricordare i due Patti di *Aqabah*. Cfr. 5:8 e il Patto di Hudaibiya Cfr. 48:10. Per il patto stretto con Israele sul Monte Sinai cfr. 2:63.

[7] Cfr. Il Profeta Muhammad (pbsl). I segni a lui dati sono: 1-I versetti del Corano, 2- La sua vita e la sua opera in cui il piano e il fine di Dio si compirono.

[8] Cfr. 3:180, 6:165 e 15:23.

[9] Il riferimento sembra essere diretto alla vittoria della Mecca dopo la quale i musulmani sono succeduti al potere e alla posizione che i pagani Quraysh avevano detenuto in passato. Successivamente i musulmani raggiungessero l'egemonia in Arabia, e, in pochi secoli, quella nel mondo. Queste parole però hanno una portata generale e debbono essere comprese anche in senso più ampio. Coloro che combattono e soffrono per la causa di Dio e danno il meglio che posseggono sono degni di lode. Però coloro che sono degni di una distinzione speciale sono quelli che accorrono in aiuto quando la causa viene perseguitata e si trova nel bisogno, prima che giunga la vittoria.

nuove per voi, questo giorno! Giardini sotto i quali scorrono[10] ruscelli, dove dimorerete per sempre. Questa è il successo supremo[11]!

13-Un giorno gli ipocriti -uomini e donne- diranno ai credenti: "Aspettateci! Prestateci un poco della vostra luce!" Risponderanno: "Voltatevi e andate a cercare la luce dove potete". Così tra di loro verrà posto un muro con dentro una porta. All'interno la misericordia e all'esterno ci sarà il castigo.

14-Grideranno: "Non eravamo forse con voi?" e gli altri risponderanno: "Vero! Però vi siete lasciati condurre alla tentazione. Avete anticipato la vostra rovina. Avete dubitato della promessa di Dio e i vostri falsi desideri vi hanno ingannato, fino a quando il comando di Dio non si è realizzato. E l'ingannatore vi ha ingannato relativamente a Dio[12]".

15-Quel giorno non sarà accettato da voi alcun riscatto né da coloro che hanno rifiutato Dio[13]. La vostra dimora è l'Inferno. Questo è il luogo che vi si addice. Quale destinazione miserabile!

16-È arrivato il tempo[14] per i credenti che i loro cuori in umiltà si tengano occupati nel ricordo di Dio e della verità loro rivelata, e che non divengano come quanti hanno precedentemente ricevuto la rivelazione[15]. Non sono passati su di loro molti anni e i loro cuori si sono induriti? Molti tra di loro sono ribelli e trasgressori.

17-Sappiate che Dio ridà vita alla terra dopo che era morta[16]. Vi abbiamo già mostrato i Nostri segni con chiarezza affinché possiate imparare la saggezza.

---

[10] Nel buio del Giorno del Giudizio ci sarà una luce che guiderà i retti alla loro destinazione. Questa sarà la luce della loro fede e delle loro buone opere. Cfr. 69:19-24.

[11] Il successo più grande, la più grande felicità, il raggiungimento della salvezza, la soddisfazione di tutti i desideri. Cfr. 44:57.

[12] L'ingannatore vi ha ingannato rispetto a Dio in molti modi: 1-Vi ha indotti a dimenticare la misericordia di Dio ed il Suo amore, 2-Vi ha indotto a rifiutare la Sua grazia e 3- Vi ha indotto a pensare che la giustizia di Dio non vi avrebbe colto.

[13] Nell'ambito della responsabilità personale non vi è alcuno spazio per il riscatto da parte di qualcun altro o di qualche cosa. Dopo il Giudizio il crimine non può più essere espiato.

[14] L'umiltà ed il ricordo di Dio e del Suo messaggio non sono mai così necessari come nell'ora della vittoria e della prosperità.

[15] Ci si riferisce agli ebrei e ai cristiani. Ad ognuna di queste comunità Dio diede la rivelazione, ma con il passare del tempo la corruppero, divennero arroganti, duri di cuore e sovvertirono la giustizia, la verità e la purezza della vita.

[16] Proprio come la terra morta viene riportata alla vita dalla pioggia, lo stesso accade con lo spirito dell'uomo inteso sia in senso individuale che generale. Non c'è alcun

18-A coloro che spendono in carità, donne e uomini, e fanno a Dio un prestito meraviglioso, sarà duplicano e avranno un'ampia ricompensa.

19-Coloro che credono in Dio e nel Suo Profeta sono i sinceri[17] [amanti della verità] ed i testimoni agli occhi del loro Signore. Costoro avranno la loro ricompensa e la loro luce. Invece, quanti respingono Dio e negano i Nostri segni, sono i Compagni del Fuoco dell'Inferno.

20-Sappiate che la vita di questo mondo è solo vanità e svago, apparenza, reciproco vanto e rivalità per le ricchezze e la discendenza. Assomiglia alla pioggia ed a ciò che reca delizia ai cuori dei seminatori[18]. Però presto si secca, la vedi diventare gialla, poi paglia. Infine viene spazzata via. Nell'Altra vita c'è un severo castigo per coloro che compiono il male, ma il perdono ed il compiacimento di Dio è per i devoti. Che cosa è la vita di questo mondo, se non beni ed effimero godimento?

21-Cercate il perdono del vostro Signore e il Giardino della benedizione, la cui ampiezza equivale a quella dei cieli e della terra, preparato per coloro che credono in Dio e nei Suoi profeti. Questa è la grazia di Dio che Egli concede a chi vuole. Egli è il Signore della grazia abbondante.

22-Non avviene una disgrazia né sulla terra né nelle vostre anime, senza che sia scritta in un decreto che Egli pone in esistenza[19]. Questo è semplice per Dio.

23-Al fine che tu non possa mai disperare su questioni che sono destinate a passare, e nemmeno esulti sui favori che ti vengono concessi. Dio non ama i vanagloriosi,

---

motivo di disperarsi. La verità di Dio rianimerà le facoltà spirituali, se è accettata con zelo e con umiltà.

[17] Cfr. 4:69. Le quattro categorie qui menzionate come costituenti la meravigliosa fratellanza della fede sono: 1-I profeti che insegnano, 2- I sinceri amanti della verità, 3- I testimoni che testimoniano,4-I retti che compiono il bene.

[18] Nel contesto di questo versetto, il termine *Kuffār* è qui utilizzato nel senso inusuale di seminatori, in quanto piantano il seme e lo coprono con la terra. Il significato ordinario, ossia quello di coloro che rifiutano il vero, non è del tutto assente, in quanto l'allegoria si riferisce proprio a questo tipo di uomini.

[19] In arabo *Barā'a*, traducibile come portare all'esistenza attraverso l'energia creativa di Dio Cfr. 2:117, 6:94 e 6:98.

24-coloro che sono avari ed impongono agli uomini l'avarizia. Se qualcuno di loro si volta indietro, in verità, Dio è privo di qualsiasi bisogno, degno di ogni lode.

25-Abbiamo inviato i Nostri profeti con chiari segni e abbiamo inviato con loro il libro e la bilancia[20], affinché gli uomini possano osservare la giustizia. Abbiamo inviato il ferro[21], che serve per combattere ed apporta anche molti benefici all'umanità. Che Dio possa conoscere chi recherà aiuto a Lui e ai Suoi messaggeri[22], anche se Egli è al di là della loro percezione[23]. Dio è Forte[24], Eccelso.

26-Abbiamo inviato Noè ed Abramo e abbiamo concesso alla loro discendenza la profezia e la rivelazione. Alcuni di loro furono ben guidati, ma molti divennero dei ribelli trasgressori.

27-Poi sulle loro orme inviammo anche altri profeti. Abbiamo inviato dopo di loro Gesù, figlio di Maria, e gli abbiamo dato il Vangelo e abbiamo posto nei cuori di coloro che lo seguono compassione e misericordia[25]. Però il monachesimo che hanno inventato per compiacere Dio, Noi non lo abbiamo ordinato[26] e loro non lo hanno rispettato[27] così come avrebbero dovuto. Abbiamo concesso a quanti hanno creduto[28] la ricompensa loro dovuta, ma molti sono dei ribelli trasgressori.

---

[20] Tre cose sono menzionate come doni di Dio: il Libro, la Bilancia e il Ferro che rappresentano rispettivamente la rivelazione che comanda il bene e proibisce il male, la giustizia che dà ad ogni persona quanto gli è dovuto e la legge che stabilisce le punizioni per i malvagi. Per quanto riguarda la bilancia cfr. 42:17.

[21] In arabo *Anzala*, che indica l'aver rivelato all'uomo l'utilizzo di certe cose, che ha creato in lui la capacità di comprenderle e di utilizzarle. Cfr. 39:6.

[22] Il ferro, da cui si ricavano anche molte armi, è il simbolo della forza, del potere, della disciplina e della legge.

[23] Cfr. 21:49. Ho tradotto "nei loro pensieri più segreti" il termine arabo "*al-Ghayb*".

[24] Aiutare Dio ed i Suoi messaggeri equivale ad aiutare la Sua causa. Dare all'uomo l'opportunità di impegnarsi e agire per la Sua causa, significa mettere alla prova il suo spirito.

[25] La corruzione della chiesa cristiana, le dispute cavillose, il reciproco odio e la reciproca persecuzione erano ormai diventate uno scandalo al tempo in cui la luce dell'Islam giunse al mondo. La religione a quel tempo non solo era diventata priva di grazia, ma la vita delle persone, sia laici che ecclesiastici, era caduta negli abissi della degradazione.

[26] Le caratteristiche principali del Vangelo sono l'umiltà e la ricerca dell'Altra vita.

[27] Il regno di Dio richiede anche coraggio, capacità di resistenza al male, fermezza, legge e disciplina che promuoverà la giustizia tra gli uomini.

[28] Dio certamente domanda agli uomini di rinunciare ai piaceri di questo mondo e voltarsi verso la via che conduce al compiacimento di Dio. Questo però non significa

28-O voi che avete fede, temete Dio e credete nei Suoi profeti e Lui vi concederà una duplice misericordia[29]. Egli vi darà una luce con la quale camminerete e perdonerà i vostri peccati[30]. Dio è Perdonatore, Misericordioso.

29-Che le Genti della Scrittura sappiano che non hanno potere alcuno[31] sulla grazia di Dio, che la Sua grazia è nelle Sue mani e Lui la concede a chi vuole. Dio è Signore di una grazia abbondante.

---

che l'uomo è chiamato a condurre una vita triste, oppure in preghiera continua ed in isolamento. Il servizio viene reso a Dio attraverso la vita vissuta nella purezza nel mezzo del tumulto di questo mondo. Questo spirito si è perduto ed è stato trascurato dalle istituzioni monastiche. Al contrario, una grande parte dell'impegno teso a vivere una vita nobile è stato trascurato.

[29] Ci si riferisce al passato ed al futuro. Questo passaggio si rivolge a coloro che tra le Genti del Libro, quando sono davanti alla nuova rivelazione dell'Islam, trovano in essa il coronamento delle precedenti rivelazioni e quindi credono nel Profeta Muhammad (pbsl) e camminano in questa nuova luce. I loro meriti precedenti saranno riconosciuti e saranno trattati in termini eguali nella loro nuova comunità.

[30] Ogni errore che possano aver commesso per ignoranza o idee errate sarà perdonato, dal momento che hanno visto la nuova luce e hanno camminato in accordo con essa.

[31] Nessuna comunità o popolo dovrebbe credere di possedere in esclusiva la grazia di Dio. La grazia di Dio è libera ed interamente controllata da Lui, indipendentemente da qualsiasi popolo o casta sacerdotale. Egli la dispensa in accordo con la propria volontà e la Sua misericordia non ha limiti.

LVIII

Sura Al-Mujādila

(La supplicante)

Rivelata a Medina

Nel nome di Dio, il Clemente, il Misericordioso

1-Dio ha udito e ha accettato le parole della donna che ti ha supplicato[1] riguardo suo marito e si è lamentata presso Dio. Egli ha udito la vostra conversazione. Dio ode e vede ogni cosa.

2- Se qualcuno tra di voi divorzia dalla propria sposa con lo *Zihār* [chiamandola madre], sappia che costei non può essere come la loro madre. Nessuno può essere la loro madre eccetto colei che li ha partoriti. Utilizzano parole che, nello stesso tempo, sono false ed ingiuste. In verità, Dio è Colui che cancella i peccati e sempre perdona.

3-Però a quanti divorziano dalle loro mogli attraverso lo *Zihār* e poi desiderano ritrattare le parole che hanno pronunciato, è ordinato di liberare uno schiavo prima di riprendere i rapporti coniugali. Questo devi loro comandare di compiere. Dio ben conosce le vostre azioni.

4-Se qualcuno però non ne ha la possibilità, deve digiunare per due mesi consecutivi prima di riprendere i rapporti coniugali. Se qualcuno non ne è capace, deve nutrire[2] sessanta poveri dimostrando la sua fede in Dio e nel Suo Profeta. Questi sono i limiti imposti da Dio. Per coloro che [Lo] rifiutano, c'è una punizione gravosa.

---

[1] Il riferimento è diretto a Khawla bint Thaʿlaba moglie di Aws bin Sāmit. Costui, sebbene si fosse convertito all'Islam, aveva divorziato da sua moglie attraverso la formula dello *Zihār*, che implicava la pronuncia da parte del marito delle seguenti parole: "Tu sei per me come la schiena di mia madre". Questa formula lasciava il marito libero dagli obblighi coniugali, ma non consentiva alla donna di lasciare la casa sponsale o di contrarre un nuovo matrimonio. Questa formula era particolarmente degradante per una donna. L'Islam condanna fermamente queste pratiche come dimostrano i versetti successivi.

[2] Il verbo "nutrire", secondo la maggioranza dei commentatori, indica il provvedere di due pasti al giorno per ciascun indigente.

5-Coloro che resistono a Dio e al Suo Messaggero saranno umiliati come quelli che li hanno preceduti. Abbiamo già inviato dei chiari segni. I miscredenti avranno una pena umiliante,

6-nel giorno in cui Dio li solleverà di nuovo [dalle tombe] e mostrerà la verità e il significato della loro condotta. Egli ha tenuto conto di tutto, sebbene voi possiate aver dimenticato. Dio è testimone di tutte le cose.

7-Non vedi che Dio conosce bene tutto ciò che si trova nei cieli e sulla terra? Non c'è una consultazione segreta tra tre persone senza che Lui sia il quarto, tra cinque senza che Lui sia il sesto, né tra pochi o molti senza che Lui sia presente. Alla fine, dirà loro la verità della loro condotta nel Giorno del Giudizio. Dio possiede piena conoscenza di tutte le cose.

8-Non hai volto lo sguardo verso coloro a cui è stata proibita ogni segreta riunione eppure sono ritornati a ciò che era stato loro proibito di compiere? Costoro tengono segreti conciliaboli per commettere iniquità, aggressione e per sfidare il Profeta. Quando vengono da te, ti salutano, ma nel modo[3] in cui Dio non ti ha mai salutato. Poi dicono a se stessi: "Perché Dio non ci punisce per le nostre parole?" Per loro l'Inferno è abbastanza. In esso bruceranno. Quale triste dimora.

9-O voi che credete, quando tenete una riunione segreta, non lo fate per commettere iniquità, ostilità e disubbidienza verso il Profeta, ma discutete con rettitudine ricordandovi di Dio. Temete Dio, presso cui ritornerete.

10-I conciliaboli segreti sono ispirati solo dal Maligno al fine di demoralizzare i credenti, ma non possono nuocere loro eccetto per ciò che Dio stesso ha permesso. Che i credenti ripongano la loro fiducia in Lui.

11-O credenti, quando vi si domanda di fare spazio nelle assemblee, fatelo. Dio vi darà altro spazio. Quando vi si chiede di alzarvi, fatelo. Dio innalzerà coloro che credono e a cui è stata concessa la conoscenza. Dio ben conosce quello che fate.

12-O credenti, quando consultate il Profeta in privato, spendete qualcosa in carità prima della consultazione. Questo sarà meglio per

---

[3] I nemici del Profeta (pbsl) invece di salutare con il "*Salām*" che significa pace, dicevano "*Sām*" che significa al contrario "morte" e "distruzione". Cfr. 2:104.

voi e vi condurrà ad una purezza nella condotta. Però, se non ne avete la possibilità, Dio è Perdonatore, Misericordioso.

13-Vi dispiacete forse di non aver offerto del denaro[4] in carità prima della consultazione privata [con lui]? Se non lo avete fatto e Dio vi perdona, allora stabilite preghiere regolari, praticate la carità in modo costante[5] ed obbedite a Dio e al Suo Profeta. Dio ben conosce le vostre azioni.

14-Non prestare la tua attenzione a coloro[6] che si volgono in amicizia verso quelli su cui pende l'ira di Dio[7]. Costoro non fanno parte di voi né voi di loro. Giurano coscientemente il falso.

15-Dio ha preparato per loro un castigo severo. Le loro opere sono invero malvagie.

16-Hanno fatto dei giuramenti una cortina per le loro azioni riprovevoli. Tengono lontani gli uomini dalla via di Dio. Avranno un doloroso castigo.

17-Presso Dio non saranno loro di aiuto né le loro ricchezze né i loro figli. Saranno compagni del Fuoco, dove dimoreranno per sempre!

18-Un giorno Dio li solleverà tutti per il giudizio. Allora giureranno a Lui quello che hanno giurato a te. Pensano di avere qualcosa su cui fondarsi. In verità, non sono altro che dei bugiardi!

19-Il Maligno ha preso il meglio di loro, inducendoli a dimenticarsi di Dio. Costoro appartengono al partito del Maligno. In verità, il partito del Maligno è destinato a perire!

20-Coloro che resistono a Dio ed al Suo Messaggero saranno umiliati.

21-Dio ha stabilito: "Io ed i Miei profeti prevarremo". Dio è potente e capace di mettere in atto il Suo volere[8].

22-Non troverai nessuno che crede in Dio e nel giorno del giudizio, leale verso coloro che resistono a Dio e al Suo Messaggero, anche se fossero i loro padri o i loro figli, i loro fratelli o i loro famigliari. Egli ha posto la fede nei loro cuori e li ha rinforzati con lo spirito[9] che proviene da Lui. Li ammetterà nei giardini, nel mezzo dei quali

---

[4] In arabo *Sadaqāt*, plurale di *Sadaqa*, che invece è presente nel versetto 12.

[5] In arabo *Zakāt*, termine che è stato tradotto con "regolare carità". L'istituzione della *Zakāt*, terzo pilastro dell'Islam, risale al 2 anno dell'*Hijrah*.

[6] Il riferimento è diretto agli ipocriti di Medina.

[7] Gli ipocriti e le tribù ebraiche di Medina complottavano contro il Profeta (pbsl) ed i musulmani.

[8] Per il significato di *Azīz* vedi 22:40.

[9] Cfr. 2:87, dove si afferma che Dio ha rafforzato ʿĪsā (pace su di lui) con lo spirito santo.

scorrono i fiumi, dove dimoreranno per sempre. Lui si compiacerà di loro e loro di Lui. Costoro appartengono al partito di Dio. Costoro raggiungeranno il supremo successo.

LIX

Sura Al-Hashr

(L'esodo)

Rivelata a Medina

Nel nome di Dio, il Clemente, il Misericordioso

1-Ogni cosa che si trova nei cieli e sulla terra canta le lodi e la gloria di Dio. Egli è l'Eccelso, il Saggio.

2-Egli ha fatto uscire dalle loro case coloro che, tra i popoli delle Scritture, sono dei miscredenti, quando le forze si erano appena riunite[1]. Pensavate che non sarebbero usciti, mentre loro credevano che la fortezza li avrebbe difesi da Dio. Però, la Sua ira piombò su di loro da luoghi da cui non si aspettavano, gettando il terrore nei loro cuori. Così distrussero le loro abitazioni con le proprie mani e quelle dei credenti. Accettate l'avvertimento, o voi che avete occhi per vedere!

3-Se Dio non avesse stabilito il loro esilio, Egli li avrebbe certamente puniti in questa vita; nell'Altra sicuramente saranno sottoposti al castigo del Fuoco.

4-Questo è accaduto perché si sono opposti[2] a Dio e al Suo Profeta. Se qualcuno si oppone a Dio, invero Egli è severo nella punizione.

5-Se avete tagliato i teneri tronchi delle palme o se le avete sradicate, ciò è accaduto con il permesso di Dio, al fine che Egli possa coprire di vergogna i trasgressori ribelli.

---

[1] Ci si riferisce ai Banū Nadīr, i cui intrighi ed il cui tradimento misero in serio pericolo la sopravvivenza della comunità islamica di Medina al tempo della battaglia di Uhud nel 3 anno dell'*Hijrah*. Dopo quattro mesi dalla battaglia, nel mese di Rabi al Awwal del 4 anno dell'*Hijrah*, furono prese delle misure e venne loro domandato di lasciare la loro fortezza posta a sud di Medina. Costoro si rifiutarono ed affrontarono un assedio, sperando nell'aiuto dei pagani e degli ipocriti loro alleati. Quando compresero che da costoro non avrebbero ottenuto alcun aiuto, decisero di lasciare la loro fortezza. Alcuni si trasferirono in Siria ed altri invece a Khaibar.

[2] I Banū Nadīr avevano complottato contro i nemici di Medina, tradendo il patto stretto con il Profeta Muhammad (pbsl) e mettendo in serio pericolo l'intera comunità.

6-Qualsiasi cosa Dio abbia concesso, [spetta] al Suo inviato. Non avete fatto correre né cavalli né cammelli [per conquistarlo]. Dio concede ai Suoi messaggeri potere su chi desidera. Egli detiene il potere su tutte le cose.

7-Quanto Dio ha concesso al Suo Messaggero, togliendolo[3] a coloro che abitavano la città[4], appartiene a Dio, al Suo Messaggero, ai famigliari, agli orfani, a coloro che si trovano nel bisogno e ai viandanti. Che non siano distribuiti esclusivamente tra i ricchi. Così prendete ciò che il Profeta vi ha assegnato e astenetevi da ciò che non vi ha concesso. Temete Dio, perché Egli è severo nella punizione.

8-Parte del bottino spetta agli indigenti *Muhājir*[5] che sono stati scacciati dalle loro case e dalle loro proprietà, mentre cercavano la grazia di Dio e il Suo compiacimento, prestando aiuto a Dio e al Suo Messaggero. Questi, in verità, sono i sinceri.

9-Coloro che, prima di loro, avevano case in Medina[6] e hanno accettato la fede, mostrano affezione ai rifugiati e non provano alcun desiderio nei loro cuori per quanto è stato loro concesso. Anche se si trovavano nel bisogno, li hanno preferiti a se stessi. Coloro che sono salvi dall'avidità delle loro stesse anime, raggiungeranno la prosperità.

10-Coloro che sono venuti successivamente hanno detto: "Signore nostro! Perdona noi e i nostri fratelli che ci hanno preceduto nella fede e non lasciare nei nostri cuori alcun rancore contro coloro che hanno creduto. Signore nostro, Tu sei pieno di gentilezza e misericordioso."

11-Non hai prestato attenzione a ciò che gli ipocriti dicono ai loro fratelli miscredenti tra le genti della Scrittura: "Se sarete scacciati, anche noi andremo via con voi. Non obbediremo a nessuno che sia contro di voi. Se sarete attaccati, verremo in vostro soccorso". Dio, in verità, è testimone che sono dei bugiardi.

---

[3] In arabo *Fa'*, che indica una proprietà abbandonata dal nemico o presa ad esso senza alcun atto di guerra. In questo senso il termine si differenzia da *Anfāl*, che invece è traducibile come "spoglie di guerra", "bottino". Cfr. 8:1, 41.

[4] Ci si riferisce agli insediamenti ebraici posti intorno a Medina: Wādī al-Qurā, Khaibar e Fadak, che furono tutte conquistate dai musulmani.

[5] Con questo termine ci si riferisce ai musulmani che hanno lasciato la Mecca insieme al Profeta Muhammad (pbsl) per emigrare a Medina.

[6] Ci si riferisce agli Ansari che accolsero i *Muhājirūn* e per un periodo li supportarono economicamente con grande generosità e spirito di sacrificio.

12- Se saranno scacciati, non andranno mai via insieme a loro. Se venissero attaccati, non presteranno mai soccorso. Anche se dovessero prestare soccorso, volgerebbero loro le spalle. Non riceveranno alcun aiuto.

13- In verità, voi credenti accendete nei loro cuori il terrore che supera il timore di Dio, perché è un popolo privo di comprensione.

14- Non vi combatteranno mai, anche se fossero uniti, eccetto che in cittadelle fortificate o da dietro le mura. Tra di loro vi è molta ostilità. Potresti pensare che sono uniti, ma i loro cuori sono divisi perché sono persone prive di saggezza.

15- Proprio come coloro che li hanno preceduti[7], hanno assaggiato le conseguenze della loro condotta turpe e nell'Altro mondo avranno in serbo una pena terribile.

16- I loro alleati li hanno ingannati come il Maligno, quando disse all'uomo: "Rinnega Dio". Però, quando l'uomo rinnega Dio, il Maligno dice: "Mi dissocio da te. Temo Dio, il Signore dei Mondi!"

17- Entrambi finiranno nel fuoco dell'Inferno, loro eterna dimora. Questa è la ricompensa per gli ingiusti.

18- O credenti, temete[8] Dio e lasciate che ogni anima rifletta su quanto ha messo da parte per il domani. Temete Dio perché Egli conosce bene quello che fate.

19- Non siate come coloro che si dimenticano di Dio ed Egli ha fatto sì che dimenticassero le loro stesse anime! Costoro sono i trasgressori ribelli!

20- I Compagni del Fuoco non sono uguali ai Compagni del Giardino. I Compagni del Giardino raggiungeranno la felicità.

21- Se avessimo inviato questo Corano ad una montagna, sicuramente l'avresti vista umiliarsi e fendersi per il timore di Dio[9]. Queste sono le similitudini che proponiamo agli uomini, affinché possano riflettere.

22- Dio è Colui, oltre al quale non vi è altro dio, Colui che conosce ciò che è segreto e ciò che è manifesto. Egli è il Clemente, il Misericordioso.

---

[7] Il riferimento è diretto molto probabilmente alla tribù dei Banū Qaynuqāʿ, che abitavano in una cittadella fortificata nei pressi di Medina. Costoro furono puniti e banditi per tradimento circa un mese dopo la battaglia di Badr nel 2 anno dell'*Hijrah*.

[8] In arabo *Taqwā*, termine che implica anche l'autocontrollo e l'astensione dal male. Cfr. 2:2.

[9] Cfr. 7:143, 33:72, dove le montagne sono menzionate come coloro che hanno rifiutato la responsabilità (*Amānat*) per umiltà e timore di Dio.

23-Dio è Colui oltre al quale non vi è altro dio, il Sovrano, il Santo, la Pace, il Guardiano della fede, il Protettore della Salvezza, l'Eccelso, l'Irresistibile, il Supremo. Gloria a Dio! Egli è ben al di sopra di quanto Gli attribuiscono.

24-Egli è Dio, il Creatore, Colui che dà inizio a tutte le cose, Colui che dà forma a tutte le cose[10]. A Lui appartengono i nomi più belli. Qualunque cosa si trova in cielo o in terra, canta la Sua lode e la Sua gloria[11]. Egli è l'Eccelso, il Saggio.

---

[10] L'atto della creazione ha diversi aspetti, che sono espressi dai seguenti termini arabi: 1-*Khalaqa*, indica l'atto della creazione in senso generale, 2-*Barā'a* indica l'atto di evolversi da una materia precedentemente creata, 3-*Sawwara*, indica l'atto di conferire all'ente forma e colori.

[11] Quest'espressione è equivalente a quella presente nel primo versetto, tranne che per la forma verbale. Nel primo versetto della sura infatti è presente la forma all'ottativo "*Sabbaha*", traducibile come "che ogni cosa dichiari la gloria di Dio". In questo versetto, invece, troviamo la forma all'aoristo *Yusabbihu*, traducibile come "ogni cosa dichiara la gloria di Dio".

LX

Sura Al-Mumtahana

(L'esaminata)

Rivelata a Medina

Nel nome di Dio, il Clemente, il Misericordioso

1-O credenti, non scegliete come amici i nemici Miei e vostri, offrendo[1] loro il vostro amore, quando hanno respinto la verità a voi giunta e vi hanno al contrario scacciato insieme al Profeta dalle vostre case, solo perché credete in Dio, il vostro Signore[2]! Se siete venuti ad impegnarvi sulla Mia via e a cercare il Mio Compiacimento [non prendeteli come amici], tenendo segreti conciliaboli di amore [e amicizia] con loro. Conosco bene ciò che nascondete e ciò che rivelate. Chi di voi si comporta in questo modo ha deviato dal retto cammino.

2-Se dovessero ottenere il dominio su di voi, si comporterebbero come nemici, allungando le mani e le lingue contro di voi per danneggiarvi. Costoro desiderano che rinneghiate la verità.

3-I vostri parenti e i vostri figli non vi gioveranno. Nel Giorno del Giudizio Egli vi giudicherà. Dio vede bene tutto quello che fate.

4-Per voi c'è un eccellente esempio da seguire in Abramo e in coloro che erano con lui[3], quando dissero al loro popolo: "Ci dissociamo da

---

[1] L'occasione immediata di questo versetto era una lettera segreta inviata da Hātib, un *Muhājir*, da Medina ai pagani della Mecca, scritta in termini molto amichevoli, in cui domandava la loro protezione per i suoi figli e per i parenti che erano rimasti nella città. La lettera fu intercettata e lui confessò la verità. Venne però perdonato quando disse la verità e spiegò la motivazione del suo gesto, ma questa istruzione venne data per il futuro.

[2] Tale era la posizione della comunità musulmana in Medina dopo l'*Hijrah* e prima della conquista della Mecca.

[3] Cfr. 9:11. Abramo era un uomo profondamente buono e leale verso la sua famiglia ed il suo popolo. Li avvertì contro l'idolatria e il peccato e pregò per il proprio padre, ma quando costui e il suo popolo divennero dei nemici dichiarati di Dio, Abramo si dissociò da loro e lasciò la sua casa ed il suo stesso paese. L'espressione "coloro che erano con

voi e da chiunque adorate all'infuori di Dio. Vi abbiamo respinto ed è sorta tra noi e voi l'inimicizia e l'odio per sempre, a meno che non crediate in Dio e in Lui solo", eccezion fatta per quel che Abramo disse a suo padre: "Pregherò per il tuo perdono, anche se non ho il potere di intercedere presso Dio". [Coloro che credettero con lui] pregarono: "Signore nostro! Riponiamo in Te la nostra fiducia e ci volgiamo verso di Te in pentimento. Presso di Te è la meta finale.

5-O Signore, non fare di noi una prova[4] per coloro che negano il vero, ma perdonaci, Signore nostro, perché tu sei l'Eccelso, il Saggio".

6-In loro vi era per un voi un esempio eccellente da seguire, un esempio per quanti ripongono la loro speranza in Dio e nell'ultimo giorno. Però, se qualcuno si volta indietro, in verità Dio è libero da ogni bisogno, degno di ogni lode.

7-Forse Dio susciterà amore [e amicizia][5] tra voi e coloro che adesso considerate dei nemici. Egli detiene il potere su tutte le cose. Dio è Perdonatore, Misericordioso.

8-Dio non vi proibisce, rispetto a coloro che non vi combattono per la [vostra] fede e che non vi scacciamo dalle vostre case, di comportarvi gentilmente e con giustizia[6]. Egli ama i giusti.

9-Dio vi impedisce solo di rivolgervi in amicizia verso coloro che vi combattono per la vostra fede, vi scacciano dalle vostre case, aiutando chi vi bandisce. Quelli che, [in queste circostanze], si rivolgono verso di loro, commettono un'ingiustizia.

10-O credenti, quando vengono da voi delle donne rifugiate[7], esaminatele e mettetele alla prova. Dio conosce la loro fede. Se vi

---

lui" si riferisce a sua moglie e a suo nipote Lot e ad ogni altro credente che andò in esilio con lui.

[4] Cfr. 8:25, dove vengono spiegate le sfumature di significato della parola *Fitnah*.

[5] L'apparente odio religioso, l'inimicizia e la persecuzione possono essere dovuti all'ignoranza o allo zelo dell'anima, che Dio perdonerà e potrà utilizzare per il Suo servizio, come è accaduto nel caso di 'Umar ibn al Khattāb che era un uomo differente prima e dopo la sua conversione.

[6] Siamo chiamati a trattare con gentilezza ed equità anche i miscredenti, che non tentano di danneggiare la comunità, come ci è stato tramandato dall'esempio del Profeta Muhammad (pbsl).

[7] Secondo il trattato di Hudaibiya le donne, che erano fuggite dalla Mecca e avevano cercato protezione presso il Profeta (pbsl), dovevano essere rimandate indietro. Prima che questo versetto fosse rivelato, i Quraysh avevano già infranto i termini del trattato e furono date alcune istruzioni relative a ciò che i musulmani di Medina avrebbero dovuto fare in queste circostanze. Le donne musulmane sposate con uomini pagani della Mecca erano oppresse per la loro fede e alcune di loro fuggirono a Medina come

accerterete che sono delle credenti[8], non rimandatele indietro dai miscredenti. Costoro non sono spose legittime dei miscredenti e nemmeno i miscredenti sono per loro mariti legittimi. Riconsegnate però ai miscredenti quello che hanno speso per la loro dote. Non sarete degni di rimprovero, se le sposerete[9] dopo aver pagato loro una dote. Non mantenetevi però in una relazione coniugale con le miscredenti[10]. Domandate ciò che avete speso per la loro dote e lasciate che i miscredenti domandino ciò che hanno speso come dote per le donne che sono venute da voi. Questo è il comando di Dio. Egli giudica tra di voi secondo giustizia. Dio è pieno di conoscenza e sapienza.

11-Se una delle vostre mogli si dovesse recare dai miscredenti[11], quando vi sarà possibile, pagate a coloro, le cui spose sono fuggite, quanto avevano versato. Temete Dio, in cui credete.

12-O Profeta,[12] quando le donne credenti giungono presso di voi per stringere con te un patto di lealtà, secondo cui adoreranno Dio solo, non si approprieranno in maniera illecita di quanto non appartiene loro, non commetteranno adulterio, non uccideranno i loro figli, non

---

rifugiate. Costoro non avrebbero dovuto essere riconsegnate alla custodia dei mariti pagani e il matrimonio doveva considerarsi nullo. Al fine che i pagani non avessero l'impressione di essere trattati ingiustamente, venne loro riconsegnata la dote che avevano versato al momento del matrimonio. Le donne rifugiate erano sotto la protezione giuridica ed economica della comunità islamica.

[8] La condizione è che debbono essere delle donne credenti. Quale era la prova? Dopo tutto una donna non-musulmana, al fine di liberarsi dal marito sgradito, poteva fingere di essersi convertita all'Islam. La condizione reale del suo cuore e della sua mente poteva essere conosciuta solo a Dio. I musulmani però, dopo esserci accertati della genuinità della fede della donna, dovevano darle protezione.

[9] Dal momento che il matrimonio precedente doveva considerarsi nullo, un nuovo matrimonio era possibile.

[10] Anche nel caso di donne miscredenti sposate con uomini credenti il matrimonio doveva essere considerato nullo e la dote doveva anche in questo caso essere riconsegnata.

[11] Una situazione veramente spiacevole, considerando la posizione migliore delle donne nella società islamica rispetto a quella pagana. Però in una legislazione tutte le situazioni devono essere trattate con equità. Se una donna tornava dai pagani, la sua dote doveva essere riconsegnata a suo marito. Se una invece li lasciava per unirsi alla comunità islamica, la sua dote doveva essere pagata ai pagani.

[12] Le donne che si convertivano all'Islam dovevano giurare di: 1-Adorare solo Dio, 2-Non rubare, 3-Non indulgere in adulterio, 4-Non commettere infanticidio, 5-Non dedicarsi agli scandali e la diffamazione, 6-Obbedire lealmente alla legge e ai principi dell'Islam.

pronunceranno calunnie, affermando intenzionalmente il falso[13] in merito alla paternità della loro progenie e che ti ubbidiranno in ogni giusta questione, allora stringi con loro un patto di fedeltà. Poi prega Dio di concedere loro il perdono. Egli è Perdonatore, Misericordioso. 13-O voi che credete! Non vi voltate in amicizia verso coloro su cui incombe l'ira di Dio. Costoro già disperano dell'Altra vita, proprio come i miscredenti disperano per i morti sepolti nelle tombe.

---

[13] Non dovranno attribuire la paternità dei loro figli illegittimi ai loro mariti, aggiungendo un peccato ulteriore a quello dell'infedeltà.

LXI

Sura As-Saff

(I ranghi serrati)

Rivelata a Medina

Nel nome di Dio, il Clemente, il Misericordioso

1-Che dichiari la lode e la gloria di Dio qualunque cosa[1] si trova nei cieli e sulla terra. Egli è l'Eccelso, il Saggio.

2-O credenti perché affermate ciò che non fate[2]?

3-È grandemente odioso davanti a Dio che diciate ciò che non fate.

4-Invero Dio ama coloro che combattono per la Sua causa nei ranghi, come se[3] fossero una solida struttura ben costruita.

5-Menziona quando Mosè disse[4] al suo popolo: "O popolo mio, perché mi perseguiti e mi insulti, anche se sai bene che sono il profeta che Dio vi ha inviato?" Quando hanno deviato, Dio ha lasciato che si smarrissero anche i loro cuori. Egli non guida un popolo di ribelli.

6-Menziona quando Gesù, il figlio di Maria, disse: "O Figli di Israele, sono il profeta di Dio che vi è stato inviato[5] a conferma della Legge rivelata prima di me e ad annunciare la buona novella di un messaggero che verrà dopo di me, il cui nome darà Ahmad[6]". Quando

---

[1] Cfr. 59:1. In questa sura il versetto indica la necessità di una disciplina severa se vogliamo ricevere l'aiuto di Dio.

[2] Durante la battaglia di Uhud si verificarono episodi di disubbidienza e quindi anche di mancanza di disciplina. Le persone avevano discusso molto, ma non erano riuscite a tradurre le loro decisioni in azioni ferme. Cfr. 3:121. In tutte le occasioni, in cui le opere degli uomini non sono commensurate alle loro parole, la loro condotta è invisa a Dio. Se costoro poi vengono salvati dal disastro, questo è dovuto solo ed unicamente alla misericordia divina.

[3] Cfr. 37:1.

[4] Il popolo di Mosè si ribellò molte volte contro di lui, vessò il suo spirito e lo insultò. Cfr. 33:69.

[5] Gesù è stato inviato ai Figli di Israele come profeta. Cfr. Matt. 10:5-6, Matt. 15:24, Matt. 15:26.

[6] Ahmad o Muhammad, il Lodato, quasi una traduzione della parola greca *Pariclytos*. Cfr. Giov. 14:16, 15:26 e 16:7. Secondo gli studiosi musulmani la forma *Paracletos* è un'interpretazione corrotta di *Periclytos*, che si riferirebbe in questo modo

però giunse loro con chiari segni[7] dissero: "Questa è una magia evidente!"

7-Chi commette un'ingiustizia maggiore di colui che inventa falsità contro Dio, anche se è stato invitato all'Islam? Dio non guida chi agisce ingiustamente.

8-La loro intenzione è quella di estinguere la luce di Dio con le loro bocche. Dio però completerà la [rivelazione] della Sua luce, anche se i miscredenti potrebbero detestarlo.

9-Egli è Colui che ha inviato i Suoi profeti con la guida e la verità, affinché possa prevalere su tutti i falsi culti, anche se i pagani potrebbero detestarlo.

10-O credenti, dovrei forse proporvi un patto[8] che vi salverà da una grave punizione?

11-Credete in Dio e nell'Ultimo giorno ed impegnatevi strenuamente sulla via di Dio con i vostri beni e le vostre persone. Questo sarà meglio per voi, se solo sapeste!

12-Egli perdonerà i vostri peccati e vi ammetterà in Giardini sotto i quali scorrono dei ruscelli e a splendide dimore nei Giardini dell'eternità. Questo è il successo finale.

13-Vi garantirà un altro favore che voi amate: l'aiuto di Dio e una rapida vittoria. Annuncia la buona novella a coloro che credono.

14-O credenti, supportate la causa di Dio[9], come disse Gesù, il figlio di Maria, ai discepoli: "Chi mi presterà aiuto nella causa di Dio?" I discepoli risposero: "Noi ti aiuteremo nella causa di Dio!" Parte dei Figli di Israele credettero e parte si rifiutarono di credere. Noi

---

direttamente al Profeta (pbsl). Comunque, anche se si decide di accettare la forma *Paracletos*, l'applicazione al Profeta (pbsl) è ugualmente adeguata, in quanto nel Sacro Corano è definito "una misericordia per tutte le creature" Cfr. 21:107 e "il più dolce e misericordioso con i credenti" Cfr. 9:128. Cfr. 3:81.

[7] L'avvento del Profeta Muhammad (pbsl) è stato predetto in molti modi e, quando giunse, mostrò molti chiari segni, perché la sua vita dall'inizio alla fine fu un grande miracolo. Senza aver imparato nulla dagli uomini, insegnò la più alta saggezza. Riuscì ad ammorbidire i cuori che erano induriti e nello stesso tempo rafforzò quelli che erano teneri e avevano bisogno di aiuto.

[8] In arabo *Tijārat*, termine traducibile come affare, transazione, traffico, qualcosa che viene dato o fatto in cambio di qualcosa che si desidera ottenere. Cfr. 9:111.

[9] Se cerchiamo l'aiuto di Dio, dobbiamo prima aiutare la Sua causa, ossia dedicarci interamente a Lui senza alcuna riserva. Questo è stato anche l'insegnamento di 'Isā (pace su di lui), così come è espresso in questo versetto.

abbiamo dato il potere ai credenti contro i loro nemici ed hanno conseguito la vittoria.

LXII

Sura Al-Jumu'a

(Il venerdì)

Rivelata a Medina

Nel nome di Dio, il Clemente, il Misericordioso

1-Qualunque cosa si trova nei cieli e sulla terra dichiara[1] le lodi e la gloria di Dio, il Sovrano, il Santo, l'Eccelso, il Saggio.

2-Egli è Colui che ha inviato tra gli illetterati un profeta dal loro popolo per comunicare i Suoi segni, per santificarli e per istruirli nelle scritture[2] e nella saggezza, anche se[3] precedentemente si erano trovati in errore manifesto,

3-e ad altri che non si sono ancora uniti a loro [nella fede]. Egli è l'Eccelso, il Saggio.

4-Questo è il favore di Dio, che Lui concede a chi vuole. Dio è il Signore della ricchezza più grande.

5-Coloro cui sono stati comandati gli obblighi della legge mosaica, ma poi hanno fallito nel rispettarli, possono essere paragonati ad un

---

[1] Cfr. 59:24. Nella nota relativa a questo versetto ho spiegato la differenza tra "*Sabbaha*" e "*Yasabbihu*". La prima forma è utilizzata per esprimere un fatto attuale. Ogni cosa dichiara le lodi e la gloria di Dio, dal momento che la Sua misericordia si estende su tutte le creature. Egli ha inviato la Sua rivelazione a beneficio degli ignoranti e degli illetterati e per coloro che sono colti ed eruditi, specialmente se, proprio a causa del peso della loro conoscenza, diventano incapaci di comprendere lo spirito reale del messaggio di Dio.

[2] Cfr. 2:129. Dio detiene tutto il potere e si cura di tutte le Sue creature, inclusi i malvagi e gli ignoranti, ed invia i Suoi profeti e messaggeri. Egli è Uno e Santo, e purifica e santifica tutti coloro che erano caduti nella superstizione e nella malvagità. Egli è l'Eccelso e può concedere quindi le Sue benedizioni anche alle persone più improbabili. Egli è Saggio e quindi insegna agli uomini la saggezza, sia attraverso le Scritture sia attraverso la conoscenza delle Sue leggi ed una comprensione del Suo meraviglioso universo.

[3] La precedente ignoranza o l'errore non costituiscono un impedimento per una persona singola o per un intero popolo alla ricezione delle benedizioni della rivelazione di Dio, se sia l'individuo che la nazione posseggono la capacità di accogliere il Suo messaggio e non si mostrano arroganti.

asino che trasporta grandi volumi, [ma non li comprende]. Terribile è il paragone di coloro che falsificato i segni di Dio. Dio non guida un popolo d'ingiusti.

6-Di': "O voi che seguite la rivelazione data a Mosè! Se pensate di essere amici di Dio ad esclusione degli altri uomini, allora desiderate la morte, se siete veritieri!"

7-Però non esprimeranno mai il desiderio della morte, a causa delle opere che le loro mani hanno posto davanti a loro! Dio conosce bene coloro che compiono l'ingiustizia!

8-Di': "La morte da cui fuggite, in verità vi coglierà. Poi sarete rimandati indietro presso Colui che conosce ogni cosa, segreta e manifesta. Egli vi dirà la verità[4] delle cose che eravate soliti compiere!"

9- "O voi che credete, quando viene annunciata la preghiera del venerdì[5], affrettatevi al ricordo di Dio e lasciate ogni transazione commerciale o attività. Questo è meglio per voi, se solo sapeste[6]!

10-E, quando la preghiera è terminata, disperdetevi per la terra e cercate la grazia di Dio. Celebrate spesso le Sue lodi [senza lesinarle], affinché possiate prosperare[7].

---

[4] Di fronte al giudizio di Dio saremo in grado di cogliere il pieno significato di tutte le azioni di questo mondo. Il velo dell'illusione e della delusione sarà reciso. Tutti i segreti motivi del nostro agire saranno scoperti. I risultati di tutte le nostre piccole macchinazioni e dei nostri piani ed il loro influsso sul nostro benessere spirituale ed eterno saranno chiaramente visibili davanti a noi.

[5] Il venerdì è prima di tutto il Giorno dell'Assemblea, ossia il ritrovo settimanale della congregazione, quando mostriamo la nostra unità condividendo l'adorazione pubblica preceduta dalla *Khutba*, in cui l'Imam riesamina la vita spirituale della comunità e offre avvisi ed esortazioni. Da notare i gradi di contatto sociale per i musulmani se seguono i saggi comandi della loro fede: 1- Ogni individuo si ricorda di Dio cinque volte al giorno a casa o nel luogo di lavoro, in una moschea o all'aria aperta. 2-Ogni venerdì vi è l'incontro della comunità locale nella moschea centrale, 3- Durante le due festività dell'*Eid* i membri delle comunità più piccole si riuniscono nei centri più grandi, 4-Una volta nella vita, quando è possibile, un musulmano è chiamato a partecipare alla più grande assemblea del mondo, ossia quella che si riunisce alla Mecca durante il mese del Pellegrinaggio. Nell'Islam si può notare una felice combinazione di decentralizzazione e centralizzazione, di libertà individuale ed incontro collettivo.

[6] Il guadagno immediato e temporale potrebbe comportare anche in ultima istanza una perdita spirituale e vice versa.

[7] La prosperità non deve essere misurata attraverso la ricchezza ed il successo mondano. La prosperità più alta è quella che deriva dalla salute della mente e dello spirito.

11-Però, quando vedono qualche divertimento o qualche occasione di guadagno, si disperdono verso di esso, lasciandoti solo. Di': "La benedizione che viene dalla presenza di Dio è migliore di ogni divertimento o guadagno! Dio è Colui che provvede [a tutti i bisogni] nel modo migliore".

LXIII

Sura Al-Munāfiqūn

(Gli ipocriti)

Rivelata a Medina

Nel nome di Dio, il Clemente, il Misericordioso

1-Quando gli ipocriti[1] vengono da te, affermano: "Testimoniamo che sei il Profeta di Dio". Sì, Dio sa che sei il Suo Profeta ed Egli testimonia che gli ipocriti sono solo dei bugiardi.
2-Hanno fatto dei loro giuramenti un paravento per tenere lontani gli uomini dalla via di Dio. Le loro azioni sono malvagie,
3-perché credono e poi rinnegano la fede. Sui loro cuori è stato posto un sigillo e così non possono comprendere.
4-Quando rivolgi loro lo sguardo, ciò che vedi esteriormente[2] ti piace ma, quando parlano e presti ascolto alle loro parole, assomigliano a

---

[1] L'elemento ipocrita all'interno di una società è una fonte di debolezza e di pericolo per la sua salute e per la sua stessa esistenza. Quando il Profeta (pbsl) giunse a Medina, il suo arrivo venne accolto positivamente dalla maggioranza degli abitanti della città, perché non solo li unì in una vita comune e sanò le loro antiche rivalità, ma portò loro onore e luce. Vi erano però alcuni che erano pieni di risentimento e di invidia. Le speranze che avevano nutrito di assumere il potere facendo leva sulle animosità tra le diverse fazioni ora erano state completamente disilluse. Allora cominciarono ad operare clandestinamente in quanto, per paura della maggioranza, non avevano il coraggio di opporsi apertamente ai musulmani. Costoro cercarono di minare la società intrigando segretamente con i suoi nemici e giurando apertamente lealtà al Profeta Muhammad (pbsl). Furono però smascherati e screditati durante la battaglia di Uhud. Cfr. 3:167.

[2] Gli ipocriti appaiono quasi sempre come persone plausibili e lo stesso valeva per quelli di Medina. Si presentavano con una buona presenza esteriore: vestivano bene, tentavano di vincere la confidenza di molte persone, potevano affrontare spese ingenti, non avevano alcuno scrupolo a raccontare menzogne e apparentemente si mostravano sempre in accordo con tutti. Le loro parole erano eloquenti, ma la verità non guidava la loro lingua. La loro piaggeria ed il loro inganno non conoscevano limiti. Dal momento che erano privi di qualsivoglia sincerità, niente che facevano o dicevano era degno della minima attenzione.

pezzi di legno cavo[3]. Pensano che ogni grido sia contro di loro[4]. Costoro sono i nemici da cui ti devi guardare. Che su di loro sia la maledizione di Dio! Quanto lontani sono dalla verità!

5-Quando viene detto loro: "Venite, il Profeta di Dio pregherà per il vostro perdono", voltano il capo con arroganza.

6-È irrilevante che tu preghi o meno per il loro perdono[5]. Dio non li perdonerà. In verità, Dio non guida i ribelli che trasgrediscono.

7-Affermano: "Non spendete nulla per quanti si trovano con il Profeta di Dio, fino a quando non si disperderanno". A Dio appartengono i tesori del cielo e della terra. Però, gli ipocriti non lo comprendono.

8-Dicono: "Se ritorniamo a Medina, sicuramente coloro che sono più degni di onore scacceranno i più umili[6]". L'onore appartiene a Dio, al Suo Profeta e ai credenti. Gli ipocriti però non ne sono consapevoli.

9-O credenti, che le vostre ricchezze e i vostri figli non vi distolgano dal ricordo di Dio. Se qualcuno agisce in questo modo, subirà una perdita[7].

---

[3] Un buon legno è forte abbastanza da supportare tetti ed edifici. Un legno cavo invece non è di alcun utilizzo e deve essere appoggiato a qualche altra struttura. Gli ipocriti sono come un legno marcio. Non posseggono un carattere fermo e gli altri non possono fare affidamento su di loro con sicurezza.

[4] La loro coscienza li tormenta sempre. Se viene levato un grido, subito si allarmano e pensano che sia stato levato contro di loro. Queste persone sono peggiori dei nemici dichiarati.

[5] Anche l'ipocrisia come gli altri peccati può essere perdonata attraverso il pentimento e la correzione della condotta, a patto che vi sia la volontà e il desiderio di abbandonare il male e cercare la grazia di Dio.

[6] I *Muhājirūn*, che si erano diretti con il Profeta (pbsl) in Medina in esilio, furono ricevuti, aiutati ed intrattenuti dagli Ansari. Gli ipocriti di Medina però non ne erano contenti e cercavano in modo subdolo di dissuadere il buon popolo di Medina dal fare tutto ciò che potevano per gli esiliati. I loro piani però non ebbero alcun successo. La piccola comunità musulmana crebbe e si rafforzò fino a quando riuscirono a mantenersi da soli. È la bontà e l'onestà che produce forza e prosperità e Dio tiene le chiavi dei tesori del benessere degli uomini.

[7] Le ricchezze e le risorse umane di tutti i tipi non sono altro che fuggevoli fonti di godimento. Non devono distogliere l'uomo pio dalla sua devozione a Dio. Il ricordo di Dio include ogni atto di servizio e di bontà, ogni pensiero e azione buona, perché questo è il servizio e il sacrificio che Dio ci domanda. Se falliamo, la perdita è solamente nostra e di nessun altro, in quanto impedisce la nostra crescita spirituale.

10-Spendete in carità parte di ciò che vi abbiamo concesso[8], prima che la morte colga uno di voi ed egli dica: "O mio Signore! Mi concederesti una tregua per un poco? Avrei dovuto fare l'elemosina ed essere tra coloro che compiono il bene".
11-A nessun'anima Dio garantirà una tregua[9], quando il suo tempo stabilito è giunto. Lui conosce bene quello che fate.

---

[8] Qualsiasi bene possediamo proviene da Dio ed è nostro dovere utilizzarlo a servizio degli altri, perché questa è carità e servizio reso a Dio. Ogni atto altruista è una forma di carità.

[9] Quando il nostro periodo di prova sarà terminato, non potremmo domandare del tempo in più e nemmeno ci sarà concesso. Procrastinare è un errore e Dio conosce ogni pensiero e motivo nascosto nelle nostre menti.

LXIV

Sura At–Taghābun

(La reciproca perdita e guadagno)

Rivelata a Medina

Nel nome di Dio, il Clemente, il Misericordioso

1-Qualunque cosa si trova in cielo ed in terra dichiara[1] le lodi e la gloria di Dio. A Lui appartiene il dominio. A Lui appartiene la lode. Egli detiene il potere su tutte le cose.
2-Lui vi ha creato. Tra di voi ci sono alcuni che sono miscredenti ed altri che invece sono credenti. Dio vede tutto quello che fate.
3-Egli ha creato i cieli e la terra nelle giuste proporzioni[2] e vi ha creato in forme meravigliose. Presso di Lui è la meta finale [di ognuno].
4-Egli conosce ciò[3] che si trova nei cieli e sulla terra. Egli conosce ciò che è nascosto e ciò che è manifesto. Dio conosce bene i segreti dei cuori.
5-Non ti è forse giunta la storia di quelli che hanno ripudiato la fede nei tempi antichi? Costoro hanno assaggiato le malvagie conseguenze della loro condotta[4] e sono stati puniti con un castigo cocente

---

[1] Cfr. 62:1. Tutte le cose attraverso la loro esistenza proclamano la gloria e le lodi di Dio. Egli detiene il dominio su tutte le cose, e lo utilizza per fini giusti e lodevoli. Egli ha il potere su tutte le cose e per questo motivo può combinare la giustizia e la misericordia e il Suo piano o fine non può essere frustrato dall'esistenza del male insieme al bene nel Suo regno.

[2] Cfr. 40:64, 7:11. In aggiunta alla bellezza e alla grandezza di tutta la creazione di Dio, Egli ha donato all'uomo delle capacità e facoltà particolari ed eccellenze speciali che lo innalzano alla posizione di vicereggente di Dio su questa terra.

[3] Egli non solo ha creato, ha sviluppato e ha sostenuto tutte le cose, ma tutti i pensieri, i motivi, i sentimenti, le idee e gli eventi sono conosciuti da Lui. Quindi non dobbiamo immaginare che, se qualche male non sarà punito, questo accade perché Gli è sconosciuto. Il Suo piano infatti è saggio e buono. Qualche volta però non riusciamo a vedere la saggezza e la bontà di Dio perché possiamo vederne solo dei frammenti, dal momento che la nostra capacità di comprensione è limitata.

[4] Il male inizia a manifestarsi in questa stessa vita, sia negli eventi esterni sia nell'inquietudine e nell'agonia della coscienza. Il suo picco culminante sarà raggiunto dalla gravosa pena dell'Altra vita.

6-perché, quando giunsero presso di loro dei messaggeri con dei chiari segni, dissero: "Forse ci dovrebbero guidare dei semplici esseri umani?" Così hanno respinto il messaggio e si sono voltati indietro. Dio non ha bisogno di loro. Egli è libero[5] da qualsiasi bisogno, degno di ogni lode.

7-Coloro che negano il vero pensano che non saranno sollevati dalle tombe per essere giudicati. Di': "Sì, per il mio Signore, sarete sicuramente sollevati dalle tombe. Poi vi sarà detta la verità di ciò che avete compiuto. Tutto questo è semplice per Lui".

8-Credete, quindi, in Dio e nel Suo Profeta e nella luce che abbiamo inviato[6]. Dio ben conosce quello che fate.

9-Pensate al giorno in cui sarete riuniti insieme per l'ultima assemblea. Quello sarà un giorno di perdita e di guadagno. Egli rimuoverà i mali[7] di coloro che credono in Dio e compiono opere di bene e li ammetterà in giardini[8] sotto i quali scorrono i fiumi, come dimora eterna. Questo sarà il successo supremo.

10-Invece, coloro che rinnegano la fede e considerano i Nostri segni come falsità, saranno Compagni del Fuoco dove dimoreranno per sempre. Quale orribile meta!

11-Nessuna calamità può accadere se non con il consenso di Dio[9]. Se qualcuno crede in Lui, Dio guiderà il suo cuore perché Egli conosce ogni cosa.

---

[5] Dio è libero da tutti i bisogni e da tutte le forme di dipendenza. Egli ha inviato il Suo messaggio per il bene dell'umanità e l'uomo soffrirà se lo ignorerà, respingerà o si opporrà ad esso.

[6] La luce della rivelazione, la luce della coscienza, la luce della ragione ed ogni sorta di vera luce attraverso la quale possiamo conoscere Dio e la Sua volontà.

[7] I mali possono essere peccati, colpe, errori, tendenze malvagie. Dio con la Sua grazia, li coprirà e eliminerà ogni resoconto contro di loro. I mali possono anche essere tristezze, sofferenze o disillusioni. Dio però può mutare il male di queste persone in bene e le loro apparenti disgrazie in opportunità per una crescita spirituale. Cfr. 25:70.

[8] Il Giardino è un simbolo di eterna beatitudine. Cfr. 2:25, 13:35 e 47:15.

[9] Quelle che consideriamo delle calamità possono essere delle benedizioni camuffate. Il male corporeo è sempre sintomo di qualche malattia, che può essere curato da rimedi appropriati. Allo stesso modo, nel mondo morale e spirituale, dobbiamo in ogni circostanza mantenerci saldi nella fede che niente accadrà senza la conoscenza ed il permesso di Dio e quindi che vi è giustizia e saggezza in accordo con il Suo grande piano universale. Il nostro dovere è quello di scoprire i nostri difetti e di porvi rimedio. Se cerchiamo di farlo in tutta sincerità, Dio ci concederà la guida.

12-Così ubbidite a Dio ed ubbidite al Profeta. Però, se vi voltate indietro, il dovere del Nostro Profeta è quello di proclamare il messaggio chiaramente ed apertamente[10].

13-Dio! Non c'è altro dio che Lui. Che i credenti ripongano in Lui la loro fiducia.

14-O voi che credete, in verità, tra le vostre mogli e i vostri figli alcuni vi sono nemici[11]. State attenti a loro! Però se perdonate, passate oltre e coprite i loro errori, in verità Dio è Perdonatore, Misericordioso.

15-O credenti, i vostri beni ed i vostri figli sono una prova[12]. Presso Dio, invece, si trova la ricompensa più grande.

16-Così temete Dio per quanto vi sia possibile. Ascoltate ed obbedite. Spendete in carità a beneficio delle vostre stesse anime. Quanti si salveranno dall'avidità delle loro anime, prospereranno.

17-Fate a Dio un prestito[13] meraviglioso. Egli lo duplicherà e vi concederà il perdono. Dio è riconoscente e magnanimo,

18-conoscitore di ciò che è nascosto e di ciò che è manifesto, l'Onnipotente, il Saggio.

---

[10] Il Profeta (pbsl) è stato inviato per guidare ed insegnare e non per costringere o forzare. Il suo insegnamento è chiaro e privo di ambiguità ed è aperto e libero per tutti. Cfr. 5:92.

[11] In alcuni casi le richieste della famiglia possono entrare in conflitto con le convinzioni e i doveri morali e spirituali di una persona. In questi casi ci si deve guardare dall'abbandono delle convinzioni, dei doveri o degli ideali per venire incontro alle loro richieste e ai loro desideri. La famiglia non deve però essere trattata duramente, ma le deve essere concesso quanto è necessario per vivere. Però, se loro continuano ad opporsi ai doveri e alle convinzioni di una persona, quest'ultima deve perdonarli e non esporli alla vergogna o al ridicolo, pur rimanendo nello stesso tempo fedele ai propri doveri e alle proprie convinzioni.

[12] I figli possono essere una prova in molti sensi: 1-Il loro modo diverso di considerare le cose ci può indurre a riflettere e a rivolgerci a cose d'importanza eterna, 2-La loro relazione con noi e tra di noi può porci di fronte a problemi molto più complicati di quelli che è chiamata ad affrontare una persona sola, e così diventare una prova per la forza del carattere e il senso di responsabilità. 3- Il conflitto con i nostri ideali può vessare il nostro spirito, ma nello stesso tempo può mettere alla prova la nostra fedeltà verso Dio, 5-L'affetto nutrito per loro e quello che loro nutrono verso di noi può diventare una fonte di forza se è puro, proprio come può essere un pericolo se è basato su motivi egoisti o indegni.

[13] Cfr. 2:245. La nostra carità o il nostro amore è chiamato un prestito fatto a Dio, che non solo accresce la nostra posizione davanti agli esseri umani, ma attraverso il quale otteniamo il perdono per i nostri peccati e la capacità di rendere un servizio migliore nel futuro.

LXV

Sura At-Talāq

(Il divorzio)

Rivelato a Medina

Nel nome di Dio, il Clemente, il Misericordioso

1-O Profeta[1], quando divorziate dalle donne[2], fatelo all'inizio dei tempi di attesa prestabiliti e tenete conto in modo accurato dei loro periodi prescritti[3] e temete Dio[4], il vostro Signore. Non scacciatele dalle loro case e non lasciatele andare via[5], a meno che non siano colpevoli di adulterio provato. Questi sono i limiti posti da Dio. Colui che supera i limiti posti da Dio, in verità compie ingiustizia contro la sua stessa anima. Non sapete se Dio voglia far succedere qualcosa in questo periodo[6].

---

[1] Qui ci si rivolge direttamente al profeta come messaggero della sua comunità.

[2] Tra tutte le cose permesse dalla legge, il divorzio è il più odioso agli occhi di Dio. Per quanto riguarda le regole e i limiti del divorzio Cfr. 2:228-232, 236-237, 241, 4:35.

[3] *'Iddah* è un termine tecnico della legge concernente il divorzio. Cfr. 2:228. Il suo significato generale è "periodo prestabilito". Cfr. 2:185 è utilizzato per indicare il tempo stabilito per il digiuno.

[4] Il tempo prestabilito è a vantaggio della moglie, del marito e di una possibile prole. Tutte queste disposizioni sono finalizzate a rinforzare gli aspetti sociali e spirituali del matrimonio ed impedire che gli impulsi dell'istinto animale perdano ogni controllo.

[5] L'Islam tratta la donna sposata come persona giuridica dotata di pieni diritti in relazione alla casa dove abita. La residenza implica anche le spese ragionevoli per il suo mantenimento insieme a quello dei figli. Questo è obbligatorio non solo durante lo stato matrimoniale, ma anche durante il periodo dell' *'Iddah*, che è necessariamente un momento di grande prova per la donna. Durante questo periodo costei non deve essere scacciata da casa e nemmeno deve lasciarla di propria spontanea volontà, a meno che le possibilità di una riconciliazione siano quasi inesistenti.

[6] Una riconciliazione è possibile ed è anche raccomandabile. Le serie differenze tra i coniugi devono essere presentate ad un consiglio di famiglia dove ognuna delle due parti è adeguatamente rappresentata. Cfr. 4:35. Il divorzio non deve comunque essere pronunciato quando la reciproca attrazione fisica è al minimo. Fino all'ultimo momento deve essere sempre possibile una riconciliazione. Quando il divorzio è stato

2-Quando poi è stato completato il tempo stabilito, riprendetele con voi in termini equi[7] oppure separatevi da loro in termini equi. Scegliete come testimoni due persone tra di voi, di nota onestà, e stabilite l'evidenza davanti a Dio. Questo è l'ammonimento dato a coloro che credono in Dio e nell'ultimo giorno. Dio prepara sempre per colui che Lo teme un mezzo per liberarsi[8] dalle difficoltà.

3-Ed Egli provvede per lui da fonti che non avrebbe mai potuto immaginare. Se qualcuno ripone la sua fiducia in Dio, Egli è per lui sufficiente perché Dio sicuramente consegue il Suo scopo. In verità, per ogni cosa Dio ha posto la giusta proporzione[9].

4-Per le donne che hanno cessato di avere le perdite mensili[10] o che non le hanno ancora avute, qualora nutrano qualche dubbio, il periodo prestabilito è di tre mesi. Per coloro che portano la vita nei loro seni, il periodo dura invece fino a quando non avranno partorito. Dio renderà facile il cammino di coloro che Lo temono.

5-Questo è il comando di Dio, che Egli vi ha inviato. Se qualcuno teme Dio, Egli rimuoverà da lui i suoi peccati[11] ed aumenterà la sua ricompensa.

---

pronunciato, vi deve essere un periodo di attesa. Tutte le spese devono poi essere affrontate in termini equi.

[7] Cfr. 2:231. Ogni cosa deve essere compiuta con ragionevolezza ed equità. Gli interessi di entrambe le parti devono essere salvaguardati.

[8] In queste questioni delicate e difficili, la saggezza dei giuristi ci dà una soluzione meno soddisfacente del desiderio di essere giusti e veritieri, che viene descritto con l'espressione "Timore di Dio". Quando esiste un tale desiderio, Dio spesso ci concede una soluzione nei modi più inaspettati: acerrimi nemici possono riconciliarsi, il pianto o il riso di un bambino possono guarire ferite che sembravano non potersi rimarginare mai o unire dei cuori che sembravano alienati per sempre. La fede è seguita dalla sensazione psicologica di riposo per lo spirito tormentato.

[9] Dobbiamo riuscire a tenere a freno la nostra ira e la nostra impazienza. I nostri amici ed i nostri compagni possono sembrarci deboli e irragionevoli e le circostanze possono gettarci nella disperazione. Eppure dobbiamo continuare ad avere fiducia in Dio. Come possiamo misurare la nostra debolezza o addirittura cecità? Egli è onnisciente e il Suo piano universale è sempre buono. La Sua volontà deve potersi compiere e noi dobbiamo desiderare che si compia.

[10] Cfr. 2:228. Per le donne normali, il periodo dell' *'Iddah* è di tre perdite mensili dopo la separazione. Se non ci sono perdite o sono in dubbio, bisogna attendere altri tre mesi, trascorsi i quali sarà chiaro comunque se la donna si trova in stato interessante. Qualora lo sia, diviene necessario attendere fino a dopo il parto.

[11] La legge di Dio non ha nulla di arbitrario, ma tiene in considerazione il nostro bene sia temporale che spirituale. Se obbediamo a Dio, la Sua saggezza non solo risolverà le nostre difficoltà, ma rimuoverà anche gli altri mali sia soggettivi che oggettivi.

6-Che le donne in *'Iddah* vivano nello stile in cui hanno sempre vissuto a seconda dei vostri mezzi. Non date loro fastidio e non diminuite i loro mezzi di sostentamento[12]. Se poi portano la vita nei loro seni, allora[13] spendete per loro fino a quando non avranno partorito. Se allatteranno la vostra progenie, date loro una ricompensa. Mantenete con loro una relazione onorevole e amichevole. Se vi trovate nella difficoltà, lasciate che un'altra donna allatti il bambino a spese del padre[14].

7-Lasciate che una persona facoltosa spenda secondo i propri mezzi. Che colui che poco possiede, spenda secondo ciò che Dio gli ha dato. Dio non pone alcun peso su nessuna persona al di là di ciò che gli ha concesso. Dopo una difficoltà, Dio subito provvederà di un sollievo[15].

8-Quante popolazioni, che si sono opposte con insolenza[16] al comando del loro Signore e dei Suoi messaggeri, abbiamo chiamato a rendere conto, ad un resoconto severo? Abbiamo imposto loro una punizione esemplare[17].

---

[12] Un uomo egoista, dal momento che ha divorziato da sua moglie, potrebbe prima che il divorzio diventi definitivo trattarla ingiustamente e, anche se le concede di vivere ancora con lui, renderle la vita miserabile con la sua avarizia. Questo comportamento è proibito. La moglie ha il diritto di vivere nello stesso tenore di vita del marito, in accordo con la sua posizione sociale. Se non c'è alcuna speranza di riconciliazione, la separazione definitiva deve avvenire in modo onorevole.

[13] Nel caso che la donna sia incinta, vi è una responsabilità ulteriore per entrambi i genitori e un motivo di riconciliazione. In ogni caso nessuna separazione è possibile fino a dopo la nascita del bambino. Anche dopo la nascita, qualora la riconciliazione non sia possibile, ricade sul padre il dovere della cura del bambino e della madre. I genitori sono poi chiamati a consultarsi con rispetto su tutte quelle questioni che concernono il benessere del bambino.

[14] Nel caso che la madre non possa allattare per i più svariati motivi, il costo di una balia deve essere sostenuto dal padre del bambino senza eliminare quanto viene elargito per il mantenimento della madre.

[15] Cfr. 94:5-6.

[16] La miscredenza e l'empietà non consistono solo nel mancato rispetto dei riti religiosi, ma anche delle leggi della natura stabilite da Dio e questa è una più grave forma di empietà. Queste leggi per noi esseri umani includono quelle che si riferiscono ai rapporti con gli altri membri della società, a cui dobbiamo gentilezza e considerazione sulla base dei nostri doveri sociali. I doveri verso la nostra famiglia e i nostri figli sono importanti quanto la nostra vita spirituale. Le persone che dimenticano la legge morale nel matrimonio o nella vita famigliare periscono in questo mondo e non hanno alcun futuro nell'Altro. Questo insegnamento si applica sia agli individui che alle nazioni.

[17] Si riferisce alla vita presente.

9-Allora hanno assaggiato le conseguenze delle loro azioni malvagie e la fine della loro condotta è stata la perdizione.

10-Dio ha preparato per loro una punizione severa. Quindi, o uomini dotati di comprensione, temeteLo. O voi che avete creduto, Dio vi ha invero inviato un messaggero,

11-che vi reca i segni di Dio che contengono chiare spiegazioni, per condurre coloro che credono e compiono opere di bene dalla profondità delle tenebre[18] alla luce. Colui che crede in Dio e compie opere rette, Egli lo ammetterà in giardini sotto cui scorrono i ruscelli, dove dimorerà per sempre. Dio ha preparato per lui il sostentamento migliore.

12-Dio è Colui che ha creato i sette cieli e altrettante terre. Discende incessantemente dall'alto la Sua volontà creatrice. Sappiate che Dio è l'Onnipotente e che Egli abbraccia ogni cosa nella Sua conoscenza.

---

[18] Cfr. 24:40 dove la condizione dei miscredenti è descritta come la profondità delle tenebre in un vasto oceano. Cfr. 2:257.

LXVI

Sura At-Taḥrīm

(La proibizione)

Rivelata a Medina

Nel nome di Dio, il Clemente, il Misericordioso.

1-O Profeta! Perché reputi che ti sia proibito ciò che Dio ha reso lecito per te[1]? Tu cerchi di compiacere le tue spose. Però, Dio è Perdonatore, Misericordioso.
2-Dio ha già prescritto il modo di assolvervi dai vostri giuramenti. Dio è il vostro protettore. Egli è il Sapiente, il Saggio.
3-Quando il Profeta discusse confidenzialmente la questione con una delle sue spose, e poi lei lo comunicò [ad un'altra sposa], Dio glielo fece conoscere. Egli gli fece conoscere una parte, ma tacque l'altra. Quando poi egli lo disse a lei, costei domandò: "Chi te lo ha detto?" Rispose: "Me lo ha detto Chi conosce ed è ben consapevole di ogni cosa".
4-Voi [due mogli] dovete pentirvi davanti a Dio perché i vostri cuori hanno deviato. Però se vi supportate una con l'altra contro di lui, in verità Dio è il Suo protettore, insieme a Gabriele e ad ogni persona retta tra coloro che credono. Anche gli angeli lo supporteranno[2].

---

[1] Secondo la maggioranza dei commentatori in questo versetto ci si riferisce ad un episodio della vita del Profeta (pbsl) relativo al rapporto con le sue consorti, secondo quanto riportato da diverse fonti quali Bukhārī, Muslim, al-Nasai' ed Abū Dāwūd. Il Profeta (pbsl) era solito visitare le sue spose subito dopo la preghiera dell'*Asr*. Un giorno però si trattenne più tempo presso Zaynab bint Jahsh, il quale gli servì del miele, che al Profeta (pbsl) piaceva in modo particolare. Āishah, la figlia di Abū Bakr, si ingelosì e quindi propose alle altre spose, quali Hafsa, Sauda e Safīyya, di accordarsi per comunicare al Profeta (pbsl) che il miele non produceva un buon odore nella sua bocca. Per questa ragione il Profeta (pbsl) giurò che non lo avrebbe più mangiato, anche se gli piaceva in modo particolare. Questo versetto sarebbe, quindi, stato rivelato per comunicare al Profeta (pbsl) che non avrebbe dovuto dichiarare proibito ciò che invece Dio aveva dichiarato lecito per lui.
[2] Cfr. 33:56.

5-Se divorziasse[3], Dio gli darà delle spose migliori di voi che si sottomettono, che credono, che sono devote, che si volgono a Dio in pentimento, che sono umili nell'adorazione, che digiunano[4], siano state già sposate o vergini.

6-O voi che credete, salvaguardate voi stessi e le vostre famiglie dal Fuoco, il cui combustibile sono gli uomini e le pietre, su cui sono stati posti angeli severi e gravi che non aspettano a compiere i comandi che hanno ricevuto da Dio, ma fanno precisamente ciò che è stato loro ordinato.

7-[Diranno]: "O voi che rifiutate la fede! Non avanzate scuse, questo giorno! Siete ricompensati per ciò che avete compiuto!"

8- "O voi che credete, volgetevi a Dio con pentimento sincero, nella speranza che il vostro Signore rimuova da voi i vostri peccati e vi ammetta in Giardini dove scorrono ruscelli; il giorno in cui Dio non permetterà che siano umiliati il Profeta e quanti hanno creduto con lui. La loro luce li precederà dalla mano destra, mentre diranno: "Signore nostro! Perfeziona la nostra luce e concedici il perdono. Tu detieni il potere su tutte le cose".

9-O Profeta, impegnati strenuamente contro i miscredenti e gli ipocriti e mantieniti fermo contro di loro. La loro dimora è l'Inferno, un orribile rifugio.

10-Dio ha posto, come esempio per coloro che negano il vero, la moglie di Noè e la moglie di Lot. Costoro erano state affidate a due dei Nostri giusti servi, ma non erano fedeli[5] ai loro mariti. Non hanno guadagnato nulla davanti a Dio, ma è stato detto loro: "Entrate nel Fuoco con gli altri che vi entrano!"

11-Dio ha posto, come esempio per coloro che credono, la moglie del Faraone[6]. Ella disse: "O mio Signore! Costruisci per me, vicino a Te, una dimora nel Giardino e salvami dal Faraone e dalle sue azioni. Salvami da coloro che commettono il male".

---

[3] Cfr. 33:28-30. I doveri e le responsabilità delle spose del Profeta (pbsl) erano maggiori rispetto a quelli delle altre donne e per questa ragione il loro comportamento doveva essere ineccepibile e privo di qualsiasi occasione di rimprovero.

[4] In arabo *Sāiḥāt*, che letteralmente indica coloro che viaggiano per la fede, rinunciando alla propria casa, alla propria terra e agli ordinari piaceri dell'esistenza.

[5] Ci si riferisce ad una fedeltà relativa alle materie spirituali di verità e di condotta.

[6] Tradizionalmente costei è conosciuta con il nome di 'Āsiya, una delle quattro donne perfette, insieme a Maria, la madre di 'Īsā, Khadīja, la sposa del Profeta (pbsl), e Fatima, sua figlia. 'Āsiya fu probabilmente colei che salvò il piccolo Mosè dalle acque. Cfr. 28:9.

12-E Maria, la figlia di Imrān[7], che ha protetto la sua castità. Noi abbiamo insufflato nel suo corpo il Nostro spirito. Lei ha testimoniato della verità della parola del suo Signore e della Sua rivelazione ed è stata una dei servi devoti[8].

---

[7] 'Imrān è il tradizionale nome del padre di Maria. Cfr. 3:35, 19:27-28.
[8] In arabo *Qānitīn*, traducibile come "devoti". In questo versetto il termine è presente al genere femminile. Cfr. 21:91-92.

LXVII

Sura Al-Mulk

(Il dominio)

Rivelata a Medina

Nel nome di Dio, il Clemente, il Misericordioso

1-Che sia benedetto[1] Colui che nelle Sue mani detiene il dominio[2] ed il potere su tutte le cose.
2-Egli ha creato la morte[3] e la vita per poter provare chi tra di voi compie le azioni migliori. Egli è l'Eccelso, Colui che perdona.
3-Egli ha creato i sette cieli in totale armonia. Nella creazione del Misericordioso non è possibile cogliere alcun conflitto. Volgi ancora una volta il tuo sguardo. Vedi forse qualche mancanza?
4-Guarda ancora. La tua visione ritornerà abbagliata ed esausta.

---

[1] Che cosa intendiamo quando benediciamo il nome di Dio o quando proclamiamo che l'intera creazione dovrebbe benedire il nome del Signore? Intendiamo che riconosciamo e proclamiamo la Sua misericordia verso di noi, perché tutta la benedizione e la felicità si raggiungono per mezzo di Lui, il solo che detiene tutto il potere e la maestà.

[2] In arabo *Mulk*, traducibile come dominio, sovranità, diritto di mettere in atto la propria volontà o di fare tutto ciò che si vuole. Il termine *Mulk* in questo contesto ha una sfumatura di significato differente da *Malakūt* in 36:83, anche se entrambi derivano dalla medesima radice e sono stati tradotti con la parola "dominio". *Malakūt* si riferisce infatti alla signoria nel mondo invisibile, mentre *Mulk* a quella nel mondo visibile. Dio è però signore di entrambi.

[3] La morte qui viene posta davanti alla vita e viene detta creata. La morte non è semplicemente uno stato negativo. In 2:28 leggiamo: "Vedendo che eravamo senza vita ci ha dato la vita, e poi ci farà morire e ci riporterà di nuovo alla vita e di nuovo torneremo a Lui". Anche nel versetto 53:44 la morte è posta davanti alla vita. La morte è quindi interpretabile come: 1-Lo stato prima che cominci la vita, che può essere non-esistenza o esistenza sotto qualche altra forma, 2- Lo stato in cui la vita così come la conosciamo cessa, ma l'esistenza non cessa, uno stato di *Barzakh* (Cfr. 23:100) o barriera o separazione, dopo la morte del corpo e prima del Giudizio, dopo il quale ci sarà la nuova vita che possiamo concepire come eterna.

5-Abbiamo adornato i cieli più bassi con le lampade; le abbiamo rese dei giavellotti[4] per scacciare i demoni e abbiamo preparato per loro il castigo del Fuoco ardente.

6-Per coloro che respingono il loro Signore vi è la pena dell'Inferno, un'orribile destinazione.

7-Quando vi vengono spinti dentro[5], udranno un terribile fragore, quando arde;

8-sembra quasi sul punto di scoppiare di rabbia. Ogni qualvolta un gruppo vi viene gettato dentro, coloro che lo custodiscono diranno: "Non avete forse ricevuto alcun monito?"

9-Risponderanno: "Sì, un ammonitore venne da noi, ma lo abbiamo respinto e abbiamo detto: "Dio non ha mai inviato nessun messaggero. Siete solo vittime di una grande delusione".

10-Diranno ancora: "Se solo avessimo prestato ascolto e avessimo utilizzato la nostra intelligenza, non saremo adesso tra i Compagni del Fuoco ardente!"

11-Allora confesseranno i loro peccati, ma il perdono sarà lontano dai Compagni del Fuoco ardente.

12-Per coloro che invece temono il loro Signore, che non possono vedere, c'è il perdono ed una grande ricompensa.

13-Sia che teniate nascosta la vostra parola o la rendiate pubblica, Egli certamente ha una piena conoscenza dei segreti dei cuori.

14-Non conosce forse ciò che ha creato? Egli è Colui che comprende i misteri più sottili dei cuori.

---

[4] Il fenomeno delle stelle cadenti è stato spiegato in 15:16-18 ed in 37:6-10.

[5] Per *Shahīq* confronta 11:106. Qui il termine *Shahīq* (singhiozzi) contrasta con *Zafīr* (sospiro). Nel primo caso s'intende l'atto dell'inspirare e nell'altro caso l'emissione di un respiro profondo. Il verbo *Fara* significa invece gonfiarsi, incendiarsi e sgorgare. In 11:40 il medesimo verbo è stato applicato allo sgorgare delle acque del diluvio, mentre qui viene utilizzato per indicare l'accendersi del Fuoco della punizione. Il Fuoco è personificato. Possiede un fiero appetito ed una forte aggressività. E alla fine il male incontra il medesimo destino.

15-Egli ha reso per voi la terra un luogo confortevole[6] dove vivere. Così attraversatela e godete di ciò che Egli vi ha concesso per sostentarvi. Presso di Lui si trova la resurrezione[7].

16-Siete forse sicuri che Colui che si trova nei cieli non farà sì che ne siate inghiottiti[8], quando sarà scossa [da un terremoto]?

17-O siete sicuri che Colui che si trova nei cieli non vi invierà un violento tornado[9], al fine che sappiate quanto terribile era il Mio monito?

18-Coloro che li hanno preceduti hanno rifiutato il Mio monito. In quale terribile modo loro stessi sono stati respinti!

19-Non osservano forse gli uccelli al di sopra di loro[10], che spiegano e piegano le ali?[11] Nessuno li sostiene tranne che il Compassionevole. Egli veglia su ogni cosa.

20-Chi può, oltre il Misericordioso, aiutarvi e soccorrervi contro il nemico? Coloro che respingono la fede dimorano nella delusione.

21-Chi potrebbe prendersi cura di voi, se Egli ritirasse indietro quanto ha concesso? Costoro persistono nella loro insolente empietà e si allontanano dalla verità.

22-È allora colui che cammina, inciampa e cade con il volto[12] a terra, meglio guidato di colui che cammina a testa alta[13] per la retta via?

---

[6] In 2:71 il termine *Dhalūl* è utilizzato per indicare un animale addestrato e trattabile. Qui invece è impiegato in riferimento alla terra. L'uomo è riuscito ad aprirsi varchi attraverso i deserti e le montagne, attraverso i fiumi e i mari grazie alle navi e attraverso l'aria per mezzo degli aeroplani. Ha costruito ponti e tunnel ed altri mezzi di comunicazione. Però ne è stato capace solo perché Dio gli ha concesso l'intelligenza necessaria per modificare il paesaggio e l'ambiente circostante.

[7] Nel descrivere i doni di Dio, la misericordia e la cura in questo temporaneo soggiorno sulla terra, diventa chiaro che il fine ultimo è l'Altra vita, ossia l'esistenza che ci attende dopo la resurrezione.

[8] Cfr. 17:68. Cfr. 28:76-82 in riferimento alla storia di Qārūn.

[9] Cfr. 17:68 e 29:40. Un violento tornado ha distrutto le città che si sono rivolte contro il monito di Lot.

[10] Il volo degli uccelli è uno degli spettacoli più belli della natura. La struttura e la posizione delle loro piume e dei loro corpi, le loro forme snelle dal becco alla coda, sono esempi di fine adattativo. La misericordia di Dio concede ad ogni creatura quelle condizioni che sono le più adatte per la sua esistenza.

[11] In arabo viene utilizzato il termine *Sāffāt* (dispiegare le ali) nella forma del participio attivo, che suggerisce il continuo planare sulle ali spiegate, mentre *Yaqbidhna* (ripiegare) è nella forma dell'aoristo e suggerisce il loro spasmodico battere.

[12] Cfr. 27:90. L'uomo giusto è colui che cammina sul retto cammino, i suoi piedi sono guidati dalla luce di Dio ed il suo cuore è sostenuto dalla Sua misericordia.

[13] Come Abramo che cercava di guidare il suo padre miscredente. Cfr. 19:43.

23-Di': "Egli è Colui che vi ha creato, vi ha fatto crescere[14], vi ha dato le facoltà dell'udito e della vista e vi ha concesso di sentire e comprendere. Eppure quanto poco siete grati".

24-Di': "Egli è Colui che vi ha moltiplicati sulla terra[15] e presso di Lui sarete ricondotti".

25-Domandano: "Quando si avvererà questa promessa, se state dicendo il vero[16]?"

26-Di': "Per quanto riguarda il tempo, la sua conoscenza è presso Dio[17]. Io sono stato inviato solo come ammonitore".

27-Alla fine, quando lo vedranno avvicinarsi, i volti dei miscredenti si rabbuieranno e sarà loro detto: "Questo è quanto attendevate e domandavate!"

28-Di': "Vedete? Sia che Dio distrugga me e coloro che si trovavano con me sia che ci conceda la Sua misericordia, chi può salvare i miscredenti da un castigo terribile?"

29-Di': "Egli è il Misericordioso. Noi abbiamo creduto in Lui e in Lui abbiamo riposto la nostra fiducia. Presto vedrete chi di noi si trova in errore manifesto".

30-Di': "Vedete? Se improvvisamente l'acqua scomparisse[18] sottoterra, chi potrebbe di nuovo rifornirvi da pure fonti?"

---

[14] Per *Ansha* Cfr. 6:98.

[15] L'umanità si è moltiplicata e si è dispersa per la terra, ha sviluppato diversi linguaggi e caratteristiche, esteriori ed interiori. Alla fine delle cose saranno tutti riuniti insieme, quando il male creato dall'esercizio errato della volontà umana sarà cancellato e la verità di Dio regnerà universalmente.

[16] I miscredenti sono scettici, ma viene risposto loro nei seguenti due versetti.

[17] Solo Dio conosce quando giungerà il giudizio. Il dovere del messaggero è unicamente quello di proclamarlo apertamente e chiaramente. Non gli si addice punire o affrettare la punizione del male. Cfr. 22:47-49.

[18] La sura si chiude con una parabola. Nella nostra vita quotidiana, che cosa accadrà se risvegliandoci scoprissimo che le fonti e le nostre risorse di acqua sono scomparse e sono state sommerse nella profondità della terra? Senza acqua non possiamo vivere, e l'acqua non può sollevarsi al di sopra del suo livello, ma ne cerca sempre uno più basso. La medesima cosa accade nella nostra vita spirituale. Le sue fonti sono la saggezza divina che fluisce dall'alto. Dio è la fonte reale della vita e noi dobbiamo cercare la Sua grazia e misericordia, in quanto non possiamo trovarle in nessun'altra parte. La Sua saggezza e misericordia sono come acqua chiara che sgorga dalla sorgente e non come la saggezza e il bene torbido di questo mondo che spesso rappresentano degli ostacoli invece dei vantaggi.

LXVIII

Sura Al-Qalam

(Il calamo)

Rivelata alla Mecca, (tranne i versetti 17-33; 48-52)

Nel nome di Dio, il Clemente, il Misericordioso

1-Nūn[1]. Per la penna[2] e per ciò che scrivono,
2-tu non sei, per la grazia del tuo Signore, né pazzo né posseduto[3].
3-In verità, per te ci sarà una ricompensa inesauribile[4],
4-perché sei un uomo dotato di un eccelso carattere morale.
5-Presto vedrai[5], e anche loro vedranno,

---

[1] *Nūn* è una lettera abbreviata. *Nūn* può significare un pesce o un contenitore di inchiostro o può rappresentare semplicemente una lettera dell'alfabeto. Nell'ultimo caso si riferisce ad uno o ad entrambi gli altri significati. Bisogna notare anche che il ritmo arabo in questa sura termina con N. Il riferimento all'inchiostro rappresenta un legame appropriato con la penna cui si fa riferimento nel versetto 1. Il riferimento al pesce poi si trova in connessione con la storia di Jonas nei versetti 48:50. Il titolo con cui viene apostrofato Giona è infatti "il compagno del pesce", dal momento che nella storia è stato ingoiato da un pesce. La lettera N potrebbe anche rappresentare simbolicamente Giona nella forma araba Yūnus, dove la caratteristica lettera ferma è N.

[2] La penna e il registro costituiscono i fondamentali simboli della rivelazione fatta all'uomo. Il versetto respinge l'accusa mossa verso il Profeta (pbsl) di essere pazzo o posseduto perché ha pronunciato parole chiare e piene di significato. Muhammad (pbsl) è stato la vivente grazia e misericordia di Dio e la sua natura lo ha esaltato al di sopra dell'offesa e della persecuzione.

[3] Le persone solitamente chiamano pazzo colui che possiede standard differenti dai propri. Le persone superstiziose poi credono che la pazzia sia dovuta alla possessione demoniaca.

[4] Il Profeta di Dio (pbsl) invece è stato innalzato ad una grande dignità spirituale in quanto gli sono stati garantiti una natura ed un carattere che si ponevano di molto al di sopra della sofferenza, del dolore, della calunnia e della persecuzione.

[5] Sebbene la natura del Profeta Muhammad (pbsl) lo abbia sollevato al di sopra del meschino disprezzo dei suoi contemporanei, viene rivolto un appello alla loro ragione e alla logica degli eventi. Non erano forse i suoi accusatori ad essere pazzi? Che cosa è accaduto ad Walīd ibn Al-Mughīra, ad Abū Jahl o ad Abū Lahab? Questo appello inoltre non ha valore solo per i contemporanei del Profeta (pbsl) ma per i credenti di tutti i tempi.

6-chi è afflitto da pazzia.

7-In verità, il tuo Signore sa meglio di ogni altro chi si è allontanato dalla retta via e chi ha ricevuto la retta guida.

8-Così non prestare obbedienza a coloro che rifiutano la fede.

9-Costoro desiderano che ti mostri accondiscendente verso di loro, così potranno esserlo con te.

10-Non prestare ascolto al tipo di uomo deplorevole[6] pronto ai giuramenti[7],

11-un calunniatore pronto a proferire menzogne,

12-che abitualmente pone ostacoli davanti a tutto ciò che è buono, trasgredendo i limiti, profondo nel peccato,

13-violento, crudele[8], posseduto dall'avidità ed inutile,

14-anche se[9] possiede ricchezza e numerosi figli.

15-Quando gli vengono presentati i Nostri segni[10], grida: "Favole degli antichi!"

16-Presto lo marchieremo con un'indelebile disgrazia.

17-In verità, li abbiamo messi alla prova così come abbiamo fatto con i padroni di un giardino[11], quando decisero di raccoglierne i frutti al mattino,

---

[6] Queste odiose qualità non sono rare, anche se la combinazione di tutte in una persona sola le rende particolarmente deprecabili, così come è accaduto nel caso di Walīd ibn Al-Mughīra, che era uno dei più acerrimi nemici e calunniatore del Profeta (pbsl) e che incontrò una fine ignominiosa subito dopo la battaglia di Badr, in cui venne ferito.

[7] Solo i bugiardi giurano in ogni occasione, sia piccola che grande, in quanto la loro parola non viene per nulla creduta.

[8] Accanto all'uomo che si auto-inganna e che accetta quasi tutto, c'è un terzo tipo di uomo, la cui natura è anche più degradata. Costui non ha alcuna idea della verità e della sincerità. Egli è pronto a giurare fedeltà a qualsiasi causa e a qualsiasi persona. Nello stesso tempo però è pronto a calunniare ed a diffondere l'inimicizia. Il male sembra essere il suo bene ed il bene il suo male. Egli non solo seguirà vie malvagie ma impedirà anche alle persone di compiere il bene. Quando viene fermato, ricorre alla violenza. Costui si vanta poi della sua ricchezza e del suo seguito. Per costui la religione è solo una superstizione.

[9] Agli occhi di Dio questo tipo di uomo è in ogni caso marchiato e catalogato come peccatore.

[10] I segni di Dio, attraverso i quali ci chiama, si trovano in ogni luogo, nella natura, nel nostro cuore e nella nostra anima. Nella rivelazione, ogni versetto costituisce un segno che simboleggia molto più di quanto sembri ad una prima lettura. Segno, indicato con la parola araba Āyāh, quindi diventa un termine tecnico per indicare un versetto del Corano.

[11] La questione relativa al perché i malvagi prosperano non è una domanda facile a cui rispondere. I fattori cui ci si deve riferire sono i seguenti: 1-La scelta lasciata alla libertà

18-non mettendo da parte nulla [secondo la volontà di Dio][12].

19-Allora giunse al giardino una visita del tuo Signore[13], che spazzò via tutto ciò che si trovava intorno, mentre erano addormentati.

20-Così il giardino divenne, al mattino, un luogo buio e desolato.

21-Quando spuntò l'alba, si chiamarono l'un l'altro:

22- "Andiamo presto[14] al nostro campo, se vogliamo coglierne i frutti".

23-Così se ne andarono, parlando sommessamente:

24- "Non lasciamo entrare oggi nel giardino nessuno che si trovi nel bisogno[15]".

25-Così andarono al mattino, forti della loro ingiusta decisione.

26-Però, quando videro il giardino, dissero: "Ci siamo sicuramente smarriti[16].

27-Siamo stati privati dei frutti del nostro lavoro".

28-Uno di loro, che era più giusto degli altri, disse: "Non vi ho forse detto: perché non glorificate Dio?"

---

dell'uomo, 2-La sua responsabilità morale, 3-Il bisogno di armonizzare la sua volontà con quella di Dio, 4-La pazienza di Dio che opera con la Sua misericordia nei modi più diversi, ed infine la natura della punizione spirituale che non è semplicemente un atto arbitrario ed improvviso ma un processo lungo e graduale, in cui vi è sempre spazio per il pentimento. Tutti questi fattori sono illustrati nella parabola dei popoli del giardino.

[12] Dobbiamo sempre ricordare che tutti i nostri piani dipendono per il loro successo su quanto si accordano con la volontà ed il piano di Dio. La Sua volontà è infatti suprema in ogni questione.

[13] Una terribile tempesta aveva distrutto sia i frutti che gli alberi. L'intero luogo era completamente cambiato ed era a malapena riconoscibile.

[14] Al risveglio dal sonno le persone non erano consapevoli che il loro giardino era stato distrutto dalla tempesta durante la notte, ma continuavano a nutrire i loro sogni egoisti. Andando molto presto, pensavano di poter privare i poveri della loro parte.

[15] Il povero e il destituito detengono dei diritti nel raccolto nei villaggi orientali. I ricchi padroni del frutteto nella parabola intendevano privarli di questo diritto andando al frutteto di mattina presto, ma la loro avidità venne punita. Avevano l'intenzione di frodare il prossimo, ma non avevano il coraggio di guardare negli occhi coloro che avevano intenzione di privare dei loro diritti. Arrivando al frutteto prima degli altri, volevano far apparire davanti al mondo che non erano consapevoli dei diritti che stavano calpestando.

[16] I loro sogni svanirono quando scoprirono che il giardino aveva cambiato aspetto ed era diventato irriconoscibile. Era come se fossero giunti in un luogo differente. Dove si erano aspettati di mietere un ricco raccolto, vi era solamente un deserto. Costoro avevano complottato di tenere lontani gli altri dai frutti. Ora, però la perdita era la sola cosa che rimaneva loro.

29-Dissero: "Gloria al nostro Signore! In verità, abbiamo agito ingiustamente!"
30-Allora cominciarono a rimproverarsi a vicenda.
31-Dissero: "Abbiamo trasgredito.
32-Forse il nostro Signore ci darà in cambio un giardino migliore di questo perché ci siamo rivolti verso di Lui speranzosi".
33-Questa è la punizione [in questa vita], ma più grande è la punizione nell'Altra. Se solo sapessero!
34-In verità, per i credenti ci sono Giardini di delizie, alla presenza del loro Signore.
35-Dovremo forse trattare i credenti come i peccatori?
36-Che cosa vi accade? Su che cosa fondate il vostro giudizio?
37-O possedete un Libro che avete studiato e dove è scritto,
38-oppure nel quale potete trovare qualsiasi cosa desideriate?
39-Avete stretto un patto con Noi sotto giuramento, valido fino al Giorno del Giudizio, secondo il quale dovrete ottenere qualsiasi cosa domandiate?
40-Domanda a chi è capace di garantire per loro.
41-Bene, se sono veritieri in ciò che chiedono, che mostrino i loro sostenitori[17].
42-Il giorno in cui le gambe dell'uomo saranno nude[18] e verranno chiamati a prosternarsi in adorazione, ma non ne saranno capaci.
43-Gli occhi[19] saranno rivolti verso il basso. L'ignominia li coprirà, quando vedranno che erano stati chiamati a prosternarsi mentre erano in vita[20], ma hanno rifiutato.

---

[17] I pagani non possono dichiarare di aver stretto con Dio un patto speciale che consente loro una posizione favorevole rispetto agli altri mortali.

[18] Potrebbe riferirsi alla dottrina della trinità o ad ogni altra forma di politeismo. Questa dottrina di fatto distrugge la concezione cardinale dell'unità di Dio.

[19] Questo accadrà quando gli uomini si troveranno davanti alla desolata realtà del Giorno del Giudizio. In quell'occasione gli uomini saranno chiamati all'adorazione non necessariamente con le parole, ma con la logica dei fatti, quando la realtà sarà pienamente manifesta. La gloria sarà troppo abbagliante per i miscredenti, il cui passato e deliberato rifiuto, quando avevano libertà di scelta, si porrà sulla loro via.

[20] Le loro memorie passate, combinate con la loro posizione presente, li riempirà di un senso di profonda costernazione e di umiliazione.

44-Quindi lasciami[21] solo con coloro che rifiutano il messaggio. Li puniremo da direzioni che non percepiscono[22].

45-Garantiremo loro una lunga tregua. In verità, il mio piano è molto potente.

46-O temono che domandi loro una ricompensa, cosicché saranno oberati dai debiti?

47-Oppure l'invisibile si trova nelle loro mani, cosicché possano scriverlo?

48-Attendi con pazienza il comando del tuo Signore e non essere come il Compagno del Pesce, quando gridò in agonia.

49-Se la grazia del tuo Signore non lo avesse raggiunto, sarebbe stato lasciato sulla nuda[23] spiaggia, in disgrazia.

50-Il suo Signore però lo ha scelto e lo ha reso uno dei giusti.

51-I miscredenti vorrebbero ucciderti con i loro sguardi malvagi[24], quando odono il messaggio e dicono: "Sicuramente è posseduto!"

52-Però questo è un messaggio per tutti i mondi.

---

[21] In arabo *Sālimūn*, traducibile come "in pieno possesso del potere di giudizio e volontà".

[22] Da notare il passaggio da Me a Voi in questo versetto e di nuovo da Io e Mio nel versetto successivo. La prima persona plurale ordinariamente è utilizzata nel Corano per riferirsi alla Parola di Dio. Quando invece è utilizzata la prima persona singolare, vuole indicare una speciale relazione sia di misericordia o di punizione. Cfr. 2:38.

[23] Questo era *Dhu al-Nūn*, o Giona. Cfr. 21:87-88 e 37:139-148. Venne domandato a Giona di predicare al popolo di Ninive. Durante l'esecuzione di questo compito, si scontrò con l'ostilità e la persecuzione, fuggì dai suoi nemici e prese una barca. Fu colto da una tempesta e gettato nel mare. Venne inghiottito da un grosso pesce o una balena, ma si pentì e venne perdonato. Anche gli abitanti di Ninive furono perdonati perché si pentirono. In questo versetto è presente una doppia allegoria relativa alla misericordia e al perdono di Dio, insieme all'invito ad avere pazienza ed alla completa e gioiosa sottomissione al Suo volere.

[24] Gli occhi degli uomini malvagi guardano all'uomo buono come se volessero divorarlo, farlo inciampare o disturbarlo dalla sua posizione di stabilità o di fermezza. Costoro utilizzano ogni sorta di offesa. Cfr. 68:2. L'uomo buono però rimane impassibile.

LXIX

Sura Al-Hāqqa

(La sicura realtà)

Rivelata alla Mecca

Nel nome di Dio, il Clemente, il Misericordioso

1-La sicura realtà[1]!
2-Che cosa è la sicura realtà?
3-Che cosa ti farà comprendere che cosa è la sicura realtà?
4-I Thamud e gli Ad tacciarono di falsità l'improvvisa calamità[2]!
5-I Thamud sono stati distrutti da una terribile[3] tempesta di tuoni e fulmini!
6-Gli Ad[4] furono distrutti da un vento furioso, terribilmente violento.
7-Egli lo fece soffiare contro di loro sette giorni e otto notti consecutivamente fino a quando le persone giacquero prostrate come tronchi di palma estirpati[5].
8-Qualcuno è forse sopravvissuto?[6]

---

[1] La realtà sicura, l'evento che dovrà necessariamente accadere, lo stato in cui tutta la falsità e le menzogne saranno destinate a svanire e l'assoluta verità apparirà così come è. La domanda in questi tre versetti solleva un alone di mistero. La soluzione viene però suggerita mediante ciò che è accaduto ai Thamud, agli Ad e ad altri popoli antichi, che hanno ignorato la verità di Dio e sono andati incontro ad una fine violenta, anche in questa vita. La fine violenta che li ha portati alla morte simbolicamente rappresenta anche il cataclisma del Giorno del Giudizio.

[2] Un'altra descrizione del terribile Giorno del Giudizio. Il termine *Qāri'a* appare anche come titolo della sura numero 101.

[3] I Thamud erano soliti agire in modo arrogante, opprimendo i poveri. Il profeta Salih predicò presso di loro e presentò il magnifico simbolo della femmina di cammello come emblema del diritto dei poveri, ma costoro la uccisero. Cfr. 7:73. furono distrutti da una terribile calamità, un terremoto seguito da una terribile tempesta.

[4] Gli Ad erano un popolo ingiusto, viziato dalla propria prosperità. Il profeta Hud predicò presso di loro invano. Furono distrutti da una tempesta di vento.

[5] Uomini morti che giacciono come tronchi vuoti di alberi di palma sradicati.

[6] La calamità fu spaventosa. Gli Ad furono completamente distrutti e dei Thamud rimase solo il nome.

9-Il Faraone[7], coloro che lo hanno preceduto[8] e le città distrutte[9] commettevano abitualmente il peccato.

10-Ognuno di loro però disubbidì al messaggero del loro Signore, così Egli li ha puniti con una pena severa.

11-Quando l'acqua fluì oltre i limiti[10], abbiamo posto nell'Arca i vostri antenati,

12-affinché diventasse un monito per voi tutti. Che chiunque ha orecchi attenti lo possa ricordare[11].

13-Poi, quando risuonerà la tromba del Giudizio con un unico squillo,

14-la terra sarà scossa e le sue montagne saranno ridotte in polvere ad un singolo colpo.

15-Quel giorno giungerà l'Ora della verità.

16-Il cielo si squarcerà perché quel giorno sarà fragile.

17-Gli angeli si disporranno ai suoi lati. Quel giorno otto porteranno il trono del tuo Signore[12].

18-Quel giorno sarete giudicati. Nessuna delle vostre azioni rimarrà nascosta.

19-A colui, cui sarà dato il registro nella mano destra[13], sarà detto: "Leggilo!"

---

[7] Mosè era il messaggero inviato al Faraone. Cfr. 7:103-137. Il Faraone era un uomo eccessivamente orgoglioso e la sua caduta fu proporzionalmente grande e si estese gradualmente alla sua dinastia ed al suo popolo.

[8] Se seguiamo la sequenza dei popoli che furono distrutti dai loro peccati, così come vengono menzionati in 7:59-158, iniziamo con il popolo di Noè, poi gli Ad e i Thamud, poi le Città della Pianura, Midia, gli Egiziani ed infine i pagani Quraysh presso il quale venne inviato il profeta Muhammad (pbsl). Questa è la sequenza cronologica.

[9] Sodoma e Gomorra presso le quali predicò Lot. Cfr. 9:70, 7:80-84.

[10] Si tratta di un'inondazione grandissima. Cfr. 7:59-64, 11:25-49. Noè venne ridicolizzato mentre si preparava ad affrontare il diluvio. Cfr. 11:38. Dio gli aveva comandato di costruire l'arca per salvare l'umanità dal diluvio. Però solo coloro che avevano fede vi salirono e furono salvati.

[11] Arriviamo ora all'evento inevitabile, al Giorno del Giudizio, il tema di questa sura. Questo è il primo terremoto a cui ci si riferisce in 39:68.

[12] Probabilmente questo numero non ha uno speciale significato, a meno che non si riferisca alla forma stessa del Trono o al numero degli angeli. Il trono orientale infatti ha spesso forma ottagonale ed i suoi portatori si dispongono ad ogni angolo.

[13] Cfr. 17:71 dove gli onesti sono descritti come coloro a cui è dato il registro delle loro azioni nella mano destra per il giudizio. Cfr. 56:27, 38 e altri passaggi, dove i giusti sono chiamati i "Compagni della mano destra".

20- "In verità, sapevo[14] che un giorno sarebbe arrivato il mio resoconto!"

21-Costui si troverà in una vita di benedizione,

22-in un giardino elevato.

23-I frutti[15] penderanno in grappoli bassi e vicini,

24- "Mangia e bevi con piena soddisfazione, per il bene che hai inviato davanti a te nei giorni che ormai sono trascorsi![16]"

25-Colui, a cui sarà dato il registro nella mano sinistra[17], dirà: "Che il mio registro non mi fosse mai stato dato.

26-Non ho mai compreso che sarebbe giunto il mio giudizio!

27-Che la morte[18] avesse significato per me l'estinzione!

28-La mia ricchezza non mi è stata di alcun profitto!

29-Il mio potere si è esaurito"[19].

30-Prendetelo e legatelo,

31-e bruciatelo nel Fuoco ardente.

32-Legatelo poi ad una catena[20] lunga settanta cubiti!

33-Costui non ha creduto in Dio, l'Eccelso,

---

[14] Il giusto si rallegrerà per il fatto che la fede, che ha avuto durante la vita terrena, è pienamente giustificata e la sua speranza si trova adesso realizzata davanti a lui. Egli ha creduto che il bene e il male dovranno incontrare le loro rispettive ricompense nell'Altra vita, per quanto molti elementi apparenti possano essere stati contro questa fede nel corso della vita terrena, ossia nei giorni ormai trascorsi.

[15] Il simbolo è quello di grappoli lucidi e succosi che pendono da rami pesanti, e che sono così vicini da poter essere facilmente colti e goduti in modo semplice. Cfr. 55:54 e 76:14.

[16] Sarà un mondo completamente nuovo, una nuova terra ed un nuovo cielo, quando i benedetti potranno pensare con calmo sollievo ai giorni ormai andati. Cfr. 14:48. Anche il tempo e lo spazio non esisteranno più, e le idee che possiamo avere in questo mondo sulla realtà dell'Altro diventeranno completamente obsolete.

[17] Questo si pone in contrasto con i giusti che riceveranno il registro delle loro azioni nella mano destra. Cfr. 69:19. I giusti sono lieti di ricordare il loro passato. La loro memoria in se stessa è un possesso prezioso. Gli ingiusti invece al ricordo del passato soffrono atrocemente. La loro memoria è in se stessa una gravosa punizione.

[18] La morte in questa vita è solo un passaggio ad un nuovo mondo. Costoro desidereranno che la vita costituisca la fine di tutte le cose, ma non sarà così.

[19] L'intesa agonia si prova quando l'anima perde il proprio potere, quando la personalità cerca di realizzarsi nelle nuove condizioni, ma comprende di esserne incapace. Questa è la vita nella morte.

[20] Gli uomini peccatori il cui registro delle passate azioni sarà consegnato nella mano sinistra si troveranno in una grande disperazione. Il potere e l'autorità che utilizzavano per perpetuare l'ingiustizia e l'oppressione si saranno estinti. La ricchezza, che li ha indotti a restare sordi davanti al richiamo della verità, non esisterà più.

34-e non ha incoraggiato[21] il nutrimento dell'indigente!

35-Quel giorno costui non avrà nessun amico,

36-né alcun cibo tranne il pus che viene lavato via dalle ferite[22],

37-che nessuno mangia tranne coloro che sono nel peccato.

38-Così io chiamo come testimone[23] ciò che vedi,

39-e ciò che non vedi.

40-Questa è veramente la parola di un onorato messaggero.

41-Non è la parola di un poeta, per quanto poco credete,

42-e nemmeno quella di un indovino[24], per quanto poco riflettiate.

43-Questo è un messaggio inviato gradualmente dal Signore dei Mondi.

44-Se il messaggero inventasse qualcosa in nome Nostro,

45-lo afferreremo sicuramente per la mano destra[25],

46-e taglieremo l'arteria del suo cuore[26].

47-Nessuno di voi potrebbe liberarlo[27] dalla Nostra ira.

48-Di sicuro questo è un messaggio per chi teme Dio,

49-e sappiamo che ci sono tra di voi coloro che lo rifiutano.

---

[21] Cfr. 107:3, 89:18. Il risultato della loro ribellione contro il Dio di misericordia è stata l'estinzione della loro capacità di provare compassione. Non solo non hanno aiutato e nutrito coloro che si trovavano nel bisogno, ma hanno anche impedito agli altri di farlo. Costoro non troveranno né amici né comprensione nell'Altra vita.

[22] Costoro hanno ferito molte persone con la loro crudeltà ed ingiustizia in questa vita e per questo saranno condannati a trarre nutrimento dalle loro stesse ferite.

[23] Cfr. 56:75, 70:40, 90:1. La parola di Dio è la quintessenza della verità. L'uomo deve esaminare le verità portate dai profeti attraverso la luce delle proprie facoltà spirituali. Il testimone della parola è ciò che conosciamo nel mondo visibile, in cui la falsità lascia il posto alla verità e a quello che conosciamo come il mondo invisibile attraverso le nostre facoltà spirituali.

[24] Un indovino pretende semplicemente di raccontare eventi futuri che però sono privi di profonde conseguenze spirituali. Molte delle profezie degli indovini sono inganni e nessuno di loro è portatore di messaggi di portata etica.

[25] La mano destra è la mano del potere e di azione. Chi viene bloccato nella mano destra viene privato della possibilità di agire secondo i propri desideri e di portare a termine i propri piani. Il messaggio è il seguente: se si dovesse sollevare un impostore, sarebbe subito individuato e sarebbe messo nella condizione di non poter procedere per un tempo indefinito con le sue frodi. I profeti di Dio, invece, per quanto possano essere perseguitati, aumentano di potere giorno dopo giorno, proprio come accadde al Profeta Muhammad (pbsl), la cui verità, sincerità e amore furono pienamente riconosciuti nel corso della sua intera vita.

[26] Questo condurrebbe ad un blocco completo delle funzioni vitali e quindi alla morte.

[27] La protezione di cui i profeti di Dio godono in circostanze di pericolo e di difficoltà non sarà disponibile per gli impostori.

50-La vera rivelazione è motivo di tristezza per quanti negano la fede,
51-ma questa è la verità di certezza[28] assoluta.
52-Così esalta la gloria illimitata del nome[29] del Tuo Signore, l'Eccelso.

[28] Tutta la verità è in se stessa certa. La certezza però può avere diversi gradi. Vi è la probabilità o la certezza che risulta dall'applicazione al potere di giudizio dell'uomo e dalla sua valutazione dell'evidenza. Questa è la "*Ilm al-Yaqīn*", ossia la certezza a cui si perviene attraverso ragione e deduzione. Si tratta di una certezza che deriva dal vedere o fare esperienza di qualche cosa in modo diretto. Cfr. 102:5. Poi vi è la verità assoluta, ossia *Haqq al-Yaqīn*, che non implica alcuna possibilità di errore di giudizio o errore visivo.

[29] Dal momento che Dio ci ha dato la verità assoluta attraverso la Sua rivelazione, è doveroso comprenderla e ad esserGli grati. Dobbiamo celebrare la Sua lode nei pensieri, nelle parole e nelle azioni.

LXX

Sura Al-Ma'ārij

(Le vie ascendenti)

Rivelata alla Mecca

Nel nome di Dio, il Clemente, il Misericordioso

1-Qualcuno ha domandato una punizione impellente
2-sui miscredenti, che non può essere evitata,
3-una punizione proveniente da Dio, Signore delle vie ascendenti[1].
4-Gli angeli e lo Spirito[2] ascendono verso di Lui in un giorno che misura cinquantamila anni.
5-Quindi mantieniti paziente di una bella pazienza[3].
6-Considerano il giorno un evento che si manifesterà tra molto tempo,
7-ma a Noi appare piuttosto vicino.
8-Il giorno in cui il cielo sarà come ottone fuso[4],
9-e le montagne come lana[5].

---

[1] In arabo *Ma'ārij*: vie di ascesa, scale. In 43:33 la parola è utilizzata nel suo senso letterale: "scale di argento su cui salire". Qui c'è un profondo riferimento spirituale. Possiamo essere in grado di raggiungere Dio l'Eccelso? Nella Sua grazia infinita Egli ha dato questo privilegio agli angeli e agli esseri spirituali, tra cui si colloca anche l'uomo. La via però non è semplice e non può essere percorsa in un solo giorno.

[2] *Rūh*, ossia lo Spirito, Cfr. 78:38, 94:7. Nel versetto 16:2 abbiamo tradotto *Rūh* con ispirazione. Alcuni commentatori hanno interpretato il termine "Spirito" come riferito all'arcangelo Gabriele. Ritengo però che qui potrebbe avere un significato più generale.

[3] Il profeta di Dio, perseguitato e maltrattato dal mondo, deve mostrare pazienza, non però quel tipo di pazienza che si accompagna alle lamentele espresse o represse, ma quella sorta di pazienza che è contenta degli ordini di Dio perché crede e sa che sono per il bene, proprio come fece il Profeta Muhammad (pbsl). Questa pazienza vince il compiacimento di Dio, perché sorge dalla più pura delle fedi e dalla fiducia in Lui.

[4] Cfr. 18:29 e 44:45. Qui il cielo è paragonato a piombo fuso o, secondo l'interpretazione di altri, alla posa dell'olio. Il significato è comunque che il blu del cielo scomparirà per sempre.

[5] Cfr. 101:5. Le montagne, che sembravano così solide e stabili, voleranno via come fiocchi di lana dalle mani del cardatore.

10-Nessun buon amico domanderà dell'amico[6],
11-sebbene siano nella condizione di vedersi. Il desiderio di colui che ha costretto gli altri a rifiutare il Nostro messaggio sarà di potersi redimere dalla punizione di quel giorno[7] sacrificando i propri figli,
12-sua moglie e suo fratello,
13-il parente che gli ha dato ospitalità
14-e tutto ciò che si trova sulla terra, per potersi liberare[8].
15-No, non sarà possibile. Tutto ciò che lo attende è il Fuoco dell'Inferno,
16-che gli toglierà via la pelle![9]
17-Il Fuoco reclamerà tutti coloro che hanno volto le spalle[10] e hanno distolto i volti [da ciò che è giusto],
18-che hanno accumulato del denaro e lo hanno nascosto!
19-In verità, l'uomo è stato creato pieno d'impazienza[11],
20-sconvolto, quando una disgrazia lo coglie,

---

[6] Il mondo si dissolverà e non ci sarà più un limite definito tra il cielo e la terra. Anche le relazioni umane saranno trasformate dal peccato in qualcosa di orribile e terribile. I malvagi saranno colti dal terrore quando diventeranno consapevoli della loro responsabilità personale ed abbandoneranno i loro più intimi amici e la loro vista non farà altro che accrescere la loro agonia.

[7] I peccatori offriranno i loro figli e la loro famiglia, che li ha protetti e mantenuti, come riscatto. A tanto arriverà il loro egoismo ed il loro terrore.

[8] Nulla potrà liberare il peccatore dalla punizione che lo attende.

[9] Sarà un fuoco che brucerà non solo il suo corpo, ma arriverà fino al suo cervello, alla sua comprensione -come si afferma in 104:7- al suo cuore e ai suoi sentimenti. La sua pena lo tormenterà nell'intimo del suo essere.

[10] La descrizione del peccato è data attraverso quattro immagini: 1- Il peccato inizia quando ci si volta via da ciò che è giusto, rifiutando di fronteggiarlo, fuggendo via da esso per indifferenza o codardia, 2-La coscienza morale cercherà di impedire la fuga. La grazia di Dio incontrerà il peccatore e cercherà di distoglierlo. Il peccatore incallito però deliberatamente si volterà, la insulterà e la rifiuterà. 3-Come risultato il peccatore si abbandonerà all'avarizia, all'amore per la ricchezza e al guadagno materiale di cui non è degno. Questo implicherà l'ipocrisia, la frode ed il crimine. 4-Dopo aver acquistato quanti beni materiali possibili, il peccatore cercherà di tenere gli altri lontani da essi per prevenire che la ricchezza circolando dia frutti, nascondendola per disprezzo ed invidia.

[11] L'uomo, secondo il piano di Dio, è stato creato nella migliore delle forme (95:4), ma al fine che portasse a compimento il suo alto destino gli è stato concesso il libero arbitrio. L'uso improprio di questo dono rende la sua natura debole (4:28) o impaziente (17:11). L'uomo, attraverso l'uso proprio o improprio delle capacità che gli sono state assegnate al tempo della creazione, forgia per se stesso una seconda natura.

21-e avaro, quando lo coglie la buona sorte[12].
22-Questo non è vero per coloro che sono devoti alla preghiera[13],
23-che rimangono perseveranti nelle loro orazioni
24-e nelle cui ricchezze vi è la condivisione per i diritti riconosciuti
25-di quanti, in povertà, chiedono e che, nel bisogno, non hanno la possibilità di domandare,
26-coloro che giudicano vero il Giorno del Giudizio
27-e temono[14] di dispiacere al loro Signore.
28-in quanto il Suo dispiacere non consente di raggiungere né pace né tranquillità!
29-Coloro che proteggono la propria castità,
30-eccetto che con le loro spose e con coloro che le loro mani destre posseggono[15], non possono essere rimproverati.
31-Coloro che però superano i limiti sono i trasgressori.
32-Coloro che rispettano la fiducia riposta in loro ed i patti[16],
33-che rimangono fermi nella loro testimonianza[17],
34-e che proteggono la sacralità della loro adorazione[18],
35-saranno onorati nel Giardino delle benedizioni.

---

[12] Nelle avversità l'uomo si lamenta e cade nella disperazione. Nella prosperità diviene arrogante e dimentica i diritti delle altre persone ed i suoi stessi difetti. Cfr. 41:49:50.

[13] La devozione nella preghiera non significa solamente un certo numero di riti formali e di prosternazioni, ma implica una resa completa del proprio essere a Dio.

[14] Il vero timore di Dio consiste nella paura di offendere la Sua volontà e la Sua legge e questo è molto vicino all'amore di Lui e procede dalla comprensione che tutta la vera pace e la tranquillità viene dall'armonia della nostra volontà con la volontà universale, mentre il peccato provoca discordia, disarmonia e dispiacere.

[15] Possono essere sposate anche le prigioniere di guerra, anche se il loro status può essere inferiore a quello delle spose libere fino a quando non saranno affrancate. Questa istituzione è comunque ormai diventata obsoleta. L'inferiorità giuridica stava infatti nella condizione di prigioniere e non nel matrimonio come tale, in cui non ci sono gradi diversi come nel caso di alcuni costumi locali, che l'Islam però non riconosce.

[16] Cfr. 5:1. I patti, i contratti e gli obblighi sono solenni sia nella vita quotidiana sia nelle relazioni spirituali. La nostra stessa vita, la ragione e i talenti che ci sono stati donati, come la ricchezza e la salute, sono qualcosa verso cui abbiamo delle responsabilità e che debbono essere rispettati.

[17] Se conosciamo qualsiasi tipo di verità, a cui dobbiamo recare testimonianza, e che riguarda la vita e gli interessi degli altri essere umani, dobbiamo parlare con fermezza e senza timore, anche se ci causa turbamento o se ci fa perdere gli amici e i colleghi.

[18] L'adorazione e la preghiera includono il lavoro onesto, la carità ed ogni buona azione. Preservare la santità di questo ideale riassume l'intero dovere dell'uomo.

36-Ora, che cosa è accaduto a quelli che negano il vero e corrono davanti a te con i colli tesi e lo sguardo fisso,

37-a destra e a sinistra, in massa?

38-Forse desiderano entrare nel Giardino della benedizione?

39-Mai! Perché Noi li abbiamo creati da qualcosa che conoscono troppo bene.

40-Chiamo a testimone il Signore di tutti i luoghi in cui sorge e tramonta il sole.

41-Possiamo sostituirli con persone migliori di loro. Non c'è nulla che ci possa impedire di fare ciò che desideriamo.

42-Così lasciali indulgere in discorsi vani e giochi di parole, fino a quando non incontreranno il giorno loro promesso!

43-Il giorno in cui si solleveranno dai sepolcri in una improvvisa fretta, come se stessero correndo verso un palio,

44-con gli occhi bassi, nell'abbandono, con l'ignominia che li coprirà. Questo è il giorno che è stato loro promesso.

LXXI

Sura Nūh

(Noè)

Rivelata alla Mecca

Nel nome di Dio, il Clemente, il Misericordioso

1-Inviammo Noè[1] al suo popolo con il comando: "Avverti il tuo popolo prima che li colga un doloroso castigo".
2-Disse: "O popolo mio, sono un ammonitore chiaro ed aperto[2].
3-Adorate Dio, temeteLo e obbeditemi[3],
4-affinché Egli possa perdonare i vostri peccati e concedervi una tregua per un termine stabilito. Quando poi il termine stabilito da Dio sarà compiuto, non potrà essere procrastinato. Se solo sapeste".
5-Disse: "O mio Signore, ho chiamato il mio popolo notte e giorno,
6-ma la mia chiamata ha solo aumentato il loro allontanamento dalla rettitudine.
7-Ogni volta che li ho chiamati affinché potesti perdonarli, hanno posto le dita negli orecchi e hanno avvolto le vesti intorno ai corpi. Sono divenuti sempre più ostinati e si sono abbandonati all'arroganza.
8-Così li ho chiamati a voce alta,
9-poi ho parlato loro in pubblico e, segretamente, in privato,
10-dicendo: "Domandate il perdono al vostro Signore perché Egli è Perdonatore.
11-Vi invierà pioggia[4] in abbondanza,

---

[1] Alla missione di Noè ci si riferisce in molti luoghi. Cfr. 11:25-49.

[2] I suoi ammonimenti erano chiari e aperti. Nel termine arabo *Mubīn* sono implicati entrambi i significati. Cfr. 67:26. Il significato dell'ammonimento era così ovvio che, se si fossero pentiti, avrebbero ottenuto la misericordia.

[3] Sono qui enfatizzati tre aspetti del dovere dell'uomo: 1- La vera adorazione con l'anima e il cuore, 2-La consapevolezza, dettata dal timore di Dio, che tutto il male dovrà necessariamente condurre alla rovina e al giudizio, 3-Il pentimento e il mutamento della propria vita e l'obbedienza ai consigli di chi è onesto.

[4] Probabilmente avevano sofferto di carestia o di siccità. Se avessero accolto il messaggio nel modo giusto, la pioggia per loro sarebbe stata una benedizione. Decisero

12-vi concederà ricchezze, figli, giardini e ruscelli[5].

13-Che cosa vi è di sbagliato in voi che non riuscite a riporre la vostra speranza nella maestà divina[6],

14-vedendo che è stato Lui che vi ha creato in diverse fasi?[7]

15-Non vedete come Dio ha creato i sette cieli sovrapposti,

16-e ha fatto della luna una luce e del sole una lampada gloriosa?"[8]

17-Non vedete come Dio vi ha prodotto dalla terra e vi ha fatto crescere gradualmente[9] come piante?

18-Alla fine vi farà ritornare alla terra e di nuovo vi solleverà nella resurrezione.

19-Dio ha fatto della terra un tappeto disteso

20-affinché possiate viaggiare per le sue spaziose vie"[10].

21-Noè disse: "O mio Signore, mi hanno disubbidito, ma costoro seguono uomini la cui ricchezza e i cui figli non recano loro nessun guadagno ma solo perdite.

22-Hanno escogitato un piano tremendo,

23-dicendo gli uni agli altri: <<Non abbandoniamo i nostri dei. Non abbandoniamo né Wadd, né Suwā, né Yaghūth, né Ya'ūq e nemmeno Nasr>>.

24-Costoro hanno già deviato molti. [Il mio Signore] accresce gli ingiusti solo nella perdizione!"

---

invece di respingerlo e la pioggia si trasformò in una maledizione, inondò il paese e li uccise.

[5] Ognuna di queste benedizioni -pioggia, grano, ricchezza e potere, giardini in fiore e ruscelli che scorrono- sono indicazione di prosperità e hanno non solo un significato materiale ma anche spirituale.

[6] Una traduzione alternativa potrebbe essere: "che temiate il messaggio di Dio".

[7] Cfr. 22:5, 23:12-17. Il significato in questo contesto potrebbe essere anche più ampio. L'uomo nei suoi diversi stati esibisce varie e meravigliose capacità o qualità, sia mentali che spirituali, che possono essere paragonate alle meravigliose opere della natura sulla terra e nei cieli.

[8] Cfr. 25:61 dove ci si riferisce al sole come alla gloriosa lampada dei cieli.

[9] Cfr. 3:37 dove la crescita di Maria, madre di 'Īsā, è descritta con lo stesso termine *Nabāt*, che indica solitamente la crescita di una pianta e di un albero. La similitudine è quella di un seme piantato nel terreno, dove germina, cresce e muore per poi ritornare alla terra. Nell'uomo poi ci sarà anche il processo successivo della resurrezione. Cfr. 20:55.

[10] In arabo *Fijāj*, termine che implica una strada che conduce ad una valle o che passa tra le montagne.

25-Così, a causa dei loro peccati, furono annegati[11] ed entrarono nella pena del Fuoco. Non hanno trovato nessuno che potesse soccorrerli contro Dio.

26-Noè disse: "O mio Signore, non lasciare nessuno di questi negatori del vero sulla terra!

27-Perché se li lasci sulla terra, potrebbero indurre i Tuoi fedeli a deviare e generare solo malvagi miscredenti.

28-O mio Signore! Perdona me, i miei genitori, tutti coloro che entrano nella mia casa come credenti[12], tutti i credenti e tutte le credenti. E per coloro che compiono il male, fai che incorrano sempre più nella perdizione".

---

[11] La punizione del peccato coglie l'anima da ogni lato ed in ogni forma. L'acqua che scorre indica la morte per soffocamento attraverso il naso, le narici, gli occhi, la bocca, la gola e i polmoni. Il fuoco ha invece l'effetto opposto: brucia la pelle, la carne, le interiora, e le ossa. In questo modo la distruzione causata dal peccato sarà completa da ogni punto di vista. Eppure non può ancora essere chiamata morte (Cfr. 20:74), perché l'estinzione totale potrebbe essere un sollievo dalla sofferenza, ma l'anima impantanata nel peccato ha chiuso ormai le porte della misericordia di Dio. Cfr. 6:128.

[12] Noè prega per se stesso, per i suoi genitori, per i suoi ospiti e per tutti coloro che hanno una fede sincera in Dio in tutti i luoghi ed in tutte le epoche. Pregare per il loro perdono significa anche pregare per la distruzione del peccato.

LXXII

Sura Al-Jinn

(I Jinn)

Rivelata alla Mecca

Nel nome di Dio, il Clemente, il Misericordioso

1-Di': Mi è stato rivelato[1] che un gruppo di *Jinn*[2] ha ascoltato il Corano ed hanno affermato "Abbiamo in verità udito una recitazione straordinaria,

2-che guida verso ciò che è giusto e vi abbiamo creduto. Non adoreremo nessun altro all'infuori del nostro Signore.

3-Sia esaltata la maestà del nostro Signore. Egli non ha né sposa né progenie.

4-Tra di noi vi erano alcuni che erano soliti pronunciare stravaganti menzogne riguardo a Dio,

5-anche se avevamo pensato che nessun uomo né spirito avrebbe mai potuto pronunciare una menzogna contro di Lui.

6-Invero, ci sono persone tra gli esseri umani che hanno cercato di ottenere il potere attraverso i *Jinn*, ma costoro hanno accresciuto solo la loro follia.

7-Poi hanno cominciato a pensare quello che voi pensate, ossia che Dio non avrebbe resuscitato nessuno [per il giudizio].

8-Così abbiamo cercato di penetrare nei segreti dei cieli, ma li abbiamo trovati pieni di guardie e di fuochi fiammeggianti.

---

[1] La rivelazione può avvenire attraverso diversi canali, uno dei quali può essere una visione attraverso la quale il profeta vede e ode chiaramente gli eventi che gli passano di fronte. Questa particolare visione può essere la stessa a cui ci si riferisce più brevemente in 46:29-32. I *Jinn* avevano udito anche di rivelazioni precedenti, di quella di Mosè (46:30) e di quella di Gesù (72:3).

[2] Per quanto riguarda i *Jinn* vedi 6:100.

9-Eravamo soliti sedere lì in posizioni nascoste, cercando di carpirne i segreti. Ora[3], chiunque si pone in ascolto, troverà un fuoco fiammeggiante che lo osserva in agguato.

10-Non comprendiamo se sia stata stabilita una sventura per coloro che si trovano sulla terra o se il loro Signore intenda guidarli veramente sulla retta via.

11-Tra di noi ci sono coloro che sono giusti ed altri molto meno. Seguiamo percorsi diversi,

12-ma non pensiamo di poter vanificare l'operato di Dio sulla terra e nemmeno di poterGli sfuggire.

13-Quando abbiamo ascoltato la guida, l'abbiamo accettata. Chiunque crede nel suo Signore, non deve temere né penuria né ingiustizia.

14-Tra di noi ci sono alcuni che sottomettono a Dio la loro volontà e altri che si discostano dalla giustizia. Quanti si sottomettono, hanno scelto il percorso della retta condotta,

15-ma quanti si allontanano sono solo paglia per il Fuoco dell'Inferno".

16-Se solo i pagani fossero rimasti sulla retta via, sicuramente avremmo concesso loro abbondante acqua da bere[4]

17-per metterli alla prova. Se qualcuno si distoglie dal ricordo[5] del suo Signore, Egli lo farà passare per una pena severa.

18-I luoghi di culto[6] appartengono a Dio e quindi non invocate altri che Lui.

---

[3] In questo versetto ci si riferisce al primo periodo della rivelazione, quando il Profeta (pbsl) risiedeva ancora alla Mecca.

[4] Letteralmente "acqua" ed indica ogni tipo di benedizioni: morali, materiali e spirituali.

[5] Ricordare Dio significa rendersi conto della Sua presenza, riconoscere la Sua bontà ed accettare la Sua guida.

[6] Questa sura è stata rivelata alla Mecca e il termine *Masjid* deve essere interpretato non come riferito ad una moschea, ma nella radice di significato che indica ogni luogo ed ogni occasione di adorazione o l'umile prosternazione al servizio di Dio. Questo versetto può quindi essere interpretato nel modo seguente: 1-Nessun luogo di culto deve essere utilizzato per venerare altri che il Dio unico. A quel tempo la *Ka'ba* era infatti piena di idoli, 2- L'adorazione non deve mescolarsi con vani oggetti, ma deve essere riservata al sincero servizio di Dio, 3- Tutti i nostri doni e capacità debbono essere posti al servizio di Dio e delle Sue creature e non per la nostra vanagloria.

19-Quando il devoto[7] di Dio si alzò per invocarLo, si strinsero[8] in massa intorno a lui.

20-"Io non invoco altro che il mio Signore e non Gli associo nessun altro."

21-Di': "Non è in mio potere causarvi qualche male oppure condurvi alla retta condotta".

22-Di': "Nessuno potrebbe salvarmi da Dio, se dovessi disubbidire. Non troverei rifugio se non in Lui.

23-È mio compito recare ciò che ho ricevuto da Dio e il Suo messaggio. Per coloro che non ubbidiscono a Dio e al Suo Profeta, vi è l'Inferno dove dimoreranno per sempre.

24-Quando vedranno con i loro occhi quanto è stato loro promesso, comprenderanno chi è più debole e meno numeroso".

25-Di': "Io non so se la punizione che vi è stata promessa è vicina o se il mio Signore l'ha posticipata per un lungo periodo.

26-Egli solo conosce l'invisibile e non rende partecipe nessuno dei Suoi misteri,

27-eccetto un messaggero che ha scelto, per il quale dispone una guardia di angeli, davanti ed indietro.

28-Che egli possa conoscere se hanno veramente recato e consegnato il messaggio del loro Signore. Egli conosce tutto ciò che li riguarda[9] e tiene conto di ogni singola cosa".

---

[7] Il Profeta Muhammad (pbsl).

[8] L'immediato riferimento è diretto ai Quraysh, allora in possesso della *Ka'ba*, che posero ogni sorta di ostacoli nella via del Profeta Muhammad (pbsl) che predicava l'unico e vero Dio e denunciava gli adoratori degli idoli. Erano soliti circondarlo e assalirlo e trattarlo come se fosse colpevole di un crimine scellerato. A livello generale il versetto si riferisce all'abitudine del mondo di marchiare un uomo che si dissocia dai sentieri battuti dai suoi contemporanei e si applica strenuamente per la causa della verità e della rettitudine. Costoro lo ridicolizzano, lo circondano di scherni e cercano di rendergli l'esistenza il più difficile possibile.

[9] In arabo *Ahata*, traducibile come ciò che circonda, che abbraccia, che chiude da ogni lato, che tiene sotto il proprio possesso e controllo e non permette che sia corrotto.

LXXIII

Sura Al-Muzzammil

(L'avvolto)

Rivelata alla Mecca

Nel nome di Dio, il Clemente, il Misericordioso

1-O tu, avvolto nelle vesti[1],
2-rimani ritto in preghiera di notte[2], ma non per tutta la sua durata,
3-solo per la metà o poco di meno,
4-o un poco di più e recita il Corano[3] lentamente ed armoniosamente.
5-Presto ti invieremo un pesante messaggio.
6-In verità, alzarsi di notte è un mezzo potente per temprare [l'anima]
e più conveniente per pronunciare parole di supplica e di lode.
7-Durante il giorno sei occupato[4] per lunghi periodi,
8-ma mantieniti nel ricordo del nome del tuo Signore e sii a Lui
devoto con tutto il cuore.

---

[1] Alcuni commentatori interpretano quest'espressione come riferita all'abito per la preghiera o a qualcuno che rinuncia alle vanità di questo mondo. *Muzzammil* inoltre è uno dei titoli del Profeta Muhammad (pbsl).

[2] Il Profeta (pbsl) praticava l'austerità nella grotta di Hirā prima e dopo aver ricevuto la sua missione, trascorrendo in contemplazione e preghiera il giorno e la notte. La preghiera della mezzanotte e quella assolta successivamente sono chiamate tradizionalmente *Tahajjud*.

[3] In quel periodo erano state rivelate solo la sura 96, 68 e 74, ma il cuore del Profeta (pbsl) aveva ricevuto l'illuminazione e quella luce stava gradualmente trovando la sua espressione nei versetti del Sacro Corano. Per noi, che possediamo il Corano per intero, questo comando è particolarmente necessario. Le parole del Corano non debbono infatti essere lette frettolosamente, ma devono essere studiate e meditate nel loro significato profondo.

[4] Il Profeta di Dio come uomo, come membro di una famiglia e come cittadino aveva molti doveri da compiere e la sua opera poteva essere resa difficoltosa dal tentativo di proteggere coloro che prestavano ascolto alla sua predicazione e quindi erano infastiditi e perseguitati dal mondo. Costui però, mentre compiva tutti questi doveri, operava come se si trovasse alla presenza stessa di Dio ed in tutto manteneva un forte senso di vicinanza a Lui. La sua opera era sulla terra, ma il suo cuore si trovava nei cieli.

9-Egli è il Signore dell'Oriente e dell'Occidente. Non c'è altro dio che Lui. ScegliLo quindi come Colui che dispone la tua vita.

10-Mostrati paziente verso quello che dicono e lasciali con nobile dignità.

11-LasciaMi solo a trattare con coloro che posseggono i beni di questa vita, eppure ancora respingono la fede. Sopportali ancora per un poco.

12-Noi abbiamo catene per legarli e un Fuoco per bruciarli,

13-un cibo che soffoca ed un castigo cocente.

14-Un giorno la terra e le montagne saranno scosse violentemente. Le montagne saranno come un mucchio di sabbia versata che fluisce[5] via.

15-Vi abbiamo mandato un messaggero come vostro testimone, allo stesso modo in cui abbiamo inviato un messaggero al Faraone.

16-Però, il Faraone ha disubbidito[6] al messaggero e così gli abbiamo inflitto una punizione severa.

17-Come potete quindi voi, se negate Dio, proteggervi dal giorno che trasformerà i bambini in anziani,

18-quando il cielo si fenderà in due parti? La Sua promessa si realizza.

19-In verità, questo è un monito. Quindi, lascia che, chi vuole, segua una via dritta verso il suo Signore!

20-Il tuo Signore sa che rimani ritto in preghiera per due terzi della notte o per la metà o per un terzo[7]. Lo stesso fanno coloro che sono con te. Dio dispone la notte e il giorno nella misura stabilita. Egli sa che non sareste capaci di sopportarlo e così non ve lo ha domandato. Leggi quindi del Corano[8] quanto ti è più semplice. Egli sa che alcuni

---

[5] Il giudizio viene descritto come un violento cataclisma che cambierà completamente l'aspetto della natura così come la conosciamo. Anche la dura pietra delle montagne diventerà come la sabbia sciolta che scorre senza alcuna coesione.

[6] Il Faraone ha affrontato Mosè, il profeta di Dio. Agli occhi del mondo è stato Mosè che ha disubbidito al Faraone, ma nelle relazioni spirituali è stato il Faraone a non avere riconosciuto il potere e l'autorità a Mosè. Il Faraone rappresenta un regno grande ed antico con una lunga storia dietro di sé, molto orgoglioso della sua conoscenza, scienza, arte, organizzazione statale e potere. Mosè invece guidava un popolo distrutto, composto da raccoglitori di legna e portatori di acqua. Però l'Altissimo era con lui.

[7] Cfr. 73:2-4. Il Profeta (pbsl) e i più zelanti tra i suoi discepoli rimanevano spesso in piedi 2/3 della notte, un 1/3 o addirittura la metà cercando di resistere al sonno e dedicandosi alla preghiera, alla lode, alla lettura ed alla recitazione del Sacro Corano.

[8] Cfr. 20:2. La devozione a Dio deve implicare la piena presenza del cuore e dell'attenzione e non può essere ridotta ad una serie di movimenti meccanici.

di voi sono ammalati, che altri viaggiano per la terra cercando la ricchezza di Dio, mentre altri combattono[9] per la Sua via. Leggete, quindi, del Corano la parte che vi è più semplice e stabilite preghiere regolari. Elargite regolare carità e fate a Dio un bellissimo prestito[10]. Qualsiasi bene inviate a precedervi per le vostre anime[11], lo troverete alla presenza di Dio, migliorato e aumentato. Cercate il perdono di Dio. Egli è Perdonatore, Misericordioso.

---

[9] Si riferisce alla *Jihād*. Secondo la maggior parte dei commentatori questo particolare versetto è stato rivelato a Medina, molto dopo il resto della sura. Questo riferimento alle preghiere canoniche e alla carità regolare (*Zakāh*) sembra condurci alla medesima conclusione.

[10] Cfr. 2:245 dove viene spiegato il significato dell'espressione: "un prestito meraviglioso". Cfr. 57:18, dove il "prestito meraviglioso" è quello delle nostre stesse anime e la ricompensa che troveremo presso Dio sarà infinitamente più grande e più nobile.

[11] Ogni buona azione compiuta migliora la nostra condizione e la nostra dignità spirituale.

LXXIV

Sura Al-Muddaththir

(L'avvolto nel mantello)

Rivelata alla Mecca

Nel nome di Dio, il Clemente, il Misericordioso

1-O tu, avvolto[1] nel mantello!
2-Alzati e ammonisci!
3-Glorifica il tuo Signore,
4-mantieni i tuoi abiti[2] puliti da ogni macchia,
5-ed evita tutti gli abomini[3]!
6-Non dare per il desiderio di guadagno;
7-per la causa del tuo Signore mantieniti paziente e costante.
8-Alla fine, quando suonerà la tromba,
9-quel giorno sarà un giorno di sofferenza,
10-lontano dall'essere semplice per coloro che non hanno la fede.
11-Lasciami solo[4] a trattare con le creature che ho creato sole e nude!

---

[1] Il Profeta (pbsl) aveva ormai passato la fase della contemplazione personale; ora doveva andare avanti, annunciando con forza il messaggio che gli era stato rivelato. Il suo cuore era puro e tutte le sue azioni dovevano essere poste al servizio di Dio, mentre il rispetto convenzionale per gli antichi riti e i costumi ancestrali doveva essere messo da parte. Però non si sarebbe dovuto aspettare nessuna ricompensa o apprezzamento dal suo popolo, ma il contrario. Nel corso della sua missione si sarebbe dovuto basare sulla propria pazienza e sul compiacimento di Dio. In senso generale comunque queste fasi sono proprie della vita di ogni uomo buono, anche se in misura minore, per cui il Profeta Muhammad (pbsl) costituisce un modello universale.

[2] Possibilmente, il riferimento immediato del versetto è relativo allo sporco che i pagani erano soliti gettare addosso al Profeta (pbsl) per insultarlo e per perseguitarlo.

[3] Il termine *Rujz* o *Rijiz* è interpretato come riferito all'idolatria. È anche possibile che ci fosse un idolo chiamato con questo nome. Il termine però possiede anche un significato più ampio, che include uno stato mentale opposto alla vera adorazione, ossia una condizione di dubbio o d'indecisione.

[4] L'amministrazione della giustizia e la punizione degli uomini spettano solo a Dio. Gli esseri umani infatti possono cogliere solo un lato della verità, mentre Dio è Onnisciente. Egli solo può quindi giudicare secondo i limiti della giustizia e della misericordia.

12-Colui a cui ho garantito risorse in abbondanza

13-e figli per essere al suo fianco,

14-colui a cui ho reso la vita facile e confortevole,

15-si dimostra avido, come se dovessi concedergli di più.

16-No! Costui si è mostrato refrattario ai Nostri segni!

17-Presto sarà visitato da un monte di disgrazie,

18-perché ha pianificato e complottato.

19-Guai a lui per come ha complottato!

20-Guai a lui per come ha complottato!

21-Si guarda intorno,

22- aggrotta le sopracciglia e guarda torvo.

23-Si è voltato indietro e si è mostrato altezzoso.

24-Poi ha detto[5]: "Questa non è altro che magia antica.

25-Questo non è altro che il discorso di un uomo!"

26-Presto lo getterò nel *Saqar*!

27-Che cosa ti spiegherà che cosa è il *Saqar*?

28-Nulla lascia, nulla risparmia[6],

29-bruciando la pelle.

30-A sua guardia ci sono diciannove angeli[7].

31-Non abbiamo posto nessun altro che gli angeli a guardia del Fuoco. Abbiamo stabilito il loro numero solo come una prova per i miscredenti, al fine che i popoli della Scrittura possano arrivare alla certezza e i credenti crescere nella fede. Che nessun dubbio rimanga per i popoli della Scrittura e per i credenti. Che coloro che celano una malattia nel loro cuore e coloro che rinnegano la fede possano domandare: "Che cosa intende Dio con ciò?"[8] Dio lascia che si perda

---

[5] La maggior parte dei commentatori interpreta questo versetto in riferimento a Walīd ibn Mughīra, che era un ricco pagano ed un acerrimo nemico del Profeta (pbsl). Lui e Abū Jahl fecero tutto quello che potevano, dall'inizio della predicazione dell'Islam, per offendere e perseguitare il Profeta (pbsl), per sminuire il suo messaggio e per nuocere a coloro che credevano in esso. Il significato del versetto però ha una portata più generale perché ci sono persone come Walīd ibn Mughīra in ogni epoca. Costoro non possono comprendere l'ispirazione divina e cercano di spiegare la sua potente influenza sulla vita degli uomini parlando di magia. La speranza eterna è per costoro una semplice delusione.

[6] Costui si trova in una condizione in cui né vive né muore. Cfr. 87:13.

[7] Si riferisce agli angeli che sono posti a guardia dell'Inferno.

[8] Nel contesto di questo versetto vengono menzionati quattro tipi di persone: 1-I musulmani, che cresceranno nella fede perché credono che tutta la rivelazione proviene da Dio il Misericordioso e tutte le Sue forze opereranno a loro favore, 2- I

chi vuole e guida chi vuole. Nessuno può conoscere le forze del tuo Signore, eccetto Lui. Questo non è altro che un monito rivolto a tutta l'umanità.

32-In verità per la luna,

33-per la notte quando si ritira,

34-per l'alba quando risplende,

35-questo non è che uno degli eccezionali portenti,

36-un ammonimento per l'umanità,

37-per chi di voi vuole avanzare o indietreggiare[9].

38-Ogni anima riceverà la promessa fatta per ciò che ha compiuto[10],

39-eccetto i Compagni della mano destra.

40-Costoro si troveranno in Giardini di delizie e domanderanno

41-ai peccatori:

42-"Che cosa vi ha condotto nel *Saqar*?"

43-"Non eravamo tra coloro che pregano,

44-non eravamo tra coloro che nutrono il povero.

45-Eravamo soliti intrattenerci in discorsi vani con coloro che indulgevano [nell'irridere i credenti].

46-Negavamo il Giorno del Giudizio,

---

popoli del Libro, che hanno ricevuto precedentemente rivelazioni analoghe e si dividono in molte sette che discutono una con l'altra su questioni dottrinali di natura minore, ma ora, se credono, troveranno un modo per uscire dalle controversie per mezzo di una comprensione generale delle scritture, 3- Coloro che covano una malattia nel proprio cuore, ossia gli insinceri e gli ipocriti, saranno solo ingannati, perché non credono in nulla e hanno respinto la grazia e la misericordia di Dio, 4-I miscredenti hanno francamente fatto lo stesso e hanno dovuto soffrire le medesime conseguenze.

[9] Qui sono possibili tre interpretazioni: 1-Coloro che spingono in avanti sono i giusti e coloro che seguono sono i miscredenti che hanno respinto l'amore, la cura e la misericordia di Dio. 2-Il riferimento può essere diretto a uomini di due tipi di temperamento: coloro che sono sempre in prima fila e coloro che si trovano sempre nelle retrovie. Il messaggio di Dio è per entrambi. Però per entrambi i tipi ci può essere un pericolo. Per gli uomini del primo tipo vi può essere una confidenza eccessiva o la speranza riposta in cose sbagliate. Nell'altro caso invece possono andare perdute delle grandi opportunità con la conseguenza che le loro vite spirituali saranno legate ed inghiottite dalla miseria. Debbono essere sempre evitati i due estremi. 3- Può significare che l'avvertimento è per coloro che sono pronti ad avanzare o a ritirarsi, ma è perduto nel caso di coloro che si pongono su false posizioni. Il caso peggiore è quello dell'uomo ostinato, il cui cuore è così morto che non ha il coraggio di procedere verso il bene o di allontanarsi dal male.

[10] Cfr. 52:21. La redenzione dell'uomo dipende solo dalla grazia di Dio, per cui deve costantemente e di tutto cuore impegnarsi per mezzo della retta condotta. Se lo farà, sarà redento e si unirà alla compagnia dei giusti.

47-fino a quando sopraggiunse presso di noi l'Ora certa"[11].
48-Nessun'intercessione sarà loro di aiuto.
49-Perché si sono voltati indietro, quando hanno ricevuto il monito,
50-come asini spaventati
51-che fuggono dal leone?
52-Ognuno di loro vorrebbe che gli fossero dati dei fogli [della rivelazione] dispiegati!
53-Costoro non temono l'Altra vita,
54-No, sicuramente questo è un monito!
55-Che colui che lo desidera lo ricordi.
56-Nessuno però lo ricorderà, se non chi Dio avrà voluto. Egli[12] è la fonte della rettitudine e del perdono.

---

[11] Cfr. 15:99. Solitamente l'espressione "l'ora certa" si riferisce alla morte.

[12] La rettitudine e il perdono hanno la loro fonte nella volontà di Dio. La rettitudine dell'uomo non ha alcun significato se non in relazione alla volontà universale. Se interpretiamo il termine *Taqwā* con il timore di Dio, allora dobbiamo tradurre: "Egli solo è degno di essere temuto ed Egli solo è degno di concedere il perdono".

LXXV

Sura Al-Qiyāma

(La resurrezione)

Rivelata alla Mecca

Nel nome di Dio, il Clemente, il Misericordioso

1-Chiamo a testimone[1] il Giorno della Resurrezione.
2-Chiamo a testimone[2] la voce accusatrice della coscienza dell'uomo.
3-Forse l'uomo pensa che non possiamo ricomporre le sue ossa?
4-Possiamo rimetterle insieme nell'ordine corretto, anche la punta delle dita.
5-L'uomo desidera negare ciò che lo attende nel futuro
6-e domanda: "Quando verrà il Giorno della Resurrezione?"
7-Quando lo sguardo sarà confuso dal terrore,
8-quando la luna sarà sommersa dal buio
9-e quando il sole e la luna saranno sommerse una nell'altra,
10-nel giorno in cui l'uomo dirà: "Dove andare a rifugiarsi?"
11-Non ci sarà luogo sicuro.
12-Davanti al tuo Signore ci sarà la fine del viaggio in quel giorno.
13-Quel giorno sarà ricordato all'uomo tutto ciò che avrà compiuto e avrebbe dovuto evitare di compiere.
14-L'uomo sarà testimone contro se stesso,
15-anche se si coprirà di scuse.
16-[Profeta] non muovere la lingua per affrettare la memorizzazione delle parole della rivelazione,

---

[1] Cfr. 70:40. In questa sura si fa riferimento a due verità fondamentali: 1-Ogni atto porterà con sé delle conseguenze in questa vita e nel Giorno della Resurrezione, 2-La voce della coscienza rimprovera gli esseri umani per aver commesso il male.

[2] Gli studiosi postulano tre stadi dello sviluppo dell'anima umana: 1-*Ammārah* (12:53), in cui l'anima è disposta verso il peccato e qualora non sia corretta può facilmente incorrere nella perdizione, 2-*Lawwāmah*, in cui l'anima diviene consapevole del peccato, cercando di resistergli e domandando a Dio il perdono, 3-*Mutmaïnnah* (89:27), in cui l'anima raggiunge una piena soddisfazione e riposo.

17-perché Noi la raccogliamo nel Tuo cuore e ti permettiamo di recitarla.

18-Quando la recitiamo, segui la recitazione;

19-spetta a Noi renderla chiara.

20-Voi amate questa breve vita,

21-e non vi curate dell'Altra.

22-Alcuni volti[3], quel giorno, brilleranno

23-guardando verso il loro Signore.

24-Alcuni volti, quel giorno, saranno tristi e ombrosi,

25-al pensiero che qualche calamità terribile si stia per abbattere su di loro.

26-Quando l'anima raggiunge la gola di un uomo,

27-si griderà: "Chi lo sanerà adesso?"

28-Comprenderà che questo è il tempo della separazione

29-e sarà colto dall'agonia[4] della morte.

30-Quel giorno il viaggio sarà verso il suo Signore.

31-Non ha dato nulla in carità, né ha pregato,

32-ma, al contrario, ha respinto la verità e si è voltato indietro

33-e si è rivolto con arroganza verso la propria famiglia!

34-Guai all'essere umano!

35-Guai all'essere umano!

36-Forse l'uomo pensa di essere stato creato per essere poi dimenticato[5]?

37-Non era forse una goccia di sperma eiaculata?

38-Poi è divenuto un'aderenza. Successivamente, Dio lo ha forgiato e strutturato nelle proporzioni dovute,

39-e di lui ha fatto due sessi: maschio e femmina.

40-Non ha forse il potere di riportare in vita chi è morto?

---

[3] Secondo la maggior parte degli studiosi in questo versetto ci si riferisce a quello che viene chiamato giudizio minore, in arabo *Qiyāmat al-Sughrā*, che si verifica immediatamente dopo la morte. Cfr. 7:37, 23:100, dove si fa riferimento al *Barzakh*, e 14:48, dove invece si fa riferimento all'emergere di un nuovo mondo.

[4] In arabo *Sāq*, che letteralmente significa "gamba", anche se metaforicamente può significare pure "cataclisma" e "calamità".

[5] Il termine arabo *Suda* ha i seguenti significati: 1-Libero da qualsivoglia forma di controllo, 2-Privo di qualsivoglia responsabilità individuale, 3-Senza alcuna finalità, 4-Dimenticato.

LXXVI

Sura Al-Insān

(L'uomo)

Rivelata a Medina

Nel nome di Dio, il Clemente, il Misericordioso

1-Non c'è stato[1] forse un lunghissimo periodo di tempo[2], in cui l'uomo era un nulla?
2-In verità, abbiamo creato l'uomo da un ovulo fecondato al fine di metterlo alla prova. Gli abbiamo dato i doni dell'udito e della vista
3-e mostrato la via. Dipende dalla sua volontà mostrarsi grato o meno.
4-Per coloro che respingono la fede abbiamo preparato catene, gioghi ed un Fuoco brillante.
5-I giusti invece berranno da una coppa profumata di fiori[3],
6-una fonte di benedizioni dove i devoti di Dio liberanno, vedendo che scorre in abbondanza.
7-Costoro[4] si sono mostrati fedeli ai loro voti[5] e temono il giorno in cui gli effetti del male saranno resi manifesti[6]

---

[1] Cfr. 2:30-31. Il termine "uomo" in questo contesto deve essere inteso in senso generico.

[2] *Dahr* è il tempo inteso come un tutto o un lungo periodo. Gli arabi pagani avevano deificato il tempo allo stesso modo in cui i greci deificarono Cronos, inteso come il padre dello stesso Zeus.

[3] Il significato letterale della parola araba *Kāfūr* è canfora. Si tratta della fonte nel regno della benedizione. È qualcosa che viene aggiunto alla coppa di vino puro che non causa intossicazione (56:18-19), ma rappresenta tutto ciò che è sano, gradevole e rinfrescante. La canfora è fresca e rinfrescante e viene utilizzata come tonico nella medicina orientale. In dosi minime l'odore ed il sapore sono alquanto gradevoli.

[4] I giusti in questa vita presente sono conosciuti attraverso le virtù simbolicamente descritte nei versetti 7-10 e nell'Altra vita godranno della benedizione descritta simbolicamente nei versetti 11-22.

[5] Cfr. 22:29. Ci si riferisce al servizio spirituale, che include anche quello reso all'umanità, così come è menzionato nel versetto successivo. Costoro sono i devoti di Dio chiamati a portare a termine tutti i voti e gli impegni presi. Cfr. 5:1.

[6] Costoro si preparano per la venuta del giudizio, mentre gli effetti del peccato non saranno transitori ma avranno moltissime conseguenze.

8-e nutrono, per amore di Dio, l'affamato, l'orfano e il prigioniero[7],

9-dicendo: "Ti nutriamo solo per amore di Dio. Non desideriamo nessuna ricompensa e nessun ringraziamento.

10-Temiamo solo il giorno dell'ira terribile del nostro Signore".

11-Dio li salverà dal male di quel giorno e li coprirà con una luce di bellezza e di gioia

12-perché sono stati pazienti e costanti; li ricompenserà con un Giardino e delle vesti di seta.

13-Stesi su alti troni non proveranno né l'eccessiva calura né il freddo intenso[8].

14-Le ombre del Giardino si abbasseranno verso di loro ed i grappoli di frutti si piegheranno in umiltà[9].

15-Tra di loro circoleranno vassoi di argento e coppe di cristallo[10],

16-di chiaro cristallo e di argento[11], della cui misura loro stessi decideranno.

17-Sarà data loro una coppa di vino mista con *Zanjabil*[12],

---

[7] Se interpretato in senso letterale, si riferisce ad uno stato di cose in cui i prigionieri di guerra debbono guadagnarsi il sostentamento o la liberazione. Anche i prigionieri ordinari nelle carceri spesso muoio di fame, se non viene portato loro cibo dagli amici o non lo guadagnano. C'è però anche un significato simbolico che si applica all'indigente, agli orfani e ai prigionieri in senso spirituale. Costoro mancano di risorse mentali o morali, non hanno nessuno che si occupi di loro o sono mantenuti in una prigionia sociale, spirituale o economica. Hanno fame di cibo spirituale, oppure il loro appetito si è ormai estinto, ma i giusti li comprendono e danno loro ciò di cui hanno bisogno. È stato sostenuto che con il termine "prigionieri" ci si riferisce anche agli animali muti che sono sotto la tutela dell'uomo. Costoro debbono essere nutriti, curati e sistemati. L'uomo giusto infatti non si dimentica mai di loro.

[8] Il sole e la luna non ci saranno più, ma ci sarà un nuovo mondo su un piano differente. I riferimenti al caldo eccessivo del sole e al freddo della luna sono dati solo come esempio. La temperatura sarà giusta e deliziosa per i nostri sensi. Qui non è comunque menzionata direttamente la luna, ma il termine *Zamharīr*, freddo eccessivo, utilizzato qualche volta per riferirsi alla luna.

[9] Senza sole e luna non ci sarà l'ombra nel senso letterale del termine. Ci sarà però un'ombra per il riposo. L'idea che qui viene ribadita è però quella dell'umiltà. Anche le ombre mostrano umiltà (Cfr. 13:15) proprio come fanno i frutti che pendono per l'uomo.

[10] Cfr. 43:71. L'idea suggerita è quella di rarità, preziosità e splendore senza macchia.

[11] Argento pulito e bianco, brillante come cristallo.

[12] Cfr. 76:5-6, dove è stata menzionata la coppa di *Kāfūr* per calmare e rinfrescare i giusti, che hanno già attraversato il grande evento del giudizio. La seconda fase è simbolizzata dai versetti 12-14, quando entrano nel Giardino indossando vesti di seta e scoprono che la loro precedente umiltà nella vita di prova viene ripagata con grande onore nel nuovo mondo in cui entrano. Il terzo stadio è rappresentato dai versetti 15-

18-proveniente da una fonte chiamata *Salsabil*[13].

19-Giovani immortali li serviranno. Se li vedessi, penseresti che siano perle sparse[14]

20-e, quando guarderai, vedrai solo la benedizione e il regno magnificente.

21-Indosseranno vesti verdi di seta e pesanti broccati e saranno adornati da braccialetti di argento. Il loro Signore darà loro da bere una bevanda purificata:

22- "Questa è una ricompensa per voi. Ciò che avete compiuto in vita è stato accettato e riconosciuto".

23-Ti abbiamo inviato il Corano gradualmente[15].

24-Quindi mantieniti paziente e costante verso il comando del tuo Signore e non prestare attenzione ai peccatori o agli ingrati.

25-Celebra il nome[16] del tuo Signore al mattino e alla sera

26-ed in parte della notte. Prosternati verso di Lui e glorificaLo durante tutta la sua durata.

27-Invece quanti amano la vita effimera si pongono alle spalle[17] un giorno difficile,

28-Noi li abbiamo creati e abbiamo reso forti[18] le loro giunture. Però, se questo è il nostro volere, possiamo sostituirli con esseri del tutto simili.

21, quando si pongono nella benedizione, con vesti di seta e pesanti broccati con ornamenti e gioielli. Il termine *Zanjabil* significa letteralmente ginger. Nella medicina orientale il ginger è utilizzato per riscaldare il corpo e per rinfrescare il palato.

[13] In arabo *Salsabil*, che letteralmente significa "Cercare la via". La via adesso è aperta alla presenza dell'Altissimo. Questo è il regno magnificente in un nuovo mondo spirituale.

[14] Le perle indicano la bellezza e lo splendore.

[15] La persecuzione, le false accuse e la violenza possono essere sollevate contro l'uomo di Dio, ma costui è chiamato a mantenersi paziente e perseverante. In maniera minore questo si applica a tutti coloro che soffrono per la causa della verità.

[16] In questo versetto sono menzionati tre metodi di preghiera e di devozione: 1-Ricordare e celebrare sempre il santo nome di Dio, 2-Trascorrere parte della notte in umile prosternazione, 3-GlorificarLo nelle lunghe ore della notte nella veglia e nell'attesa.

[17] Cfr. 75:20. Il riferimento immediato è diretto ai pagani Quraysh e generalmente ai miscredenti di ogni epoca. Costoro rifiutano o non pensano all'Altra vita, al giorno che sarà difficile per coloro che si sono abbandonati ad i facili piaceri di una vita effimera.

[18] Dio non ha solo creato gli uomini, ma ha dato loro il potere e la forza di resistere alle tentazioni del male e di mantenersi saldi nel cammino della rettitudine.

29-Questo è un avvertimento: "Chiunque vuole, che prenda una via diretta verso il Suo Signore".
30-Però non potrete volerlo, a meno che questa non sia la volontà di Dio. Egli è Onnisciente e Saggio.
31-Egli ammetterà alla Sua Misericordia chi vuole, ma per coloro che compiono il male, Egli ha preparato un doloroso castigo.

LXXVII

Sura Al-Mursalāt

(Le inviate)

Rivelata alla Mecca (tranne il versetto 48)

Nel nome di Dio, il Clemente, il Misericordioso

1-Per i venti inviati[1] uno dopo l'altro,
2-che poi spirano violentemente in un impeto di tempesta[2],
3-e diffondono [ogni cosa] nelle diverse direzioni,
4-separandole le une dalle altre,
5-poi inviano un messaggio,
6-sia di giustificazione che di avvertimento.
7-Sicuramente, quanto è stato promesso, si avvererà,
8-quando le stelle diventeranno buie[3],
9-quando il cielo si fenderà in due parti,
10-quando le montagne saranno gettate al vento come sabbia,
11-quando tutti i messaggeri saranno riuniti in un tempo stabilito.
12-Per quale giorno questi portenti sono stati rinviati?

---

[1] Questa sura inizia con un appello rivolto a cinque cose, per poi fare riferimento nel versetto numero 7 alla venuta necessaria del Giorno del Giudizio per il quale ogni uomo deve essere preparato. Le cinque cose, cui ci si riferisce dettagliatamente, si riferiscono a 1-I venti del mondo fisico, 2-Gli angeli del mondo spirituale, 3-I profeti nel mondo degli esseri umani, che connettono quest'ultimo con il mondo spirituale.

[2] Se interpretiamo il versetto come riferito non ai venti ma agli angeli, costoro sono agenti nel mondo spirituale, che compiono funzioni simili, mutando e rivoluzionando il volto del mondo. Costoro arrivano dolcemente inviati dalla misericordia divina. Nello stesso tempo però può anche venirgli affidata la missione di punire e di distruggere i peccatori, come nel caso degli angeli che furono inviati a Lot. Cfr. 15:57-66. Inoltre, costoro distribuiscono la misericordia di Dio proprio come i venti spargono i semi buoni.

[3] La brillantezza delle stelle si spegnerà e gli astri stessi scompariranno. Cfr. 81:2 e 82:2. La volta del cielo sarà come strappata. Cfr. 82:1 e 73:18. Le montagne saranno sradicate e voleranno via come polvere. Cfr. 69:14, 81:3. Tutti i punti di riferimento del mondo fisico, così come lo conosciamo, saranno spazzati via.

13-Per il giorno della decisione[4].

14-Che cosa ti spiegherà che cosa è il giorno della decisione?

15-Guai quel giorno a coloro che hanno rifiutato la fede!

16-Non abbiamo forse distrutto gli antichi[5] per i peccati loro?

17-Allo stesso modo faremo sì che le generazioni successive li seguano.

18-Così ci comportiamo con quanti hanno costretto gli altri a respingere il Nostro messaggio.

19-Guai quel giorno a coloro che hanno negato il vero!

20-Non vi abbiamo forse creato da un fluido deprecabile[6]?

21-Poi lo abbiamo posto in un luogo di riposo, fermamente fissato,

22-per un periodo di gestazione determinato,

23-per quanto abbiamo decretato perché Noi[7] siamo i migliori tra coloro che stabiliscono.

24-Guai quel giorno a coloro che hanno respinto la fede!

25-Non abbiamo reso forse la terra un luogo per estrarre insieme

26-il vivo e il morto[8],

27-e abbiamo reso le montagne ferme[9] e alte e abbiamo provveduto per voi di acqua dolce?

---

[4] Cfr. 37:21 e 44:40. Questo sarà il Giorno del Giudizio o il giorno della decisione. Il bene sarà completamente separato dal male. Gli uomini che hanno rifiutato il vero e hanno prosperato sulla falsità scopriranno di non avere alcun ruolo nella nuova realtà.

[5] La legge di Dio è sempre la medesima. Il peccato e la corruzione preparano la loro stessa distruzione. Questo accadde al popolo di Noè, agli Ad ed ai Thamud tra i popoli che abitavano la penisola araba. Vestigia di grandi civiltà ormai scomparse sono state trovate in Egitto, Mesopotamia, nella Valle dell'Indo e nell'Egeo. Tutte queste civiltà possedevano grandi risorse culturali e tecnologiche, eppure sono scomparse.

[6] Cfr. 32:8. L'uomo si vergogna del processo della creazione fisica, per mezzo del quale viene all'essere. Nello stesso tempo però si comporta in modo arrogante e si dimostra noncurante verso il futuro.

[7] Forse, il nostro stato, quando saremo seppelliti nella tomba, viene simboleggiato dall'esistenza intra-uterina, in relazione alla vita nell'Altro mondo.

[8] La terra è il luogo in cui morte e vita, decadenza e crescita, erba verde e paglia, corruzione e purificazione convivono -una lasciando spazio all'altra a tempo debito. La rappresentazione che vediamo con i nostri stessi occhi in questo mondo ci dovrebbe rendere capaci di apprezzare le meraviglie del mondo spirituale dove i disprezzati e i reietti riceveranno gli onori più grandi.

[9] Cfr. 16:15. In molti passi del Corano ci si riferisce alle solide montagne. Le montagne sono costituite da roccia forte e solida, eppure agiscono come spugne per raccogliere, immagazzinare e filtrare acqua pura e dolce, che poi per la forza di gravità fanno cadere in basso attraverso fonti e ruscelli. Chi ha potuto vedere l'arida valle della Mecca e le fonti deliziose presenti nelle montagne circostanti o il Canale di Zubaida, che è la fonte

28-Guai quel giorno a coloro che hanno respinto la fede!

29-Sarà detto: "Allontanatevi da ciò che avete respinto come falso".

30-Andate verso un'ombra di fumo che ascende in tre colonne,

31-che non provvede di nessuna frescura e non è di alcuna utilità contro la fiamma ardente,

32-che getta scintille grandi come tronchi[10],

33-come se fossero una fila di cammelli chiari[11].

34-Guai quel giorno a coloro che hanno respinto la fede!

35-Quello sarà un giorno in cui non saranno capaci di parlare[12],

36-né sarà possibile per loro avanzare degli appelli.

37-Guai quel giorno a coloro che hanno respinto la fede!

38-Quello sarà il giorno della decisione! Riuniremo insieme voi e coloro che vi hanno preceduto.

39-Ora, se avete un piano, usatelo contro di Me[13]!

40-Guai quel giorno a coloro che hanno respinto la fede!

41-Invece i giusti si troveranno nel mezzo di ombre e ruscelli[14],

42-e saranno loro concessi dei frutti: tutti quelli che desiderano.

43-Mangiate e bevete con il cuore contento perché avete compiuto il bene[15].

44-In questo modo ricompenseremo coloro che compiono il bene.

45-Guai quel giorno a coloro che hanno respinto la fede!

---

maggiore che soddisfa il fabbisogno idrico della Mecca, sarà in grado di apprezzare la metafora. Se la saggezza e il potere di Dio possono compiere davanti ai nostri occhi tali meraviglie, come possiamo ancora respingere i Suoi insegnamenti sulla vita futura?

[10] *Qasr*: forte, palazzo, ampia costruzione. Una lettura alternativa è *Qasarat* ossia tronchi di albero utilizzati per accendere il fuoco, secondo la lettura di Ibn 'Abbās.

[11] Le scintille gialle che volano rapidamente le une dopo le altre suggeriscono l'immagine di una fila di cammelli che marciano velocemente, di cui gli Arabi di Najd andavano molto fieri.

[12] I peccatori saranno ammutoliti. Non potranno nemmeno avanzare una difesa o una giustificazione. I fatti parleranno contro di loro in modo molto chiaro: costoro potranno tentare di negare la falsa adorazione, 6:23, ma le loro lingue ed i loro arti testimonieranno contro di loro. Cfr. 24:24.

[13] Le trame ordite contro il Profeta (pbsl) si ponevano contro la verità di Dio e quindi contro Lui stesso.

[14] Quest'immagine si pone in contrasto con la tripla ombra di fumo, che non può proteggere i peccatori dal Fuoco.

[15] I frutti della rettitudine sono la contentezza in questa vita e la benedizione suprema nell'Altra.

46-O voi ingiusti, mangiate e divertitevi ancora per un poco[16] perché siete peccatori.
47-Guai quel giorno a coloro che hanno respinto la fede!
48-E, quando viene detto loro: "Prosternatevi!", non lo fanno[17].
49-Guai quel giorno a coloro che hanno respinto la fede!
50-In quale messaggio, dopo di questo, crederanno?

---

[16] Il verbo mangiare simboleggia il godere dei piaceri di questa vita, che però vengono concessi solo come prova. Dal momento che la mente dei peccatori e i loro desideri corrono verso ciò che è proibito, le opportunità di agire peccaminosamente sono moltiplicate.

[17] La prosternazione è un simbolo di umiltà e del desiderio di avvicinarsi a Dio attraverso la preghiera ed una vita retta.

LXXVIII

Sura An-Nabā

(L'annuncio)

Rivelata alla Mecca

Nel nome di Dio, il Clemente, il Misericordioso

1-Di che cosa stanno discutendo?
2-Del grande annuncio,
3-riguardo al quale non possono trovarsi in accordo.
4-In verità, presto sapranno!
5-In verità, presto sapranno!
6-Non abbiamo forse reso la terra estesa[1]
7-e le montagne come pali?
8-Non vi abbiamo forse creati in coppie?
9-Vi abbiamo fatto dormire per riposarvi,
10-facendo della notte una coltre,
11-e del giorno un mezzo di sussistenza[2]?
12-Non abbiamo forse costruito sopra di voi i sette cieli?
13-E posto una luce splendente[3]?
14-Non abbiamo inviato dalle nuvole acqua in abbondanza[4],
15-affinché possa produrre grano, vegetazione,
16-e giardini lussureggianti?

---

[1] Cfr. 16:15, 13:3 e 15:19. Lo spazio esteso della terra può essere paragonato ad un tappeto in cui le montagne agiscono come picchetti. I segni di Dio sono così enumerati: il grande panorama della natura esteriore (6-7), la creazione dell'uomo in coppie con la successione del giorno e della notte (8-11), il firmamento con i suoi astri meravigliosi (12-13) e le nuvole, la pioggia ed i raccolti abbondanti (14-16).

[2] L'idea di sussistenza traduce solo parzialmente il vocabolo *Ma 'āsh*, che include invece ogni tipo di attività.

[3] Il riferimento è diretto al sole. Cfr. 25:61, 33:46, dove è utilizzato metaforicamente in riferimento al Profeta Muhammad (pbsl), e 71:16.

[4] Le prove della generosità di Dio sono disposte in quattro gruppi: 1-La natura esterna intorno a noi (6-7), 2-La nostra stessa natura fisica, mentale e spirituale (8-11), 3-Il cielo stellato e lo splendore del sole (12-13) 4-La relazione ed interdipendenza tra terra, aria e cielo nel ciclo della pioggia.

17-In verità, il Giorno del Giudizio è cosa certa[5].

18-Il giorno in cui suonerà la tromba[6] ed avanzerete in massa.

19-I cieli si apriranno come se fossero delle porte[7].

20-Le montagne svaniranno, come se fossero un miraggio.

21-In verità, l'Inferno è un luogo di agguato[8],

22-di destinazione per i trasgressori,

23-dove dimoreranno per un tempo interminabile.

24-Non assaggeranno nulla di fresco e niente che li possa dissetare,

25-tranne il fluido bollente e un fluido nero, torbido e intensamente freddo,

26-ricompensa per loro adeguata,

27-perché non hanno temuto di dover giustificare le loro azioni,

28-ma hanno tacciato di falsità i Nostri segni.

29-Noi abbiamo preso nota di ogni cosa.

30-Ora provate i frutti delle vostre azioni perché non vi sarà concesso di aumentare[9] nulla, tranne la punizione.

31-In verità, per i giusti ci sarà la realizzazione di tutti i desideri [del cuore][10],

32-giardini chiusi e vigne[11],

---

[5] Cfr. 37:21, 36:59. Il Giorno del Giudizio è anche il giorno della distinzione tra bene e male.

[6] L'angelo a cui è stato affidato il compito di suonare la Tromba è Isrāfīl, che sarà l'araldo del Giudizio. Cfr. 50:20, 39:68, 69:13.

[7] Un segno che l'ordine presente delle cose cesserà di esistere ed un nuovo mondo verrà all'essere. Questa figura si applica ai cieli in questo versetto ed alla terra nel successivo. Il mistero di ciò che giace dietro i cieli svanirà attraverso le porte che saranno aperte. Le solide montagne svaniranno come un miraggio.

[8] L'Inferno, l'incarnazione del male, attende come in un agguato e per questo motivo dobbiamo stare in guardia. Coloro che si sono ribellati in modo ostinato contro Dio, troveranno lì la loro destinazione definitiva, da cui non vi è ritorno a meno che Dio non voglia diversamente. Cfr. 6:128.

[9] Proprio come vi è un deterioramento progressivo nell'anima del peccatore che si abbandona al male, così c'è un progressivo aumento nella pena che soffre.

[10] Questa è la vera salvezza. Non è solo sicurezza e felicità, ma il raggiungimento dell'obiettivo finale, il successo supremo, la realizzazione della natura umana e la soddisfazione dei desideri veri e puri del cuore. Cfr. 44:57.

[11] Il supremo successo, o la soddisfazione dei desideri del cuore di cui si parla nell'ultimo versetto, ora è descritto mediante tre simboli (32-34). Il primo simbolo è un giardino recintato. Il giardino comunemente simboleggia la benedizione ed in questo contesto però è ulteriormente particolarizzato. Il giardino che viene più curato è quello che contiene alberi da frutto e il frutto più caratteristico è l'uva.

33-compagni della stessa età[12]
34-e coppe piene[13].
35-Non udranno né discorsi vani né la menzogna[14].
36-Questa è la ricompensa proveniente dal loro Signore, un dono ampiamente sufficiente,
37-proveniente dal Signore dei cieli e della terra e di tutto ciò che si trova nel mezzo, Dio il Clemente. A nessuno sarà concesso di rivolgersi a Lui.
38-Il giorno in cui lo Spirito[15] e gli angeli saranno dritti in ranghi, nessuno parlerà eccetto colui a cui Dio, il Clemente, lo avrà concesso e dirà ciò che è giusto[16].
39-Quel giorno sarà la sicura realtà[17]. Quindi, lascia che colui che lo vuole, prenda una via diritta per tornare presso il suo Signore!
40-In verità, vi abbiamo avvertito di un castigo prossimo[18]. Il giorno, in cui l'uomo vedrà le azioni che le sue mani hanno compiuto e coloro che hanno negato la fede diranno: "Guai a me! Fossi stato solo semplice polvere!"[19]

---

[12] Il secondo simbolo sono i compagni della medesima età, simbolo di purezza, grazia, bellezza, innocenza, verità e simpatia.

[13] Il terzo simbolo, la coppa, rappresenta la ricchezza illimitata di Dio.

[14] La spiegazione dei tre simboli è resa ancora più chiara dai due negativi:1-Non ci sarà alcun discorso vano, 2-Non ci sarà nessuna falsità o insincerità. Ogni cosa si troverà sul piano della verità e della realtà assoluta.

[15] Cfr. 70:4. Alcuni commentatori interpretano il riferimento allo spirito come diretto all'angelo Gabriele che ha l'incarico di portare il messaggio ai profeti. Cfr. 21:193.

[16] Nessuno ha il diritto di parlare davanti alla sede del Giudizio, ma ad alcuni può essere concesso il permesso di supplicare per i peccatori e lo faranno, ma solo se la misericordia di Dio non arriverà a negare la Sua giustizia universale.

[17] Cfr. 69:1. Sicuramente il giudizio verrà e la verità apparirà libera da ogni velo. Perché l'uomo non dovrebbe, in questa vita di prova, volgersi verso Dio e comprendere e fare la Sua volontà?

[18] Ci sono quattro stadi del giudizio: 1-Molti dei nostri peccati trovano la loro punizione in questa vita. Può anche non essere un evento aperto o marcato, ma corrode l'anima e la coscienza. Rivolgiamoci quindi a Dio in pentimento e chiediamo il perdono. 2-La pena non è attualmente percepita in questo mondo. La morte è considerata un giudizio minore per ogni anima individuale. Cfr. 75:22. 3-Il giudizio finale, quando l'ordine presente delle cose si estinguerà e ci sarà un nuovo mondo. Il tempo, così come lo conosciamo, cesserà di esistere. Cinquantamila anni equivarranno ad un solo giorno.

[19] I miscredenti, coloro che rifiutano Dio, si troveranno in un mondo in cui per loro non ci sarà alcuno spazio. Non vivranno né moriranno. Cfr. 20:24. Desidereranno di essere ridotti al nulla, ma questo non sarà possibile.

LXXIX

Sura An-Nāzi'āt

(Le strappanti violente)

Rivelata alla Mecca

Nel nome di Dio, il Clemente, il Misericordioso

1-Per gli angeli che strappano le anime dei malvagi con violenza[1].
2-Per coloro che gentilmente estraggono le anime dei benedetti.
3-Per coloro che scivolano portando la misericordia[2],
4-spingendosi poi in avanti come in una corsa,
5-ed organizzandosi per compiere i comandi del loro Signore.
6-Quel giorno ogni cosa che potrà trovarsi in agitazione, si troverà in una violenta commozione,
7-seguita da ripetute convulsioni[3].
8-I cuori,[4] quel giorno, saranno agitati e
9-gli occhi saranno abbassati[5].
10-Dicono: "Che cosa! Dovremmo ritornare alla nostra condizione precedente?

---

[1] Ci sono molte differenze di opinione tra i commentatori in riferimento alle cinque cose o esseri menzionati in questi versetti. In questa traduzione si è preferito seguire l'opinione generale, secondo la quale ci si riferisce agli angeli che nel loro modo di interagire con l'umanità mostrano la giustizia, il potere e la misericordia di Dio.

[2] In questo versetto ci si riferisce agli angeli. Il loro movimento è paragonato a quello di scivolare o nuotare (*Sabhan*). Nel versetto 21:33 questo verbo è utilizzato per descrivere il movimento dei corpi celesti. I messaggeri celesti nel compiere gli ordini ricevuti si spingono in avanti come se stessero correndo, eseguendo in questo modo prontamente gli ordini del loro Signore. Cfr. 35:1.

[3] Lo sconvolgimento sarà repentino ma continuo in modo da distruggere il mondo transeunte e fare spazio a quello nuovo che sta venendo all'essere.

[4] Tutti i cuori quel giorno si troveranno nell'agitazione: i cuori dei benedetti si agiteranno nel vedere l'inizio della realizzazione della promessa del loro signore, mentre coloro che respingo Dio tremeranno per la paura del Suo giudizio.

[5] Allo stesso modo tutti gli occhi saranno rivolti verso il basso. Gli occhi dei benedetti saranno abbassati per vedere l'inizio della realizzazione della promessa. Gli occhi di coloro che hanno respinto Dio lo saranno per la paura del Suo giusto giudizio.

11-Che cosa! Quando saremo divenuti ossa spezzate?"

12-Dicono: "Sarebbe in questo caso, un ritorno con una perdita!"

13-In verità, sarà un solo grido[6],

14-quando si troveranno nel pieno sorgere [del Giudizio][7].

15-Ti è giunta la storia di Mosè?[8]

16-Il tuo Signore lo chiamò nella sacra valle di Tuwa.

17-Recati dal Faraone perché ha oltrepassato tutti i limiti

18-e digli: "Vorresti forse purificarti da ogni peccato?

19-Vorresti essere guidato dal tuo Signore al fine che tu[9] possa temerLo?"

20-Poi Mosè gli mostrò il grande segno[10].

21-Però il Faraone lo respinse e disubbidì.

22-Poi, voltò la schiena e s'impegno strenuamente contro Dio.

23-Riunì i suoi uomini e annunciò:

24-"Sono il vostro Signore, l'Altissimo",

25-Però Dio lo punì e fece di lui un esempio nell'Altra vita ed in questa.

26-In verità, questo è un monito per coloro che temono Dio.

27-Che cosa! Siete forse più difficili da creare dei cieli[11]? Dio li ha edificati,

28-ha innalzato il firmamento e gli ha dato ordine e perfezione[12].

---

[6] Il giudizio sarà inaugurato con un singolo suono lacerante ed assordante. Cfr. 37:19. Cfr. 36:29 e 49 dove una singola grande esplosione sembra riferirsi ai peccatori che sono stati tolti da questa vita e gettati nell'altro mondo, dove saranno ulteriormente giudicati. Cfr. 36:53 dove ci si riferisce al giudizio finale.

[7] Quando giungerà la risurrezione, costoro entreranno pienamente in un nuovo mondo. I vecchi cieli e la vecchia terra saranno completamente scomparsi, non solo per costoro ma in senso assoluto.

[8] Ci si riferisce qui alla storia di Mosè raccontata in modo più approfondito in 20:9-76.

[9] Anche a qualcuno come il Faraone, intossicato dal suo stesso potere e dalla sua gloria, viene offerta la guida e la grazia attraverso il profeta Mosè.

[10] Secondo alcuni commentatori il "grande segno" si riferisce alla mano bianca brillante di cui si parla in 20:22-23. Altri pensano che invece sia il bastone che si è trasformato in serpente cui si fa riferimento in 20:20. In 17:133 vi è un riferimento a nove segni chiari dati a Mosè e questi sono specificati nel dettaglio in 7:133. Cfr. 20:70-73.

[11] Se l'uomo diventa arrogante e dimentica la sua responsabilità verso Dio, gli viene ricordato che è solo un granello insignificante nella numerosa creazione di Dio. Cfr. 36:81, 2:30-39.

[12] Cfr. 2:29. Il mistero dei cieli con le loro innumerevoli stelle, con i pianeti che obbediscono alle leggi del moto ed il sole e la luna che influenzano la temperatura e il clima della terra da lunghissima distanza, illustrano l'ordine e la perfezione che Dio ha assegnato alla Sua creazione.

29-Ha dotato la notte dell'oscurità e ha mostrato lo splendore del giorno.

30-Ha disteso la terra,

31-e ne ha tratto fuori la sua umidità e la sua pastura.

32-Ha fissato le montagne con fermezza,

33- per l'utilizzo e il benessere vostro e del vostro bestiame,

34-Quindi, quando giungerà il grande, devastante evento,

35-il giorno in cui l'uomo ricorderà tutto ciò per cui ha lottato,

36-il fuoco dell'Inferno sarà reso visibile per tutti.

37-Per coloro che hanno trasgredito tutti i limiti

38-e hanno preferito la vita di questo mondo,

39-la dimora sarà il Fuoco dell'Inferno.

40-Invece, coloro che hanno nutrito il timore di stare ritti davanti al loro Signore e hanno impedito alle loro anime di abbandonarsi ai desideri più bassi,

41-avranno il Giardino come loro dimora.

42-Ti domanderanno dell'Ora: "Quando si verificherà?"

43-Perché te ne preoccupi?

44-Presso il Signore si trova il limite prestabilito.

45-Tu sei solo un ammonitore per coloro che Lo temono[13].

46-Quel giorno Lo vedranno. Sarà come se fossero rimasti per una sola serata o fino al mattino seguente[14].

---

[13] Il monito è effettivo per coloro che credono in Dio e nel Giudizio Finale. Alcuni uomini si volgono in pentimento verso Dio e per aiutare costoro vengono inviati i profeti.

[14] Cfr. 10:45 dove l'espressione utilizzata è: "sarà come se fossero rimasti per un'ora del giorno". Qui la metafora impiegata è una sola serata o fino al mattino successivo. La morte è come un sonno e può essere paragonata alla sera della vita. Quando dormiamo non sappiamo come passa il tempo. Quando ci risveglieremo dalla morte alla resurrezione, non sapremo se è stato il momento o l'ora successiva a quando ci siamo addormentati, ma ci accorgeremo che è mattino, perché diventeremo consapevoli di tutto ciò che accadrà, proprio come qualcuno che si risveglia al mattino.

LXXX

Sura 'Abasa

(Si accigliò)

Rivelata alla Mecca

Nel nome di Dio, il Clemente, il Misericordioso

1-Il Profeta si accigliò e si voltò indietro[1],
2-quando si avvicinò a lui l'uomo cieco [interrompendolo].
3-Chi può dire se forse desiderava purificarsi?
4-Forse potrebbe ricevere un'ammonizione e l'insegnamento essere
per lui una fonte di purificazione[2]?
5-Mentre a colui che si dimostra indifferente[3],
6-a costui presti attenzione,
7-anche se non ti sarà imputato se non si purifica[4].
8-Invece, di colui che è venuto da te sforzandosi strenuamente,
9-con la paura nel cuore[5],

---

[1] La lezione di questa sura è che né il calibro spirituale né la guida possono essere misurate dalla posizione dell'uomo in questa vita. Il povero, il cieco, il paralitico o il mutilato possono essere più aperti e disposti a ricevere l'insegnamento divino rispetto ai potenti e ai ricchi, che sono invece accecati dall'arroganza e dall'autosufficienza.

[2] L'uomo povero e cieco può essere, a causa del suo desiderio di imparare, pronto a crescere in senso spirituale e a trarre profitto dagli insegnamenti che gli vengono impartiti più di un leader arrogante ed autosufficiente. L'uomo cieco divenne infatti un musulmano vero e sincero e successivamente venne scelto come governatore di Medina.

[3] Ci si riferisce ad uno dei leader pagani tra i Quraysh che il Profeta (pbsl) avrebbe desiderato avere nel suo seguito al fine che la predicazione del messaggio di Dio potesse essere facilitata. Questo tipo di messaggio tocca il cuore dei semplici e degli umili, dei poveri e dei destituiti e i potenti della terra vi entreranno solo quando il suo corso li spinge con forza irresistibile.

[4] Il messaggio di Dio è per tutti, ma se gli arroganti ed i potenti si mantengono lontano da esso, non è colpa del messaggero che ha però il dovere di occuparsi di tutti, compresi i poveri e gli umili.

[5] Il cieco era umile e timorato di Dio, e non arrogante e autosufficiente. Essendo povero e cieco, aveva paura di essere inopportuno, ma il suo desiderio d'imparare il Corano lo rese audace e per questo era degno di essere incoraggiato a causa della purezza del suo cuore.

10-non ti sei curato.

11-Che ciò non accada, perché questo è un messaggio che induce al ricordo[6],

12-per cui fai sì che, chi lo desidera, lo ricordi.

13-Si trova[7] nei libri tenuti in grande onore,

14-esaltato in dignità, mantenuto puro e santo,

15-scritto dalle mani degli scribi,

16-onorevole, pio e giusto.

17-Guai all'uomo! Che cosa lo ha indotto a rinnegare Dio?

18-Da che cosa lo ha creato?

19-Lo ha creato da un ovulo fertilizzato e poi lo ha formato nelle proporzioni dovute.

20-Gli ha reso facile il cammino.

21-Lo ha fatto morire e lo ha posto nella tomba[8].

22-Poi, quando vorrà, lo solleverà di nuovo.

23-Eppure non ha eseguito ciò che Dio gli ha comandato.

24-Che l'uomo guardi al suo cibo,

25-per il quale abbiamo fatto piovere acqua in abbondanza,

26-e abbiamo fatto sì che la terra si fendesse[9],

27-producendo grano[10],

28-viti e piante nutrienti,

29-olive e datteri,

30-e giardini chiusi, pieni di alberi alti,

31-frutti e foraggio,

32-per te e per il tuo bestiame[11].

---

[6] Il messaggio di Dio è un messaggio universale, da cui nessuno può essere escluso - ricco o povero, vecchio o giovane, grande o piccolo, ignorante o colto.

[7] Al tempo in cui questa sura fu rivelata, erano già state rivelate circa 45 sure che costituivano un patrimonio spirituale d'immenso valore.

[8] Cfr. 20:55. La morte è un evento inevitabile dopo la breve vita su questa terra, ma in un certo senso costituisce anche una benedizione, ossia una liberazione delle imperfezioni di questo mondo, alla fine del quale ci sarà l'alba di una nuova realtà. Il riferimento alla tomba può essere inteso come diretto al periodo intercorrente tra la morte fisica e la vita immortale. Questo periodo intermedio è noto come *Barzakh*. Cfr. 23:101.

[9] L'acqua scende dalle nuvole, la terra è irrigata e il suolo si fende e spuntano i germogli del grano, dei frutti e dei vegetali.

[10] Da sotto la terra o il suolo.

[11] Cfr. 79:33 dove compare il medesimo versetto.

33-Alla fine, quando giungerà il rumore assordante[12],
34-quel giorno l'uomo fuggirà via dal proprio fratello,
35-da sua madre e da suo padre,
36-da sua moglie e dai suoi figli[13].
37-Ognuno di loro, quel giorno, sarà preoccupato per se stesso ed indifferente alla sorte degli altri[14].
38-Quel giorno alcuni volti saranno radiosi,
39-ridenti e felici.
40-Altri volti invece saranno macchiati dalla polvere[15],
41-e li coprirà la tristezza:
42-tali saranno coloro che respingono Dio e compiono iniquità.

---

[12] Rumore che precede il Giudizio finale.

[13] Anche coloro che ci erano più cari e più vicini in questa vita non saranno pronti o in grado di aiutarsi gli uni con gli altri in quel terribile giorno. Al contrario, se devono ricevere la sentenza per i loro peccati, saranno ansiosi di evitare di condividere la tristezza o essere testimoni dell'umiliazione altrui, perché ognuno sarà abbastanza occupato con i propri dolori. Al contrario, i giusti saranno uniti con le loro famiglie giuste. Cfr. 52:21 e i loro visi saranno ridenti, felici e luminosi. Cfr. 80:38-39.

[14] Cfr. 70:10-14. Nessun'amico domanderà di un altro amico quel giorno. Al contrario, il peccatore desidererà salvare se stesso anche a discapito della sua stessa famiglia e dei suoi stessi discendenti.

[15] La polvere sui volti dei peccatori si porrà in contrasto con la luce su quelli dei giusti, mentre la tenebra sarà in contrasto con il riso e la felicità. La polvere indica anche che i volti e gli occhi di coloro che hanno rifiutato Dio saranno ridotti in polvere e la tenebra suggerisce invece che, essendo stati coloro che hanno compiuto iniquità, non hanno alcun diritto alla purezza e alla luce. Questo versetto può suggerire anche un'altra ulteriore immagine. L'umile ed il povero possono trovarsi nella polvere nel corso di questa vita, mentre i peccatori arroganti nello splendore, ma le condizioni nel Giorno del Giudizio saranno invertite.

LXXXI

Sura Al-Takwir

(L'oscuramento)

Rivelata alla Mecca

Nel nome di Dio, il Clemente, il Misericordioso

1-Quando il sole sarà oscurato[1],
2-quando le stelle[2] cadranno, perdendo il loro splendore,
3-quando le montagne svaniranno come un miraggio[3];
4-quando la femmina di cammello, con il piccolo, sarà abbandonata[4],
5-quando le belve selvagge saranno riunite tutte insieme[5],
6-quando l'oceano[6] bollirà e si gonfierà;
7-quando le anime saranno scelte [ed appaiate],

---

[1] I segni della fine dei tempi sono dodici, ma possono essere distinti in due gruppi in ognuno dei quali possono essere collocati sei segni. I primi segni sono relativi al mondo e alla vita fisica dell'uomo, gli altri sei invece alla sua interiore vita spirituale. Il fattore che più influenza il mondo naturale è la luce, il calore, e quindi anche l'energia magnetica del sole. Il sole è la fonte di tutta la luce, il calore e l'energia e quindi costituisce il sostentamento di tutta la vita fisica. Questo è il fattore più importante, pur essendo anche quello più distante da noi nel sistema solare. Eppure le fonti della nostra vita spirituale interiore saranno più grandi e più durature perché sopravvivranno anche ai cataclismi naturali. Il sole inoltre è il centro del nostro sistema solare ed anche un simbolo del presente ordine delle cose.

[2] Subito dopo il sole, anche le stelle che hanno brillato per migliaia di anni, si spegneranno.

[3] Cfr. 78:20. Sulla terra le montagne ci appaiono come l'esempio più lampante della stabilità. Eppure anche loro saranno spazzate via come un miraggio, come se non fossero mai esistite.

[4] L'animale più caro agli arabi era sicuramente il cammello ed in modo particolare la femmina sul punto di partorire un cucciolo. In condizioni normali l'animale sul punto di partorire riceve grandi cure ed una particolare attenzione. Però, quando tutti i punti di riferimento di questa vita svaniranno, anche lei sarà abbandonata.

[5] Nel mondo presente gli animali selvaggi hanno paura gli uni degli altri e tutti temono l'uomo e si tengono per questo motivo lontani dalle abitazioni. Però, quando quest' ordine passerà via non ci sarà quasi più nessuna differenza tra le abitazioni umane e le tane degli animali selvatici che solitamente vivono nelle foreste.

[6] Cfr. 52:6. Gli oceani che ora si mantengono nei loro confini, si innalzeranno e straripperanno sommergendo la terra.

8-quando la neonata che è stata sepolta viva, domanderà

9-per quale crimine sia stata uccisa[7],

10-quando i registri saranno aperti[8],

11-quando il cielo[9] sarà svelato,

12-quando il Fuoco ardente sarà portato ad un calore intenso;

13-quando il Giardino[10] diverrà più vicino,

14-ogni anima allora saprà che cosa ha posto davanti.

15-Così chiamo a testimoni i pianeti che recedono,

16-vanno avanti o si nascondono,

17-e la notte quando passa,

18-e l'alba quando spazza via le tenebre.

19-In verità, questa è la parola di un onorato messaggero[11],

20-dotato di potere e rango davanti al Signore del Trono[12],

21-dotato di autorità e fedele al suo patto.

22-Il vostro compagno non è posseduto[13];

23-senza dubbio lo [Gabriele] ha veduto nel chiaro orizzonte.

24-Né egli ha nascosto a malincuore la conoscenza dell'invisibile[14],

---

[7] In questo mondo di peccato e di dolore è presente molta sofferenza ingiusta; sono sacrificate molte vite innocenti senza che vengano lasciate tracce per mezzo delle quali i colpevoli possano essere consegnati alla giustizia. L'esempio più lampante in riferimento ai Quraysh era l'infanticidio delle figlie femmine. Cfr. 16:58-59. Questo crimine veniva compiuto con il beneplacito e la collusione di tutta la società e nessuno si poneva mai dalla parte delle vittime. Invece nel mondo della giustizia spirituale, saranno fatte domande e la stessa vittima potrà dare testimonianza. Le prove stesse saranno dedotte dai mezzi utilizzati per nascondere i propri crimini.

[8] Le pergamene dove sono state registrate tutte le azioni dell'uomo, buone e cattive, saranno aperte davanti a tutti. Cfr. 50:17-18, 82:11-12.

[9] Letteralmente il cielo, il Paradiso o la dimora dell'Altra vita.

[10] L'ultimo simbolo, il Giardino della Benedizione -ossia la luce del Volto di Dio- (92:20) diventerà visibile.

[11] La rivelazione proveniva realmente da Dio. L'espressione "onorato messaggero" si riferisce invece all'arcangelo Gabriele.

[12] L'arcangelo Gabriele non era solo colui che recava la rivelazione, ossia un messaggero onorevole ed onesto, ma possedeva anche nel regno angelico rango ed autorità davanti al trono di Dio.

[13] Dopo aver descritto le credenziali dell'Arcangelo Gabriele, il testo coranico si appella alle persone e domanda loro di considerare il loro stesso compagno, ossia il Profeta (pbsl), che era nato e vissuto tra loro ed era noto per essere un uomo onorevole, veritiero e sincero.

[14] Le parole pronunciate dal Profeta (pbsl) sono sempre state chiare, vere ed ispirate. Non vi era in esse nessun elemento ambiguo o deviante.

25-né è la parola di uno spirito maledetto[15].
26-Dove dunque vi volgete?
27-Questo non è altro che un messaggio rivolto a tutti i mondi[16],
28-per colui che, tra di voi, vuole procedere sulla retta via[17].
29-Però egli non vorrà, se Dio non lo concederà, il Signore dei Mondi.

---

[15] L'insegnamento del Corano è benefico e non suggerisce invidia, avaria ed egoismo. Il termine arabo *Rajīm* indica qualcuno che è scacciato con delle pietre con completa ignominia. Cfr. 15:17. Cfr. 2:197, dove viene fatto riferimento al rito di gettare pietre nella valle di Mina al termine del Pellegrinaggio alla Mecca. Questo gesto simboleggia il rifiuto definitivo del male da parte del pellegrino.

[16] Non s'intende un popolo o una nazione in particolare, ma il messaggio è universale e diretto a tutti i mondi. Cfr. 1:2.

[17] Cfr. 74:55-56. Dio è il Signore dei Mondi, Dio di grazia e misericordia e la Sua guida è disponibile per tutti coloro che hanno la volontà di trarne profitto. Questo però può essere fatto solo agendo in conformità alla legge di Dio, che è l'Islam. Il versetto 28 fa riferimento alla libertà e alla responsabilità dell'uomo, mentre il versetto 29 alle sue limitazioni. Entrambi gli estremi, ossia il determinismo e l'eccessivo libero arbitrio, sono condannati.

LXXXII

Sura Al-Infitār

(Lo squarciarsi)

Rivelata alla Mecca

Nel nome di Dio, il Clemente, il Misericordioso

1-Quando il cielo si squarcerà,
2-quando le stelle si disperderanno[1],
3-quando l'oceano strariperà dai suoi margini[2];
4-quando le tombe saranno scoperchiate,
5-allora ogni anima saprà che cosa ha inviato avanti a sé e quanto ha lasciato indietro.
6-O uomo, che cosa ti ha sedotto lontano dal tuo Signore, il Generosissimo,
7-Che ti ha creato, formato secondo ciò che dovevi essere per natura[3] e ti ha forgiato nella giusta proporzione,
8-mettendoti insieme in qualunque forma[4] abbia deciso?

---

[1] Cfr. 81:2 dove vengono utilizzati due termini differenti per indicare le stelle. *Najm* indica la brillantezza e qui è appropriata la traduzione "perdere la propria luce". Il termine *Kawkab* si riferisce invece ad una stella fissa all'interno di una costellazione e il suo opposto è indicato dal verbo "disperderanno". Infatti, attraverso questo passaggio, l'idea dominante è quella della perdita di ordine e di simmetria.

[2] Cfr. 81:6. L'espressione "l'Oceano strariperà dai suoi margini" indica la fine del presente ordine delle cose. Questo può accadere in due modi: 1-La barriera, che mantiene all'interno dei propri rispettivi limiti i vari corsi di acqua fresca e salata, (Cfr. 55:2) sarà rimossa, 2-L'Oceano invaderà l'intero globo terrestre.

[3] Cfr. 15:29 Dio non solo ha creato l'uomo, ma lo ha formato nella giusta proporzione, dandogli straordinarie capacità e i mezzi mediante i quali realizzare il proprio destino.

[4] Cfr. 7:11. Con il termine forma (*Surah*) si intende la forma generale di una cosa in cui viene posta la personalità, incluso l'ambiente fisico e sociale, i doni della mente e dello spirito e tutto ciò che costituisce la vita esteriore e quella interiore. La grazia di Dio si mostra in tutte le cose perché la Sua volontà è costituita da perfetta conoscenza, saggezza e bontà.

9-O uomini, voi respingete ciò che è giusto ed il giudizio[5]!
10-In verità, su di voi ci sono angeli per proteggervi,
11-gentili ed onorevoli, per scrivere le vostre azioni.
12-Costoro sanno e comprendono tutto quello che fate.
13-I giusti si troveranno nella benedizione,
14- mentre i malvagi dimoreranno nel Fuoco,
15-in cui entreranno nel Giorno del Giudizio,
16-e da cui non potranno più fuggire.
17-Che cosa mai ti spiegherà che cosa è il Giorno del Giudizio?
18-Che cosa mai ti spiegherà che cosa è il Giorno del Giudizio?
19-Sarà il giorno in cui nessun'anima potrà essere di aiuto ad un'altra.
Il comando quel giorno apparterrà solo a Dio.

---

[5] La bontà e la misericordia di Dio e la Sua costante cura delle creature dovrebbero rendere gli uomini grati, invece di indurli a distogliersi dal bene e a negare il Giorno del Giudizio, in cui ogni azione compiuta troverà il proprio completamento nella giusta ricompensa o nella punizione.

LXXXIII

Sura Al-Mutaffifin

(I frodatori)

Rivelata alla Mecca

Nel nome di Dio, il Clemente, il Misericordioso

1-Guai a coloro che frodano[1],
2-coloro che, quando debbono ricevere qualcosa dagli uomini, ne richiedono la misura piena.
3-Invece, quando debbono misurare qualcosa che debbono agli altri, danno il meno del dovuto.
4-Non pensano forse che saranno resuscitati
5-per un giorno terribile,
6-un giorno in cui tutta l'umanità starà dritta davanti al Signore dei Mondi?
7-Sicuramente il registro delle azioni del malvagio è conservato nel *Sijjīn*[2].
8-Che cosa ti spiegherà che cosa è il *Sijjīn*?
9-È un registro completo e sigillato.
10-Guai quel giorno a coloro che negano,
11-che negano il Giorno del Giudizio.

---

[1] Il termine frode in questo contesto deve essere interpretato in senso generale. I versetti successivi specificano che in questo contesto viene condannato lo spirito di ingiustizia, che comporta il dare poco ed il pretendere molto. Quest'attitudine può essere ritrovata negli scambi commerciali, quando un uomo pretende un trattamento molto più equo di quello che è disposto a concedere agli altri. Nell'ambito domestico o sociale un individuo o un gruppo possono pretendere onore, rispetto e servizio che non sono disposti a dare in circostanze simili. Quest'attitudine è peggiore dell'egoismo e può essere interpretata come una forma di doppia ingiustizia. Quest'attitudine è però deleteria nell'ambito della vita spirituale ed in quella religiosa, perché l'uomo non è disposto ad agire verso i suoi simili in modo equo nei diversi ambiti.

[2] Questo termine deriva dalla stessa radice di *Sijjīn*, che significa prigione. Secondo alcuni commentatori si riferisce alla prigione in cui i malvagi vengono rinchiusi e confinati in attesa di essere giudicati. Secondo altri invece indica il registro delle azioni malvage, così come si deduce dal versetto 9.

12-Nessuno può negarlo tranne colui che, peccatore, infrange ogni limite!

13-Quando i Nostri segni gli sono presentati, risponde: "Favole degli antichi![3]"

14-Per nulla! Piuttosto nei loro cuori vi è la macchia del male che hanno commesso!

15-In verità, quel giorno saranno coperti dalla luce del loro Signore,

16-poi entreranno nel Fuoco dell'Inferno.

17-Poi sarà detto loro: "Questo è ciò che avete tacciato di falsità!"

18-In verità, il registro di colui che è retto è preservato nel *Illiyīn*[4]

19-Che cosa ti spiegherà che cosa è l'*Illiyīn*?

20-Un registro pieno,

21-che testimonia per coloro che sono vicini a Dio[5].

22-In verità i giusti saranno nella benedizione,

23-su troni di dignità e rivolgeranno lo sguardo verso l'alto.

24-Riconoscerai sui loro volti la brillantezza della benedizione.

25-La loro sete sarà calmata da puro nettare vergine,

26-che lascerà nella bocca un sapore piacevolissimo. A questo aspirino coloro che hanno aspirazioni[6].

27-Con esso verrà data una mistura di *Tasnīm*[7]:

28-una fonte da cui bevono coloro che sono vicini a Dio.

29-I peccatori erano soliti deridere i credenti,

30-e, ogni volta che passavano presso di loro, si facevano segno gli uni con gli altri.

---

[3] Cfr. 6:25, 68:15. Costoro disprezzano la verità e pretendono che sia solo falsità.

[4] Letteralmente significa "luoghi alti", ma probabilmente non è sinonimo di altezze (*A'rāf*) menzionate in 7:46 e non possiamo identificarli con il termine *Ghurufāt* menzionato in 34:37. In questo contesto il termine potrebbe essere interpretato come il registro delle giuste azioni inteso come opposto a *Sijjīn*.

[5] Cfr. 56:11. Coloro che sono più vicini a Dio saranno testimoni di questo registro dei giusti oppure saranno presenti alla sua compilazione. Metaforicamente significa che le persone di grande spiritualità aiutano ed assistono al momento della compilazione del registro di ogni anima che si sforza verso il bene.

[6] Se comprendiamo i valori veri ed eterni, questa è la sorta di benedizione a cui aspiriamo e non i transeunti godimenti di questo mondo, che lasciano sempre dietro di sé un rammarico.

[7] Il termine *Tasnīm* significa letteralmente altezza, pienezza ed opulenza. Qui indica il nome di una fontana del Paradiso, la cui bevanda è superiore al vino più puro. Dalla sua fonte sgorga il nettare bevuto da coloro che si trovano più vicini a Dio. Cfr. 56:11, 76:5 (*Kāfūr*), 76:17-28.

31-Quando ritornavano dalla loro gente, continuavano a schernirli.

32-Ogni volta che li vedevano, dicevano: "Attenzione! Costoro sono dei deviati[8]!"

33-Eppure non sono stati chiamati ad essere i loro guardiani!

34-Però, quel giorno i credenti scherniranno coloro che negavano il vero.

35-Su troni di dignità, guarderanno e diranno:

36- "I miscredenti non sono forse stati ricompensati per quello che hanno compiuto?"

---

[8] I malvagi ridono dei giusti in questo mondo in molti modi: 1-Ridono della loro fede, in quanto si sentono superiori, 2-Nei luoghi pubblici, quando passano i giusti, si prendono gioco di loro e li insultano, 3- Nelle loro case ne parlano male, 4-Ogni volta ed in ogni luogo li vedono li rimproverano per essere dei folli che hanno perduto la via. Nell'Altra vita le loro azioni verranno mostrate per quello che sono e riceveranno la giusta punizione.

LXXXIV

Sura Al-Inshiqāq

(La fenditura)

Rivelata alla Mecca

Nel nome di Dio, il Clemente, il Misericordioso

1-Quando il cielo si squarcerà[1],
2- e obbedirà[2] al comando del suo Signore, così come è necessario.
3-Quando la terra sarà spianata[3],
4-e ciò che contiene sarà gettato fuori e diventerà vuota,
5-e obbedirà al comando del suo Signore, così come è necessario.
6-O uomini che tendete verso il vostro Signore -che tendete con dolore- sappiate che Lo incontrerete.
7-Colui, a cui sarà dato nella mano destra[4] il suo registro,
8-sarà giudicato con un semplice calcolo,
9-e tornerà dai suoi[5] rallegrandosi!

---

[1] All'inizio delle sure 81 e 82 sono stati utilizzati altri simboli per indicare questo fenomeno. Qui i due simboli sono: 1-Lo squarciarsi del cielo, 2-La completa distensione della sfera terrestre. Cfr. 25:25 e 50:44.

[2] Dobbiamo riflettere sul fatto che i cieli che vediamo sopra di noi, che sembrano vasti, illimitati ed eterni, sono anch'essi costituiti di materia creata. La loro natura di esseri creati domanda che debbano rispondere alla voce del Creatore, a costo della loro stessa estinzione.

[3] La terra ha una forma sferica e racchiude dentro di sé molti segreti e misteri: oro e diamanti nelle sue miniere, calore e forze magnetiche nelle sue viscere e i corpi di innumerevoli generazioni di uomini seppelliti nel suo suolo. Al momento della dissoluzione, tutto ciò riemergerà. La terra perderà la sua forma sferica e cesserà di esistere.

[4] Cfr. 17:71. Costoro saranno i fortunati, che hanno trascorso la loro vita nella bontà e nella virtù. Per costoro il resoconto sarà facile e riceveranno più di quanto meritano per la grazia e la misericordia di Dio.

[5] Indica tutte le persone giuste che appartengono alla sua famiglia spirituale, sia che lo abbiano preceduto o seguito in questa vita.

10-Però colui, a cui è dato il suo registro dietro la schiena[6],

11-presto invocherà l'annientamento[7],

12-ed entrerà in un Fuoco ardente.

13-In verità, girava tra i suoi rallegrandosi!

14-In verità, pensava che non sarebbe mai tornato a Noi[8]!

15-No, no! Il suo Signore lo guardava!

16-Così chiamo[9] come testimoni la rubiconda luce del tramonto[10],

17-la notte e ciò che avvolge

18-e la luna nella sua pienezza[11],

19-passerete attraverso diversi stadi[12].

20-Che cosa li induce a non avere fede nella vita che verrà?

21-Perché, quando viene letto il Corano, non cadono prosternati[13]?

22-Al contrario, i miscredenti, lo tacciano di menzogna.

23-Dio conosce bene che cosa tengono celato nel loro cuore.

24-Annuncia loro un castigo cocente,

25-eccetto a quanti credono e compiono opere di bene. Per costoro c'è una ricompensa inestinguibile.

---

[6] Cfr. 69:24. Ai malvagi sarà dato il registro nella mano sinistra, ma le loro mani non saranno libere perché il peccato le avrà legate dietro la schiena. Per questo motivo potranno ricevere il registro solo nella mano sinistra dietro la loro schiena.

[7] I malvagi desidereranno la morte e l'estinzione totale, ma non vivranno né moriranno. Cfr. 20:74.

[8] La maggior parte del male commesso in questo mondo è dovuto ad una falsa concezione della libertà umana o ad una indulgenza eccessiva verso se stessi. L'uomo però è responsabile di ogni sua parola, azione e pensiero verso il suo Creatore al quale ritornerà. Ricordare questa verità e agire di conseguenza significa ottenere la salvezza. Invece, dimenticare questa responsabilità significa essere condannati al fuoco del disprezzo e della miseria.

[9] Nulla in questa vita è fisso o durerà in eterno. Sono menzionate tre cose che sono rimaste per lunghissimo tempo eppure ognuna di esse non è altro che una fase.

[10] Il sole era adorato come una divinità, eppure la sua luce quando tramonta è passeggera. Cambia ogni momento e svanisce con la notte.

[11] Il fenomeno astronomico della luna piena è momentaneo. Non appena la luna diventa piena, comincia a declinare. Lo stesso accade alla vita umana che non è né fissa né permanente sia in senso fisico che intellettuale, emotivo e spirituale.

[12] L'uomo viaggia ed ascende passo dopo passo. In 67:3 il medesimo termine è utilizzato, nella forma *Tibāqan*, per indicare i cieli che erano disposti l'uno sopra l'altro. La vita spirituale dell'uomo può essere paragonata quindi simbolicamente ad un'ascesa da un cielo ad un altro.

[13] Per rispetto ed umile gratitudine verso Dio.

LXXXV

La sura Al-Burūj

(Le costellazioni)

Rivelata alla Mecca

Nel nome di Dio, il Clemente, il Misericordioso

1-Per il cielo[1] pieno di costellazioni,
2-per il promesso Giorno del Giudizio[2],
3-per chi testimonia e per l'oggetto della testimonianza[3],
4-guai a coloro che accendono la pira[4]
5-del Fuoco che viene alimentato in abbondanza.

---

[1] Qui ci si appella a tre simboli al momento della denuncia dei malvagi persecutori dei fedeli di Dio. Questi tre simboli sono: 1-Il cielo glorioso e l'ampia fascia delle costellazioni, 2-Il Giorno del Giudizio quando ogni male troverà la sua giusta punizione, 3- I testimoni e l'oggetto della loro testimonianza.

[2] Il Giorno del Giudizio quando i peccatori dovranno dare un resoconto di ogni azione, aperta o segreta.

[3] Il significato letterale è chiaro, ma la sua applicazione metaforica è stata spiegata in modi diversi da differenti commentatori. Le parole sono abbastanza esaustive e dovrebbero essere comprese in connessione con il giudizio. Qui i testimoni potrebbero essere: 1-I profeti, 2-Lo stesso Dio. Cfr. 3:81 e 10:61, 3-Gli angeli (50:21), 4-Gli stessi arti dell'uomo (24:24), 5-Le sue azioni (17:14) o 5-Lo stesso peccatore (17:14). Il soggetto della testimonianza può essere un'azione, un crimine, o il peccatore contro il quale la testimonianza è stata resa. Il peccatore non potrà sfuggire alle conseguenze del suo crimine, ma deve pentirsi, domandare la misericordia di Dio ed emendare la propria vita.

[4] Il significato del versetto ha portata del tutto generale, anche se nella storia ci sono stati esempi che possono essere utilizzati come una sorta di illustrazione. Nella storia antica e nell'Europa medievale molte vite sono state sacrificate perché non si conformavano alla religione stabilita. Nella tradizione araba è nota la storia di Abramo, che Nimrud cercò di bruciare vivo. Il fuoco però divenne per Abramo un mezzo di salvezza. Cfr. 21:69. Un altro caso citato è quello di Dhu-Nuwās, l'ultimo re Himyarita dello Yemen, che perseguitò i cristiani di Najran e li bruciò vivi. Sembra che sia vissuto nell'ultima metà del sesto secolo d.C., nella generazione immediatamente precedente la nascita del Profeta Muhammad (pbsl), avvenuta nel 570 d.C. In questo versetto è presente anche un riferimento alle persecuzioni che i primi musulmani dovettero subire dai pagani Quraysh, che erano soliti frustarli e poi esporre la loro pelle ai brucianti raggi del sole arabo in estate.

6-Contemplano quel Fuoco

7-e sono testimoni di tutto ciò che stavano compiendo contro i credenti.

8-Li hanno perseguitati solo perché credevano in Dio, l'Eccelso, il Degno di Lode,

9-Lui a cui appartiene il dominio dei cieli e della terra! Dio è testimone davanti ogni cosa.

10-Coloro che perseguitano i credenti, uomini e donne, e non si volgono in pentimento, avranno la pena del Fuoco dell'Inferno. Avranno la pena del Fuoco ardente[5].

11-Per quanti credono e compiono azioni rette, ci saranno giardini sotto i quali scorrono ruscelli. Questo è il successo supremo.

12-In verità, grande è il potere del tuo Signore.

13-Egli è colui che ha creato[6] ogni cosa dal principio e la riporterà alla vita.

14-Egli è Colui che perdona, pieno di amorevole gentilezza,

15-Signore del trono della gloria,

16-Colui che compie ciò che vuole.

17-Non ti è giunta la storia degli eserciti[7],

18-del Faraone e dei Thamud?

19-Eppure coloro che negano il vero continuano a rifiutare [la verità],

20-ma Dio li circonderà.

21-Questo è il glorioso Corano,

22-[preservato] su una Tavola Protetta[8].

---

[5] I persecutori saranno ripagati e soggetti allo stesso tipo di sofferenza che hanno causato alle loro vittime innocenti.

[6] Cfr. 2:117 in cui vengono indicati diversi termini che significano tutti l'atto creativo.

[7] Cfr. 79:15-16. 2- I Thamud erano abili costruttori e avevano raggiunto un alto standard di civiltà, ma hanno disubbidito alla legge di Dio e sono stati distrutti. Cfr. 7:73-79.

[8] Il messaggio di Dio non è effimero, ma eterno. La Tavola Protetta non subirà alcuna forma di corruzione perché il messaggio di Dio durerà per sempre. Cfr. 15:9. Questo messaggio è chiamato anche la Madre del Libro. Cfr. 3:7.

LXXXVI

Sura At-Tāriq

(L'astro pulsante)

Rivelata alla Mecca

Nel nome di Dio, il Clemente, il Misericordioso

1-Per il cielo e l'astro pulsante[1]
2-Che cosa mai conoscete dell'astro pulsante?
3-È la stella di lacerante brillantezza.
4-Ad ogni anima è stato assegnato un custode[2].
5-Che l'uomo rifletta da cosa è stato creato!
6-Egli è stato creato da una goccia emessa,
7-procedente da ciò che si trova nel mezzo dei lombi e l'arco pelvico[3].
8-In verità, Dio è capace di riportarlo alla vita!
9-Il giorno in cui tutto ciò che è segreto sarà messo alla prova,
10-l'uomo non avrà alcun potere e né qualcuno che possa prestarGli soccorso[4].
11-Per il firmamento che ritorna ciclicamente,
12-per la terra che si fende,
13-questa è una parola che distingue il bene dal male,

---

[1] Secondo alcuni commentatori il riferimento è diretto alla Stella del mattino, mentre secondo altri a Saturno, a Sirio o alle Pleiadi. Io ritengo che sia meglio interpretare il termine "Stella" in senso generico o collettivo in quanto le stelle brillano ogni notte dell'anno e la loro brillantezza è molto più visibile durante le notti buie.

[2] Se l'uomo possiede una vera comprensione spirituale, non ha nulla da temere. Egli è protetto da Dio in modi che lui nemmeno conosce.

[3] Il seme di un uomo è la quintessenza del suo corpo. Il suo midollo è il simbolo e la fonte della sua forza e della sua personalità. Nella sua corda spinale e nel suo cervello si trova l'energia direttiva del sistema nervoso centrale e questo dirige tutte le azioni organiche e psichiche.

[4] In questo nuovo mondo tutte le nostre azioni, motivi, pensieri di questa vita, per quanto segreti possano essere stati, diventeranno manifesti e saranno provati attraverso gli standard della verità assoluta e non da quelli falsi del costume o del pregiudizio. In questo severo esame nessun vantaggio di questa vita avrà valore alcuno e potrà essere di un qualche aiuto.

14-che non deve essere considerata con leggerezza.
15-Coloro che si rifiutano di accettarlo, tramano e complottano,
16-ma io vanificherò i loro piani.
17-Concedi ai miscredenti una tregua. Concedi loro una tregua per un poco.

LXXXVII

Sura Al-Aʿlā

(L'Altissimo)

Rivelata alla Mecca

Nel nome di Dio, il Clemente, il Misericordioso

1-Glorifica il nome del tuo Signore[1], l'Altissimo,
2-Che ha dato origine alla creazione[2] e poi le ha garantito ordine e proporzione,
3-che ha ordinato le leggi[3] e ha concesso la guida,
4-che ha fatto spuntare i verdi prati,
5-e poi li ha resi scuri rovi.
6-Noi ti insegneremo[4] [il messaggio] e tu non lo dimenticherai[5],
7-eccetto che per il volere di Dio, perché Egli conosce ciò che è manifesto e ciò che è nascosto.

---

[1] Tradurre il termine arabo *Rabb* con "Signore" è del tutto inadeguato in quanto in esso sono implicite la cura, la protezione dal male, il sostentamento e la garanzia di tutti i mezzi e le opportunità di sviluppo. Cfr. 1:2.

[2] La storia della creazione è meravigliosa e continua. Ci sono molti processi che noi contempliamo glorificando il nome di Dio. Primo, ci porta all'essere, poi ci dona forme e facoltà adatte a ciò che ci si aspetta da noi e all'ambiente in cui viviamo, secondo un certo ordine e proporzione.

[3] Dio ha ordinato leggi e decreti per mezzo dei quali possiamo svilupparci ed inserirci nel processo dell'evoluzione di tutta la creazione. Egli ha misurato esattamente i bisogni di tutti e ci ha dato istinti, predisposizioni fisiche e psichiche che si adattano al Suo decreto. Poi ci concede la guida, in modo che non rimaniamo in balia di semplici leggi meccaniche.

[4] L'anima, quando riceve la luce di Dio, fa progressi graduali come un uomo che dalle tenebre si dirige verso la luce. Per questa ragione il Corano è stato rivelato in diversi tempi e occasioni. L'espressione può essere interpretata come riferita all'ispirazione diretta ricevuta dal Profeta (pbsl) o al messaggio più generale rivolto all'umanità. Chiunque ha compreso il messaggio, deve essere in grado di dichiararlo, nelle parole e ancora di più nella condotta.

[5] Anche se il Profeta (pbsl) era illetterato, il messaggio a lui inviato sarebbe stato custodito nel suo cuore e nel cuore di molti altri. In senso più generale l'umanità, dopo aver compreso le grandi verità spirituali, si mantiene fedele ad esse.

8-Ti renderemo facile[6] seguire il cammino della prosperità.

9-Ricorda agli altri il vero[7], senza curarti che possa essere loro o meno di beneficio.

10-L'ammonimento sarà ricevuto da coloro che temono Dio,

11-ma sarà evitato dai malvagi,

12-che entreranno nel grande Fuoco[8],

13-in cui né moriranno né vivranno[9].

14-Prospereranno[10] coloro che si purificheranno,

15-che glorificheranno il loro Signore e innalzeranno i loro cuori nella preghiera.

16-Voi preferite la vita di questo mondo,

17-anche se l'Altra è migliore e più duratura.

18-Questo messaggio è contenuto nei libri delle precedenti rivelazioni:

19-i Libri di Abramo e di Mosè.

---

[6] Il cammino dell'Islam è semplice e facile. Non dipende da astrusi misteri o sull'automortificazione, ma dal comportamento retto e in accordo con le leggi della natura dell'uomo così come è stata decisa da Dio. Cfr. 30:30. Dall'altro canto la perfezione spirituale è la più difficile in quanto coinvolge la completa sottomissione a Dio nelle azioni, nei pensieri e nei desideri. Quando però l'uomo sarà riuscito a sottomettersi, la grazia di Dio gli renderà facile il cammino.

[7] Il messaggio di Dio deve essere proclamato a tutti, ma ammonimenti particolari e personali sono dovuti a coloro nei cui cuori si trova il timore di Dio. Nel caso di coloro che corrono via o lo disonorano, questa ammonizione particolare e personale non è di alcun beneficio perché costoro stanno preparando la loro stessa rovina.

[8] Si tratta della pena finale nell'Altra vita, intesa come distinta dalle disgrazie e dalle pene minori di cui i malvagi soffriranno in questa vita.

[9] Coloro che agiscono con malvagità e che spargono corruzione sulla terra introducono nella creazione disarmonia e discordia, mentre la vita dovrebbe essere basata sulla concordia universale. Cfr. 20:24.

[10] In senso spirituale, ossia otterranno la benedizione e la salvezza.

LXXXVIII

Sura Al-Ghāshiya

(L'avvolgente)

Rivelata alla Mecca

Nel nome di Dio, il Clemente, il Misericordioso

1-Ti è forse giunta la notizia dell'evento travolgente[1]?
2-Alcuni volti, quel giorno, saranno umiliati,
3-affaticati dal peso dei peccati, logorati dal terrore[2],
4-quando entreranno nel fuoco ardente,
5-quando sarà data loro da bere acqua da una fonte bollente.
6-Per costoro non ci sarà altro cibo che l'amaro *Dari*[3]
7-che non nutre e non calma la fame.
8-Quel giorno altri volti saranno in pace,
9-soddisfatti del loro impegno[4].
10-Dimoreranno in alti giardini
11-dove non ascolteranno alcuna parola vana.
12-Lì scorrerà una fonte zampillante.
13-Ci saranno troni di dignità, alti,
14-coppe,
15-cuscini posti uno accanto all'altro,
16-tappeti distesi.

---

[1] Il termine arabo *Ghāshiyah* indica una cosa o un evento che travolge ed induce le persone a perdere i sensi. In 12:107 è descritto come il velo coprente dell'ira di Dio. Il Giorno del Giudizio è indicato come un evento di travolgente importanza in cui tutte le piccole differenze di questo mondo imperfetto saranno coperte e travolte in un nuovo mondo di perfetta verità e giustizia.

[2] Sui volti dei malvagi apparirà la fatica fatta per opporsi al fuoco che le loro stesse azioni hanno acceso.

[3] La radice indica l'idea di umiliazione. Si tratta di una pianta spinosa e amara, disgustosa nell'apparenza e nell'odore e che non darà nutrimento al corpo né soddisferà i brucianti dolori della fame. È una pianta che si addice all'Inferno come lo *Zaqqūm* Cfr. 56:52, 17:60.

[4] Da notare il parallelismo tra il destino dei malvagi e quello dei misericordiosi. Nel primo caso sui loro volti vi sono i segni dell' umiliazione, nel secondo quelli della gioia.

17-Non guardano al cammello e a come è stato creato?
18-Al cielo e a come è stato innalzato?
19-Alle montagne, a come sono state infisse?
20-Alla terra, a come è stata distesa?
21-Quindi ammoniscili perché il tuo compito è quello di ammonire.
22-Non puoi costringerli alla fede[5].
23-Però, se qualcuno si volge indietro e rifiuta Dio,
24-Egli lo punirà con una terribile punizione.
25-Presso di Noi è il ritorno.
26-Spetta a Noi chiamarli a rendere conto.

---

[5] Il profeta di Dio è inviato ad insegnare e dirigere le persone sulla retta via. Non è stato inviato a forzare la loro volontà o a punirli perché il diritto di punire appartiene solo a Lui.

LXXXIX

Sura Al-Fajr

(L'alba)

Rivelata alla Mecca

Nel nome di Dio, il Clemente, il Misericordioso

1-Per lo spuntare del giorno,
2-e le dieci notti[1],
3-per i pari ed i dispari[2],
4-per la notte quando trascorre.
5-Tutte queste cose non sono forse per colui che è dotato di ragione, una solenne prova della verità?
6-Non hai forse visto come il tuo Signore ha agito con il popolo degli Ad[3],
7-della città di Iram[4] con i pilastri alti,
8-che in tutta la regione non ve ne erano di eguali?

---

[1] Tradizionalmente le dieci notti sono riferite alle prime dieci del mese del *Dhu al-Hijjah*, la sacra stagione del Pellegrinaggio. Dai tempi più antichi la Mecca è stata il centro del pellegrinaggio arabo. La storia di Abramo vi è connessa in modo molto intimo. Cfr. 2:125-127 e 2:197. L'Islam ha purificato anche i riti e le cerimonie compiute attribuendo loro un nuovo significato spirituale. I primi dieci giorni dedicati esplicitamente al Pellegrinaggio introducono un contrasto marcato nella vita della Mecca e dei pellegrini. La Mecca viene visitata da migliaia di persone provenienti da ogni parte del mondo. Costoro cambiano i loro abiti quotidiani con l'*Ihrām*, si astengono da ogni tipo di discussione o di conflitto, da ogni tipo di lusso o auto-indulgenza. Conducono una vita santa e umile e trascorrono la notte in preghiera e meditazione.

[2] Nel mondo animale i pari non sono altro che due individui e uno è complementare all'altro. Le cose sia astratte che concrete sono spesso comprese in contrasto con i loro opposti. Perché quindi non dovremmo, nelle questioni spirituali, comprendere questa vita in riferimento all'Altra? Non dovremmo credere nell'Aldilà solamente perché non possiamo concepire nulla di differente dalla nostra vita presente?

[3] Cfr. 7:65. Il riferimento è diretto agli Ad che ebbero una civiltà molto sviluppata, che però venne distrutta quando si abbandonarono al peccato ed alla corruzione.

[4] Sembra che Iram sia un'antica città degli Ad collocata nel sud dell'Arabia. Secondo alcuni commentatori il nome si riferirebbe ad un eroe della loro mitologia.

9-E con i Thamud[5] che hanno intagliato grandi blocchi di pietra nella valle?

10-E con il Faraone, signore dei pali[6]?

11-Tutti coloro che nel mondo hanno oltrepassato i limiti,

12-e hanno diffuso la corruzione.

13-Poi il tuo Signore ha inflitto loro diversi castighi,

14-perché in verità il tuo Signore è sempre attento[7].

15-L'uomo[8], quando il suo Signore lo mette alla prova concedendogli onori e doni, dice: "Il mio Signore mi ha onorato!"

16-Quando però lo mettiamo alla prova limitando i mezzi di sostentamento[9], afferma nella disperazione: "Il mio Signore mi ha umiliato!"

17-Non è vero! Siete voi che non vi mostrate generosi verso gli orfani

18-e nemmeno vi incoraggiate a vicenda a nutrire il povero!

19-Divorate l'eredità[10] con avidità,

20-e amate la ricchezza di amore smodato.

---

[5] Cfr. 6:73. La civiltà dei Thamud mostra tracce di quella egiziana, siriana, greca e romana. Costoro costruirono templi, tombe ed edifici dalla roccia ed erano dediti prevalentemente al culto della dea Lat.

[6] Cfr. 38:12, 20:43 e 20:78-79. I tre esempi degli Ad, dei Thamud e del Faraone mostrano che né le nazioni né gli individui, per quanto possano essere potenti, prosperi e fermamente stabiliti, possono vivere se infrangono la legge di Dio. La legge di Dio, che è anche la legge della natura superiore che Egli ci ha concesso, li ha resi grandi e gloriosi. Però, quando si sono allontanati da essa, comportandosi in modo ingiusto, furono spazzati via.

[7] Anche se la punizione di Dio è ritardata, la Sua provvidenza è sempre vigile. La punizione inflitta ai malvagi è una forma di giustizia resa al debole e al giusto che sono entrambi stati oppressi. Questo è implicito nel significato del Suo titolo *Rabb*.

[8] In contrasto con la cura e la giustizia di Dio, si pone la piccolezza e l'egoismo dell'uomo. Dio ci mette alla prova sia con la prosperità che con l'avversità. Nella prima dobbiamo mostrare umiltà e gentilezza e nell'altra pazienza e fede. Al contrario, gli uomini diventano arroganti nella prosperità e depressi nella disgrazia, ponendo false speranze nei beni di questo mondo.

[9] Sostanza intesa sia in senso letterale che metaforico.

[10] L'eredità è abusata in due modi: 1- I guardiani e i responsabili dell'eredità dei minori, delle donne o delle persone incapaci di salvaguardare i propri interessi debbono rispettare i loro obblighi in modo più accurato di quanto facciano con i loro stessi beni. Invece, divorano le proprietà in modo egoista. 2-Coloro che ereditano una proprietà debbono ben tenere a mente che anche in questo caso si tratta di una sacra responsabilità. Debbono utilizzarla infatti per fini leciti. Questo non dà loro il permesso di vivere oziosamente o perdere i loro giorni nel lusso.

21-Quando la terra sarà ridotta in polvere[11],

22- e il tuo Signore verrà con gli angeli in ranghi.

23-Quando, quel giorno[12], vedrete in faccia l'Inferno, allora quel giorno l'uomo si ricorderà, ma come potrà quel ricordo essergli di beneficio?

24-Dirà: "Oh, avessi inviato delle buone azioni per la vita futura!"

25-Quel giorno il Suo castigo sarà come quello che nessun altro potrà infliggere[13];

26-nessuno può incatenare come Lui.

27-All'anima[14] dei giusti sarà detto: "O anima, riposa soddisfatta!

28-Ritorna dal tuo Signore[15], compiaciuta e ben accetta da Lui.

29-Entra presso i devoti!

30-Entra nel Mio Giardino!"

---

[11] Adesso la nostra attenzione si volge al Giorno del Giudizio. Se non rispettiamo i diritti degli indifesi o sopprimiamo questi diritti nel nostro folle amore per i beni di questo mondo, saremo chiamati a rispondere. Questa solida terra che ci sembra così reale, sarà ridotta in polvere davanti alla presenza divina. Cfr. 69:14.

[12] La retribuzione alla fine giungerà e lo comprenderemo nel nostro essere interiore, quando tutte le illusioni di questo mondo fluttuante saranno scomparse. Allora ricorderemo e rimpiangeremo di non esserci pentiti.

[13] Nel contesto di questo versetto il termine legame indica confinamento, mancanza di libertà, la chiusura di quella porta che una volta era aperta, ma che è stata deliberatamente ignorata.

[14] I giusti entrano nella loro eredità e ricevono il benvenuto con un titolo che suggerisce la liberazione dal dolore, dalla tristezza, dal dubbio, dalla delusione, dalla passione e dal desiderio. Nella teologia musulmana questo stadio dell'anima è quello finale della benedizione. L'anima che invece ha cercato la sua soddisfazione nei bassi desideri carnali è definita *Ammārah* (12:53). L'anima che si rimprovera e sente rimorso per il peccato e vi resiste è invece definita *Lawwāmah*. Cfr. 75:2.

[15] Il male si trova isolato e grida in solitaria agonia, mentre il bene riceve un caloroso benvenuto dal Dio stesso della bontà quando l'anima entra in Paradiso.

XC

Sura Al-Balad

(La contrada)

Rivelata alla Mecca

Nel nome di Dio, il Clemente, il Misericordioso

1-Chiamo come testimone questa terra,
2-questa terra dove sei libero[1] di dimorare.
3-Chiamo come testimoni genitori e figli.
4-In verità, abbiamo posto l'uomo in una vita di dolore, fatica e prova[2].
5-Pensa forse che nessuno detenga alcun potere su di lui[3]?
6-Tronfio di orgoglio dice: "Ho speso la ricchezza in abbondanza!"
7-Pensa forse che nessuno lo veda[4]?
8-Non gli abbiamo dunque dato un paio di occhi?
9-Una lingua e un paio di labbra?
10-Non gli abbiamo forse mostrato le due vie [del bene e del male][5]?

---

[1] In arabo *Hillun*: un abitante, un uomo che gode di diritti, un uomo libero dagli obblighi di uno straniero, un uomo libero nel senso più ampio di quello che il vocabolo ha assunto nel linguaggio moderno. Il Profeta (pbsl) doveva essere onorato nella propria città, ma è stato invece perseguitato. Avrebbero dovuto amarlo, come un genitore ama il proprio figlio. La sua vita invece era in pericolo e coloro che credevano in lui furono messi al bando. Però il tempo lo avrebbe visto tornare trionfante alla sua città nativa, dopo aver reso Medina sacra con la sua vita e la sua opera.

[2] La vita dell'uomo è piena di tristezza e di vessazione e l'essere umano è nato per impegnarsi e lottare. Se soffre qualche difficoltà, deve sopportarla con pazienza perché Dio gli renderà facile il cammino. Cfr. 65:7, 94:5-6. Nessun uomo dovrebbe mai vantarsi di beni terreni o della prosperità materiale.

[3] Se un uomo possiede ricchezza, influenza o potere non dovrebbe comportarsi come se fosse destinato a possederli per sempre, se non avesse nessuna responsabilità o fosse libero di compiere ciò che vuole. Tutti i suoi doni e i vantaggi gli sono stati concessi come prova. Dio, che glieli ha concessi, può anche riprenderli e lo farà se l'uomo non riuscirà a superare la prova.

[4] Dio lo osserva e vede tutti i suoi atti e le motivazioni che lo spingono ad agire insieme a tutti i segreti del suo cuore.

[5] I due sentieri della vita sono: 1-Il sentiero ripido e difficoltoso della virtù, che è descritto anche nel versetto seguente, 2- Il facile cammino del vizio e il rifiuto di Dio a

11-Egli non si affretterà sulla via ripida[6].

12-Che cosa ti può far comprendere che cosa è la via ripida?

13-È il liberare il collo di qualcuno dal giogo della schiavitù[7],

14-dare del cibo, in un giorno di privazione[8],

15-all'orfano che ci è parente[9]

16-o all'indigente prostrato nella polvere[10].

17-Poi costui sarà tra coloro che credono, consigliano la pazienza, opere di gentilezza e compassione.

18-Questi sono i compagni della mano destra[11].

19-Invece coloro che respingono i Nostri segni, sono i compagni della mano sinistra[12].

20-Li sovrasterà il Fuoco come una cappa.

---

cui ci si riferisce nei versetti 19-20. Dio ci ha concesso non solo le facoltà che vengono espresse mediante gli occhi, la lingua e le labbra, ma ci ha anche dato il giudizio mediante il quale possiamo scegliere la nostra via. Ci ha inviato profeti e guide con la rivelazione per mostrarci la difficile via della giustizia.

[6] Nonostante le facoltà di cui Dio ha dotato l'uomo e la guida inviatagli, l'uomo si è dimostrato negligente. Non si è mostrato desideroso di seguire il cammino difficoltoso e ripido che lo avrebbe però condotto al bene spirituale.

[7] Il difficile cammino della virtù è definito come il cammino della carità e dell'amore privo di egoismo, di cui ci vengono dati tre esempi: 1-Liberare gli schiavi, 2-Nutrire l'orfano, 3-Nutrire l'indigente che si trova nella polvere.

[8] Nutrire coloro che si trovano nel bisogno, sia letteralmente che simbolicamente, specialmente quando le fonti di sostentamento fisico, morale o spirituale si sono ormai esaurite.

[9] Tutti gli orfani dovrebbero essere nutriti ed aiutati. Gli orfani che hanno con noi un legame di parentela hanno su di noi un diritto speciale. Ci debbono essere vicini e cari. La carità comincia infatti all'interno della famiglia stessa.

[10] Gli indigenti che si trovano nella polvere debbono essere aiutati solo per motivi legati alla pura carità dal momento che da loro non ci si può aspettare nulla, né lode né pubblicità o vantaggi.

[11] Cfr. 56:27-40. Costoro otterranno la salvezza.

[12] Cfr. 56:41-56. Costoro saranno invece avvolti dal Fuoco, da cui saranno circondati e coperti.

XCI

Sura Ash-Shams

(Il sole)

Rivelata alla Mecca

Nel nome di Dio, il Clemente, il Misericordioso

1-Per il sole[1] e il glorioso splendore del mattino;
2-per la luna che segue il sole;
3-per il giorno che svela la gloria del sole;
4-per la notte che la nasconde;
5-per Colui che ha costituito il firmamento e la sua magnifica struttura[2];
6-per Colui che ha disteso la terra nella sua ampiezza,
7-per Colui che ha creato[3] l'anima conferendole ordine e proporzione,
8-insegnandole la natura del bene e del male,
9-in verità ha successo chi la purifica,
10-e fallisce chi la corrompe!

---

[1] Sono indicati tre esempi presi dall'opera eccelsa della natura come prove della provvidenza divina e la presenza dei contrasti nella sublime creazione di Dio, che però conduce all'armonia cosmica. L'anima dell'uomo con il suo ordine interno e la proporzione delle sue capacità e delle sue facoltà, così come è stata fatta da Dio, viene indicata come dotata del potere di discriminare tra il bene ed il male. Il successo o la sconfitta dell'uomo dipendono infatti dal mantenere pura l'anima o dalla sua corruzione.

[2] L'espressione *Mā Masdariyah* in arabo, in questa e nella clausola seguente, è stata resa con "la sua meravigliosa struttura". Allo stesso modo, l'ampio espandersi della terra è stato reso con "la sua estesa ampiezza".

[3] Dio crea l'anima e le dona ordine, proporzione e perfezione relativa al fine di adattarla a particolari circostanze in cui deve vivere. Cfr. 32:9 e 2:117. Egli le infonde la comprensione del peccato, dell'empietà, della malvagità e di ciò che invece è pietà e retta condotta nelle speciali circostanze in cui è stata posta. Questo è il più prezioso dono fatto a tutti gli uomini: la facoltà di distinguere tra il bene ed il male.

11-I Thamud hanno tacciato di menzogna il profeta loro inviato a causa della loro profonda arroganza[4],
12-e hanno lasciato che i malvagi[5] tra di loro li guidassero.
13-Però il profeta di Dio[6] disse: "Questa femmina di cammello appartiene a Dio. Non impeditele di bere!"
14-Allora lo rifiutarono come falso profeta e la uccisero. Così il loro Signore, a causa dei loro crimini, cancellò le loro tracce e li distrusse!
15-Nessuno temette le conseguenze delle azioni commesse![7]

---

[4] In riferimento alla storia dei Thamud vedi 7:73-79. Il profeta loro inviato era Salih ma costui viveva nel mezzo di persone veramente arroganti, che opprimevano i poveri e negavano loro il diritto all'acqua e alla pastura per i loro armenti.

[5] Il profeta Salih fece di una femmina di cammello un segno, un simbolo, una prova (Cfr. 7:73), ma i malvagi tramarono per ucciderla e inviarono i peggiori tra di loro che ebbero la sfrontatezza di compiere un tale atto di empietà. Probabilmente, quando andò a bere al ruscello, venne catturata e uccisa. Cfr. 26:155 e 54:27.

[6] Il Profeta Salih.

[7] Questo versetto è stato costruito in molti modi. Io seguo l'opinione generale che riferisce il pronome "lui" al loro Signore nell'ultimo versetto e il pronome "suo" alla punizione che venne inviata a tutti allo stesso modo. In questo caso il significato sarebbe: Dio ha decretato la distruzione totale dei Thamud. Secondo un'interpretazione alternativa il pronome 'lui' si riferisce al profeta Salih menzionato nel versetto 13. In questo caso l'interpretazione sarebbe: Salih non temeva le conseguenze per se stesso, ma egli ha ammonito i malvagi in conseguenza dell'incarico che gli era stato affidato. Egli è stato salvato dalla misericordia di Dio come un uomo giusto ed onesto e li ha lasciati con rammarico. Cfr. 7:79. Secondo un'altra alternativa il pronome "lui" potrebbe essere riferito all'uomo malvagio che ha ucciso l'animale. Costui non temeva effettivamente le conseguenze della sua azione.

XCII

Sura Al-Layl

(La notte)

Rivelata alla Mecca

Nel nome di Dio, il Clemente, il Misericordioso

1-Per la notte e ciò che nasconde,
2-per il giorno che appare nella gloria,
3-per il mistero[1] della creazione del maschio e della femmina.
4-In verità i fini, verso cui vi impegnate, sono diversi.
5-A colui che dona in carità e teme Dio,
6-e con sincerità crede nella verità del bene ultimo[2],
7-renderemo piano il cammino che conduce alla benedizione[3].
8-Però a colui che si dimostra avaro e pensa di badare a se stesso,
9-e taccia di menzogna il bene ultimo[4],
10-gli renderemo piano il cammino della miseria.
11-La sua ricchezza non gli gioverà, quando cadrà nella tomba[5].
12-In verità, a Noi appartiene[6] la guida,

---

[1] In arabo *Mā Masdariyah* come in 91:5-7.

[2] Il bene è qui contraddistinto da tre segni: 1- I sacrifici compiuti per Dio e gli uomini in modo sincero, 2- Il timore di Dio che si mostra nella condotta più rigorosa in quanto il termine arabo *Taqwā* include sia l'azione sia una condizione mentale e 3- La verità e la sincerità nel riconoscere e supportare tutto ciò che è moralmente bello. Il termine arabo *Husn* può essere infatti tradotto sia come buono che come bello.

[3] Il giusto godrà sempre di più della propria esistenza e Dio renderà il suo cammino sempre più facile fino a quando non riceverà la benedizione finale.

[4] I malvagi sono distinti da tre segni: 1-L'avidità egoista e la negazione dei diritti di altre persone, 2-Arroganza ed auto-sufficienza, 3- Disonorare consapevolmente la verità per disprezzo o vedere la bruttezza dove c'è invece bellezza. La fine di questo tipo di uomini non può essere altro che miserabile. Dove sarà allora la ricchezza di cui tanto si sono vantati, la loro confidenza ed il loro orgoglio?

[5] La ricchezza ammassata in questo mondo non servirà a nulla nel Giorno del Giudizio finale e nessun vantaggio materiale recherà profitto nel mondo spirituale. Quello che avrà veramente importanza sarà una vita di verità, di onestà e di bontà mostrata verso tutte le creature di Dio.

[6] Dio nella Sua misericordia infinita ha dato alle Sue creature una guida. In tutta la Sua creazione infatti ci sono segni che indicano la retta via da seguire. All'uomo Egli ha

13-ed a Noi appartiene l'inizio e la fine.

14-Vi avverto di un fuoco che arde con fierezza.

15-Nessuno lo raggiungerà[7], se non i più sfortunati,

16-coloro che accusano la verità di menzogna e voltano la schiena.

17-Coloro che sono devoti a Dio[8] ne saranno allontanati.

18-Coloro che spendono della loro ricchezza per purificarsi,

19-e non come pagamento per i favori ricevuti,

20-ma solo per compiacere il loro Signore, l'Eccelso,

21-presto raggiungeranno [la completa] soddisfazione.

---

dato i cinque sensi, le facoltà mentali e spirituali per coordinare le percezioni fisiche e guidarlo sempre più in alto nel pensiero e nel sentimento. Egli ha poi inviato uomini ispirati al fine di recare un insegnamento ed una guida ulteriori.

[7] Il fuoco della punizione non raggiungerà nessuno eccetto coloro che hanno deliberatamente peccato contro la propria coscienza e hanno respinto la verità di Dio. Il termine che qui viene utilizzato è *Ashqā*. Cfr. 87:11.

[8] In arabo *Atqā*, ossia coloro che sono più devoti a Dio, i timorati che conducono una vita di purezza.

XCIII

Sura Ad-Duhā

(La luce del mattino)

Rivelata alla Mecca

Nel nome di Dio, il Clemente, il Misericordioso

1-Per la gloriosa luce del mattino,
2-per la notte, quando diviene nera e silenziosa,
3-il tuo Signore non ti ha abbandonato[1] e non è dispiaciuto di te[2].
4-In verità, l'Altra vita sarà migliore per te della presente[3].
5-Presto il tuo Signore ti darà qualcosa di cui ti compiacerai.
6-Non ti ha forse trovato[4] orfano[5] e ti ha dato un riparo?
7-Non ti ha trovato smarrito e ti ha dato la guida[6]?

---

[1] I primi anni di ministero del Profeta (pbsl) furono molto difficili. Dopo l'ispirazione vi furono giorni e periodi di attesa. Un senso di solitudine deve essere sicuramente gravato sulla sua mente. La sua stessa tribù lo irrideva, si prendeva gioco di lui e lo minacciava, calunniava e perseguitava lui e coloro che credevano nel suo messaggio. La sua fede però non fu mai scossa e non pensò mai che Dio fosse adirato con lui.

[2] L'uomo che si prepara per un'opera e per una crescita spirituale è rappresentato con l'immagine delle prime ore del giorno. Non deve scoraggiarsi, non deve essere sopraffatto da un senso di tristezza nel corso delle prime lotte o difficoltà che è chiamato ad affrontare. La protezione e la cura di Dio lo circondano. Se i suoi critici lo irridono e lo chiamano pazzo o posseduto, la sua fede ferma lo sosterrà e Dio gli concederà il successo.

[3] Per l'uomo veramente devoto ogni momento successivo è migliore del precedente. In questo senso l'Altra vita si riferisce non solo a quella futura dopo la morte, ma anche al progresso spirituale dell'anima in questa vita.

[4] Qui è presente un riferimento diretto al Profeta (pbsl) ma in senso generale anche alla vita spirituale di ogni credente.

[5] La madre del Profeta (pbsl), Amina, aveva una salute precaria e per questo motivo venne allevato da Halīma, la sua balia. Anche sua madre inoltre morì, quando il Profeta (pbsl) aveva solo sei anni e così venne affidato alla cura di suo nonno Abd al Muttalib. Costui lo trattava come un figlio, ma morì due anni dopo. Successivamente fu cresciuto da suo zio Abū Tālib. Il Profeta (pbsl) era quindi un orfano in più sensi, ma l'amore che ricevette da ognuna di queste persone fu più grande del semplice amore parentale.

[6] Il Profeta (pbsl) nacque nel mezzo dell'idolatria e del politeismo della Mecca in una tribù che era custode di questo falso culto. Egli vagò in cerca della verità e la trovò per

8-Non ti ha trovato nel bisogno e ti ha reso indipendente[7]?
9-Non trattare[8] gli orfani con durezza.
10-Non respingere colui che ti domanda aiuto[9],
11-ma proclama le benedizioni del tuo Signore[10].

---

mezzo della guida di Dio. La radice verbale *Dalla* ha diverse sfumature di significato. In 1:7 l'abbiamo tradotta con "vagare". In 53:2 il Profeta (pbsl) viene difeso dall'accusa di essere turbato nell'intelletto. In 12:8 e 12:95 l'aggettivo viene utilizzato dai figli di Giacobbe in riferimento a loro padre per indicare che era anziano e che le sue facoltà mentali si erano leggermente deteriorate. In 32:10 è usato in riferimento alla morte ed è stato tradotto con "nascosto" e "perduto".

[7] Il Profeta (pbsl) non aveva ereditato alcuna ricchezza ed era povero. L'amore sincero, vero e puro di Khadīja non solo lo sollevò da ogni bisogno, ma lo rese indipendente dai bisogni terreni, consentendogli di dedicare tutto il suo tempo al servizio di Dio.

[8] I versetti che vanno da 9 a 11 continuano l'argomento introdotto nei versetti 6-8. Il Profeta (pbsl) trattava tutti gli orfani con grande affezione e rispetto, ponendo un esempio per i suoi contemporanei che spesso si approfittavano della situazione svantaggiata degli orfani o in alcuni casi li consideravano esseri subordinati da reprimere ed isolare. Questa attitudine è comune in tutti i periodi storici. Le creature indifese, al contrario, dovrebbero essere trattate con una sacra responsabilità, sia che siano orfani o creature di ogni tipo incapaci di difendersi per una serie di motivi legati alla loro condizione fisica, mentale o sociale.

[9] Costoro possono essere dei veri mendicanti che domandano un aiuto finanziario, persone ignoranti che domandano la conoscenza, o persone timide che cercano di essere guidate o essere incoraggiate. L'attitudine comune è quella di rimproverarli e di respingerli. Il rimprovero inoltre solitamente è presente anche quando viene concessa loro elemosina ed assistenza. Questa è un'attitudine errata. La carità infatti non ha alcun valore, se non è accompagnata da amore e da simpatia.

[10] Vi è poi il caso di coloro che pur essendo poveri non chiedono nulla, ma sono contenti del poco che hanno. Poi, ci sono coloro che sono poveri in conoscenza e risorse ma non ne sono consapevoli. Se siamo stati benedetti da Dio con molti doni, è nostro dovere quello di diffondere il nostro bene, proclamarlo e condividerlo, come ha sempre fatto il Profeta (pbsl). Dal punto di vista spirituale appartengono ad una di queste tre classi: gli orfani, coloro che domandano e le vittime della povertà.

XCIV

Sura Ash-Sharh

(L'apertura)

Rivelata alla Mecca

Nel nome di Dio, il Clemente, il Misericordioso

1-Non abbiamo forse aperto il tuo petto[1]
2-e rimosso il peso[2],
3-che gravava così pesante sulla tua schiena?
4-Non ti abbiamo innalzato nella dignità[3]?
5-Così, in verità, in ogni difficoltà vi è un sollievo[4].
6-In verità, in ogni difficoltà vi è un sollievo.
7-Quando sei stato liberato dalla sofferenza, mantieniti perseverante,
8-e volgi tutta l'attenzione verso il tuo Signore[5].

---

[1] Cfr. 20:25. Il petto è simbolicamente la sede della conoscenza e dei sentimenti di amore e di affezione, il luogo in cui sono custoditi i gioielli delle qualità del carattere dell'uomo che lo avvicinano al divino. La natura umana del Profeta (pbsl) era stata purificata, estesa ed elevata, in modo da renderlo una misericordia per tutta la creazione.

[2] È un peso gravoso per un uomo combattere da solo contro il male. Però Dio invia la Sua grazia ed il Suo aiuto e quel peso viene rimosso o trasformato in gioia e trionfo nel servizio dell'unico vero Dio.

[3] Le virtù del Profeta (pbsl), la magnanimità del suo carattere e il suo amore per l'umanità erano pienamente riconosciuti anche quando era vita. Cfr. 37:119, dove una frase simile è utilizzata in riferimento agli altri profeti.

[4] Questo versetto è ripetuto per aggiungere una certa enfasi. Qualsiasi siano le difficoltà o i problemi incontrati dagli uomini, Dio sempre trova una soluzione, un modo per uscirne, un sollievo, un modo per condurci alla felicità, se solo seguiamo la Sua via e mostriamo la nostra fede con pazienza e perseveranza. Interpreto l'articolo definitivo *al-'Usr* in senso generico e traduco "ogni difficoltà". Cfr. 92:7. Ho tradotto *Yusr* come "benedizione" e in 92:10 *'Usr* come "miseria".

[5] Il Regno di Dio è superiore ad ogni altra cosa. Altre cose sono accidentali e non hanno molta importanza. Il successo terreno può essere un mezzo verso un fine, ma può anche essere d'intralcio alla vera grandezza spirituale. Dio però è il fine dell'intera attenzione e desiderio dell'uomo.

XCV

Sura At-Tīn

(Il fico)

Rivelata alla Mecca

Nel nome di Dio, il Clemente, il Misericordioso

1-Per il fico[1] e per l'olivo[2],
2-e il monte Sinai[3],
3-e questa città[4] sicura.
4-Invero abbiamo creato l'uomo nella migliore delle forme[5].
5-Poi, lo abbiamo ridotto all'infimo dell'abiezione[6],

---

[1] Nei primi due versetti di questa sura l'appello è rivolto a quattro simboli sacri: il fico, l'olivo, il Monte Sinai e la Sacra Città della Mecca. Per quanto concerne l'interpretazione precisa dei primi due simboli, in modo particolare per quello del fico, sono state avanzate differenti opinioni. Se interpretiamo il fico come riferito al frutto e all'albero, può rappresentare il destino dell'uomo in molti modi. Se coltivata infatti questa pianta produce frutti dolci, deliziosi e abbondanti. Se, invece, rimane allo stato selvatico, produce frutti insipidi, pieni di spine e di parassiti. L'uomo allo stesso modo può diventare nobile e perverso.

[2] Per il sacro simbolo dell'olivo cfr. 23:20 e 24:35, dove la parabola della Luce di Dio include un riferimento proprio a questa pianta. È comunque possibile che il riferimento all'olivo sia diretto al Monte degli Olivi, appena fuori le mura della città di Gerusalemme. Cfr. 52:2.

[3] Questa era la montagna sulla quale venne data a Mosè la Legge. Cfr. 19:52.

[4] Qui il riferimento è senza ombra di dubbio rivolto alla città della Mecca. Anche durante il paganesimo la sua sacralità era ampiamente rispettata e nel suo territorio non era consentito alcuno spargimento di sangue. Però la stessa città ha perseguitato il Profeta (pbsl) e si è dedicata al peccato e all'idolatria.

[5] In arabo *Taqwīm* traducibile come stampo, simmetria, forma, natura e costituzione. Nella creazione di Dio non vi è nessun errore. Dio ha dato all'uomo la natura più pura e migliore, rendendolo suo vicereggente sulla terra, ed è suo dovere preservarla (Cfr. 30:30). Dio inoltre ha esaltato l'uomo anche al di sopra degli angeli, in quanto quest'ultimi hanno dovuto mostrargli obbedienza. Cfr. 2:30-34.

[6] Questo versetto dovrebbe essere letto insieme al successivo. Se l'uomo si ribella contro Dio e segue il peccato, sarà abbassato alla condizione peggiore perché il giudizio è cosa certa. Coloro che invece utilizzano le loro facoltà nel modo corretto e seguono

6-eccetto coloro che credono e compiono opere di bene. Costoro avranno una ricompensa inesauribile.
7-Che cosa allora potrà negare la venuta del Giudizio?
8-Non è forse Dio il più saggio dei giudici?

---

la legge di Dio raggiungono il destino più nobile stabilito per loro. La loro ricompensa non sarà temporanea ma eterna.

XCVI

Sura Al-Alaq

(L'aderenza)

Rivelata alla Mecca

Nel nome di Dio, il Clemente, il Misericordioso

1-Leggi[1] nel nome[2] del tuo Signore, Che ha creato,
2-ha creato l'uomo da una goccia di sangue rappreso[3].
3-Annuncia che il tuo Signore è il Generosissimo,
4-Colui che ha insegnato[4] l'uso della penna,
5-ha insegnato all'uomo ciò che non sapeva.
6-Eppure l'uomo ha passato ogni limite[5],

---

[1] *Iqrā* significa leggi, recita o proclama il messaggio di Dio. Il Profeta (pbsl) era illetterato, ma la sua mente e la sua anima erano piene di conoscenza spirituale ed ora era arrivato il tempo di tornare al mondo e dichiarare la sua missione.

[2] La dichiarazione o proclamazione doveva essere fatta nel nome di Dio, il Creatore e non doveva avvenire per nessun beneficio del Profeta (pbsl), che invece avrebbe dovuto affrontare l'aspra persecuzione, il dolore, e la sofferenza. Era la chiamata di Dio a beneficio dell'umanità che vagava nelle tenebre. Dio è menzionato con il titolo di Signore e Protettore per stabilire un nesso diretto tra la fonte del messaggio e colui a cui ci si rivolge. Il messaggio non aveva solo una valenza intellettuale ed astratta, ma costituiva un concreto invito diretto alle creature che Dio ama e di cui si cura.

[3] Cfr. 23:14. L'origine umile dell'animale nell'uomo contrasta con il destino a lui offerto nella natura intellettuale, morale e spirituale donatagli dal Creatore. Nessuna conoscenza è nascosta all'uomo. Al contrario, attraverso le facoltà che gli sono state donate, acquista una conoscenza in misura tale che supera la sua comprensione immediata e lo conduce ad impegnarsi verso fini sempre nuovi.

[4] Le parole arabe traducibili come "insegnare" e "conoscenza" derivano dalla medesima radice. É quindi quasi impossibile riprodurre in traduzione l'armonia completa dei termini "leggi", "insegna", "penna" (che implicano il leggere, lo scrivere, i libri, lo studio, la ricerca) "conoscenza" (che include la scienza, l'autoconoscenza, la comprensione spirituale) e "proclama", un significato alternativo della parola *Iqrā*. L'atto di leggere implica non solo il dovere di proclamare il messaggio di Dio che compete alla missione profetica, ma anche il dovere della diffusione e dell'ampia disseminazione della verità da parte di tutti coloro che la leggono e la comprendono.

[5] Tutta la nostra conoscenza e la nostra capacità sono doni di Dio. L'uomo però nella sua vanità ed insolenza scambia i doni di Dio per i propri successi. I doni possono consistere in forza, bellezza, ricchezza, posizione, potere, conoscenza e capacità.

7-e ha ritenuto di bastare a se stesso.
8-In verità, presso il Signore[6] tutto ritorna.
9-Non hai forse veduto chi impedisce[7]
10-ad un servo di pregare?
11-Si trova sulla via retta?
12-Invita[8] forse alla rettitudine?
13-Non vedi che nega[9] il vero e si volta indietro?
14-Non sa forse che Dio lo vede?
15-Che stia attento! Se non desiste, lo trascineremo per la fronte[10],
16-la fronte mentitrice e peccatrice.
17-Che chiami pure in aiuto i suoi compagni[11]!
18-Noi chiameremo gli angeli dell'Inferno[12].
19-No, non ascoltarlo, ma prosternati in adorazione ed avvicinati[13].

---

[6] L'uomo non è auto-sufficiente né come individuo né come società. Se egli pretende avidamente per se stesso tutti i doni di Dio, gli viene ricordata la sua umile origine e quindi la sua responsabilità ed il ritorno finale verso di Lui.

[7] Le parole possono essere riferite generalmente alla perversa umanità, che non sembra solo ribellarsi alla legge di Dio, ma anche impedire agli altri di seguirla. Qui ci potrebbe essere un riferimento diretto ad Abū Jahl, un nemico acerrimo dell'Islam, che era solito insultare e perseguitare il Profeta (pbsl) e coloro che seguivano il suo insegnamento. Egli era solito utilizzare metodi vergognosi per impedire al Profeta (pbsl) di pregare presso la *Ka'ba* ed a chiunque si trovasse sotto la sua influenza di offrire preghiere o compiere atti di devozione. Egli era arrogante, orgoglioso e incontrò la sua fine nella battaglia di Badr.

[8] L'insolenza dell'uomo conduce: 1-All'autodistruzione attraverso l'auto-inganno, 2-Ad un falso esempio che finisce per traviare anche gli altri esseri umani.

[9] Il malvagio solitamente si rifiuta di affrontare la verità. Se vengono posti in un angolo, costoro negano ciò che è ovvio per uomini ragionevoli e si voltano indietro.

[10] Cfr. 11:56. La fronte simbolizza l'apice del potere e della dignità dell'uomo. Essere trascinato per la fronte indica quindi l'essere sottoposto ad una grande umiliazione.

[11] I pagani Quraysh simpatizzavano con Abū Jahl, anche se non si spinsero a compiere azioni simili alle sue. Costoro però, nonostante si sostenessero a vicenda, non riuscirono a resistere al progresso ed all'avanzare della missione divina, anche se fecero tutto quello che si trovava in loro possesso per arrestarla.

[12] Tutte le forze del male, anche se sembrano apparentemente avere la meglio e sembrano avere successo, non possono resistere di fronte a Dio.

[13] L'uomo retto non ha alcun timore in quanto può distruggere tutte le forze del male che si schierano contro di lui. Nello stesso tempo però deve anche imparare ad essere umile attraverso la preghiera ed il ricordo di Dio. Cfr. 50:16.

XCVII

Sura Al-Qadr

(La notte del destino)

Rivelata alla Mecca

Nel nome di Dio, il Clemente, il Misericordioso

1-Abbiamo rivelato (questo messaggio) nella notte del destino[1].
2-Chi mai ti spiegherà che cosa è la notte del destino?
3-La notte del destino è migliore di mille mesi[2].
4-Durante questa notte scendono gli angeli e lo spirito[3], con il permesso di Dio, per recare la divina ispirazione.
5-È pace fino allo spuntare del mattino[4].

---

[1] Ossia la 23, 25 o 27 notte del mese del *Ramadān*. La notte del destino deve essere interpretata in senso mistico secondo l'espressione presente nel versetto 3, in cui si afferma che la notte del destino è migliore di mille mesi. La notte del destino trascende il tempo: è il potere di Dio che dissolve le tenebre dell'ignoranza attraverso la Sua rivelazione. Cfr. 44:3.

[2] Il termine mille deve essere inteso in senso indefinito, come se denotasse un periodo di tempo molto lungo. Cfr. 32:4-5 e 70:4.

[3] Solitamente viene interpretato come l'arcangelo Gabriele, lo spirito dell'ispirazione.

[4] Quando la notte delle tenebre spirituali viene dissolta dalla gloria di Dio, nell'anima si levano un senso di pace e sicurezza. Questo dura fino alla fine della vita e il giorno del nuovo mondo spirituale sorge, quando tutto sarà posto su di un piano differente e le notti e i giorni di questa vita saranno meno reali dei sogni.

XCVIII

Sura Al-Bayyina

(La prova)

Rivelata a Medina

Nel nome di Dio, il Clemente, il Misericordioso

1-Coloro che negano il vero, tra le genti delle precedenti scritture[1] e tra i politeisti[2], non abbandoneranno le loro vie fino a quando non giungerà loro una chiara prova[3],
2-un messaggero di Dio che porta loro rivelazioni pure ed incontaminate,
3-dove ci sono decreti retti e chiari[4].
4-Ora coloro che hanno ricevuto le rivelazioni precedenti si sono divisi[5] fino a quando sono state inviate loro delle chiare prove.

---

[1] Ossia gli ebrei e i cristiani che hanno ricevuto le Scritture nella stessa linea profetica, cui appartiene Muhammad (pbsl). Le loro scritture avrebbero dovuto prepararli all'avvento del più grande e dell'ultimo dei profeti. Le scritture ebraiche parlano di un profeta come Mosè. Cfr. Deut. 18:15. E Cristo ha promesso l'arrivo di un Consolatore, che chiama Ahmad. Cfr. Giovanni 14:16, 15:26 e 16:7. I popoli del Libro hanno deviato dalla vera religione e non ritorneranno sulla retta via fino a quando non saranno convinti dell'avvento del profeta promesso. Però, quando il profeta promesso è giunto nella persona di Muhammad, lo hanno rifiutato perché non erano realmente alla ricerca della verità, ma seguivano solo le loro fantasie e i loro vani desideri.

[2] I politeisti, i pagani, non avevano precedentemente creduto in nessuna scrittura. Però, quando giunsero loro delle prove chiare, avrebbero dovuto credere. Eppure rifiutarono il Profeta (pbsl) perché non erano seriamente alla ricerca della verità, ma stavano seguendo solo le loro fantasie e i loro desideri.

[3] La prova chiara era lo stesso Profeta (pbsl), la sua vita, la sua personalità ed i suoi insegnamenti.

[4] In arabo *Qaiyim*: retto opposto a disonesto, definito e permanente opposto a causale e temporaneo. Cfr. 9:36, 12:40.

[5] La responsabilità dei popoli del Libro è anche maggiore di quella dei pagani, perché sono stati preparati per la vera e retta religione dalla rivelazione che hanno già ricevuto.

5-Non è stato comandato loro nulla più di questo[6]: di adorare Dio, offrendoGli una sincera devozione, di mantenersi sinceri nella fede, di stabilire regolari preghiere e di praticare una carità costante. Questa è la religione giusta e retta[7].

6-Coloro che respingono la verità tra le genti della Scrittura e i politeisti saranno nell'Inferno, dove sarà la loro dimora. Costoro sono le creature peggiori[8].

7-Coloro che hanno fede e compiono opere rette sono le creature migliori.

8-La loro ricompensa si trova presso Dio: giardini di eternità, sotto i quali scorrono i fiumi, dove dimoreranno per sempre. Dio si compiacerà di loro e loro di Lui[9]. Questa è la ricompensa di coloro che temono il loro Signore[10].

---

[6] I tre principi eterni della religione sono: 1-La sincera devozione verso Dio, 2- La preghiera e l'adorazione che avvicinano l'uomo a Dio e al mondo spirituale, e 3-Il servizio reso alle creature di Dio attraverso opere di regolare carità.

[7] In arabo *Hanīf*. Cfr. 2:135.

[8] Aver ricevuto la facoltà di discriminazione tra il bene e il male e poi aver respinto la verità è la follia peggiore che le creature, dotate di volontà, possano mai commettere. Cfr. 49:13.

[9] Il compiacimento di Dio è la benedizione finale della salvezza.

[10] Il timore di Dio è definibile come la paura di offendere la Sua santa legge e di fare qualcosa che è contraria alla Sua santa volontà. Questa paura è vicina all'amore perché con essa sorge la coscienza della cura amorevole di Dio verso tutte le Sue creature.

XCIX

Sura Az-Zilzāl

(Il terremoto)

Rivelata a Medina

Nel nome di Dio, il Clemente, il Misericordioso

1-Quando la terra sarà scossa convulsamente[1] dall'(ultimo) terremoto
2-e vomiterà i suoi fardelli[2]
3- e l'uomo griderà: "Che cosa le è accaduto[3]?"
4-Quel giorno la terra riporterà ogni sua storia,
5-perché il Signore le avrà concesso l'ispirazione[4].
6-Quel giorno tutti gli uomini avanzeranno, in gruppi distinti, affinché siano mostrate loro le azioni commesse[5].

---

[1] Un terremoto violento è un fenomeno terrificante per la sua misteriosa origine ed il potere di distruggere e sradicare gli edifici più forti e di far affiorare i materiali più diversi dalle viscere della terra. L'evento schiacciante che inaugurerà il giudizio sarà una convulsione più grande e più traumatica di qualsiasi terremoto che sia mai accaduto sulla terra.

[2] Un terremoto, se accompagnato da una eruzione vulcanica, getta fuori enormi macigni e lava da sotto la crosta della terra, che vengono scagliati come se fossero dei pesi dalla terra personificata. Così nella grande catastrofe finale, i morti che sono stati seppelliti e dimenticati si solleveranno; questioni e motivi che sono stati nascosti e metaforicamente seppelliti saranno condotti alla luce del giorno e la giustizia sarà fatta nella luce abbagliante della verità assoluta.

[3] La sofferenza delle vittime di un violento terremoto non è nulla se paragonata all'esperienza del nuovo e splendido mondo che sarà aperto davanti allo sguardo dell'uomo.

[4] L'ordine passerà, ma le opere compiute, anche le più segrete, saranno esposte alla piena luce del giorno. E questo accadrà perché Dio concederà il comando, l'ispirazione o la parola, da cui tutti gli eventi procedono.

[5] In questo mondo bene e male sono mescolati insieme. Invece, quando saranno divisi, ogni grado di male e di bene sarà indicato. Così gli uomini procederanno in gruppi per essere giudicati e verrà loro mostrato l'esatto importo di quello che hanno pensato, hanno detto o hanno fatto in quest'esistenza di prova, per quanto possano averla nascosta o male interpretata in questa vita.

7-Colui che ha compiuto un atomo[6] di bene, lo vedrà.
8-Colui che ha compiuto un atomo di male, lo vedrà.

---

[6] In arabo *Dharrāt* ossia il peso di una formica, l'unità di peso più piccola che l'uomo possa riuscire ad immaginare. Tutte le forme più piccole di bene e di male saranno esaminate e tutto verrà compiuto in modo aperto e visibile.

C

Sura Al-‘Ādiyāt

(Le scalpitanti)

Rivelata alla Mecca

Nel nome di Dio, il Clemente, il Misericordioso

1-Per i cavalli da guerra scalpitanti ed ansimanti[1],
2-che battono scintille di fuoco[2],
3-affrettandosi all'assalto al mattino,
4-alzando nuvole di polvere[3],
5-e penetrano nel mezzo[4] del nemico.
6-In verità, l'uomo è ingrato verso il suo Signore,
7- e lo testimonia anche il suo pensiero[5].
8-Egli è violento nel suo amore per la ricchezza.
9-Non sa forse che, quando ciò che si trova nelle tombe sarà diffuso in ogni dove[6],
10-e ciò che è tenuto segreto nel cuore dell'uomo sarà reso manifesto,

---

[1] Quest'espressione a livello simbolico può essere interpretata nel modo seguente: 1-La fedeltà del cavallo da guerra può rappresentare l'uomo veritiero e coraggioso che si raduna sotto lo stendardo di Dio e lo conduce alla vittoria. Il suo comportamento è contrario alla pigrizia e alla meschinità dell'uomo degenerato, 3-L'intero conflitto, combattimento e vittoria possono essere applicati alla lotta spirituale contro coloro che sono stati catturati e sopraffatti dal male.

[2] Con i loro zoccoli. Se immaginiamo che la marcia avvenga nel cuore della notte, le scintille prodotte sono ancora più visibili.

[3] Le nuvole di polvere simbolizzano l'ignoranza e la confusione presente nelle menti di coloro che si oppongono alla verità.

[4] Le forze del male si radunano per ottenere una forza maggiore, ma quest' azione può diventare il mezzo stesso della loro rapida dissoluzione.

[5] L'uomo stesso attraverso la propria condotta prova l'accusa di tradimento che gli viene rivolta.

[6] Piani segreti e pensieri malvagi, da tempo dimenticati, saranno davanti al Trono di Dio per essere giudicati. Invece di essere nascosti o cancellati, come se fossero stati nella coscienza dell'umanità, emergeranno come se fossero presenti nella stessa coscienza di Dio.

11-che il loro Signore li riconoscerà, anche quel giorno[7]?

---

[7] La conoscenza di Dio è piena e vigile, ma quel giorno agli uomini saranno rivelati segreti che hanno da lungo tempo dimenticato perché il Libro delle loro azioni sarà manifesto in attesa del giudizio.

CI

Sura Al-Qāri'ah

(Il clamore assordante)

Rivelata alla Mecca

Nel nome di Dio, il Clemente, il Misericordioso

1-Oh, il giorno del clamore assordante[1]!
2-Che cosa è il clamore assordante?
3-Chi ti spiegherà che cosa è il clamore assordante?
4-Accadrà il giorno in cui gli uomini saranno come falene[2] dappertutto sparse.
5-Le montagne assomiglieranno a lana cardata[3].
6-Colui, il cui bagaglio delle buone azioni sarà trovato pesante,
7-si troverà in una vita di piacere e di soddisfazione[4].
8-Colui, il cui bagaglio[5] delle buone azioni sarà trovato leggero,

---

[1] È il Giorno del Giudizio, quando l'intero ordine presente delle cose sarà rovesciato con una tremenda convulsione. Tutti i punti di riferimento saranno perduti. Sarà un'esperienza sconvolgente, ma inaugurerà un mondo di valori pieni e permanenti in cui ogni azione umana avrà la sua vera e giusta conseguenza, come se fosse stata pesata su di una bilancia.

[2] L'immagine delle falene sparse tutt'intorno da una tempesta violenta ci dà un'idea della confusione, della sofferenza e dell'impotenza di cui gli uomini saranno preda nel Giorno del Giudizio. I vecchi ricordi assomiglieranno ad un libro nascosto. Le nuove speranze saranno vaghe in un nuovo mondo che sorge appena all'orizzonte.

[3] Cfr. 70:9. Le montagne sono solide e sembra che nulla possa smuoverle. In questo tremendo cataclisma però saranno sparse come fiocchi di lana cardata. Questa metafora simbolizza che ciò che consideriamo fisso e stabile in questa vita sarà quasi un nulla nel mondo spirituale.

[4] Cfr. 98:8, ma forse la benedizione non è la medesima per tutti gli uomini. Sarà benedizione in ogni caso, ma una benedizione adatta alla natura particolare degli individui.

[5] Le buone azioni saranno pesate e ricompensate. Questa valutazione sarà delle più giuste e delle più buone perché prenderà in considerazione motivi, tentazioni, provocazioni, condizioni ambientali, antecedenti, pentimenti e tutte le circostanze possibili connesse. Allo stesso modo saranno giudicate le azioni di tipo differente. Se predominerà il bene, il giudizio sarà a favore dell'uomo ed egli sarà spinto verso una vita di soddisfazione e di felicità.

9-avrà la sua dimora nell'Abisso.
10-Sai forse che cosa è?
11-È il Fuoco che brucia!

CII

Sura At-Takāthur

(Il rivaleggiare)

Rivelata alla Mecca

Nel nome di Dio, il Clemente, il Misericordioso

1-La rivalità nell' accumulare i beni[1] di questo mondo, vi distoglie,
2-fino a quando visiterete le tombe[2].
3-Ben presto saprete,
4-presto saprete!
5-Lo saprete con certezza[3],
6-vedrete con certezza il Fuoco!
7-Lo vedrete con chiarezza.
8-Quel Giorno vi sarà domandato dei piaceri di cui avete goduto[4]!

---

[1] La passione di aumentare la ricchezza, la posizione sociale, il numero dei propri sostenitori, la produzione e l'organizzazione possono riguardare l'individuo o l'intera società o le nazioni stesse. Fino ad un certo punto questo potrebbe anche essere giudicato un fenomeno necessario, ma quando passa ogni limite e monopolizza tutta l'attenzione della persona non rimane tempo per gli aspetti superiori della vita. L'uomo può rimanere totalmente assorbito da queste passioni fino a quando non sopraggiunge la morte ed egli si guarda indietro verso una vita sprecata.

[2] Fino a quando non giungerà il tempo di dimorare nelle tombe e lasciare la pompa e le circostanze di una vita vuota. La vera realtà allora ci apparirà davanti.

[3] In arabo *Yaqin*. Cfr. 69:51, in cui sono descritti tre tipi di certezza relativi alla conoscenza.

[4] Saremo ritenuti responsabili per ogni tipo di gioia in cui indulgiamo sia illegittima che legittima. Nell'ultimo caso siamo chiamati a mantenere il godimento nei termini ragionevoli.

CIII

Sura Al-'Asr

(Il tempo)

Rivelata alla Mecca

Nel nome di Dio, il Clemente, il Misericordioso

1-Per il rapido scorrere del tempo[1]!
2-In verità, l'uomo si trova nella perdita[2]!
3-Eccetto coloro che hanno fede e compiono opere rette[3] [e collaborano] [4], insegnandosi a vicenda la verità, la pazienza e la costanza.

---

[1] Il termine *Al-'Asr* può indicare 1-Il tempo attraverso le ere o lunghi periodi. In questo caso arriva vicino all'astratta idea di tempo, *Dahr*, che era spesso deificato dagli arabi pagani, 2-Il tardo pomeriggio. Da questo termine prende il nome la preghiera dell' *'Asr*. Qui il riferimento è rivolto al tempo inteso come una delle creazioni di Dio, di cui tutti hanno fatto esperienza, ma di cui nessuno è capace di spiegare il significato profondo. Il tempo cerca e distrugge tutto ciò che è materiale. Se corriamo una corsa contro il tempo, saremo condannati a perdere. È la nostra parte spirituale la sola che può conquistarlo.

[2] Se consideriamo la vita nei termini di perdita e guadagno, l'uomo, qualora si occupi solo dei propri beni materiali, sarà condannato a perdere. Quando nella sera farà il conto del suo giorno, scoprirà di trovarsi nella perdita. Il resoconto gli mostrerà di trovarsi nel profitto solo se avrà fede, condurrà una vita onesta e contribuirà al benessere generale dirigendo ed incoraggiando le altre persone sulla via della verità e della costanza.

[3] La fede è un'armatura, che ci protegge contro le ferite del mondo materiale e la vita retta costituisce un contributo positivo all'ascensione spirituale.

[4] Se l'uomo vive solo per se stesso, non sarà capace di far fronte ai propri doveri. Qualunque bene possieda, specialmente nell'ambito della vita morale e spirituale, lo deve diffondere tra i suoi fratelli, così che possano vedere la verità e rimanere nella paziente speranza e nella costanza nel mezzo delle tempeste e delle difficoltà della vita.

CIV

Sura Al-Humaza

(Il diffamatore)

Rivelata alla Mecca

Nel nome di Dio, il Clemente, il Misericordioso

1-Guai ad ogni sorta di diffamatore e calunniatore[1],
2-che accumula la ricchezza e la mette da parte,
3-pensando che lo farà vivere per sempre!
4-Nella vita che verrà sarà di certo abbandonato ad un tormento prostrante.
5-Chi ti spiegherà che cosa sarà questo tormento prostrante[2]?
6-È il Fuoco che l'ira di Dio fa divampare,
7-il fuoco che arriva fino ai cuori[3].
8-In verità li circonderà,
9-in colonne senza fine.

---

[1] Tre vizi sono qui condannati in termini molto forti: 1- La diffamazione, ossia parlare male degli uomini e delle donne con le parole, con i gesti, con il comportamento, il sarcasmo o l'insulto, 2-Sminuire il loro carattere dietro le loro spalle, 3-Ammassare la ricchezza, non per utilizzarla al servizio di coloro che si trovano nel bisogno, ma per accumularla come se ciò potesse prolungare la vita o donare l'immortalità.

[2] In arabo *Hutamah*, che letteralmente significa ciò che riduce in pezzi, una descrizione adatta di tre vizi antisociali qui condannati: la diffamazione, il pettegolezzo e l'avarizia.

[3] Il fuoco della punizione si accumula nei cuori e nelle menti di questo tipo di uomini e li priva dell'amore dei propri simili. "Cuore" in arabo significa non solo la sede dell'affetto, della pietà, della carità, ma anche della comprensione e dell'apprezzamento intelligente delle cose.

CV

Sura Al-Fīl

(L'elefante)

Rivelata alla Mecca

Nel nome di Dio, il Clemente, il Misericordioso

1-Non hai forse veduto[1] come il tuo Signore ha agito con l'esercito dell'elefante[2]?
2-Non ha forse vanificato ogni loro infido piano?
3-Egli ha inviato contro di loro stormi di uccelli[3],
4-che li hanno colpiti con pietre di argilla cotta[4],
5-poi li ha resi come un campo vuoto[5] di erbe secche e paglia, [in cui il grano] è stato tutto consumato[6].

---

[1] Questo accadde circa due mesi prima della nascita del Profeta (pbsl).

[2] Il riferimento è diretto alle truppe di Abraha l'abissino che invase la Mecca con una grande armata, in cui vi erano anche alcuni elefanti.

[3] Gli stormi di uccelli arrivarono caricando delle pietre che gettarono contro il nemico provocando una grande pestilenza e distruggendo tutta l'armata.

[4] *Sijjīl*, cfr. 11:82. il termine compare anche in 15:74.

[5] Ci si riferisce ad un campo il cui grano è stato tutto mangiato e dove è rimasta solo la paglia. Questo campo è morto ed inutile. E tale era l'armata di Abraha, morta ed inservibile.

[6] Il messaggio di questa sura riservato ai Quraysh era il seguente: Dio proteggerà ciò che Gli appartiene. Se quindi perseguitate il Profeta (pbsl), Egli lo proteggerà. Uomini inebriati dal potere possono preparare armi e risorse materiali contro il piano divino, ma queste trame saranno la loro rovina perché non possono prevalere contro Dio.

CVI

Sura Quraysh

(I Quraysh)

Rivelata alla Mecca

Nel nome di Dio, il Clemente, il Misericordioso

1-Che i Quraysh[1] restino sicuri,
2-che godano della piena sicurezza nei viaggi condotti in inverno ed in estate[2],
3-che adorino il Signore di questa Casa[3],
4-Che ha concesso loro il cibo invece della fame[4] e la sicurezza invece del timore del pericolo[5].

---

[1] I Quraysh erano la più nobile tribù dell'Arabia a cui apparteneva anche il Profeta (pbsl). La custodia della *Ka'ba*, il santuario centrale dell'Arabia, ed il possesso della Mecca conferivano loro un triplice vantaggio: 1-Avevano una grande influenza sulle altre tribù, 2-La loro posizione centrale facilitava il commercio e gli scambi culturali, che davano loro ricchezza ed onore, 3-Essendo il territorio della Mecca protetto ed inviolabile dalle vendette private e dalle devastazioni della guerra, detenevano una posizione sicura, libera dalla paura del pericolo. Dovevano questo onore e vantaggio alla loro posizione come servi del sacro santuario della *Ka'ba*. Nei giorni di generale insicurezza infatti il loro prestigio come custodi della *Ka'ba* rese per loro possibile ottenere i patti di sicurezza e salvaguardia dai capi dei paesi vicini -Siria, Persia, Yemen e Abissinia- proteggendo le loro rotte carovaniere in tutte le stagioni.
[2] Nel caldo dello Yemen in inverno e nelle regioni più fresche della Siria in estate. I Quraysh divennero viaggiatori pratici e mercanti, acquisirono molta conoscenza del mondo e perfezionarono il loro linguaggio come un mezzo espressivo raffinato e letterario.
[3] La *Ka'ba*.
[4] Le loro carovane li arricchivano e conducevano molte persone da parti distanti per visitare la Mecca e portare lì la loro mercanzia.
[5] Essendo il loro territorio inviolabile, gli abitanti della Mecca non soffrivano i pericoli delle costanti guerre e nemmeno delle faide intertribali.

CVII

Sura Al-Mā'ūn

(L'assistenza)

Rivelata alla Mecca

Nel nome di Dio, il Clemente, il Misericordioso

1-Non hai visto colui che nega la venuta del Giorno del Giudizio[1]?
2-Costui scaccia l'orfano con asprezza,
3- e non incoraggia[2] a nutrire il povero.
4-Guai a coloro che pregano[3],
5-ma non prestano alcuna attenzione alle loro preghiere,
6-coloro che vogliono solo essere visti,
7-e negano ogni assistenza agli altri uomini[4].

---

[1] *Dīn* indica: 1-Il giudizio che verrà, ossia la responsabilità nel mondo spirituale e morale per tutte le azioni compiute dall'uomo, o 2- La fede, la religione, i principi del bene e del male nelle questioni spirituali, che spesso entrano in conflitto con desideri e predilezioni egoiste. È l'uomo che nega la fede o la responsabilità futura, che tratta il povero con disprezzo e conduce una vita arrogante ed egoista.

[2] La carità e l'amore che nutrono l'indigente costituiscono una nobile forma di virtù, che si pone al di là della disposizione di coloro che sono così insensibili da scoraggiare o proibire le virtù della carità e della gentilezza negli altri.

[3] La vera adorazione non consiste in una semplice forma di preghiera, senza che la mente e il cuore si applichino ardentemente a cercare la realizzazione della presenza di Dio ed a comprendere la Sua volontà santa.

[4] Gli ipocriti fanno una grande mostra di vuoti atti di bontà, devozione e carità. Però falliscono, se vengono chiesti loro piccoli atti caritatevoli che costano poco ma significano molto.

CVIII

Sura Al-Kawthar

(L'abbondanza)

Rivelata alla Mecca

Nel nome di Dio, il Clemente, il Misericordioso

1-Ti abbiamo garantito il bene in abbondanza[1],
2-quindi prega il tuo Signore e offri sacrifici[2].
3-Colui che ti odia[3] sarà tenuto lontano da ogni bene.

---

[1] *Kawthar* significa letteralmente bene in abbondanza. Si tratta della grazia che Dio ha concesso al Profeta Muhammad (pbsl).

[2] In arabo *Nahr*, termine che indica il rituale stesso del sacrificio Cfr. 22:36. Il rituale però è solo un simbolo dietro al quale si nasconde un profondo significato spirituale. Cfr. 22:37.

[3] L'odio e il disprezzo non sono contributi costruttivi alle opere di questo mondo, ma i suoi opposti. Abū Jahl ed i suoi pagani confederati hanno rivolto il loro disprezzo e odio verso il Profeta (pbsl) schernendolo per la perdita dei suoi due figli maschi. Però dove si trovavano costoro pochi anni dopo, quando la luce divina brillò più forte di prima? Costoro furono privati di ogni futura speranza in questo mondo e nell'Altro.

CIX

Sura Al-Kāfirūn

(Coloro che rinnegano la fede)

Rivelata alla Mecca

Nel nome di Dio, il Clemente, il Misericordioso

1-Di': "O voi che rifiutate la fede[1],
2-io non adoro ciò che voi adorate,
3-né voi adorate ciò che io adoro[2].
4-Io non adorerò mai ciò che voi adorate
5-e nemmeno voi adorerete ciò che io adoro.
6-A voi la vostra religione, a me la mia".

---

[1] La fede è una questione di convinzione personale e non dipende da motivi terreni. L'adorazione dovrebbe derivare da una fede pura e sincera, ma spesso questo non accade. Infatti motivi quali beni terreni, costumi degli antenati, convenzioni sociali, gli istinti imitativi o un istinto letargico che impedisce di investigare il significato degli atti solenni, riduce gran parte dell'adorazione in peccato, futilità e egoismo. Gli idoli simbolici possono diventare semplici strumenti per salvaguardare i privilegi di un'egoista classe sacerdotale o le ambizioni, le avidità o il desiderio di privati individui. Per questo l'Islam insiste sul culto puro riservato a Dio in modo esclusivo. Il Profeta (pbsl) invece ha resistito a tutti gli appelli a motivi terreni ed è rimasto fedele al messaggio di eterna unità.

[2] Questo versetto descrive le condizioni al tempo in cui la sura venne rivelata e può essere liberamente parafrasata come segue: "Io adoro l'Unico vero Dio, il Signore di tutti, mio e vostro, ma voi a causa dei vostri interessi personali non avete la volontà di abbandonare la falsa adorazione, degli idoli e del sé. I versetti 4-5 descrivono invece le ragioni psicologiche: "Io, essendo il profeta di Dio, non possono e non voglio seguire la vostra falsa religione e, voi, in quanto suoi custodi, non potete abbandonare il culto dei falsi dei".

CX

Sura An-Nasr

(L'ausilio)

Rivelata a Medina

Nel nome di Dio, il Clemente, il Misericordioso

1-Quando giungerà il soccorso di Dio e la vittoria
2-e vedrai i popoli entrare nella religione di Dio in massa[1],
3-esalta la gloria del tuo Signore, celebra le Sue lodi e prega per il Suo perdono[2]. Egli è Colui che accetta il pentimento.

---

[1] Il Profeta (pbsl) emigrò da Mecca a Medina, come un uomo scacciato e perseguitato. In Medina tutte le forze della verità e della rettitudine si riunirono intorno a lui, e gli sforzi messi in atto dai meccani e dai loro confederati per distruggere lui e la sua comunità ricaddero su di loro. Gradualmente tutte le aree periferiche dell'Arabia si riunirono sotto di lui e la conquista pacifica della Mecca è stata la corona e il premio della pazienza e della costanza del Profeta (pbsl). Successivamente, intere tribù diedero la loro adesione alla sua causa e prima che il suo ministero terreno fosse terminato, venne preparato il suolo per la conquista di ampi territori al di là della penisola arabica. Dall'esempio della vita del Profeta (pbsl) il credente impara non la falsa gloria bensì l'umiltà, non il potere bensì il servizio, non un appello all'egoismo dell'uomo bensì la comprensione della grazia e della misericordia di Dio.

[2] Ogni uomo dovrebbe umiliarsi di fronte a Dio, confessare la sua fragilità e cercare la Sua grazia, attribuendo ogni successo che ottiene dal suo lavoro, non ai propri meriti, ma alla bontà e alla misericordia di Dio. Il Profeta di Dio ha però un altro dovere e privilegio, ossia pregare per la grazia ed il perdono del suo stesso popolo.

CXI

Sura Al-Masad

(Le fibre di palma)

Rivelata alla Mecca

Nel nome di Dio, il Clemente, il Misericordioso

1-Che periscano le mani di Abu Lahab[1]! Che egli perisca!
2-Non gli è di alcun profitto tutta la sua ricchezza e tutti i suoi guadagni!
3-Presto si troverà in un Fuoco dalla fiamma ardente!
4-Sua moglie porterà la legna come combustibile[2]!
5-Una corda di fibre di palma intrecciata intorno al suo collo.

---

[1] Abū Lahab, Padre della Fiamma, era il soprannome di uno zio del Profeta (pbsl), a causa del suo carattere intemperante e la sua complessione rossiccia. Costui era uno dei più acerrimi nemici dell'Islam. Quando il Santo Profeta (pbsl) chiamò i Quraysh e la sua stessa famiglia per ascoltare la sua predicazione e per ammonirli contro i peccati delle persone, Abū Lahab maledisse il Profeta (pbsl) augurandogli di perire. Però, non solo le sue parole, ma anche le sue azioni e la sua forza si rivelarono futili. La stella dell'Islam si innalzava sempre più in alto giorno dopo giorno e i suoi persecutori diminuirono in forza e potere. Molti di loro morirono a Badr e lo stesso Abū Lahab morì una settimana dopo la battaglia, consumato dal suo stesso odio. Il versetto 3 si riferisce alla fine della sua vita, anche se può essere ricondotto anche al suo destino nell'Altra.

[2] Anche la moglie di Abū Lahab mostrò il medesimo odio e la medesima crudeltà verso il Profeta (pbsl). Costei era solita legare delle spine a delle corde intrecciate con delle fibre di palma e porle nelle notti scure sul suo cammino, al fine di ferirlo. "Portare legna" è un'espressione che significa anche spargere menzogne per confondere le persone. Questo era un altro dei suoi vizi. Lei però stava accendendo per se stessa un altro tipo di fuoco, quello della punizione, e stava avvolgendo un altro tipo di corda, ossia quella della schiavitù e del male, perché quest'ultimo prepara il suo stesso destino.

CXII

Sura Al-Ikhlās

(Il culto sincero)

Rivelata alla Mecca

Nel nome di Dio, il Clemente, il Misericordioso

1-Di': Egli è Dio[1], l'Uno, l'Unico,
2-Dio, l'Eterno[2], l'Assoluto[3].
3-Non genera e non è stato generato.
4-Niente può esserGli paragonato.

---

[1] La natura di Dio è qui indicata con poche parole, anche se le sue qualità sono descritte in molti altri passi coranici, come per esempio 59:22-24, 62:1 e 2:255. In questa sura invece ci viene insegnato ad evitare i tranelli in cui sono cadute le nazioni e gli uomini delle diverse epoche cercando di comprendere Dio. La natura divina è così sublime, così al di là delle possibilità della comprensione umana, che il modo migliore in cui possiamo concepirlo è come una personalità. Egli però non è una semplice concezione filosofica astratta, ma si cura di noi e a Lui dobbiamo la nostra esistenza. Egli è il solo ed unico Dio, cui è dovuta l'adorazione. Tutti gli enti sono Sue creature e non possono esserGli paragonati. Egli è Eterno, senza inizio né fine. Egli è Assoluto, ossia non è limitato né dal tempo, dal luogo o dalle circostanze. Egli è la Realtà di fronte alla quale tutte le altre cose e gli altri luoghi sono semplici ombre o riflessi. La Sua qualità e la Sua natura sono uniche.

[2] Questo versetto nega l'idea stessa di politeismo, un sistema che si oppone alle più vere e profonde concezioni della vita. Infatti, l'unità nello scopo e l'unità dell'esistenza proclamano l'unità del Creatore.

[3] *Samad* è una parola difficile da tradurre con un solo termine. Ho preferito usarne due: eterno ed assoluto. Il primo indica 1-L'abbondanza dell'esistenza che può essere predicata solo a Lui, mentre tutte le altre esistenze sono temporali e contingenti, 2-Che Egli non dipende da nulla, ma tutto dipende da Lui.

CXIII

Sura Al-Falaq

(L'alba nascente)

Rivelata alla Mecca

Nel nome di Dio, il Clemente, il Misericordioso

1-Di': "Mi rifugio[1] nel Signore dell'alba[2],
2-dal male di quanto ha creato[3],
3-dal male delle tenebre, quando si diffondono,
4-dal male di coloro che praticano le arti occulte[4],
5-dal male di colui che invidia, quando invidia[5].

---

[1] Nel mondo creato da Dio ci sono tutti i tipi di forze e controforze, specialmente quelle messe in moto da esseri cui è stata donata una sorta di volontà. Le forze del bene possono essere paragonate alla luce e quelle del male alle tenebre. Dio però può disperdere le tenebre profonde per fare emergere la luce (6:96).

[2] *Falaq* è l'alba, ossia il momento della dissipazione delle tenebre e l'emergere della luce. Quest'espressione può essere compresa in due modi distinti: 1-Letteralmente, quando le tenebre della notte sono molto fitte, i raggi della luce trapassano e producono l'alba, 2-Metaforicamente, quando le tenebre dell'ignoranza hanno raggiunto il massimo, la luce di Dio penetra nell'anima e la illumina. Cfr. 24:55.

[3] La nostra fede in Dio è il rifiuto da ogni tipo di paura, di superstizione, di pericolo e di male. Nei seguenti tre versetti sono specificati tre tipi di mali, contro cui la migliore protezione è la nostra fede in Dio, la Luce del cielo e della terra. Costoro sono: 1-Pericoli fisici, la tenebra, 2-Pericoli dentro di noi, le arti occulte e 3-Pericoli fisici derivanti da una volontà perversa, che cerca di distruggere ogni bene di cui godiamo.

[4] Lett. coloro che soffiano sui nodi. Questa era infatti una forma di sortilegio praticata ai tempi del Profeta (pbsl). Queste pratiche occulte provocano terrore psicologico e possono distinguersi in magia nera, piani segreti, tentativi di seduzione, la diffusione di notizie false o calunnie per spaventare le persone e trattenerle dal compiere azioni rette.

[5] L'invidia maligna trasformata in azione cerca di distruggere la felicità o il bene materiale e spirituale goduto dalle altre persone. La migliore protezione è la fede in Dio con purezza di cuore.

CXIV

Sura An-Nās

(Gli uomini)

Rivelata alla Mecca

Nel nome di Dio, il Clemente, il Misericordioso

1-Di': "Mi rifugio[1] nel Signore dell'umanità[2],
2-nel re dell'umanità,
3-nel Dio dell'umanità,
4-dal male dell'insidioso mormoratore[3],
5-che bisbiglia nel cuore degli uomini,
6-tra i *Jinn* e gli uomini.

---

[1] La sura precedente si riferisce alla necessità di cercare l'aiuto di Dio e la Sua protezione contro i fattori che possono affliggere e danneggiare l'individuo. Qui invece viene indicata la necessità della protezione da fattori interni di origine interiore.

[2] La relazione dell'uomo con Dio può essere concepita sotto tre aspetti: 1-Dio è il suo Signore, il Creatore e Colui che lo mantiene in vita. È Lui che provvede di tutti i mezzi di crescita e di sviluppo e per la protezione contro il male. 2-Dio è signore e sovrano. Dio ha l'autorità di guidare la condotta dell'uomo e condurlo per vie che lo portano al bene, 3-Dio è Colui presso il quale si trova il ritorno, dove l'uomo troverà un resoconto di tutto ciò che ha compiuto nel corso della propria vita (2:156). Dio sarà il Giudice. Egli è il fine dell'Altra vita, il solo essere che l'uomo è chiamato ad adorare e venerare. Per tutte queste ragioni l'uomo deve cercare la protezione di Dio contro il male.

[3] Il male s' insinua dall'interno per indebolire la volontà dell'uomo. Questo potere può essere Satana, gli uomini malvagi o le cattive inclinazioni interne all'essere umano. Cfr. 6:112. Costoro segretamente sussurrano il male e poi si ritirano, per rendere la loro rete più sottile ed attraente.